मेरी आत्मकथा

हिन्दी सिनेमा के शुरुआती दौर का आत्मीय दस्तावेज

मेरी आत्मकथा

किशोर साहू

राजकमल प्रकाशन

ISBN : 978-81-267-2958-6

मूल्य : ₹850

पहला संस्करण : 2017

प्रकाशक : राजकमल प्रकाशन प्रा. लि.
1-बी, नेताजी सुभाष मार्ग, दरियागंज
नई दिल्ली-110 002

शाखाएँ : अशोक राजपथ, साइंस कॉलेज के सामने, पटना-800 006
पहली मंजिल, दरबारी बिल्डिंग, महात्मा गांधी मार्ग, इलाहाबाद-211 001
36 ए, शेक्सपियर सरणी, कोलकाता-700 017

वेबसाइट : www.rajkamalprakashan.com
ई-मेल : info@rajkamalprakashan.com

मुद्रक : बी.के. ऑफसेट
नवीन शाहदरा, दिल्ली-110 032

MERI AATMAKATHA
Autobiography of Kishore Sahu

निवेदन

हिन्दी सिनेमा के प्रारम्भिक दौर का इतिहास हिमांशु राय, देविका रानी, अशोक कुमार और किशोर साहू के उल्लेख के बिना कभी पूरा नहीं होगा। इन सबमें किशोर साहू अद्वितीय थे। वे एक कुशल अभिनेता, निर्माता, निर्देशक, कहानी लेखक, पटकथा, संवाद लेखक—क्या कुछ नहीं थे! विश्वास नहीं होता है कि एक शख्सियत के भीतर इतनी सारी प्रतिभाएँ एक साथ विद्यमान भी हो सकती हैं! हिन्दी सिनेमा में ही नहीं, सम्भवत: विश्व सिनेमा में भी ऐसी अद्वितीय प्रतिभा शायद ही किसी सदी में देखने को मिले।

किशोर साहू का जन्म छत्तीसगढ़ के दुर्ग में हुआ। उनका बचपन अपने दादा के साथ छत्तीसगढ़ की विभिन्न रियासतों में बीता। प्रारम्भिक शिक्षा-दीक्षा उनके ननिहाल राजनांदगाँव में सम्पन्न हुई। राजनांदगाँव उनके हृदय में स्थायी तौर पर बसा हुआ था। मुम्बई जाकर भी वे न राजनांदगाँव को भूले और न ही छत्तीसगढ़ को। अपनी आत्मकथा में जहाँ कहीं भी उन्होंने छत्तीसगढ़ का उल्लेख किया है, बहुत आत्मीयता के साथ तथा गहरे डूबकर किया है। छत्तीसगढ़ उनके इस प्रेम के प्रति नतमस्तक है।

किशोर साहू की अप्रकाशित आत्मकथा को ढूँढ़ निकालने तथा उसे प्रकाशित करने का संकल्प किशोर साहू के जन्म-शताब्दी वर्ष पर छत्तीसगढ़ राज्य ने लिया था। यह हमारे लिए सौभाग्य का विषय है कि किशोर साहू की इकतालीस वर्ष पूर्व लिखी गई आत्मकथा आज प्रकाशित हो रही है।

यह छत्तीसगढ़ राज्य का सौभाग्य है कि किशोर साहू के प्रति ऋण चुकाने का यह दुर्लभ अवसर उसे प्राप्त हुआ है।

किशोर साहू की आत्मकथा को प्रकाशित करते हुए, उसे विशाल हिन्दी पाठकों को सौंपते हुए, मैं स्वयं को गौरवान्वित अनुभव कर रहा हूँ।

(डॉ. रमन सिंह)
मुख्यमंत्री

रायपुर
30 दिसम्बर, 2015

कथामुख

यह मेरी आत्मकथा केवल मेरे कर्मों का ही विवरण नहीं है, मेरे विचारों का भी है। कर्म को विचार से पृथक् नहीं किया जा सकता, क्योंकि हर कर्म के मूल में विचार होता है जो कर्म को जन्म देता है। विचारों और कर्मों का जोड़ ही व्यक्ति होता है। मनुष्य जैसा सोचता है, वैसा ही वह हो जाता है।

इतनी कुछ कहानियाँ, पटकथाएँ, गद्यकाव्य, नाटक और उपन्यास लिख चुकने के बाद जब मैं अपनी यह आत्मकथा लिखने बैठा तब मैंने अनुभव किया कि आत्मकथा लेखन मेरे लिए बिलकुल अनजाना क्षेत्र तो है ही, अत्यधिक नाजुक काम भी है।

कथा–लेखन में लेखक की लेखनी पर कोई नियंत्रण नहीं होता है और वह अपनी कल्पनाओं एवं विचारों को व्यक्त करने के लिए सर्वथा मुक्त रहता है। कहानी, उपन्यास, आदि वस्तुतः लेखक की कल्पनाएँ हैं और उनके पात्रों को, वास्तविक तथा जीवित व्यक्तियों के आधार पर रचे–मढ़े जाने के बावजूद, कल्पित होने का लाइसेंस प्राप्त रहता है, जिससे लेखक उन पात्रों के साथ या उनकी आड़ में या उनके सहारे मनमानी कर सकता है, बिना किसी को दुखी या नाराज किए। किन्तु आत्मकथा–लेखक को यह सुगमता प्राप्त नहीं। उसके पात्र कल्पना की उपज न होकर हाड़–मांस के जीवन्त व्यक्ति होते हैं और उसका प्रमुख नायक वह स्वयं होता है। कल्पना को बिलकुल त्यागकर लिखना और समस्त लेखन केवल सच्चे पात्रों, प्रसंगों, घटनाओं पर आधारित करना तलवार की धार पर चलना है।

संसार में कोई भी व्यक्ति अपना जीवन बिलकुल स्वतंत्र होकर नहीं जी सकता। उसकी जिन्दगी, सम्पर्क में आए अनेक व्यक्तियों की जिन्दगियों पर पूर्णतः अगर निर्भर नहीं रहती है तो उनकी जिन्दगियों से, कम या अधिक मात्रा में, प्रभावित अवश्य होती है।

चूँकि इस लेखन का विषय मैं हूँ, मैंने इसमें केवल अपने ही दृष्टिकोण से अपने को व्यक्त किया है। घटनाओं के लिए न आप शिकायत कर सकते हैं, न मैं, क्योंकि वे सत्य हैं, जो मुझपर घटित हुई हैं और जिन्हें बदला नहीं जा सकता। अब रहा सवाल विचारों का, कल्पनाओं का, धारणाओं, मान्यताओं, सिद्धान्तों का; सो वे मेरे

बिलकुल अपने हैं—निजी और व्यक्तिगत। यह बिलकुल जरूरी नहीं कि आप उनसे सहमत हों। हों तो ठीक है, न हों तब भी ठीक।

लोगों को देखकर या उनके सम्पर्क में आने पर हम बड़ी आसानी से उनके बारे में अपनी राय कायम कर लेते हैं और उनके चरित्रों का तत्परता से मूल्यांकन कर बैठते हैं, जबकि मानव चरित्र को समझना बहुत मुश्किल काम है। जिस तरह चित्र को पास से देखने पर वह कुछ और ही दिखता है और दूर से देखने पर कुछ और, उसी तरह मनुष्य को परखने के लिए उसे दूर से, पास से और इन दो फासलों के बीच कई बिन्दुओं से देखना जरूरी है।

अपनी जिन्दगी में आए कई चरित्रों को मैंने उपरोक्त विधि के अनुसार कई बिन्दुओं से देखा है। औरों को देखना और समझना फिर भी उतना मुश्किल नहीं, जितना मुश्किल होता है अपने-आपको देखना और समझना। अपने-आपको आसानी से शायद कोई नहीं देख पाता, क्योंकि ठीक से देखने-समझने का न तो किसी को अवसर ही मिलता है, न ऐसा करना आवश्यक ही समझा जाता है। इसीलिए दुनिया भर के लोगों को परखने और समझने का दावा करने के बाद आदमी अपने-आपसे ही बेखबर रह जाता है।

आत्मकथा लिखते समय मुझे अपने-आपको अन्दर-बाहर से, पास से, दूर से, अपने चारों ओर घूम-फिरकर देखने का निरंतर अवसर मिलता रहा और कभी मैं अपने को देखकर गर्व से फूल-फूल उठा हूँ, कभी शर्म से गड़-गड़ गया हूँ, और कभी ताज्जुब से चौंक-चौंक पड़ा हूँ। कई बार मैंने अपना ही परिचय अपने आप से कराया है।

सिनेमा-जगत तथा उसके बाहर अपनी जिन्दगी मैंने कई क्षेत्रों में कई हैसियत से जी है—लेखक, अभिनेता, दिग्दर्शक, निर्माता, चित्रकार, शिकारी, यात्री आदि के तौर पर मेरे अनेक काम-धन्धे, शौक-शगल रहे हैं। किन्तु मूलत: मैं लेखक हूँ।

लेखक का दिमाग कभी बेकार नहीं बैठता। आँखों-देखी और कानों-सुनी हर अनोखी बात और सम्पर्क में आया हर असाधारण व्यक्ति लेखक की कल्पना को उत्तेजित कर जाता है और फिर धीरे-धीरे लेखक के दिमाग में उसकी कल्पनाएँ एक बवंडर पैदा कर देती हैं जो घुमड़-घुमड़कर अन्दर-अन्दर कहीं कचोटा करता है और बाहर निकलने का मार्ग खोजा करता है। जब तक लेखक उन घुमड़ती-कचोटती कल्पनाओं को अपने लेखन में बद्ध करके व्यक्त नहीं कर लेगा, वे बवंडर अन्दर-अन्दर घुमड़ते-कचोटते ही रहेंगे। अपने लेखन द्वारा ही लेखक उन बवंडरों को बाहर निकलने का मार्ग देता है।

बेशुमार बवंडर हरदम मुझे व्यथित और बेचैन रखा करते थे। अब, इस लेखन में अपने को व्यक्त कर लेने के बाद, मैं एक तरह का सन्तोष, एक तरह की शान्ति, एक तरह की मुक्ति अनुभव कर रहा हूँ।

मैंने अपनी कथा शुरू के क्रमानुसार कही है। जिस समय मेरी जैसी धारणाएँ, मान्यताएँ थीं, मैंने उन्हें वैसी ही व्यक्त की हैं। यह जरूरी नहीं कि वे अब भी वैसी ही हों!

यह सच है कि अगर मैं कल वह न होता जो था, तो आज वह न होता जो हूँ, पर यह भी सच है कि आज मैं जो हूँ, कल मैं वह न था, कदापि न था। सच है कि अतीत ही वर्तमान को जन्म देता है, किन्तु अतीत वर्तमान नहीं, न वर्तमान भविष्य है। संसार में जब कोई जीव, कोई वस्तु स्थिर नहीं, सब चलायमान और गतिशील हैं, तो धारणाएँ, मान्यताएँ, विचार और सिद्धान्त ही कैसे स्थिर, स्थायी, गतिहीन रह सकते हैं? समय के साथ शरीर और मस्तिष्क, दोनों का ही रूपांतर होता रहता है, प्रतिदिन नए-नए अनुभव होते रहते हैं। जब शरीर और बुद्धि ही बदल जाएँ तो धारणाएँ, मान्यताएँ, विचार और सिद्धान्तों का बदल जाना स्वाभाविक ही है।

इसीलिए मैं फिर कह दूँ कि जब जो प्रसंग हुआ है या जब जिस व्यक्ति का जिक्र आया है, मैंने उस अवस्था का होकर ही, उस समय की अपनी मनोभावनाएँ व्यक्त की हैं।

इसीलिए मेरे लेखन में कहीं-कहीं विपरीत भाव और कथन (कंट्राडिक्शन) दिखाई दे सकते हैं।

इस लेखन में मैंने अपने को व्यक्त करने का प्रयास किया है, अपने को खोलकर रख देने का साहस किया है। लेकिन मैं अपने को तथा औरों को भी उसी हद तक खोलकर रख सका जितना, मेरी समझ में, शिष्टाचार अनुमति देता था। झिझक और संकोच को सर्वथा तिलांजलि न दे सका, न अपने को पूर्णतया खोलकर ही रख पाया हूँ। कोई भी आत्मकथा-लेखक अपने को पूर्णतया खोलकर नहीं रख सकता। पूर्णतया खोलने का प्रयास कर सकता है, भ्रम मात्र पैदा कर सकता है, इससे अधिक असम्भव है। लेकिन शायद इससे अधिक की जरूरत भी नहीं।

अभिव्यक्ति को प्रभावशाली बनाने के लालच में उपयुक्त शब्द का उपयोग करने से, कभी-कभी, कहीं ज्यादा अच्छा होता है कि शब्दों का मोह छोड़कर, बात परदे में ही रहने दी जाए। कही हुई बातों के बीच न कही हुई बात अपने-आप स्पष्ट झलकने लगती है। सृजनात्मक मौन अक्सर ही भयंकर रूप से सवाक् हो उठता है।

व्यक्ति जब कभी औरों के बारे में कुछ भी बोलता है, तो अनायास ही और अनजाने में, अपने चरित्र को भी खोल बैठता है, जिस तरह अपने बारे में कुछ भी कहते हुए वह अपने जाने-पहचाने लोगों के चरित्र खोल बैठता है। जब रोजमर्रा की बोलचाल में यह तथ्य घटित हुए बिना नहीं रह सकता तब एक आत्मकथा में वह घटित न हो, यह असम्भव है।

सम्भव है, मेरी आत्मकथा पढ़ने के बाद कुछ लोग बुरा मानें और अपनी नाराजगी प्रकट करने के लिए मार्ग खोजें। उन्हें मैं विश्वास दिलाना चाहूँगा कि मैंने

उनके या औरों के साथ मनमानी नहीं की है। उनके चरित्रों को उसी हद तक स्पर्श किया और दर्शाया है जिस हद तक वे मेरे जीवन से सम्बन्ध रखते थे और मेरी आत्मकथा के लिए उनका स्पर्श करना, दर्शाना जरूरी था।

वैसे भी, बुरे को दुष्ट और अच्छे को देवता कहने की मुझे आ़दत नहीं। ऐसा कोई व्यक्ति मुझे आज तक न दिखाई दिया जो इतना बुरा या इतना अच्छा हो कि उसे दुष्ट या देवता कहा जाए। अच्छों की बुराई और बुरों की अच्छाई देखकर मैं बार-बार चकित हुआ हूँ। अगर मैं अपने अन्दर उत्पन्न हुए आज तक के सारे दुष्ट विचारों को बटोरकर उनका मुआयना करूँ, तो मैं जानता हूँ, मैं खुद अपने-आपको महादुष्ट पाऊँगा।

फिर भी, लेखक की मजबूरी होती है। यथार्थ का चित्रण बीहड़ काम है। जगह-जगह तलवार की धार पर मुझे चलना पड़ा है। चलना ही था। न चलता तो बेईमानी होती—दुनिया के साथ भी और अपने साथ भी।

—किशोर साहू

'वाटिका'
चेम्बूर, बम्बई
1 जून, 1974

सौंदर्य ने मुझे सदा ही आकर्षित किया है—चाहे सौंदर्य रूप का हो या वाणी का या विचार का। इसी कारण मेरा समस्त जीवन रूपवती स्त्रियों, गुणवान पुरुषों और सुन्दर वस्तुओं की भरपूर उपलब्धियों के बीच व्यतीत हुआ है।

अगर मैं उस कुल में पैदा न हुआ होता जिसमें हुआ हूँ, उन माँ-बाप की सन्तान न होता जिनका हूँ, उन अच्छे-बुरे लोगों से न मिला होता जिनसे मिला, वे दुख-सुख के प्रसंग मेरे जीवन में न आए होते जो आए हैं, वह अच्छी-बुरी अगर मुझ पर न बीती होती जो बीती है, तो शायद आज मैं वह न होता, जो हूँ। मेरे वर्तमान व्यक्तित्व की आधारशिला मेरा अतीत है—बचपन तक का अतीत, बचपन तक के संस्कार, बल्कि उससे भी पहले के, पिछले जन्म के और पिछले से भी पिछले जन्मों के संस्कार।

मैं जन्मजात आशावादी हूँ। इच्छित वस्तु को पाने के लिए मेरी आशाएँ उग्रता से लक्ष्य पर केंद्रित हो जाया करती हैं और तब तक केंद्रित रहती हैं जब तक लक्ष्य प्राप्त नहीं हो जाता। कई बार मेरे सक्रिय प्रयत्नशील हुए बिना भी, केवल इच्छाओं और आशाओं की प्रबलता के योग से ही, मैंने मनचाही वस्तु पाई है।

मेरा जीवन आकस्मिक और नाटकीय घटनाओं से ओत-प्रोत है। इच्छाबल, संयोग, दैवयोग और नियति शब्दों का अर्थ समझने में कभी-कभी मैं भूल कर बैठता हूँ। विचारों की धारा में बह जाना, खयालों की दुनिया में डूब जाना मेरा स्वभाव है। सोचने की मेरी आदत है। स्वप्नाना, स्वप्न की नाईं नित नया विचार, नया दृश्य, नई योजना बनाना मेरा नित्यकर्म है। इसी तरह अवकाश के समय, ऊब की घड़ियों में, मोटर, रेल, हवाई जहाज के सफर में अक्सर मैं सहसा अपने को अतीत की उन सुन्दर गहराइयों में डुबकियाँ लगाते पाता हूँ, यादों के महासागर के तल में सँजोए हुए उन अमूल्य रत्नों में से, इच्छानुसार, किसी एक रत्न को बाहर निकाल उसका पुनः अवलोकन करने लगता हूँ, जिस पर मेरे अतीत की कोई सुखद कल्पना, अभिलाषा या अनुभूति किसी समय केंद्रित थी, अब भी है और सदा रहेगी। इसी कारण मैंने सदा अपने को धनवान समझा और पाया है।

मेरे पास रुपयों का खजाना हो या न हो, स्मृतियों का, सुखद स्मृतियों का खजाना सदा रहा है और रहेगा।

ऐसी शक्लों, ध्वनियों, दृश्यों, प्रसंगों, सुगंधों, व्यक्तित्वों, अनुभूतियों से—जिनके समक्ष आँखों को तृप्ति, दिल को राहत और आत्मा को सुख मिलता है—मेरे जीवन के भंडार भरे पड़े हैं और सदा रहेंगे।

संघर्षमय आधुनिक संसार में अब जीवन-क्रम कुछ इस प्रकार तेज हो गया है कि कल के लोग बराबर याद नहीं रहते। कल की बातें भूल जाता हूँ शायद इसलिए कि इतने सारे लोगों से मिलता हूँ, इतनी सारी बातें नित्य होती रहती हैं कि उनमें से कुछ को मानसपटल पर अंकित होने का—उस भीड़ में, या जल्दी में—बराबर अवसर नहीं मिल पाता; या इसलिए कि अब तक इतना कुछ देखा, सुना और अनुभव किया है कि बहुधा लोग—स्थिति और प्रसंग, मेरे स्मृतियों के भंडार के लिए अपनी नवीनता—अपना अनोखापन, अपनी विशेषता खो बैठे हैं, पुनरावृत्तियों से प्रतीत होते हैं। लेकिन कुछ पहले की बातें, पुरानी बातें, बचपन की बातें मुझे बराबर याद हैं। वैसे, देखी हुई सूरतें, सब नहीं, अच्छी या अद्‌भुत सूरतें तथा नाटकीय या सारगर्भित प्रसंग मुझे सहज ही देर तक याद रहते हैं। जो मन को भा जाए या जो मन को दुखा जाए, वह कभी नहीं भूलता। स्मृति मेरी अच्छी है।

जब मैं छोटा था, बहुत छोटा था, यानी दो-ढाई वर्ष का, तब से मुझे याद है, मैं सुन्दर वस्तुओं को बटोरा करता था। जब मैं चार वर्ष का हुआ, न जाने कहाँ से, मेरे पास देवदार की लकड़ी का बना एक बड़ा-सा सन्दूक आ गया, जिसकी लकड़ी पर रंदा नहीं लगा था, न वार्निश ही। उस खुरदरी लकड़ी की फाँस मेरे बचपन के मुलायम हाथों में अक्सर चुभी है। उसी बक्से में मैं बटोरी हुई सुन्दर-सुन्दर वस्तुओं को सँजोया करता था और अवकाश के अवसर पर उस बक्से को खोलकर, उसमें निहित अपनी सम्पदा को बाहर निकाल, उसका निरीक्षण किया करता था। उस अपने अमूल्य संकलन के निरीक्षण में मुझे जो आनन्द, जो समाधान, जो तृप्ति मिलती थी, वह अकथनीय है। अपने माता-पिता के अलावा मेरे लिए दुनिया में सबसे प्रिय तथा मूल्यवान जो था, वह वही बक्सा था, जिसमें बचपन में बड़े चाव से जुटाई हुई खूबसूरत चीजें भरी पड़ी थीं।

उन खूबसूरत चीजों में केवल खिलौने ही नहीं थे—शायद खिलौने बहुत कम थे, खिलौने तो हर किसी बच्चे के पास होते हैं और मुझे तो वे सदा ही पर्याप्त संख्या में उपलब्ध रहे हैं—उनमें असाधारण, अनोखी, अद्‌भुत चीजें थीं जो प्राय: दुर्लभ होती हैं, जैसे—फानूस का रंगीन लोलक, बया पक्षी का घोंसला, भुट्टे की सुनहरी मुलायम बालियाँ (जो बाद में सूखकर काली हो गई थीं), स्त्रियों के बालों में लगाने का गटापार्चा का जापानी क्लिप, मेले में खरीदी हुई सीटी, डिबिया, काठ की बनी तिकोनी गुड़िया (जिसकी बड़ी-बड़ी आँखें विलक्षण थीं), काँच की रंग-बिरंगी गोलियाँ, मरी हुई

तितलियाँ (जिनके परों पर इन्द्रधनुष के रंग बिखरे पड़े थे), किताब के पन्नों के बीच दाबकर सुखाए हुए जंगली फूल, नदी की बालू पर पाई हुई सीपें, शंख, घोंघे, चिकने-चिकने रंगीन पत्थर, जेब घड़ी की टूटी हुई चेन, छाते का हाथी दाँत का हैंडल (जिस पर हाथी का सिर और सूँड़ बनी हुई थी, हालाँकि सूँड़ की नोक टूट चुकी थी), बाजार से लाई हुई धोतियों पर से एहतियात से उतारे हुए तरह-तरह के लेबल, रंगीन चॉक, इत्र की विभिन्न आकार तथा रंग की छोटी-छोटी खाली शीशियाँ, लाख की चूड़ियाँ, एक बहुत ही बड़ा रंगीन लट्टू, काले पुट्ठे का एक छोटा-सा डिब्बा (जो न जाने क्यों मुझे कैमरे की तरह लगता था और मैं उस 'कैमरे' को लेकर कभी-कभी लोगों की फोटो खींचता फिरता था), हिरन की नकली आँख, चीनी की एक विदेशी गुड़िया, मखमल की टोपी, कुछ पाइयाँ, सीप का बना एक रुपया, आदि।

जैसे-जैसे मैं बड़ा होता गया, मेरे उस बक्से का खजाना भी बढ़ता गया। जब मैं हाई स्कूल में पहुँचा तो बक्सा अमूल्य रत्नों से खचाखच इतना भर चुका था कि उसका ढक्कन बड़ी मुश्किल से बन्द हो पाता था। मैट्रिक पास करते समय जब अन्य छात्र अपने को स्वच्छंद और भावी स्वप्नों को जीवन्त करने के उद्योग में अग्रसर पाते थे, मैं अपने अतीत में सँजोई हुई उन विलक्षण वस्तुओं के मोह में फँसा तथा बचपन की सुखद स्मृतियों के जाल में जकड़ा हुआ था।

सबसे पहला जानवर जो मुझे याद है, वह है हाथी। वह हाथी, जो हमारे महल के द्वार पर झूला करता था। मैं तब लगभग डेढ़ साल का था। सुबह, शाम, दोपहर को, गोद में लिये माँ रायगढ़ पैलेस की हमारी बालकनी में मुझे घुमाया करती थीं; और जब मैं रोता तो द्वार पर, मोटे रस्से से बँधे, डोलते हुए हाथी की ओर संकेत करके मुझे 'वह देखो हाथी—कैसे झूलता है!' कहकर बहलाया करती थी। हाथी का एक छोटा-सा बच्चा भी था जो महल के दालान में स्वच्छंद घूमा करता था। वैसे तो वहाँ कई हाथी-हथिनियाँ थे पर मुझे इन दो की ही याद है। एक बार भारी भरकम लोहे का पलंग ऊपर की बालकनी से रस्सी बाँधकर नीचे आँगन में उतारा जा रहा था। शायद दरवाजे छोटे होने के कारण उनमें से वह नहीं निकाला जा सकता था—वह दृश्य भी याद है। सोने की गिन्नियाँ, मखमल की वे टोपियाँ याद हैं जो मुझे मेरी दूसरी वर्षगाँठ के उत्सव पर मिली थीं। हरे लाल, काले, ऊदे रंग की वे मखमली टोपियाँ मैंने बहुत दिनों तक कई अवसरों पर पहनीं। बाद में उन पर टँकी गिन्नियाँ निकालकर टोपियाँ मुझे खेलने के लिए दी गईं। उस समय मेरे पास सोने की गिन्नियों से कहीं अधिक महत्त्व उस रंगीन मुलायम मखमल का था—चिकना-चिकना कैसा भला लगता था! किसी भी वस्तु का महत्त्व बहुधा व्यक्ति के मानसिक स्तर पर निर्भर रहता है।

रायगढ़ में मेरे दादा दीवान थे। दीवान से भी बढ़कर यानी एडमिनिस्ट्रेटर थे। रायगढ़ के राजा बहादुर भूपदेव सिंह की मृत्यु हो गई थी और युवराज बेतहाशा पीते

थे, इतना कि सीधे चल नहीं सकते थे। सारा राजकारोबार दादा जी को ही चलाना पड़ता था। इस्टेट की पूरी जिम्मेदारी उनपर थी। रानी को अगर किसी उत्सव, आदि में शरीक होना हो; टमटम, बग्गी, हाथी आदि किसी सवारी की जरूरत हो तो उन्हें दादा जी से माँगना होता। दादा जी वस्तुतः रायगढ़ के राजा थे और महल के ही एक हिस्से में सपरिवार रहते थे। लेकिन यह बात मैं साफ कर दूँ कि राजघराने से हमारा कोई सम्बन्ध नहीं। हम लोग मध्यवर्गीय हैं। वंश के क्षत्रिय हैं।

लगभग ढाई सौ वर्ष पूर्व राजस्थान से जो हमारे पूर्वज उस समय के मध्यप्रान्त में आकर, नागपुर कमिश्नरी के भंडारा जिले में बस गए थे, उनका नाम मानसिंह था। बचपन में मैंने अपने पूर्वजों की जो तसवीरें देखी हैं, उनमें पुरुषों के दाढ़ी और गलमुच्छे हैं—राजपूती दाढ़ी, वही राजपूती बाना। स्त्रियाँ लहँगा, अंगिया, ओढ़नी पहने हुए हैं। पाँव में लच्छे पायल, कड़े, हाथ में चूड़े, चूड़ियाँ, बाजूबंद, गले में मंगलसूत्र, हँसली, हमेल, वज्रटीक, गुलूबन्द, नाक में नथ या फूल्ली, माथे पर बिंदिया, बोर और जूड़े पर खोपा।

मानसिंह का परिवार कालांतर में काफी बढ़ गया और वंश की विभिन्न शाखाएँ नागपुर से लेकर रायपुर तक फैल गईं। उन दिनों ये दोनों शहर पुराने मध्य प्रान्त में थे। खून से राजपूत तथा तलवार के धनी होने के कारण इस वंश के लगभग सारे परिवार अक्सर गाँवों में जाकर बसे और जमींदार बन बैठे, खेतीबारी करने लगे, रुपया सूद पर देने लगे। धीरे-धीरे नामों के अन्त से 'सिंह' उड़ने लगा। किसी ने अपने नाम के आगे महोबे आस्पद लगाया, किसी ने शिवहरे, किसी ने गुप्त, गुप्ता, राय, सेन आदि।

मेरे दादा के दादा 'साव' थे। भंडारा शहर में उनकी हवेली थी। लेन-देन करते थे। उनकी मृत्यु के बाद मेरे दादा के पिता ने भी वही किया। मेरे दादा परिवार में अपने समय के पहले व्यक्ति थे जिन्होंने अँगरेजी की शिक्षा ली और नागपुर से मैट्रिक पास की। मेरे दादा का नाम आत्माराम साव था। 'साव' का रूपान्तर उन्होंने 'साहू' में कर दिया। उसके बाद हमारा गोत्र 'साहू' हो गया। वैसे मूलतः हमारा गोत्र 'कश्यप' है।

आत्माराम साहू ने मैट्रिक पास करते ही रायपुर में कमिश्नर के दफ्तर में 'क्लर्क ऑफ कोर्ट' नौकरी कर ली। उन्होंने तीव्र बुद्धि पाई थी। स्वावलम्बी तथा आत्माभिमानी थे। दफ्तर में उनकी जल्दी-जल्दी तरक्की होती गई। क्लर्क से वे सुपरिंटेंडेंट बने और फिर ई.ए.सी. यानी एक्सट्रा असिस्टेंट कमिश्नर यानी 'छोटे

साहब'। उन दिनों भारतीय अफसरों की उन्नति अधिक से अधिक इसी पद तक हुआ करती थी। इससे ऊँचा स्थान था डिप्टी कमिश्नर का, फिर कमिश्नर का, फिर गवर्नर का और फिर गवर्नर जनरल का। इन सब ऊँचे स्थानों पर केवल अँगरेजों का अधिकार था। कोई भारतीय इन ऊँचे पदों पर पहुँचने की आशा स्वप्न में भी नहीं कर सकता था। पर अल्पसन्तोषी भारतवासियों को अँगरेजी हुकूमत से खैरात में मिले हुए इन्हीं टुकड़ों पर सन्तोष था। उन दिनों अपने बच्चों की बलाएँ लेते हुए माताएँ उन्हें आशीर्वाद देती थीं : 'जुग-जुग जिओ, मेरे लाल, जल्दी-जल्दी बड़े होओ, खूब पढ़ो और 'छोटे साहब' बनो।' मुझे याद है, मेरे बचपन में मेरी दादी ने और नानी ने और माँ ने भी मुझे यही आशीर्वाद दिया था और मेरे लिए 'छोटे साहब' बनने की कामना की थी।

मेरी दादी का नाम था गौरा। नौकर लोग, पड़ोसी, मिलने-जुलने वाले उन्हें साहबिन या साहबिन बाई कहा करते थे। मैं उन्हें आजी माँ कहता था। दादी के पिता का नाम था गनपत सिंह। रायपुर में वे कमिश्नर के दफ्तर में किसी खाते में सुपरिंटेंडेंट थे। उनके दाढ़ी और गलमुच्छे थीं। कपड़ों के शौकीन थे। घोड़े की सवारी करते थे। उनके जूते का नम्बर 12 था, और उनकी दो पत्नियाँ थीं। उनकी माता बड़ी निडर थीं। उनकी निडरता-वीरता के किस्से मैं बचपन में दादी से सुन चुका हूँ। एक बार सेंध लगाकर आधी रात में घर में चोर घुसा। मेरी दादी की दादी (गनपत सिंह की माँ) ने उसका घुसना देख लिया और उस पर निहत्थी ही लपक पड़ीं। चोर, सामान फेंक, सेंध में पिल पड़ा। पर इस वीरांगना ने सेंध से बाहर निकले हुए उसके पाँव जोरों से पकड़ लिये और चोर के बार-बार छुरे से हाथ पर प्रहार करने पर भी नहीं छोड़े और निरंतर पुकार मचाती रहीं। घरवाले तथा पड़ोसी जाग गए और चोर पकड़ा गया। उसे सजा हो गई। अपने बेटे गनपतसिंह का वेतन लेने पहली तारीख को वे घोड़े पर सवार हो, कमिश्नर के दफ्तर खुद जाती थीं।

मेरी दादी सौम्य स्वभाव की थीं। अपने काम से काम। न किसी के लेने में, न देने में। उन्हें कोई विशेष शौक न था; कपड़ों, गहनों का भी नहीं। अपनी चीजें अपनी बेटियों और बहुओं को बाँट देती थीं। मेरी दादी सदा दादा जी के साथ बनी रहीं, और उनकी देखभाल करती रहीं। मुझे बहुत प्यार करती थीं। पर उनकी तबीयत रूखी थी। उनके प्यार में भावना नहीं झलक पाती थी। हमारे सम्मिलित परिवार के बीच वह मुझे सदा ही निर्लिप्त, पृथक्, श्रोता एवं तमाशबीन की नाईं प्रतीत हुईं। उनके व्यक्तित्व का मुझपर कोई प्रभाव न पड़ा। मेरे दादा उनके बिलकुल विपरीत थे और मेरे व्यक्तित्व तथा चरित्र को दिशा देने में उनके गुण, स्वभाव, व्यक्तित्व ने बहुत बड़ा योग दिया है। उन्हें मैं दादा जी कहता था।

रायपुर से दादा जी (आत्माराम साहू) का तबादला दुर्ग को हुआ। रायपुर के पश्चिम में 20 मील की दूरी पर दुर्ग है। यह जिला था, अब भी है। शहर की जनसंख्या तब 12000 रही होगी। आज शायद 30,000 होगी। यहाँ से दो मील के फासले पर भिलाई नगर बसाया गया है जो इस्पात के कारखानों के लिए जगप्रसिद्ध है। भिलाई पहले 200 व्यक्तियों का एक छोटा-सा गाँव था। आज भिलाई की जनसंख्या, 2,00,000 होगी।

दुर्ग में ही 22 अक्टूबर, 1915 की दोपहर को 2.30 बजे मेरा जन्म हुआ। उस समय मेरे पिता की अवस्था 24 वर्ष की थी और माता की 16 वर्ष। मेरे पिता का नाम कन्हैयालाल और माता का प्रेमवती है। मैं पिता को 'जी' और माता को 'माँ' कहता हूँ।

मेरे दादा के चार बेटे और चार बेटियाँ थीं, क्रमश: इस प्रकार—मनमोहनलाल, कन्हैयालाल, दुर्गा, सुन्दरलाल, कमला, मुकुन्दलाल, तारा और सुशीला। उस समय मनमोहनलाल म्योर सेंट्रल कॉलेज, इलाहाबाद में बी.एस-सी. पढ़ रहे थे। कन्हैयालाल और सुन्दरलाल हिस्लॉप कॉलेज, नागपुर में थे। मुकुन्दलाल स्कूल में थे। दुर्ग में मैं साल-डेढ़ साल का होने तक रहा। दुर्ग के घर की जाफरीवाली छपरी तथा स्नानघर की मुझे याद है। माँ और दादी का मिलकर मुझे नहलाने का एक दृश्य भी याद है, जिसका जिक्र तब से किया करता हूँ जब मैं बहुत छोटा था। इसका मतलब कि एक वर्ष के बच्चे के मस्तिष्क में भी कुछ दृश्य अंकित हो जाते हैं जिनकी याद उसे सदा बनी रहती है, मेरा अनुभव यही कहता है।

रायपुर की कमिश्नरी का समस्त प्रदेश छत्तीसगढ़ कहलाता था और वहाँ के लोग छत्तीसगढ़ी भाषा बोलते थे। अब भी वही भाषा बोलते हैं, लिखना-पढ़ना अलबत्ता हिन्दी में ही करते हैं। छत्तीसगढ़ में छोटे-बड़े कई रजवाड़े थे। दादा जी कई वर्षों तक रायगढ़, सारंगढ़, राजनांदगाँव, सक्ति, बलांगीर पटना आदि इस्टेटों में दीवान बने रहे।

भंडारा में दादा जी ने हवेली बनाई हुई थी। उनकी हवेली के आसपास उनके छोटे चार भाइयों ने भी अपने-अपने मकान बना रखे थे। हर मकान को आँगन थे। वह सड़क, जो हमारी हवेली के सामने से, साहू परिवारों के मकानों के बीच से जाती थी, 'साहूज लेन' कहलाती थी। दादा जी ने सोचा था कि रिटायर होने के बाद वे इसी हवेली में आन रहेंगे। मगर वे जब तक जिए, नौकरी ही करते रहे और उनका अन्त दीवान के पद से ही हुआ। 'छोटे साहब' के पद से रिटायर होने पर भी उन्हें सक्ति इस्टेट के राजा साहब ने खाली न बैठने दिया और सक्ति के दीवान पद पर नियुक्त कर उन्हें अपने पास बुला लिया।

जब तक मैं पाँच वर्ष का हुआ, मेरे सब चाचाओं और बुआओं का ब्याह हो चुका था। बुआएँ अपने-अपने घर जा चुकी थीं। मेरे ताऊ और चाचा लोग भंडारा

की हवेली में रहते थे। मेरे ताऊ वकील थे। उनकी वकालत अच्छी चलती थी। मेरे पिता तहसीलदार थे। छोटे भाई सुन्दरलाल बी.ए. करके घर में खाली बैठे थे और ई.ए.सी. (छोटे साहब) की नौकरी के लिए प्रयत्न कर रहे थे। सबसे छोटे भाई मुकुन्दलाल ने मैट्रिक कक्षा से ही स्कूल छोड़ रखा था और वे भी बेकार बैठे थे। व्यायाम का उन्हें शौक हो गया था और रामायण बड़े सुरीले कंठ से पढ़ते थे। श्री रामचन्द्र जी के भक्त थे पर मेरे इस रामायण-पाठी चाचा ने अपने माँ-बाप और बहनों को सदा बड़ा कष्ट दिया।

डेढ़-दो साल, जब तक जी (पिताजी) सरकारी नौकरी में रहे, मैं भी उनके साथ-साथ रहा। सरकारी नौकरी में जी अपने छोटे से परिवार को (जिसमें माँ, मैं, और मुझसे ढाई वर्ष छोटे भाई सुशील थे) लेकर भंडारा से 20 मील पर स्थित साकोली तहसील पहली बार तहसीलदार होकर गए। मेरी उम्र उस समय पाँच वर्ष की थी और मैं स्लेटपट्टी पर देवनागरी वर्णमाला की बारहखड़ी लिख लेता था।

साकोली शहर छोटा था। उसकी आबादी पाँच हजार से अधिक न होगी। यहाँ हम लोग एक वर्ष रहे। उस समय का मुझे सबकुछ याद है। उस घर का सारा नक्शा याद है जहाँ हम रहते थे। कचहरी, गेंदघर जहाँ जी टेनिस खेला करते थे; बाजार, वह झील 'नयागाँव बाँध' जिसे देखने जी हम सबको लेकर एक बार गए थे। वह झील इतनी बड़ी थी कि उसका परला किनारा आँखों को दिखाई न देता था, पानी आकाश से जा मिला था। हमारे घर आने-जाने वाले बहुत से व्यक्ति याद हैं। साकोली में कोई विशेषता न थी।

किन्तु यहाँ एक विशेष घटना यह हुई कि एक दिन मैं पड़ोसी के घर जिज्ञासावश हुक्के का कश लगा बैठा। सिर चकराने लगा। उलटियाँ होने-होने को हुईं और मैं घबराने, चिल्लाने लगा। जी, माँ और अन्य लोग दौड़े आए। मैंने चोरी से हुक्के का दम लगाने की बात कह दी। लोग खूब हँसे। उचित सजा मैं भुगत रहा था। मुझे नींबू का अचार खिलाया गया। बड़ी देर बाद कहीं सिर ठिकाने आया।

मैं अपने माता-पिता का ज्येष्ठ पुत्र हूँ। मेरा तीसरा भाई साकोली में पैदा हुआ और उसका नाम प्रकाश रखा गया। वह बहुत गोरा था। लेकिन कभी-कभी जब वह गोद में या झूले में पड़ा हँसता, खेलता या रोता तो उसका माथा सहसा चमक उठता। माथे की वह चमक विलक्षण थी। माँ ने वह चमक कई बार देखी और देखकर विस्मित ही नहीं, आशंकित भी हो उठीं। और लोगों ने भी वह चमक देखी थी। लोगों से परामर्श लिया गया। कुछ समझदारों के विचार से प्रकाश में कदाचित किसी महापुरुष या योगी की आत्मा ने जन्म लिया था। छः महीने का होकर प्रकाश जाता रहा। और ऐसी दुखी हालत में जब परिवार था, जी की बदली गोंदिया हो गई।

जी को स्कूल के समय से ही अँगरेजी साहित्य में प्रगाढ़ रुचि थी। जब वह हिस्लॉप कॉलेज, नागपुर में थे, अँगरेजी में कविता लिखने लगे थे और प्राध्यापकों तथा छात्रों में उनकी अँगरेजी, कविताओं का सादर उल्लेख होने लगा था। जी ने तब तक अँगरेजी साहित्य के शेक्सपियर, रेनॉल्ड्स, थैकरे, एडिसन, जॉनसन, मेकॉले से लेकर वर्ड्सवर्थ, शेली, कीट्स, ब्राउनिंग, टेनिसन, ऑस्कर वाइल्ड और बर्नार्ड शॉ जैसे महान लेखकों तथा कवियों की रचनाएँ पढ़ डाली थीं। कोर्स में पढ़ाई जाने वाली पुस्तकों में उनका मन कभी न लगा। इसी कारण एफ.ए. फाइनल से आगे न पढ़कर उन्होंने सरकारी नौकरी ग्रहण कर ली।

गोंदिया अच्छा खासा शहर है। हालाँकि भंडारा जिला है, उससे बड़ा शहर गोंदिया है और हैसियत उसकी केवल तहसील की है। बम्बई शहर से लेकर गोंदिया तक मराठी भाषा बोली जाती है। गोंदिया से पूर्व की ओर हिन्दी शुरू हो जाती है। गोंदिया के अन्दर हिन्दी भाषी और मराठी भाषी, दोनों लोग पाए जाते हैं। जब जी गोंदिया पहुँचे, मेरी अवस्था छः वर्ष की थी। मेरी बहन इंदु यहीं पैदा हुई।

गोंदिया में हम लोग साल भर रहे। वहाँ बिताए दिनों की मुझे अच्छी तरह याद है। शहर मुझे छः वर्षीय बालक को अच्छा लगा था। वहाँ रौनक थी। वहाँ के लोग जिन्दादिल और शौकीन तबीयत के प्रतीत हुए।

हमारा घर रेलवे स्टेशन के बिलकुल करीब था। रात-दिन इंजन की सीटी, भक-भक की आवाजें और डिब्बों के शंटिंग की गड़गड़ाहट सुनाई पड़ती। दो क्रिस्तान युवतियाँ, फ्लोरा और रोजी (ये नाम कल्पित हैं),हमारे घर कभी-कभी आया करती थीं। दोनों बहनें थीं। फ्लोरा बड़ी थी और साड़ी पहनती थी। रोजी छोटी थी, लगभग 18 वर्षीया, और वह फ्रॉक पहनती थी। एक बार किसी के साथ मैं उनके घर भी गया था। वहाँ एक युवक भी आया था जो धोती पहने था। मैं आधे घंटा शायद वहाँ ठहरा हूँगा मगर इतनी देर में मेरी—छः वर्ष के बालक की—आँखों ने ताड़ लिया था कि रोजी और उस युवक में परस्पर कोई गुप्त सम्बन्ध है जो मुझे अच्छा लगा था और इस सम्बन्ध के प्रति मेरे बाल हृदय में जिज्ञासा जागृत हुई थी।

यौन के प्रति, उस अवस्था में, मेरा कौतूहल अपार था। शायद मेरी उम्र के हर बालक को होता है। रोजी मुझे अच्छी लगती थी, सुन्दर लगती थी। उसके समक्ष मेरे दिल की धड़कनें कुछ बढ़ जाती थीं। बाद में, कुछ वर्ष बाद, जब घर में रोजी का जिक्र आता, मैंने माँ और जी को उसके आचरण की निन्दा करते हुए सुना। फ्लोरा हमेशा उसकी शिकायतें लेकर ही हमारे घर आया करती थी। मैंने यह भी बाद में सुना कि रोजी वास्तव में आँखों की भेंगी थी और गोंदिया के मनचले युवकों का दिल बहलाती थी।

कभी-कभी बच्चों की आँखें ऐसी बातें देख और ताड़ लेती हैं जिनकी बड़ों को अपने बच्चों से अपेक्षा नहीं रहती। बच्चों के समक्ष नारी का रूपवती होना आवश्यक

नहीं होता। बच्चों की दृष्टि में स्त्रियाँ लगभग तीन हिस्सों में विभाजित होती हैं : 1. छोटी उम्र की लड़कियाँ—दस-बारह वर्ष तक की। 2. बारह से लेकर पच्चीस वर्षीय युवतियाँ। 3. बड़ी-बूढ़ी। ये दूसरे दर्जे की स्त्रियाँ, यानी युवतियाँ जो बारह से पच्चीस की होती थीं, मुझे उन बचपन के दिनों में बहुत भाती थीं। शायद बच्चों के मन में हिलोरें पैदा करने के लिए व्यक्ति का नारी होना ही काफी है, और अगर नारी यौवन के उत्थान पर हुई तो सोने में सुगंध वाली बात पैदा हो जाती है। नारी के रूप-रंग पर बच्चे की निगाह विशेष तौर पर नहीं जाती। बाद में मैंने देखा कि अनपढ़ किसान और मजदूरों के दिलो-दिमाग का भी यही हाल है।

जी को पेट में उन दिनों कॉलिक का दर्द उठा करता था। गेरुवा वस्त्र पहने एक साधु-महात्मा हमारे घर आया करते थे। तीस की अवस्था रही होगी। दाढ़ी, मूँछें साफ और सिर मुँड़ा हुआ। जी से बातचीत हुआ करती थी। कागज पर लिखा कोई मंत्र गिलास में डुबोकर पानी पी जाने का आदेश देते। कहते, पेट का दर्द उड़ जाएगा। आदेशानुसार जी करते, पर पीड़ा में कोई अन्तर नहीं होता, फिर भी पीड़ा के कम होने की आस बँधी रहती। मेरे जीवन में कई साधु-महात्मा आए हैं और उनसे मैंने बहुत कुछ सीखा और पाया है। गोंदिया वाला वह लड़का-सा लगने वाला साधु मेरी जिन्दगी का पहला साधु था और उसके प्रति उन दिनों मुझे एक विचित्र आदर, कौतूहल और जिज्ञासा महसूस होती थी।

आज मैं कह सकता हूँ, वह पाखंडी था।

गोंदिया में हम दोनों भाइयों को हिन्दी पढ़ाने के लिए जी ने एक मास्टर रख दिया—चार रुपये मासिक वेतन पर। उसने मुझे प्रवेशिका पढ़ाई, पहली और दूसरी कक्षाओं की पुस्तकें भी पढ़ाईं, पहाड़े और गणित का भी हलका-हलका अभ्यास कराने लगा। 'खिलौना' नामक पुस्तक मैंने तभी पढ़ी थी। उन दिनों दो-एक और भी पुस्तकें हुआ करती थीं जिनमें अच्छी-अच्छी बालोपयोगी कविताएँ हुआ करती थीं। उदाहरणार्थ, हिन्दी की समस्त बारहखड़ी कविता में पिरोई गई थी : अ—अज बकरा कहलाता है। आ—आम चूसकर खाता है, आदि। बड़ी बहन अपने छोटे भाई को पढ़ना सिखा रही है। उसका रेखाचित्र भी बना हुआ था जो मुझे अब तक याद है। तख्ती पर 'खिलौना' शब्द लिखकर बहन छोटे भाई से तख्ती पर लिखा पढ़ने को कहती है। यह आदेश वह पद्य में देती है और छोटा भाई भी उसका उत्तर इस प्रकार पद्य में देता है : 'अ—ल—न तो लिखा हुआ है तो भी नहीं पहचाना?' कितनी सुन्दर थी वह पुस्तक—'खिलौना' और कितनी बढ़िया थी उसमें छपी रचनाएँ! छोटे बच्चों को पढ़ाई जानेवाली आज की शुष्क, ऊटपटाँग पुस्तकें देखता हूँ तो शिक्षा विभाग के महापुरुषों पर मुझे बहुत गुस्सा आता है।

दो अँगरेज़ पृथ्वी के किसी कोने में क्यों न मिलें, अगर शाम को व्हिस्की पीते समय या सवेरे स्नानघर में एक अँगरेज गुनगुनाने लगता है : 'जैक एंड जिल वेंट अप द हिल टू फेच ए पेल ऑफ वाटर', तो दूसरा अँगरेज फौरन चहक उठता है : 'जैक फेल डाउन एंड ब्रोक हिज ब्राउन, एंड जिल केम टंबलिंग आफ्टर।' यह थी अँगरेजी नरसरी-राइम (बाल कविता) की महिमा। ये नरसरी-राइम बहुत पुराने हैं—शायद दो सौ वर्ष पुराने। आज के अँगरेज बच्चे भी यही राइम सीखते हैं। उनके पिता ने, दादा ने, परदादा ने भी यही सीखे थे, और आजीवन इन्हीं का प्रयोग किया था, जैसे आज के बच्चे आजीवन इन्हीं राइम का प्रयोग करेंगे। दो अनजाने व्यक्तियों को, दो समूह या प्रान्तों को मिलाने में, उनमें एकता का भाव पैदा करने में देश के ये नरसरी-राइम सदा अपना महत्त्व रखते हैं। लेकिन खेद है, आज भारत में हिन्दी को यह गर्व नहीं कि उसके पास पीढ़ियों से चली आई कोई नरसरी-राइम हो जिसे बच्चे पढ़ते आए हों, और आज भी सर्वत्र पढ़ रहे हों। 'खिलौना' जैसी अमूल्य पुस्तक न जाने कहाँ गायब हो गई!

बाल साहित्य लेखन ऐरे-गैरे नत्थू-खैरे के बूते की बात नहीं। बाल साहित्य के लेखक ही दूसरे होते हैं। वे एक विशेष प्रतिभा के धनी और बच्चों की मन:स्थिति से परिचित होते हैं।

ऊटपटाँग, शुष्क पुस्तकों को पाठ्य-पुस्तक का रूप देना और कोर्स की पुस्तकों को नित बदलते रहना महज बेवकूफी है। किन्तु हमारे बच्चों तथा बच्चों के साहित्य की हमारे तथाकथित नेताओं को चिन्ता कहाँ! उनका दिलोदिमाग तो सारा समय गद्दी सँभालने में ही तल्लीन रहता है। शर्म की बात है।

गोंदिया शहर में अचानक प्लेग शुरू हो जाने से जी सपरिवार शहर से तीन-चार मील के फासले पर एक जंगली गाँव नागरा में रहने चले गए। सरकार से तम्बू मिला था, मगर तम्बू नौकरों के रहने के लिए तान दिया गया और हम लोग उसी अहाते में एक कच्चे-से घर में रहने लगे। जी रोज सवेरे दस बजे साइकल पर बैठ कचहरी के लिए गोंदिया शहर को रवाना हो जाते और शाम को छ: बजे के लगभग नागरा लौट आते।

नागरा लोधियों की बस्ती थी। खड़ी से पुते हुए साफ-सुथरे घर। लोगों की पूर्वी या पूर्वीनुमा कोई आंचलिक भाषा थी, शायद वही थी जो उत्तर में जबलपुर की ओर के ग्रामों में बोली जाती है। होली आ रही थी। तीन हफ्ते पहले से ही आती हुई होली के चिन्ह उस छोटे-से गाँव में दिखाई देने लगे। छोटे-से हाट की दुकानों पर कपड़ों की बिक्री बढ़ गई। बतासों और खांड की मालाएँ—कुछ सफेद, कुछ हरी, पीली और गुलाबी—जगह-जगह लटकने लगीं। ढोलकें कसी जाने लगीं। डफें मढ़े जाने

लगे, और रातों को फाग गाया जाने लगा, जो आधी रात तक चला करता। गाँव के लोग गरीब और अनपढ़ थे। दिनभर मैं और मेरे छोटे भाई सुशील उन लोगों के बीच घूमते-फिरते, उनके बच्चों के साथ खेलते। गाँव का कोई भी व्यक्ति मुझे असाधारण न लगा। सब एक जैसे सीधे-सादे ग्रामीण प्रतीत हुए।

उन दिनों शाम के धुँधलके के साथ गाँव में एक हलचल पैदा होती। अतराफ के घरों में बरतन खनकते। लोग जल्दी-जल्दी खाना-पीना समाप्त करके महाजन के आँगन में जमा होने लगते। और फिर यकायक ढोलक पर थाप पड़ती और डफ, मंजीरे, करताल बजने लगते। कच्ची, बुलंद आवाजों में फाग गाया जाने लगता। ऐसी तड़पदार मैंने आज तक डफ नहीं सुना। ढोलक की थाप से रोंगटे खड़े हो जाते। और उस सामूहिक कंठों की तीव्रता, उनका सुरीलापन मेरे बाल-मन को भेद-भेद देता। फाग सुनकर मैं भी मस्त हो जाता। फाग गाने का उनका ढंग लगनेवाला होता था, जिसे सुनकर हर सुननेवाला खिल उठता था, झूम उठता था, मस्त हो जाता था। मेरा बाल मन सोच भी नहीं सकता था कि दिन को जाहिल और गँवार दीखनेवाले इन ग्रामीणों की मनोभावनाओं का विस्फोट रात के धुँधलके में इतने प्रचंड रूप से काव्यमय हो सकता है। नागरा में रातों को सतत महीना भर सुना हुआ वह फाग मेरे जीवन का पहला संगीतपान था। हाँ, उसे मैं संगीत ही कहूँगा—विलक्षण मधुर संगीत! उसके बाद फाग सुनने को न मिला। बाद में मैंने आल्हा सुना, ग्राम्य गीत सुने, पर फाग सुनने को न मिला।

नागरा में हम लोग दो महीने रहे। एक प्रसंग याद आ गया। हमारे पड़ोस में एक नाई रहता था जो घनचिड़िया मारकर उसके परों की टोपी बनाया करता था। घनचिड़िया एक सुन्दर पंखोंवाले पक्षी का नाम था। मेरा मन चाहा, मैं भी नाई से एक टोपी बनवाऊँ। नाई ने मुझसे कहा कि मैं अपने पिताजी से कहूँ कि एक घनचिड़िया बन्दूक से मार दें। मैंने जी से नाई की बात कही। पहले तो उन्होंने आनाकानी की, फिर टालमटोल, पर अन्त में मेरी जिद के आगे हार मानकर उन्होंने मुझे चिड़िया दिखाने को कहा। एक दिन सवेरे मैंने अपने ही आँगन में लगे हुए महुए के पेड़ पर घनचिड़िया का जोड़ा बैठा देखा और तुरन्त जाकर जी को खबर कर दी। जी अपनी ट्वेल्व बोर लेकर आए और पक्षी के उस जोड़े पर निशाना दाग दिया। एक चिड़िया गिर पड़ी। दूसरी उड़ गई। मैंने खुश-खुश दौड़कर गिरी हुई चिड़िया उठा ली। जी नाश्ता करने घर के अन्दर चले गए। खा-पीकर जब वे बाहर निकले, दूसरी जीवित चिड़िया पेड़ पर लौट आई थी और कोहराम मचा रही थी। जी ने एक दृष्टि पेड़ पर फुदक-फुदककर बिलखती हुई चिड़िया पर डाली और फिर साइकल उठा शहर चल दिए।

मैं तुरन्त ही लपककर नाई के पास पहुँचा और मारी हुई वह घनचिड़िया मैंने उसे समर्पित कर दी और टोपी जल्दी बनाने का अनुरोध करता हुआ वापस लौट आया।

शाम को जब कचहरी से जी लौटकर आए तो गुस्से में थे। माँ से कहने लगे, 'सुन रही हो, प्रेम, घर के ऊपर यह कोलाहल?' घर के ऊपर मँडरा-मँडराकर एक पक्षी रुदन कर रहा था। शायद वह घनचिड़िया का जोड़ा था। 'मैंने एक को मारा तो दूसरा रो रहा है। एक मील तक, जहाँ तक जंगल चलता है, इस पक्षी ने सवेरे मेरा पीछा किया और शाम को जब मैं लौटा तो यह जंगल के उस सिरे पर मौजूद था और वहाँ से अब घर तक इसने मेरा पीछा किया है।'

सुनकर मैं सहम गया। गोधूलि के समय तक पक्षी की वह चीखोपुकार चलती रही। रात को बन्द हो गई। लेकिन दूसरे दिन सवेरे ही वह पक्षी विलापता हुआ फिर हमारे घर और पेड़ पर मँडराने लगा। फिर उसने जहाँ तक जंगल था, जी का पीछा किया; शाम को फिर तड़पता, रुदन करता घर तक लिवा लाया और अँधेरा होने तक उसका हृदय-भेदी विलाप सुनाई देता रहा। यह क्रम लगभग दस-बारह दिनों तक सतत चलता रहा। जी एक दिन पक्षी के उस हृदयद्रावक रुदन से इस कदर विचलित हुए कि गुस्से से उनकी आँखों में खून उतर आया, बन्दूक उठाकर मुझसे बोले : 'कहाँ है साला वह नाई, उसे गोली मार दूँगा।' माँ ने जी के हाथ से बन्दूक छीन ली और मुझे उनके सामने से हटा दिया। दुबककर मैं दूसरे कमरे में चला गया।

उसके दो या तीन दिन के बाद अचानक ही उस पक्षी का आना बन्द हो गया। पता नहीं, कहाँ चला गया! दिनभर चुप्पी छाई रही। रात खाना खाते समय जी ने कहा : 'शायद पक्षी ने अपने साथी के लिए रो-रोकर जान दे दी। शायद वह नर था जो अपनी मादा के लिए तड़प-तड़पकर मर गया। शायद मादा थी वह जिसने अपने नर के लिए जान दे दी।' उनका कवि हृदय सवाक् हो उठा था। जी के उद्‌गार सुनकर माँ की आँखें डबडबा आई थीं और मैं फूट फूटकर रोने लगा था। उसके बाद माँ और जी ने मुझे बड़ी देर तक दुलराया। उस समय मेरी अवस्था छः वर्ष की थी। उस दिन मैंने पहली बार जाना कि चाहत, प्रेम, लगाव केवल मनुष्य योनि तक ही सीमित नहीं, पशु-पक्षी में भी ये पर्याप्त मात्रा में पाए जाते हैं। और यह सत्य मेरे दिल में एक स्थायी अनुभूति बनकर समा गया।

दूसरी चोट मुझे तब लगी जब मुझे मालूम हुआ कि नाई घनचिड़िया का गोश्त पकाकर खा गया और मुझे झूठमूठ बहला रहा था कि चिड़िया बहुत छोटी थी और टोपी के लिए उसकी खाल काफी न थी।

गोंदिया में प्लेग खत्म होने की खबर पाने पर हम लोग नागरा गाँव से शहर वापस लौट आए। लौटते ही जी डिपार्टमेंटल परीक्षा की तैयारी में लग गए। लेकिन इसी समय वे बीमार पड़े और परीक्षा में न बैठ सके। परिणामस्वरूप तहसीलदारी

की नौकरी जाती रही और फिर हम सबको लेकर वे भंडारा लौट आए और अपने अन्य भाइयों के साथ ही हवेली में रहने लगे।

1921 स्वदेशी का जमाना था। गांधी जी का असहयोग आन्दोलन जोरों पर था। मेरे ताऊ ने अपनी चलती हुई वकालत छोड़ दी और घर में तथा पड़ोस में घर लेकर वहाँ बड़े-बड़े चरखे और करघे लगा दिए और खादी तैयार करने लगे। मुझे याद है, घर भर में उन दिनों रूई के ढेर, धागों के बंडल और खादी के थानों की थप्पियाँ लगी रहती थीं। बाद में मुझे पता चला कि इस धन्धे में मेरे ताऊ को काफी नुकसान रहा। जो मानसिक तृप्ति मिली होगी, वह तो वे ही जानें, पर घर के अन्य लोग असन्तुष्ट थे। दादा जी के चारों बेटे गोया उन दिनों बेरोजगार थे।

दादा जी के पास दो गाँव थे—पलाड़ी और टेकेपार। ये गाँव भंडारा से क्रमशः पाँच और छः मील के फासले पर थे। पलाड़ी गाँव तीस घरों की छोटी-सी बस्ती था। तीन पहाड़ियों से घिरा हुआ सुन्दर गाँव था। पहाड़ियों पर घना जंगल था; और जंगल में शेर, चीते, सूअर, सांभर, खरगोश, आदि रहते थे। मुझे याद है, दादा जी अपने साथ अपने सारे कुटुंब को लेकर कभी-कभी पलाड़ी जाकर हफ्ता-दो हफ्ता वहाँ के बाड़े में बिताया करते थे। बाड़ा मिट्टी का बना कुछ कमरों का घर था, जिससे लगा हुआ कोठा था जिनमें गायें बँधती थीं, फिर भैंसों के कोठे थे। बैलों के रहने के कोठे थे। उससे लगे अस्तबल थे जहाँ घोड़े बँधते थे। उसके बाद बकरियों की कोठरियाँ थीं, फिर मुर्गियों के दड़बे। फिर कुछ फासले पर अनाज के कई भंडारघर थे। उनमें धान, गेहूँ और जवार, आदि भरे रहते थे। महाराष्ट्र के गाँवों के जमींदारों, पटेलों के बाड़े किलों की रूपरेखा पर आधारित किन्तु बहुत छोटे पैमाने पर वैसे ही होते थे; वही आकार, वही चारदीवारी, वही एक मात्र फाटक जिससे आदमी, जानवर, सवारी, गाड़ियाँ बाड़े के आँगन में प्रवेश किया करते।

जब पलाड़ी जाने का तय होता, दो दिन पहले से हवेली में हलचल मच जाती। घर की बहुएँ अपने-अपने कुटुम्ब का सामान जुटाने-बाँधने में लग जातीं, और हम बच्चे उत्तेजित हो नाचने लगते। पलाड़ी, हालाँकि भंडारा से केवल पाँच मील पर था, हमें वहाँ का रास्ता बीहड़ प्रतीत होता। रास्ता बैलगाड़ियों से तय करना होता। उन दिनों मोटरों का अधिक चलन न था। हवेली में बैल-ताँगा था, घोड़े का ताँगा भी था, जो सिर्फ भंडारा शहर के अन्दर चलाए जाते थे। गाँव जाने का वाहन बैलगाड़ी मात्र ही था। रास्ते में वैनगंगा नदी पड़ती थी। बैलगाड़ियों को नावों पर रखकर उस पार उतारा जाता था जिसमें घंटाभर लग जाता था। नदी के उस पार पहाड़ियाँ थीं, ऊँचा पुल था, जिसके किनारे लगे विशाल पेड़ों पर काले मुँह के बेशुमार बन्दर उछल-कूद करते होते थे। फिर बड़ी सड़क से एक छोटा बैलगाड़ी का कच्चा रास्ता

पहाड़ी गाँव की ओर कटता था, जो पहाड़ी के किनारे-किनारे, घने जंगल से होकर, गाँव के अन्दर जाता था।

अक्सर हवेली से दोपहर का खाना खाकर हमारा सम्मिलित परिवार, बैलगाड़ियों पर सवार हो, हवेली से पहाड़ी गाँव के लिए रवाना होता। बैलों के गले में घुँघरुओं के पट्टे होते और गाड़ियों के चलने पर घुँघरू बजने लगते। सड़क जितनी अधिक खराब होती, घुँघरू उतने अधिक जोरों से बजते। शाम को गाड़ियाँ गाँव के समीप पहुँचकर जंगल में प्रवेश करतीं। झुटपुटे में मुझे जंगल अधिक भयानक प्रतीत होता। आगेवाली गाड़ी में बैलों की रास थामे दादा जी स्वयं होते, साथ में दादी होतीं और मैं और सुशील। पीछे की गाड़ियों में जी, माँ और चाचा, चाचियाँ होतीं। दो फलांग गहरा जंगल पार करने के बाद गाँव से उठती हुई संध्या-समय की वह परिचित मधुर ध्वनियाँ सुनाई देने लगतीं और मोड़ के बाद गाँव के सहसा झलक पड़ने की प्रत्याशा से मन उत्तेजित हो उठता। घुँघरुओं की आहट पा गाँव के कुत्ते भौंकने लगते और गाँववालों को हमारे पहुँचने की सूचना देने लगते।

गाँववाले दादा जी को 'पाटिल' कहते और दादी को 'पाटलिन बाई'। छोटे-बड़े हम सब पाटिल कहलाते। गाँव में हमारा बड़ा स्वागत होता। हमारे जाने से वहाँ रौनक आ जाती। कई बार हमारी बुआएँ भी अपने बच्चों के साथ गाँव आ जातीं। छोटे-बड़े बच्चों की टोली बना हम लोग सारा-सारा दिन गाँव के खेतों में ककड़ी, भुट्टे तोड़ते-खाते, जंगलों में करौंदे झाड़ते-बटोरते और नाले के छिछले पानी में नहाते, तैरते, मछली पकड़ते घूमा करते। दिन में चार बार खाते, और बहुत खाते। पहाड़ी की आबोहवा ही कुछ ऐसी है कि वहाँ भूख बहुत लगती है। सुना है कि इस गाँव में आज तक कभी प्लेग नहीं आया। पलाड़ी से मील भर आगे हमारा दूसरा गाँव टेकेपार था। मगर हम लोग टेकेपार न जाते। वह गाँव सपाट और नीरस था। हमारा बाड़ा पलाड़ी में ही था।

पलाड़ी के लोग निर्धन और गरीब थे। फटा पहनते और बेसन-भात, बैंगन-भात, जवार की शुष्क रोटी और चटनी खाते। मुझे उन पर तरस आता था। कोठे के मवेशियों के चरवाहे इसरू को मैंने देखा था। वह बूढ़ा हो चला था। केवल लँगोटी पहनता था। जाड़ों में वह कोठे के आँगन में लगे गूलर के पेड़ के नीचे लकड़ी के ठूँठ जलाकर उसकी आँच के सहारे सोता। सुप्तावस्था में ही वह करवटें बदलता जाता, और कभी आग की सेंक छाती को और कभी पीठ को देता। लेकिन रात को तीसरे पहर तक ठूँठ जलकर राख होने लगते और इससे वह पड़ा-पड़ा ठिठुरने लगता; सारा शरीर बटोरकर गठरी की तरह कर लेता और फिर ठंड से काँपता हुआ उठकर बैठ जाता और अपनी चोंगी सुलगाकर पीने लगता, खाँसने लगता। उसे दमा था। जब वह उठकर चलता तो कमर से झुका हुआ षट्कोण की तरह। सूर्योदय के आधे घंटे बाद धूप जैसे-जैसे तेज होने लगती, इसरू की पीठ

वैसे-वैसे सीधी होने लगती। आग के कारण इसरू की पीठ और छाती और कुहनियाँ, घुटने, टखने झुलसकर स्याह पड़ गए थे। ठंड का गरीबी पर यह जुल्म था। बदन में पहना हुआ अपना खूबसूरत लाल रंग का, पूरी आस्तीनोंवाला स्वेटर मुझे खलने लगता। पर अपना स्वेटर निकालकर इसरू को दे देना दुष्कर कार्य था। मुझे निमोनिया न हो जाता?

उस समय मैं सात वर्ष का था यानी 1922 के लगभग। दादा जी 59 के आसपास रहे होंगे। उनके सारे बाल सफेद हो चुके थे। सिर पर मामूली-से बाल थे। बीच में माँग काढ़ा करते थे। माथा बहुत चौड़ा था। सफेद दाढ़ी और मूँछें थीं। कपड़ों का उन्हें बहुत शौक था। घर में सदा ऊँची-सी, टखने से तीन इंच ऊँची, धोती पहनते थे। बदन में बंडी। बाहर जाते तो कोट-पैंट-नेकटाई। कभी फेल्ट हेट, गोल्फ कैप भी लगाते। कभी प्लस-फोर और कभी जोधपुरी ब्रीचेज भी पहनते। बीड़ी पीते और बीड़ी का डिब्बा सदा उनके साथ होता। कभी हुक्का भी पीया करते। फर्नीचर का उन्हें विशेष शौक था। तरह-तरह के विक्टोरियन स्टाइल के टेबल, कुरसियाँ, अलमारियाँ, तिपाइयाँ, मछली मारने की छड़ें, पलंग, आदि उन्होंने तबादला होते हुए, पेंशन लेकर विलायत लौटते हुए, अँगरेज अफसरों के सामान के नीलाम में खरीदकर संग्रह किए थे। वे सब भंडारा की हवेली में भरे पड़े थे। दादा जी का कद मँझोला था। वे 5 फीट 8 इंच के लगभग लम्बे रहे होंगे।

एक बार दादा जी पलाड़ी से भंडारा लौट रहे थे। साथ में दादी, माँ, ताई और मैं थे। नदी पार करने के बाद जब बैलगाड़ी नाव पर से उतारी गई और साथ चलता हुआ नौकर गाड़ी में बैल जोतने लगा तो सहसा एक बैल ने पास खड़े दादा जी के घुटने पर एक लात लगाई। मुझे याद है, उस दिन दादा जी ब्रीचेज पहने हुए थे। जैकेट के ऊपर कोट था। सिर पर गोल्फ कैप। दादा जी का ध्यान कहीं और था, पर माँ और ताई और मैंने बैल का लात मारना देख लिया। देखकर हम अवाक् थे, क्योंकि दादा जी ने उफ भी न की, न जरा टस से मस हुए, मानो उन्हें लात लगी ही न हो! उसी दम बैल ने दोबारा लात जमाई। उसी घुटने पर। दादा जी की प्रतिक्रिया बिलकुल पहली लात वाली थी। मेरी समझ में उनकी यह प्रतिक्रिया विलक्षण थी, मानो दादा जी हाड़मांस के नहीं, काठ या इस्पात के बने हों! माँ और ताई, विस्मित हो, एक दूसरे का मुँह देखने लगीं। दादा जी धीरे से गाड़ी में चढ़कर बैठ गए और बैलों की रास लेकर गाड़ी हाँकने लगे।

उस दिन शाम को हवेली में मैंने दादी को दादा जी के घुटने पर कोई लेप लगाते देखा था। घुटना नीला पड़ गया था और दादा जी दो दिनों तक लँगड़ाते रहे। जब दादी ने उन्हें फटकारा कि चोट लगने की बात उन्होंने नदी पर ही क्यों न बताई तो

वे बोले : 'वहाँ उस वक्त बताने से क्या फायदा! बहुओं के सामने हाय-तौबा मचाने लगता तो वे क्या सोचतीं ?''

दादा जी पेंशन पर थे, सुस्ता रहे थे। हवेली के बरामदे में बिछे तख्तपोश पर बैठकर कभी-कभी अपने भाइयों के साथ चौसर खेला करते थे। 1924 में सक्ति के राजा लीलाधर सिंह के अनुरोध करने पर दादा जी ने वहाँ का दीवान पद स्वीकार कर लिया और दादी, मुझे और मेरे छोटे भाई सुशील को लेकर सक्ति चले गए। रायपुर और रायगढ़ के बीच स्थित सक्ति एक छोटी-सी इस्टेट थी। वहाँ के लोग छत्तीसगढ़ी भाषा बोलते थे।

सक्ति में हमें रहने को पहले तो डाकबँगला मिला। लेकिन वहाँ साँप बहुत निकलते थे। हर रोज एक, दो और कभी तीन। दादा जी बँगला बदलकर जेल के पीछे वाले मकान में रहने चले गए। हम दोनों भाइयों को वहाँ के एक मात्र हिन्दी स्कूल में भरती करा दिया गया। मैंने दूसरी कक्षा में प्रवेश पाया। बीस तक पहाड़े और अढ़ाम, ढूँचा भी मैंने उसी स्कूल में सीखे थे। जब मैं दूसरी कक्षा पास करके तीसरी में आया, मेरी अवस्था 9 वर्ष के लगभग थी। सक्ति में दादा जी की बड़ी शान थी। घर के सामने की दूर तक खुली जमीन पर उन्होंने जेल के कैदियों से श्रम करवाकर बाग लगवाया, जिसमें फूल कम और सब्जी अधिक उगवाई। गोभी के उतने बड़े फूल और उतनी बड़ी मटर मैंने पहले कभी न देखी थी। सक्ति में दादा जी सफेद ढीला पाजामा और काली अचकन पहनकर कचहरी जाते। सिर पर कभी ऊँची काली तुर्रेदार टोपी और कभी साफा पहनते। घर लौटने पर वही टखने से ऊँची धोती और ऊपर बंडी। शाम को बरामदे में आरामकुरसी पर पाँव फैलाकर बैठते, बीड़ी पीते, और मिलने-जुलने वालों से बातचीत करते।

राजा साहब लीलाधर सिंह की अवस्था 30 वर्ष की रही होगी। विधुर थे। उनके मेरी उम्र का इकलौता बेटा था, बहुत गोरा था। सुना था, उसकी माता भी गोरी थी। राजकुमार को सब कुँअर साहब कहते थे। मैं भी उन्हें कुँअर साहब कहता था। मुझसे उनकी अच्छी दोस्ती हो गई थी। जब मैं महल में जाता, कुँअर साहब अपने खिलौने मुझे खेलने के लिए देते। अपनी पैडल वाली मोटर, अपना काठ का घोड़ा—जिसमें स्प्रिंग लगा था और जिस पर चढ़कर उसे सरपट भगाया जाता मगर घोड़ा एक खूँट पर हिलता वहीं का वहीं रहता और सवार को भान होता कि घोड़ा सरपट भागा जा रहा है—मेरे हवाले कर देते। कुँअर साहब के पास एक छोटी नस्ल का घोड़ा भी था जिसे 'बट' कहते हैं। मैं कभी-कभी इसकी भी सवारी किया करता। कुँअर साहब ने एक दिन मुझसे जबानी अनुबन्धन किया : जब वे गद्दी पर बैठेंगे तो मैं उनका दीवान बनूँगा।

राजा साहब शाम को मोटर में नित हमारे यहाँ आते और बरामदे में दूसरी आरामकुरसी पर बैठ घंटों दादा जी के साथ अपनी रियासत के मामलों पर तथा अन्य विषयों पर बातें करते, गप्पें लगाते। कभी-कभी ठहाका मारकर दोनों हँस पड़ते। मैं घर के भीतर से और कभी आँगन में खेलता हुआ यह सब देखता। राजा साहब की सिगरेट विलायत से आती थी जिस पर उनका नाम छपा होता था। लम्बे होल्डर में लगाकर सिगरेट पीते थे। बातों के दौरान कभी कश लेना भूल जाते तो राख इतनी लम्बी हो जाती कि मैं उस राख के सहसा टूटकर गिरने की प्रतीक्षा में खड़ा देर तक देखता रहता। मगर राख कभी उनके कपड़ों पर न गिरती। ऐन मौके पर वे होल्डर को झटका देकर राख दूर गिरा देते।

राजा साहब लीलाधर सिंह दादा जी को पिता तुल्य मानते थे। राजा साहब को मोटरों का शौक था। तीन मोटरें थीं उनके पास—दो बड़ी ओवर लैंड और एक छोटी, शायद बेबी ऑस्टिन। शाम को हमारे लिए बग्गी आती थी। कचहरी से लौटने पर और राजा साहब के आने से पेश्तर, दादा जी हम दोनों भाइयों को बग्गी में सैर करा लाया करते थे। छोटा-सा शहर था। शहर के बाहर-बाहर वर्तुलाकार एक सड़क जाती थी, उसी सड़क पर हमारी बग्गी रोज जाती। कभी एक चक्कर, कभी दो चक्कर। फिर राजा साहब के आने का समय हो जाता।

राजा साहब बड़े होशियार थे। काइयाँ थे। दूर की ताड़ लेते थे। उनकी आँखें सबकुछ देख लेती थीं। कान बड़ी दूर की सुन लेते थे। गम्भीर वार्तालाप के बीच सहसा वे कह उठते : 'सुनिए, दीवान साहब, आपकी रसोई में बिलसिया झगड़ रही है महाराज से।' बिलसिया घर की नौकरानी थी, महाराज रसोइया। राजा साहब को हमारे नौकरों के नाम भी पता थे। मुझसे अक्सर मिनट-दो मिनट बात करते। उनके कीमती कपड़ों से सिगरेट और विदेशी सेंट की मिली-जुली सुगंध आती। वे दिन को सूट पहनते लेकिन शाम को जब हमारे घर आते तो अक्सर सफेद कुरता और सफेद ढीला पाजामा पहने होते। ढीले पाजामे का उन दिनों नया-नया फ़ैशन चला था।

प्राणदंड देने का अधिकार, दीवान की हैसियत से, दादा जी को सदा ही रहता था। उन्होंने अपने जीवन में कई खूनियों को फाँसी की सजा दी थी। रात को खाते समय अक्सर वे अपनी कचहरी के दिलचस्प और पेचीदा मुकदमे हमारे सामने दादी को सुनाया करते। मुझे कुछ याद रह गए।

एक बार दादा जी ने खून के अपराधी को फाँसी की सजा सुनाने के लिए मुँह खोला ही था कि कचहरी की भीड़ में से एक व्यक्ति लपककर सामने आया और कहने लगा कि असली अपराधी वह खुद है। दादा जी ने देखा, उसकी शक्ल बहुतांश

में उस मुजरिम से मिलती थी जो कठघरे में खड़ा था और जिसे वे फाँसी का हुक्म सुनाने जा रहे थे। पुलिस ने गवाहों के आधार पर कठघरे वाले व्यक्ति को गिरफ्तार किया हुआ था, क्योंकि जिस समय मुजरिम पकड़ा गया, वह काली दुपल्ली टोपी, गुलाबी जाकिट और पाँव में चमकीले पम्पशू पहने हुए था।

वह नया व्यक्ति जो आया, उसकी भी यही पोशाक और यही हुलिया था। शंका-समाधान के बाद दादा जी ने कठघरे वाले मुजरिम को रिहा कर दिया और इस नए व्यक्ति पर मुकदमा चलाने का हुक्म दिया। दादा जी कहा करते थे : 'जल्दबाजी और उतावलेपन में पुलिस अक्सर भोंडी गलती कर बैठती है।'

सक्ति का ही एक और प्रसंग मुझे याद आता है। एक दिन राजा साहब दादा जी के पास परेशान हालत में आए। मैं भी वहीं मौजूद था। दोनों की बातचीत कभी अँगरेजी, कभी हिन्दी और कभी खिचड़ी भाषा में हुआ करती। मुझे तब अँगरेजी न आती थी लेकिन बातचीत और बहस-मुबाहिसा का सारांश समझ लेता था। एक किसान ने एक पठान का खून कर दिया था। और दादा जी ने किसान को फाँसी की सजा न देकर सिर्फ 6 महीने की सजा सुनाई थी। यह फैसला राजा साहब को नहीं जँचा था। वे चिंतित थे कि अगर पोलिटिकल एजेंट को, जो रायपुर में रहता था, इस फैसले की खबर हो गई तो वह उनसे कहीं रुष्ट न हो जाए, उनसे कैफियत न तलब करे। दादा जी बड़े वाक्पटु थे। अँगरेजी बहुत अच्छी लिखते थे। उनकी लिखावट बहुत सुन्दर थी। दादा जी गम्भीर होकर राजा साहब से कुछ इस प्रकार बोले :

'सुनिए, राजा साहब, केस मेरे पास था। अगर मैं मुजरिम को फाँसी दूँ तो उसे आपके पास अपील करने का पूरा हक है। आप उसे चाहें तो छोड़ दें या फाँसी पर लटका दें। अगर आपने भी फाँसी की सजा सुनाई तो वह मुजरिम पोलिटिकल एजेंट के पास अपील कर सकता है। मगर जब मैं मुजरिम को फाँसी की सजा सुनाऊँ ही नहीं तो वह केस आपके पास पहुँच नहीं सकता। आपको उसमें दखल देने की भला क्या जरूरत आ पड़ी?'

'किसान ने खून किया था?' राजा साहब ने पूछा।

'जी हाँ।'

'उस पठान का?'

'जी हाँ।'

किसान खूनी था?'

'जी हाँ।'

'आपने खूनी को फाँसी की सजा क्यों नहीं दी?'

'सुनिए, राजा साहब, शायद आपको सारी बातें नहीं मालूम। हमारी इस्टेट में खून वैसे भी बहुत कम होते हैं। मार-पीट के ही मुकदमे ज्यादातर आते हैं। यहाँ

खून सदा औरत या प्रेमी को लेकर होते हैं, रुपये-जायदाद के पीछे नहीं, मगर यह खून रुपयों के कारण हुआ है। यह पठान कुछ साल हुए, न जाने कहाँ से आकर सक्ति में बस गया था और गरीब किसानों को रुपया सूद पर देने लगा था! इस बेचारे किसान को भी उसने तीन साल हुए, दस रुपये सूद पर दिये थे। किसान के बैलों की जोड़ी में से एक बैल को साँप काट खाया था और बैल मर गया था। एक बैल से खेती तो हो नहीं सकती। दूसरा बैल खरीदने के इरादे से उसने पठान से दस रुपये कर्ज में लिये। हर महीने किस्त चुकाने पर भी पठान अपना लट्ठ लिए उस किसान के घर पहुँच जाता और उसे तंग किया करता। अब तक किसान साठ रुपये उस पठान को दे चुका था, फिर भी मुद्दल के दस रुपये अब भी चालीस रुपये बने हुए थे। एक दिन पठान उस किसान के घर पहुँचा और उसके यहाँ धरना देकर बैठ गया। कहने लगा : 'तब तक नहीं जाऊँगा जब तक पूरे चालीस रुपये वसूल नहीं कर लूँगा।' तीन दिनों के अन्दर किसान की झोंपड़ी में रहते हुए उस पठान ने किसान, उसकी पत्नी और बच्चों का नाक में दम कर दिया। पत्नी की लाज संकट में पड़ गई। तब लाचार होकर, किसान ने पठान से कहा कि उसका एक मित्र नाले के उस पार वाले गाँव में रहता है जिससे माँगकर वह रुपये दे सकता है मगर पठान को साथ चलना होगा। पठान राजी हो गया। नाले तक पहुँचे तो किसान पेशाब करने का बहाना कर एक झाड़ी देखकर बैठ गया। तब तक पठान कुछ आगे निकल गया था। किसान ने तुरन्त एक बड़ा-सा पत्थर उठाकर सामने ढलान पर जाते हुए पठान की खोपड़ी पर दे मारा। पठान जो गिरा तो फिर न उठा।'

सुनकर राजा साहब सोच में पड़ गए।

'अब आप ही बताइए,' दादा जी ने कहा : 'इसमें उस गरीब किसान का क्या दोष? यह खून उसने नहीं, उसकी लाचारी ने, उसकी मजबूरी ने किया है। फिर आप चिन्ता न करें। अव्वल तो पोलिटिकल एजेंट को इस मुकदमे का पता न चलेगा। चलेगा तो शायद वह फैसले को अनुचित न समझे। अगर समझे और त्यौरी चढ़ाए तो आप दोष मुझ पर लगा दीजिएगा। कहिएगा कि मेरा दीवान अनाड़ी है, बूढ़ा हो गया है।'

राजा साहब ठहाका मारकर हँस पड़े, फिर बोले : 'अब आप सुनिए, दीवान साहब, कल ही रियासत में फरमान निकाल दीजिए कि हमारी इस्टेट में किसी पठान को तिजारत करने की इजाजत न होगी। जो करेगा, सजा पाएगा। पुलिस को हुक्म दे दीजिए कि पठानों को रियासत में न घुसने दे। बाहर के सूदखोर तिजारती मुझे अपनी इस्टेट में नहीं चाहिए।'

राजा साहब परेशान आए थे, खुश-खुश वापस गए। उस समय मुझ नौ वर्षीय बालक की निगाह में दादा जी और राजा साहब दुनिया की सबसे महान हस्तियाँ थे,

और सम्भव है, उन दोनों विभूतियों के चरित्र और स्वभाव का निचोड़ चेतन-अचेतन में मैं ग्रहण किए जा रहा था। मेरे संस्कार हो रहे थे।

हम लोग सक्ति में नौ-दस महीने रह चुके थे। दिसम्बर का महीना आया तो राजा साहब ने क्रिसमस के लिए कलकत्ता जाने की योजना बनाई और दादा जी को साथ चलने का अनुरोध किया। दादा जी उनकी बात मानकर उनके साथ कलकत्ता मेल में सवार हो कलकत्ता चले गए। पन्द्रह दिन बाद खबर आई कि दादा जी कलकत्ता में बीमार पड़े हुए हैं। दादी और हम बच्चे चिंतित हो उठे। दो दिन बाद सुना, राजा साहब सक्ति लौट आए हैं, अकेले। शाम को राजा साहब हमारे घर आए, मेरी आड़ में दादी से बात की, उन्हें आश्वासन दिया और कहा कि स्पेशल बोगी का इन्तजाम कर रहे हैं, जिससे बीमारी की हालत में ही दादा जी को कलकत्ता से सक्ति लाया जाएगा। तीन दिन बाद कलकत्ता मेल में स्पेशल डिब्बे में दादा जी बीमार अवस्था में सक्ति लाए गए। राजा साहब ने उन्हें लिवा लेने खुद स्टेशन गए थे। स्टेशन बस्ती से दो मील दूर था।

दादी ने भंडारा तार देकर दादा जी की बीमारी की सूचना हवेली को दी। उनके तीन बड़े बेटे तुरन्त ही सक्ति आ गए और दादा जी की सेवा-शुश्रूषा करने लगे। दादा जी की बीमारी का कारण उनके पेट में था। भंडारा के नामी नाशिककर भी इलाज के लिए बुलवाए गए और अन्य बड़े डॉक्टरों से भी इलाज कराया जाने लगा मगर दादा जी की हालत दिन-ब-दिन बिगड़ती ही गई। राजा साहब उन्हें देखने सुबह और शाम रोज आते। राजा साहब मन में शायद अपने को दोषी समझते थे। वे सोचते थे कि अगर अपने साथ दादा जी को कलकत्ता न ले जाते तो वे बीमार न पड़ते। उनके मन की दशा उनके चेहरे से झलकती थी।

दादा जी की हालत जब चिन्ताजनक हो गई तो मेरे छोटे चाचा को भी आने के लिए तार दिया गया। उत्तर आया, वे दूसरे दिन की गाड़ी से पहुँच रहे हैं।

दादा जी मुझे बहुत प्यार करते थे। महीना भर से—जब से वे बीमार पड़े हुए थे—मुझसे बातचीत करने का उन्हें न मौका मिलता था, न उनमें इतनी ताकत थी। मैं उनके कमरे में से तिरछी निगाहों से उन्हें देखता हुआ कई बार गुजर जाता।

एक दिन शाम को दादा जी ने इशारे से मुझे पास बुलाया और मेरा हाथ अपने हाथ में लिए वे मिनटों आँखें बन्द किए पड़े रहे। उस रात मैंने एक सपना देखा जो विचित्र था। सपने में मैंने देखा, दादा जी पलंग के पास जमीन पर पड़े हुए हैं और उनका सिर ताऊ जी की गोद में है और ताऊ जी की आँखों से आँसू बह रहे हैं। दादा जी को घेरे परिवार के सब लोग हैं। सिर्फ मैं नहीं हूँ। अचानक मैं बाहर से कमरे में प्रवेश करता हूँ और दादा जी आँखें खोलकर मेरी ओर देखते हैं और फिर उनके

सिर को झटका-सा लगता है और उनकी आँखें बन्द हो जाती हैं। यह सपना मेरी समझ में न आया पर मैं आशंकित और भयभीत हो उठा।

सवेरे मैंने माँ से सपने की बात कही। सपने का अर्थ समझकर माँ की आँखें डबडबा आईं पर उन्होंने हिम्मत बँधाते हुए कहा : 'कुछ नहीं, बेटा, यों ही ऊटपटाँग सपना है। सपने का भला कोई ठिकाना होता है!'

दोपहर की गाड़ी से छोटे चाचा और चाची आने वाले थे। सवेरे से ही आज दादा जी की हालत ज्यादा खराब थी। नौकर के साथ बग्गी लेकर छोटे चाचा और चाची को लेने मुझे भेजा जाने लगा। मैं पहले से ही किसी अप्रत्याशित की आशंका से उद्विग्न था। दादा जी को ऐसी हालत में छोड़कर स्टेशन जाने के लिए मैंने साफ इनकार कर दिया। एक समस्या उपस्थित हो गई। स्टेशन घरवालों में से किसी को तो जाना ही था, वरना चाचा-चाची को वहाँ पहचानता कौन? न जाने कैसे कानाफूसी की भनक दादा जी के कानों में पड़ी। परिस्थिति ताड़कर उन्होंने मुझे पास बुलाया और धीरे से कमजोर आवाज में मुझसे बोले : 'जाओ बेटा, किशोर, तुम स्टेशन जाकर मुकुन्द और छोटी बहू को ले आओ।'

मैंने रोनी सूरत बनाकर कहा : ''नहीं, मैं नहीं जाऊँगा। मैं यहीं रहूँगा।''

दादा जी बोले : 'मुझे कुछ नहीं होगा, बेटा, तुम जाओ। तुम्हारे लौटने तक मुझे कुछ नहीं होगा।'

रोता हुआ मैं बग्गी में जा बैठा और बग्गी स्टेशन के लिए रवाना हो गई। ट्रेन आ चुकी थी। प्लेटफार्म पर मुझे देखते ही चाची ने मुझसे पूछा :'दादा जी की तबीयत अब कैसी है?'

इससे पहले कि मैं कोई उत्तर दूँ, घोड़े पर मेरे पीछे से आए हुए राजा साहब के कारिंदे ने कहा :'दीवान साहब तो चल बसे!'

छोटे चाचा जोर से रो पड़े। चाची ने मुँह आँचल में कर लिया।

मैं अवाक् था। यह क्या माजरा है, मेरी समझ में कुछ नहीं आया। ऐसा हो नहीं सकता। दादा जी मुझे धोखा देकर नहीं जा सकते। उन्होंने कहा था :'तुम्हारे आने तक मुझे कुछ नहीं होगा।' मुझे धोखा देकर अब वे चल बसे! गुमसुम मैं बग्गी में सबके साथ जा बैठा। सारा रास्ता सुबकियों में कटा। घर पहुँचकर बग्गी से उतरते ही मैंने देखा, जी बरामदे में टहल रहे हैं और रोते जा रहे हैं। छोटे चाचा के पूछने पर उन्होंने कहा :'दादा जी चल बसे, मुकुन्द।'

जी के कथन पर अविश्वास करता हुआ मैं कमरे के द्वार की ओर लपका। दादा जी पलंग पर न थे। पलंग के पास ठंडे फर्श पर पड़े हुए थे और उनका सिर ताऊजी की गोद में था और ताऊजी की आँखों से आँसू बह रहे थे। कमरे में उपस्थित परिवार के सारे लोग सिसक-सिसककर रो रहे थे। दुखी और रुष्ट अवस्था में एक क्षण को मैं द्वार की दहलीज पर खड़ा का खड़ा रह गया और दादा जी ने सहसा आँखें खोलीं।

धीरे-धीरे गर्दन घुमाकर मेरी ओर देखा, हमारी आँखें मिलीं। उन्हें एक हिचकी आई, और फिर उनकी आँखें मूँद गईं—सदा के लिए।

माँ से मुझे बाद में पता चला कि बहुत देर पहले जब दादा जी को पहली हिचकी आई थी, उनकी आँखें बन्द हो गई थीं और ऐसा लगा था कि वे तभी चल बसे। कुछ देर बाद दूसरी हिचकी आई थी, मगर आँखें बन्द ही रही थीं। शायद वचनानुसार वे मेरे लौटने की प्रतीक्षा कर रहे थे, तभी तो आँखें खोलकर जब तक उन्होंने मुझे देख न लिया, उनके प्राण न निकल सके थे। जो हिचकी मैंने देखी थी, वह तीसरी यानी आखिरी थी।

सपने सभी को आते हैं। मैं भी कभी-कभी सपने देखता हूँ। जाग जाने पर सब सपने अक्सर याद नहीं रहते। किन्तु कभी-कभी तो मुझे विश्वस्त रूप से ऐसा लगता है कि देखा हुआ यह विशेष सपना सच्चा होने वाला है और आगे चलकर वह सपना सच्चा होता है। मेरे साथ यह अक्सर हुआ है। दादा जी की मृत्यु का वह दृश्य एक दिन पहले ही, सिनेमा की रील की तरह, शॉट-ब-शॉट मुझे सपने में कैसे दिखाई दे गया? मौत कैसे होती है, उसकी रस्में क्या होती हैं, इनका मेरी उस छोटी अवस्था में मुझे कोई ज्ञान न था। मरणासन्न व्यक्ति को पलंग से नीचे उतार भूमि पर लिटा दिया जाता है और बड़ा बेटा बाप का सिर अपनी गोद में रखता है, इस प्रथा से मैं सर्वथा अनभिज्ञ था। फिर जो सपना मैंने देखा, वह क्या था? कैसे सम्भव हुआ? अवश्य ही यह सच है कि जो कुछ संसार में घट चुका है और जो कुछ घटनेवाला है, वह सब निश्चित है, जिसे हम नियति कहते हैं, और पूर्वनिश्चित नियति के दृश्य, चलचित्र की तरह, सध्वनि, सबोल, हम देख-सुन सकते हैं—अगर हमारे मन-मस्तिष्क या आत्मा में कहीं निहित 'वाल्व' को हमें 'ट्यून' करना उस तरह आ जाए जिस तरह रेडियो, टेलीफोन, टेलीविजन के 'वाल्व' को ट्यून कर हम सैकड़ों, हजारों मील दूर की ध्वनियाँ सुन और दृश्य देख लेते हैं। यह ट्यूनिंग मुझे नहीं आती। कभी-कभी अपने-आप ही हो जाती है और मुझे भावी घटना का आभास प्रेरणा या स्वप्नों के माध्यम से हो जाया करता है। कभी नहीं भी हो पाता है और मैं समझने में गलती कर बैठता हूँ, उलझन में पड़ जाता हूँ। इस विषय पर अपने कुछ अनुभव मैं आगे और भी बताऊँगा।

दादा जी का दाह-संस्कार करने के बाद चार-पाँच दिन हम सब लोग सक्ति में रहे। राजा साहब ने पहले ताऊ जी को और फिर जी को दीवान पद प्रदान करना चाहा, लेकिन अपने भाइयों को छोड़कर उनसे दूर रहना उन्हें मंजूर न था, सो उन्होंने राजा साहब का प्रस्ताव सविनय अस्वीकार कर दिया और हम सब भंडारा लौट आए। तेरहीं भंडारा में ही मनाई गई। दादा जी का देहावसान 1925 में हुआ था और तब उनकी अवस्था 62 वर्ष की थी।

मेरे पिता और उनके तीनों भाई बिलकुल बेरोजगार थे। दादा जी के बाद वे चारों अपने को बिलकुल बेसहारा महसूस करने लगे। दादा जी एक भी पैसा छोड़कर नहीं गए थे। सारी उम्र उन्होंने नौकरी की, बड़े बड़े ओहदों पर रहे, चाहते तो हजारों की कौन कहे, लाखों बना सकते थे, किन्तु उन्होंने कभी रिश्वत न ली, कभी जानबूझकर झूठ न बोला। दादा जी ने कभी पूजा-पाठ, संध्या, हवन न किया। घर में पूजा होती तो शरीक जरूर हो जाते। इससे अधिक नहीं। पर उनका जीवनक्रम नियमित था। किसी के लेन-देन में न रहते। चालबाजी उन्हें न आती। साफ, खुली तबीयत के थे और अपने अन्त:करण का सदा खयाल रखते और भगवान से डरते थे। इसी कारण लोग उन्हें चाहते थे, उनकी सदा इज्जत करते थे।

हवेली में चारों भाइयों का सम्मिलित परिवार था। सब भाइयों के छोटे-छोटे बच्चे थे। घर का खर्चा तो पूरा करना ही था। धनोपार्जन की चिन्ता ने भाइयों को घेर लिया। भंडारा शहर से डेढ़ मील पर वैनगंगा नदी के किनारे सात एकड़ उपजाऊ जमीन थी जिस पर मामूली-सी धान की फसल उगा करती थी, और दो गाँव थे—पलाड़ी तथा टेकेपार। चारों भाइयों ने खेती की ओर तुरन्त ही अपना ध्यान दिया और सोच-समझकर सारी जमीन में सन बो दिया।

मराठी में (भंडारा जिले में मराठी बोली जाती है और वह जिला सदा से महाराष्ट्र का अंग रहा है) सन को सोनताग कहते हैं। चारों भाइयों ने अथक श्रम किया और बोई हुई सारी जमीन पर सन की फसल लहलहा उठी। सन की ऐसी अच्छी, ऊँची और घनी फसल होते आसपास के लोगों ने पहले कभी न देखी थी। भगवान की दया और दादा जी की आत्मा के आशीर्वाद से उस साल सन का भाव बड़ी तेजी पर पहुँचा और हवेली में रुपयों की बारिश होने लगी।

जी और उनके भाइयों को मालूम था कि खेती से ऐसी आमदनी हर वर्ष सम्भव नहीं। स्थायी रूप से कोई व्यवसाय करना आवश्यक था। भाइयों ने मिलकर राइस मिल लगाने की सलाह की। पहले तुमसर में जो भंडारा से बीस मील पर एक तहसील है, फिर लाखनी में जो बारह मील पर एक कसबा है, फिर भंडारा शहर में, और फिर अपने पलाड़ी गाँव में—इस तरह ये चार राइस मिलें लगा दीं। इन मिलों से इतनी अच्छी आमदनी होने लगी कि चारों भाइयों के बढ़ते हुए परिवारों की वर्षों तक बड़े मजे से गुजर होती रही। 1959 में भाइयों में जब जमीन-जायदाद का बँटवारा हुआ तो पलाड़ी की राइस मिल और लगभग 25 एकड़ जमीन जी के हिस्से में आई, जो अब तक उनके पास है।

सक्ति से आने के बाद भंडारा में मुझे उर्दू प्राइमरी स्कूल की तीसरी कक्षा में दाखिल करा दिया गया। भंडारा में हिन्दी की कोई सुविधा नहीं थी, और मराठी मुझे नहीं आती थी। उर्दू के लिए उर्दू स्कूल के ही हेडमास्टर, ताजमीर खाँ, मुझे और मेरे भाई सुशील को उर्दू पढ़ाने आया करते। जी को उर्दू नहीं आती थी, लेकिन उर्दू भाषा

से उन्हें प्यार था और शहर में उनके मिलने-जुलने वाले कई मित्र मुसलमान थे, इस वजह से भी शायद जी ने मुझे मराठी स्कूल के बजाय उर्दू स्कूल में भरती करना अधिक पसन्द किया। मेरे लिए यह हितकर ही सिद्ध हुआ।

शहर के पूर्व छोर पर हमारी हवेली थी और पश्चिम छोर पर उर्दू स्कूल था, जिनके बीच एक मील का फासला था। हम लोग स्कूल पैदल जाया करते थे। जब मैं चौथी कक्षा में पहुँचा, कृष्ण कुमार दीक्षित नाम का एक लड़का मेरी कक्षा में आया। पढ़ने में और खासकर पहाड़ों तथा गणित में वह सबसे तेज था। घर से एक गोली लेकर आता और स्कूल से अन्य विद्यार्थियों की गोलियाँ जीतकर घर ले जाता। लट्टू भी इसी तरह जीत लेता। तू-तू और कबड्डी में भी प्रवीण था। गोरा था, रूपवान था, वाक्पटु था।

मेरी क्लास के सब लड़के मुझसे उम्र में दो साल बड़े ही थे, कोई-कोई तीन-चार साल बड़े थे। कृष्ण कुमार भी मुझसे तीन साल बड़ा था। चूँकि सक्ति में हिन्दी स्कूल से आया था और उर्दू मैंने नई-नई सीखी थी, पढ़ने में मैं काफी पिछड़ा हुआ था। उर्दू शब्दों के हिज्जे मार डालते थे। स्कूल में मैं, मेरे भाई और कृष्ण कुमार दीक्षित, बस—हम तीन ही हिन्दू लड़के थे, बाकी सब मुसलमान। सक्ति के हिन्दी स्कूल के मुकाबले भंडारा के उर्दू स्कूल के लड़के हद दर्जे के शरीर, बदतमीज और आवारा थे। मैं उम्र के हिसाब से कद में कुछ छोटा था और बल और साहस में भी। दूसरे लड़के मुझे तंग करते और छोटी-मोटी बात पर फसाद खड़ा करते। ताजमीर खाँ हेडमास्टर मुझे पढ़ाने घर आते थे, यह बात सब जानते थे और मुझे छेड़ना ताजमीर खाँ को नाराज करना होगा, यह भी जानते थे। लेकिन आखिर में कितनी बार शिकायतें लेकर ताजमीर खाँ के पास जाता? ताजमीर खाँ की कच्ची-पक्की खसखसी दाढ़ी थी। रीढ़ की हड्डी में पीछे को बाँक था—मोरार जी देसाई की तरह, जिससे वे पीछे की ओर झुककर यानी अकड़कर चलते थे। तंग पाजामे के घुटने शाम तक बाहर निकल आते। शेरवानी पहनते, काली चिकनी ऊँची टोपी, और ऊपर से बड़ा-सा छाता जिस पर सफेद कपड़े का पैबन्द होता। मिजाज के बड़े तेज। बेंत से लड़कों को बुरी तरह मारते। कभी मुझे भी बेंत पड़ती लेकिन हलकी-हलकी, क्योंकि ताजमीर खाँ जी से बहुत डरते थे। मुझे मारने-पीटने के लिए जी ने 'जनाब जी' को ताकीद की हुई थी। ताजमीर खाँ को हम विद्यार्थी, उनके आदेशानुसार 'जनाब जी' कहा करते थे।

सहपाठियों से मेरी रक्षा सदा कृष्ण कुमार करता। उससे मेरी अच्छी दोस्ती हो गई थी। मैं उसे कृष्णा कहता। सभी उसे कृष्णा कहते। कभी-कभी तीन चार लड़के उस पर पिल पड़ते पर कृष्णा उन सबका अकेले मुकाबला करता।

चौथी पास करने के बाद मैं ऐंग्लो वर्नाक्युलर मिडल स्कूल में दाखिल हो गया, क्योंकि यह स्कूल कृष्णा के घर से नजदीक था और उसने यही पसन्द किया था।

अँगरेजी पहली क्लास पास की। फिर दूसरी में प्रविष्ट हुआ। पहली कक्षा पाँचवीं (फिफ्थ स्टैंडर्ड) और दूसरी (सिक्स्थ स्टैंडर्ड) कहलाती थी। अब भी यही कहलाती है और इस हिसाब से ग्यारहवीं कक्षा मैट्रिक होती थी।

जब मैं सातवीं अँगरेजी क्लास में था तो हमें जो अध्यापक अँगरेजी पढ़ाते, उनका नाम खलील मास्टर था। उर्दू भी यही पढ़ाते थे। खलील मास्टर स्वभाव के अच्छे थे, छात्रों से मिलकर रहते और जी के मित्र थे।

स्कूल के सोशल गैदरिंग के उत्सव पर एक नाटक प्रस्तुत करने की योजना खलील मास्टर ने बनाई। 'श्रीमती मंजरी' शीर्षक उन दिनों का एक प्रख्यात नाटक चुना गया। नाटक में दो पात्र मुख्य थे। मुख्य नायक का नाम था जलालुद्दीन और मुख्य नायिका का मंजरी। जलालुद्दीन की भूमिका कृष्णा को दी गई और मंजरी की भूमिका के लिए मैं चुना गया। मंजरी को जलालुद्दीन ने बहन माना हुआ था।

महीना भर तक रिहर्सलों की चहल-पहल रही। मंच तैयार किया गया, कारबाइड लैम्प जुटाए गए, निमंत्रण बाँटे गए, टिकटें बेची गईं, और फिर एक रात को धूमधाम से 'श्रीमती मंजरी' नाटक मनरो हाई स्कूल के हॉल में प्रस्तुत कर दिया गया।

नाटक देखने चुपचाप (खलील मास्टर के आमंत्रण पर) जी भी आए थे, और नाटक के दौरान अचानक उन्हें प्रेक्षकों के बीच बैठा देख, मैं अपनी जनानी पोशाक में, थोड़ी देर के लिए शरमा और घबरा गया था, लेकिन विंग में खड़े हुए खलील मास्टर ने इशारों से मुझे तुरन्त ही आश्वासन दिया था। नाटक सफल रहा। पर सफलता का सेहरा कृष्णा के सिर बँधा।

इस प्रकार मैंने 12 वर्ष की उम्र में पहली बार चेहरे पर मेकअप लगाया था, पहली बार भूमिका की थी। रंगमंच पर यह मेरा पहला अनुभव था।

इन्हीं दिनों मैं गरमियों की छुट्टियों में तुमसर गया। वहाँ हमारी राइस मिल लग रही थी और माँ और जी वहीं थे। तब तक मेरी दूसरी बहन रजनी भी पैदा हो चुकी थी। तुमसर में जो विशेष बात हुई, वह यह कि वहाँ मैंने साइकल चलाना सीखा। मोहसिन नाम के एक अमीर लड़के से मेरी दोस्ती हो गई थी। उसकी बीस इंची नई साइकल थी। उसी साइकल पर हम दोनों ने एक ही रोज साइकल चलाना सीखा, हालाँकि ठीक से चढ़ना-उतरना सीखने में दो या तीन दिन लग गए थे। उस दिन जब मैं दो पहियों की साइकल पर चढ़कर सड़क पर इधर से उधर और उधर से इधर सपाटे लेने लगा तो मेरा अचम्भा, मेरी खुशी और मेरी उत्तेजना की हद न थी।

तुमसर के राइस मिल में 40 हार्स पॉवर के क्रासले इंजन को प्रथम बार चालू करने के लिए जी ने राजनांदगाँव से मेरे मामा को बुलाया हुआ था। मामा जी

श्यामलाल महोबे—मेरी माँ के छोटे और एक मात्र भाई हैं—उस समय राजनांदगाँव की बी.एन.सी. मिल्स में असिस्टेंट इंजीनियर के पद पर काम कर रहे थे। तुमसर आकर उन्होंने इंजन चालू कर दिया और हमारी राइस मिल चल पड़ी। तब 1928 आरम्भ हो रहा था।

मामा जी जब वापस जाने लगे तो हम दोनों भाइयों को भी अपने साथ ले जाने के लिए उन्होंने जी–माँ से अनुमति माँगी। कहने लगे, राजनांदगाँव में बहुत अच्छा हाई स्कूल है, पढ़ाई का माध्यम हिन्दी है, हमें वहीं पढ़ाएँगे, आदि। मामा जी का प्रस्ताव मान लिया गया और मैं और सुशील मामा जी के साथ कलकत्ता मेल में बैठकर राजनांदगाँव के लिए रवाना हो गए।

ढाई या तीन बजे रात को मेल राजनांदगाँव पहुँची। मामा जी के साथ ताँगे में बैठकर हम दोनों भाई, सोते हुए शहर के बीच से होकर, मामा जी के घर पहुँचे। घर के सामने ताँगा रुकते ही नाना, नानी और मामी बाहर निकल आए और हमें बड़े प्यार से अन्दर ले गए। कमरों में बिजली का प्रकाश था, जो मुझे बड़ा अच्छा लगा—इतनी जल्दी पैदा हो जाने वाला इतना सारा प्रकाश! बटन दबाने की देर थी कि बस, अँधेरा गायब, प्रकाश ही प्रकाश! अब तक मैं जहाँ–जहाँ रहा था, वहाँ कहीं भी बिजली नहीं थी। शायद इसीलिए बिजली के बल्ब और पंखों ने मुझे अचंभित कर दिया।

राजनांदगाँव रियासत अपने पूरे उत्थान पर थी। शहर पर बहार आई हुई थी, क्योंकि कुछ ही वर्ष पहले सर्वेश्वर दास गद्दी पर बैठे थे। राजा बनते ही उन्होंने शहर में बिजली लगवा दी, सड़कें ठीक कराईं, बाग के लिए बड़े वेतन पर लायक, डिग्री प्राप्त और अनुभवी व्यक्ति रखा जिससे शहर से लगा हुआ बलदेव बाग, जिसे उनके पूर्वज बलदेव दास ने लगाया था, खिल उठा। उसी बाग में चिड़ियाघर भी था, जिसमें शेर, चीते, हाथी, बन्दर, साँप और अन्य वन्य पशु भी रखे गए थे। बचपन में देखा हुआ सक्ति संस्थान छोटा था। भंडारा और तुमसर भी छोटे और नीरस शहर थे। राजनांदगाँव में सहसा अपने को पाकर मैं प्रफुल्लित हो उठा। उस समय मेरी उम्र 12 वर्ष की थी यानी मैं होश में आ रहा था, होश सँभाल रहा था।

कहा जाता है कि लगभग दो सौ वर्ष पूर्व वैरागी वैष्णव महंतों की एक टोली इस शहर के पास आकर पड़ाव दिए हुए थी। राजनांदगाँव के राजमहल में जब उनका आना–जाना हुआ तो रियासत की राजनीति में महंतों की सलाह ली जाने लगी और फिर अचानक राजमहल में महंतों का वर्चस्व हो गया। राजाओं को विष देकर मरवा दिया गया। महंतों के गुरु ने राज्य की बागडोर अपने हाथ में ले ली और वह स्वयं राजा बन बैठा। तब से राजनांदगाँव का राजा महंत ही हुआ है। मगर राज्य महंतों को फला नहीं। किसी महंत राजा के सन्तान न हुई और हर एक को परम्परा चलाने के हेतु अपने किसी सम्बन्धी के पुत्र को गोद लेना पड़ा।

मेरे दादा जब राजनांदगाँव में दीवान थे, बलदेव दास वहाँ के राजा थे। वे निःसन्तान थे। उनके बाद रानी ने एक लड़के को गोद लिया। उसे पढ़ने राजकुमार कॉलेज, रायपुर भेजा। कहते हैं, अँगरेज सरकार को रानी का यह चुनाव पसन्द न था और उसने जहर देकर लड़के का खून करवा दिया और फिर अपनी पसन्द का एक महंत-कुल का लड़का, जिसका नाम सर्वेश्वर दास था, चुना, लेकिन वह राजमाता को पसन्द न था। सर्वेश्वर दास गरीब घर के थे। रानी की मृत्यु के बाद जब सरकार ने उन्हें राजगद्दी के लिए घोषित किया, उसी दिन सर्वेश्वर दास के घर कुर्की आनेवाली थी, जो फौरन रुक गई या रोक दी गई, और युवक सर्वेश्वर दास राजनांदगाँव के महंत बना दिए गए।

महंत सर्वेश्वर दास का ब्याह बड़ी धूमधाम से मयूरभंज इस्टेट की राजकुमारी ज्योति देवी के साथ हुआ। जिस इस्टेट की राजधानी में राजा की अभी-अभी ब्याह कर सुन्दर राजकुमारी आई हो, जहाँ नई-नई सड़कें बनी हों या पुरानी सड़कों को दुरुस्त करके नई की तरह बना दिया गया हो, जहाँ शहर के गली-कूचों, मकानों, दुकानों और राजमहलों को बिजली द्वारा चकाचौंध किया गया हो, वह राजधानी, शहर प्रमुख रूप से निखरा हुआ लगेगा ही। विशेषकर मुझे तो ऐसा ही लगा, मानो कोई कूपमंडूक बीच से फलाँग मारकर पुष्पवाटिका में आ पहुँचा हो!

मामा जी ने मुझे राजनांदगाँव के इस्टेट हाई स्कूल में दाखिल करा दिया और मैं छठे दर्जे में पढ़ने लगा। मेरे भाई सुशील उर्दू स्कूल के चौथे दर्जे में थे। वहाँ हिन्दी और उर्दू के भिन्न-भिन्न स्कूल थे, और क्योंकि सुशील भंडारा में उर्दू पढ़ रहे थे इसलिए उन्हें उर्दू स्कूल में दाखिल करा दिया गया।

बात फिर दुहरा दूँ। उस समय के मध्यप्रदेश का पूर्वी भाग छत्तीसगढ़ कहलाता था, अब भी कहलाता है, और वहाँ छत्तीसगढ़ी भाषा बोली जाती है जो कुछ-कुछ लगे हुए प्रान्त उड़ीसा और फिर बिहार और फिर बंगाल की भाषा से मिलती-जुलती है। अगर डोंगरगढ़—जो छत्तीसगढ़ का पहला रेलवे जंक्शन और मुख्य शहर है—से कलकत्ता तक रेलगाड़ी में सफर किया जाए तो छत्तीसगढ़ का रूपान्तर उड़ीसा में और उड़ीसा का बिहार में और फिर बिहार का बंगाल में होते साफ दिखाई देता है। वास्तव में वह समस्त पूर्वी क्षेत्र एक ही है। प्रकृति एक, दृश्य एक, उपज एक सी, रहन-सहन भी एक जैसा, वही काव्यमय जीवन, वही रसिक तबीयत के लोग। यह भेद मुझ पर बाद में खुला जब 1939 में बम्बई से कलकत्ता मेल में बैठ मैं कलकत्ता जा रहा था। पर उस समय, 1928 में, मुझ बारह वर्षीय बाल-युवक को राजनांदगाँव ही संसार की सबसे सुन्दर, अनोखी, लावण्यमयी, काव्यमयी और मनमोहक नगरी प्रतीत हुआ।

नगर का राजसी ठाठ था। तीन बड़े-बड़े ताल थे—रानीसागर, लालसागर और बूढ़ासागर। सुबह-शाम आदमी, औरतें और बच्चे तालाब में नहाते, कपड़े धोते और

तैरते। बड़े घरों की विशेषकर परदेसियों की सभ्य, सुशिक्षित औरतों को छोड़, अन्य औरतें, मध्यम या निम्नवर्गीय औरतें, शरीर पर केवल सूती सफेद साड़ी पहनतीं। साड़ी का 2–3 इंची लाल, काला या और कोई रंग का किनारा होता। उन दिनों वहाँ चोली या ब्लाउज पहनने की प्रथा न थी। साड़ी घुटनों से जरा नीची होती और ऊपर वक्ष को ढँकती हुई कंधे पर से पीछे को मुड़ जाती। पाँव में काँसे की पहरी, हाथ में चूड़ियाँ, गले में मालाएँ, हँसली आदि, कान में कर्णफूल। सारे जेवर चाँदी या गिलट के होते। तालाब में स्त्रियाँ नहातीं, फिर आधी साड़ी खोलकर पत्थर पर धोतीं, फिर धोए हुए भाग को बदन पर लपेटतीं, दूसरा भाग खोलकर उसे धोतीं, फिर उसे भी पूर्ववत् शरीर पर लपेट लेतीं। इस तरह उनका किस्तों में साड़ी खोलकर धोने और पहनने का ढंग मुझे अचंभित कर देता, क्योंकि उनके वक्ष, पुट्ठे और जाँघ कभी नंगे न झलक पड़ते। गीले बदन पर गीली धोती लपेटने के बाद युवतियाँ अपने पीतल के कलस और काँसे के लोटे माँजतीं, फिर पानी भरी गागरों को कभी दो और अक्सर तीन-तीन सिर पर धरे तालाब की मेड़ पर चढ़ने लगतीं। कभी इक्की-दुक्की और कभी कतार बाँधे छः, आठ, पन्द्रह। और ऐसे में महकती हुई केतकी के झुरमुट के पास कहीं बैठा हुआ छैला आड़ी बाँसुरी पर तान छेड़ देता! सुनहरी धूप में छम-छम करती युवतियाँ मेड़ पर स्थित हनुमान मन्दिर के पास से गुजरतीं तो घंटा बजाकर वहाँ से सिन्दूर ले माथे पर अवश्य लगा जातीं। सावन में पेड़ों की डालियों पर हिंडोले पड़ते और मस्त पेंगे भरते हुए युवक-युवतियों के राग-उल्लास से समस्त वातावरण गुंजारित हो उठता। तब क्या दृश्य होता था!

शहर के उत्तरी छोर पर बी.एन.सी. मिल्स थी, जिसे लोग पुतलीघर कहते थे। मिल में काम करने वाले तकनीशियनों, बाबुओं और मजदूरों के मकान तथा चालें भी मिल के पास ही बनी हुई थीं। मामा जी का बँगला भी वहीं था। कुछ महकमे के बड़े अफसर अँगरेज थे, जो चार थे। उनके बड़े-बड़े बँगले भी मिल के पास थे। पास ही उनका अपना क्लब था, जिसमें भारतीय अफसर—मामा जी भी जाया करते थे। सिवाय एक के सब साहबों की मेमें विलायत में थीं। बाकी तीनों ने रखैलें रखी हुई थीं।

राजा साहब महंत सर्वेश्वर दास ने ब्याह से पहले, बम्बई की मशहूर गायिका—जो बाद में फिल्मों में भी काम करने लगी थी—वत्सला कुमळेकर को राजनांदगाँव बुलाकर एक बँगले में रखा हुआ था। वत्सला रूपवती भी थी। रानी ने आते ही वत्सला की छुट्टी कर दी।

राजा साहब शौकीन तबीयत के थे—कुछ मोटे-से और साँवले, मोटर के बड़े शौकीन। उनके पास बारह-पन्द्रह मोटरें थीं—बेबी ऑस्टिन से लेकर रोल्स राइस तक। उन्हें घड़ियों, कैमरों और फोटोग्राफी का भी शौक था। टेनिस अच्छा खेलते थे। शिकार का भी शौक था। हरफनमौला थे। पैसा बुरी तरह उड़ाते थे। रानी से एक

बच्चा पैदा हुआ जिसका नाम दिग्विजय दास रखा गया। आगे चलकर, कई साल बाद, दिग्विजय से मेरी गहरी दोस्ती हुई। राजा साहब से रानी की न बनी और वे कुमार को ले मयूरभंज वापस चली गईं, फिर कलकत्ता में रहने लगीं। मैंने रानी साहिबा को उन दिनों कभी न देखा था, देखा था सिर्फ राजा साहब को, कि जब-तब बेबी ऑस्टिन में बैठे बेतहाशा मोटर भगाए जा रहे हैं। उनकी वह लक्ष्यहीन इधर-उधर की भाग-दौड़ तथा बेकार के सैर-सपाटे मुझे तब भी बेमानी से और आवारागर्दी से लगे थे।

मैं कुछ ही दिनों में छत्तीसगढ़ी भाषा बोलने लगा, क्योंकि मेरे कान वह भाषा जन्म से सुनते आए थे और छत्तीसगढ़ प्रदेश की अपनी विशेषताओं का प्रभाव मुझ पर बचपन से ही होता चला आया था। मनुष्य की विशिष्टता, उसका चरित्र. उसका स्वभाव सदा ही उसके संस्कारों पर निर्भर रहता है। मेरे बचपन और युवाकाल के संस्कार छत्तीसगढ़ में ही हुए हैं।

स्कूल में हिन्दी माध्यम से सारे विषय पढ़ाए जाते थे। मैंने भाषा का विषय उर्दू ले रखा था। इस तरह हिन्दी, उर्दू और अँगरेज़ी भाषाओं का विधिवत् ज्ञान मुझे होने लगा। कक्षा में मैं होशियार छात्रों में समझा जाता। क्लास का मॉनिटर भी बना। मगर गणित (मैथेमेटिक्स) में, और विशेषकर अंकगणित (अर्थमेटिक) में मैं सदा ही फिसड्डी रहा।

मामा-मामी जी का ज्येष्ठ पुत्र प्रभात उस समय तीन वर्ष का था। दूसरा पुत्र विलास पैदा ही हुआ था। घर पर हम दोनों भाइयों का खूब लाड़-प्यार होता। संध्या के विद्याभ्यास के बाद हम लोग सब साथ खाना खाते। मामी और नानी खाना हाथ से बनातीं। हफ्ते में दो बार गोश्त बनता। नाना जी स्वयं हाट जाया करते। रात के खाने के बाद मामा जी, नाना जी और हम दोनों भाई कभी ताश और कभी चौसर खेला करते। खेल में खूब इशारे और बेईमानियाँ करते और बड़ा शोर होता। मजा आ जाता। शहर के बाहर के पोखरों में अपनी भैंसागाड़ियों को धोकर, खुद नहा- धोकर, साफ-सुथरे कपड़े पहने मेहतर लोग जब उन बिना बाग की गाड़ियों पर सवार होकर गरमियों की शाम में ददरिया गाते हुए शहर वापस लौटते, तो वातावरण में मस्ती बिखर जाती और मामा जी के आँगन में फूला हुआ बेला जोरों से महकने लगता।

कभी-कभी हमें नानी कहानी सुनातीं। सुनातीं हम दो भाइयों को, लेकिन मामा जी, मामी और नाना जी के कान भी कहानी की ओर आकृष्ट हो जाया करते।

नानी के पास कहानियों का खजाना था। वे बिलकुल ही अनपढ़ और निरक्षरा थीं, पर उनकी जबान पर साक्षात् सरस्वती बैठी थी। उनकी वर्णन-शक्ति अद्‌भुत थी। कहानी कहने का ढंग उनका अपना था—अत्यन्त रोचक। बड़ी लम्बी-लम्बी कहानियाँ बतातीं और सुनकर हम मुग्ध हो जाते। एक-दो बार तो उन्होंने 10 बजे

रात को कहानी शुरू की सो सवेरे मुर्गे की बाँग पर उसे खत्म की। कहानियों में राजा-रानी, राजकुमार-राजकुमारी, राक्षस, सफेद घोड़ा, ताल, झरना, मोर, हंस, जंगल, पहाड़, फुलवारी, आदि का जिक्र अवश्य ही आता। राजकुमारी सदा ही अति सुन्दर और राक्षस अति भयानक हुआ करता। लेकिन जब परी का जिक्र आता तो मन में उछल-कूद होने लगती। राजकुमारी से भी ज्यादा अच्छी परी लगती, खासकर लाल परी।

साहित्य कथाएँ पढ़ने-सुनने से पेश्तर मैं नानी से कहानियाँ और दंत कथाएँ, लोक गाथाएँ सुन चुका था। मैंने कई लघु कथाएँ लिखी हैं। चलचित्रों के लिए भी कई कहानियाँ लिखीं, जिन पर कई चित्र बने। मैंने सुना है कि कहानी सुनाने की मुझमें खास खूबी है। अगर यह सच है, तो यह खूबी मुझमें नानी से आई है। मैं उनका ऋणी हूँ। नानी का नाम भी गौरा था, यानी वह दादी के हमनाम थीं। नाना जी का नाम था तुलाराम। डोंगरगढ़ में एक सेठ के पास मैनेजर थे। वहीं उनका घर भी था। रिटायर होकर मामा जी के साथ—बेटे के पास—राजनांदगाँव में ही रहते थे।

कई वर्ष बाद जब नानी एक बार कुछ दिनों के लिए मेरे पास बम्बई रहने आईं तो मैंने उनसे कुछ कहानियाँ फिर सुनाने को कहा। शरमाकर वे बोलीं : 'अब तो तुम खुद बड़े कहानीकार, बड़े लेखक बन गए हो, कितनी ही फिल्में बना डालीं। बड़ी-बड़ी किताबें छप गईं तुम्हारी। मैं अनपढ़ बुढ़िया क्या कहानी सुनाऊँगी तुम्हें?'

पर मैंने जिद करके कुछ कहानियाँ, जो मुझे कभी न भूली थीं, उनसे फिर से सुन ही लीं। इनमें से तीन कहानियाँ मैंने अपने ढंग से लिखकर 'पराग' पत्रिका में छपाईं। बाद में उन्हें पुस्तक रूप में 'हठीली राजकुमारी' के नाम से छपवा दी।

छठी कक्षा की परीक्षा में मैं दूसरा नम्बर आया और मुझे पुरस्कार में पुस्तकें मिलीं। पर हमें घर से दूर, अपने से दूर रखना जी और माँ को बुरी तरह खल रहा था, हालाँकि हम होस्टल में न थे, परायों के घर न थे। माँ और जी कहने लगे : 'बच्चों की बहुत याद आती है, और हम दोनों भाइयों को उन्होंने भंडारा वापस बुलाकर मनरो हाई स्कूल में दाखिल करा दिया।

राजनांदगाँव के बाद मुझे भंडारा शुष्क और नीरस लगा। नया स्कूल, नये लड़के, नया वातावरण। कृष्णा भी भंडारा छोड़कर अपने माता-पिता के साथ कहीं दूसरे शहर चला गया था। न जाने कहाँ!

स्कूल हमारी हवेली से 1 फलांग के फासले पर था, यानी पास ही था। दोपहर की छुट्टी में खाने के लिए हम लपककर घर आया करते थे।

स्कूल में माध्यम मराठी था। मराठी मुझे ठीक से न आती थी। घर में नौकरों से सुना करता था, बोल नहीं सकता था। जल्दी-जल्दी मराठी सीखनी पड़ी। अंक गणित, बीज गणित, रेखा गणित, भूगोल, इतिहास मराठी में पढ़ने पड़े। साथ-साथ

इन्हीं विषयों पर हिन्दी में भी पुस्तकें पढ़ता जाता, जिससे समझने में आसानी होती। बाल मस्तिष्क की ग्रहण शक्ति अपार होती है। जो सिखाओ, सीख जाता है। भाषा का विषय उर्दू लिया। उर्दू की सुविधा यहाँ भी थी, हिन्दी की नहीं। अँगरेजों को सदा हिन्दुओं और हिन्दी से दुश्मनी रही है। इसी वजह से गवर्नमेंट के मनरो हाई स्कूल में हिन्दी विषय पढ़ाने की कोई सुविधा न थी।

किन्तु स्कूल को वाई. बी. रानाडे हेडमास्टर के रूप में बहुत बड़ी उपलब्धि थी। ऐसा लायक, समयनिष्ठ, सख्त, और अच्छा हेडमास्टर मैंने नहीं देखा। रानाडे एक-एक विद्यार्थी का नाम जानते थे। स्कूल में उन्होंने ड्रिल का पीरियड जारी कराया, व्यायाम के लिए व्यायामशाला (जिमनेशियम) बनवाया, हॉकी, फुटबॉल, वॉलीबॉल आदि खेलों में छात्रों को रुचि दिलाई, टूर्नामेंट्स रखवाए, सोशल गैदरिंग बड़े पैमाने पर आयोजित करवाई, और तीन-चार वर्षों के अन्दर ही—जब तक मैं मैट्रिक में पहुँचा—मनरो हाई स्कूल प्रान्त के दो या तीन श्रेष्ठ स्कूलों में गिना जाने लगा।

खेलों के मैदान में मैं सदा फिसड्डी रहा। जी से कहकर मैंने नागपुर से बढ़िया हॉकी स्टिक मँगवाई और कक्षा की हॉकी टीम का कैप्टन भी बन गया, मगर मजाल था जो बॉल कभी मेरी हॉकी स्टिक को छू जाता! ग्राउंड पर खूब दौड़ता-फिरता, मगर बॉल सनसनाता हुआ जब मुझ पर चला आता, मैं फौरन जान बचाकर छिटक जाता। फुटबॉल थोड़ा-बहुत खेल लेता था। वॉलीबॉल मामूली अच्छा खेलता था। ताश में दिलचस्पी न थी। रमी, फ्लश खेलना कभी न आया, न ये खेल मुझे रुचिकर ही लगते हैं। कभी कोटपीस और पाँच-तीन दो आदि खेल लेता था। घर में चौसर अक्सर खेलता। खेलों के बनिस्बत मेरी रुचि दूसरे क्षेत्रों में अधिक थी, जैसे—खेतों में या तालाब के किनारे सैर करना, साइकल पर नदी तक घूमने जाना, बालू पर बैठकर लहरों और नावों को देखना, फोटोग्राफी करना, ड्रॉइंग बनाना, रंगीन चित्र बनाना, कहानी-उपन्यास पढ़ना, आदि।

हाई स्कूल में पहुँचने पर मैंने उर्दू और फारसी ली। संस्कृत मैंने कभी न सीखी। काश, सीखता! ड्रॉइंग मेरा विषय न हुआ, फिर भी मैं ड्रॉइंग मास्टर की स्पेशल क्लास में पहुँच जाया करता। ड्रॉइंग मास्टर पैकू साव मुझसे प्रसन्न थे और मुझे सदा प्रोत्साहन दिया करते थे। मेरे बनाए चित्र इतने पसन्द किए गए कि वे स्कूल के हॉल में लगाए गए और तब मुझे विश्वास हो गया कि मैं एक दिन अच्छा चित्रकार बन सकूँगा।

जी को साहित्य में रुचि हमेशा से थी। जब-तब किताबों की पार्सलें उनके पास आया करतीं—कभी नागपुर से, कभी बम्बई से, कभी कलकता से, तो कभी विलायत से। अच्छी-अच्छी किताबें होतीं, अच्छी-अच्छी जिल्दों में होतीं। उनके आवरण मुझे बहुत लुभाते। नई किताबों को मैं नाक के पास ले जाकर सूँघता। किताबों की सुगन्ध अच्छी लगती। उसी तरह आर्ट पेपर की विलायती पत्रिकाओं

को सूँघना भी अच्छा लगता। उनके अन्दर के चित्र तो बार-बार देखता, घंटों देखा करता।

हमारी राइस मिलें बराबर चल रही थीं। उनसे आय नियमित रूप से हो रही थी। नौकर लोग मिलों पर तैनात थे जो सारा काम सँभाले हुए थे। उन पर हवेली से निगरानी रखी जा सकती थी। इसलिए जी का बहुत-सा समय पढ़ने-लिखने में ही गुजरता। सारा-सारा दिन वे अँगरेजी में कविता लिखा करते। उनकी कविताओं के दो संग्रह इंडियन प्रेस, इलाहाबाद से प्रकाशित भी हुए—'द फरलॉन नेस्ट' और 'द मोनिंग बेल'। वे अँगरेजी पत्रों में राजनीतिक विषयों पर लेख भी लिखा करते थे। उन्होंने लेखनी निडर पाई थी। प्रान्त में उनकी लेखनी का लोहा माना गया था। उनका रौब था।

मैं हवेली के सम्मिलित कुटुंब में सब बच्चों में बड़ा था। सब मुझे बहुत प्यार करते थे। ताई का मुझ पर विशेष लाड़-प्यार था। ताई (रामदुलारी) और मँझली चाची (लीलावती) सगी बहनें हैं, पंजाबी हैं। उनके पिता रायसाहब लाला सन्तराम पाल पंजाब में नहरों के इंजीनियर थे। माँ ज्यादा नहीं पढ़ी-लिखी थीं। चार क्लास हिन्दी तक ही रहीं। पर जी उन्हें कहानी, कविता, उपन्यास पढ़कर सुनाया करते। अगर रचना अँगरेजी में हुई तो उनका हिन्दी में भाषान्तर करके बताते जाते। ठंड के दिनों में अक्सर चार या पाँच बजे सवेरे उठ जाते और रजाई के अन्दर लेटे-लेटे ही, लैम्प की बत्ती तेज कर, और कभी अँगीठी के सामने बैठकर, टॉल्स्टॉय या गोर्की या रवीन्द्रनाथ की कोई लघुकथा पढ़कर सुनाया करते, कहानी की विशेषता समझाते, संवाद या वाक्य या विशेषण की खूबसूरती बताते। मेरी भी नींद उचट जाती। अपने पलंग पर पड़ा-पड़ा मैं भी सुना करता। और इस तरह—हाई स्कूल और कॉलेज तक पहुँचने से बहुत पहले ही—शेक्सपियर, मोपासाँ, गोर्की, अलेक्जेंडर ड्यूमा, टॉल्स्टॉय, रवीन्द्रनाथ ठाकुर, शरतचन्द्र चट्टोपाध्याय, वर्ड्सवर्थ, शेली, कीट्स, ब्राउनिंग, टेनिसन, तुलसीदास, सूरदास, मीरा जैसे महान लेखकों तथा कवियों से मेरा परिचय बाल अवस्था में ही अपने पिता द्वारा हो चुका था। 'नेकलेस', 'गिफ्ट ऑफ द मजाई' और 'क्षुधित पाषाण' कहानियाँ जब मैंने जी से पहली बार सुनीं, मेरी अवस्था सात या आठ वर्ष की रही होगी। साहित्य में रुचि दिलाने तथा लिखने के लिए मुझे प्रोत्साहन देने का सारा श्रेय उन्हीं को है।

जी मन के भावुक और गुस्से के तेज हैं। मगर उनका गुस्सा जल्द ही शान्त भी हो जाता है। वे तबीयत के उदार, हिम्मती और बहादुर हैं। दोस्ती स्थायी तौर पर नहीं कर सकते। दोस्तों की कमजोरियों से नाखुश हो कुछ आलोचनात्मक कह बैठते हैं जिससे दोस्ती टूट जाती है। पर नया मित्र फौरन बना लेते हैं, जो फिर अधिक समय तक नहीं टिक पाता। अक्सर मेरे मित्र उनके भी मित्र बन जाते हैं। जी बहुत अध्ययनशील हैं। उन्हें बिना हाथ में पुस्तक लिए बैठना दूभर हो जाता है। जब तक

घर में रहेंगे, कुछ न कुछ पढ़ते ही रहेंगे। हिन्दी और अँगरेजी—दोनों भाषाएँ वे असाधारण खूबी से लिखते हैं।

माँ सौम्य स्वभाव की हैं। मैंने उन्हें कभी किसी से लड़ते-झगड़ते नहीं देखा। दुखी होती हैं या चिढ़ जाती हैं तो चीखती-चिल्लाती नहीं, बिगड़ती नहीं, चुपचाप रो लेती हैं। जी के स्वभाव की तेजी माँ के स्वभाव की नर्मी से सन्तुलित होती रही है। हवेली में माँ को सभी चाहते थे। ताई, चाचियाँ, बुआएँ और दादा जी, दादी—सभी की वे चहेती रही हैं। घर के नौकर सदा उनके गुलाम रहे। तलवार की मार से जबान की मार कहीं अधिक दुखदायी होती है। मीठे वचनों से इनसान तो क्या, हैवान और पशु-पक्षी तक वश में हो जाते हैं—माँ का चरित्र इस उक्ति को प्रमाणित करता है। धीरज, सहनशीलता और समर्पण की जो पराकाष्ठा मैंने माँ में पाई है, किसी और में नहीं पाई। माता से मुझे सतत मिलता हुआ लाड़-प्यार, प्रेरणा, प्रोत्साहन देखकर अक्सर ही मेरे संगी-साथियों ने मुझसे ईर्ष्या की है।

राजनांदगाँव के बाद भंडारा मनहूस लगता था। लोग सीधे-सादे और रूखी तबीयत के थे। शहर में मनोरंजन का कोई साधन न था। हाँ, कभी-कभी रामलीला, नौटंकी आ जाया करती, जिन्हें देखने मैं न चूकता। सारे खिलाड़ी (अभिनयकर्ता) मर्द ही होते, जो स्त्रियों की भूमिकाएँ भी करते थे।

जी को गाना सुनने का शौक था, पक्के शास्त्रोक्त गानों का नहीं। नौटंकी के संचालक से जी की दोस्ती हो गई थी और वे अपनी पार्टी को लेकर अक्सर दोपहर को हमारे घर आ जाया करते थे। कमला प्रसाद नामक एक जवान गवइया था जो रात को नौटंकी में नायिका की भूमिका किया करता था और कम्पनी की जान था। कमला प्रसाद बहुत अच्छा गाता था। उसकी आवाज में दर्द था। मुझे भी उसका गाना बहुत अच्छा लगता था। रात को मेकअप करके जनानी पोशाक में जब वह मंच पर आता तो लगता, एक लावण्यमयी युवती समक्ष खड़ी है। किन्तु दिन को जब मैं उसे देखता—कभी उसके पड़ाव पर या कभी अपने घर—तो मुझे कमला प्रसाद का चेहरा मुर्झाया हुआ, पीला-सा ही लगता। मैं उन दिनों 10वीं कक्षा (प्रि मैट्रिक) में था।

एक दिन नौटंकी के मालिक को मैंने जी से धीमे-धीमे कुछ सलाह-मशविरा करते देखा। जी ने कमला प्रसाद के लिए शहर के अच्छे डॉक्टर की व्यवस्था कर दी और कमला प्रसाद का इलाज होने लगा। कमला प्रसाद को गनोरिया था। इलाज पूरा होने तक—लगभग एक महीना—नौटंकी भंडारा में ही बनी रही।

चलते-फिरते बाइसकोप (साइलेंट ट्रैवलिंग सिनेमा) कभी-कभी शहर में आया करते थे। आठ-दस चित्र मैंने देखे। 'टाइपिस्ट गर्ल' और 'अनारकली' —ये दो फिल्में मुझे विशेष जँचीं। नायिका मिस सुलोचना थी। मेरे दिल में उतर गई थी। मैं ही क्या, सारा जमाना उन दिनों सुलोचना पर मरता था। पत्रिकाओं में उससे सम्बन्धित कितने ही लेख, समालोचनाएँ आदि पढ़कर मैंने जानकारी हासिल की हुई थी। सुलोचना का असली नाम रूबी मायर्स था। यहूदी थी। कुँआरी थी। सब अभिनेत्रियों से अधिक रूपवती थी। सबसे अधिक वेतन पाती थी। सुना था, 5000 रु. महीना और सबसे अच्छा अभिनय करती थी।

आज मैं सोचता हूँ, उन दिनों अभिनय की कदर या समझ लोगों में न थी। तराजू के एक पल्ले पर अगर अच्छी शक्ल हो और दूसरे पर अच्छा अभिनय तो अच्छी शक्ल वाला पल्ला ही भारी रहेगा। उन दिनों भी था, आज भी है, और कल भी रहेगा।

नानी से कहानियाँ सुनकर मेरे बालमन ने राजकुमारी या परी का एक अस्पष्ट-सा किन्तु अलौकिक, सुन्दर चित्र गढ़ लिया था। मैंने सोच लिया था, बड़ा होकर एक ऐसी सुन्दरी से ब्याह करूँगा जो रूप और गुण में मेरे मानसपटल पर अंकित चित्र के समान होगी। परदे पर सुलोचना को देखकर मेरे मानसपटल पर अंकित वह अस्पष्ट चित्र स्पष्ट हो उठा—वह साकार सुलोचना का चित्र बन गया।

उन दिनों मैं नहीं जानता था कि सात-आठ साल के अन्दर ही मैं उस परम सुन्दरी सुलोचना को बम्बई पहुँचकर साक्षात् हाड़-मांस में देखूँगा। मैं नहीं जानता था कि पलक झपकते मैं अभिनेता, दिग्दर्शक, लेखक बनकर सफलता और ख्याति के शिखर पर जा पहुँचूँगा और वही सुलोचना मुझसे मिलने के लिए, मेरे चित्रों में काम माँगने के लिए उतावली और बेताब रहा करेगी। मैं नहीं जानता था कि समय की मार नारी के सुन्दर मुखड़े पर इतनी कसकर पड़ती है, कि नारी का लावण्य इतना क्षणिक होता है, कि लक्ष्मी इतनी चंचल और अस्थिर होती है, कि सुलोचना बेचारी आज स्टूडियो के अन्दर मारी-मारी फिरेगी, कोई उसे पहचानेगा तक नहीं, बैठने को कोई कुरसी तक नहीं देगा और वह दैनिक पारितोषिक पर लगभग एक्स्ट्रा के समान काम करने लगेगी। उसी दिन की बात है, 'रंजीत स्टूडियो' में अपने एअरकंडीशंड रूम से मैं जो निकला तो देखता हूँ कि बाहर गरमी में कचरे के ढेर के पास एक गन्दे खोखे पर बैठी सुलोचना कुछ एक्स्ट्राओं के साथ बात कर रही है। मेरा मन रो उठा—अपने बालपन की प्रेयसी की दुर्दशा पर। मैं लपककर उसके पास गया। वह मुझसे लिपटकर गले मिली। सुलोचना मुझसे सदा इसी तरह मिलती है—चाहे वह मिलन स्थान मेरा दफ्तर हो या स्टूडियो या कोई पार्टी या उत्सव। वह जानती है, मैं कभी उसका 'फैन' था, उसका शैदा था। वह मुझे 'डार्लिंग' कहती है। जब मौका मिलता है, मैं उसे अपने चित्र में कोई छोटा-मोटा रोल दे दिया करता हूँ।

अब वह मोटी, भद्दी, बूढ़ी हो गई है। पर उसे देखकर कोई भी कह सकता है : 'खँडहर बता रहे हैं इमारत अजीम थी।' रूप, गौरव, धन पर इतराना मूर्खता है। मनुष्य की सांसारिक तथा भौतिक सभी उपलब्धियाँ नाशवान हैं और एक दिन नष्ट हो जाती हैं। फारसी में कहावत है : 'हर कमाल रा जवाल अस्त'। यानी हर उत्थान का पतन होता है। जो उपलब्धि नष्ट नहीं होती, वह है केवल आध्यात्मिक धन की उपलब्धि। यह मेरा विश्वास है। यही ऋषियों का कथन है। यही सत्य है।

उन्हीं दिनों 'आर्य सुबोध' नाटक कम्पनी नागपुर आया करती थी। भंडारा से नागपुर केवल 40 मील दूर है। वह कम्पनी तरह-तरह के नाटक प्रस्तुत करती थी। उस नाटक कम्पनी के मुख्य नायक बी.ए. बेंजमिन थे। यहूदी थे। उनकी मातृभाषा मराठी थी लेकिन हिन्दी, उर्दू बहुत अच्छी बोलते थे। बहुत बाद में मुझे पता चला कि वे डेविड अब्राहिम—हमारे सिनेजगत के प्रख्यात हास्य तथा चरित्र अभिनेता डेविड—के रिश्तेदार थे। 'आर्य सुबोध' का मुख्य और प्रख्यात नाटक था 'हैमलेट' जिसे सिर्फ नागपुर के ही नहीं बल्कि आसपास के जिलों के लोग भी देखने आया करते थे।

जी की बेंजामिन से गहरी दोस्ती हो गई थी। माँ और हम बच्चों को लेकर जी अक्सर घर की मोटरकार से नागपुर जाते और हमें नाटक दिखाते। 'हैमलेट' मैंने कई-कई बार देखा। बेंजामिन हैमलेट के चरित्र में बस कमाल ही करते थे। ताज्जुब होता था कि एक अभिनेता, जो मुश्किल से 20 वर्ष का होगा, मंच पर इतने कमाल का अभिनय कैसे कर सकता है! रात को साढ़े नौ बजे जोर के धमाके के साथ पर्दा उठता और नाटक शुरू होता। सवेरे दो बजे खत्म होता। तीन बजे हम लोग सोते। दस बजे सोकर उठते। उसके बाद दिन भर, और कई दिनों तक, नाटक के विभिन्न दृश्य मेरी आँखों के सामने झूला करते। वह सीनरी, वह वेश-भूषा, वह संवाद, वह बोलने का ढंग बड़ा ही प्रभावशाली, बड़ा ही रोचक लगता। मन-ही-मन मैंने ठान लिया कि मैं भी अभिनेता बनूँगा। नागपुर के 'व्यंकटेश थिएटर' में एक दिन बड़ा होकर मैं भी हैमलेट की भूमिका करूँगा। यह इरादा, यह महत्त्वाकांक्षा एक 14 वर्षीय साहित्य प्रेमी, काव्यप्रेमी, भावुक हृदय बालक की थी। हाँ, मैं बहुत भावुक था। अब भी हूँ।

एक दिन नागपुर में बेंजामिन ने हमारे परिवार को चाय के लिए अपने निवासस्थान पर आमंत्रित किया। उस दिन मैंने पहली बार बेंजामिन—अपने प्रिय हैमलेट—को रूबरू घरेलू यानी हमारे जैसे कपड़े पहने देखा। उन्होंने सफेद कुरता और ढीला पाजामा पहना हुआ था। सिर पर बहुत बड़ा चाँद था। आयु 50 वर्ष की थी। मेरे विस्मय का ठिकाना न था। तो क्या यही वयस्क, खुशमिजाज, सरल स्वभाव व्यक्ति वह जानदार

अभिनेता था जो मंच पर, काली पोशाक पहनकर, हैमलेट बना जब आता था तो सारे थिएटर को सिर पर उठा लेता था, जिसकी आवाज में उतार–चढ़ाव के साथ दर्शकों के दिलों की धड़कनें वाबस्ता रहती थीं, जिसकी मुद्रा एवं भावभंगिमा पर हजार आँखें टकटकी बाँधे लगी रहती थीं, जो मेरे चेतन–अवचेतन में मेरे अन्दर के अज्ञात कलाकार की महत्त्वाकांक्षाओं का केन्द्र बना हुआ था? मन–ही–मन उस दिन, बेंजामिन के चरणों में माथा रख, मैंने उन्हें साष्टांग प्रणाम किया। मुझ बालक का महान अभिनेता बेंजामिन के सम्पर्क में आकर उनके प्रभावशाली व्यक्तित्व से परिचित होना मेरे कलात्मक संस्कारों की शृंखला में एक अत्यन्त महत्त्वपूर्ण कड़ी था।

उन दिनों 'आर्य सुबोध' नाटक कम्पनी यानी बेंजामिन, यही मैं समझा हुआ था। मैं समझता था, बेंजामिन ही कम्पनी के मालिक हैं। यह मुझे कुछ वर्ष बाद पता चला कि मालिक कोई और थे, एक पारसी थे, जिनका नाम सोहराब मोदी था। हाँ, वही सोहराब मोदी जो बाद में सिने निर्माता और सिने अभिनेता बने। सुना है, उन दिनों भी वे अभिनय करते थे। पर मैंने उन्हें तब नहीं देखा था। उनसे भेंट कई वर्षों बाद हुई।

अचानक एक दिन मेरे नाम एक चिट्ठी आई। लिफाफे पर हरी स्याही से सुन्दर अक्षरों में मेरा नाम, पता लिखा था। चिट्ठी खोलकर पढ़ी। कृष्णा—कृष्ण कुमार दीक्षित—की चिट्ठी थी। कानपुर से आई थी। अक्षर बहुत छोटे थे। बना–बनाकर एहतियात से लिखे गए थे। लिखावट में जल्दबाजी या लापरवाही न बरती गई थी। पढ़कर ज्ञात हुआ कि कृष्णा आजकल कानपुर में है, डी.ए.वी. हाई स्कूल में पढ़ रहा है, नौवीं कक्षा में पढ़ रहा है। मैं भी नौवीं में था। पत्रोत्तर में मैंने भी अपना हाल, अपनी बातें लिख भेजीं। और फिर इस तरह हमारा परस्पर पत्र–व्यवहार शुरू हो गया जो बराबर चलता रहा। एक बार उसने किसी ग्रुप फोटो में से काटकर छोटी–सी अपनी फोटो भेजी और सहसा मैंने देखा, कृष्णा बालक न था, युवक हो गया था। फिर किसी पत्र में उसने अपना ब्याह हो जाने की बात कुछ अस्पष्ट भाषा में कही थी, जिससे मैं साफ न समझ पाया कि ब्याह हो चुका है या होने जा रहा है। मैंने साफ–साफ लिखने के लिए कहा, पर उत्तर उसने फिर इशारों में, छायावादी भाव में ही दिया।

मैं सोचने लगा : ब्याह हुआ हो या न हुआ हो, इतना तो तय है कि उसके जीवन में कोई लड़की जरूर आ चुकी है। और मैं बुद्धू अब तक परियों के सपनों में ही खोया पड़ा हूँ!

मैट्रिक तक पढ़ाई मैंने भंडारा में ही की।

दिसम्बर में हर साल मामा जी और मामी हमारे पास भंडारा आ जाया करते और लगभग पन्द्रह–बीस दिन हमारे घर पर गुजारते, उसके बाद एक–एक, दो–दो दिन दूसरे सम्बन्धियों के घर, और फिर वापस राजनांदगाँव चले जाते। जब मामा जी भंडारा आते तो खूब सोते। सवेरे देर से उठते, देर से नहाते, देर से खाते और सब काम अनियमित तौर पर करते। कहते : 'मिल की ड्यूटी में मशीन की तरह मेरी जिन्दगी इतनी घड़ी के काँटे से बँधी हुई रही है कि मैं समय के बन्धन को तोड़कर ही अब सुस्ता पाता हूँ।' राजनांदगाँव में मामा जी को सवेरे साढ़े पाँच बजे के भोंपू के साथ उठना पड़ता था। अब मिल में वे चीफ इंजीनियर हो गए थे तो कुछ आराम था।

ताई के पिता रायसाहब लाल सन्तराम पाल सहसा रिटायर होकर जालंधर से अपने जवान बेटे जगदीश कुमार को लेकर भंडारा आ गए और शहर के बाहर एक बँगला किराए पर लेकर वहीं रहने लगे। हम बच्चे उन्हें 'नाना जी' कहा करते थे। नाना जी विधुर थे। स्वास्थ्य का उन्हें बड़ा खयाल था। वे सवेरे पाँच बजे सोकर उठते, कसरत करते, तेल–मालिश करते और पास बहती हुई नहर में या कभी पास वाले तालाब में जाकर नहाते–तैरते। वे आर्य समाजी थे। उन्होंने जिन्दगी में कइयों का भला किया, कइयों को पढ़ाया–लिखाया, कइयों की शादियाँ कर दीं।

नाना जी से मिलने, साल में एक बार, पं. बनवारी राम शर्मा नाम के एक अधेड़ उम्र के सज्जन कासगंज के पासवाले बनकागाँव से आया करते थे। नाना जी उन्हें 'बाबा जी' कहा करते और उनकी देखा–देखी हम सब लोग उन्हें 'बाबा जी' कहने लगे।

बाबा जी खद्दर की धोती, खद्दर का कुरता पहनते, सिर पर छोटे बाल और लम्बी चुटिया रखते थे। बाहर जाते तो खद्दर की सफ़ेद टोपी सिर पर डाल लेते। काँधे पर वे अक्सर अँगोछा भी रखा करते थे। चेहरे पर चेचक के दाग थे। देखने में बाबा ज़ी बम्बई के दूधवाले 'भइया' की तरह लगते थे। अँगरेजी का उन्हें एक शब्द न आता था। किन्तु बाबा जी संस्कृत के बहुत बड़े विद्वान थे। आयुर्वेद के ज्ञाता थे। अच्छे वैद्य थे। सितार बहुत अच्छा बजाते थे। भजन गाया करते थे। अल्पसन्तोषी और आत्माभिमानी थे।

बाबा जी का हम सब आदर करते थे। घर में कइयों के लिए वे दवाइयाँ तैयार करके देते। धर्म पर, वेदों पर, गीता पर, पुराणों पर, प्राचीन इतिहास पर उनका भाष्य सुनने लायक होता था। मैं उनके पास जाकर घंटों बैठा करता। वे भी मुझ पर विशेष कृपा रखते थे। मुझे धर्म और दर्शनशास्त्र से दिलचस्पी तो पहले से ही थी, किन्तु अब, बाबा जी के सत्संग में, उस दिलचस्पी ने ज्ञानोपार्जन और अध्ययन का ठोस रूप ले लिया। मुझे संस्कृत न आने पर भी, धर्म और संस्कृति का वह ज्ञान, जो मुझे

बाबा जी के सत्संग से सहज ही प्राप्त हो गया, अन्यथा कदापि प्राप्त न होता। बाबा जी को मैंने, मन-ही-मन, अपना गुरु माना हुआ था। तब तक ही नहीं, अब तक भी मैंने ऐसा महान, ऐसा ज्ञानी, ऐसा विद्वान पुरुष दूसरा नहीं देखा।

काश, मुझे संस्कृत आती! काश, मैंने संस्कृत सीखी होती! काश, भारत में संस्कृत की पढ़ाई आवश्यक कर दी गई होती! बच्चों को ढेर-से इतने ऊलजलूल विषय पढ़ाए जाते हैं जिनसे उन्हें विशेष लाभ नहीं होता। और संस्कृत भाषा—जिसमें हजारों, लाखों वर्षों का, कई-कई संस्कृतियों का ज्ञान निहित और संगृहीत है—से हम आधुनिक कहलानेवाले नासमझ माता-पिता अपने ही लाड़लों को वंचित रखते हैं। हमारी मूर्खता की हद हो गई।

हर साल गरमियों की छुट्टियों में जी हम सबको लेकर मामा जी के पास राजनांदगाँव जाया करते। हमें छोड़ वे वापस भंडारा चले जाते और महीना भर बाद फिर लेने आते। इस प्रकार हालाँकि मैं पढ़ भंडारा में रहा था, राजनांदगाँव से मेरा सम्पर्क कभी टूटने न पाया। यहाँ भी मेरे कुछ मित्र थे। कुछ नए मित्र हर बार, जब मैं यहाँ आता, बना लेता। कुंजबिहारी चौबे नामक एक नए लड़के से अचानक मुलाकात हुई। वह दसवीं में पढ़ रहा था। मैं भी उन दिनों दसवीं में ही था। कुंजो पढ़ने में बहुत होशियार था। हिन्दी में कविता लिखता था। और आगे चलकर बड़ा कवि बनेगा, ऐसा स्कूल के अध्यापकों का विश्वास था। कुंजो की कुछ कविताएँ साहित्यिक पत्रिकाओं में भी छपी थीं। कुंजों के साथ मेरी अच्छी दोस्ती हो गई। हम दोनों शाम को बलदेव बाग में घूमने जाते, कभी लाइब्रेरी जाते, कभी बूढ़ा सागर की मेड़ पर बैठे घंटों बातें करते। वह मुझे अपनी रचनाएँ सुनाता और मैं उसे दाद देता।

इस वर्ष मेरी भेंट एक और युवक से हुई, जो मुझसे उम्र में पाँच वर्ष बड़ा था। मैं सत्रह का रहा हूँगा और वह बाईस का, लेकिन अपने डील-डौल के कारण वह चौबीस या पच्चीस का लगता था। उसका नाम था महेश कौल, जो अब बम्बई में फिल्म दिग्दर्शक हैं। हाँ, महेश कौल से मैं पहली बार राजनांदगाँव की लाइब्रेरी में ही मिला था। महेश ने बाल कुछ लम्बे रखे हुए थे और उनकी कलमें कान तक आती थीं। बोलने का ढंग कुछ अभिनयात्मक था जो औरों पर फौरन प्रभाव डालता था। हमारी दोस्ती गहरी होने में शायद दो दिन भी न लगे होंगे। महेश से मेरी बातों का विषय होता—कला, सिनेमा, जीवन, कभी-कभी लड़कियाँ भी।

महेश को सिनेमा देखने का शौक था। रायपुर में उन्होंने काफी चित्र देखे हुए थे—हिन्दी और अँगरेजी दोनों ही। मैं उनके सामने अनाड़ी था। हम लोग घंटों साथ बातचीत करते, गप्पें लगाते। महेश को पढ़ने का शौक था। बहुत जल्द पढ़ा करते

थे, शायद एक घंटे में 60 से 70 पृष्ठों तक पढ़ डालते। रोज शाम को लाइब्रेरी से दो पुस्तकें -अक्सर उपन्यास—ले आते, और दूसरी शाम उन्हें वापस कर दूसरी दो फिर ले आते। मैं इसके विपरीत था। पढ़ने का मेरा वेग बहुत ही धीमा है। एक घंटे में 25 पृष्ठों से अधिक नहीं पढ़ पाता—चाहे हिन्दी हो या अँगरेजी। कभी कोई वाक्य या वाक्य-रचना या शब्द जँच गया तो बार-बार आँखें उस पर फेरता-लौटाता हूँ, मजे लेता हूँ, सोचता हूँ, और इस तरह जल्द नहीं पढ़ पाता।

लाइब्रेरी से ला-लाकर मैंने धीरे-धीरे हिन्दी के कई उपन्यास पढ़ डाले, कई लघुकथाएँ पढ़ डालीं। बंकिमचन्द्र, रवीन्द्रनाथ ठाकुर, शरत्चन्द्र आदि की साहित्यिक कृतियाँ मैंने चाट डालीं। हिन्दी के छोटे-बड़े अनेक लेखकों की कहानियाँ और उपन्यास मैंने तभी पढ़े। देवकीनन्दन खत्री का 'चन्द्रकान्ता' मैं जब सातवीं में था, पढ़ चुका था। राजनांदगाँव में गरमियों की छुट्टियों के मेरे वे दिन साहित्यिक तथा कलात्मक महौल में गुजरते थे।

महेश कौल ने धर्म, दर्शन, कला, साहित्यिक पर कुछ पुस्तकें पढ़ रखी थीं। उन दिनों हमारी परस्पर बातचीत में वे मुझे और कुंजो को बड़े विद्वान प्रतीत होते। उनके बोलने के ढंग से, उनकी नाटकीय भावभंगिमा से हम दोनों प्रभावित होते। अपनी बातों से किसी को प्रभावित करने की कोशिश में महेश ने सदा ही अपनी शारीरिक तथा मानसिक शक्ति का बहुत बड़ा अंश व्यर्थ गँवाया है। उनकी सारी फिक्र यही रहती है कि सामने वाले पर अपनी छाप किस तरह डालें। लम्बी और बेकार बातचीत में महेश ने अपनी जिन्दगी के हजारों घंटे बर्बाद कर दिए।

लाइब्रेरी से या बलदेव बाग से हम लोग -कुंजो और मैं—रोज शाम को महेश से अलग होते और साथ-साथ चलकर मेरे घर आते, आकर ठंडा शरबत पीते। फिर कुंजो मोतीपुर चला जाता। मोतीपुर हमारे घर से आधे मील पर एक छोटा-सा गाँव था, जहाँ मिट्टी के कच्चे घर में कुंजो रहा करता था। मैं अक्सर उसके घर जाया करता था। वह गरीब ब्राह्मण का बेटा था। अपने सहपाठी की अकस्मात् मृत्यु पर उसने एक बहुत ही दर्दनाक कविता लिखी थी, जिसका शीर्षक था—'सखे'। कुंजो ने जब कविता सुनाई तो मैं रो पड़ा। एक दिन शाम को कुंजो हमारे घर से मोतीपुर को रवाना होने ही वाला था कि सहसा बहुत जोर की आँधी आई और मूसलाधार वर्षा होने लगी। ओले भी पड़े और थोड़ी देर को घर की बिजली भी जाती रही। उस रात कुंजो ने हमारे घर ही खाना खाया और रात हमारे यहाँ ही गुजारी।

सुबह तड़के जब वह अपने घर चला गया तो मुझे फर्श पर फड़फड़ाता हुआ कागज का एक टुकड़ा मिला। टुकड़े की लिखावट पर अनायास ही आँख गई। लिखा था : 'आज सहसा शाम को कैसी अतुल आँधी चली!' मैं समझ गया, कुंजो ने रात बातचीत के दौरान में कभी यह पंक्ति घसीटी होगी, जिस तरह मैं कुछ न कुछ घसीटा करता हूँ। मेरी घसीट से आकृतियाँ बनती हैं। कुंजो की घसीट से कविता

फूटती थी। पंक्ति काव्य की दृष्टि से विलक्षण नहीं, पर मेरे लिए अत्यन्त विलक्षण थी और रहेगी।

मैट्रिक के बाद हम दोनों नागपुर के मॉरिस कॉलेज में मिले। पर हमारा साथ सालभर का ही रहा। कुंजो अचानक कॉलेज छोड़कर राजनांदगाँव चला गया। बाद में मैंने सुना, वह पागल हो गया है। फिर सुना, उसने आत्महत्या कर ली। उसके बाद मैं जब कभी राजनांदगाँव गया, मोतीपुर कभी न गया, जहाँ उसका घर था, जहाँ वह मदमाती अल्हड़ बसन्ती रहती थी, जिसने बाद में गोलबाजार में पान की दुकान लगाकर एक पैसे से लेकर पाँच-पाँच रुपये तक गिलौरियाँ बेचीं और शहर के कई नवयुवकों को अपने रूप की हाट में नीलाम कर दिया।

मैं जब भंडारा में मनरो हाई स्कूल में आठवीं में पढ़ रहा था, मेरी तीसरी बहन लतिका पैदा हो चुकी थी। जब मैं दसवीं में था, मेरा तीसरा छोटा भाई विजय पैदा हुआ। उन्हीं दिनों मामा जी भंडारा आए और हम लोग बैलगाड़ियों से गायमुख की तीर्थयात्रा पर गए। गायमुख भंडारा से 24 मील दूर है। मामा जी पान बहुत खाते थे और पान में तम्बाकू होता था। रास्ते में उनका खुशबूदार तम्बाकूवाला पान मैंने भी माँगकर खाया। तम्बाकू चढ़ गया और सिर चकराने लगा और उलटियों पर उलटियाँ आने लगीं। रास्ते में जितने भी कुएँ मिले, सबसे पानी उलीचकर घड़ों पानी मेरे सिर पर डाला गया। गायमुख पहुँचने तक मेरी तबीयत कुछ शान्त हुई। सारी शाम हम लोग मेले में घूमते फिरे। रात भजन मंडली में शरीक हुए और आधी रात को अपने तम्बू में सोने गए। तम्बू में हम लोग पाँच थे। जमीन पर सूखा चारा फैलाकर ऊपर से जाजिम डाल बिस्तर लगाए गए थे। मामा जी के कहने से मैं बीच में सोया। सवेरे चार बजे मेरे गले पर, ठोढ़ी के नीचे, बड़े जोर का दर्द हुआ, जैसे किसी ने जलती सुई चुभो दी हो! नींद में ही मैंने गले पर से उस 'सुई' को सहसा झटक दिया और तड़पकर उठ बैठा। सब लोग जाग गए।

'मुझे बिच्छू ने काटा है,' मैंने कहा।

लालटेन और पेट्रोमैक्स और टॉर्च के प्रकाश में सब बिस्तर झाड़े गए, पर कुछ न मिला। मेले में अस्पताल था। डॉक्टर को जगाया गया। उसने मेरे गले पर पोटैश परमैगनेट पोत दिया। दर्द के मारे मेरा बुरा हाल था। सवेरा होने पर जब धूप निकल आई, हम लोग कूच के लिए सामान बटोरना शुरू किया। जाजिम के नीचे छिपा बिच्छू दिखाई दिया। लोगों ने लकड़ी-पत्थर से इस कदर मारा कि उसकी चटनी बन गई।

वापसी सफर में 6 घंटे लगे। पोटैश से मेरा दर्द जरा भी कम न हुआ था। पूरे 4 घंटे बहुत तेज दर्द रहा। फिर कम होता गया। 10 घंटे तक हलकी झनझनी थी।

उसके बाद दर्द जाता रहा। पर पोटैश ने मेरे गले की चमड़ी जला दी थी, जिससे रुपये बराबर भद्दा सफेद निशान साल भर तक बना रहा। उस नालायक डॉक्टर को मैंने जितना कोसा होगा शायद उस बिच्छू को भी नहीं। गायमुख यात्रा की बात हमेशा मैं किस मजे से बताता रहा हूँ! बिच्छू काटने की घटना मुझे आज कितनी दिलचस्प और हास्यास्पद लगती है! पर वह समस्त यात्रा और वह डंक की यातना उस समय कितनी असह्य थी! घटनाओं पर समय का प्रभाव विचित्र होता है।

मैट्रिक के इम्तिहान के जब दो महीने रह गए, मेरा सबसे छोटा भाई विजय साल भर का था। वह पेचिश से बीमार पड़ा। डॉक्टरों और वैद्यों की बहुतेरी दवा की पर उसकी हालत बदतर ही होती गई। माँ उसे गोद में लिये दिन-रात बैठी रहतीं और जरा भी न सोतीं। वह मेरा बहुत ही लाड़ला भाई था। एक रात मैंने सपने में उसका अन्त होते देखा। सुबह मैंने माँ से कहा : 'माँ, अब तुम इस बच्चे की माया छोड़ दो। यह नहीं बचेगा।' माँ ने मुझे झिड़ककर कहा : 'ऐसे बुरे शब्द नहीं कहते, बेटा!'

मैंने सपने की बात बताई। वे रो उठीं और तीसरे दिन उस बच्चे ने माँ की गोद में आखिरी साँस ली। हमारा सारा परिवार दुखी हो गया। कांग्रेस का आन्दोलन जोरों पर था। जी भंडारा शहर के प्रमुख नेता थे और किसी भी दिन जेल जा सकते थे। मगर बच्चे के देहावसान का उन्हें इतना सदमा पहुँचा कि वे कुछ विरक्त-से हो गए और फिर हम लोगों ने भी उन्हें सभाओं में भाग लेने न जाने दिया।

बड़ी मुश्किल से मैं परीक्षा में बैठ पाया। पढ़ाई में मन न लगता था। भाई की याद दिन-रात बेजार करती थी। लेकिन जब नतीजा निकला तो मैं सेकंड डिविजन में मैट्रिक पास हो गया था।

उन दिनों नागपुर का मॉरिस कॉलेज श्रेष्ठ कॉलेज समझा जाता था। मैं मॉरिस कॉलेज में दाखिल हो गया। मेरे ताऊ मनमोहनलाल और मँझले चाचा सुन्दरलाल नागपुर की न्यू कॉलोनी में अलग-अलग बँगले लेकर रहने लगे थे। मैं चाचा के साथ रहने लगा।

जी के मौसेरे भाई बृजलाल गुप्ता उन्हीं दिनों छिंदवाड़ा से सपरिवार आकर नागपुर में बस गए। छिंदवाड़ा में वे वकील थे, और वहाँ उनकी अच्छी प्रैक्टिस थी। अब नागपुर में नए सिरे से प्रैक्टिस करनी थी। पर उन्हें हौसला था और अपने में विश्वास। उनके साथ उनके छोटे भाई रमेश गुप्ता भी आए,जो अजमेर से इंटर पास कर चुके थे। रमेश से मेरी बचपन की दोस्ती थी। रमेश ने थर्ड ईयर में मॉरिस कॉलेज में ही दाखिला ले लिया। रायपुर से महेश कौल भी आकर थर्ड ईयर में दाखिल हो गए। राजनांदगाँव से कुंजो आया था।

भंडारा में हाई स्कूल के समय मैं खद्दर पहना करता था। ढीला पाजामा, कमीज, कोट, टोप। वह जमाना असहयोग का था। पर अब 1932 में, आन्दोलन ठंडा हो चला था और मैं उन कपड़ों से ऊब गया था। कॉलेज पहुँचते ही मैंने कोट, पैंट, टाई, हैट पहनना शुरू कर दिया। मैं भंडारा में कूपमंडूक समान था। नागपुर आते ही, कॉलेज के मुक्त वातावरण में साँस लेते ही, मेरा व्यक्तित्व निखरने लगा, विकसित होने लगा।

अजीब बात है, मगर यह सच है कि कुछ लड़के स्कूल के दिनों में बड़े होशियार और होनहार प्रतीत होते हैं, और कुछ से कोई आशा नहीं रखी जाती, पर आगे चलकर कॉलेज में या जिन्दगी में अक्सर इसका उलटा होता है यानी स्कूल के तेज, होनहार विद्यार्थी कॉलेज में फिसड्डी निकलते हैं और जो स्कूल के समय साधारण या पिछड़े हुए लगते हैं, कॉलेज पहुँचकर या उसके बाद चमक उठते हैं। मेरे व्यक्तित्व और बुद्धि को उजागर होने में कुछ विलम्ब हुआ।

नागपुर बहुत बड़ा शहर था। मॉरिस कॉलेज बहुत अच्छा कॉलेज था। योग्य प्रधानाध्यापक थे। कॉलेज में 300 लड़के थे और 52 लड़कियाँ। सहशिक्षा का चलन उन दिनों नया-नया हुआ था। शहर के अन्य कॉलेजों में लड़कियाँ इनी-गिनी ही थीं, इसलिए मॉरिस कॉलेज में रौनक थी। तब स्कूलों में सहशिक्षा नहीं होती थी। इसलिए हम लड़कों ने जब लड़कियों को, और तरह-तरह की इतनी सारी लड़कियों को, अपने साथ देखा तो अजीब-सा लगा यानी अच्छा लगा। मगर लड़कियों का कॉमन रूम अलग था। क्लास में भी वे लोग सामने की बेंचों पर बैठती थीं। उनकी बेंच पर, अगर जगह खाली भी हुई तब भी कोई लड़का नहीं बैठ सकता था। क्लास के बाहर लड़कियाँ अपनी टोली बनाकर अहाते में घूमा-फिरा करतीं। लड़के दूर-दूर से उन पर आँखें सेंकते, उनसे मिलने-बोलने के लिए तरसते, पर हिम्मत न पड़ती और दिल मसोस कर रह जाते।

पहला वर्ष 'फर्स्ट ईयर फूल' बनने में, तरह-तरह की बेवकूफियों से भरी हरकतों में, फैशन और स्टाइल करने की कोशिशों और कॉलेज की लड़कियों की चकाचौंध में गुजर जाता है। मेरे साथ भी ऐसा ही हुआ पर मैं वर्ष के अन्त तक कॉलेज की डिबेट में भाग लेने लग गया था। कुछ लड़कियों से बोलचाल तक का सम्बन्ध भी स्थापित हो गया था।

घर से माँ और जी के पत्र मुझे बराबर आते थे। एक पत्र में जी ने लिखा : 'समझ में नहीं आता, तुम्हें कैसे बताऊँ कि तुम्हारे बचपन का वह देवदार का बक्सा, जिसमें तुम्हारी सम्पदा सँजोई हुई थी, नष्ट हो गया है। वह बक्सा हमने स्टोर रूम में रख दिया था। छप्पर का कोई खपरैल टूट जाने की वजह से बारिश का पानी बरसात के महीनों में उस बक्से पर पड़ता रहा। जब उस दिन स्टोर रूम खोलकर देखा गया तो तुम्हारा बक्सा बिलकुल सड़ गया था और अन्दर की चीजें

भी नष्ट हो चुकी थीं। यह सब हमारी गफलत के कारण हुआ है। हमें इसका बहुत दुख है।'

पत्र पढ़कर मुझे ऐसा लगा मानो बहुत सारे सगे-सम्बन्धियों, संगी-साथियों के एक साथ ही मर जाने की मुझे खबर मिली हो! उस दिन मैं रो-रो दिया। वर्षों तक, जब बक्से की याद आती थी, दिल में एक टीस उठती थी।

पिछले छः महीने से मैं माँ से न मिला था। जी दो बार नागपुर आकर मुझे देख गए थे। घर की बहुत याद आ रही थी। पिछले कई महीनों से मुझे मृत छोटे भाई विजय की रह-रहकर याद सताया करती थी। हर महीने वह मेरे सपने में आता रहा था। दिसम्बर की छुट्टियाँ आईं तो मैंने भंडारा जाने का तय किया। सवेरे ट्रेन में बैठ भंडारा के लिए रवाना हो गया। दो घंटे का सफर था। सफर में रात देखा सपना बरबस याद आने लगा। रात सपने में मैंने फिर विजय को देखा था। भंडारा स्टेशन शहर से सात मील दूर है। मुझे लेने नौकर आया था। टैक्सी तैयार खड़ी थी।

शहर से बाहर डूँगाजी नाम के एक पारसी की सात एकड़ जमीन थी, जिसमें एक कुआँ और दो बँगले और आउट हाउसेज थे। पारसी से हमने वह सारी जायदाद खरीद ली थी। जब मैं दसवीं कक्षा में था तभी मेरे ताऊ, पिताजी और मँझले चाचा सपरिवार उन बँगलों में रहने चले गए थे। वह इस्टेट 'सिटी बँगले' कहलाती थी, न जाने क्यों? शहर की हवेली में सिर्फ छोटे चाचा मुकुन्दलाल रहते थे। अब ताऊ और मँझले चाचा नागपुर में रहने लगे थे। 'सिटी बँगले' में अब केवल हमारा परिवार रहता था।

जैसे ही मेरी टैक्सी 'सिटी बँगले' पहुँची, मेरी बड़ी बुआ ने मेरा स्वागत करते हुए कहा : 'आओ बेटा! लो, तुम्हें खुशखबरी सुनाऊँ—तुम्हारी माँ को बिटिया पैदा हुई है।'

'कब?' मैंने पूछा।

'रात को।'

मैं चुपचाप अन्दर गया। कपड़े बदल, मुँह-हाथ धोकर जब माँ से मिलने कमरे में गया तो माँ ने मुझसे पूछा : 'बताओ तो क्या हुआ है?'

'भाई,' मैंने कहा।

'हाँ, बेटा, भाई हुआ है।' माँ मुस्कुरा रही थीं। 'बुआ ने तुमसे मजाक करने की ठानी हुई थी, पर तुम्हें उनकी बात पर विश्वास क्यों नहीं हुआ?'

'क्योंकि कई महीने से मेरे सपने में विजय आता रहा है। रात भी आया था, जिससे मुझे विश्वास हो गया था कि विजय की वही आत्मा फिर आ रही है। माँ, हम इसका नाम भी विजय रखेंगे। हमारा विजय लौटकर आया है।'

माँ को मेरी बातें सुनकर ताज्जुब हुआ। उन्होंने तुरन्त ही मेरा सुझाव सहर्ष मान लिया। बच्चे का नाम विजय रख दिया गया। अब हम लोग छः भाई-बहन हो गए थे—तीन भाई, तीन बहनें। आज भी हम छः हैं। सबसे बड़ा मैं। सबसे छोटा विजय।

उन्हीं दिनों वही 'आर्य सुबोध' नाटक कम्पनी भंडारा आई। पर अब बेंजामिन कम्पनी में न थे। वे अलग हो चुके थे। सुना, रंगून चले गए थे, जहाँ शायद उनकी बहन रहती थी।

शहर में इश्तहार के पर्चे बँटे थे। 'हैमलेट' नाटक होने वाला था। और हेमलेट की भूमिका कम्पनी के मालिक-अभिनेता स्वयं सोहराब मोदी कर रहे थे। मोदी को जी पहले से—बेंजामिन के समय से—जानते थे। मोदी ने जी को नाटक देखने के लिए सपरिवार आमंत्रित किया। हम लोग गए। आज कई सालों बाद मैंने 'हैमलेट' फिर देखा। बहुत अच्छा लगा। सोहराब मोदी का अभिनय भी बहुत अच्छा लगा। पर, न जाने क्यों, बचपन में देखे हुए 'हैमलेट' और बेंजामिन बारम्बार याद आते रहे।

उस रात जी ने सोहराब मोदी को मेरे हाथों स्वर्णपदक भेंट किया। अन्तिम दृश्य से पहले जब मैं मंच पर जाकर सोहराब मोदी की चौड़ी छाती पर वह पदक पिन कर रहा था, मैं गर्व से फूला जा रहा था, कि सैकड़ों प्रेक्षकों के सामने मैं एक महान अभिनेता को अपने हाथ से छू रहा हूँ। सोहराब मोदी की आवाज ने मुझे बहुत ही प्रभावित कर लिया था। बाद में, जब उन्होंने सिनेमा में पदार्पण किया, तब भी उनकी सफलता का मूल कारण उनकी गुँजा देने वाली दबंग आवाज ही थी।

कुछ वर्षों बाद 'पुकार' चित्र के उद्घाटन पर मैंने उनसे पूछा : 'आपने, मोदी साहब, अपनी आवाज कैसे 'कलचर' की?' तो वे मुस्कुराकर बोले : 'कलचर-वलचर कुछ नहीं की भाई, भगवान की देन है यह आवाज।'

बात उन्होंने सच कही थी। सोहराब मोदी की आवाज सहगल, लता मंगेशकर और किशोर कुमार की आवाज की तरह भगवान की देन रही, उसी तरह जिस तरह सुलोचना, देविका रानी, मधुबाला, नरगिस, सायरा बानो और हेमा मालिनी के सुन्दर मुखड़े भगवान की देन रहे हैं।

कॉलेज खुलने से कुछ पहले जी ने नागपुर की न्यू कॉलोनी में ही एक बँगला किराये पर ले लिया और हम सबको लेकर भंडारा से नागपुर आ गए और हम उस बँगले में रहने लगे। इस प्रकार भंडारा—हमारा पुश्तैनी शहर—सदा के लिए छूट गया। वहाँ केवल छोटे चाचा मुकुन्दलाल रह गए थे।

कॉलेज खुला। यह मेरा इंटर का दूसरा साल था। मैंने आर्ट्स कोर्स लिया हुआ था और मेरे विषय थे—इंग्लिश (अँगरेजी), हिस्ट्री (इतिहास), इकोनॉमिक्स (अर्थशास्त्र) और परशियन (फारसी)।

पुराने साथियों से फिर मुलाकात हुई। अब की बार कुछ नए लड़के-लड़कियाँ भी आए थे। मैंने फारसी ले रखी थी इसलिए मुसलिम छात्रों से मेरी अच्छी दोस्ती थी। कॉलेज से लगा हुआ ही होस्टल था। खाली पीरियड में मैं अक्सर होस्टल या कॉमन रूम में दोस्तों के साथ रहता। भूख लगती तो मुसलिम मेस में खा लिया करता। मगर मेरे दोस्त सभी धर्म और जाति के थे—हिन्दी भाषी और मराठी भी, क्रिस्तान और पारसी भी, लड़के और लड़कियाँ भी। जितने क्रिस्तान या ऐंग्लो इंडियन छात्र थे, जितने पारसी छात्र थे, सब अँगरेजी माध्यम से मैट्रिक पास करके कॉलेज में आए हुए थे। और स्वाभाविक था, अँगरेजी खूब बोलते थे। मैं मराठी माध्यम वाला था, इसलिए कॉलेज के फर्स्ट इयर में जब आया तो अँगरेजी बोलने में जबान लड़खड़ाती थी, पर अँगरेजी माध्यम वाले छात्रों से दोस्ती और सतत उनके साथ रहने-बोलने से पहले वर्ष के अन्त तक मैं भी अँगरेजी बोलने लग गया था। जब दूसरे वर्ष में पहुँचा तो अँगरेजी पर जबान को पूरा काबू था।

उस वर्ष कुंजो न लौटा था। उसका स्वर्गवास हो चुका था। महेश कौल धनतोली में कमरा लेकर कुछ मित्रों के साथ रहते थे। कॉलेज में उनसे रोजाना मुलाकात न होती, क्योंकि उनका कॉलेज आना अनिश्चित और अनियमित था। कभी भी आते, कभी भी चले जाते। कभी चेहरे पर तीन दिन की खूँटियाँ होतीं, कभी चेहरा साफ-चिकना होता। पान खाने की आदत थी—जो अब भी है—सो मुँह में पान होता। कभी-कभी मोटा-सा-चुरूट भी मुँह में दबाए होते। फिर वे बी.ए. फर्स्ट ईयर में थे जबकि मैं इंटर फाइनल में था। हमारी क्लासों के पीरियड्स भी अलग-अलग थे। सच तो यह है कि हम दोनों के स्वभाव, हमारी पसन्द, हमारे शौक, हमारे कार्यक्षेत्र बिलकुल भिन्न थे। फिर भी आठ, दस या पन्द्रह दिनों के बाद हम लोग मिला करते—कभी लाइब्रेरी में, कभी सिनेमा थिएटर में तो कभी पान वाली की दुकान पर।

कॉलेज के सामने ही एक पानवाली की दुकान थी जो एक प्रौढ़ा चलाती थी और जो कभी बहुत सुन्दर रही होगी; जो, सुना था, 'धन्धा' कर चुकी थी। बहुत गोरी थी। बाल सफेद हो चुके थे। हम विद्यार्थियों को हमेशा 'तू' करके बोलती, उतार कर बोलती, हमारा मखौल उड़ाती। हमें उसका यह बर्ताव अच्छा लगता। उसकी दुकान पर पान, सिगरेट, माचिस मिलती थी। मैंने नया-नया सिगरेट पीना शुरू किया था। इस दुकान से मैं एक आने (उन दिनों के चार पैसे) में तीन 'कैंची' खरीदा करता था। (कैंची छाप सिगरेट का उन दिनों बड़ा चलन था जो एक आने में तीन आती थीं।) ये तीन सिगरेट दिन भर के लिए काफी होतीं। अपने छात्र जीवन में मैंने कभी सिगरेट का पूरा पैकेट नहीं खरीदा। 10 सिगरेट का पूरा पैकेट केवल

तीन आने, यानी बारह पैसे में आता था। पर एक दिन में तीन से अधिक सिगरेट न पीने का मैंने तय किया हुआ था। जो पूरा पैकेट न खरीदा सो उसूलन न खरीदा। तो हाँ, उसी बुढ़िया पानवाली की दुकान पर मैं सिगरेट लेने जाता और महेश पान लेने पहुँचते। वे अकेले होते और मैं अक्सर मित्रों से घिरा होता। मेरी मित्र-मंडली का दायरा बहुत विस्तार पा चुका था।

शाम को मैं टेनिस खेला करता। टेनिस खेलने कुछ लड़कियाँ भी आतीं, जिससे खेल और शाम विशेष हो जाती। उमंग और उत्साह के वे दिन अजीब थे। कॉलेज में कई सोसाइटियाँ थीं, जैसे—इंग्लिश लिटररी सोसाइटी, हिन्दी लिटररी सोसाइटी, उर्दू लिटररी सोसाइटी, मराठी लिटररी सोसाइटी, ड्रामा सोसाइटी, आदि। मैं उनमें से कई सोसाइटियों का सेक्रेटरी चुन लिया गया। मैं कॉलेज में काफी लोकप्रिय बन चुका था। सारे प्रोफेसर मुझे जानने लगे थे। मेरी रुचियाँ, मेरी वृत्तियाँ, मेरी खूबियाँ, जो बालपन में राख तले दबी हुई थीं, यौवन में पदार्पण करते ही, कॉलेज के अनुकूल, अनियंत्रित वातावरण में, सहसा प्रज्वलित हो उठीं; और मैं इस वेग से निखरने लगा कि कभी-कभी अपने-आपको पहचानना मुश्किल हो जाता कि मैं वही हूँ—वही भोला-भाला, सीधा-सादा, बुद्धू-सा दीखने वाला, कुछ दुबका हुआ, झिझका हुआ, शर्मीला-सा, डरपोक-सा बालक, जो कल तक अपने ही घर के अँधेरे कमरे में जाते घबराता था, बिजली की चमक और बादल की गरजना से जिसका दिल धड़कने लगता था, जो कल तक नानी की गोद में लेटकर परियों के किस्से सुना करता था?

सिनेमा देखने का मुझे बहुत शौक लग चुका था। वाक्‌चित्र तीन वर्षों से शुरू हो चुके थे। हिन्दी का पहला बोलपट 'आलमआरा' मैंने देखा था। तब से हिन्दी के लगभग सभी अच्छे चित्र देखे थे। वह जमाना मिस कज्जन (बुलबुले बंगाल), मिस जुबैदा, मिस पेशंस कूपर, मिस सुलोचना और मिस गौहर का जमाना था। नायकों में डी. बिलिमोरिआ, ई. बिलिमोरिआ, मास्टर निसार, मास्टर विट्ठल, राजा सैंडो प्रमुख थे। मूक चित्रों की श्रेष्ठ नायिका मिस सुलोचना वाक्‌चित्रों की कोकिल कंठा मिस कज्जन के आते ही फीकी पड़ गई थी।

नागपुर आते ही मुझे अँगरेजी चित्र भी देखने को मिले। अब तो सभी चित्र सवाक् थे। अँगरेजी चित्रों का चस्का लगते ही हिन्दी चित्र घटिया लगने लगे। 'मास्टरों' और 'मिसों' का अभिनय ओछा लगने लगा। पर इसी समय पत्र-पत्रिकाओं में 'कर्म' फिल्म की जोरदार प्रसिद्धि निकली। हिमांशु राय नामक सुसभ्य, सुशिक्षित भारतीय व्यक्ति ने विलायत जाकर इस फिल्म का निर्माण किया था, स्वयं नायक की भूमिका भी की थी। मुख्य नायिका उनकी पत्नी देविका रानी थीं, जो महाकवि रवीन्द्रनाथ ठाकुर की भानजी थीं। सहनायिका चित्र में वरदान की राजकुमारी सुधा

देवी थीं। फिल्म का उद्‌घाटन लंदन में वहाँ के प्रधान मंत्री के कर–कमलों द्वारा हुआ था। फिल्म सराही गई थी। और अब यह फिल्म 'कर्म' भारत में प्रदर्शित होने जा रही थी। फिल्म अँगरेजी भाषा में थी, जिससे फिल्म ही नहीं बल्कि उससे सम्बन्धित सभी कलाकार और कार्यकर्ता उच्चस्तरीय प्रतीत होने लगे थे।

'कर्म' चित्र क्या आ रहा था, भारतीय सिने इतिहास में यह पहली असाधारण, प्रभावशाली विज्ञप्ति थी। दूर–दूर के जिलों से लोग 'कर्म' देखने नागपुर आ रहे थे। न जाने क्यों, मैं विशेष रूप से उत्तेजित था। फिल्म नागपुर आई और उसका रीजेंट सिनेमाघर में प्रदर्शन हुआ। देविका रानी और हिमांशु राय फिल्म के साथ नागपुर पधारे थे। थिएटर पर ऐसी अपार भीड़ मैंने पहले कभी नहीं देखी थी। सिनेमा घर के संचालक जगाराव नायडू और मालिक नरसिंह दास डागा ने अतिथियों का राजसी सत्कार किया। पुलिस–बैंड बजाया गया और फूलों की बौछार से थिएटर महक उठा।

'कर्म' चित्र ऊँची दुकान और फीका पकवान वाली कहावत सिद्ध हुआ। फोटोग्राफी, ध्वनि, वेशभूषा, कला दिग्दर्शक, विज्ञप्ति, प्रचार, आदि उच्चस्तरीय थे। कथा, अभिनय साधारण पर यथार्थता पर निर्धारित। समस्त चित्र का अनोखा व्यक्तित्व था। वितरण और प्रदर्शन में चित्र साधारण रहा। पर भारतीय चलचित्र व्यवसाय के लिए, और मेरे लिए भी, यह चित्र एक महत्त्वपूर्ण मोड़ सिद्ध हुआ। हिमांशु राय वयस्क और सुस्त लगे, पर देविका रानी मन में उतर गई थीं। 'अगर सभ्य कुल के सुशिक्षित व्यक्ति सिनेमा में काम कर सकते हैं तो मैं क्यों नहीं कर सकता?' यह विचार मन में उठने और प्रबल होने लगा। मेरी आकांक्षाएँ और महत्त्वाकांक्षाएँ सिनेमा पर केंद्रित होने लगीं।

उसी समय कलकत्ता से देवकी बोस और प्रमथेश बरुआ जैसे कुलीन, सुशिक्षित दिग्दर्शकों ने 'पूरन भगत', 'सीता', 'देवदास', आदि चित्र बनाकर सिने जगत में क्रांति पैदा कर दी। बम्बई के गुजराती और पारसी निर्माताओं की खोखली, बनावटी फिल्मों को धक्का लगा। सहगल, बरुआ, पहाड़ी सान्याल, पृथ्वीराज, मोतीलाल और अशोक कुमार जैसे सुशिक्षित, सम्भ्रांत युवकों का सिने संसार में आगमन हुआ और 'मास्टरों' की छुट्टी होने लगी। एनाक्षी रामाराव, दुर्गा खोटे, नलिनी तर्खड, छाया देवी, लीला चिटनिस, देविका रानी, शान्ता आप्टे, शोभना समर्थ आदि सुशिक्षित युवतियों ने पदार्पण कर सिने क्षेत्र में क्रांति मचा दी और 'मिसों' की छातियों पर साँप लोटने लगे।

जी ने, सदा से, मुझे विलायत भेजकर बैरिस्टर बनाने का सोचा हुआ था। अब तक मैं भी बैरिस्टर बनने के सपने देख रहा था और उसी के लिए अपने को तैयार भी किए जा रहा था, पर अब कॉलेज के दूसरे साल, सहसा मेरा इरादा बदल गया। अब मैं बैरिस्टर नहीं, एक्टर बनना चाहता था। और अब से मैं इसी लक्ष्य पर सक्रिय हो गया।

न्यू कॉलोनी में, मेरे पड़ोस में, रामसरन धवन रहा करते थे। पंजाबी थे। उनका बड़ा लड़का चमन देहरादून में कर्नल ब्राउन स्कूल में फौजी शिक्षण ले रहा था, जो फाइनल सिलेक्शन में न चुने जाने की आशंका से पिता के पास नागपुर वापस चला आया।

पिछले वर्ष जब छुट्टियों में चमन घर आया था, मेरी उससे पहचान हो चुकी थी। अब जो आया तो हम फिर मिले। कॉलेज टर्म शुरू हुए एक महीना हो चुका था। रामसरन धवन सरकारी पदाधिकारी—इंजीनियर पी.डब्ल्यू.डी. में, सो मॉरिस कॉलेज में, सेकंड इयर आर्ट्स में, चमन को दाखिला मिल गया, और वह मेरे सेक्शन में, मेरी ही बेंच पर, मेरे ही साथ बैठने लगा।

चमन के लिए मॉरिस कॉलेज नया था। वह किसी को नहीं जानता था, सिवा मेरे। इसलिए वह मेरे साथ-साथ बना रहता। कपड़ों का उसे भी शौक था। मिलिटरी एकेडमी से आया था इसलिए ढंग (स्टाइल) उसका फौजी था। वह हाथ में बेटन (छोटी छड़ी) अक्सर रखा करता। दिन भर में एक पैकेट गोल्ड फ्लेक सिगरेट पी जाता। कॉलेज में सबसे खूबसूरत लड़का वही था।

चमन और मैं साथ कॉलेज जाते-आते, साथ ही घूमते-फिरते, खेलते। कभी-कभी वह मेरे घर खाता, कभी-कभी मैं उसके।

मेरे सामने की बेंच पर जो लड़कियाँ बैठा करती थीं, उनमें एक पारसी लड़की भी थी। उसका नाम पेरिन बरूचा था। वह मेयो अस्पताल के सिविल सर्जन की बेटी थी। मुँह गोल, रंग गोरा, कद छोटा था। कॉलेज की हसीन लड़कियों में उसकी गणना थी। छात्रों की पसन्द का तराजू विचित्र होता है। अगर युवती गोरी हुई या उस पर यौवन का उभार दो तोले अधिक हुआ तो वह तुरन्त ही 'ब्यूटी' कहलाई, 'हूर' बन गई। मिस पेरिन बरूचा को लड़के 'रोज बड' कहा करते थे यानी गुलाब की कली।

टरमिनल इम्तहान में इतिहास के परचे में पेरिन को सबसे अधिक नम्बर मिले। मैं दूसरा आया। चमन पाँचवाँ। मैंने पेरिन से उसका परचा पढ़ने के लिए माँगा। बदले में उसने मेरा परचा पढ़ना चाहा। हम दोनों अपने-अपने परचे एक दूसरे को दिये। मैं पढ़ने में खास तेज न था, पर इतिहास मेरा प्रिय विषय था। और पाँच फीट की एक लड़की मुझसे बाजी मार गई, यह बात खल रही थी। पेरिस का परचा वास्तव में मेरे परचे से कहीं अच्छा था। लड़कियों के प्रति प्राध्यापकों की उदारता का मेरा दोषारोपण सर्वथा निर्मूल एवं निराधार निकला। मैंने परचा लौटाते हुए उसे बधाई दी। उसने भी मेरा परचा लौटा दिया और अपना अचरज प्रकट किया कि इतने बखेड़ों, प्रपंचों में व्यस्त रहने के बावजूद मैंने इतने अधिक नम्बर कैसे पा लिये। इस तरह तो अगली बार, यानी टेस्ट इक्जामिनेशन में, उसे मुझसे धोखा रहेगा। मैं हँस दिया।

वापस आए हुए परचे में अचानक मुझे एक कागज मिला। गुलाबी राइटिंग पैड का कागज था। कागज पर अँगरेजी में कविता लिखी हुई थी। यह मैं न समझ सका कि वह कविता मेरे पास जानबूझकर भेजी गई थी या भूल से परचे में रह गई थी। कविता में छायावादी प्रेम था। पूछताछ करने में बात बढ़ जाने का खतरा था और मैं बात बढ़ाना नहीं चाहता था; इसलिए मैं ऐसे बना, जैसे वह कविता वाला कागज मैंने कभी देखा ही नहीं। मगर फिर भी अगले सप्ताह जब मैं डिबेट में बोल रहा था, बार-बार और जोर-जोर से जो ताली बज रही थी, वह पेरिन की थी। उसके बाद कभी-कभी पेरिन की फाउंटेनपेन में स्याही खत्म हो जाया करती और वह मुझसे फाउंटेनपेन या पेंसिल माँग लेती। सामनेवाली बेंच पर बिलकुल मेरे सामने बैठती। स्पष्ट था, उसे मेरा सामीप्य पसन्द था।

माँ की तरह मैं भी शान्त स्वभाव का और धैर्यवान था। शोर-शराबा, झगड़ा-फसाद, चिल्लाना-चीखना मुझे पसन्द न था। न मैं खुद किसी पर बिगड़ता या किसी से झगड़ता। किसी से मिलता तो मिनटों में उसे दोस्त बना लेता। मुझे सबसे बड़ी फिक्र यह रहती कि कोई मुझे बुरा न कहे, मुझे अच्छा समझे, मुझसे प्यार करे। अच्छा इम्प्रेशन गाँठने के सतत प्रयास ने मुझे वास्तव में अच्छा बना दिया था। मिजाज लेकिन बाद में कुछ बिगड़ गया। अब गुस्सा जल्दी आने लगा है। तब मैं हद दर्जे का भावुक था और अब भी हूँ। मेरी पसन्द का स्तर सहसा बहुत ऊँचा हो गया था। कोई साधारण वस्तु या व्यक्ति मुझे आकृष्ट न कर पाता।

मैं जब सात वर्ष का हो गया था, हम लोग भंडारा से 10 मील पर स्थित मोहाड़ी नामक एक गाँव में किसी सम्बन्धी की बरात में सम्मिलित होकर गए थे। दादा जी भी साथ थे और मुझे याद है, बरात में लगभग सौ बैलगाड़ियाँ थीं। ब्याह समाप्त हो जाने पर वर-वधू की ओर से बड़ी-बड़ी दावतें हुई थीं। एक दावत के अवसर पर अकस्मात् मेरी सगाई मोहाड़ी निवासी नागो पटेल की तीसरी कन्या लीला से तय कर दी गई थी। मुझे धुँधला-सा सिर्फ इतना याद है कि मैं दादा जी की गोद में बैठा हुआ हूँ और मुझे टीका लगाया जा रहा है, माला पहनाई जा रही है, मेरे हाथों में नारियल और कुछ रुपये दिये जा रहे हैं। उसके बाद पर्व-त्यौहार पर मोहाड़ी के नागो पटेल के यहाँ से मेरे लिए नारियल, मिठाई और रुपये आया करते।

रुपये मुझे दे दिये जाते। रुपये मुझे अच्छे लगते। पर जब मैं नौवीं कक्षा में पहुँचा तो मुझे वस्तुस्थिति समझ में आई और मैंने टीका स्वीकार करने से मना कर दिया। रूढ़िवादिता के विरुद्ध मैंने सदा विद्रोह किया है। यह मेरा पहला विद्रोह था। यह सम्बन्ध जो मेरे अनजाने में, बिना मेरी राय लिये, मेरी अबोध अवस्था में किया गया था—चाहे मेरे परमपूज्य दादा जी ने ही क्यों न किया हो—मुझे स्वीकार न था। घर में कोहराम मच गया। लेकिन जी ने अपने भाइयों और सम्बन्धियों की मर्जी के विरुद्ध मेरा साथ दिया और यह सगाई तोड़ दी गई। नागो पटेल सज्जन पुरुष थे।

उनकी बेटी लीला, हालाँकि चार क्लास पढ़ी थी, सीधी-सादी और अच्छी-भली थी। पर लड़की असाधारण न थी, परी न थी। और मैंने परी से ब्याह करने के सपने देखे हुए थे। सम्बन्ध-विच्छेद का मुझे रंज था, पर मैं लाचार था।

उन दिनों कॉलेज के छात्र-छात्राओं में प्रेम-विवाह हो जाने का फैशन नया-नया चला था। कॉलेज एक ऐसा बाजार समझा जाने लगा था जहाँ लड़का-लड़की अपनी पसन्द का जीवन-साथी आसानी से चुन सकते थे। कॉलेज में पहुँचते ही मैंने मन में सोचा था कि यहाँ मुझे मन के लायक जीवन-संगिनी अवश्य मिल जाएगी, पर जब मैंने अपने चारों ओर नजर दौड़ाई तो एक भी लड़की न जँची। कोई होशियार थी मगर साँवली या काली। कोई गोरी थी मगर भद्दी या मोटी। कोई अधिक लम्बी थी, कोई नाटी। कोई अच्छी थी तो उम्र में बड़ी। सर्वगुणसम्पन्न—मेरी पसन्द की परी—मुझे एक न दिखाई दी। पेरिन बरूचा भी नहीं। कदापि नहीं।

लेकिन पसन्द सर्वथा व्यक्तिगत होती है। जो मुझे पसन्द न थी, चमन को पसन्द आ गई और वह पेरिन से मेलमिलाप करने के लिए उत्सुक हो उठा। सन्तोष की साँस लेकर मैंने उसका साथ दिया और पेरिन से उसका परिचय करा दिया।

हमारे मुहल्ले, न्यू कॉलोनी, जिसका हिन्दी नाम 'नई बस्ती' था, उसमें कई बँगले नए बने थे जिससे मुहल्ले में रौनक थी। पास-पड़ोस के लोग बहुतांश में पंजाबी थे, कुछ पारसी, कुछ ऐंग्लो इंडियन और कुछ भारतीय क्रिस्तान भी थे। पड़ोसियों में परस्पर मेल-जोल था। यह मुहल्ला शहर का फैशनेबल मुहल्ला समझा जाता था।

मेरे घर में परिवार के लोग अमन-चैन से थे, खुश थे। मैं भी खुश था। पर्व-त्यौहार हर महीने चले आते और दूषित होते वातावरण तथा मन के विकारों को चमत्कारिक रूप से रोकने, दबाने, दूर करने में योग देते; जिससे चरित्र सन्तुलित हो जाता, डगमगाते पाँव सीधे पड़ने लगते।

शहर में जमनादास पोद्दार नामक एक मारवाड़ी सज्जन ने 'सुदर्शन मूवीटोन' नामक फिल्म कम्पनी खोली हुई थी। शहर से बाहर इंदौरा गाँव के पास उनका एक बँगला था जहाँ, सुना जाता था, चित्र निर्माण की तैयारियाँ हो रही थीं। दो वर्ष पूर्व जबलपुर से सेठ गोविन्द दास और पंडित द्वारकाप्रसाद मिश्र ने मिलकर एक चित्र प्रस्तुत किया था जिसका नाम था—'धुआँधार'। उसकी नायिका लीला चिटनिस थीं, जिसमें भंडारा निवासी नाना पलसीकर ने पहली बार चरित्र भूमिका की थी। चित्र असफल रहा था और कम्पनी बन्द हो चुकी थी, पर नागपुर में 'सुदर्शन मूवीटोन' खुलने की सनसनी से वातावरण झंकृत हो उठा था।

छुट्टी के एक दिन मैं इस कम्पनी में जा पहुँचा। बँगले पर 'सुदर्शन मूवीटोन' की तखती लगी थी, पर नियमित रूप से कोई कार्यवाही होते दिखाई न दी—न वहाँ

कोई व्यवस्थापक, कर्मचारी ही थे। तीन-चार लोग कमरों में गप्पें मारते दिखाई दिए। वे लोग फिल्म में अभिनय करने के हेतु आए हुए थे और वहीं बँगले में रह रहे थे। मैं अन्दर जाकर उन लोगों के पास बैठ गया और अपना परिचय देते हुए फिल्म में मैंने दिलचस्पी बताई, फिल्म में काम करने की इच्छा भी दर्शाई। उपस्थित जनों में एक अधेड़ उम्र के, दुहरी काठी के, मजबूत किस्म के व्यक्ति भी थे, जिनका सिर घुटा हुआ था और जिनकी आवाज जोरदार थी। बदन पर सिर्फ धोती को लुंगी बनाकर बाँधे हुए थे। उन्हें 'स्वामी जी' कहते थे। स्वामी जी हिन्दी, उर्दू और अँगरेजी खूब बोलते थे। कम्पनी के चित्र के लिए कहानी और संवाद लिख रहे थे। बातों के अन्तर्गत मैंने यह भी मालूम कर लिया कि स्वामी जी नाटककार रह चुके हैं और मंच पर कई नाटक प्रस्तुत कर चुके हैं। उनकी खुद की नाटक कम्पनी भी थी, स्वयं भी अभिनय करते थे, ऊँचे स्तर के अभिनेता थे, आदि। उनका व्यक्तित्व असाधारण और प्रभावशाली लगा। लगभग दो घंटे वहाँ ठहरा और इतने समय के अन्दर स्वामी जी और मुझमें खासी दोस्ती हो गई।

इसके बाद, अवकाश पाकर, मैं अक्सर 'सुदर्शन मूवीटोन' जाया करता। छुट्टी का सारा-सारा दिन स्वामी जी के पास, उनकी मित्र-मंडली के बीच, गुजरता। उनके कुछ जान-पहचान के पुराने संगी-साथी, चेले-चाटी अक्सर दूसरे शहरों से आकर उनके पास बँगले पर ठहरा करते। वे सब अतिथि कभी न कभी उनके नाटकों में काम कर चुके थे। शहर के कुछ उम्मीदवार युवक-युवतियाँ भी कभी-कभी आया करते। युवतियाँ अक्सर गानेवालियाँ या उस धन्धे से सम्बन्धित होतीं।

स्वामी जी के साथ एक रूपवान लड़का भी रहता था, जिसकी उम्र लगभग 20 की होगी। उसे स्वामी जी ने लड़के की तरह पाला हुआ था, जिसका नाम बच्चू था। कुछ लोगों को उनके परस्पर सम्बन्ध पर शक था। बच्चू हारमोनियम और तबला अच्छा बजाता था। स्वामी जी गाते अच्छा थे। अक्सर अपनी बनाई हुई गजलें या गीत या भजन गाकर सुनाते। जब गाते तो जमनादास पोद्दार भी खिंचे चले आते और उन्हें दाद देते। स्वामी जी की मर्दानी आवाज की बुलंद से सारा बँगला गूँज उठता और सड़क चलते खड़े होकर सुनने लगते।

स्वामी जी के अतराफ जो वातावरण था, नाटकीय था। नाट्यमय था। वह वातावरण मुझे अच्छा लगा। मैं अब अक्सर ही उनसे मिलने जाने लगा। एक दिन वहाँ पर महेश कौल को देखकर मुझे ताज्जुब हुआ यानी महेश भी जमनादास पोद्दार और स्वामी जी से मिल चुके थे। पता चला, महेश कौल कम्पनी की फिल्म के लिए स्वामी जी के सहयोग से पटकथा तैयार कर रहे थे और उसी के लिए यहाँ आया-जाया करते थे। लेकिन कथा, पटकथा का वहाँ चर्चा होते मैंने

कभी न देखा। सारा रवैया ही बेतुका था। कम्पनी के पास धन न था, यह बात मुझसे छिपी न रह सकी। नियमित तौर पर कम्पनी से स्वामी जी को कुछ भी रुपया न मिला करता और वे सदा फटेहाल ही रहते। कभी बँगले पर एक जून ही खाना बनता। दो-दो दिन चूल्हा न जलता और उधार मँगाई हुई चाय और भजियों पर स्वामी जी तथा उनके साथी दिन पर दिन गुजार देते। जिस आशा से मैं पहली बार 'सुदर्शन मूवीटोन' गया था, वह टूट चुकी थी। पर फिर भी मैं वहाँ जाया करता था, क्योंकि स्वामी जी और उनकी वह अनोखी दुनिया मुझे भा गई थी। स्वामी जी का नाम कृष्णानन्द सोख्ता था।

स्वामी जी अब हमारे बँगले पर आने-जाने लगे और जी से भी उनकी मुलाकात हो गई और वे जी के भी मित्र बन गए। हमारे बँगले पर अब हफ्ते-दो हफ्ते में अक्सर ही बैठकें हुआ करतीं, जिनमें स्वामी जी घंटों अपना गाना सुनाते, अपने लिखे नाटकों के उद्धरण अभिनीत करके दिखाते।

स्वामी जी ने, बेकारी से खीजकर, सहसा शहर में एक नाटक प्रस्तुत करने की ठानी। डी. एल. राय का मशहूर नाटक 'शाहजहाँ' चुना गया। हफ्ते भर के अन्दर योजना ने वास्तविक रूप ले लिया। स्वामी जी के एक पोस्ट कार्ड पर न जाने कहाँ-कहाँ से उनके साथी आकर इकट्ठा हो गए!

शहर की एक युवती भी उनके पास आने-जाने लगी, जो सुनने में आया, शाहजहाँ की पत्नी की भूमिका करनेवाली थी। मेरे मन में उमंगें लहरें मारने लगीं। नाटक में भाग लेने की मैंने स्वामी जी से इच्छा प्रकट की। स्वामी जी ने सुझाव सहर्ष स्वीकार कर लिया। मेरा उत्साह देखकर स्वामी जी दंग रह गए। मैंने मुख्य भूमिका—शाहजहाँ का चरित्र—माँगी जो उन्होंने तुरन्त ही मुझे दे दी। और इस प्रकार मैं भी नाटक के रिहर्सल में जुट गया। ये मेरे अतिरिक्त कार्यक्रम थे।

महीना भर के लगातार रिहर्सल के बाद नाटक तैयार हो गया। 'व्यंकटेश थिएटर' में नाटक प्रस्तुत होने जा रहा था। इसी 'व्यंकटेश थिएटर' में मैंने बेंजामिन को 'हैमलेट' खेलते देखा था और चाहा था कि बड़ा होकर एक दिन इसी मंच पर मैं खुद भी हैमलेट की भूमिका में आऊँ। बचपन का वह सपना साकार होने जा रहा था। महत्त्वाकांक्षा प्रत्यक्ष का रूप ले रही थी। 'हैमलेट' न सही, 'शाहजहाँ' ही सही, पर मैं 'व्यंकटेश थिएटर' के मंच पर अभिनेता बनकर उपस्थित होने जा तो रहा था। मेरे आनन्द का ठिकाना न था।

आखिर वह शुभ दिन आया। हम लोगों ने विज्ञप्ति जोरदार की थी जिससे थिएटर खचाखच भरा हुआ था। जोर के धमाके के साथ परदा उठा और नाटक शुरू हो गया। चार घंटे का नाटक था। स्वामी जी दारा का चरित्र अभिनीत कर रहे थे।

जनरल पोस्ट ऑफिस या सचिवालय के एक कर्मचारी, जिनका नाम मुदालियर था, औरंगजेब की भूमिका में थे।

नाटक यूँही रहा। लोगों को विशेष न जँचा। शेक्सपियरिन स्टाइल के नाटक का जमाना शायद अब बीत चुका था। मराठी के आधुनिक यथार्थवादी नाटक देखने की लोगों को आदत हो गई थी। उन्हें हमारा 'शाहजहाँ' शायद बनावटी और झूठा लगा। अभिनय में अतिशयोक्ति भी लगी हो! फिर भी अभिनेताओं ने काम सराहनीय किया था। सबसे कमजोर अभिनय मेरा था। नाटक का सबसे गम्भीर और वयस्क पात्र, यानी शाहजहाँ का चरित्र, मैं, यानी नाटक का सबसे कम उम्र अभिनेता, कर रहा था। स्वामी जी, मुदालियर, आदि चार वयस्क पुत्रों का बाप मैं न जँचा। यह कास्टिंग बिलकुल गलत रही। पर कास्टिंग में मेरा हाथ था। दोषी मैं था। नाटक के दौरान दो-एक बार प्रेक्षक मुझ पर और मेरे अभिनय पर हँस भी पड़े थे।

इस प्रकार 'व्यंकटेश थिएटर' के स्टेज पर खेलने की महत्त्वाकांक्षा तो पूरी हो गई, लेकिन इसका जो मूल्य चुकाना पड़ा, वह बहुत ही महँगा था। मेरे आत्मविश्वास को धक्का लगा था। मेरे अहम् को ठेस लगी थी, जो मैं बर्दाश्त न कर सका और तिलमिला उठा—यह सोच-सोचकर कि सफल अभिनेता बनने के लिए जो गुण चाहिए, वे शायद मुझमें नहीं हैं। मैं तड़प-तड़प जाता था।

कॉलेज की सोशल गैदरिंग पास आ रही थी। मैं ड्रामा सेक्रेटरी था। अँगरेजी, हिन्दी और मराठी में एंटरटेनमेंट नाइट (मनोरंजन रात्रि) के अवसर पर खेल-तमाशों का आयोजन करना आवश्यक था और यह जिम्मेदारी मुझपर थी। मैंने सोच लिया, मंच पर मैं न आऊँगा, क्योंकि दूध का जला छाछ भी फूँक-फूँककर पीता है। मराठी और हिन्दी के कार्यक्रम की तजबीज ठीक-ठीक हो गई, पर अँगरेजी में भी कुछ प्रस्तुत करना आवश्यक था। 'ऑथेलो', 'मर्चेंट ऑफ वेनिस' और 'जूलियस सीजर' के उद्धरण कई बार प्रस्तुत हो चुके थे। कुछ नया करने की इच्छा प्रबल थी।

जी प्रान्त के माने हुए लेखक थे। राजनीतिक विषयों पर, सामयिक समस्याओं पर, और नेताओं पर उनके लेख नियमित रूप से सर्वेंट ऑफ इंडिया सोसाइटी के प्रख्यात अँगरेजी साप्ताहिक 'हितवाद' में तथा दैनिक 'नागपुर टाइम्स' में निकला करते थे। जी 'ऑगस्टस' नाम से 'हितवाद' के एक पृष्ठ के कॉलम में चिट्ठियाँ लिखा करते थे, जिनमें नेताओं की भूलें दर्शाते, उनसे कैफियत माँगते, उन्हें सुझाव देते। 'ऑगस्टस' का यह पृष्ठ अत्यन्त रोचक तथा पठनीय होता। कांग्रेसवादी होने के कारण जी का कांग्रेस के नेताओं के साथ घनिष्ठ सम्बन्ध था। नागपुर के प्रतिष्ठित नेता जनरल आवारी अक्सर हमारे यहाँ आते। मुख्य

मंत्री पं. रविशंकर शुक्ल और गृह मंत्री पं. द्वारका प्रसाद मिश्र से जी की अच्छी जान-पहचान थी।

एक दिन 'नागपुर टाइम्स' के उपसम्पादक टी. एल. अहोबलाचार्य जी से मिलने आए। वे बंगलोर के रहनेवाले थे। मैंने उनसे सोशल गैदरिंग के लिए अँगरेजी की कोई उपयुक्त नाटिका सुझाने को कहा। उन्होंने तुरन्त ही मेरा ध्यान पिछले महीने 'नागपुर टाइम्स' में छपी हुई हरीन्द्रनाथ चट्टोपाध्याय द्वारा लिखित 'द पैरेट' शीर्षक नाटिका की ओर आकृष्ट किया। यह नाटिका मैं पढ़ चुका था पर मुझे विशेष न जँची थी।

'यह नाटक—'द पैरेट'—बहुत अच्छा और अभिनेय नाटक है,' अहोबलाचार्य ने आश्वासन देते हुए कहा। 'बम्बई के मंच पर स्वयं हरीन्द्रनाथ ने कमलादेवी चट्टोपाध्याय के साथ इसे कई बार और बड़ी सफलतापूर्वक प्रस्तुत किया है। मैंने खुद भी इस नाटक को कई बार खेला है।'

मुझे उनकी बात पर विश्वास हो गया और मैंने कहा : 'मैं यह नाटक प्रस्तुत करने को तैयार हूँ, बशर्ते कि आप इसका दिग्दर्शन करें।'

'मैं तैयार हूँ, बशर्ते कि नायक की भूमिका में तुम आओ।'

कुछ महीने पहले 'शाहजहाँ' नाटक में मैं सर्वथा असफल रहा था और यह बदनामी का ठीकरा अपने सिर सदा के लिए उठाए रखना मेरे लिए बुरी बात थी। इसके अलावा, अभिनय क्षेत्र में अपना आत्मविश्वास फिर से प्राप्त करने की यह सुवर्ण सन्धि मेरे पास पाँव चलकर आई थी।

'मुझे मंजूर है,' मैंने कहा। 'मैं तैयार हूँ।'

और अहोबलाचार्य ने नाटक का रिहर्सल शुरू कर दिया। मुख्य नायक मैं था। मित्र की भूमिका में मैंने चमन को लिया और नायिका के लिए रमेश गुप्ता को। रिहर्सल के दौरान अहोबलाचार्य से मेरी घनिष्ठ मित्रता हो गई और मैं उन्हें संक्षिप्त में आचार्य कहने लगा, हालाँकि उम्र में वे मुझसे दस वर्ष बड़े थे।

पन्द्रह दिनों के रिहर्सल के बाद नाटक तैयार हो गया। आचार्य स्वयं बहुत अच्छे अभिनेता थे। उनकी आवाज गजब की थी। अधिक मोटे थे। हिन्दी टूटी-फूटी बोलते थे, पर अँगरेजी में कमाल हासिल था। अच्छा लिखते थे।

आखिर सोशल गैदरिंग आन पहुँची। तीन-चार दिन बड़ा शगल रहा। उत्सव का चरम बिन्दु 'मनोरंजन रात्रि' हुआ करता है। 'मनोरंजन रात्रि' के अवसर पर मंडप छात्र-छात्राओं और उनके सगे-सम्बधियों, मित्रों से खचाखच भरा हुआ था। सिर्फ मॉरिस कॉलेज के ही नहीं, अन्य कॉलेजों के छात्र-छात्राएँ भी टूट पड़े थे। मॉरिस कॉलेज सोशल गैदरिंग की शान ही कुछ ऐसी थी।

एक-एक घंटे के तीन नाटक प्रस्तुत किये गए। पहला नाटक मराठी में हुआ जो हास्यप्रधान था और लोग खूब हँसे। दूसरा हिन्दी में नकलें थीं। ये नकलें भी मजेदार रहीं। अन्त में अँगरेजी में 'द पैरेट' प्रस्तुत हुआ।

यह नाटक गम्भीर था। परदा उठते ही खामोशी छा गई।

नाटक शुरू होने के पाँच मिनट बाद मैं जब मंच पर प्रवेश किया तो कुछ क्षणों के लिए दिल ही काँप उठा। लेकिन आत्मविश्वास और हौसले से प्राप्त की हुई आचार्य की तालीम ने मेरी झिझक निकाल दी। मंच पर आते ही मैं छा गया। मेरे साथी—चमन और रमेश—ठीक-ठाक रहे। तमाम तालियाँ मुझे ही मिलीं। और जब परदा गिरा तो तालियों और शाबाशियों से मंडप गूँज उठा। ऐसा प्रभावशाली नाटक और ऐसा प्रभावशाली अभिनय—उपस्थित दर्शकों के अनुसार—पहले किसी 'मनोरंजन रात्रि' पर न देखा गया था। आचार्य मुझसे लिपट गए और मेरी खूब ही तारीफ करने लगे। मेरी खुशी का ठिकाना नहीं था।

वह रात मुझे कभी न भूलेगी। वह घड़ी मेरे जीवन का एक महत्त्वपूर्ण मोड़ थी। मैं खोया हुआ आत्मविश्वास पा गया था। मैं अपने अभिनय-कौशल को मानदंड से ठीक तौर पर नाप पाया था। मुझे विश्वास हो गया कि मेरी आकांक्षाएँ पूरी हो सकती हैं, कि मैं अभिनय कर सकता हूँ, कि मैं अभिनेता बन सकता हूँ, कि मैं सिनेमा में काम कर सकता हूँ, कि सिने क्षेत्र ही मेरा भविष्य है।

सोशल गैदरिंग के बाद से मैं कॉलेज का हीरो बन गया। सारी यूनिवर्सिटी के छात्र-छात्राएँ मुझे जानने-पहचानने लगे। कॉलेज के वे प्रध्यापक भी, जो मुझे न पढ़ाते थे, मुझे पहचानने लगे, चाहने लगे। कॉलेज के प्रिंसिपल सेनगुप्ता का मैं फेवरिट बन गया। कॉलेज में एक महिला प्राध्यापिका भी थीं, जिनका नाम था मिसेज देशपांडे। उनके पति सब-जज थे। मिसेज देशपांडे हमें जो विषय पढ़ाती थीं, अच्छा पढ़ाती थीं। छात्र उनकी क्लास से कभी गायब न रहते क्योंकि देखने में वे अच्छी थीं। उनका भी मैं फेवरिट बना हुआ था। एक और प्राध्यापक थे—प्रोफेसर चोरड्या। वे मारवाड़ी थे, अँगरेजी पढ़ाते थे। विद्यार्थी उनसे डरते थे। मैं कभी उनके सेक्शन में न रहा, फिर भी वे मुझे जानने लगे, मुझे रोककर बातचीत करने लगे। कभी-कभी यों ही, कौतूहलवश, मैं उनके सेक्शन में जाकर उनकी क्लास में शरीक हो जाता। अच्छा पढ़ाते थे। पर साफ मालूम होता था, घर से तैयार होकर, घोट-घुटाकर आए हैं।

फर्स्ट इयर में चिकना-चिकना एक मारवाड़ी लड़का आया था। द्वारका दास डागा उसका नाम था। 'रीजेंट' और 'नरसिंह टॉकीज' के करोड़पति मालिक नरसिंहदास डागा का ज्येष्ठ पुत्र था। द्वारका से मेरी दोस्ती हो गई। द्वारका को हिन्दी साहित्य से प्रगाढ़ प्रेम था। स्वयं हिन्दी में कविताएँ और गद्य काव्य लिखा करता था। उसके कुछ गद्य काव्य तथा कविताएँ 'दुर्गेश नन्दिनी' नाम से पत्रिकाओं में प्रकाशित हुआ करती थीं। बड़ी स्टूडबेकर गाड़ी में कॉलेज आया करता। हमेशा

सूटेड-बूटेड रहता। सिविल लाइन्स में उसकी आलीशान कोठी थी। मैं अक्सर द्वारका के घर जाने लगा। वह हारमोनियम बहुत अच्छा बजाता था। बचपन में ही उसका ब्याह हो चुका था। पत्नी का नाम राधा था, जो परदा करती थी और मेरे सामने न निकलती थी।

प्रोफेसर चोरड्या को द्वारका अच्छी तरह जानता था। एक दिन प्रोफेसर चोरड्या ने हम दोनों को अपने घर आते रविवार खाने के लिए आंमत्रित किया।

द्वारका बहुत ही उत्तेजित था। कहने लगा : 'यार, तुमने दिनेश नन्दिनी का नाम सुना है?'

'याद नहीं आता,' मैंने कहा।

'गद्यकाव्य लिखनेवाली आज देश में वह एक मात्र कवयित्री है। उसकी रचनाएँ हिन्दी की पत्रिकाओं में समय-समय पर निकला करती हैं। महिला कवयित्रियों में महादेवी वर्मा के बाद वही है। और जानते हो, वह कौन है?'

'नहीं।'

'प्रोफेसर चोरड्या की बेटी है। उदयपुर रहती है। नागपुर आई हुई है। खाने को चल रहे हैं न? वहीं दिनेश नन्दिनी से मुलाकात होगी।'

द्वारका की उत्तेजना मुझे लग गई। द्वारका के घर करीने से रखी हुई पत्रिकाओं को उलट-पुलटकर दिनेश नन्दिनी के छपे कुछ गद्यकाव्य मैंने पढ़ डाले। दिनेश की रचनाओं में एक युवती के कोमल मन की मादक स्मृतियाँ, उत्कंठाएँ, बेबसी, टीसें, रुदन, सपने, प्रतीक्षा, आनन्द की झाँकियाँ दिखाई दीं। 'हो सकता है, यह—दिनेश नन्दिनी—आगे चलकर हिन्दी की एलिजाबेथ बैरेट ब्राउनिंग साबित हो,' मैंने सोचा।

द्वारका ने स्वीकार किया, दिनेश नन्दिनी की रचनाएँ पढ़कर ही वह गद्यकाव्य लिखने को प्रेरित हुआ था और उसी के नाम से मिलता-जुलता उसने अपना नाम 'दुर्गेश नन्दिनी' रखा हुआ था। द्वारका का गद्यकाव्य मैं पढ़ चुका था। दिनेश की रचनाओं के सामने वह फीका और कच्चा था।

रविवार के दिन मैं साइकल पर बैठ निश्चित समय पर धरम पेठ—प्रोफेसर चोरड्या के घर—पहुँच गया। द्वारका अपनी कार में पहले ही पहुँच चुका था।

दिनेश नन्दिनी सीधी-सादी, साँवली-सी, लगभग बीस वर्ष की युवती थी, जो शायद कभी पूरी तरह खिल न पाई थी। चेहरे पर चेचक के हलके-से दाग थे। न पाउडर, न लिपस्टिक। घर की धुली सूती साड़ी और नंगे पाँव। मेरे लिए यह सबकुछ बिलकुल अप्रत्याशित था। दिनेश नन्दिनी से द्वारका पहले भी मिल चुका था, पर मेरी यह पहली ही भेंट थी। मेरे मन ने दिनेश का जो चित्र बनाया हुआ था, वह बिलकुल ही प्रत्यक्ष के विपरीत था। यह बात नहीं कि मैंने पाउडर-पुती, लिपस्टिक लगी किसी सोसाइटी गर्ल की कल्पना की थी, पर मैंने यह जरूर सोचा हुआ था कि दिनेश नन्दिनी कोई मदमाती, लावण्यमयी युवती होगी जो चित्तौर की प्रख्यात

महारानी से कम न होगी और जिसके हृदय से ही नहीं, अंग-अंग से काव्य फूट रहा होगा। कल्पनाओं को एक जोर का धक्का लगा पर फिर मन ने तुरन्त ही प्रत्यक्ष से समझौता कर लिया।

हम लोग शाम तक दिनेश के घर बने रहे। खूब बातें हुईं। दिनेश ने अपनी कॉपी में से हमें अनेक नए गद्यकाव्य पढ़कर सुनाए। हमने दाद दी। दिनेश छोटी-सी बात पर हँस पड़ती थी। उसका हँसना मनमोहक था। प्रोफेसर साहब भी इसी तरह हँसते थे। दिनेश ने यह हँसी पिता से पाई थी।

उसके बाद, जब तक दिनेश नागपुर रही, मैं हफ्ते-दो हफ्ते में उससे मिलने चला जाया करता। उसके बाद वह उदयपुर वापस चली गई। साल भर बाद वह फिर आई और अब पिता के पास नागपुर ही रहने लगी। शायद घर में पढ़कर इंटर या बी.ए. की तैयारी कर रही थी। कभी-कभी ऐसा लगता मानो दिनेश के अन्दर कहीं वैराग्य वृत्ति निहित है जो उसे पूर्णतः खिलने, खुल पड़ने से रोकती है। मेहर बाबा को उसने गुरु बनाया हुआ था और उनके लिए उसके मन में श्रद्धा थी।

कॉलेज के बाद जब मैं बम्बई रहने लगा तो साल-दो साल तक हमारा पत्र-व्यवहार भी चलता रहा। दो-एक बार मुलाकात भी हुई। बाद में सुना कि उसने वयस्क डालमिया से ब्याह कर लिया है। सुनकर मैं स्तब्ध रह गया था।

उस दौरान चमन और पेरिन के बीच मामला काफी बढ़ गया। दोनों छिप-छिपकर मिलने लगे। शाम को साइकल पर शहर से बाहर सैर के लिए जाने लगे। चमन मुझसे सदा मन की बात बताता। पेरिन से उसका मेलजोल छात्रों से छिपा न रह सका। कॉलेज में वर्ष में एक बार उपाधियाँ (टाइटलें) दी जाती थीं। इस कार्य के लिए एक समिति बनती थी। इस बार चमन को 'रोज बड' उपाधि मिली, महेश कौल को 'लॉर्ड बोगस,' और मुझे 'हैमलेट'।

इंटर फाइनल के इम्तहान पास आ रहे थे। रात को अक्सर चमन और मैं सहपठन करते। चमन कुछ परेशान-सा दिखाई दिया करता। पूछने पर उसने मन की बात कह दी। वह और पेरिन एक दूसरे को चाहने लगे थे। उनके प्रेम की बात पेरिन के घरवालों को पता लग गई थी और उन्होंने इसका घोर विरोध किया था। जब लड़की ने बहस की तो सुना, उसके पिता ने उसे मारा-पीटा भी था और अब उसे चमन के साथ मिलने-जुलने की मनाही कर दी थी, उसपर कड़ी निगरानी रखी जा रही थी।

उन्हीं दिनों, छोटी-सी बीमारी के बाद चमन की माता का देहावसान हो गया। चमन ने अंत्येष्टि क्रिया के अवसर पर अपना सिर मुँडा दिया। अब वह दो काछ की धोती, मलमल का कुरता, सैटिन डक का कोट पहने, कभी नंगे सिर और कभी

रूमाल बाँधकर, कॉलेज आया करता। पर उसके सुन्दर व्यक्तित्व में इससे जरा फर्क न पड़ा इस लिबास में भी, घुटे सिर भी। वह पहले जितना ही रूपवान लगता और पेरिन को उसका यह रूप भी पसन्द था।

पेरिन बरूचा का परिवार रोज शाम को क्लब जाया करता। उसी क्लब से छिटककर पेरिन चमन से, जो आस-पास कहीं खड़ा उसकी प्रतीक्षा किया करता, मिल लिया करती। पेरिन से मिलने रोज शाम चमन मेरे घर होकर ही जाया करता, क्योंकि मेरा घर उसके रास्ते में पड़ता था।

एक शाम चमन आया, दो मिनट गप्पें लगाईं, और जाने लगा तो मैंने उससे सिगरेट माँगी। चमन ने सिगरेट केस खोला तो उसमें सिर्फ दो सिगरेटें बची थीं।

'ना, सिगरेट नहीं दूँगा,' चमन ने सिगरेट केस वापस रखते हुए कहा। 'एक शाम को पेरिन से मिलते वक्त पीऊँगा और एक रात को।' और वह भाग निकला साइकल पर।

लौटती बार चमन अक्सर मुझसे मिलकर ही घर जाता था, पर आज वह न आया। दूसरे दिन कॉलेज में भी न आया। पेरिन भी न आई। मैंने सोचा, शाम को उसके घर जाकर देखूँगा कि क्या बात है। पर शाम को मैं जा न सका। तीसरे दिन सवेरे-सवेरे इंस्पेक्टर उस्मान मेरे घर आए। मैं उन्हें जानता था। वे ऊँचे कद-काठी के पैंतालीस वर्ष के दबंग व्यक्ति थे।

'चमन को कहीं देखा है?' उन्होंने मुझसे पूछा।

मेरी समझ में न आया, क्या मामला है।

'तुम रामसरन साहब के बेटे चमन को जानते हो न? तुम्हारा तो वह जिगरी दोस्त है?'

'जी हाँ,' मैंने कहा : 'मैं जानता हूँ।'

'डॉक्टर बरूचा की बेटी को लेकर चमन फरार हो गया है। तुमने तो घर में नहीं छिपा रखा है उन्हें?'

जी अन्दर नाश्ता कर रहे थे। पुलिस इंस्पेक्टर की ऐसी बेहूदा पूछताछ से उन्हें गुस्सा आ गया और फौरन बाहर आकर उन्होंने इंस्पेक्टर उस्मान को खूब झाड़ा। उस्मान सहम गए, जी को घूर-घूरकर ताकने लगे।

'आपका नाम क्या है?' सहसा जी ने पूछा।

'उस्मान।'

'आप कभी रायपुर में थे? मेरा मतलब बचपन में—स्कूल के दिनों में?'

उस्मान मुस्कुरा रहे थे। 'आप कौन, कन्हैयालाल?' उन्होंने पहचानते हुए पूछा।

दोनों लपककर एक दूसरे से गले मिले। जी उस्मान को घर के अन्दर लाए और अपने साथ उन्हें नाश्ता खिलाया। उस्मान बचपन में जी के साथ रायपुर में पढ़ा करते थे। हॉकी अच्छी खेलते थे। गरीब थे। खेलने के लिए जी से जूते माँगकर ले जाते

थे। पुरानी बातें याद कर-करके दोनों खूब हँसते जाते। जी ने जब चमनवाले मामले के बारे में पूछा तो इंस्पेक्टर उस्मान ने कुछ इस प्रकार कहा :

'परसों शाम को मिस पेरिन बरूचा अपनी माँ के साथ क्लब गई थी। वहाँ से आँखें बचाकर वह फाटक के बाहर चमन से मिली। चमन उसे अपनी साइकल पर बिठाकर घुमाने ले गया। जब अँधेरा हो गया और पेरिन न लौटी तो उसकी माँ को शक हुआ।

उसने घर फोन किया। पेरिन घर भी नहीं पहुँची थी। डॉक्टर बरूचा कार लिये क्लब आए। आजू-बाजू के सारे रास्ते दूर-दूर तक देख डाले पर पेरिन का कहीं पता न था। रात इन्तजार में गुजरी। कल सवेरे डॉक्टर बरूचा ने पुलिस में रिपोर्ट कर दी। डी.एस.पी. और आई. जी. पुलिस खुद इस मामले में दिलचस्पी ले रहे हैं। कल दिन भर में शहर का कोना-कोना छान लिया गया। शहर से बाहर जाने वाले रास्तों पर निगरानी रखी गई है। परसों करीब दो बजे रात को कुछ धोबियों ने चमन को साइकल पर अपने घर की ओर जाते देखा था। साइकल पर सामने एक लड़की को—जो पेरिन ही रही होगी—बिठाए हुए था। मगर साइकल घर के अन्दर न गई, वापस हो गई। तब से दोनों गायब हैं। आज सुबह तक उनका कोई पता नहीं। न जाने कहाँ चले गए, कहाँ छिप गए!'

जी ने अब अनुरोध किया कि उस्मान हमारे घर की तलाशी लेकर अपनी शंका का निवारण करें, अपनी ड्यूटी पूरी करें। झेंपते हुए उस्मान उठे और कमरों में जाकर झाँक आए और फिर जी और मुझसे हाथ मिलाकर चले गए।

चमन और पेरिन के एक साथ लापता हो जाने की खबर से आज कॉलेज में सनसनी मची हुई थी। लोगों को प्रेमियों का यह इलोपमेंट एक साथ भाग जाना अच्छा लगा। रूढ़िवादी माता-पिता की मरजी के विरुद्ध इस तरह एक साथ भाग निकलना साहस का काम था। पर उधर डॉक्टर बरूचा बहुत बड़े और प्रतिष्ठित व्यक्ति थे। गवर्नर तक से उनकी जान-पहचान थी। उन्होंने इस घटना को गन्दा साम्प्रदायिक रूप दे दिया। पारसी कन्या को हिन्दू युवक भगा ले गया था।

अगले दिन सवेरे 'नागपुर टाइम्स' के मुखपृष्ठ पर बड़े-बड़े अक्षरों में सनसनीखेज खबर निकली। पढ़कर लोग अवाक् रह गए। मैं रो पड़ा। चमन और पेरिन ने टैंक (झील) में, जो शहर के पश्चिम छोर पर था, डूबकर आत्महत्या कर ली थी।

सारा शहर तेलंगखेड़ी टैंक पर उलट पड़ा। मैं भी गया। झील के किनारे, मेड़ पर, दो लाशें रखी हुई थीं जिन्हें पुलिस घेरे हुए थी। लाशें चमन और पेरिन की थीं। एक दूसरे से बँधी थीं—पेरिन की रेशमी साड़ी के आधे छोर से बँधी थीं। दो दिन और दो रातें पानी में डूबी रहने से लाशें फूलकर अकड़ गई थीं और उनका रंग नीला पड़ गया था।

इंस्पेक्टर उस्मान मिल गए। उन्होंने मुझे सारी बातें बताईं। बाकी अनुमान मैंने लगा लिया। गायब होने की रात, पुलिस की छानबीन के अनुसार, चमन और पेरिन सैर के लिए तेलंगखेड़ी टैंक की ओर गए। पेरिन ने अपने माता-पिता के विरोध की बात बताई और शायद चमन से अनुरोध किया होगा कि वह उसे अपने घर भगा ले जाए। किन्तु चमन के पिता बहुत रूखे और सख्त किस्म के आदमी थे। चमन उनसे हफ्तों बात न करता था। सारे घर में रामसरन का आतंक था और बच्चे सहमे हुए रहा करते थे। माँ अच्छी और खुशमिजाज थीं पर अब मर चुकी थीं। चमन हिम्मत करके उस रात, पेरिन को साइकल पर सामने बिठा, अपने घर तक लिवा लाया; शायद इस इरादे से कि पिता से पेरिन की बात करेगा। उनकी अनुमति, उनका सहारा लेगा। लेकिन हिम्मत न हुई, और वह पेरिन को लिए लौट गया। रात भर वे लोग, जनवरी की ठंड में, तेलंगखेड़ी टैंक से लगे हुए जंगल में रहे। पेरिन ने सुझाया कि आत्महत्या कर लें। चमन ने इस सुझाव का विरोध किया। सारी रात इसी कशमकश में कटी। चमन के सिगरेट केस में दो सिगरेटें थीं। एक वह शाम को पी चुका था। रात जीवन-मरण का फैसला करने में अपने को सर्वथा असहाय और असमर्थ पाकर उसने कितनी बार पेरिन को मेरे घर लाकर मुझसे सलाह लेने का प्रयत्न न किया होगा? पर पेरिन न मानी। उसने मरने की ठान ली थी। स्त्री हठ के सामने कौन प्रेमी टिक पाया है? चमन ने एकसाथ जान देना स्वीकार कर लिया। उस समय मरने से पहले उसका कितना जी न किया होगा कि सिगरेट केस में बची हुई वह आखिरी सिगरेट पी ले? यह बात सिर्फ सिगरेट पीनेवाले ही समझ सकते हैं, दूसरे नहीं। पर चमन ने यह आखिरी सिगरेट न पी। उसे याद था, उसके परम मित्र, यानी मैंने शाम को उससे सिगरेट माँगी थी और उसने न दी थी। वह सिगरेट केस में ज्यों की त्यों छोड़, साथ में एक कागज संलग्न कर, जिसमें अँगरेजी में लिखा था : 'मेरे परम मित्र साहू के लिए' और यह सब अपने सफेद सैटिन डक के कोट की जेब में रख, दोनों जंगल में ही साइकिलों के पास कोट छोड़कर, पेरिन को साथ लिये झील पर आया। चमन को तैरना नहीं आता था। पेरिन तैरना जानती थी। पेरिन ने जरूर कहा होगा कि पानी नाक-मुँह में जाते ही वह घबरा जाएगी और तैरकर बच जाएगी, मगर वह मरना चाहती है—साथ-साथ। इसलिए उसने अपनी साड़ी खोलकर चमन और अपने को एक साथ बाँध दिया, और फिर दोनों आलिंगनपाश में जकड़े, उस गहरे ठंडे पानी में कूद पड़े थे।

अब भी दोनों एक साथ बँधे हुए थे। सारी भीड़ रो रही थी। चमन के पिता आए और रोने लगे। पेरिन के माता-पिता भी आ गए। पेरिन के पिता ने लाशों को अलग करने का आदेश दिया।

रामसरन ने कहा : 'जब एक साथ दोनों मरे हैं तो इन्हें एक ही साथ रहने दो। अगर जलाना नहीं चाहते तो पारसी रस्म के अनुसार इनकी अन्तिम क्रिया भी कर दी जाए। मुझे कोई एतराज नहीं।'

पर डॉक्टर बरूचा न माने और लाशें अलग कर दी गईं। पेरिन की लाश को एम्बुलेंस में रखवाकर डॉ. बरूचा एम्बुलेंस को साथ लिये चले गए।

चमन के शव को हम लोगों ने उठाया और उसकी श्मशान-यात्रा में सारी यूनिवर्सिटी के लड़के-लड़कियाँ और शहर के हजारों लोग शरीक थे।

इसके बाद में शहर में—जब तक मैं नागपुर में रहा यानी बी.ए. करने तक सड़कों और गलियों में 'चमन-पेरिन' के गाने गाए जाते रहे। मैट्रिक की परीक्षा से पहले मेरे छोटे भाई की मृत्यु हुई थी। इंटर फर्स्ट इयर के अन्त में कुंजो जाता रहा था। और इंटर फाइनल से पहले मैंने चमन को गँवाया था। शायद मुझे चरम सीमा की विछोह-वेदना से अभ्यस्त कराना नियति का विधान था। परीक्षा पास आ रही थी। पढ़ने में मन न लगता। चमन की याद में बेचैन रहता। पर मन मजबूत करना पड़ा।

इंटर की परीक्षा में मैं आखिर थर्ड डिवीजन में पास हो ही गया।

गरमियों की छुट्टियों में मैं घर के लोगों के साथ राजनांदगाँव चला गया। कॉलेज खुलने से पहले ही हम लोग लौट आए। आते ही कृष्णा की चिट्ठी मिली, जो उसने सिवनी से लिखी थी। सिवनी जिला है जो नागपुर से डेढ़ सौ मील की दूरी पर है। कृष्णा अपने भाई के यहाँ आया हुआ था और नागपुर के मॉरिस कॉलेज में भरती होना चाहता था। इस वर्ष इंटर कर चुका था। महीने के अन्त तक नागपुर आने का इरादा था।

चिट्ठी पाकर मैं बहुत खुश हुआ। कृष्णा-कन्हैया की तरह सुन्दर कृष्णा, हरी स्याही में छोटे-छोटे सुन्दर अक्षर लिखनेवाला कृष्णा, मस्त खिलाड़ी कृष्णा, 'श्रीमती मंजरी' का सफल नायक कृष्णा, मेरे बचपन का प्रिय साथी कृष्णा—इस समय मुझसे कुल डेढ़ सौ मील पर आन उपस्थित हुआ है और हम दोनों मिलने से मजबूर हैं। मैं उससे मिलने के लिए बेचैन हो उठा। जी से अनुमति माँगकर सिवनी के लिए रवाना हो गया।

गोंदिया में दोपहर को गाड़ी बदलनी पड़ी। दूसरे दिन सवेरे 9 बजे सिवनी स्टेशन पहुँचने की सूचना दे चुका था पर स्टेशन पर कृष्णा मुझे लेने न आया था। निराशा हुई। ताँगा लेकर, चिट्ठी में दिए हुए पते के सहारे, कृष्णा के भाई के घर पहुँचा। छोटा-सा घर था। छपरी में पहुँचने से पेश्तर, बाजूवाले कमरे की खिड़की से, एक युवक धोती पहनता दिखाई दिया। नहाकर आया था। उसके सिर से पानी चू रहा था। एक क्षण को हमारी आँखें मिलीं। दिमाग ने कहा : 'यही कृष्णा है।' दिल ने कहा : 'अगर यही कृष्णा है तो मर गए।'

मैं जैसे ही छपरी में पहुँचा, बाजूवाले कमरे से धोती की लाँग सँभालता हुआ वह युवक आगे आया और हँसकर तीव्र स्वर में बोला : 'अरे, किशोर, कब आ गए? मैं तुम्हें लेने स्टेशन जाने ही वाला था।'

मैंने मन में कहा : उल्लू का पट्ठा! मैं इससे मिलने, रात भर का सफर करके, डेढ़ सौ मील से चला आ रहा हूँ; और यह है कि वक्त पर मुझे लेने स्टेशन तक न पहुँच पाया।

प्रकट मैंने कहा : 'कोई बात नहीं। कैसे हो, कृष्णा? कितने दिन बाद मिल रहे हैं हम लोग!'

कृष्णा ने बातों की झड़ी लगा दी। उसकी आवाज कर्कश थी, शरीर लम्बतड़ंग। मेरे बचपन के साथी कृष्णा का यह रूपान्तर विचित्र था। इस रूप, इस स्वर, इस दिमाग, इस व्यक्ति को मैं अब स्वीकार न कर सका। विचित्र है, पर मन पर मस्तिष्क का कोई जोर नहीं चलता। शिष्टाचार के नाते मैंने दोस्ती का पूरा अभिनय किया, किन्तु परस्पर मिलन के उसी क्षण में हम लोग बिछड़ चुके थे।

मैं ऊब उठा। तीन दिन रहने आया था, दूसरे दिन की गाड़ी से नागपुर लौट आया।

कॉलेज खुलने पर कृष्णा कुमार दीक्षित नागपुर आया, मॉरिस कॉलेज में दाखिल हो, होस्टल में रहने लगा। मेरे ही क्लास में था मगर मेरे सेक्शन में नहीं। हम लोग मिला करते, बातचीत करते, पर हममें घुटती नहीं। कृष्णा स्वभाव का बहुत अच्छा था। सदा हँसता, मुस्कुराता रहता। वह ताड़ गया था कि मैं उसे देखकर निराश हुआ हूँ। पर उसने कभी शिकायत न की और सदा हँसता रहा। बेचारा!

कॉलेज मैगजीन का सम्पादक सदा एम.ए. फर्स्ट इयर का छात्र हुआ करता था। इस वर्ष जब मैं बी.ए. फर्स्ट इयर में ही था, मुझे सम्पादक चुन लिया गया। लीक से हटकर चलना मेरा स्वभाव है। मैंने पत्रिका का रूप बदल दिया। मुखपृष्ठ पर तिरंगा चित्र छपवाया। अन्दर की रचनाओं के लिए फर्स्ट इयर के छात्रों को भी आमंत्रित किया।

पत्रिका के लिए मैंने भी हिन्दी में एक कहानी लिखी और वह कहानी छपी भी। अपनी रचना छपी हुई देख बड़ी खुशी हुई थी। वह मेरी पहली कहानी थी। बाद में जब मैं कहानी लेखक बन गया और मेरे संग्रह छपे तो उस पहली कहानी को मैंने संग्रहों में शामिल न किया। वह पहली कहानी कच्ची थी। और आज मुझे साफ लगती है कि वह एक नौसिखिए की लिखी है। पत्रिका पसन्द की गई थी। उसी वर्ष मेरे एक रिश्तेदार मित्र, सरसराम गुप्ता, ने मुझे रेस्तराँ में ले जाकर बीयर पिलाई। एक गिलास बीयर पीकर नशा आ गया था। उसके बाद छात्रकाल में मैंने कभी बीयर या व्हिस्की न पी। सिर्फ सिगरेट पीता था। दिन में तीन सिगरेट। बस। पान-तम्बाकू का मुझे कभी शौक नहीं रहा।

कॉलेज के उस तीसरे वर्ष में मैंने अँगरेजी के बहुत सारे उपन्यास और नाटक पढ़ डाले। रंगमंच और सिनेमा पर भी कई तकनीकी पुस्तकों का अध्ययन किया।

कॉन्सटन टाइन स्टॅनिस लावस्की का आत्मचरित्र पढ़ा, उनकी और पुडवकिन की लिखी हुई अभिनय कला पर पुस्तकें भी पढ़ीं। अमरीकन सिने पत्रिकाएँ—'पिक्चर शो', 'पिक्चर गोअर'—तथा भारतीय 'फिल्म इंडिया', आदि मेरे पास बराबर रहतीं। मैं हिन्दी और अँगरेजी की सब अच्छी फिल्में देखा करता। इस तरह मैं अपने-आपको सिने अभिनेता बनाने के लिए तैयार किए जा रहा था।

महेश कौल बराबर कॉलेज न आते थे। एक साल परीक्षा में बैठे भी नहीं। शायद उन्होंने पढ़ना छोड़ दिया था। फिर भी शहर में उनसे मुलाकात हो जाया करती थी। नजदीक के चाचा बृजलाल गुप्ता की प्रैक्टिस नागपुर में अच्छी चल निकली थी और वे लॉ कॉलेज में लेक्चरर भी हो गए थे। बाद में उन्होंने इतना नाम कमाया कि एडवोकेट जनरल बना दिए गए।

मेरे नजदीक के दूसरे चाचा डॉ. गजानन्द साहू शहर के माने हुए नामी सर्जन थे। उनका खुद का अस्पताल भी था और मेयो हॉस्पिटल में भी ऑनररी सर्जन हो गए थे। हजारों की प्रैक्टिस थी। उनके और हमारे परिवारों में बहुत मेलजोल था, जो अब तक है।

बृजलाल गुप्ता के छोटे भाई रमेश गुप्ता से मेरी अच्छी दोस्ती थी। अक्सर हम लोग एक दूसरे के घर आते-जाते। वे एम.ए. में पढ़ रहे थे। उनका विषय अँगरेजी था।

स्वामी जी और अहोबलाचार्य से मेल-मिलाप कभी कम न हुआ। छुट्टियों में हम लोग अक्सर घंटों साथ बिताते। हमारी चर्चा के विषय साहित्य, कला, अभिनय होते। कभी-कभी राजनीति भी।

मैं जब बी.ए. फाइनल में पहुँचा तो सिनेमा में प्रवेश करने के लिए मन और अधिक उतावला हो उठा। अशोक कुमार सिने संसार में प्रवेश कर चुका था। वह भी मध्यप्रान्त का लड़का था। रॉबर्टसन कॉलेज, जबलपुर में पढ़ रहा था। कुछ दिन नागपुर के साइंस कॉलेज में भी था। अब बॉम्बे टॉकीज की फिल्मों में नायक बना हुआ था। देविका रानी के साथ हीरो बनकर 'अछूत कन्या' में आ चुका था और 'अछूत कन्या' को अद्भुत सफलता मिल चुकी थी। सर्वत्र देविका रानी और अशोक कुमार की ख्याति फैल रही थी। अशोक कुमार ग्रेज्युएट था। अब पढ़े-लिखे व्यक्ति, संभ्रांत युवक-युवतियाँ सिनेमा में प्रवेश करने लगे थे। मैंने संकल्प किया हुआ था कि मैं भी ग्रेज्युएट होकर ही बाहर निकलूँगा। इसलिए बी.ए. पास करना मेरे लिए बहुत जरूरी था। इसलिए अब पढ़ाई की ओर विशेष ध्यान देना भी जरूरी हो गया था।

किन्तु कॉलेज की सोशल गैदरिंग आ रही थी। कुछ मित्रों ने राय दी कि मैं जनरल सेक्रेटरी के पद के लिए खड़ा हो जाऊँ। मैं सोच में पड़ गया। चुनाव के दौरान काफी समय और शक्ति बरबाद होती है। इसके अलावा लोगों से मिन्नत करके मत माँगना मुझे पसन्द न था। मुकाबले में मेरी क्लास के, और कुछ एम.ए.

के लड़के खड़े हो रहे थे। दोस्तों ने कहा, कन्विसिंग का सारा काम वे करेंगे; मुझे मत माँगने न जाना पड़ेगा, मैं खड़ा भर हो जाऊँ। मैंने 'हाँ' कर दी।

प्रतिस्पर्धा जोरों की रही। पन्द्रह दिन तक खूब शगल रहा। जब नतीजा निकला तो मैंने अपने प्रतिस्पर्धियों को गहरी मात दी थी। चुनाव की विशेषता यह थी कि तीन या चार लड़कियों के अलावा बाकी सबने मुझे मतदान दिया था।

कॉलेज सोशल गैदरिंग का जनरल सेक्रेटरी (मुख्य सचिव) चुना जाना एक विद्यार्थी के लिए बहुत बड़ी बात है। इससे बड़ा मान, इससे बड़ा पुरस्कार, कॉलेज के जीवन में और कोई नहीं होता। मॉरिस कॉलेज का जनरल सेक्रेटरी बनना मेरे छात्रजीवन का चरमबिन्दु था।

सोशल गैदरिंग बड़ी धूम-धाम से मनाई गई। मैंने कलकत्ता से के. एल. सहगल को आमंत्रित किया। उन दिनों सहगल ख्याति के शिखर पर थे। 'न्यू थिएटर्स' के 'देवदास' चित्र में नायक की भूमिका करके उन्होंने प्रेक्षकों को मोह लिया था। सहगल के गानों के रिकॉर्ड ग्रामोफोन और रेडियो पर शहर के घर-घर, गली-कूचे, बाजारों में दिन-रात सुनाई पड़ते थे। 'मनोरंजन रात्रि' के अवसर पर लोगों की भीड़ इतनी अधिक हो गई कि सँभालना मुश्किल हो गया। घंटा भर प्रतीक्षा के बाद नशे में झूमते सहगल आए। लोगों ने तालियों से उनका स्वागत किया। मंच कॉलेज हॉल में न था, चारों ओर से खुले हुए मंडप में था। माइक्रोफोन की उस दिन सुविधा न थी। सहगल ने हारमोनियम लेकर गाना शुरू किया। आवाज कमजोर थी। दूर तक फैले हुए श्रोताओं तक न पहुँच पाई और चीख-पुकार, कुत्ते-बिल्ली की आवाजें शुरू हो गईं। (सहगल की यही छोटी-सी, निचले स्वरोंवाली आवाज माइक्रोफोन में से विचित्र मधुर गूँज के साथ निकलती थी।) लाचार होकर सहगल ने अपना पंजाबी साफा उतारकर बाजू में रखा तो लोग सहसा उनकी चिकनी खोपड़ी देखकर हँस पड़े। फिल्मों में सदा उनके सिर पर बाल हुआ करते थे। लोगों को पता न था कि वे विग लगाते थे। मामला किरकिरा हो गया और उनकी बैठक न जमी। तब कॉलेज के गुणीजनों ने मंच सँभाला और नकलें, आदि शुरू कर दी गईं।

परीक्षा जब दो-तीन महीने रह गई तो मैंने दिन-रात पढ़ाई में एक कर दिए। प्राय: पूरा साल चकल्लस में गुजरा था। सारी कसर निकालनी थी। डर लगने लगा, कहीं मैं बीमार न हो जाऊँ। किन्तु इच्छा-बल और मानसिक शक्ति में बड़ा जादू होता है।

अपने तमाम विषयों के परचे मैं दे आया। परचे मैंने अच्छे किए थे और विश्वास था कि सेकंड डिविजन में पास हो जाऊँगा। मुझे कभी भी फर्स्ट डिविजन न मिला, और न मैंने फर्स्ट क्लास प्राप्त करने का कभी प्रयास ही किया। ऐसा करना कॉलेज में विभिन्न कार्यक्रमों से और जीवन की भली-बुरी अनुभूतियों से वंचित रहना होता, जो मुझे मान्य न था। यह जरूरी नहीं कि फर्स्ट क्लास विद्यार्थी जिन्दगी की लड़ाई में भी फर्स्ट क्लास ही रहेगा। मैंने अक्सर इसका उलटा होते देखा है।

बम्बई जाकर सिनेमा में अपनी किस्मत आजमाने का इरादा मैंने घरवालों को बताया। घर वाले पिछले दो साल से मेरा रंग-ढंग देख रहे थे। मेरे कमरे में पाठ्य पुस्तकों के साथ देशी-विदेशी सिने पत्रिकाओं का ढेर लगा रहता था। विदेशी 'पिक्चर शो' और देशी 'फिल्म इंडिया' का बहुत चलन था। माँ ने पहले तो प्रस्ताव का विरोध किया पर जब जी मान गए तो वे भी मान गईं। लेकिन अब ताऊजी का डर था। वे बहुत ही पुराने खयाल के और रूढ़िवादी थे। उनसे छिपकर मैं बम्बई जाने की तैयारी करने लगा। लेकिन जाने से पहले उन्हें पता चल ही गया। मुझसे पूछने पर मैंने कहा : 'यूँही घूमने जा रहा हूँ। दस-पन्द्रह दिन में लौट आऊँगा।'

'देखो जी,' वे बोले 'घूमघाम के लौट आओ। सिनेमा-विनेमा के चक्कर में मत पड़ जाना।'

दुबककर मैं उनके बँगले से निकल आया। घर आकर बम्बई यात्रा के लिए अपना सामान जुटाने-बाँधने में लग गया। परीक्षाफल को विलम्ब था, पर मुझे विश्वास था कि मैं सेकंड डिविजन में अवश्य पास हो जाऊँगा।

द्वारका दास डागा, प्रोफेसर चोरड्या, दिनेश नन्दिनी और मैं फर्स्ट क्लास के एक ही डिब्बे में बैठकर नागपुर से बम्बई के लिए मेल से रवाना हो रहे थे। पिताजी, माँ और मेरे भाई-बहन और रमेश गुप्ता तथा मित्र मंडली मुझे छोड़ने स्टेशन तक आए थे।

मैं घर से पहली बार परदेस जा रहा था—माँ, बाप, भाइयों, बहनों, मित्रों से दूर, बहुत दूर, बम्बई, जो अरबी समुद्र के तट पर भारत का एक बहुत बड़ा शहर है—जहाँ फिल्में बनती हैं, जहाँ के लोग बड़े होशियार, बड़े चालाक हैं। बड़ा पैसा है जहाँ, जो शहर माया नगरी कहलाता है। मैं उस माया नगरी में अपनी किस्मत आजमाने जा रहा था।

स्टेशन से बम्बई की ओर जाती हुई ट्रेन के दरवाजे पर खड़ा मैं बहुत देर तक रूमाल हिलाता रहा और हिलते हुए उन रूमालों को देखता रहा जो मेरे प्रियजन हिला रहे थे; तब तक देखता रहा जब तक गाड़ी मुड़ न गई और प्लेटफार्म ओझल न हो गया। फिर गाड़ी की रफ्तार सहसा तेज होने लगी। फिर गाड़ी हवा चीरती, फाड़ती, मेरे अज्ञात भविष्य की ओर चली जा रही थी।

'आओ, किशोर, बैठ जाओ,' सहसा प्रोफेसर चोरड्या ने मुस्कुराकर कहा। 'लाइफ इज ए सीरीज ऑफ सेपरेशन! निरंतर वियोग का नाम ही जीवन है।'

दरवाजा बन्द करके मैं बर्थ पर बैठ गया। द्वारका और दिनेश नन्दिनी मुझे शरारत-भरी निगाहों से ताक रहे थे। फिर सहसा द्वारका ने गुनगुनाना शुरू किया : 'बाबुल छूटो जाय सखी री...'

प्रोफेसर चोरड्या ठहाका मारकर हँस पड़े। सभी हँस पड़े। मैं भी हँसने लगा।

बम्बई पहुँचकर हम लोग द्वारका दास डागा की कोठी पर रहे जो चौपाटी से 100 गज पर, विल्सन कॉलेज के पीछे थी और जहाँ से समुद्र दिखाई देता था। समुद्र देखने का यह मेरा पहला अवसर था।

नागपुर के बाद बम्बई बहुत बड़ा शहर लगा। यहाँ की चौड़ी, काली, चिकनी सड़कें; यहाँ की अनगिनत तरह-तरह मोटरों की कतारें; यहाँ की लाल-लाल दो मंजिला बसें, यहाँ की 'विक्टोरिया' (बग्गी); यहाँ की ऊँची-ऊँची इमारतें, लिफ्ट, भीड़, चेहरे, व्यस्तता, जल्दबाजी, आदि बम्बई की विशेषताएँ थीं, जो मुझे अद्‌भुत लगीं, अच्छी लगीं। और मैं तुरन्त ही बम्बई के मोहजाल में फँस गया। 'यही है वह शहर,' मैंने सोचा : 'जो भविष्य में मेरा क्रियाक्षेत्र रहेगा, जहाँ मैं अपनी अभिलाषाओं, महत्त्वाकांक्षाओं को साकार करने में प्रयत्नशील रहूँगा, जहाँ मुझे आशातीत सफलता मिलेगी।'

द्वारका, प्रोफेसर चोरड्या और दिनेश नन्दिनी, एक सप्ताह बम्बई में रहने के बाद, राजस्थान चले गए। द्वारका बीकानेर गया और वे दोनों उदयपुर। मैं गिरगाँव के महाराष्ट्रीय होटल 'माधवाश्रम' में रहने चला गया।

अब मैं बम्बई में, अपार भीड़ के बावजूद, अपने को बिलकुल अकेला और असहाय महसूस करने लगा। यहाँ बम्बई में एक व्यक्ति भी ऐसा न था जिसे मैं जानता था। उस पर बम्बई की गीली गरमी, उमस, सड़कों पर भीड़, शोर, मेरा बिना लक्ष्य भटकना या होटल के कमरे में पलंग पर घंटों पड़े रहना—मेरा दम घुटने लगा। तुरन्त ही मैंने तय किया कि बम्बई का निरीक्षण बाद में हो सकता है, पहले काम की बात करूँगा।

सबसे पहले मैं इम्पीरियल स्टूडियो गया। कनेडी ब्रिज पर अब जो 'ज्योति' स्टूडियो' है, वही उन दिनों प्रख्यात इम्पीरियल स्टूडियो था, जहाँ मिस सुलोचना काम करती थी, जहाँ से 'टाइपिस्ट गर्ल' और 'अनारकली' जैसी सफल फिल्में प्रस्तुत हुई थीं। जैसे ही मैंने फाटक में प्रवेश किया, सुलोचना की लाल बड़ी गाड़ी, जिसमें वह बैठी अपने किसी साथी के साथ खिलखिला रही थी, सर्र से मेरे पास से गुजर गई। मैं पैदल था। अन्दर गया। हालाँकि फाटक पर दरबान तैनात था, उसने मुझे रोका नहीं। अहाते के अन्दर बहुत ही अस्त-व्यस्त मामला था। गन्दगी बिखरी हुई थी। याक़ूब (उन दिनों का मशहूर खलनायक) सिर पर तिरछा फेल्ट हैट लगाए किसी मामूली अभिनेत्री या एक्स्ट्रा के साथ गपशप कर रहा था। उसी समय पान चबाती मिस जिल्लो (मशहूर नायिका) आई और याकूब से बातें करती खड़ी हो गई। मैं स्टूडियो के अन्दर गया। अन्दर चुप्पी थी। आज शूटिंग नहीं हो रही थी। कब होगी, यह कोई मुझे निश्चयात्मक रूप से बता न सका। आरदेशिर ईरानी (कम्पनी के मालिक तथा निर्माता) को भी मैंने उसी दिन देखा। उनके मुँह में भी पान था। वातावरण का वह सन्नाटा मुझे विचित्र लगा। तब मैं यह न जान पाया कि इम्पीरियल स्टूडियो को मेरा जाना दो चित्रों के बीच की अवधि में हुआ था—एक

चित्र बनकर समाप्त हो चुका था और दूसरे के आरम्भ होने में अवकाश था। मैं निराश लौट आया।

दूसरे दिन और फिर तीसरे दिन, इस तरह हफ्ते भर तक मैं 'सागर मूवीटोन', 'रंजीत स्टूडियो', 'प्रकाश पिक्चर्स', 'मोहन पिक्चर्स', आदि स्टूडियो के चक्कर लगाता रहा। उन दिनों के प्रत्येक नायक, नायिका, खलनायक, चरित्र अभिनेता, हास्य अभिनेता को प्रत्यक्ष देखा। अक्सर लोगों के मुँह में पान दबा देखा और हाथ में गोल्ड फ्लेक सिगरेट का डिब्बा और सिर पर तिरछा फेल्ट हैट। स्टूडियो के अहातों में अस्त-व्यस्तता और गन्दगी फैली देखी। पान के पीक के छींटे दीवारों पर, जमीन पर, सेटिंग के परदों तक पर देखे। कलाकारों की परस्पर बातचीत में कुछ आवारापन, ओछापन, कहीं-कहीं बाजारूपन भी दिखाई दिया। अधिकांश व्यक्ति मुझे अनपढ़ या अधपढ़ चंट और मुस्तैद लगे। स्टूडियो का वह वातावरण मुझ जैसे नवागन्तुक कॉलेज युवक को अगर विषैला और घिनौना लगा हो तो इसमें अचरज की कोई बात नहीं।

स्टूडियो-स्टूडियो की खाक छानते, उनका मुआयना करते, कलाकारों के चरित्र, स्वभाव, जीवन को समझते-परखते, फिल्म कला, फिल्म उद्योग की झाँकियाँ पाते, अपनाते और उनका मूल्यांकन करते मुझे दस-बारह दिन हो गए और मैं थक गया, निराश हो गया। रूपहरे परदे की बनावटी चमक-दमक के पीछे झाँककर देखा था मैंने। मेरे मन ने कहा : 'नहीं, यह जगह मेरे लिए नहीं। मैं लौट जाऊँगा—नागपुर।' यह निर्णय मेरे मन ने उस दिन प्रकाश स्टूडियो के अहाते से बाहर फाटक की ओर जाते हुए किया, जब जकरिया खान (जो उन दिनों प्रधान नायक थे और शायद सबसे रूपवान नायक थे, जो अब जयन्त के नाम से चरित्र अभिनेता की भूमिका किया करते हैं) और उनके साथ चहकती हुई सरदार अख्तर मेरे पास से गुजरते हुए पास खड़ी हुई स्पोर्ट्स कार की ओर बढ़े चले जा रहे थे। जयन्त के सिर पर तिरछा फेल्ट हैट उस समय न था, पर हाथ में गोल्ड फ्लेक का डिब्बा अवश्य था।

मैं प्रकाश स्टूडियो के फाटक से बाहर निकल रहा था कि अचानक मेरी निगाह सामने सड़क पर की विज्ञप्ति पर पड़ी। बॉम्बे टॉकीज की नई फिल्म 'नई कहानी' का पोस्टर था, जिस पर नायक अशोक कुमार और नायिका माया देवी की शक्लें चित्रित थीं। अंधेरी से लोकल ट्रेन पकड़कर मैं गिरगाँव में अपने होटल माधवाश्रम आया। रास्ते भर मेरे विचार केवल बाम्बे टॉकीज के इर्दगिर्द मँडराते रहे।

देग में सिर्फ एक ही चावल टटोलकर पता लगाया जा सकता है कि सारे चावल पक चुके या नहीं। पर यह दृष्टांत, मेरे मन ने कहा, हर स्थान, स्थिति और काल

में हर चीज पर लागू नहीं हो सकता। 'कर्म' चित्र देखकर ही मुझे प्रेरणा हुई थी कि मैं भी सिनेमा में शरीक होऊँ, मैं भी अभिनेता बनूँ। 'कर्म' के प्रस्तुतकर्ताओं ने ही तो बॉम्बे टाकीज संस्था को जन्म दिया था और उसका संचालन भारत सँभाले हुए थे। हो सकता है कि हिमांशु राय और देविका रानी और अशोक कुमार सिने क्षेत्र के अन्य कलाकारों से भिन्न हों! हो सकता है कि बॉम्बे टॉकीज स्टूडियो का वातावरण इतना दूषित न हो जितना मुझे अन्यत्र लगा था!

उस शाम मैंने ऑपेरा हाउस थिएटर में जाकर 'नई कहानी' चित्र देखा। उन दिनों यानी 1937 में बॉम्बे टाकीज, न्यू थिएटर्स और प्रभात फिल्म कम्पनी—ये तीन ही देश की श्रेष्ठ फिल्म कम्पनियाँ समझी जाती थीं। 'नई कहानी' चित्र ऊँची दुकान का फीका पकवान था। बॉक्स ऑफिस की दृष्टि से भी फिल्म फेल हो गई थी। पर डूबते को तिनके का सहारा काफी होता है। 'नई कहानी' का वह पोस्टर मेरे लिए तिनका सिद्ध हुआ। बॉम्बे टॉकीज का स्टूडियो देखे बिना न लौटने का मैंने तय कर लिया।

दूसरे दिन सवेरे आठ बजे मैंने ग्रैंट रोड स्टेशन से मलाड के लिए लोकल पकड़ी। मलाड पहुँचने में पचास मिनट लगे। छोटा-सा स्टेशन था मलाड। बाहर दो ताँगे खड़े थे। पर मैं पैदल ही, उस छोटे-से शहर की गलियों से होता हुआ, रास्ता पूछता बॉम्बे टॉकीज के स्टूडियो तक जा पहुँचा। फाटक पर खाकी वर्दी में खुखरीधारी चुस्त गोरखा तैनात था। अन्दर जाने से उसने मुझे रोक दिया।

'तुम बिना परबानगी के अन्दर नहीं जाने सकता,' गोरखा बोला। 'कोई चिट्ठी है तुम्हारे पास?'

मैं क्या जवाब देता? झूठ बोलने की आदत नहीं। पर मैं वहाँ से हटा नहीं और अन्दर जाने का कोई उपाय सोचने लगा।

उसी समय एक नवयुवक आता दिखाई दिया। जब वह पास आया तो गोरखे ने उसे सलाम किया। मैंने फौरन आगे बढ़कर उसे पुकारा। वह रुक गया। मैंने अपना परिचय देते हुए उससे कहा : 'मैं नागपुर से इतनी दूर सिर्फ बॉम्बे टॉकीज स्टूडियो देखने आया हूँ। अगर आप मुझे स्टूडियो पाँच मिनट दिखा दें तो मैं वापस लौट जाऊँगा।'

गोरखे से कहकर वह मुझे फाटक के अन्दर ले गया। युवक का नाम नजमुल हुसेन नकवी था, जो पटकथा लेखन विभाग में था और बाद में दिग्दर्शक भी बना। फाटक के अन्दर आते ही नजमुल हुसेन पासवाली इमारत में, जो लेबॉरेटरी (रसायनशाला) कहलाती थी, अपने किसी काम से चला गया और मैं अकेला ही बड़े-बड़े वृक्षों के बीच से जाती हुई उस वक्राकार सड़क पर चलने लगा।

बॉम्बे टॉकीज स्टूडियो का अहाता ऊँची दीवार से घिरा हुआ था। सर्वत्र ऊँचे, पुराने पेड़ थे। आम के पेड़ अधिक थे। जगह-जगह फूलों की क्यारियाँ लगी हुई थीं, जिनमें मौसमी फूल, केना और गुलाब फूल रहे थे। एक बड़ा भारी कुआँ था जिसमें बिजली का पम्प लगा हुआ था। पश्चिम छोर पर छोटी-सी चार मंजिला इमारत थी। दक्षिण को स्टूडियो का छप्पर दिखाई दे रहा था। सामने पूर्व की ओर मुख्य इमारत थी जो एक दुमंजिला आलीशान बँगला थी और जिसमें कम्पनी का दफ्तर था। वहीं हिमांशु राय का भी दफ्तर था। यह सारी जगह 7 एकड़ में थी और बम्बई के नामी रईस सर फीरोज सेठना की मिल्कियत थी, जिनसे कम्पनी ने लम्बी लीज पर ले रखी थी। समस्त वातावरण रम्य था। सुहावना और शान्त था। बाहर बाग में चलते-फिरते लोग शर्ट-पैंट में थे। पर कुछ यूरोपियन भी दिखाई दिए। तिरछे फेल्ट हैट में कोई न दिखाई दिया। किसी के हाथ में गोल्ड फ्लेक सिगरेट का डिब्बा न था। अपने-अपने काम में लोग व्यस्त थे। दफ्तर के अन्दर व्यवस्थित अनुशासन था। बिजली के पंखे चल रहे थे। टाइपराइटर की खटखट हो रही थी और लगता था कि सरकार के किसी महकमे का दफ्तर है। किन्तु सरकारी दफ्तर ऐसे सुहावने बाग-बगीचे के अन्दर नहीं हुआ करते। यह अवश्य ही 'कर्म' और 'अछूत कन्या' प्रस्तुत करनेवाली सिनेमा कम्पनी का कार्यक्षेत्र था, जहाँ हिमांशु राय, देविका रानी, अशोक कुमार, सर रिचर्ड टेम्पल (कम्पनी के डाइरेक्टर सदस्य), फ्रैंज ऑस्टेन (दिग्दर्शक), जोजेफ वीरशिंग (छायाकार), काउंट वॉन श्प्रेटी (तकनीशियन), जॉली (लेबोरेटरी विशेषज्ञ), आदि आधुनिक चित्र निर्माण में संलग्न और व्यस्त थे।

जगह मुझे भा गई। अन्य स्टूडियो से यह कितना निराला था! कोई पढ़ा-लिखा और खानदानी युवक इस जगह खुलकर साँस ले सकता था। मैंने तुरन्त ही तय किया कि बॉम्बे टॉकीज में शिरकत हासिल करूँगा। पर कैसे? मैंने हिमांशु राय के पास चपरासी के हाथ परची भेजी। चपरासी ने लौट कर कहा : 'ठहरिए, थोड़ी देर बाद बुलाएँगे।' मैं दो घंटे ठहरा, पर बुलावा न आया। लंच टाइम पर 1 बजे हिमांशु राय बाहर निकले और मोटर में बैठकर घर खाने चले गए। उनका घर स्टूडियो के पास ही था। 3 बजे लौटकर आए और फिर अपने दफ्तर में चले गए। मैं परेशान, बिना खाए-पिए, उल्लू की तरह, बैठा रह गया। तंग आकर 4 बजे मैंने दूसरी परची भेजी। फौरन बुलावा आया और मैं उनके कमरे में प्रविष्ट हुआ।

हिमांशु राय उस समय पैंतालीस वर्ष के रहे होंगे लेकिन पचास के लगते थे। गोरे थे। शरीर पर रोआँ न था। कभी देखने में अच्छे रहे होंगे। नाक इन्दिरा गांधी की नाक की तरह लम्बी और होंठों पर झुकी हुई थी। रह-रहकर नीचे का जबड़ा बिदकाते थे, जिससे उनका चेहरा बिगड़ जाता था। पर यह बुरी आदत उन्हें थी। सिगरेट लगातार एक के बाद दूसरी पिए जाते थे। बात करते तो आँख में सीधा देखकर कि सामनेवाला खुद आँखें झपका ले।

'तुम पहले व्यक्ति हो,' वे मुझे देखते हुए बोले : 'जो सीधा आँख में देखकर मुझसे बात करता है।'

मैं समझ न पाया कि यह मेरी तारीफ है या शिकायत।

'माफ कीजिए, सीधा आँख में देखकर बात करना मेरी भी आदत है,' मैंने कहा।

वे हँस पड़े। बातों के दौरान मैं ताड़ गया, वे मेरा निरीक्षण कर रहे थे, जैसे कोई किसान बैलों की हाट में किसी बछड़े का निरीक्षण करे। उन्हें अपने व्यक्तित्व और अपनी खूबियों से प्रभावित करने का यही मौका था, सो मैं जानता था और उनपर इम्प्रेशन मारने के लिए तत्पर था। मेरा इंटरव्यू एक घंटे तक चलता रहा।

हिमांशु राय को शायद मैं जँच गया। बीस दिन बाद फिर से मिलने को उन्होंने कहा। तब तक वे मेरे लिए कोई उपयुक्त और उचित योजना शायद बना लेंगे। पर अभी कोई आश्वासन नहीं दे सकते।

'मैं बम्बई में बिलकुल अकेला हूँ,' मैंने कहा। 'होटल के कमरे में बेकार बैठे-बैठे ऊब जाता हूँ। अगर आप इजाजत दें तो कभी-कभी आपके स्टूडियो आ जाया करूँ। यहाँ का वातावरण मुझे बहुत अच्छा लगता है। इन बीस दिनों में यहाँ मैं बहुत-कुछ देख और सीख सकता हूँ। मैं आपको तंग न करूँगा। आपसे बीस दिन बाद ही मिलूँगा।'

हिमांशु राय ने मेरा निवेदन स्वीकार कर लिया और मुझे गेट-पास लिखकर दे दी, ताकि मैं स्टूडियो में, जब चाहूँ, बिना रोक-थाम के प्रवेश कर सकूँ।

उनके दफ्तर से बाहर निकला तो पाँच बज रहे थे और मेरे पेट में चूहे कूद रहे थे। सवेरे सिर्फ एक प्याला दूध और एक केला खाकर मैं होटल से चला था। बाहर बगीचे में आते ही मैंने देखा, सामने से अशोक कुमार आ रहे हैं। मैंने इससे पहले उन्हें कभी न देखा था, हालाँकि वे मध्यप्रान्त के ही थे। मगर जब मैं नागपुर में पढ़ने आया, वे जबलपुर में पढ़ रहे थे और बी.ए. करके तुरन्त ही बम्बई चले आए थे। वे मुझसे चार वर्ष बड़े थे लेकिन दीखने में मुझसे छोटे लगते थे। मैं जाकर अशोक कुमार से मिला और अपना परिचय देते हुए उनकी फिल्मों तथा उनके अभिनय की मैंने प्रशंसा की। हम दस मिनट तक आम के पेड़ के नीचे—जिसकी डाली पर बैठकर अशोक कुमार और देविका रानी ने 'अछूत कन्या' चित्र में :

मैं वन की चिड़िया बनके वन-वन बोलूँ रे।
मैं वन का पंछी बनके संग-संग डोलूँ रे॥

दोगाना गाया था, और वह अत्यन्त लोकप्रिय हुआ था—बातें करते रहे। इन दस मिनटों में अनायास और सहज ही हम दोनों एक दूसरे के बहुत निकट आ गए और दो लँगोटिया दोस्तों की तरह बातें करने लगे, मानो हम एक दूसरे को बचपन से जानते हों!

'आओ, चाय पीएँ,' अशोक ने कहा।

'कहाँ?'

'कैंटीन में।'

'चलो।'

मैंने नहीं सोचा था कि स्टूडियो में, दफ्तर के बगल में, आधुनिक विदेशी ढंग का कैंटीन भी होगा, जहाँ एक दर्जन खाने की मेजें व्यवस्थित रूप से लगी होंगी और उन पर स्वच्छ सफेद टेबल क्लॉथ पड़ा होगा, और उनके ऊपर फूलों के गुलदस्ते सजे होंगे। गोअन बैरे शाम की चाय मेज पर लगा रहे थे। वाह! देखकर तबीयत खुश हो गई।

चाय के साथ मैंने सैंडविचें भी खाईं, क्योंकि भूखा था। घंटा भर हम दोनों कैंटीन में बैठे गपशप लगाते रहे फिर उठकर, बगीचे में से होकर, उस चार मंजिला इमारत में आए जो पश्चिम की ओर थी और जो 'आर्टिस्ट्स रूम्स' कहलाती थी। उसी के सबसे ऊपर का तल्ला 'म्यूजिक रूम' था। अशोक के साथ मैं उनके कमरे में गया। वहाँ भी एक घंटा शगल रहा। लगभग सात बजे शाम के मैंने अशोक से विदा ली और मलाड स्टेशन के लिए रवाना हो गया।

बॉम्बे टॉकीज में वह मेरा पहला दिन था। और उस दिन की मेरी उपलब्धियाँ थीं : प्रसिद्ध फिल्म निर्माता हिमांशु राय से भेंट और लोकप्रिय अभिनेता अशोक कुमार से मित्रता।

उस रात मैं सन्तोष की नींद सोया। मैं आश्वस्त था कि अब नागपुर न लौटना पड़ेगा, कि बॉम्बे टॉकीज में मुझे कोई अच्छा-सा रोल मिल जाएगा।

दूसरे दिन से मैं लगातार बॉम्बे टॉकीज जाने लगा। सवेरे दस बजे पहुँच जाता और शाम को पाँच बजे तक वहीं रहता। अशोक के साथ-साथ ही रहता, उन्हीं के साथ कैंटीन में दोपहर का खाना खाता और तीसरे पहर की चाय लेता।

दूसरे ही दिन देविका रानी से मेरी मुलाकात हुई। देविका को मैं परदे पर देख चुका था। आज साक्षात् और पास से देखा। अत्यन्त आकर्षक, तनिक साँवली, पाँच फीट की गुड़िया थी। आवाज में लोच और आँखों में रस था। पच्चीस के लगभग रही होगी, लेकिन बीस की लगती थी। वह सवेरे ठीक नौ बजे अपने बँगले से आकर एक बजे तक 'आर्टिस्ट्स रूम' के बरामदे में आराम कुरसी पर बैठा करती और ग्यारह बजे वहीं कॉफी पीती। एक बजे हिमांशु राय के साथ मोटर में बैठकर लंच खाने अपने बँगले वापस चली जाती। फिर न लौटती।

'नई कहानी' चित्र प्रदर्शित हो चुका था। नया कोई चित्र इन दिनों निर्माणाधीन न था। अन्य कलाकार अपने-अपने कमरों में ही रहते थे। मेरा कोई ठिकाना न था।

मेरे पास कोई कमरा न था। सो, मैं भी अक्सर बरामदे में ही अशोक और देविका के साथ बैठा करता। देविका और अशोक से मेरा मेलजोल और घनिष्ठता देखकर स्टूडियो के कर्मचारियों पर मेरा रौब पड़ने लगा। 'नया हीरो आया है!' की खबर से वातावरण झंकृत होने लगा। इस झंकार से मेरे दिल को राहत पहुँचती थी।

हफ्ता गुजरा। दो हफ्ते, तीन, फिर चार हफ्ते गुजर गए। मैं हिमांशु राय के कमरे में जाकर उनसे न मिला और न उन्हें 'इंटरव्यू' की याद दिलाई, और न ही पूछा कि उन्होंने मेरे बारे में क्या सोचा, क्या तय किया। मैं उन चार हफ्तों में स्टूडियो के भीतर अपना एक स्थान बना चुका था। अपना एक अस्तित्व रखने लगा था। यह विश्वास प्रबल होने लगा था कि कुछ न कुछ जरूर होकर रहेगा। कुछ न कुछ नहीं, बल्कि वह सबकुछ, जो मैंने चाहा था।

नागपुर से जी ने तार द्वारा मुझे खुशखबरी दी कि मैं द्वितीय श्रेणी में बी.ए. पास हो गया हूँ। जी को इत्मीनान हुआ। उस समय हिन्दी फिल्मों में कुल मिलाकर लगभग आधा दर्जन ग्रैज्युएट कलाकार थे—एनाक्षी रामाराव, नलिनी तर्खड, लीला चिटनिस, अशोक कुमार, पृथ्वीराज, सुरेन्द्र और—शायद, इतने ही। मोतीलाल बी.ए. न थे। उनकी कॉलेज की पढ़ाई अधूरी रह गई थी। अब ग्रैज्युएट होकर मैं भी आ रहा था। मेरे लिए गर्व की बात थी।

कम्पनी ने अबकी बार पौराणिक चित्र बनाने का तय किया था। 'सावित्री' की कथा चुनी गई थी और चित्र-निर्माण की तैयारियाँ शुरू हो गई थीं। सावित्री की भूमिका में देविका रानी और सत्यवान की भूमिका में अशोक कुमार निश्चित हुए थे।

देविका और आशोक ने सलाह दी कि मैं गिरगाँव से मलाड आ जाऊँ। खामखाह सफर में रोज दो घंटे बरबाद होते थे। उन्होंने मेरे लिए घर भी ढूँढ़ दिया। फिल्म व निर्माता एस. (शशधर) मुकर्जी, जो अशोक कुमार के बहनोई हैं, उन दिनों बॉम्बे टाकीज में साउंड रेकॉर्डिस्ट थे। मुकर्जी सपरिवार मलाड में रहते थे। उन्हीं के घर के पास एक मानभाई नामक चालीस वर्षीय गुजराती सज्जन की इस्टेट थी जिसका नाम 'मान बाग' था। बड़ा अहाता था। किनारे पर चालें बनी थीं जो किराए पर उठी हुई थीं। बीच में दोमंजिला बँगलानुमा मकान था। ऊपर मानभाई सपत्नीक स्वयं रहते थे। उन्हें बाल-बच्चा न था। उसी मकान के नीचे का महला मैंने 20 रु. महीने किराए पर ले लिया और माधवाश्रम होटल छोड़कर मलाड के 'मान बाग' में रहने आ गया।

मेरे घर में कोई फर्नीचर न था। सामने के बड़े कमरे में, जो ड्राइंग रूम था, उसमें एक खटिया डाल दी गई, जिस पर बिस्तरा बिछाकर मैं रात को सोया करता।

कमरे में एक लम्बी-चौड़ी बेंच थी जिस पर मेरा एक मात्र सूटकेस रखा जाता। पुस्तकें आदि भी बेंच पर ही रखता। बाकी के दो कमरे और किचन (रसोई घर) खाली पड़े रहते। सिर्फ बाथरूम (स्नानघर) काम में आता।

'सावित्री' चित्र की शूटिंग शुरू हो गई और नित अशोक और देविका के साथ-साथ आउट डोर शूटिंग के लिए पास के जंगल में जाया करता। शाम को उन्हीं के साथ लौटता। महाराज अश्वपति के राजभवन में एक युवक चित्रकार का चरित्र था। हिमांशु राय ने मुझे वह भूमिका करने को कहा। मैं सहर्ष मान गया हालाँकि रोल बहुत छोटा था—परदे पर चार या पाँच मिनट कुछ रहा होगा—पर अभिनेय था।

दिन भर मैं शूटिंग पर मौजूद रहता, हालाँकि वहाँ मेरी उपस्थिति आवश्यक न थी। बेकार बैठे रहने से शूटिंग में उपस्थित रहना अच्छा था। फिल्म निर्माण के विभिन्न विभागों को समझने और उनका अध्ययन करने का यही अवसर था। मैं आँख-कान खुले रखकर सतर्क था और अध्ययन किए जा रहा था।

खाना मैं कैंटीन में ही खाता था—विदेशी ढंग का मांसाहारी खाना। रात को कैंटीन से खाना खाकर मैं अपने घर आता। कुर्सियाँ न होने की वजह से बेंच पर बैठता या खटिया पर लेट जाता। कुछ पढ़ता या सोचता या सो जाने का प्रयास करता। इतने बड़े बँगले में रात को अपना एकाकीपन खलने लगता। कितना सुनसान था घर! बँगले के सामने ही अहाते में एक कुआँ था। अहाते की स्त्रियाँ उसी कुएँ से पानी उलीचकर कपड़े धोतीं, गागरें भरतीं। रात को वह कुआँ भी मौन हो जाता। सर्वत्र सन्नाटा छा जाता। बाहर चाँदनी छिटकी होती और अपने खाली सुनसान बँगले में खटिया पर अकेला पड़ा-पड़ा मैं छटपटाता रहता और देर तक खटिया चरमराती रहती। अकेलापन कितना जानलेवा होता है, यह मैं उस 'मान बाग' में बिताए दिनों में ही जान पाया। पर मुझे सोचने की आदत थी। काफी पढ़ता। काफी सोचना व लिखना भी शुरू कर दिया। गद्यकाव्य लिखा करता (मानता हूँ, अतुकान्त कविताएँ लिखने का चस्का मुझे दिनेश नन्दिनी से ही लगा था), लघुकथाएँ भी लिखने लगा। फिल्मी कहानियाँ भी सोचने लगा। एक पटकथा भी लिखना आरम्भ कर दिया। अकेलेपन के दुखद सन्नाटे और बोरियत को तोड़ने में व्यसन, लतें, शौक, शगल बड़े काम आते हैं। सिवाय सिगरेट के मुझे और कोई व्यसन न था। दिन-रात मिलाकर कुल दस सिगरेटें पीता। इससे अधिक नहीं। लिखने-पढ़ने और सोचने का सहारा लिया और मैं उन्हीं में अपने को व्यस्त रखने लगा।

बचपन से मुझे स्वास्थ्य का विशेष खयाल और व्यायाम का शौक रहा है। दिन में तीन-चार मील चल लिया करता। सवेरे कुछ व्यायाम अवश्य करता। फिर भी हर संकट के समय मैंने शरीर की बनिस्बत अपने दिमाग का ही सहारा अधिक लिया है। स्वस्थ शरीर में ही सदा बुद्धि अधिक विकसित हुई है।

'सावित्री' में छोटी-मोटी भूमिका करनेवाले दो युवकों से मेरी दोस्ती हो गई। एक का नाम देवस्थड़े था जो कभी खंडवा में अशोक का पड़ोसी और बचपन का दोस्त था। दूसरे का नाम बलवन्त सिंह था। पहला महाराष्ट्रीयन और दूसरा पंजाबी था। बेचारे गरीब थे। मैंने बात साफ कर दी कि घर में दो कमरे बिलकुल खाली पड़े हैं और मैं उनसे कोई किराया न लूँगा, तो वे तुरन्त अपना-अपना बक्सा, बिस्तर लिए मेरे घर पर आ जमे। दो खटियाएँ और मँगा ली गईं, और अब तीनों कमरे आबाद हो गए। बाजार के छोटे होटल या हलवाई की पूड़ियाँ खाते-खाते तंग आ जाने की वजह से उन्होंने घर के रसोईघर में खुद रसोई पकाने की मुझसे अनुमति माँगी। मुझे कोई आपत्ति न थी। स्टोव आया, सब्जियाँ आईं, मसाले आए, और उन दोनों ने मिलकर रात का खाना बनाया। मुझे भी आमंत्रित किया। उस रात कैंटीन में न खाकर मैंने घर पर उनके साथ ही जमीन पर बैठकर देसी यानी अपना खाना खाया। घी चुपड़ी रोटियाँ, दाल, भात, आलू-बैंगन का साग, हरी मिर्च की चटनी और पापड़। तबीयत तर गई। तीन महीने से कैंटीन में विदेशी ढंग का खाना खाते मैं ऊब गया था। देवस्थड़े और बलवन्त से कहकर मैंने एक नौकर ढूँढ़वा लिया। उसका नाम गनपत था। गनपत का वेतन मैं देता था। रसोई का खर्च हम तीनों मिलकर बराबर-बराबर देते थे। इस तरह सिनेमा और बाम्बे टॉकीज में अपना भविष्य साधने के सपने देखनेवाले हम तीन युवकों ने परस्पर मिलकर अपना एकाकीपन कुछ हद तक दूर किया और 'मान बाग' में अपनी गृहस्थी जमा ली।

इस तरह एक साथ हम तीनों व्यक्ति मुश्किल से दस या बारह दिन रहे होंगे कि मेरे साथी कुछ बेचैन-से दिखाई देने लगे। पूछने पर बलवन्त सिंह ने कहा कि उसे रात बुरे-बुरे भयानक सपने आते हैं। वह श्रीकृष्ण जी की एक बड़ी-सी मढ़ी हुई तसवीर खरीद लाया और उसे अपने कमरे में रख, सुबह तड़के और रात सोने से पहले, उसकी पूजा करने लगा।

एक रात मेरी नींद खुली तो मैंने देखा कि सामनेवाली बेंच पर एक नंग-धड़ंग दाढ़ीवाला काला-सा व्यक्ति लेटा खर्राटे ले रहा है। मैं सहसा डर गया। मैंने फौरन बत्ती जलाई। वह कोई भूत या साधु नहीं था। वह मेरा साथी देवस्थड़े था। देवस्थड़े की दाढ़ी थी और वह गरमी के कारण कपड़े उतारकर सिर्फ लंगोटी में सोया करता था, जो मुझे उसी रात पता चला। मैंने उसे जगाकर मेरे अपने कमरे में सोने का कारण पूछा।

'मुझे अपने कमरे में गरमी लगती है,' उसने कहा : 'वहाँ ठीक से नींद नहीं आती।'

'मगर पंखा तो मेरे कमरे में भी नहीं है,' मैंने कहा।

'मगर तुम्हारे कमरे में तीन-तीन खिड़कियाँ जो हैं।'

मैं चुप हो गया और तब से देवस्थड़े मेरे कमरे में दीवार से लगी हुई बेंच पर सोने लगा।

उसके कुछ दिन बाद आधी रात को मेरी आँख फिर अचानक खुली। मैंने देखा, मेरी खटिया से लगी हुई एक और खटिया है, जिसपर बलवन्त सोया पड़ा है। करवट बदलकर देखा तो दूसरी और बेंच मेरी खटिया से जुड़ाकर लगाई हुई है और उसपर देवस्थड़े सोया हुआ है। माजरा मेरी समझ में न आया। मैंने दोनों को जगाया। दोनों घबराकर उठ बैठे।

'यह घर भूतिया है,' बलवन्त ने कहा। 'रात को मुझे बुरे सपने आते थे। कोई मेरा गला दबाता था। इसलिए मैंने कृष्ण जी की तसवीर कमरे में लाकर रखी थी।'

'मेरे कमरे में भी यही हाल था,' देवस्थड़े ने कहा। 'मेरे पाँव पकड़कर कोई मुझे खींचता था। कभी कोई छाती पर सवार होकर कूदता था। इसलिए मैं तुम्हारे कमरे में आकर सोने लगा। गरमी का तो बहाना कर दिया था मैंने।'

'आज क्या हुआ?' मैंने पूछा।

'आज कोई मेरी खटिया उलटने लगा,' बलवन्त ने कहा। 'इसलिए खटिया उठाकर तुम्हारे कमरे में ले आया। मुझे देखकर देवस्थड़े ने भी अपनी बेंच तुम्हारी खटिया से जुड़ा ली। हम दोनों पर हर रात बुरी बीतती है। तुम्हें कुछ नहीं होता है?'

'नहीं तो,' मैंने कहा। 'मेरे साथ तो ऐसी कोई हरकत नहीं हुई। तुम दोनों के यहाँ आने से पहले मैं लगभग दो महीने इस मकान में बिलकुल अकेला रहा करता था। तब तो नौकर भी नहीं था। मुझे तो, यार, यहाँ रात को बड़ा सुहावना लगता था। रात को देर तक मैं पढ़ा या लिखा करता था। कभी कुछ नहीं हुआ, कुछ नहीं देखा या सुना।'

उन्हें मेरी बात पर विश्वास न हुआ।

'तुम लोग डरपोक हो। अगर वहाँ भूत है तो फिर मुझे क्यों नहीं सताता?'

'यह मकान भूतिया है,' देवस्थड़े ने मुझे सूचित किया।

'सब कहते हैं। मैंने पूछताछ की तो पता चला। इसीलिए 'मान बाग' के इस ग्राउंड फ्लोर में कोई रहने न आता था। सब जानते हैं कि यहाँ भूत रहता है। तभी तो इतना बड़ा मकान तुम्हें सिर्फ बीस रुपये महीने पर मिल गया।'

उसी समय बाहर बरामदे में सोया हुआ नौकर, गनपत, जोरों से नींद में बड़बड़ाने लगा और इस तरह करने लगा मानो कोई उसका गला दबा रहा हो! मैंने अपनी छड़ी ली और दरवाजा खोलकर स्विच दबाया। बिजली के प्रकाश में हम तीनों ने देखा कि गनपत फर्श पर अपने बिस्तर पर पड़ा तड़प रहा है और हाथों से अपने ऊपर चढ़े अदृश्य तथा अज्ञात व्यक्ति को ठेलने की कोशिश कर रहा है। मैंने गनपत को आवाज दी। वह जागकर उठ बैठा। पूछने पर उसने भी वही बात दोहराई कि कोई

उसका गला दबाया करता है। रात के तीन बजे थे। फिर हम लोग सो न सके। चाय बनाकर पी और बातों में सुबह हो गई।

मैंने साथियों को काफी हिम्मत बँधाई मगर सवेरे दोनों अपना बोरिया-बिस्तर लेकर मेरे घर से चले गए। उसके बाद मेरे दिल में भी दहशत बैठ गई। गनपत को मैंने अपने कमरे में सुलाना शुरू किया और रात भर बत्ती जलाकर रखने लगा। मुझे कुछ न होता मगर गनपत का वही हाल था। वह अक्सर बड़बड़ाता, छटपटाता, चीखता, चिल्लाता। एक दिन वह भी नौकरी छोड़कर चला गया। अब मैं घबरा गया। देविका रानी और अशोक से मैंने सारा माजरा कह सुनाया। पहले तो वे दोनों खूब हँसे, पर फिर देविका बोली : 'तुम्हारी जगह अगर मैं होती तो उस मकान में एक दिन न रहती। तुम पागल हो जाओगे। मकान छोड़ दो।'

उसी शाम देविका, अशोक और मैं मोटर में बैठ मकान ढूँढने निकले। 'मान बाग' के पास ही, सड़क के उस पार, नुक्कड़ पर एक नए मकान के दूसरे महलेवाला फ्लैट मेरे लिए तजवीज़ कर दिया गया और मैं अब उस फ्लैट में रहने लगा। उसके बाद मैंने दूसरा नौकर रखा। लेकिन खाना घर में नहीं बनवाया। फिर कैंटीन में खाने लगा।

मेरे फ्लैट और स्टूडियो के बीच एक फर्लांग का फासला था। रास्ते में सड़क के एक ओर श्मशान था और दूसरी ओर कब्रस्तान। रात को कैंटीन से खाकर जब मैं नौ बजे के करीब और कभी दस बजे घर लौटता तो अक्सर वह सूनी सँकरी सड़क धधकती हुई चिता से दूर तक प्रकाशित रहती थी। मैं सिगरेट पीता, सोचता हुआ, या सीटी बजाता, उस सुनसान सड़क पर अपनी छड़ी घुमाता चला जाता। भूत पकड़ लेगा, यह खयाल मेरे दिमाग में कभी न आया।

शशधर मुकर्जी कभी-कभी नाइट ड्यूटी पर रात को खाने के बाद स्टूडियो जाया करते। अक्सर मेरे फ्लैट के सामने खड़े होकर मुझे जोर-जोर से पुकारकर नीचे बुला लेते, कभी मुझसे सिगरेट माँगते, कभी मुझे देते, कुछ देर बात करते और फिर गप्पें लगाते हम लोग स्टूडियो की ओर चलने लगते। श्मशान और कब्रस्तान पार करते ही मुकर्जी की मुझमें दिलचस्पी गायब हो जाती। 'अच्छा, साहू, तुम जाओ; देर हो रही है तुम्हें,' वे कहते। वे स्टूडियो चले जाते और मैं उस सुनसान सँकरी सड़क पर चलता हुआ अपने फ्लैट लौट आता। मुकर्जी के डरपोकपने का राज मुझे तब पता चला जब एक दिन अशोक ने उनकी खिल्लियाँ उड़ानी शुरू कीं और उनके डरने, घबराने के कई किस्से सुनाए।

'मगर जिस रात मैं मुकर्जी को श्मशान पार नहीं कराता, उस रात कैसे जाते हैं?' मैंने पूछा।

'उस रात घर से नौकर साथ ले जाते हैं,' अशोक ने उत्तर दिया।

मुकर्जी शर्म से लाल होकर हँसने लगे।

भूतों, मृत आत्माओं के अनेक प्रसंग मुझे याद हैं, पर मैंने स्वयं न कभी किसी भूत को देखा है, न कभी किसी भूत ने मुझे सताया है। शायद उनके लिए मैं उपयुक्त माध्यम नहीं। किन्तु मुझे प्रेत-योनि में विश्वास है। इस विषय का मैंने अध्ययन भी किया है। हमारे पुराणों में प्रेत-योनि पर बहुत कुछ लिखा है। उपनिषदों में जीवात्मा तथा योनियों का सविस्तार उल्लेख है। पर जगह की कमी और विषयांतर के डर से मैं इस विषय पर और कुछ न कहूँगा।

'सावित्री' चित्र तीन महीने में बनकर तैयार हो गया। प्रदर्शित हुआ और असफल रहा। चित्र का कथानक कमजोर था। अभिनय खोटा था। विदेशी संस्कृति तथा तकनीशियनों के सहारे भारतीय पौराणिक चित्र बनाना दुष्कर कार्य था।

जैसा कि मैं पहले कह चुका हूँ, बॉम्बे टॉकीज में चार तकनीशियन विदेशी (जर्मन) थे। दिग्दर्शक का नाम फ्रेंज ऑस्टेन था। छोटे कद के, गंजे से, पचास की उम्र के, प्रभावशाली व्यक्तित्व वाले, देखने में आकर्षक थे। जर्मनी में कुछ फिल्मों का दिग्दर्शन कर चुके थे। उन्हें गुस्सा जल्दी आता था। जोजेफ वीरशिंग छायाकार थे। बहुत मोटे। वे भी गुस्सैल तबीयत के थे। गोरी चमड़ीवालों को गुलाम देश के काली चमड़ीवालों पर गुस्सा जल्दी ही आया करता था। भारतवासियों के साथ अँगरेज बुरा सुलूक करते थे। उन्हीं की देखादेखी वे चार जर्मन भी अकड़कर रहते और हम लोगों को तिरस्कार की दृष्टि से देखते। लेकिन वही चार जर्मन जब कम्पनी के निर्माता हिमांशु राय, सूत्रधार नायिका रानी के सम्मुख आते, तो हँसते, मुस्कुराते, चापलूसी करते हुए। सम्राट अशोक के, मुगल बादशाह के और मराठा के दरबार में फिरंगी किस विनम्रता से उपस्थित होते और बरतते रहे होंगे, इसका अनुमान मैंने तभी लगा लिया। सत्ता और बल के सामने फिरंगियों ने सदा सिर झुकाया है।

गोरी चमड़ीवाले पाँचवें विदेशी सर रिचर्ड टेम्पल थे। हालाँकि वे अँगरेज थे और उनके पिता कभी बम्बई प्रान्त के गवर्नर रह चुके थे, वे स्वभाव के शान्त, हँसमुख और सज्जन थे। उनकी उम्र साठ के लगभग थी। कम्पनी के हिस्सेदार और मूल प्रवर्तक थे। विधुर थे। स्टूडियो की साफ-सफाई, शिफ्ट, नियमितता, कैंटीन का संचालन, बाग की क्यारियों के सुन्दर-सुन्दर फूल और चित्रनिर्माणानुकूल व्यवस्थित तथा कलात्मक वातावरण का श्रेय उन्हीं को था। सर रिचर्ड से मेरी मित्रता हो गई। सर रिचर्ड भी जर्मनों की तरह स्टूडियो की मुख्य इमारत में ऊपर के महले में रहा करते थे। अक्सर रात का खाना वे देविका रानी के घर खाते। इतवार को मैंने उन्हें देविका रानी के घर के बाग में निराई और कलमें लगाते और

बँगले के दरवाजे-खिड़कियों के शीशे खुद साफ करते देखा था। देविका सर रिचर्ड को 'डिकी डैडी' कहा करती थी। फिर भी, मुझे शक था, और अशोक को भी, कि सर रिचर्ड देविका को मन-ही-मन चाहते थे। पर देविका को मन-ही-मन कौन नहीं चाहता था?

देविका रानी जो भोली-भाली, अल्हड़-सी, अत्यन्त आकर्षक गुड़िया प्रतीत होती थी, वास्तव में बड़ी काइयाँ, चपल, व्यवहार-कुशल, नीतिज्ञ एवं षड्यंत्री थी। हम सबसे मिल-जुलकर, हँस-बोलकर, स्टूडियो के अन्दर होनेवाली दिन भर की सारी बातें हमसे निकाल लिया करती और घर जाकर वे सारी बातें अपने पति हिमांशु राय को बताया करती। कम्पनी के हिस्सेदारों, पदाधिकारियों और कर्मचारियों से मिल-जुलकर रहती और अपने व्यवहार-कौशल रूप और व्यक्तित्व के सहारे उन्हें व्यवस्थित और सन्तुलित रखती। हिमांशु राय किसी को डाँट-फटकार करते, किसीको असन्तुष्ट करते या दुश्मन बना लेते, तो तुरन्त ही देविका उसे रिझा-मोहकर, मीठा बोलकर फिर से मित्र बना लेती और इस प्रकार वह व्यक्ति फिर से कम्पनी पर जान देने लगता। पुरुषों को रिझाने की सुन्दर और आकर्षक स्त्रियों को अक्सर आदत होती है। देविका को भी थी। ऐसी स्त्रियों को अँगरेजी में 'कॉकेट' कहते हैं।

एक बार मैंने अशोक से कहा : 'देविका रानी मुझे माताहारी (पहले महायुद्ध की प्रख्यात जर्मन गुप्तचरी) की याद दिलाती है। फर्क इतना है कि माताहारी का कद ऊँचा था और हमारी देविका छोटे कद की है। मगर इतिहास और साहित्य की कई महत्त्वाकांक्षी, चतुर एवं षड्यंत्री नायिकाएँ छोटे कद की ही थीं, जैसे : क्लिओपैट्रा, लेडी मैकबेथ...'

'देविका से ऐसा कह मत देना,' अशोक ने मुझे चेतावनी दी।

'क्यों? मैं तो कहनेवाला हूँ।'

'नहीं, मत कहना। एक बार मैंने उससे कहा था कि तुम बिलकुल क्लिओपैट्रा की तरह हो, वैसी ही सुन्दर, वैसी ही चालाक, तो जानते हो, क्या हुआ था?'

'क्या हुआ था?'

'वह बिगड़ गई थी। हफ्ता भर मुझसे बात नहीं की थी।'

'अछूत कन्या' के बाद बॉम्बे टाकीज के तीन-चार चित्र असफल रहे थे। हिमांशु राय और रायबहादुर चुन्नीलाल चिन्तित हो गए। आगामी चित्र के लिए कम्पनी के स्थायी कहानीकार तथा पुराने मित्र निरंजन पाल पर निर्भर न रहने का हिमांशु राय ने तय किया और बाहर की दुनिया में कहानी की खोज शुरू कर दी। एक दिन वे मुझसे बोले :

'देविका कह रह रही थीं कि तुम्हारे पास भी कोई कहानी है?'

'जी हाँ, मैं उन्हें सुना चुका हूँ।'

'देविका को तुम्हारी कहानी पसन्द आई?'

'जी हाँ, उन्होंने तो यही कहा था।'

'फिर तुमने वह कहानी मुझे क्यों नहीं सुनाई?'

'मैं आपको सुना न सकूँगा। पढ़ने के लिए दे सकता हूँ।'

हिमांशु राय मुस्कुराए। 'पढ़ने के लिए दे दो,' उन्होंने कहा।

मैंने अँगरेजी में बाकायदा टाइप किया हुआ वह स्क्रिप्ट हिमांशु राय को दे दी।

हफ्ते भर बाद देविका मुझसे मिलीं तो खुशी से उत्तेजित थीं। 'तुम्हें आज एक अच्छी खबर सुनाऊँ, किशोर,' वे बोलीं। 'गोल को (हिमांशु राय का नाम गुलाब था। देविका उन्हें विलायत के पुराने दिनों में पहले तो 'गोलाब दा', फिर 'गोल दा' और फिर ब्याह हो जाने पर 'गोल' कहा करती थीं) तुम्हारी कहानी पसन्द आ गई है और अगला चित्र शायद तुम्हारी कहानी पर ही बनेगा।'

मेरी खुशी की हद न थी।

इसके दो दिन बाद हिमांशु राय ने मुझे अपने दफ्तर में बुलवा भेजा। जब मैं पहुँचा तो वे बहुत खुश थे। मेरी आँखों में देखते हुए वे मुस्कुराए और सिगरेट का लम्बा कश खींचने लगे। उनकी आँखें कह रही थीं : तुम्हारे अन्दर कला है, तुम गुणी हो, यह मैं पहले दिन ही ताड़ गया था। इसीलिए मैंने तुम्हें बॉम्बे टॉकीज में रख लिया। मैं खुश हूँ कि मेरा अनुमान सही निकला। बोलो, हूँ न पारखी? प्रकट उन्होंने कहा : 'तुम्हारी कहानी अच्छी है, निराली है, मुझे पसन्द है।'

मैं खुशी से शरमा गया।

'तुम तो एक्टर बनने आए थे। कहानी भी लिखते हो, यह मुझे नहीं मालूम था।'

'हिन्दी में एक-दो लघुकथाएँ लिखी हैं अब तक। यह मेरी पहली पटकथा है।'

'बहुत अच्छी है। मैं यह कहानी लूँगा। हमारा अगला चित्र तुम्हारी इसी कहानी पर बनेगा।'

मारे खुशी के मेरी आँखें छलछला उठीं। हिमांशु राय ने मेरी आँखों का छलछलाना देखा और हँस पड़े। 'जानते हो?' उन्होंने कहा : 'कई कहानियों में से तीन कहानियाँ मैंने पसन्द की थीं। एक निरंजन पाल की, दूसरी हैदराबाद के एक प्रोफेसर की, और तीसरी तुम्हारी। विचित्र बात यह है कि नायक इन तीनों कहानियों में नायिका के बेडरूम में रात को खिड़की से ही प्रवेश करता है। है न संयोग? क्या लोगे इस कहानी की कीमत?'

'कुछ नहीं। सिर्फ आपका आशीर्वाद,' मैंने कहा।

हिमांशु राय फिर मुझे ताककर मुस्कुराने लगे : 'अच्छा, जाओ, फिर देखेंगे।'

मैं उठकर जाने लगा।

'सुनो, कहानीकार,' उन्होंने पुकारा।

मैं रुक गया।

'अभी किसी से कहना मत यह बात, वरना स्टूडियो में तहलका मच जाएगा।'

'जी, नहीं कहूँगा,' मैंने उत्तर दिया और खुश-खुश चला आया।

'हलो कहानीकार!' देविका और अशोक ने मुझे आते देख चिल्लाकर कहा, 'मिठाई लेकर आ रहे हो न?'

'खिलाऊँगा,' मैंने कहा : 'मगर आज नहीं, उस दिन, जिस दिन चित्र का मुहूर्त होगा।'

इसके तीसरे दिन दोपहर को हिमांशु राय के दफ्तर में जोर-जोर से चिल्लाने-चीखने की आवाजें आईं। राय महीने-दो महीने में किसी न किसी पर बिगड़ते तो इसी तरह जोर से चिल्लाते, डाँटते। मगर आज दो व्यक्ति चिल्ला रहे थे। आधे घंटे के बाद राय और निरंजन पाल बाहर निकले। दोनों गुस्से से लाल थे। दोनों के कपड़े फट रहे थे। दोनों मोटर में बैठकर बाहर चले गए। राय के सेक्रेटरी परेरा और चपरासियों से हमें पता चला कि दोनों में हाथापाई भी हुई थी। झगड़े का कारण मेरी कहानी का चुना जाना था जो निरंजन पाल को खटक गया था। प्रतिष्ठित, अनुभवी, सिद्ध, वयस्क कथाकार को नवागंतुक, नवयुवक, नौसिखिए कथाकार से मात खाना मान्य न था।

इस घटना के एक सप्ताह बाद हिमांशु राय ने मुझे फिर बुलाया। इस बार दफ्तर में नहीं, अपने घर में बुलाया। रात के करीब आठ बजे मैं गया। दूधिया रंग का रेशमी नाइट सूट पहने हुए वे मुझे अपने ड्राइंग रूम में मिले। कुछ अधिक गम्भीर होने के कारण मुँह बिदकाने की गति भी अधिक तेज हो गई थी। बड़े ढंग से उन्होंने बात छेड़ी और कहने लगे : 'तुम जानते हो, निरंजन पाल से मेरी पुरानी दोस्ती है?'

'जी नहीं।'

'हम लोग विलायत से एक दूसरे को जानते हैं। मेरे निर्मित कई चित्रों की कहानियाँ उन्होंने ही लिखी हैं। उन्होंने मेरा उस वक्त से साथ दिया है जब मेरे पास पर्याप्त धन न था, चित्र-निर्माण के लिए पर्याप्त साधन न थे।'

'तो क्या मैं यह समझूँ,' मैंने कहा, 'कि सिर्फ दोस्ती के नाते आप उनकी वह कहानी चुन लेंगे जो आपको मेरी कहानी के मुकाबले जँची नहीं?'

'नहीं, ऐसा नहीं करूँगा। कम्पनी के हित में जो बात न होगी, मैं कदापि न करूँगा। उस दिन तुमने तो सुना ही होगा—सबने सुना है—इसी बात पर हम दोनों

में काफ़ी कहासुनी हो गई। समझौता इस बात पर हुआ कि पाल को मैं एक मौका और दूँ। उन्होंने तीन दिन की मोहलत माँगी और कहा कि इन तीन दिनों के भीतर वे एक कहानी और लिखकर देंगे। अगर वह भी पसन्द न आए तो मैं जो भी कहानी, जिसकी भी चाहे ले सकता हूँ। मैंने उनका प्रस्ताव मान लिया और उन्हें तीन दिन का अवकाश दे दिया है। मैंने सोचा था, जिसकी चार-चार कहानियाँ मैं पहले ही नापसन्द कर चुका हूँ, उसकी पाँचवीं कहानी अचानक कैसे पसन्द आ जाएगी?'

'फिर?' मैंने धड़कते हुए दिल से पूछा।

'मगर निरंजन पाल ने तीन दिन के अन्दर जो यह पाँचवीं कहानी लिखकर दी, सच में अच्छी है, मुझे पसन्द है।'

'मेरी कहानी के मुकाबले?'

'हाँ, तुम्हारी कहानी के मुकाबले भी अच्छी है,' कहकर उन्होंने एक फाइल, जिस पर 'जीवन प्रभात' लिखा हुआ था, मुझे पकड़ा दी। 'तुम इसे घर ले जाओ। रात में पढ़ डालो। सुबह मुझे बताना कि तुम्हें भी यह पसन्द आई या नहीं, कि मैं तुम्हारे साथ जुल्म कर रहा हूँ। लो, कॉफी पियो।'

गरम कॉफी पीकर ठंडी आहें भरता, श्मशानवाली सड़क पर धधकती हुई चिता की आभा में डगमगाते कदम रखता हुआ मैं अपने फ्लैट को वापस लौट आया। एक आस बँधी थी जो टूट रही थी।

रात उसी समय बैठकर मैंने फाइल में रखी हुई 'जीवन प्रभात' की पटकथा पढ़ डाली। पाल की यह कहानी मेरी कहानी से अच्छी थी। मेरे मन में मैल न आया, न मलाल ही। मैं सो गया।

दूसरे दिन हिमांशु राय को फाइल लौटाने जब मैं गया तो उन्होंने पूछा : 'तुमने पढ़ी यह स्क्रिप्ट?'

'जी हाँ, पढ़ी। अच्छी है।'

'तुम्हारी कहानी के मुकाबले यह कहानी अच्छी है। इसे पसन्द करके मैंने तुम्हारे साथ कोई अन्याय तो नहीं किया है?'

'जी नहीं।' अपनी हार, अपनी मायूसी दबाता हुआ मैं मुस्कुराया और जाने के लिए उठने लगा।

'बैठो,' राय ने सहसा कहा। 'तुम अभी कम उम्र हो। इस बात में अपना मन न खराब करो। ऐसे कई अवसर आएँगे। सारी जिन्दगी पड़ी है। नन्दलाल का चरित्र कैसा लगा?'

निरंजन पाल की कहानी में नायक का नाम नन्दलाल था।

'अच्छा तो है,' मैंने कहा।

'नन्दलाल का रोल करोगे?'

‘जी ?’

हिमांशु राय मुस्कुराए। ‘इस पिक्चर में काम करोगे ? नन्दलाल की भूमिका ?’

मेरी खुशी का पारावार न था। कहीं मैं गलत तो नहीं सुन रहा ?

‘नन्दलाल पिक्चर का हीरो है,’ मैंने कहा।

‘हाँ। तुम हीरो का रोल करोगे ?’

‘आप देंगे ?’

‘अगर तुम चाहो तो।’

‘आपको कैसे विश्वास है कि मैं हीरो का अभिनय कर सकूँगा ?’

‘मुझे विश्वास है कि तुम कर सकोगे। देविका तुम्हारे अभिनय-कौशल की प्रशंसा किया करती है। शायद तुम उसके सामने एक्टिंग करके दिखाते रहे हो। वाचा (साउंड इंजीनियर), आचार्य (प्रबन्धक) और अशोक भी तुम्हारी प्रशंसा कर रहे थे।’

बात सच थी। देविका रानी, अशोक और स्टूडियो के तकनीशियनों तथा मित्रों के सामने मैंने दो-एक बार नाटकों के कुछ उद्धरण अभिनय करके दिखाए थे और वे सब मुझसे प्रभावित हुए थे।

पर अशोक कुमार मेरे मित्र थे। चित्रों के नायक वही हुआ करते थे। उनके होते हुए मैं उनका हक छीन नहीं सकता था।

‘मगर अशोक के होते हुए मैं...’

मैं अपना वाक्य पूरा न कर पाया था कि हिमांशु राय बोल पड़े : ‘अशोक कुमार छुट्टी पर जाना चाहता है। तीन साल से घर नहीं गया है। काम करते-करते थक गया है। पिछले कुछ चित्र असफल होने के कारण मैं चाहता हूँ, अशोक कुमार—देविका रानी की जोड़ी में फ़र्क़ करूँ। कलाकरों के दो यूनिट बनाऊँ। पिछले एक चित्र ‘प्रेम कहानी’ में मैंने देविका रानी को अशोक के साथ प्रस्तुत नहीं किया था। उसे आराम दिया था। ठीक उसी तरह इस आगामी चित्र में अशोक कुमार आराम करेगा। उसकी जगह तुम आओगे।’’

‘हीरोइन कौन होगी ?’

‘देविका रानी ! और कुछ पूछना है ?’

‘जी, कुछ नहीं।’

‘जाओ ! अब मिठाई बाँट सकते हो। कल ‘जीवन प्रभात’ का मुहूर्त है।’

मेरे चुनाव पर और छुट्टी पाकर अशोक बहुत खुश हुए और सुस्ताने के लिए अपने घर खंडवा चले गए।

और इधर ‘जीवन प्रभात’ चित्र की शूटिंग जोरों से आरम्भ हो गई।

चित्र की विज्ञप्ति में देविका रानी के साथ मेरा नाम नायक के रूप में घोषित हुआ।

मेरी अभिलाषा, महत्त्वाकांक्षा पूरी हो रही थी। भारत की श्रेष्ठ अभिनेत्री के साथ मैं प्रस्तुत किया जा रहा था। नागपुर से आए मुझे चार महीने भी न हुए होंगे और मैं भारत की श्रेष्ठ चित्र निर्माण संस्था के चित्र में हीरो बन बैठा था। मुझे इस सहज, आकस्मिक, नाटकीय सफलता पर सहसा विश्वास न होता, पर सतत होती हुई शूटिंग एक सत्य थी और इस सत्य की निरंतर अनुभूति मेरे लिए अत्यन्त सुखदायी थी। मैंने मनचाहा पाया था।

मैं खुश था।

'जीवन प्रभात' की शूटिंग लगातार रोज होती। मैं इच्छानुकूल कार्य में व्यस्त था, तल्लीन था। मनपसन्द काम में व्यक्ति थकता नहीं, बेगार में थक जाता है। मैं उत्तेजित था।

एक महीना खंडवा में आराम करने के बाद अशोक कुमार बम्बई वापस लौट आए। चुप घर न बैठ सके। दिन-रात स्टूडियो के चक्कर लगाते रहते। हम सबसे गप्पें लगाते। 'बेकार बैठे-बैठे मैं तो ऊब गया,' कहते।

सच है, बेकारी और एकांतवास बेबसी और गरीबी की तरह ही दुखदायी और घातक होते हैं।

22 अक्टूबर को स्टूडियो में शूटिंग हो रही थी, लेकिन मैं उस दिन खाली था।

'चलो, किशोर, आज बम्बई चलें। तुम्हारा जन्मदिन मनाएँ,' अशोक ने सुझाया।

और हम दोनों लोकल ट्रेन पर चढ़कर मलाड से बम्बई पहुँचे। हम लोग बम्बई बहुत कम जाया करते थे—महीने में एक या दो बार। कभी लोकल ट्रेन से और कभी सर रिचर्ड के साथ उनकी मोटर में 'लिफ्ट' माँगकर। देविका भी बहुत कम जाती थीं। आम लोगों ने देविका रानी को व्यक्तिगत रूप में बहुत ही कम देखा था। ग्रेटा गारबो की तरह देविका रानी के दर्शन भी दुर्लभ थे। इससे उनकी ख्याति और लोगों की जिज्ञासा अधिक बढ़ गई थी।

वी.टी. स्टेशन पर उतरकर हमने तय किया कि सिनेमा देखा जाए। इधर-उधर थोड़ी सैर करने के बाद एम्पायर थिएटर में जाकर हम दोनों ने साढ़े छः बजे का एक अँगरेजी चित्र देखा। शो के बाद बाहर निकले तो अशोक ने सुझाया कि कुछ पिया जाए। मैंने 'हाँ' कर दी। एम्पायर रेस्तराँ में उन दिनों बार होता था। हम बार के अन्दर चले गए। मैंने इससे पहले व्हिस्की, आदि शराब नहीं पी थी। एक बार नागपुर में एक गिलास मात्र बीयर ली थी। लेकिन आज अशोक के सामने अपनी 'जहालत' तो छिपानी ही थी।

'क्या पियोगे, अशोक?' मैंने पूछा। 'बीयर या व्हिस्की?'

'ब्रांडी लूँगा,' अशोक ने उत्तर दिया।

'तो मैं भी ब्रांडी ही लेता हूँ।'

हम दोनों ने एक-एक पैग ब्रांडी पी। साथ में मूँगफली के नमकीन दाने और पोटेटो चिप्स भी खाए। आधे घंटे बाद जब हम बाहर निकलकर हॉर्नबी रोड (जो अब महात्मा गांधी रोड कहलाती है) पर आए तो सामने विक्टोरिया टर्मिनल स्टेशन के भारी-भरकम घड़ी के काँटे धुँधले दिखाई देने लगे। कदम डगमगा रहे थे। एक ही पैग ब्रांडी चढ़ गई थी। सड़क पर मोटरें, बसें, विक्टोरिया सर्र-सर्र गुजरी जा रही थीं। मन घबराने लगा कि इतनी चौड़ी सड़क अब किस तरह पार की जाएगी।

'तुम्हें चढ़ तो नहीं गई, किशोर?' सहसा अशोक ने पूछा।

'नहीं तो! बिलकुल नहीं।'

'फिर भी, ऐसा करो, मेरा हाथ पकड़ लो। साथ-साथ सड़क पार करेंगे।'

'अच्छा, चलो।'

हम दोनों ने एक दूसरे का हाथ थामा और धीरे-धीरे कदम रखते सड़क पार की, स्टेशन के प्लेटफॉर्म पर आए, मलाड के लिए पहले दर्जे की दो टिकटें कटाईं, और लोकल में बैठ रात को ग्यारह बजे मलाड पहुँचे। तब तक नशा कुछ उतर चुका था।

स्टेशन और स्टूडियो के बीच शशधर मुकर्जी का घर पड़ता था। सीधे हम मुकर्जी के घर पहुँचे और जाते ही हमने खाना माँगा। मुकर्जी के घर खाना बहुत स्वादिष्ट बनता था। मुकर्जी की धर्मपत्नी यानी अशोक की बहन खाना स्वयं बनाती थीं। मैं उन्हें दीदी कहता हूँ। मुकर्जी तो हम दोनों पर बहुत बौखलाए कि हम उन्हें साथ बम्बई क्यों न ले गए, पर दीदी ने उतनी रात को अपने दो भाइयों को बड़ी तबीयत से खाना खिलाया।

औरतों की तरह ही अशोक के पेट में कोई राज अधिक समय नहीं रह पाता। खाते-खाते, गप्प-शप्प में अशोक ने ब्रांडी वाली बात मुकर्जी और दीदी के सामने सविस्तार उगल ही दी। ब्रांडी पीने का अशोक का भी वह पहला अवसर था। मात्र एक पैग पीकर उनकी भी वही दशा हो रही थी, जो मेरी।

'अब मैं किशोर से कैसे कहूँ कि मुझे चढ़ गई? वह क्या सोचता? कहता, इतना बड़ा हीरो बना हुआ है और अब तक इसने ब्रांडी भी नहीं पी। पाँव लड़खड़ा रहे थे। अपनी कमजोरी छिपाने के लिए मैंने किशोर को सहारा देने का बहाना किया और एक दूसरे का हाथ थामे हम दोनों ने सड़क पार की।'

'मध्य प्रदेश के दो अनाड़ी,' मुकर्जी ने मजाकिया व्यंग्य किया, 'बम्बई आकर ब्रांडी पीने चले! और एक ही पैग में इनके सिर भी चकराने लगे!'

हम दोनों का हमीं द्वारा उस दिन खूब भंडाफोड़ हुआ और हँसते-हँसते हम सबके पेट में बल पड़ गए।

साढ़े-तीन महीने में 'जीवन प्रभात' बनकर समाप्त हो गया। चित्र का उद्घाटन मिनर्वा थिएटर, बम्बई में धूमधाम से हुआ। चित्र सफल हुआ और देश के कई शहरों में 'जीवन प्रभात' ने जुबली (जयन्ती) मनाई। यह मेरा पहला चित्र था।

चित्र की सफलता पर सब लोग खुश थे। केवल मैं दुखी था। मैं जानता था, चित्र मेरी वजह से सफल नहीं हुआ था। मेरा अभिनय अच्छा न था। उसमें खामियाँ थीं—बहुतेरी खामियाँ। कलाकार का सबसे बड़ा और क्रूर समीक्षक वह स्वयं होता है। मैंने एकांत में बैठकर अपने अभिनय में अनगिनत खामियाँ निकालीं। खामियाँ औरों के अभिनय में भी थीं लेकिन मुझे केवल अपने से सरोकार था। ऐसा घटिया अभिनय करने के लिए मैं अपने को कभी क्षमा नहीं कर सकता था। मेरा दिल बैठ गया और मैं असन्तुष्ट तथा गम्भीर रहने लगा। सहसा मेरी समझ में आया कि ऐसा क्यों हुआ। चित्र के घटिया कला-स्तर के मूल में उसके दिग्दर्शक का घटिया दिग्दर्शन था।

'जीवन प्रभात' चित्र का दिग्दर्शक वही जर्मन पचपन वर्षीय फ्रेंज ऑस्टेन था जो तेज बू वाले मोटे चुरूट पीया करता था। मुझे उसके बदबूदार चुरूट पसन्द न थे, न खुद वह ही। फ्रेंज ऑस्टेन मुझे कलात्मक चित्र का भावुक दिग्दर्शक न प्रतीत होकर सदा सर्कस का रिंगमास्टर ही प्रतीत हुआ। देविका रानी पर तो वह रौब जमा न सका क्योंकि उसके लिए वे बहुत होशियार और चतुर थीं। फिर वे एक नामी निर्माता की पत्नी तथा प्रख्यात सिनेमा स्टार थीं, जिनके नाम पर कम्पनी चलती थी। अतएव ऑस्टेन साहब सारा रौब अन्य कलाकारों पर ही जमाया करते। रौब जमाने और शान दिखाने में उन्हें बड़ा सुख मिलता। ऑस्टेन को हिन्दी का एक शब्द भी न आता था, इसलिए वह सारी गालियाँ जर्मन भाषा में ही देता था। उन जर्मन गालियों के अर्थ हम न समझ पाते; पर फिर भी गालियाँ बुरी लगती हैं, चाहे जिस भाषा में दी जाए।

बात विचित्र है, पर कई लोगों को हुकूम बजाना अच्छा लगता है। किन्तु मुझे 'जीवन प्रभात' के अन्तर्गत फ्रेंज ऑस्टेन के 'कमांड' में काम करते बड़ी कोफ्त हुई। उसके समस्त व्यक्तित्व के प्रति मेरे मन में कहीं बैठे हुए विद्रोह ने मुझे खुलकर अभिनय करने से रोक रखा था—इसी नतीजे पर मैं पहुँचा।

अचानक मुझे पहला 'फ़ैन-लेटर' (प्रेक्षक का प्रशंसा-पत्र जिसमें बहुधा हस्ताक्षरयुक्त फोटो की माँग होती है) मिला और फिर देश के कोने-कोने से फैन-लेटर्स आने शुरू हो गए। इन फैन-लैटर्स ने उन दिनों मेरी गिरी हुई तबीयत पर बसन्ती समीर का असर किया। एक कलाकार के जीवन के पहला फैन-लेटर विशेष महत्त्व रखता है।

बॉम्बे टॉकीज में अब दूसरे चित्र का निर्माण की तैयारियाँ होने लगीं जिसमें देविका रानी के साथ अशोक कुमार प्रस्तुत होने वाले थे। 'जीवन प्रभात' खत्म हो चुका था, प्रदर्शित हो चुका था; लेकिन अब तक कम्पनी के साथ मेरा कोई अनुबन्ध

न था, न ही कम्पनी से आजं तक मैंने एक रुपया भी बतौर पारितोषिक के पाया था। घर से मेरे लिए प्रतिमास पचास रुपये का मनीऑर्डर आया करता था और उसी से मेरी गुजर आसानी से हो जाया करती थी।

अपना भविष्य निश्चित करने के इरादे से मैं हिमांशु राय से मिला। उन्होंने कहा कि दो चित्र या दो यूनिट एक साथ वे नहीं प्रस्तुत कर सकते, एक के बाद ही दूसरा कर सकते हैं; इसलिए अगले चित्र के समाप्त होने तक मुझे आराम करना होगा। डेढ़ सौ रुपये प्रतिमास वेतन पर वे मुझे कम्पनी में रख लेंगे। अशोक कुमार को, चार-पाँच चित्रों में नायक की भूमिका कर लेने के बावजूद, इस समय ढाई सौ रुपये मासिक वेतन मिला करता था। अशोक कुमार ने तीन वर्ष पूर्व अस्सी रुपये मासिक वेतन पर बॉम्बे टाकीज में नौकरी की हुई थी। उन दिनों वे लेबोरेटरी में अप्रेंटिस की हैसियत से काम करते थे। अचानक नजमुल हुसैन नामक एक हीरो के कम्पनी छोड़ जाने पर राय ने अशोक को 'अछूत कन्या' में हीरो की भूमिका दे दी और वे, न चाहते हुए भी, हीरो बन बैठे।

हिमांशु राय में कई खूबियाँ थीं, पर उनमें कई खामियाँ भी थीं। वे ऐसा दिखाते कि बड़े पारखी कलापारखी हैं, किन्तु वास्तविकता इससे भिन्न थी। वे अव्वल दर्जे के व्यवहारकुशल, धूर्त, एक-एक रुपये को दाँतों से पकड़नेवाले व्यक्ति थे। जिस तरह भी हो, अपना मतलब साधने वाले—माया-ममता से दूर, भावनाहीन व्यक्ति थे। वे दिन में कई बार एस्प्रिन खाते और सोडावाटर पीते जाते। सिगरेट से सिगरेट सुलगाकर गोल्ड फ्लेक का पचास सिगरेटों वाला पूरा डिब्बा दिन भर में फूँक देते। अपने कमरे में बैठे सारे दिन काम में व्यस्त रहते और मुँह बिदकाकर बात-बहस किया करते; मानो उनके दिमाग में कहीं तनाव था, किसी नस में खिंचाव था। जब कभी बिगड़ते तो पागलों की तरह बदहवास हो जाते। अलबत्ता बॉम्बे टॉकीज संस्था उनकी प्राण थी, जिसकी वेदी पर वे सब-कुछ, सब-किसी का निछावर कर सकते थे और किए जा रहे थे। अशोक कुमार और देविका रानी को भी निछावर कर रहे थे और अब मुझे भी करना चाहते थे। मुझे उनका स्वार्थपूर्ण व्यवहार खटक गया। अपना हितैषी और एक महान मानव समझकर जिनका मैंने सदा आदर किया था, वे अचानक मेरी नजरों में गिर गए।

''जीवन प्रभात' में मैंने तुम्हें हीरो का चान्स दिया है और तुम्हें हीरो बनाया, इसलिए उसमें काम करने का कोई पारितोषिक मैं नहीं दूँगा,' वे बोले।

मुझे उनके उद्‌गार सुनकर ठेस लगी। मेरे साथ यह विश्वासघात था। वे कह सकते थे : 'इसलिए तुम मुझसे पारितोषिक न माँगो तो मुझे खुशी होगी।' पर उन्होंने कहा था : 'न दूँगा।' 'न माँगो' और 'न दूँगा' में बड़ा फर्क है।

आगे वे बोले : 'हाँ, मैं तुमसे तीन वर्ष के लिए डेढ़ सौ रुपये मासिक पर अनुबन्ध करने को तैयार हूँ।'

'धन्यवाद,' मैंने कहा : ''जीवन प्रभात' के लिए अगर आप कोई पारितोषिक नहीं देना चाहते तो न दीजिए पर इतना कीजिए कि पिछले छः-सात महीने का मेरा कैंटीन का बिल उधार पड़ा है, वह चुका दीजिए।'

'कितना रुपया होगा?'

'पैंतीस रुपये महीने के हिसाब से है।'

राय ने मन-ही-मन हिसाब लगाया और बड़ी देर बाद बोले : 'अच्छा, तो तुम्हें डेढ़ सौ रुपये महीना मंजूर है?'

'मुझे सोचने का अवसर दीजिए। जब से बम्बई आया हूँ, नागपुर—अपने घर—नहीं गया। घरवालों की याद आती है। थोड़े दिनों के लिए नागपुर जाऊँगा—अपने घर। सोचकर वहाँ से लिखूँगा।'

लेकिन मैं जानता था, सभी जानते थे, कि अब मैं मलाड नहीं लौटूँगा, बॉम्बे टॉकीज नहीं लौटूँगा।

विदा के समय मेरी ऑटोग्राफ बुक में हिमांशु राय ने लिखा : 'गुडलक!

—हिमांशु राय

नवम्बर 5, 1937, बम्बई'

देविका रानी ने लिखा :

'दाइन ऑन विश, विश आई दी इन एवरी प्लेस। (तेरी ही मरजी हर जगह चाहती हूँ।)

—देविका रानी

5 नवम्बर, 1937'

मैं सबसे मिल-मिलाकर नागपुर के लिए रवाना हो गया।

आठ महीने पहले नागपुर से एक अजनबी युवक बम्बई आया था। आज एक ख्यातिप्राप्त सिनेमा स्टार बम्बई से नागपुर वापस जा रहा था।

1938 आरम्भ हो चुका था। मैं नागपुर में अपने घर चैन से सुस्ता रहा था। सिनेमा में प्रवेश कर चुका था। श्रेष्ठ कम्पनी के सफल चित्र में हीरो बनकर मैं आ चुका था। अब भविष्य को उज्ज्वल बनाने के लिए कदम सँभालकर रखना आवश्यक हो गया था। दिन-रात इसी उधेड़बुन में रहने लगा कि क्या करूँ। सोचता, खूब सोचता, सोच-सोचकर थक जाता। काफी पढ़ता-लिखता भी। हिन्दी में कुछ लघु कथाएँ भी लिख डालीं, जो समय-समय पर 'विश्वमित्र', 'विशाल भारत', 'माधुरी', आदि पत्रिकाओं में छपती रहीं।

महेश कौल बिना डिग्री प्राप्त किए कॉलेज छोड़ चुके थे और ज्वाला बैंक की स्टेशनवाली शाखा में शायद दो सौ रुपये वेतन पर काम कर रहे थे। कभी -कभी

शाम को हम लोग मिला करते और देर तक गपशप लगाते। महेश फिल्मों के सपने ही देखते रह गए थे और मैं फिल्म अभिनेता बन चुका था। कला-प्रेमी, कलाकार बनने के सपने देखने वाला व्यक्ति बैंक में पड़ा बेकार जिन्दगी बर्बाद कर रहा था, यह खयाल महेश के दिल को परेशान कर दिया करता। उनकी बौखलाहट, बेबसी मुझसे छिपी न थी। किन्तु लक्ष्य यों ही नहीं प्राप्त हुआ करता। अभिलाषाएँ यों ही नहीं पूरी हुआ करतीं। उसके लिए सक्रिय प्रयत्नशील होना आवश्यक है। अपनी सुस्ती और अनियमितता से महेश लाचार थे। शायद उनकी कुछ मजबूरियाँ भी थीं।

उन्हीं दिनों अकस्मात् एक रात स्वप्न में मैंने पोस्टमैन को मुझे एक नीला लिफाफा देते देखा। दूसरे दिन मेरी डाक में, जो 'बॉम्बे टॉकीज' से मेरे नागपुर वाले पते पर भेज दी जाती थी—मुझे वही स्वप्न वाला नीला लिफाफा मिला। लिफाफा खोलते मेरे दिल में विचित्र गुदगुदी हुई। अन्दर का पत्र नीले कागज पर अँगरेज़ी में लिखा था। वह फ़ैन-लेटर था। अलीगढ़ से सत्रह वर्षीय युवती ने 'जीवन प्रभात' देखकर लिखा था और मेरे अभिनय की प्रशंसा करते हुए हस्ताक्षरयुक्त मेरे फोटोग्राफ की माँग की थी। युवती का नाम प्रीति कुमारी पांडे था। नैनीताल में सीनियर कैम्ब्रिज में पढ़ रही थी। उन दिनों 15-20 प्रशंसा-पत्र मेरे पास प्रति दिन आया करते थे। उन्हें पढ़कर मैं कुछ को अपने हस्ताक्षरयुक्त फोटो भिजवा दिया करता था। मैंने कभी भी इन फैन-लेटर्स को विशेष महत्त्व नहीं दिया। पर न जाने क्यों, इस नीले लिफाफे वाले पत्र ने मुझे बेचैन कर दिया। मुझे लगा, यही वह नीला लिफाफा है जिसका मुझे मुद्दत से इन्तजार था। यही वह लड़की है जिससे मेरा अनन्तकाल से परिचय है। प्रीति नाम में जादू था। उस युवती के लिए मेरी जिज्ञासा तीव्र हो उठी। मैंने उसके पत्र का उत्तर दिया और साथ में अपना हस्ताक्षरयुक्त फोटो भी भेज दिया।

और इस प्रकार हम दोनों में पत्र-व्यवहार शुरू हो गया और हम दोनों 'पेन फ्रेंड्स' बन गए। मैंने भी फोटो की माँग की। प्रीति ने बड़े संकोच और विलम्ब के बाद अपना फोटो भेजा। फोटों में प्रीति की पूरी आकृति थी। फोटो किसी स्टूडियो में खिंचवाया गया था। फोटो देखते ही मैं प्रीति पर मोहित हो गया। यह उस युवती का फोटो है—मेरी अन्तरात्मा से आवाज आई—जो मेरे जीवन में मेरी जीवनसंगिनी बनकर आनेवाली है, जिसकी मुझे प्रतीक्षा थी, जिसे मैं जानता हूँ, जन्म-जन्मांतर से जानता हूँ। नानी की कहानियों वाली यही तो है वह सुन्दर राजकुमारी, वह परी, लालपरी। फ्रेम करके वह फोटो मैंने अपने कमरे में लगा लिया। मेरी मनोभावना घरवालों से छिपी न रह सकी। जी और माँ ने मन-ही-मन मेरे लिए सफलता की कामना की।

प्रीति के पत्रों से प्रेरण पा, मैं जल्द से जल्द सिनेमा में अपना स्थायी स्थान बनाने और औद्योगिक स्थिरता प्राप्त करने के लिए अधीर हो उठा।

मैं सोचने लगा, 'बॉम्बे टाकीज' वापस चला जाऊँ। पर उसी समय हिमांशु राय के सेक्रेटरी, परेरा, ने मेरे पास कैंटीन का पैंतीस रुपये का एक बिल वसूली के लिए भेजा। मेरे नाम के छः बिलों की कीमत बॉम्बे टॉकीज ने पहले ही, जैसा कि तय हुआ था, कैंटीन को चुका दी थी। शायद कैंटीन की गलती से एक बिल पेश करना रह गया था, जो अब पेश हुआ। करार के मुताबिक राय को चाहिए था कि यह बिल भी वे चुकता कर देते, क्योंकि करार सारे बिलों की चुकती का था। मगर नहीं, उन्होंने यह पैंतीस रुपये का बिल नहीं चुकाया और उसे वसूली के लिए मेरे पास भेज दिया। मुझे बड़ा गुस्सा आया। मेरा दिल राय के प्रति फट चुका था। मैंने बिल उनके पास लौटा दिया। अपने और अपनी प्रिय संस्था के एक निष्ठावान पुजारी के मार्मिक स्थल पर बिना कारण पाँव रखकर राय ने बड़ी भूल की थी। यह भूल ही नहीं, ओछापन था। ऐसे व्यवहार-कुशल व्यक्ति का ऐसा अव्यावहारिक तथा निंद्य आचरण क्योंकर हुआ, यह मैं कभी न समझ पाया।

अब मैं 'बॉबे टॉकीज' वापस नहीं जा सकता था, तो फिर कहाँ जा सकता था? कहीं नहीं। बाकी के स्टूडियो का मुआयना मैं कर आया था। वहाँ जाता तो मेरा दम घुटने लगता। तो फिर अब क्या किया जाए?

फिर भी मैं बम्बई वापस जाने की सोचने लगा। मुझे एक दिग्दर्शक के सहारे की जरूरत थी : एक ऐसे दिग्दर्शक की, जो पारखी हो, मर्मज्ञ हो, दक्ष और कुशल हो ; जो मुझे प्रोत्साहित करे, प्रेरित करे और मेरे व्यक्तित्व को उभारे, निखारे तथा मेरे अन्दर के कला-स्रोत को रूप, रंग, दिशा दे, संक्षिप्त में—मुझे दिग्दर्शन दे। सो मैंने समस्त फिल्म जगत पर नजर दौड़ाई। मेरी सहायतार्थ तत्पर कोई न दिखा। भविष्य अंधकारमय प्रतीत होने लगा। दिल बैठा जाने लगा।

मेरे कॉलेज का मित्र द्वारका दास डागा, जो अब बी.ए. पास कर चुका था, नित मुझसे मिलने मेरे घर आया करता था। अचानक उसका प्रस्ताव आया कि अगर मैं स्वयं किसी फिल्म का निर्माण करूँ तो वह अपना धन लगाने को तैयार है। अपने पिता को वह इस योजना के लिए राजी कर लेगा। अंधा क्या चाहे, दो आँखें। मैं जानता था, मौका बार-बार नहीं आता। मैं तुरन्त तैयार ही नहीं, तत्पर हो गया। उसी समय मैं रायल एशियाटिक सोसायटी (लंदन) का मेंबर बन गया।

'बाम्बे टॉकीज लिमिटेड' का अनुकरण करते हुए मैंने भी एक लिमिटेड संस्था खोलने का तय किया। कम्पनीज ऐक्ट पुस्तक खरीदकर उसका अध्ययन किया और द्वारका दास डागा को साथ लेकर बम्बई चला गया। फोर्ट में हॅर्नबी रोड (महात्मा गांधी रोड) पर 'गजदर हाउस' नामक पाँच मंजिला इमारत थी—अब भी है—जिसमें बड़े-बड़े दफ्तर थे। चौथी माला खाली था। मैंने वह चौथा

माला—पूरा फ्लोर—सौ रुपये महीना किराये पर ले लिया और 'दि इंडिया आर्टिस्ट्स लिमिटेड' नाम से कम्पनी रजिस्टर करवाकर तख्ती लगा दी।

जमनादास मेहता उन दिनों बम्बई कॉरपोरेशन के मेयर हुआ करते थे। उनकी बड़ी प्रतिष्ठा थी। उन्हें ही मैंने अपनी संस्था का चेयरमैन नियुक्त किया। मैं मैनेजिंग डाइरेक्टर बना। मुझे पाँच सौ रुपये मासिक पारितोषिक मिलने लगा। द्वारका दास डागा, उसके पिता नरसिंह दास डागा, चाचा रामनाथ डागा, मेरी ताई के पिता राय साहब लाला सन्तराम पाल, और औंध संस्थान के राजकुमार अप्पा पंत* आदि सज्जनों को मैंने कम्पनी के अन्य शेयर होल्डर और डाइरेक्टर बनाया। उस समय मेरी अवस्था 23 वर्ष की थी और देखने में मैं लड़का लगता था। मेरा वजन 120 पौंड था और ऊँचाई 5 फीट 8½ इंच थी।

'गजदर हाउस' का माला बहुत बड़ा था। पाँच कमरे थे। एक रसोईघर, एक स्नानघर, दो कमरों में मैंने कम्पनी का दफ्तर लगा दिया। एक कमरा मेरा शयनागार बना और बाकी के कमरे खाली पड़े रहते। फिल्म निर्माणार्थ एक पब्लिक लिमिटेड कम्पनी की स्थापना कितना दुस्साहसी और दुष्कर कार्य है, यह मैं तभी समझ पाया। दिन भर दफ्तर में चहल-पहल रहती। द्वारका मेरा हाथ बँटाता। द्वारका अपने पिता के साथ मरीन ड्राइव के फ्लैट में रहा करता था। रमेश गुप्ता (पिताजी की मौसी के लड़के और मेरे मित्र) मॉरिस कॉलेज, नागपुर से एम.ए. पास करके और फिर बी.टी. करके मेरे पास बम्बई आ गए। उन्हें भी फिल्मों में अभिनय करने का शौक था। वे मेरा हाथ बँटाने लगे। टी.एल. अहोबलाचार्य (नागपुर टाइम्स के उपसम्पादक, जिन्होंने 'दे पैरेट' नाटिका प्रस्तुत करते समय मुझे दिग्दर्शन देकर तैयार किया था) त्यागपत्र देकर मुझसे आन मिले और शेयर बेचने में मदद करने लगे। फ्लैट के खाली कमरों में रमेश गुप्ता और अहोबलाचार्य रहने लगे। आचार्य (अहोबलाचार्य) कुछ प्रतिष्ठित और धनी व्यक्तियों को जानते थे और शेयर खपा देने की उन्होंने हामी भरी हुई थी।

एजरा मीर उस जमाने के नामचीन सम्पादक (फिल्म एडिटर) समझे जाते थे। अपनी एक कम्पनी खोलकर 'जरीना' चित्र बना रहे थे जिसमें 'न्यू थिएटर्स' की 'यहूदी की लड़की' फिल्म की लोकप्रिय अभिनेत्री रतन बाई काम कर रही थी। उनके पास माइकल गॉर्डन नामक एक अधेड़ उम्र का आयरिश व्यक्ति प्रोडक्शन मैनेजर की हैसियत से काम कर रहा था। चुस्त, मेहनती और खुशमिजाज था। मुझे वह भा गया। 'जरीना' चित्र खत्म होते ही माइक (माइकल गॉर्डन) मेरे पास पाँच सौ रुपये मासिक वेतन पर नौकर हो गया—प्रोडक्शन मैनेजर के पद पर। मगर तुरन्त ही माइक मेरा साथी और मित्र बन बया।

---

* जो इन दिनों विलायत में भारतीय हाई कमिश्नर नियुक्त हैं।

हरीन्द्रनाथ चट्टोपाध्याय को जी बहुत बड़ा कवि मानते थे। उनकी राय में सरोजिनी नायडू, तारु दत्त, आदि कवि हरीन्द्रनाथ के मुकाबले बहुत घटिया थे। अलबत्ता, रवीन्द्रनाथ ठाकुर का स्थान सबों से कहीं ऊँचा था। जी कुछ वर्ष पूर्व बम्बई में हरीन्द्रनाथ से मिल भी चुके थे। हरीन्द्रनाथ चट्टोपाध्याय से मिलने के लिए मैं उत्सुक था। 21 मई, 1938 के दिन सवेरे द्वारका को लेकर उनसे मिलने मैं उनके घर गया। वे खार में रहते थे। घर का नाम 'बिलस' था। छोटा-सा नया बँगला था जो उनके पास शायद तीस रुपये महीने किराये पर था। हरीन्द्रनाथ उस समय बयालीस वर्ष के लगभग होंगे। उस दिन हमने उन्हीं के साथ उनके घर खाना खाया और तीन-चार घंटे उनके साथ व्यतीत किए। हरीन्द्रनाथ ने अनुरोध किया कि मैं उन्हें 'हरिन' कहूँ, सो मैं उन्हें 'हरिन' कहने लगा और वे मुझे 'किशोर'।

हरीन्द्रनाथ बोलते बहुत थे। बोलते समय मुँह को अधिक खींचते-तानते थे। यह आदत उनकी बहनों में भी थी। कमलादेवी चट्टोपाध्याय से सम्बन्ध विच्छेद होने पर वे कुछ वर्ष पांडिचेरी जाकर रहे थे। वहाँ उन्होंने अँगरेजी में ढेर-सी काव्य रचनाएँ की थीं। हमें वे कॉपियाँ (लगभग बीस होंगी), जिनपर खाकी कागज के आवरण थे, उन्होंने दिखाई, कुछ कविताएँ पढ़कर सुनाईं। मुझे उनमें विद्वत्ता अधिक और काव्य कम दिखाई दिया। हरीन्द्रनाथ ने अपने जीवन के कई प्रसंग, कई किस्से सुनाए। विलायत में थे तब क्या किया, रूस में क्या देखा, सीखा; नाटकों का, नाटक के तकनीक का रूस में उन्होंने कितना-कुछ अध्ययन नहीं किया, आदि। उनकी एक मात्र सन्तान राम चट्टोपाध्याय उन्हीं के साथ रहते थे। राम तब दस वर्ष के रहे होंगे।

लंच के उपरान्त हरीन्द्रनाथ हारमोनियम लेकर फर्श पर बैठ गए और पुत्र 'रामू' ने तबला सँभाला। घंटा भर तक हरीन्द्रनाथ ने हमें अपने बनाए हुए हिन्दी गाने गाकर सुनाए। वे हारमोनियम बहुत अच्छा बजाते थे। गाते भी अच्छा थे। गाने भी अच्छे थे। कहने लगे, किसी फिल्म निर्माता के लिए गौतम बुद्ध पर पटकथा लिख रहे हैं, इसलिए आजकल मांस-मछली तक छोड़ा हुआ है। मदिरा का उन्हें कभी व्यसन न था। योंही कभी-कभार मित्रों के साथ पी लेते थे। धूम्रपान भी नहीं करते थे। हरीन्द्रनाथ के घर उनके साथ बिताए हुए वे तीन-चार घंटे बहुत मजे में गुजरे। एक चतुर्मुखी प्रतिभाशाली, विद्रोही, जानदार, मस्त कलाकार से हुई भेंट मेरे लिए बहुमूल्य उपलब्धि तथा विलक्षण अनुभूति थी। हरिन और मैं—अपनी उम्र की विषमता के बावजूद—उस दिन से मित्र बन गए। हफ्ते में एक-दो बार हरीन्द्रनाथ मेरे दफ्तर में आकर मुझसे मिल जाया करते थे।

आचार्य (अहोबलाचार्य) शेयर बेचने भावनगर, पूना, हैदराबाद, आदि शहरों के दौरा कर रहे थे। औंध से उनका पत्र आया कि अप्पा साहब पंत के एक मित्र, फ्रांसिस वॉटसन, विलायत से आ रहे हैं, मैं उन्हें जहाज पर से लिवा लाऊँ और आराम के साथ पूना के लिए ट्रेन पर बिठा दूँ। मैं फ्रांसिस वॉटसन को लेने विक्टोरिया डॉक्स पर गया। शेक्सपियरनुमा दाढ़ी-मूँछवाला जो दुबला-पतला, पैंतीस वर्ष का, हलके मटमैले रंग का सूटधारी व्यक्ति, मुँह में पाइप दबाए हुए, जहाज से उतरा, वही फ्रांसिस वॉटसन था। मैं उसे, मय असबाब के, अपने फ्लैट में लिवा लाया।

फ्लैट पहुँचने तक फ्रांसिस मेरा मित्र बन गया और कहने लगा, औंध वह आज नहीं जाएगा, दो-एक दिन मेरे साथ बम्बई ठहरेगा, फिर जाएगा। अप्पा पंत जब विलायत में बैरिस्ट्री कर रहे थे तभी से वे फ्रांसिस को जानते थे। फ्रांसिस लेखक था। तीन-चार उपन्यास लिख चुका था। पर उपन्यासों को सफलता न मिल पाई थी। भ्रमण के लिए भारत आ रहा था। अप्पा से मिलने औंध जाएगा। वहाँ से मिस भारती साराभाई से मिलने अहमदाबाद जाएगा। अपने साथ दो कैनवस ला रहा था। दोनों तैल चित्र थे। मैनेट नामक किसी इतालवी चित्रकार के बनाए हुए थे। फ्रांसिस वॉटसन ने एक पाँच पाउंड में और दूसरा पच्चीस पाउंड में खरीदा था और अप्पा के लिए औंध ले जा रहा था। फ्रांसिस कहने लगा : 'कौन जानता है, एक दिन यह चित्रकार नाम कमा जाए और इन चित्रों की कीमत हजार गुना हो जाए।' दो दिन के बाद फ्रांसिस चला गया। वह मुझे बराबर पत्र लिखा करता और अपने भ्रमण और पते से सूचित रखता।

मैं बीच-बीच में मलाड जाकर अशोक कुमार से मिल लिया करता था।

मलाड जाता तो अशोक के घर खाना खाकर ही लौटता। बॉम्बे टॉकीज स्टूडियो जाकर देविका रानी से भी मिलता, हिमांशु राय से भी। मेरी कम्पनी 'दि इंडिया आर्टिस्ट्स लि.' की चर्चा फिल्म इंडस्ट्री में हो चली थी। 'सुशिक्षित युवक फिल्म निर्माता किशोर साहू, बी.ए., एम.आर.ए.एस. (लंदन)' पर कई लेख पत्रिकाओं में निकल चुके थे। हिमांशु राय ने एक बार घंटा भर मुझसे बात की और तरह-तरह के प्रलोभन देकर मुझे नई कम्पनी न शुरू करने के लिए चेतावनी दी।

'तुम बॉम्बे टॉकीज वापस आ जाओ। अगले पिक्चर में तुम्हें फिर हीरो बनाऊँगा। कहानी विभाग में भी काम करना।' अपना मुँह खोलकर दिखाया। दो दाँत टूट चुके थे। 'मैं अब बूढ़ा हो चला हूँ। तुम जैसे अच्छे जवान लोगों की सहायता की मुझे जरूरत है।'

'मैं फ्रेंज ऑस्टेन के तहत काम नहीं करूँगा,' मैंने कहा : 'आप मुझे दिग्दर्शन का चांस देंगे?'

'दूँगा।'

'कब ?''

'यथा समय।'

'यथा समय यानी कब ?'

'देखो, तुम इतने अधीर न होओ। हर काम अपने समय पर होता है।'

राय की बातों में मुझे बनावट और मक्कारी लगी। जो कुछ वे कह रहे थे, ईर्ष्यावश कह रहे थे। मैंने सविनय उनसे कहा कि मैं अपनी कम्पनी के सिलसिले में काफी आगे बढ़ चुका हूँ। अब कदम वापस लेना अपने मित्रों और सहायकों को धोखा देना होगा। इस तरह अपनी लाचारी दिखाकर मैं वापस लौट आया।

बोरी बन्दर पर लोकल से उतरकर मैं सीधा थिएटर चला गया—'गेट वॉल्ट्ज' देखने। विएना के प्रख्यात संगीतकार स्व. स्ट्राउस के संगीत से ओतप्रोत वह सुन्दर चित्र था। दिल खुश हो गया।

चर्चगेट स्ट्रीट पर मॉगेनीज रेस्तराँ हुआ करता था। उसी रेस्तराँ में खाना खाकर मैं पैदल ही अपने घर पहुँचा। मौका मिलते ही पैदल घूम लिया करता था। फिर, मेरे पास मोटर भी नहीं थी। सारे काम टैक्सी, विक्टोरिया, बस और ट्रेन द्वारा सफर करके किया करता था। ऊपर जानेवाली सीढ़ी गली में थी। सीढ़ी के पास ही किसी बुजुर्ग का मजार था जिस पर चिराग जला करता था। उसी चिराग की रोशनी में 84 सीढ़ियाँ चढ़कर मैं रात के सन्नाटे में सीटी बजाता चौथे माले पर स्थित अपने फ्लैट पहुँचा करता था। वह मजार, वह चिराग, वह सन्नाटा मुझे अच्छा लगता। ऐसे में मेरी सीटी की गूँज अधिक सुरीली लगती। वैसे मैं काफी बेसुरी सीटी बजाता हूँ। गाता, गुनगुनाता उससे भी बेसुरा हूँ।

कमरे में पहुँचा तो दो चिट्ठियाँ फर्श पर पड़ी थीं : एक सफेद लिफाफा था और दूसरा नीला। जी की चिट्ठी मैंने पहले खोली। नीले लिफाफेवाला पत्र आराम से पढ़ना चाहता था।

जी ने लिखा था कि उनके बचपन के मित्र कनकैया (जगविख्यात क्रिकेट के खिलाड़ी सी.के. नायडू) उनसे मिलने घर आए थे। सारी शाम साथ बिताई और रात का खाना खाकर गए। तमाम पन्ने नायडू के सरल स्वभाव और खुशमिजाजी से भरे थे।

कपड़े बदलकर इत्मीनान से बिस्तर पर जाकर मैंने नीला लिफाफा खोला। 18 जनवरी, 1939 की चिट्ठी थी जो प्रीति ने शान्तिनिकेतन से लिखी थी और वह मुझे 23 जनवरी को मिली। सीनियर कैम्ब्रिज पास करने के बाद प्रीति शान्तिनिकेतन चली गई थी और वहाँ इंटर में पढ़ रही थी, साथ-साथ नृत्य और चित्रकला भी सीख रही थी। हमारा पत्र-व्यवहार बहुत ही नाजुक हुआ करता था। मुझे भय था कि कहीं मैं अपने मन की भावना यकायक खोलकर कह दूँ तो प्रीति घबराकर मुझे चिट्ठी लिखना बन्द न कर दे। इसलिए अपने पत्रों में रोजमर्रा की बातों के साथ मनोभावना

को हलके-से रखा करता। फिर भी अपने कई पत्रों में कुल मिलाकर अब तक मैंने अपना दिल खोलकर रख दिया था।

उधर से कोई प्रतिक्रिया न पाकर मुझे घुटन हो रही थी। मगर आज, प्रीति की यह चिट्ठी पढ़कर मुझे विश्वास हो गया कि 'दोनों तरफ है आग बराबर लगी हुई'। मारे खुशी के रात मुझे देर तक नींद न आई।

अगले हफ्ते सुभाषचन्द्र बोस चुनाव में डॉ. पट्टाभि सीतारामैया को हराकर कांग्रेस के प्रेजिडेंट चुन लिए गए। सुभाषचन्द्र बोस चुनाव में गांधी जी की मरजी के विरुद्ध खड़े हुए थे, और उन्होंने गांधी जी के नुमाइंदे पट्टाभि को मात दी थी। देश में सुभाषचन्द्र बोस के इस विद्रोह और विजय से खलबली मच गई। कांग्रेस दो दलों में विभाजित हो गई। गांधी जी, सरदार पटेल वाला दल 'राइटिस्ट' कहलाया और सुभाषचन्द्र बोस, जयप्रकाश नारायण, नरेन्द्रदेव वाला दल 'लेफ्टिस्ट'। जवाहर लाल नेहरू ने अपने को इस झगड़े से अलग बताया। लेकिन यह उनका दिखावा था। लोग जानते थे, वे गांधी दल के ही हैं। संघर्ष का नाम ही जीवन है। कांग्रेस में जान आ गई। समस्त देश उत्तेजना और स्फूर्ति से झंकृत हो उठा।

घोषित हुआ कि कांग्रेस का अखिल भारतीय अधिवेशन 6 मार्च, 1939 को जबलपुर के पासवाले गाँव त्रिपुरी में होगा। अधिवेशन देखने का मैंने निश्चय किया। शान्तिनिकेतन से छात्रों और प्राध्यापकों की एक छोटी-सी पार्टी भी त्रिपुरी आनेवाली थी। प्रीति ने लिखा कि वह भी उस पार्टी के साथ त्रिपुरी पहुँचने की कोशिश करेगी। जाहिर है, त्रिपुरी के लिए मेरा चाव दुगुना हो गया, बल्कि तिगुना, चौगुना और दसगुना हो गया।

त्रिपुरी कांग्रेस-अधिवेशन देखने के लिए कम्पनी का काम छोड़कर मैं नागपुर आया। मेरी कम्पनी का काम बेढंगा और बीहड़ था और उसका यशस्वी होना अनिश्चित। रमेश चिंतित और अधीर हो उठे। वे एम.ए., बी.टी. कर चुके थे। सिनेमा में प्रवेश करने के बजाय अध्यापक की नौकरी कर लेना उन्होंने ज्यादा पसन्द किया। वे नौकरी तलाश कर रहे थे और नागपुर वापस लौट आए थे।

एक दिन दोपहर को मैं घर पर खाना खा रहा था कि फ्रांसिस वॉटसन और रमेश गुप्ता एक साथ आ टपके। नागपुर में फ्रांसिस को यकायक देखकर ताज्जुब हुआ। रमेश ने बताया कि धंतोली में उन्हें एक प्राचीन मन्दिर की तस्वीर खींचते हुए फ्रांसिस दिखाई दिया तो उन्होंने उससे नागपुर में मेरी उपस्थिति का जिक्र किया। फ्रांसिस ने मुझसे मिलने की इच्छा प्रकट की। इसीलिए वे उसे मेरे घर लिवा लाए। यूँ अचानक मिलकर हम दोनों खुश हुए। फ्रांसिस ने मेरे घर हमारा मिर्चोंवाला खाना खाया और सू-सू करने लगा। काफी चीनी फाँकने पर उसकी सू-सू बन्द हुई।

फ्रांसिस कहने लगा, वह त्रिपुरी कांग्रेस में शरीक होने जा रहा है, तमाशबीन की नाईं। शाम को उसे छोड़ने मैं स्टेशन पर पहुँचा। फ्रांसिस ने जबलपुर के लिए थर्ड क्लास का टिकट कटाया हुआ था। डिब्बे के अन्दर तलवार लटकाए एक सिक्ख को देखकर वह फौरन बाहर निकल आया।

'किशोर! किशोर! किशोर!'

'क्या हुआ, फ्रांसिस?'

'डिब्बे में एक भयानक व्यक्ति तलवार लिये बैठा है!' उसने घबराकर कहा। 'मुझ अँगरेज को काटकर तो नहीं रख देगा?'

मैं खूब हँसा : 'नहीं,' मैंने कहा। 'वह सिक्ख है। सिक्ख लोग तलवार या कृपाण सदा पास रखते हैं। यह उनका मजहबी दस्तूर है। वह सिक्ख भी शायद त्रिपुरी जा रहा है। देखो, खद्दर पहने हुए है। कांग्रेसी मालूम होता है। अहिंसा का पालनहार होगा। तुम बेधड़क डिब्बे में बैठ जाओ। तुम्हें वह कुछ नहीं करेगा।'

फ्रांसिस अब भी सहमा हुआ, मेरे कथन पर कुछ विश्वास और कुछ अविश्वास करता हुआ, डिब्बे में जा बैठा। गाड़ी ने सीटी दी और चल पड़ी। फ्रांसिस का रंग उड़ा हुआ था।

एक अँगरेज कितना डरपोक हो सकता है, यह मैंने फ्रांसिस के उस दिन के आचरण से साफ देख लिया। और इसी फ्रांसिस के भाई-बन्द हम पर दो सौ साल तक अकड़कर हुकूमत करते आए थे। अँगरेजों की असलियत थी फ्रांसिस वॉटसन का चरित्र। गांधीजी ने सच ही कहा था : 'अगर सारा हिन्दुस्तान यह ठान ले कि अँगरेज यहाँ नहीं चाहिए, तो बिना लड़ाई, बिना खूनखराबे के, वह हमारा देश छोड़कर भाग जाएगा।'

और अन्त में यही हुआ भी।

दूसरे दिन (5 मार्च, 1939) जी और मैं त्रिपुरी के लिए रवाना हो गए। बड़े तड़के गाड़ी जबलपुर पहुँची। वहाँ से त्रिपुरी कुछ मीलों पर था। रास्ता टैक्सी से तय किया गया। नर्मदा के किनारे पहाड़ियों से घिरा हुआ लकड़ी-बाँस-चटाइयों का बना हुआ यह विशाल 'नगर' अद्भुत था। करीब लाख आदमी इकट्ठा थे। सैकड़ों झोंपड़ियों में हजारों व्यक्तियों के रहने की व्यवस्था थी।

जिस झोंपड़ी में हम लोग टिके, वहाँ और भी आठ लोग थे। उनमें से एक अमरीकन दम्पती था। ये लोग किसी पत्र के संवाददाता या प्रतिनिधि थे। युवती के पास कैमरा था और उसके पति के हाथ में फाइलें हुआ करती थीं। झोंपड़ी एक मात्र कमरे की थी। कमरा बीस फीट चौरस था। चार खाटें थीं, जिन पर लेटते ही उनका आकार खिंचे हुए धनुष की तरह हो जाता था। कुछ खटियों पर सोते, बाकी जमीन पर बिछे हुए कड़बी-चारे पर बिस्तर डालकर पड़ जाते। जी को खाट देकर मैं नीचे सोया। वह अमरीकन युवक-युवती एक ही खाट पर साथ

सोते। रात में जब-जब मैं उन्हें देखता तो लगता कि अब यह गिरा और अब वह गिरी। मगर न कभी यह गिरा, न वह गिरी। हम लोग तीन दिन त्रिपुरी में रहे, पर उस अमरीकन जोड़े को मैंने न कभी नहाते देखा, न कपड़े बदलते। वाकई संवाददाताओं का कार्य कठिन होता है। जब कांग्रेस अधिवेशन की खबरों को जुटाने में इतना कष्ट उठाना पड़ता है, मैंने सोचा, तो लड़ाई के मोर्चों पर इन बेचारों पर क्या गुजरती होगी?

शान्तिनिकेतन से आई टोली को खोजने में मुझे घंटों लग गए। बंगाल से आए अतिथियों के 'मुहल्ले' में जाने पर शान्तिनिकेतन वाली पार्टी दिखाई दी। पूछने पर पता चला, प्रीति साथ न आ सकी थी। दिल टूट गया। मैं कैमरा साथ लाया था। जगह-जगह फोटो खींचता फिरा। गम गलत करने में शौक़ बड़ा काम आता है। फोटोग्राफी के शौक ने कई बार मेरे गम गलत किए हैं, कई बार मेरी ऊब दूर की है।

तमाशबीनों की भीड़ घटती-बढ़ती रहती थी। घटती तो लाख और बढ़ती तो दो लाख। खुले अधिवेशन के दिन लगभग तीन लाख व्यक्ति उपस्थित थे।

मध्य प्रान्त के मुख्य मंत्री पं. रविशंकर शुक्ल और गृह मंत्री पं. द्वारका प्रसाद मिश्र से जी का गहरा परिचय था। उनसे जी को दोनों पास मिले हुए थे जिनके बूते पर हम दोनों अधिवेशन की हर बैठक में उपस्थित होकर कार्रवाई मंच के बहुत करीब बैठकर देख सकते थे। त्रिपुरी कांग्रेस अधिवेशन में कांग्रेस के सदस्य, अपनी पूरी संख्या में, देश के कोने-कोने से आए थे। सुभाषचन्द्र बोस और महात्मा गांधी के दलों में घोर द्वंद्व हुआ। महात्मा गांधी अधिवेशन के लिए त्रिपुरी न आए थे। राजकोट में उपवास करते मृत्युशैया पर पड़े थे। इधर सुभाषचन्द्र बोस को बुखार की हालत में आराम कुरसी पर लिटाकर, कुरसी काँधे पर उठाकर उनकी पार्टीवाले जब मंच तक लाए तो 'सुभाषचन्द्र बोस की जय!' के नारों से मंडप झंकृत हो उठा। थोड़ी देर बाद राजकोट से आया तार पढ़कर जब जवाहरलाल नेहरू ने गांधीजी की नाजुक हालत का वृत्तांत सुनाया तो उसी तरह 'महात्मा गांधी की जय!' के नारों से मंडप गूँज उठा।

देश के सभी छोटे-बड़े नेताओं ने मंच पर आ-आकर भाषण दिया। सुभाषचन्द्र बोस से मैं पाँच वर्ष पूर्व नागपुर स्टेशन पर मिल चुका था। उनके हस्ताक्षर अपनी 'ऑटोग्राफ बुक' में ले रखे थे। उस समय वे हिन्दी बहुत टूटी-फूटी बोलते थे। मगर त्रिपुरी में उनसे अच्छी हिन्दी सुनकर मैं दंग रह गया।

इतने सारे नेताओं को एक साथ देखने का यह मेरा पहला अवसर था। कुछ नेता बहुत अच्छा भाषण देते थे। राजाजी अँगरेजी में बोले थे। उनका भाषण दुभाषिया

साथ-साथ हिन्दी में बोलता जाता था। पं. गोविन्द वल्लभ पंत के व्यक्तित्व तथा भाषण-शैली से मैं विशेष प्रभावित हुआ था। सबसे जोरदार भाषण उन्हीं का था।

गांधी और बोस त्रिपुरी के दो नायक थे। इन नायकों के बीच नेहरू खोए या बिसराए नहीं रह सकते थे। नाटकीय वृत्ति के सहारे नेहरू सदा लोगों की नजरों के घेरे में रह लिया करते। लायका कैमरा लिये, मंच पर धरे गावतकिये पर आरूढ़ हो, सुभाषचन्द्र बोस की तसवीरें खींचते जाते। उनका यह बर्ताव लोगों को अच्छा लगता। सहसा एक पत्रकार ने खड़े होकर मौलाना अबुलकलाम आजाद, जो माइक्रोफोन में भाषण दे रहे थे, से उनपर टिप्पणी करते हुए, कुछ हुज्जत की। बस, नेहरू को गुस्सा आ गया। पाँच फीट ऊँचे मंच पर से नीचे कूदकर उन्होंने उस पत्रकार की गर्दन पकड़ ली और वालंटियरों को हुक्म दिया कि उस बाधक व्यक्ति को उठाकर मंडप के बाहर फेंक दें। जनसमुदाय की करतल ध्वनि के बीच वह महाशय बाहर घसीटे गए।

एक और प्रसंग याद आता है। ध्वजा-वन्दना के अवसर पर जब पं. नेहरू ने रस्सी खींची तो तिरंगा बीच में अटक गया और खुल न पाया। नेहरू गुस्से से लाल हो गए। सेठ गोविन्द दास स्वागत समिति के अध्यक्ष थे। इस गफलत के लिए नेहरू ने गोविन्द दास को हजारों उपस्थितजनों के सामने खूब फटकारा। फटकार में बोलते हुए शब्दों में 'लापरवाही', 'बेवक़ूफी', 'बेहूदा', 'शर्म की बात है', आदि शब्द मैंने अपने कान से सुने। व्यक्तियों का समूह ही जनता कहलाता है। लेकिन व्यक्ति और जनता की प्रतिक्रियाओं में सदा बड़ा अन्तर होता है। ज्यों-ज्यों नेहरू गुस्से से लाल होते जाते, ज्यों ज्यों उनके मुँह से ऊँचे स्वर में कठोर शब्द निकलते जाते, त्यों-त्यों लोगों की तालियाँ तीव्रतर होती जातीं। अन्त तक झंडा खम्भे पर अटका ही रहा और न खुला किन्तु 'जवाहरलाल नेहरू की जय!' से वातावरण गुंजारित हो गया। अपने सुन्दर राजकुमार की इसी अदा पर तो सारा देश मरता था और यह बात नेहरू जानते थे।

रूप और बुद्धि का जब किसी व्यक्ति में समन्वय होता है तो उसका प्रभाव चमत्कारिक होता है और व्यक्ति महान विभूति समझा जाता है। गौतम बुद्ध, सिकन्दर, नेपोलियन, हिटलर, जवाहरलाल नेहरू, इन्दिरा गांधी, अष्टम एडवर्ड, जॉन कैनेडी मेरी इस उक्ति की पुष्टि करते हैं।

दिन में एक-दो बार फ्रांसिस मुझे कहीं न कहीं मिल जाया करता। वह नोट्स ले रहा था। एक बार मैंने उसके नोट्स पढ़ने के लिए माँगे। पढ़कर मैं दंग रह गया। सीधा-सादा, बुद्धू-सा दीखनेवाला फ्रांसिस इतनी पैनी आँखें और इतने तेज कान रखता होगा, यह मैंने नहीं सोचा था। उसने नोट्स में एक जगह लिखा था : 'कांग्रेस के सारे अतिथियों के रहने के लिए बाँस-चटाई की झोंपड़ियों का प्रबन्ध है, मगर मध्यप्रान्त के मंत्रियों के रहने के लिए पड़ाव के बाहर आलीशान तम्बू तने हुए हैं।'

दूसरी जगह लिखा था : 'लोगों के लिए जगह-जगह चटाई के शौचालय बने हुए हैं जिनमें गहरी खाई-सी खुदी हुई है। शौचोपरांत बाजू में पड़ी हुई मिट्टी के ढेर में से थोड़ी-सी मिट्टी उस खाई में डालकर व्यक्ति उठ खड़ा होता है और दूसरे व्यक्ति के लिए साफ-सुथरा शौचालय छोड़ जाता है। यह सहज शौचालय गांधी की देन है। मगर जवाहरलाल नेहरू और सुभाषचन्द्र बोस की झोंपड़ियों में लकड़ी के यूरोपियन ढंग के बने कमोड की व्यवस्था की गई है।'

नोट्स पढ़कर मुझे पहली बार शक हुआ कि कहीं फ्रांसिस वॉटसन विलायती जासूस तो नहीं, जिसे बरतानवी सरकार ने अपने मतलब से हिन्दुस्तान भेजा हो? कम्पनी की बोर्ड मीटिंग के अवसर पर एक बार मैंने अपना शक अप्पा पंत से कहा पर उन्होंने मेरे शक को महज मेरा वहम बताया। बाद को मुझे विश्वास हो गया कि मेरा शक अगर सर्वथा सही न था तो सर्वथा मिथ्या भी न था, किन्तु इसका उल्लेख फिर कभी करूँगा।

त्रिपुरी कांग्रेस अधिवेशन एक प्रकार का राजनीतिक नाटक ही था जहाँ तरह-तरह के पात्र आए और अपना खेल दिखा गए। इतने सारे नेताओं और उनके विभिन्न स्वभावों, चरित्रों, ढंगों, व्यक्तित्वों, नीतियों, खूबियों, कमजोरियों को एक समय, एक स्थान पर देखने का सुअवसर वहाँ मुझे सहज ही उपलब्ध हुआ था, और उन तीन दिनों के अन्दर मुझे सहज और अनायास ही ढेर-सा अनुभव प्राप्त हो गया।

बहुतेरे नेताओं की देशभक्ति की लगन खरी और सराहनीय थी, पर मैंने कुछ निष्कर्ष निकाले :

1. नेता के लिए भाषण-कौशल अनिवार्य है। 2. नेता के लिए प्रभावशाली व्यक्तित्व विशेष महत्त्व रखता है। 3. नेता के तरकश में सतर्कता, धैर्य, चातुर्य और कूटनीति के अस्त्रों का होना आवश्यक है। 4. नेता का अस्तित्व नाजुक और अस्थायी है। 5. राजनीति ओछा और गन्दा खेल है, और 6. नेतागण व्यक्तिगत रूप में प्राय: बहुत ही छोटे, बेशर्म, स्वार्थी, झूठे और सिद्धान्तहीन होते हैं।

उस समय के मेरे उपर्युक्त अनुसन्धान आज भी मुझे ठीक लगते हैं। आज प्रादेशिक तथा केन्द्रीय सरकार के कुछ नेताओं, मंत्रियों, सदस्यों का गद्दी के लिए जो हास्यास्पद, अमानुषी, निन्दनीय संघर्ष है; धनप्राप्ति के लिए जो छल, कपट और बेईमानी के हजार तरीक़े इन्होंने अपनाए हुए हैं, ये सब मेरे निष्कर्ष को सत्य साबित करते हैं। ये कितने छोटे लोग हैं, इसका पता तब चलता है जब इनकी गद्दी छिन जाती है, जब ये पदच्युत होते हैं। कुछ अपवाद अवश्य मिलेंगे, पर यह मानना ही होगा कि जादू गद्दी में अधिक है और व्यक्ति में कम। गद्दी छिने हुए पदच्युत नेताओं, पदाधिकारियों, कर्मचारियों को जरा पास से देखिए—हर देश में, हर प्रान्त में, हर शहर में ऐसी 'महान विभूतियाँ' आज बेशुमार मिलेंगी—तो मेरे कथन से आप अवश्य सहमत होंगे।

मेरी राय में गौतम बुद्ध के बाद भारत में एक ही कर्मयोगी पैदा हुआ : जिसे न धन का लालच था, न पद की चाह थी, न तोप का डर; जो न फुसलाया जा सकता था, न खरीदा; जिसे सदा भगवान का ध्यान और उसके बन्दों से प्यार था। उस अभय, अलिप्त, महामानव, महान आत्मा का नाम था मोहनदास कर्मचन्द गांधी, जिसे हम सादर, सस्नेह 'बापू' कहा करते थे।

भारत को अँगरेजों के चंगुल से छुड़ाने का आजन्म प्रयत्न करने के बाद, भारत को अन्त में स्वातंत्र्य दिला देने के बाद, जिस समय नई दिल्ली में 15 अगस्त, 1947 को स्वतंत्रता दिवस मनाया जा रहा था, नेहरू और पटेल, घोर प्रतिद्वन्द्विता में ग्रस्त, प्रधानमंत्री और गृह मंत्री के पदों पर नियुक्त होने के लिए उतावले हुए जा रहे थे और महात्मा गांधी दिल्ली से—राजधानी की स्पर्धायुक्त, दूषित वातावरण से—हजार मील दूर, साम्प्रदायिक एकता सन्देश देते नोआखाली में पदयात्रा कर रहे थे।

त्रिपुरी के बाद नागपुर में दो दिन ठहरकर मैं बम्बई वापस चला आया और कम्पनी के काम में जुट गया। फिर कुछ महीने भ्रमण में बीते।

द्वारका के छोटे भाई विट्ठल दास के ब्याह में शरीक होने मुझे बीकानेर जाना पड़ा। इतिहास मेरा प्रिय विषय रहा है। मध्यकालीन भारत का इतिहास लगभग राजपूताना का इतिहास है। राणा प्रताप, राणा सांगा, जोधाजी, बीकाजी, जयजंगल बादशाह, पद्मिनी, आदि तेजस्वी विभूतियों की जीवन-गाथाओं से मैं पहले ही प्रभावित हो चुका था। राजपूताना देखने की लालसा मेरे मन में अगर प्रबल थी तो यह स्वाभाविक ही था।

अप्रैल का महीना था। धरती से लपटें उठ रही थीं। जब ट्रेन मारवाड़ जंक्शन पहुँची तो आसमान से आग बरसने लगी। पहले दर्जे के डिब्बे में मैं अकेला था। उन दिनों (1938) में एअर-कंडीशन कम्पार्टमेंट न हुआ करते थे। सारी प्रकृति सूखी, रूखी और मटमैली हो रही थी। दूर तक दृष्टि दौड़ाने पर भी कहीं पेड़, पौधे, हरियाली न दिखाई देती। सर्वत्र ऊसर मैदान, दूर तक मटमैली, रेतीली धरती। ऊपर आकाश का रंग भी मटमैला। कभी-कभी ऊँटों के कारवाँ दिखाई दे जाते, सो उनका भी रंग वही—मटमैला। ऐसे में दिन भर सफर करते-करते रंग के लिए आँखें तरस गईं। स्टेशनों पर खाने के लिए भी कुछ न मिलता। गाड़ी में डाइनिंग कार भी न थी। भूखा जब मैं लूनी पहुँचा तो प्लेटफॉर्म पर पपीते बिक रहे थे। मैंने तीन पपीते खरीद लिए। दो खाए और तीसरा एक गरीब बच्चे को दे दिया।

अकेले सफर करते-करते मैं ऊब गया था। एक जगह गाड़ी रुकी तो मैं तीसरे दर्जे के डिब्बे में जा बैठा। उस डिब्बे में दो पुरुष, चार-पाँच स्त्रियाँ और कुछ बच्चे थे। काफी जगह होने के बावजूद कुछ स्त्रियाँ डिब्बे के फर्श पर बच्चों को लिये

बैठी थीं। बच्चों और उन स्त्रियों के मुँह, कान, आँख के इर्दगिर्द मक्खियाँ भिनभिना रही थीं। स्त्रियाँ साँवली, गरीब और भद्दी थीं और उनके कपड़े मैले-कुचैले थे। उनकी यह दशा पानी और धन के अभाव के कारण हो रही थी। एक बच्चे ने फर्श पर उल्टी कर दी। तुरन्त ही वह मटमैली गन्दी उल्टी काली-काली मक्खियों से पट गई। वातावरण घिनौना हो गया। मैं फौरन दूसरे स्टेशन पर उतरकर अपने डिब्बे में चला आया।

कुछ देर बाद दूसरा स्टेशन आया। हाथ में हरी झंडी और लाल सुर्ख पगड़ी बाँधे स्टेशन मास्टर जब सहसा प्लेटफॉर्म पर दिखाई दिया तो आँखों को राहत हुई। इसके बाद और एक स्टेशन पर जब गाड़ी रुकी तो भड़कीले लाल, पीले, हरे, नीले, बैंगनी, घानी, गुलाबी रंग के कपड़े (लहँगा, ओढ़नी, अँगिया) पहने, सिरों पर पीतल की चमचमाती गागरें धरे, एक दर्जन युवतियाँ दूर किसी गाँव से आती हुई दिखाई दीं। ऐसा लगा मानो किसी चित्रकार ने मटमैले चित्रफलक पर यकायक महकदार रंग छिड़क दिए हों! ये रंग उस समय मुझे बहुत ही प्रिय और सुहावने प्रतीत हुए। युवतियाँ गाड़ी के इंजन की ओर लपकी आ रही थीं, इंजन से पानी भरने। अपनी गागरों में गरम-गरम पानी भरकर वे लौट गईं। पानी उस प्रदेश में दुर्लभ और मूल्यवान वस्तु था। मैं फिर उन जाती हुई रंगबिरंगी तितलियों को देखने लगा और सहसा 'मारवाड़ी रंग' का राज मेरी समझ में आ गया।

भड़कीले रंगों का अन्य प्रान्तों और देशों वाले लोग मजाक उड़ाते हैं और भड़कीले रंग को 'मारवाड़ी रंग' के नाम से बदनाम करते हैं। मगर मारवाड़ तथा राजस्थान में बसनेवाला व्यक्ति रंग देखने के लिए किस कदर तरस-तरस जाता है, यह वही जानता है, या मैं जानता हूँ। मटमैले वातावरण में सतत उकताई और तरसी हुई आँखों की तृप्ति हलके-फुलके, सादे, सोफियाने रंगों से नहीं, केवल भड़कीले रंगों से ही हो सकती है।

राजपूती सुन्दर चटकदार आभूषण और सुन्दर भड़कदार पोशाक किसी ऐसे महान कलाकार की देन है, जिसके पास दिल और दिमाग दोनों रहे होंगे।

बीकानेर शहर की रूपरेखा एकदम राजपूती थी। रईसों और सेठों की कोठियाँ पत्थरों की बनी थीं। हर कोठी में सामने ऊँची दीवारों से घिरा बड़ा आँगन और सामने फाटक था। द्वारका की कोठी बरातियों से भरी थी। मैं उसके चाचा रामनाथ की कोठी में ठहरा। तीसरी मंजिल की छत पर बने हुए कमरे में मेरे रहने का प्रबन्ध किया गया। छत पर कमरा अकेला था। उसका फर्श संगमरमर का था। चौथी दीवार की जगह संरमरमरी जाली थी, जिनमें कबूतर बसेरा किया करते थे। मेरे चौड़े पलंग पर बिछाई हुई चादर, तकिए और गावतकिए खस के इत्र से महका

करते। ऐसे ही कमरों में शायद राजस्थान के नवदम्पती गरमियों की चाँदनी रातों में रंगरेलियाँ करते होंगे। मक्खन-से इस चिकने, सफेद कमरे में अपने महकते हुए पलंग पर पड़ा-पड़ा मैं कल्पनालोक में देर तक भटकता रहता।

बीकानेर के मकानों की छतें प्राय: एक दूसरे से मिली हुई होती हैं। पतंग उड़ाने के दिन थे। माँझा लूटने के लिए लड़के दूर तक मकानों के ऊपर-ऊपर उन छतों पर दौड़ा करते थे।

ब्याह की बेशुमार रस्मों में एक-दो बार शरीक होने के बाद मैं ऊब गया। अपनी लघुकथा 'लाल कोठी' की रूपरेखा मैंने अपने मस्तिष्क में यहीं इन्हीं दिनों बनाई।

मेजर बाघसिंह से परिचय हो गया। वे बीकानेर इस्टेट की फौज में उन दिनों मेजर थे। दिन भर उनके साथ बीस-तीस मील तक बतखों के शिकार को जाता। कुछ रास्ता मोटर से और बाकी घोड़े और ऊँट से तय किया जाता। बाघसिंह फौजी अफसर थे और राजपूत होने के कारण मजबूत, साहसी और जानदार किस्म के आदमी थे। मगर मैंने शिकार में उनका पूरा साथ दिया। मेरा हौसला और उत्साह देखकर वे दंग थे।

हर रोज हम दोनों जी भरकर शिकार करते। तीसरे दिन से रात का खाना मैं बाघसिंह के घर ही खाने लगा। द्वारका के घर वैश्यों का शाकाहारी मारवाड़ी खाना खाते-खाते मैं उकता गया था। दिन को शिकार में मारी हुई तरह-तरह की बतखें रात को तरह-तरह से बनकर बाघसिंह की टेबल पर आतीं। कभी-कभी द्वारका भी घरवालों को चकमा देकर, बरातियों की आँख बचा, मेरे साथ रात का खाना खाने बाघसिंह के घर चला आता।

बड़े-बड़े थाल टेबल पर आते। थालों में आठ-दस कटोरियाँ होतीं, चावल होता, पापड़ होता, अचार भी होता। एक कटोरी में ठाकुरों वाली दाल होती जो मारवाड़ी वैश्यों की पतली दाल से बिलकुल जुदा होती। बाकी की कटोरियों में बतखों का गोश्त विभिन्न प्रकार से पकाकर रखा हुआ होता। उतना स्वादिष्ट खाना, उतनी स्वादिष्ट बतखें मैंने कम ही खाई हैं।

मेरी कॉरेली का प्रसिद्ध उपन्यास 'वेंडेटा' मैंने अब तक न पढ़ा था। सो अवकाश और ऊब की कई छोटी-छोटी घड़ियों में और रात को सोने से पहले पढ़-पढ़कर मैंने वह उपन्यास समाप्त कर डाला।

एक दिन वहाँ का ऐतिहासिक प्राचीन किला 'जूनागढ़ फोर्ट' देखने गया। किले में अजायबघर भी था। तरह-तरह के पुराने वस्त्र और शस्त्र थे जिन्हें देखकर मैं चकित रह गया। राजस्थान का रहन-सहन, संस्कृति और इतिहास उस दुर्ग में केन्द्रित थे। वहाँ निरीक्षणार्थ व्यतीत किए हुए उन दो घंटों में मैंने बहुत कुछ देखा, जाना और सीखा था, जो अन्यथा मुझे उपलब्ध नहीं हो सकता था।

द्वारका के पिता नरसिंह दास डागा ने अतिथियों के मनोरंजन के लिए बम्बई से मेनका और दिल्ली से खुरशीद—उस जमाने के मशहूर गानेवालियाँ—बुलाई हुई थीं। ब्याह और ब्याह की कुल रस्में आठ-नौ दिनों तक चलती रहीं। मैं बीकानेर नौ दिन रहा। सवेरे गिलास भर दूध और मिठाइयाँ—नाश्ता के बाद मैं बीकानेर के बाहर सतत फैली हुई रेत पर बाघसिंह के साथ शिकार खेलता, रात को खाना खाकर रात भर मुजरे में शरीक होता। खुरशीद बराबर न जम पाई। मेनका पर उन दिनों यौवन निखार पर था। देखने में वह सुन्दर थी। गले में मिठास थी। भावभंगिमा में कमाल करती थी। कुछ लोग एक-दो बजे और कुछ लोग दो-तीन बजे महफिल से उठ जाते। द्वारका और मैं और अन्य एक दर्जन शौकीन चार बजे तक जमे रहते। हर गानेवाली अपने सच्चे शौकीनों या कद्रदानों को तुरन्त पहचान जाती है। महफिल में मैं कहीं बैठूँ, मेनका फौरन अपना रुख उधर कर लेती थी। गायिका और श्रोता के बीच हमारा जो बेतार का तार तना हुआ था, इससे अन्य उपस्थितगण बिलकुल बेखबर न थे। आखिरी यानी नौवीं रात को नरसिंहदास जी ने शरारतन जोरों से सबके सामने कहा : 'रात के तीन बजनेवाले हैं। लोग थक गए हैं। अब एक आखिरी गाना हो जाए और यह फरमाइश किशोर साहू, तुम करो। यह आखिरी गाना मेनका तुम्हारी फरमाइश पर गाएँगी।'

सब लोगों ने हाँ-हाँ कर दी और मुझे हँसते-मुस्कुराते घूरने लगे।

झेंपना बेकार था। 'अच्छी बात है, मेनका, तो गाओ,' मैंने कहा। 'क्या गाओ, यह न कहूँगा। वह गाओ जो तुम्हारे जी में आए। मगर आज इस आखिरी रात की सुबह कर दो, कोई न उठेगा।'

लोगों ने तालियाँ बजाईं। मेरा मजाक उड़ाने चले थे, पर वे यह भूल गए कि सुबह होने तक उनका उठना दुश्वार हो गया था और वैसा हुआ भी। मेनका ने एक ही गाना इतनी देर तक गाया, इस कमाल का गाया कि सुबह हो गई। कोई टस से मस न हुआ। उस रात मेनका ने अपनी समस्त गायन और नृत्य-कला हमारे सामने उँडेलकर रख दी।

जब गाना समाप्त हुआ तो सूरज निकल चुका था। हम सबसे विदा माँगकर जब मेनका अपने तानपुरे पर खोल चढ़ा रही थी तो उसकी आँखें भर आई थीं। शायद इतनी दाद उसे अपनी किसी बैठक में न मिली थी। नौ रात तक लगातार इतना मधुर संगीत सुनकर मेरी खुमारी की इन्तिहा न थी। ऐसा संगीत, इतना सारा संगीत एक साथ मैंने फिर कभी न सुना। बीकानेर की वे मधुर संगीतमय रातें मुझे जन्म भर याद रहेंगी।

बम्बई लौटने पर मैं मेनका से कभी न मिला, न कभी उसे बैठकों में बुलाया। ऐसा करना बीकानेरवाली स्वप्निल, सुखद स्मृतियों को छिन्न-भिन्न करना होता। इसके अलावा मैं यह भी जानता था कि गानेवालियों और रंगमंच के कलाकारों को

दिन के उजाले में देखना बहुत बड़ी भूल है। महफिल के अन्दर, रातों को, बिजली के झीने प्रकाश में देखा हुआ मेनका का व्यक्तित्व, घूँघट में अधछिपे चेहरे की तरह, मदमाता था। दिन की धूप में घूँघट हटाकर चेहरा नंगा करना मूर्खता होती।

शायद मेरी जन्म-कुंडली में इस वर्ष भ्रमण लिखा था। त्रिपुरी, बम्बई, बीकानेर के चक्कर काफी न थे। कम्पनी के शेयर बेचने के सिलसिले में मुझे और भी कई जगह घूमना पड़ा। अहोबलाचार्य निराश होकर कम्पनी छोड़कर चल दिये थे।

अपने निर्माण व्यवस्थापक (प्रोडक्शन मैनेजर) माइकल गॉर्डन को साथ ले मैं दिल्ली पहुँचा—मुगलों की राजधानी दिल्ली, प्राचीन भारत की राजधानी इंद्रप्रस्थ। मन ने एक अपना कल्पित चित्र बनाया हुआ था। दिल्ली स्टेशन के बाहर तेल, साबुन, गजकण की दवाइयों और सिनेमा की लम्बी-चौड़ी, जोरदार विज्ञप्ति देखकर मन को ठेस लगी और ऐतिहासिक स्मृतियों के आधार पर मन में गढ़ा हुआ दिल्ली का वह अनोखा चित्र यकायक नष्ट हो गया। दिल्ली शहर प्राचीन और आधुनिक वास्तुकला तथा रहन-सहन की बदनुमा खिचड़ी था। बम्बई की नियमितता, सफाई, आधुनिकता के बाद दिल्ली फीका, सुस्त, गन्दा और पिछड़ा हुआ लगा, पर फिर भी दिल्ली की अपनी अदा थी, जैसे हर शहर की होती है। किसी शहर की किसी शहर से तुलना करना व्यर्थ है।

दिल्ली में ऋषभचरण जैन मिल गए। हिन्दी में कुछ उपन्यास लिखकर साहित्यकार कहलाने लगे थे। उनकी एक-दो कृतियाँ मैं पढ़ चुका था। उनका लेखन जगह-जगह सस्ता, बेहूदा और खामखा यौनात्मक हुआ करता था। खैर, वे मेरे मित्र बन गए। आदमी शौकीन तबीयत के और रसिक थे। उन्होंने मुझे और माइक (माइकल गॉर्डन) को कुतुब मीनार, लाल किला, जामा मस्जिद, नई दिल्ली, चाँदनी चौक की खूब सैर कराई। रात को पराँठेवाली गली में एक ढाबे में ले जाकर खाना खिलाया। फिर एक कोठे पर गाना सुनाने ले गए और व्यर्थ में उस जगह किसी अपने पुराने परिचित से उलझ बैठे। दोनों में काफी घूँसेबाजी हुई। मजा किरकिरा हो गया।

दिल्ली से मैं, माइक को साथ ले, मसूरी गया। इससे पहले मैं किसी पहाड़ पर न गया था। दिल्ली की उस जून की भयानक गरमी और अंधी आँधी (धूल युक्त आँधी) के बाद मसूरी की ठंडक अत्यन्त सुखदायी थी, दृश्य और वातावरण मनमोहक थे। वहाँ रिक्शा पर मैं पहली बार बैठा। डाँडी पर भी बैठा। ये सवारियाँ बुरी लगीं, अब भी बुरी लगती हैं। आदमी ही आदमी पर सवारी करे, यह बात खटकती है। पर आदमी के आदमी पर नित ढाए जाते बेशुमार जुल्मों का मुआयना करने पर, रिक्शा और डांडी की सवारी उतनी बुरी, उतनी अमानुषी नहीं प्रतीत होती।

मसूरी में हम लोग सेवॉय होटल में ठहरे। उन दिनों (1939) नैनीताल यू.पी. (संयुक्त प्रान्त) की 'समर सीट' हुआ करता था। प्रान्त के और दिल्ली के गवर्नर, वाइसराय तथा राज कर्मचारी गरमियों में नैनीताल या शिमला जाया करते थे। राजा लोग, धनी लोग, शौकीन लोग मसूरी जाते थे, क्योंकि यहाँ उन पर नैनीताल और शिमला की तरह कोई नियंत्रण या सरकारी देखरेख, रौब-दबाव न था। उन दिनों मसूरी की स्वच्छन्दता उल्लेखनीय थी और मसूरी 'क्वीन ऑफ द हिल स्टेशंस' कहलाती थी।

'जीवन प्रभात' जैसे सफल चित्र में काम करने की वजह से अपने भ्रमण में मैं सदा जाना-पहचाना जाया करता था। मैं जहाँ जाता, लोगों की भीड़ मेरे साथ चलती। कभी-कभी अपनी एकान्तता खोने के कारण मुझे बड़ी कोफ्त होती। मसूरी में भी सेवॉय और हेकमेन के लोग मुझे पहचानकर मेरे आगे-पीछे होने लगे।

कुछ वातावरण में ही उच्छृंखलता थी। वहाँ मैं एक साथ कई युवतियों के सम्पर्क में आया। उनमें से एक इंग्लिश, एक जर्मन और एक फ्रेंच थी। इंग्लिश युवती बहुत खुशमिजाज थी। लड़कों की तरह उसके बाल छोटे कटे थे और उसकी छातियाँ भी लड़कों की तरह ही सपाट थीं। जर्मन युवती : उसकी माँ जर्मन और पिता पंजाबी थे : अक्सर साड़ी पहनती और आँखों में काजल लगाती और मेरी टेबल पर मेरे सामने बैठ, कुहनी टेबल पर रख, हथेली पर गाल टिका, मुझे ताका करती। फ्रेंच युवती सेंट की एजेन्सी बेचने भारत आई हुई थी। सदा पी हुई रहती और सबके साथ फ्लर्ट करती। एक रात वह मेरे कमरे में, जिन की बोतल लिये, नंगी घुस आई। उसे बाहर करने में मुझे माइक का सहारा लेना पड़ा। फिर माइक के साथ वह अपने कमरे में नहीं, माइक के कमरे में जा घुसी। शायद माइक भी यही चाहता था।

माइक ने कभी सेवॉय और कभी हेकपेन होटलों में खाना खाते, शराब पीते या नाचते-नाचते कई देशी-विदेशी लड़कियों की ओर इशारा करके मेरे कान में कुछ शरारत, कुछ गम्भीरतापूर्वक फुसफुसाया : 'लो, किशोर, लो, चुन लो यह लड़की, तुम्हारे उपयुक्त है।' मसूरी में इतनी सारी लड़कियाँ देखकर माइक को शक हो गया था कि मैं वहाँ अपने लिए वधू चुनने आया हूँ। शायद माइक नहीं जानता था कि मैं अपनी वधू चुन चुका था और वह उन दिनों शान्तिनिकेतन में पढ़ रही थी।

मसूरी में दूसरे ही दिन अचानक मेरी मुलाकात हरी आँखोंवाले, हँसमुख, खिलाड़ी किस्म के मेरे समवयस्क एक युवक से हुई। ये जलालपुर इस्टेट के कुँअर हरिन्द्रपाल सिंह थे। ब्रेकफास्ट करते समय जो मुझे देखकर मेरे पास आए तो जब तक मैं मसूरी ठहरा—पूरे सात दिन—उन्होंने मेरा साथ न छोड़ा। उन्हें लड़कियों की संगत पसन्द थी। वहाँ ठहरे हुए लगभग सब परिवारों को जानते थे। दिल के अच्छे थे। जलालपुर इस्टेट अलीगढ़ के बहुत पास होने के कारण हरिन्द्रपाल सिंह और प्रीति के परिवारों में जान-पहचान और मेल-जोल था। प्रीति के पिता डॉ. बदरीदत्त

पांडे अलीगढ़ के ख्यातिप्राप्त और सफल सिविल सर्जन रह चुके थे। प्रीति को मैंने अब तक रूबरू न देखा था। प्रीति की शक्लोसूरत, व्यक्तित्व तथा परिवार की कुछ जानकारी मैंने हरि से प्राप्त की। हरि को मैंने मन की बात बताई। उन्होंने तब अपने बखान को बड़े चाव से विस्तारित करते हुए मेरे लिए और भी दिलचस्प बना दिया।

मेरा वह मित्र हरिन्द्रपाल सिंह हमारे—प्रीति और मेरे—अभिसार के अवसर पर बड़ा काम आया। इसका उल्लेख आगे करूँगा।

मसूरी में बनाये हुए मेरे कुछ मित्र—युवक-युवतियाँ—मुझे छोड़ने रिक्शा स्टैंड तक आए थे। जब मैं बस में बैठकर देहरादून के लिए रवाना हुआ तो जी बड़ा उदास लग रहा था। भ्रमण में कोई शहर या स्थान उतना ही अच्छा या बुरा लगता है जितना अच्छे या बुरे वहाँ के जाने-पहचाने लोग होते हैं। जहाँ अपरिचित परिचित हो जाएँ और परिचित मित्र बन जाएँ, वह स्थान विशेष आकर्षक लगने लगता है। उसे छोड़ते हुए दिल में कसक होती है।

मसूरी से मैं लाहौर पहुँचा। जुलाई का पहला सप्ताह था। शहर भुन रहा था। माइक और मैं मेरे मित्र बी.आर. कपूर के मकान पर ठहरे। कपूर से मेरा परिचय मसूरी में ही हुआ था और वे हमें लाहौर आकर अपने यहाँ ठहरने का न्यौता देकर तीन दिन पहले ही चले आए थे।

कल मसूरी की ठंड में हम लोग काँप रहे थे और आज लाहौर की गरमी में शरीर झुलस रहा था। तापमान की यह विषमता विलक्षण थी। लाहौर में सवेरे आठ बजे से ही लू चलने लगती। बाहर कोई न निकलता और ऐसा लगता मानो सारा शहर या तो उजड़ चुका है या सो रहा है। कमरे में फर्श पर आधा इंच पानी भरकर उसपर चटाइयाँ बिछा दी जातीं। उन्हीं चटाइयों पर हम सब दिन भर बैठा या लेटा करते। कपूर ने अतिथि-सत्कार में कोई कसर न रखी थी। पर हम लोग गरमी के मारे परेशान थे। दोपहर भर हम लोग सोते, या गप्पें हाँकते। खाने में कलेजी, गुर्दा, आलू के चिप्स, तरह-तरह के स्वादिष्ट आम खाते, लस्सी पीते। शाम को अँधेरा होने पर मोटर में बैठ सैर के लिए निकलते। गरम हवा अब भी थपेड़े मारती। शालिमार बाग की सैर की। शाहदरा जाकर देखा जहाँ जहाँगीर की कब्र है। माल रोड पर एक रात ताँगे पर एक युवती को अकेले जाते देखा। थोड़ी देर बाद वही ताँगा एक मकान की ऊँची दीवार के सान्निध्य में खड़ा था और उसमें वही युवती बैठी दिखाई दी, मानो किसी का इन्तजार कर रही हो! कल्पना को पर लग गए और मुझे फौरन ही एक कथावस्तु सूझ गई। बम्बई पहुँचकर मैंने 'सिराज का सहारनपुर' शीर्षक जो लघुकथा लिखी, वह इसी कथावस्तु पर आधारित है। 'सिराज का सहारनपुर' मेरी अच्छी कहानियों में से है। यह कहानी कई-कई बार पत्रिकाओं में छप चुकी है।

मैं लाहौर में तीन दिन ठहरा। उस दौरान एक मजेदार घटना हुई। हरीन्द्रनाथ चट्टोपाध्याय ने बम्बई में कहा था कि लाहौर जाऊँ तो उनकी बहन कुमारी मृणालिनी देवी से जरूर मिलूँ। सर गंगाराम कॉलेज में वे प्रिंसिपल थीं। मेरा परिचय देते हुए बहन के लिए एक पत्र भी दिया हुआ था। लाहौर में मैं किसी महिला से न मिल पाया था। कपूर कहा करते : 'गरमी के मारे कोई बाहर नहीं निकलती फिर हर वह व्यक्ति जिसके पास पहाड़ जाने के लिए टिकट के पैसे हैं, पहाड़ चला गया है।' ऊब कम करने के इरादे से एक दिन मैंने मृणालिनी को फोन किया। सुरीली, कोमल आवाज में मुझे मिलने का आग्रह किया। मैंने कभी नहीं सोचा था कि हरीन्द्रनाथ की कोई बहन इतनी कम उम्र होगी। गले की आवाज अक्सर ही उम्र झलकाती है। चार बजे दोपहर की लू में ताँगे पर बैठकर मैं सर गंगाराम कॉलेज के लिए रवाना हुआ। छुट्टियाँ होने के कारण छात्राएँ होस्टल छोड़ अपने-अपने घर जा चुकी थीं पर मृणालिनी यहीं बनी हुई थीं।

खस की सींची हुई टट्टियों के अन्दर मृणालिनी का कमरा ठंडा था। लू में झुलसने के बाद कमरे की ठंडक अच्छी लगी। अन्दर वाले कमरे से मृणालिनी ने सुरीली आवाज में मुझे बैठने को कहा और थोड़ी देर बाद बैंगलोर की या काँचीपुरम की कत्थई रंग की रेशमी साड़ी पहने जब एक दुबली-पतली अत्यधिक साँवली प्रौढ़ा मुस्कुराती हुई मेरे समक्ष आई और उसने मुझसे हाथ मिलाया तो थोड़ी देर मैं अवाक् उसे देखता ही रह गया। इधर-उधर की बातों के बाद उसने मुझे कुछ पीने को पूछा। गरमी के मारे गला सूख रहा था।

'लस्सी या शरबत पी लूँगा,' मैंने कहा।

'मैं चाय मँगाती हूँ, चाय पीजिए,' वे बोलीं और अपनी आया को चाय लाने के लिए कहा।

चाय आने तक मृणालिनी ने बातों की झड़ी लगा दी। बात करने में मुँह कुछ अधिक ही बिगाड़ती थीं। बड़ी देर बाद चाय का ट्रे आया। मृणालिनी देवी चाय बनाने लगीं। दो चम्मन चीनी डालने के बाद उन्होंने पूछा : 'कितनी चीनी दूँ? दो या तीन चम्मच?'

'जी, दो चम्मच काफी है,' मैंने उत्तर दिया। मगर मृणालिनी ने जब तीसरा भी चम्मन डाल दिया तो मैंने कहा : 'बस, मेरे लिए तो दो काफी हैं।'

मगर अब तक मेरे प्याले में चौथा भी पड़ चुका था और पाँचवाँ भरा जा रहा था।

'बस, बस...' यकायक मेरे मुँह से चीख निकली।

अविचलित, पूरे पाँच चम्मच चीनी डाल लेने के बाद वे रुकीं और बड़े प्यार से कहने लगीं: 'लीजिए न, मैं तो कभी-कभी छः-सात चम्मच लेती हूँ।'

मैंने सोचा, अभी भी गनीमत है, चीनी घुलने से पहले ही प्याली खत्म कर दूँगा। मगर मेरी दुर्गति आज पूरी जो होनी थी। मृणालिनी देवी एक हाथ से प्याली थमा रही थीं और दूसरे हाथ में पकड़े हुए चम्मच से प्याली की चाय घोटे जा रही थीं।

उस मीठे जहर का मैंने एक घूँट ही लिया था कि उन्होंने पूछा : 'मीठी तो है? चाय ठीक है न?'

'जी, ठीक है,' मैंने कहा। 'धन्यवाद।'

लौटकर जब मैंने उस दोपहर की आपबीती सुनाई तो हँसते-हँसते कपूर और माइक फर्श पर बिछी गीली चटाई पर लोटपोट हो गये। उसके बाद घंटा भर तक मृणालिनी के पाँच चम्मच चीनी डालने के पीछे कौन-सा मनोवैज्ञानिक तत्त्व हो सकता है, इस पर बहस होती रही। मृणालिनी अब तक कुँआरी थीं। फ्रस्ट्रेशन (यौनात्मक घुटन) और बोरडम (ऊब) को माइक ने कारण बताया। कपूर ने समर्थन करते हुए फ्रायड को साक्षी पेश किया।

तीन दिन लाहौर में रहने के बाद, माइक को साथ ले, मैं बम्बई लौट आया।

बम्बई में मेरी संगत शुरू से विभिन्न वर्गों के लोगों की रही। उन दिनों मेरे मित्रों और मुलाकातियों में मेहर अली, जमनादास मेहता, अप्पा साहब पंत, अतिया बेगम, श्रीमती सबावाला, श्रीमती फीरोजा तल्यारखान, फ्रांसिस वॉटसन, रेजिनाल्ड विल्सन, भारती साराभाई, मृदुला साराभाई, उनके दोनों भाई गौतम और विक्रम साराभाई, हरीन्द्रनाथ चट्टोपाध्याय, द्वारका दास डागा, देविका रानी, अशोक कुमार, एस. मुकर्जी, सर रिचर्ड टेम्पल, आदि तथा उनके संगी-साथी, मित्र, मिलने-जुलनेवाले हुआ करते थे।

उन्हीं दिनों दुर्गा खोटे और शोभना समर्थ और मिस रोज अभिनेत्रियों से मेरा परिचय हुआ और तुरन्त ही परिचय मित्रता में परिवर्तित हो गया।

अशोक कुमार मलाड से जब कभी बम्बई आते, मुझसे मिले बिना न लौटते। कुछ महीने हुए, उनका ब्याह हो चुका था। एक दिन पत्नी शोभा को लेकर मेरे घर आए और उत्तेजित थिरकने लगे। 'किशोर, किशोर, जानते हो, मैं बाप बननेवाला हूँ।' अशोक की ये बच्चों जैसी हरकतें कभी न गईं। अधिक देर तक गम्भीर वे नहीं रह सकते, बचपना कर ही बैठते हैं। शायद इसी आदत की वजह उनके चेहरे पर इस बासठ की अवस्था में भी झुर्रियाँ नहीं पड़ पाईं और दाँत सलामत रह गए हैं।

प्रीति से मेरा पत्र-व्यवहार निरंतर चलता रहा था। दिन भर मैं मिलने-जुलने वालों और मित्रों से घिरा रहता। कम्पनी के बेढंगे, दुष्कर काम में व्यस्त रहता। रात को दफ्तर के कमरे सुनसान पड़ जाते, मेरे रहने के कमरे भी मौन रहते। रात को घर का सन्नाटा बुरा लगता। अकेलापन डसने आता। कहानियाँ लिखता, पत्र

लिखता, पढ़ता, रेडियो चलाता, भविष्य के सपने बुनता; फिर भी घुटन ही घुटन थी। एकांत और एकाकीपन मार डालते।

10 अगस्त को प्रीति का जन्मदिन था। प्रीति को मैंने अब तक न देखा था। हम दोनों एक दूसरे की तसवीरों पर रीझे थे। चाहत की चिनगारी को हमारे प्रेम-पत्रों ने हवा देकर लपटों में दहका दिया था और अब एक दूसरे से मिलने के लिए हम दोनों अधीर हो उठे थे।

11 अगस्त, 1939 को कलकत्ता मेल के सेकंड क्लास डिब्बे में बैठकर प्रीति से मिलने के लिए मैं रवाना हो गया। उन दिनों भारत में हवाई जहाज नहीं चले थे।

बम्बई से कलकत्ता 1100 मील का सफर था। शाम को गाड़ी में बैठा था। सवेरे नौ बजे गाड़ी नागपुर पहुँची। जी, माँ और भाई, बहनें, चाचा, ताई, आदि प्लेटफार्म पर मुझसे आकर मिले। मैं अपनी प्रेयसी से मिलने शान्तिनिकेतन जा रहा था, यह बात उन सबको मालूम थी। उन सबों ने मेरी सफलता के लिए मुझे शुभ-कामनाएँ दीं।

नागपुर छोड़ते ही बारिश शुरू हो गई और दिन भर पानी बरसता रहा। मेरे डिब्बे में चार बर्थ थे और यात्री, मुझे मिलाकर, कुल दो। मैं सारा समय बर्थ पर लेटा लिन युटांग की नई निकली हुई बहुचर्चित पुस्तक 'इम्पॉर्टेंस ऑफ लिविंग' पढ़ता रहा। पुस्तक वास्तव में बहुत दिलचस्प थी। पढ़कर जब आँखें थक जातीं तो मैं उठ बैठता और खिड़की के बाहर, बरसते पानी में भीगते हुए हरे-भरे, सुहाने, चलायमान दृश्य देखा करता। कुछ महीने पहले मैं बरसती आग में बीकानेर और दिल्ली और लाहौर गया था। आज बरसते पानी में कलकत्ता जा रहा था। पिछली यात्रा की वह सूखी धरती, वे खाकी खेत, वह मटमैली बालू, वह गरमी, वे लू के थपेड़े याद थे। आज की बरसातों वाली, फुहारोंवाली, हरे-भरे खेतों, नदी, नाले, ताल, पोखर वाली, मनोहारी दृश्यों वाली यह अनोखी यात्रा भी याद रहेगी, जन्म भर याद रहेगी।

एक नजर में बहुत कुछ देख लेने, भाँप लेने का मुझमें विशेष गुण है। प्रेम-यात्रा का वह सुखद वातावरण और वे सुन्दर दृश्य मेरे मानस पटल पर सदा के लिए अंकित होकर रह गए हैं। बम्बई से नागपुर, बल्कि गोंदिया तक का प्रदेश लगभग एक जैसा था। गोंदिया के बाद धरती और दृश्य में परिवर्तन शुरू हो गया। अब मैं अपनी मातृभूमि यानी छत्तीसगढ़ प्रदेश से गुजर रहा था। दोपहर को राजनांदगाँव आया। मामा जी मुझसे आकर स्टेशन पर मिले और खाने का डिब्बा उन्होंने मेरे साथ कर दिया। नानी और मामी का बनाया हुआ स्वादिष्ट खाना था। पूरियाँ थीं, गोश्त था, आलू की सब्जी थी, अचार और चटनी थी। अपने सहयात्री के साथ खाना खाया और तृप्त होकर सो गया। शाम को आँख खुली तो सक्ति स्टेशन आया और मेरे बचपन की स्मृतियाँ सजग हो उठीं। यहाँ कभी दादा जी दीवान थे। हाथी मैंने पहली बार, डेढ़ वर्ष की अवस्था में, यहीं देखा था। रात को बिलासपुर आ गया। रमेश

गुप्ता आकर मुझसे मिले। यहाँ पर वे प्रोफेसर थे। उसके बाद रात हो गई। मेघ और भी जोरों से बरसने लगा। बिजलियाँ कौंधने लगीं। भीषण गर्जना से चलती हुई गाड़ी की खिड़कियाँ काँप-काँप उठती थीं। मुझे नशा हो गया। डिब्बे का बचा हुआ खाना खाकर मैं प्रीति के खयालों में डूबता, उभरता, स्वप्नाता हुआ आखिर सो गया।

सवेरे तड़के आँख खुली तो बारिश हलकी हो चुकी थी। यह प्रदेश बिहार-बंगाल का मिला-जुला दृश्य था। समाँ सुहाना था। दामोदर नदी आई। नदी का इतना चौड़ा पाट मैंने अब तक न देखा था। कुछ काले-काले नंगे या लंगोट पहने छोकरे पैसा माँगते मील भर (शायद मील भर ही लम्बा रहा होगा, लगा तो वैसा ही था) लम्बे पुल पर धीमी गति से चलती हुई गाड़ी के साथ-साथ दौड़ने लगे और हाथ पसारकर पैसा माँगने लगे। मेरे पास चिल्लर जितना भी था, सब उछाल दिया। गाड़ी के और लोग भी—दयावान या तमाशबीन—उछाल रहे थे। पैसे, इकन्नियाँ, दुअन्नियाँ, अठन्नियाँ—कुछ जमीन पर गिरतीं, कुछ पानी में। कुछ लड़के जमीन की सम्पत्ति बटोरते और कुछ पानी में कूदकर गोता लगाते। नजारा एक साथ ही दिलचस्प और दर्दनाक था।

अब मैं बंगाल की धरती पर था। छिछले पानी में भीगी हरी-भरी धरती, धान लगे खेत, डबरे, ताल, पोखर, नाले, नालों पर बाँस के बने वे विचित्र लचीले पुल; पुल पर ताड़पत्री का छाता लगाए सांथाली युवतियों का आवागमन; खेतों के बीच दूर-दूर स्थित झोंपड़ियाँ, झोंपड़ियों के अहाते में पानी के डबरे; डबरों, तालों, नालों में सिर पर छाता ताने व्यक्तियों का एकाग्रचित्त हो छड़ी लटका मछली मारना; रेल की पटरी के किनारे बैठ परात भर चावल में ढेर-सी शोरबेदार मछली सानकर गपागप खाना; मेड़ पर बाँसुरी की तान—यही तो था वह बंगाल, बंकिमचन्द्र, रवीन्द्रनाथ, शरत्चन्द्र का बंगाल जिनकी काव्यमय साहित्यिक रचनाओं में मेरे संस्कार हुए थे।

रिमझिम बरसते हुए मेघ ने उस समस्त सुन्दर दृश्य पर दूधिया झीना परदा तान दिया था, जिससे दृश्य स्वप्नों का-सा प्रतीत होता था—स्वप्नों की तरह कृत्रिम, स्वप्नों की तरह अलौकिक। यकायक बंगाल शैली की चित्र-कला मेरे समझ में आ गई, विशेष कर बंगाल के वॉश पेंटिंग्ज। (चित्रकार प्रकृति को कागज पर चित्रित करने के बाद चित्र को बार-बार पानी से धोता और फिर रँगता जाता है, जिससे अन्त में यही स्वप्न की-सी अलौकिकता उस चित्र में पैदा हो जाती है।) आज तक बंगाल शैली के चित्रों को मैं कृत्रिम समझा करता था। उनका वास्तविक होना आज प्रमाणित हो गया।

स्कूल, कॉलेज की सारी पढ़ाई एक तरफ और भ्रमण की अनुभूतियाँ एक तरफ। विभिन्न स्थानों के अवलोकन तथा भ्रमण में विभिन्न व्यक्तियों के सम्पर्क से जो ज्ञान और अनुभूतियाँ प्राप्त होती हैं, वे किसी घर, गली, मुहल्ले, शहर,

विश्वविद्यालय के सीमित, संकुचित वातावरण में प्राप्त होना कठिन ही नहीं, असम्भव है।

लगातार और जोरों की बारिश के कारण ट्रेन हावड़ा स्टेशन काफी लेट पहुँची। हावड़ा से बोलपुर के लिए गाड़ी बदलनी पड़ती है। शान्तिनिकेतन जाने के लिए बोलपुर स्टेशन पर उतरना होता है। हावड़ा से बोलपुर 99 मील पर है, और बोलपुर से शान्तिनिकेतन दो मील पर। 'हावड़ा प्लेटफॉर्म' पर उतरते ही पता चला कि दूसरे प्लेटफार्म पर खड़ी हुई गाड़ी बोलपुर के लिए छूटने ही वाली है। मैं लपककर, बिना टिकट कटाए, उस चलती हुई गाड़ी में जा बैठा। रास्ते में जो टिकट कलेक्टर मिला, समझदार था। मेरी बात मानकर उसने कोई पेनल्टी नहीं चार्ज की और बोलपुर का टिकट काट दिया।

हावड़ा से बोलपुर तक का तीन घंटे का सफर तीन युग की तरह लगा। बोलपुर स्टेशन बहुत ही छोटा-सा स्टेशन था—दो कमरों वाला। रवीन्द्रनाथ जब कभी यहाँ से आते-जाते, स्टेशन मास्टर अपनी कुरसी उठाकर उनके लिए प्लेटफार्म पर रख दिया करता था। स्टेशन पर उतरकर जब मैं ताँगे पर बैठ रहा था तो बाजू वाली चाय की दुकान पर पंकज मल्लिक का रेकॉर्ड बज रहा था—'पिया मिलन को जाना'! मधुर उत्तेजना से मन प्रफुल्लित हो उठा और शरीर में भुरभुरी-सी होने लगी थी।

दो मील का रास्ता तय करके ताँगा तीसरे पहर शान्तिनिकेतन पहुँचा। चिट्ठी और तार द्वारा मैंने पहले ही प्रीति को अपने आने की सूचना दी हुई थी। उसने मेरे रहने के लिए गेस्ट हाउस में व्यवस्था की हुई थी। वह एक दुमंजिला पक्की इमारत थी जिसमें चार-पाँच कमरे थे। ऊपर का एक कमरा मेरे लिए 'बुक' किया गया था। मगर गेस्ट हाउस पर मुझे लेने के लिए कोई न था। वहाँ के बाबू ने मेरा नाम, पता रजिस्टर में दर्ज कर मुझे ठहरा दिया। प्रीति वहाँ न थी, न उसका भेजा हुआ कोई व्यक्ति ही था।

आज बारिश बन्द होने के कारण गरमी और उमस अधिक थी। मैंने ठंडे पानी से खूब नहाया। कपड़े पहनकर बैठक में आया तो चिमन सेठ और प्रवीण नाम के दो छात्र मेरा इन्तजार करते बैठे हुए थे। वे दोनों बम्बई के रहने वाले थे और यहाँ नृत्य सीख रहे थे। कहने लगे, मेरे आने की खबर सुनकर मिलने आए हैं। सिनेमा स्टार होने का यह फायदा जरूर है कि जहाँ जाओ, लोग पहचान जाते हैं, आगे-पीछे होने लगते हैं, आवभगत करने लगते हैं। कुछ बंगाली लड़के भी आ गए। घंटा भर बातचीत और प्रीति के आने की प्रतीक्षा के बाद, निराश होकर मैं अपने साथियों के साथ शान्तिनिकेतन की भूमि पर टहलने के लिए निकल गया। अँधेरा हो चला था। उस झुटपुटे में शान्तिनिकेतन मुझे एक अत्यन्त ही रम्य आश्रम की नाईं लगा। थोड़ी दूर पर बड़े-बड़े वृक्षों के नीचे गुरुदेव के पिता देवेन्द्रनाथ की समाधि थी। रवीन्द्रनाथ ठाकुर वहाँ 'गुरुदेव' कहलाते थे। थोड़ी-थोड़ी दूर पर ईंट या मिट्टी की बनी छोटी-

छोटी झोंपड़ियाँ थीं जिनपर फूस के छप्पर थे। उन झोंपड़ियों में छात्र रहा करते थे। कुछ अध्यापक भी रहते थे। कुछ अध्यापकों के सपरिवार रहने के लिए फुटबॉल ग्राउंड की परली और बँगलेनुमा मकान भी थे। जगह–जगह लड़के और लड़कियाँ अपनी तीन–तीन, चार–चार टोली बनाकर टहल रहे थे। लड़के कुरता–धोती या कुरता–पाजामा में और लड़कियाँ सूती धोती में थीं। किसी–किसी के पाँव में चप्पल भी न थी। सिगरेट खरीदने में जब वहाँ के छोटे से जनरल स्टोर्स में गया तो देखा, शेल्फ पर क्युटि क्युरा पाउडर के दो डिब्बे रखे हुए थे, जिन पर धूल जम रही थी। इसका मतलब था, यहाँ की छात्राएँ फ़ैशन या आधुनिक वेशभूषा के प्रसाधन का तिरस्कार करती थीं। पाउडर का उपयोग नहीं या कम करती थीं। छात्रों का यह सीधा–सादा रहन–सहन मुझे बहुत सुहाया।

आठ बजे हम लोग कैंटीन में खाने गए। छात्र–छात्राओं से कैंटीन खचाखच भरा हुआ था। प्रीति को ढूँढ़–ढूँढ़कर आँखें दुखने लगीं। कैंटीन में खाने के लिए वह नहीं आई थी। खाने में स्वाद न था। मछली की तरकारी और सब्जी में भी शोरबा अधिक पतला था। खाने के बाद, रात में चिमन सेठ और प्रवीण ने मुझे वहाँ की सैर कराई। पगडंडियों और सँकरी सड़कों पर चलते हुए वहाँ की कई झोंपड़ियों और मकानों को मैंने बाहर से देखा। वहाँ कोई करीने से लगाया हुआ बाड़ा न था। पेड़–पौधे स्वच्छंद उग रहे थे। एक पगडंडी से चलते हुए अचानक जोरों की महक आई। मैं रुक गया।

'यह सुगंध कैसी?' मैंने पूछा।

'यह स्थान 'माधवी कुंज' कहलाता है।' चिमन सेठ ने कहा। 'यह झुरमुट देख रहे हैं न आप? यह माधवी की लता है। गुरुदेव ने कभी अपने हाथ से लगाई थी। यहाँ के कई पेड़े–पौधे उन्होंने अपने हाथ से लगाए हैं।'

इससे पहले मैंने जाई, चमेली, जूही, बेला की लताएँ देखी थीं और उनकी सुगंध से परिचित था। माधवी की यह मदमाती महक अलौकिक लगी। बाजूवाली झोंपड़ी में तबला ठनक रहा था।

'यह तबला कैसा?' मैंने पूछा।

'यहाँ दो छात्र रहते हैं, संगीत भवन में संगीत सीखते हैं। प्रैक्टिस कर रहे हैं, आइए।'

हम लोग उस झोंपड़ी के अन्दर गए। एक छात्र सिर्फ बदन पर धोती पहने तबला बजा रहा था, दूसरा बनियान–धोती पहने तानपुरा के स्वर सँवार रहा था। विनयपूर्वक उन दुबले–पतले, साँवले, गरीब छात्रों ने बैठने के लिए मुझे मोढ़ा दिया। मेरे साथी चटाई पर बैठ गए। मेरा परिचय पाकर वे खुश हुए और मेरे अनुरोध पर उन्होंने अनेक गीत गाकर सुनाए। गुरुदेव की कुछ कविताएँ भी गाकर सुनाईं। भटयाली और रवीन्द्र–संगीत मैंने पहली बार 'माधवी कुंज' वाली उस कुटिया में सुना था और

सुनकर मुग्ध हो गया था। सारे गीत बंगला में थे। देविका रानी और अशोक और बॉम्बे टाकीज के अन्य बंगालियों के सहवास में मैं काफी बंगला सीख चुका था। बंगला भाषा मुझे सदा से बहुत प्रिय लगी है। मैं विश्व की मधुरतम भाषाओं में बंगला की गणना करता हूँ और समस्त बंगाल प्रान्त में मधुरतम बंगला, बंगला का मधुरतम उच्चारण, बंगला बोलने की मधुरतम शैली शान्तिनिकेतन ही में देखने को मिलती थी। शान्तिनिकेतन की बंगला-शैली में, शान्तिनिकेतन के समस्त वातावरण में महान कवि, महान साहित्यकार, महान कलाकार, महान विभूति रवीन्द्रनाथ ठाकुर व्याप्त थे, यह मैंने स्वयं देखा और अनुभव किया।

ग्यारह बजे रात को जब मैं गेस्ट हाउस लौटकर अपने कमरे में आया तो मच्छर भिनभिना रहे थे। मच्छरदानी गिराकर पलंग पर लेट गया। मैं बारह सौ मील का लम्बा सफर करके प्रीति से मिलने आया था और प्रीति का आज कहीं पता न था। यह बात मुझे रात भर परेशान करती रही।

दूसरे दिन सवेरे चिमन सेठ, प्रवीण और उसकी बहन मैना मुझसे मिलने आए। मेरे सब्र की इंतिहा हो चुकी थी। मैंने शान्तिनिकेतन आने का अपना अभिप्राय उनसे बताकर प्रीति के मेरे आने की सूचना देने और हमारी मुलाकात तय करने के लिए मेरी सहायता करने का अनुरोध किया। प्रीति को मैना जानती थी। दोनों एक ही होस्टल में थीं। अगर यह बात जाहिर हो जाए कि सिनेमा एक्टर किशोर साहू बम्बई से शान्तिनिकेतन आश्रम यहाँ की एक छात्रा प्रीति कुमारी पांडे से मिलने के लिए आया हुआ है, तो आश्रम का वातावरण दूषित होने का खतरा था, आश्रम पर कलंक लगने का डर था। इसलिए हमारा मिलन चोरी-चोरी और गुप्त रूप से ही होना चाहिए था। यह काम, यह जिम्मेदारी मैंने मैना को सौंपी। मैना ने तुरन्त जाकर प्रीति को मेरा सन्देसा पहुँचा देने की हामी भरी।

मगर घंटे पर घंटे बीत गए, प्रीति न आई। फिर चिमन और प्रवीण के साथ मैं कला भवन गया। वहाँ चित्र कला सिखाई जाती थी। मैं जानता था, प्रीति 'कला भवन' की छात्रा होने के कारण वहाँ जरूर दिखाई देगी। 'कला भवन' की छपरी में पाँच-छः चप्पलें थीं। एक जोड़ी ऊँची एड़ी के सैंडल्स थे, एक नाजुक-सी जनानी छतरी थी, और एक मर्दाना छाता जिस पर पैबंद लगा था और जिसकी एक सींक बाहर निकली हुई थी। मुझे कौतूहल हुआ। पूछने पर पता चला कि वे ऊँची एड़ी के सैंडल्स और जनानी छतरी बम्बई की श्रीमती रति खंडेलवाला (सर दिनशा पेटिट की पुत्री) की थी और वह फटा छाता मास्टर मोशाय (सुविख्यात चित्रकार नन्दलाल बोस) का था। अन्दर जाकर देखा तो चालीस-पचास छात्र-छात्राएँ चित्रकारी में तल्लीन थे यानी उनमें से बहुत-से बिना जूते-चप्पल के आए हुए थे। नन्दलाल बोस 'कला भवन' के प्रमुख थे। उनसे मेरा परिचय कराया गया। नन्दलाल बोस घर में धुला खादी का कुरता और पाजामा पहने हुए थे। उनका रंग अधिक साँवला

था। शान्त और नम्र स्वभाव के थे। ऐसा नहीं लगता था कि ग्रामीण-सा दीखने वाला यह व्यक्ति एक महान कलाकार होगा। मगर रूप और दिखावा अक्सर झूठा होता है। मैंने अपने ऑटोग्राफ बुक में कुछ लिखने के लिए उनसे निवेदन किया। उन्होंने सहर्ष ऑटोग्राफ बुक लेकर उसमें मेरे ही फाउनटेन पेन से एक प्राकृतिक रेखा-चित्र बना दिया। घुटन तो मुझे तब हुई जब यहाँ भी प्रीति न दिखाई दी। घूमता हुआ मैं लाइब्रेरी पहुँचा।

लाइब्रेरी में अचानक एक छात्रा, कमला कपूर*, मुझसे आकर मिली। कमला ने उसके बाद मुझे, गाइड की तरह, शान्तिनिकेतन अन्दर-बाहर से भली भाँति दिखाया। कमला देखने में अच्छी थी, दिल की साफ थी। कुछ ऐसी थी कि उस पर एतबार किया जा सकता था। मैंने उससे प्रीति के बारे में पूछा और मन की बातें कह दीं। सुनकर वह चकित न हुई। प्रीति की वह प्रिय सखी थी और हमारा प्रणय प्रकरण उससे छिपा न था। उसने मुझे बताया कि मेरे आने की खबर प्रीति को है। उसके पाँव में मोच आई हुई है इसलिए वह बाहर न निकल पाई। मगर आज शाम को पाँच बजे फुटबॉल मैच देखने वह जरूर आएगी और वहीं मुझसे मिलेगी। इसलिए मैं पाँच बजे फुटबॉल ग्राउंड पर जरूर उपस्थित रहूँ। मिलने-जुलने में चोरी और सावधानी बरतनी होगी। मेरे आने से एक खलबली-सी मच गई है। मैना महा कायर किस्म की लड़की है। उसने प्रीति को मेरा सन्देस नहीं दिया। मगर मैं धीरज रखूँ। शाम को जरूर मुलाकात होगी। यही बताने के लिए प्रीति ने उसे मेरे पास भेजा है।

सन्तोष की साँस लेकर मैं गेस्ट हाउस आया। बरसात आज बन्द थी। उमस इस कदर बढ़ गई थी कि दिन में मैंने तीन बार बनियान बदली और दो बार नहाया।

शाम को यथासमय मैं फुटबॉल ग्राउंड पर पहुँच गया। ग्राउंड को घेरे छात्र-छात्राएँ खेल देख रहे थे। खेल खत्म होने के पहले कमला कपूर दो अन्य लड़कियों के साथ भीड़ में से निकलकर गेस्ट हाउस की ओर जाती हुई दिखाई दी। चिमन सेठ ने उधर इशारा करते हुए कहा : 'वह देखिए, कमला कपूर के साथ प्रीति जा रही हैं।'

मैं भी साथियों को वहीं छोड़कर गेस्ट हाउस की ओर चलने लगा। आगे जाती हुई कमला ने मुझे पीछे-पीछे आते देख लिया था और इसकी खबर अपनी संगिनियों को दे दी थी मगर उन्होंने पीछे मुड़कर न देखा। बीच वाली लड़की ऊँची थी, गोरी थी। बहुत गोरी थी। उसके बाल खुले थे और कमर से डेढ़ फीट नीचे तक आ रहे थे। तीन इंच चौड़े लाल किनारे की सफेद सूती साड़ी और सफेद सूती ब्लाउज पहने थी। पाँव में चप्पल न थी। बाएँ पाँव के पंजे पर बैंडेज (पट्टी) बँधी हुई थी और वह कुछ लँगड़ाकर चल रही थी। सौ फीट के फासले पर से मैं जान गया कि वही

---

* कमला चौधरी (कपूर) आजकल इंस्टीट्यूट ऑफ मैनेजमेंट, अहमदाबाद, में डाइरेक्टर हैं।

लड़की प्रीति है। लड़कियों ने अपनी चाल जानबूझकर धीमी कर दी और जब मैं उनसे दस फीट के फासले पर पहुँचा तो प्रीति तुरन्त पलटी और लजाकर उसने मुझे नमस्कार किया। माथे पर पैसे बराबर लाल टीका दमक रहा था।

आज इस क्षण मैंने प्रीति को पहली बार देखा—अपने समक्ष, अपने इतने पास। ऐसा लगा, यह आकृति, यह सूरत मेरी जानी-पहचानी है। अन्तरात्मा ने पुष्टि की कि इस युवती को मैं सदा से, जन्म-जन्मांतर से जानता हूँ। यही है वह—मेरे सपनों की रानी, मेरी लाल परी, मेरी भावी पत्नी, मेरे बच्चों की माँ!

शायद यह नियति का विधान था कि पौराणिक और पुरातन भारतीय संस्कृति से ओत-प्रोत मुझ जैसे आधुनिक, कविहृदय, कलाकार, प्रेमी का अपनी प्रेमिका से प्रथम मिलन गुरुदेव के इस काव्यमय शान्तिनिकेतन आश्रम में ही हो। मिलन के उस क्षण में जो अनेक स्मृतियाँ, अनुभूतियाँ, भावनाएँ सहसा निखर उठीं, उन्हें शब्दों में व्यक्त करना असम्भव है। वस्तु का, व्यक्तित्व का, दृश्य का, वातावरण का वर्णन शब्दों द्वारा हो सकता है, पर भावना पूर्णतया शब्दों में व्यक्त नहीं की जा सकती, कवि के शब्दों में भी नहीं। भावना की भाषा मौन है।

प्रीति और कमला और राजेश्वरी के साथ टहलते हुए मैं गेस्ट हाउस आया। थोड़ी देर बाद प्रीति को मेरे पास अकेले छोड़कर वे समझदार सखियाँ चली गईं, प्रीति मेरे साथ घंटा भर रही। प्रेम में जबान बन्द हो जाती है। इधर-उधर की बातें हुईं। एक दूसरे को जानने-पहचानने की विशेष आवश्यकता न थी। देखते ही हम दोनों ने एक दूसरे को जान-पहचान लिया था। केवल शिष्टाचार का आवरण दूर करने के लिए कुछ अवकाश की जरूरत थी, सो आधा घंटा काफी था। चूँकि मैं दो या तीन दिनों के लिए ही आया था, जिसमें से डेढ़ दिन व्यर्थ बीत चुके थे—मतलब की बात पर जल्द ही आ जाना आवश्यक था। मैंने अपने मन की बात—इसी पहली भेंट में—कह ही दी। प्रीति लजा गई।

दूसरे दिन नौ बजे आने का वादा कर प्रीति चली गई। मैं कुछ अधिक ही आवेश और जल्दबाजी से बरता था। यह सोचकर कि शायद मैंने प्रीति को आशंकित और भयभीत न कर दिया हो जिससे अब वह न आएगी, मैं रात भर परेशान रहा। पर दूसरे दिन नौ बजे प्रीति आई। दोपहर तक साथ रही। हम लोग साथ वहाँ से डेढ़-दो मील पर स्थित श्रीनिकेतन देखने गए। श्रीनिकेतन में तरह-तरह के उद्योग सिखाए जाते थे और वह संस्था भी शान्तिनिकेतन का ही अंग थी।

देर तक एक साथ रहने से हम दोनों एक दूसरे के बहुत ही निकट आ चुके थे। एक दूसरे के बारे में, एक दूसरे के परिवारों के बारे में काफी-कुछ जान चुके थे। प्रीति पहाड़ी ब्राह्मण थी। माता इन दिनों बीमार रहा करती थीं। पिता उत्तर प्रदेश (उस समय का संयुक्त प्रान्त) में कई शहरों में सरकारी डॉक्टर रह चुके थे, और सिविल सर्जन की हैसियत से रिटायर होकर अब नैनीताल में बस गए थे। नैनीताल

में 'ग्रैंड होटल' खरीदकर अब होटल चला रहे थे। आय अच्छी थी। प्रीति के बड़े भाई केशवदत्त पांडे फौज में लेफ्टिनेंट थे। इन दिनों पूना में थे। हमारे ब्याह के लिए प्रीति के माता-पिता अनुमति न देंगे, क्योंकि मेरी जाति ब्राह्मण न होकर क्षत्रिय थी और फिर मैं सिनेमा में काम कर रहा था। अपने घरवालों और उनके विरोध का मुकाबला करने की प्रीति ने हामी भरी।

गुरुदेव से मिलने के लिए मैंने अपॉइंटमेंट माँगा था। चार बजे का समय दिया गया। शान्तिनिकेतन विद्यालय के एक प्राध्यापक, जो गुरुदेव के सेक्रेटरी भी थे, मुझे लेने गेस्ट हाउस आए। कुरता-पाजामा के ऊपर, धूप से बचने के लिए, हैट पहने हुए थे। आश्रम में वह हैट मुझे खल गया। उनका नाम अनिल चन्दा था, जो बाद में केन्द्रीय सरकार के विदेश मंत्रालय में हो गए थे।

अनिल चन्दा के साथ मैं गुरुदेव से मिलने 'उत्तरायण' पहुँचा। आजकल गुरुदेव उस पक्की दो मंजिला इमारत 'उत्तरायण' में नहीं रहते थे। वहाँ उनके बेटे, बहू, आदि रहा करते थे। उसके अहाते में बने हुए एक छोटे-से, सादे-से घर में गुरुदेव रहने लगे थे। जब मैं पहुँचा तो घर की छपरी में बेंत की बनी एक बहुत बड़ी कुरसी (जिसे मोढ़ा भी कहते हैं) पर बैठे, द्वार की ओर पीठ किए, गुरुदेव कुछ लिखने में व्यस्त थे। महीन खद्दर का सफेद ढीला पाजामा और कुरता पहने हुए थे। उनके सामने एक सादी मेज थी जिसपर फूल-पत्ती के डिजाइन वाला खद्दर का मेजपोश पड़ा हुआ था। छपरी की दीवारों से सटी अलमारियाँ थीं जिनमें पुस्तकें भरी पड़ी थीं। सारा फर्नीचर बिलकुल सादा, सस्ता और सात्त्विक था। गुरुदेव को देख मैं क्षण भर को अवाक् रह गया। इतना विशालकाय, इतना गोरा, इतना वयोवृद्ध, इतना सुन्दर, कोमल तथा आकर्षक व्यक्ति मैंने कभी नहीं देखा था।

वे लगभग 80 वर्ष के रहे होंगे। दाढ़ी और मूँछें और सिर के बाल मक्खन की तरह सफेद थे। उनकी पेंचदार सुन्दर लटें तस्वीरों में किसने नहीं देखीं! उनके हाथ और कलाइयाँ स्त्रियों के हाथ और कलाइयों की तरह मुलायम और गोल थे। उनके कान बहुत ही बड़े थे। दाएँ कान में पीला मरहम चुपड़ा हुआ था। शायद कुछ व्यथा रही हो। पन्द्रह मिनट तक मैं उनके पास रहा। जब मैंने उनसे कहा कि बीस वर्ष पूर्व मेरे पिताजी भी यहाँ आकर उनसे मिल चुके थे तो वे बहुत खुश और चकित हुए। गुरुदेव की आवाज कुछ अधिक ही पतली थी, जो शायद उनके प्रभावशाली व्यक्तित्व के अनुकूल न थी। मेरे ऑटोग्राफ बुक में उन्होंने अपने सुन्दर अक्षरों में अँगरेजी में लिखा :

'ब्यूटि नोज टु से 'इनफ'
बारबेरिजम क्लैमर्स फॉर स्टिल मोर।'

[सुन्दरता 'बस' कहना जानती है
किन्तु पशुता का सन्तोष कभी नहीं होता।]

14 अगस्त, 1939 —रवीन्द्रनाथ ठाकुर
शान्तिनिकेतन

गुरुदेव से मिलकर जब मैं लौटा तो उत्तेजित था। आज मैं विश्व की एक महान विभूति के सम्पर्क में आया था।

शाम को गेस्ट हाउस के अपने कमरे की खिड़की से मैंने देखा, मुझसे मिलने के लिए प्रीति चली आ रही है। साथ में कच्ची-पक्की दाढ़ी-मूँछवाले एक वयस्क सज्जन और कुछ छात्रों की टोली भी है। सज्जन खद्दर का कुरता-पाजामा पहने हैं। कुरते में एक ही बटन बच जाने के कारण गला और छाती काफी नीचे तक खुली हुई है। पाजामा टखने से ऊपर तक ही आता है। घुटने बाहर निकल रहे हैं। हाथ में, गांधीजी की तरह, लाठी है। छात्रों के साथ बातचीत और हँसी-मजाक करते आ रहे हैं। सज्जन दूर से आधुनिक ऋषि या साधु की नाईं प्रतीत हुए। मैं जीना उतरकर उनसे मिलने नीचे गया। छात्रों की टोली गेस्ट हाउस के बाहर ही से जा चुकी थी। अन्दर केवल प्रीति और वे महाशय आए। मैंने उन्हें नमस्कार किया।

'लीजिए, सीता को उसके राम के पास हम ले आए,' सज्जन ने मजाकिया कहा।

मैं यह वचन सुनकर स्तब्ध रह गया। गुरुदेव की तरह दीखनेवाले, उन्हीं की कुछ बिगड़ी-सी प्रतिलिपि, यह महाशय कौन हैं? और इन्हें प्रीति और मेरे परस्पर सम्बन्ध का पता कैसे लग गया?

प्रीति और मैं हँस पड़े। प्रीति ने उनका परिचय कराया। उनका नाम गुरदयाल मल्लिक था। शान्तिनिकेतन में प्राध्यापक थे। अँगरेजी तथा अन्य विषय पढ़ाते थे। सिंधी थे। कई भाषाएँ जानते और बोलते थे। गांधी जी के शिष्य और अनुयायी थे। गुरुदेव उन्हें गांधी जी से माँगकर अपने आश्रम में लाए हुए थे। बंगाली प्राध्यापकों के बीच भी मल्लिक जी का अपना विशेष स्थान था। गुरुदेव के अत्यन्त निकटवर्ती थे। छात्र-छात्राओं के प्रिय थे और आश्रम में उनका मान एवं प्रतिष्ठा थी। शाम के उस सुहावने समय में मुझे मल्लिक जी अकस्मात् वाल्मीकि-से लगे और दिल से आवाज आई कि प्रीति और मेरे प्रेम प्रकरण में जो पेंच पड़ गया है, इस गुत्थी को सुलझाने में मल्लिक जी का सहयोग अनिवार्य होगा।

जब थोड़ी देर बाद मल्लिक जी चले गए तो मैंने प्रीति से पूछा : 'मल्लिक जी को हमारी बात का कैसे पता चला?'

'पता नहीं,' प्रीति ने आश्चर्यचकित उत्तर दिया।

'तुमने कभी उनसे मेरे बारे में कुछ कहा था?'

'नहीं तो।'

'हमारे पत्र-व्यवहार की उन्हें खबर है?'

'नहीं, सिवाय कमला और राजेश्वरी के और कोई नहीं जानता।'

'तुम उनके साथ यहाँ कैसे आईं?'

'मैं अपने होस्टल से तुम्हारे पास आने को निकली थी। रास्ते में मल्लिक जी मिल गए, पूछने लगे : कहाँ जा रही हो इतनी जल्दी-जल्दी?—मैंने कहा : किशोर साहू आए हुए हैं। गेस्ट हाउस में ठहरे हैं। उनसे मेरे परिवार की पुरानी जान-पहचान है। उन्हीं से मिलने जा रही हूँ।—तो कहने लगे : चलो, मैं भी चलता हूँ वहाँ तक।'

मैं चकित था।

'फिर उन्होंने मुझे राम और तुम्हें सीता कैसे कह दिया?'

प्रीति लजा गई।

'इसका मतलब है कि मल्लिक जी हमारे पारस्परिक सम्बन्ध को ताड़ गए हैं?'

'शायद। मालूम तो ऐसा ही होता है।'

और प्रीति हँसने लगी।

उस शाम प्रीति ने सुझाया कि हम अपनी बात मल्लिक जी से साफ-साफ कह दें, उनसे राय लें, उनसे सहायता माँगे। मल्लिक जी प्रीति के पिता को जानते थे। सुझाव मुझे पसन्द आया।

दूसरे दिन सवेरे हम दोनों मल्लिक जी की कुटिया पर गए। दिल खोलकर उनसे सारी बातें कह दीं। प्रीति के माता-पिता के घोर विरोध की संभावना भी बताई। मल्लिक जी ने अपनी पूरी सहानुभूति दिखाई और डॉ. साहब (प्रीति के पिता) को चिट्ठी लिखकर, धीरे-धीरे हमारे ब्याह के लिए उनसे अनुमति प्राप्त कर लेने की आशा दिलाई। हम दोनों ने सन्तोष की साँस ली और गेस्ट हाउस लौट आए।

उस दिन दोपहर को साढ़े चार बजे प्रीति से बिछुड़कर जब मैं ताँगे पर सवार हो गेस्ट हाउस से निकला तो हमारे चेहरे मुस्कुरा रहे थे पर आँखें छलछला उठी थीं। दूर तक, जब तक ताँगा फाटक के बाहर आकर सड़क पर मुड़ न गया, हम एक दूसरे को टकटकी बाँधे देखते रहे। ऐसा लग रहा था मानो मेरा आधा शरीर कटकर अलग हो गया है और उस आधे शरीर को यहीं छोड़े जा रहा हूँ! मन उदास हो गया। गाड़ी के डिब्बे के एकांत में मैं रो पड़ा था।

कलकत्ता पहुँचकर रात वहाँ ठहरा। कलकत्ता शहर में पहली बार आया था। शहर देखने को जी न हुआ। दूसरे दिन मेल से बम्बई के लिए रवाना हो गया। इस लौटती बार खिड़की के बाहर की वह रम्य दृश्यावलियाँ मुझे बहला न सकीं। प्रीति की वह भोली मुस्कान, वह बड़ा भारी ढीला जूड़ा, वह लम्बे केश, वह पैसे बराबर लाल टीका, वह मोच खाया हुआ पट्टी बँधा पाँव, बायें हाथ की कलाई पर बँधी

वह जनानी नाजुक-सी घड़ी, दायें हाथ में खनखनाती हुई वे चूड़ियाँ और दो दिन तक साथ बिताई हुई वे सुखद घड़ियाँ मुझे रह-रहकर याद आती रहीं। भुलाने के सतत अनेक यत्न करने पर भी याद आती रहीं और इस तरह अपनी मीठी यादों की हाला से मदहोश, बर्थ पर पड़ा पड़ा या खिड़की से बाहर को बेखबर, बेसुध, ताकता हुआ, मैं यात्रा तय कर रहा था।

बिलासपुर स्टेशन पर रमेश गुप्ता मुझसे मिलने आए। मेरे लौटने का दिन और गाड़ी पहले ही तय हो चुके थे। रमेश को देखकर मुझे होश आया। रमेश ने गाड़ी के उस थोड़ी देर के ठहराव में मुझसे मेरी बात पूछी। प्रीति की ओर से 'हाँ' पाकर मैं लौट रहा था, यह सुनकर वे खुश हुए और अपनी बात कहने को प्रोत्साहित भी। उन्होंने अब अपने मन की बात कही। मेरी छोटी बहन इंदु और उनमें परस्पर प्रेम हो गया है, यह बात मुझसे बताई और मेरी राय और अनुमति माँगी। मैंने रिश्ता सहर्ष स्वीकार कर लिया और उन्हें आश्वासन दिया कि नागपुर स्टेशन पर जी और माँ से बात छेड़कर उनकी स्वीकृति दिला दूँगा। वे खुश-खुश विदा हुए।

मामा जी राजनांदगाँव स्टेशन पर मुझसे आकर मिले। मिल से आज उन्होंने आधे दिन की छुट्टी ली हुई थी। खाने का एक और डिब्बा साथ लाए थे। राजनांदगाँव से डोंगरगढ़ तक हम दोनों ने साथ सफर किया और साथ ही खाना खाया। डोंगरगढ़ में मामा जी दोनों खाली डिब्बे लिए उतर पड़े।

शाम को नागपुर आया। जी, माँ और परिवार के अन्य लोग स्टेशन पर आकर मेरे डिब्बे में मेरे पास गाड़ी ठहरने तक रहे। मैंने प्रीति के बारे में सारा हाल कह सुनाया। वे बहुत खुश हुए और उन्होंने मुझे बधाइयाँ दीं। रमेश और इंदु के सम्बन्ध की मैंने बात बताई। उन्होंने रिश्ता सहर्ष स्वीकार कर लिया।

नागपुर स्टेशन से जब गाड़ी चली तो एक बार दिल धड़क उठा। मैं फिर अपने अनिश्चित, अज्ञात भविष्य की ओर चला जा रहा था। पर जन्मजात आशावादी होने के कारण मन तुरन्त ही प्रफुल्लित हो उठा। अपनी इस कलकत्ता-शान्तिनिकेतन यात्रा में कितनों से कितना कुछ अपनत्व और प्यार पाया था, कितनी सहानूभूति और सहायता पाई थी, कितना आशीर्वाद पाया था, यह सोचकर दुनिया अच्छी लगने लगी। दुनिया के लोग अच्छे लगने लगे। दुनिया अच्छी लगने का विशेष कारण यह भी था कि दुनिया में—मेरी दुनिया में—मेरी हृदयेश्वरी प्रीति बसती थी।

बम्बई लौटकर दूसरे हफ्ते ही मैं पूना जाकर प्रीति के बड़े भाई लेफ्टिनेंट केशव दत्त पांडे से मिला। उनकी शक्लोसूरत में प्रीति की कुछ झलक थी। उनसे मैंने दिल की बात कह दी और शान्तिनिकेतन जाकर प्रीति से मिल आने की बात भी कही। यह भी कहा कि प्रीति ने ही मुझे उनसे मिलने को कहा है। प्रीति का पत्र उनके

पास आ चुका था और वे हमारे परस्पर प्रेम की बात जानते थे। उन्होंने खुद कोई एतराज न किया लेकिन माता-पिता की अनुमति पाना मुश्किल बताया। तब भी वे अपनी ओर से उन्हें समझाने और राजी करने का प्रयत्न करेंगे, ऐसा उन्होंने मुझे आश्वासन दिया। मुझे कुछ सन्तोष हुआ।

माइक (माइकल गॉर्डन) ने एक दिन सहसा बताया कि एक बर्मीज लेडी डॉक्टर के साथ बर्मा में वह गुप्त विवाह कर चुका था और वह युवती बम्बई आई हुई है। इस खुशी में मेरे मित्र निमी हून, जो उन दिनों रेलवे में उच्चाधिकारी हुआ करते थे, ने अपने घर डिनर रखा। निमी को खिलाने और पिलाने का बड़ा शौक था। शौक और भी थे। उनके घर खाना बहुत ही अच्छा बनता था। उनकी डिनर पार्टियों की विशेषता यह थी कि पार्टी में सिर्फ पुरुष हुआ करते और चर्चा का विषय होता स्त्रियाँ।

द्वितीय महायुद्ध छिड़ चुका था। खबर मिली कि बॉम्बे टॉकीज के चारों जर्मन कर्मचारियों को अँगरेज सरकार बन्दी बनाकर किसी अज्ञात स्थान को ले गई है।

फ्रांसिस वॉटसन अचानक एक दिन मेरे ऑफिस (जो मेरा घर भी था) आया। कहने लगा कि खजुराहो के प्राचीन मन्दिर देखकर लौट रहा है और वह हफ्ता भर बम्बई ठहरेगा मेरे साथ ही। मुझे खुशी हुई। अपनी अटैची केस में से फोटो की एक गड्डी निकालकर ताश की तरह उसने मेरे सामने मेज पर बिखेर दी। वात्स्यायन का रतिशास्त्र मेरी आँखों के सामने उघड़ पड़ा। "3×5" के लगभग 50 फोटो थे।

'यह सब क्या है?' मैंने विस्मित हो पूछा।

'खजुराहो के मन्दिरों पर की शिल्पकला।'

'मगर ये मन्दिर हैं कहाँ?'

'खजुराहो में।'

'और खजुराहो कहाँ है?'

'भोपाल के पास।'

मैंने तब तक खजुराहो का नाम नहीं सुना था। तब कइयों ने नहीं सुना था और यह अँगरेज, जिसे छः महीने भी भारत आए नहीं हुए, जानता है कि हमारे देश में खजुराहो के प्राचीन मन्दिर भी हैं जिनके स्तंभ और दीवारों पर यौन तथा रतिक्रीड़ा शिल्पित हैं। वाकई हम भारतवासी बड़े अंधे और मूढ़ हैं। हमें हमारी ही विशेषता,

हमारी ही सम्पदा दिखाने के लिए सदा एक फिरंगी चाहिए, मैंने सोचा। अपनी जहालत पर खीज हुई।

तब से कई यूरोपियनों और अमरीकनों ने भारत आकर अपने कैमरे से खजुराहो, कोणार्क, अजंता, एलोरा, बेलूर, मीनाक्षी, चिदम्बरम तथा अन्य प्राचीन मन्दिरों, देवस्थानों, गुफाओं के फोटो खींचकर उन पर बड़े-बड़े ग्रन्थ लिख डाले हैं। मानना पड़ेगा कि खोज और संशोधन-कार्य में विदेशी अब तक तो अग्रसर रहे हैं।

सितम्बर की गरमी और उमस में फ्रांसिस मेरे घर परेशान रहता। घर में सिर्फ लंगोट की तरह छोटा जाँघिया पहनकर रहता। उसी में रात को सोता भी। नहाने में बड़ा समय लगाता और जब बाथरूम से बाहर आता तो साबुन की झाग बदन पर जगह-जगह लगी हुई होती, जिसे वह तौलिये से रगड़कर सुखाता रहता। देर तक उसके बदन से लाइफबॉय साबुन की बू आती रहती। न जाने ये विदेशी हमारे पानी से इस कदर घबराते क्यों हैं? भारत का पानी पीने से हैजा हो जाता है। अगर पीना ही है तो उबालकर पियो वरना सोडावाटर पियो। सबसे अच्छी गरम चाय। जितने किटाणु पानी में हों, सब मर जाते हैं। माइक मच्छरों से बड़ा घबराता था। हर दो-चार दिन के बाद मच्छर काट खाने से परेशान और भयभीत हो वह मेरे पास आकर अपनी उँगली, या हाथ, या पाँव या पीठ या माथे को खुजलाता हुआ कहता : 'डॉक्टर को दिखा आऊँ?' और मैं हँस पड़ता। बाद में माइक अपने पास टिंक्चर आयोडीन की एक छोटी-सी शीशी रखा करता। मच्छर काटते ही फौरन उस जगह टिंक्चर आयोडीन चुपड़ लेता।

घर की नौकरानी फर्श और बाथरूम साफ करने के लिए फिनाइल का इस्तेमाल करती थी। फ्रांसिस नहाने जाने लगा तो मैंने उसे फिनाइल की बोतल पकड़ा दी। वह ताज्जुब-भरी निगाह से मुझे ताकने लगा।

'हमारे पानी के कीड़े लाइफबॉय सोप से नहीं मरेंगे,' मैंने कहा। 'नहाने के पानी में थोड़ी फिनाइल भी मिला लो।'

फ्रांसिस बहुत कटा, फिर बोला : 'अच्छा, किशोर, यह तो बताओ, तुम इतनी छोटी बालटी में बैठकर उतने-से पानी से कैसे नहा लेते हो?'

ताज्जुब अब मुझे हुआ। 'क्या तुम बाल्टी में बैठकर नहाते हो?' मैंने पूछा।

'नहीं, उतने छोटे बर्तन में मैं तो नहीं बैठ सकता।'

'फिर कैसे नहाते हो?'

'इस स्पंज (हाथ-मुँह-बदन रगड़ने का छोटा तौलिया) के सहारे। इसे पानी में भिगोकर बदन पोंछ डालता हूँ।'

मैंने मन में कहा : उल्लू का पट्ठा! जाहिरा उससे कहा : 'मैं तुम्हें नहाते देखना चाहता हूँ।'

'आओ, दिखाता हूँ।'

मैंने उसे नहाते देखा। बालटी का पानी उसने साबुन और शरीर के मैल से गन्दा कर दिया। बाद में वही बचा हुआ गन्दा, झागवाला पानी बालटी उठाकर सिर पर डाल लिया और तौलिये से शरीर पोंछने लगा। उसकी मूढ़ता और बेबसी पर मुझे हँसी आ गई।

'अब तुम दिखाओ नहाकर,' उसने कहा।

मैंने बालटी धोई, उसमें पानी भरा और चौकी पर बैठकर मग से पानी लेकर शरीर पर डाला, साबुन मला, और कई मग पानी सिर पर डालकर साबुन की झाग धो निकाली। जब मैं अपना साफ़-सुथरा गीला शरीर तौलिये से पोंछ रहा था तो फ्रांसिस चकित, आँखें फाड़े, मुझे घूर रहा था।

उस रात बैठकर उसने लंदन के अपने एक मित्र को सात पृष्ठ की चिट्ठी लिखी जिसमें यह बताया कि भारतीय केवल एक बाल्टी पानी से किस आसानी से स्वच्छ स्नान कर लेता है।

फ्रांसिस वॉटसन का मिलना-जुलना ऊँचे और धनी और आधुनिक परिवारों से हुआ करता था। फ्रांसिस ने इन परिवारों से मेरा परिचय करा दिया। कुछ युवतियों से मेरी मित्रता हो गई। दिन भर के काम के बाद अब मेरी शामें अक्सर सिनेमा देखने, जुहू, मड, मारवे, एलिफ़ेंटा के सैर-सपाटे, डिनर पार्टियों में गुजरने लगी।

भारती साराभाई से मेरी अच्छी मित्रता थी। मैंने कई बार उनके घर उनके परिवार के साथ डिनर खाया। भारती के पिता करोड़पति थे। उनकी मिलें थीं। भारती की बड़ी बहन मृदुला और माता गांधी जी की अनुयायी ही नहीं, भक्त थीं। मृदुला सदा खद्दर पहनतीं और कई बार अपने ही पिता की मिलों पर पिकेटिंग कर चुकी थीं। फिर भी रात को वे पिता के और परिवार के अन्य जनों के साथ टेबल पर खाने बैठा करती थीं। साराभाई का परिवार, सिवा माँ के, बहुत ही आधुनिक था। भाई गौतम और विक्रम विलायत से डिग्रियाँ लेकर लौटे थे। सुशील और होनहार थे। डॉ विक्रम साराभाई* अब ऍटमिक एनर्जी कमिशन के चेयरमैन थे।

भारती के साथ मेरी मित्रता को मेरे मित्र संदिग्ध दृष्टि से देखने लगे, फ्रांसिस भी। प्रीति से अपने अखंड प्रेम की बात मैंने भारती से कहकर उन्हें सचेत कर दिया था। अच्छा किया था। बाद में बेकार गलतफहमियाँ और मनमुटाव होने की सम्भावना न रही। हम दोनों सामाजिक, राजनीतिक, साहित्यिक, कला, जीवन, आदि तमाम विषयों पर दिल खोलकर घंटों बातें किया करते थे।

एक और युवती—जिसे मैं रति पारिख का कल्पित नाम दूँगा—से मेरी मित्रता थी। रति के एक मात्र भाई कांति—यह नाम भी कल्पित है—को फ्रांसिस विलायत से जानता था। रति के पिता आयात-निर्यात का धन्धा करते थे, लखपति थे।

---

* 30 दिसम्बर, 1971 के प्रात: हृदयगति बन्द हो जाने से त्रिवेन्द्रम में उनका देहान्त हो गया।

आधुनिक परिवार था। फ्रांसिस को रति से कुछ प्यार-सा हो गया था, जैसा कि एक विदेशी को एक भारतीय युवती से होना सम्भव है। मगर रति और मेरी मित्रता विचित्र रूप ले रही थी। मेरे एकांतवास की बोरियत दूर करने में रति का साथ योग दे रहा था। प्रीति के प्रति मेरे भाव जानते हुए भी वह मुझसे उलझ रही थी, मुझे उलझा रही थी। मगर आसक्त प्रेमी अन्य स्त्रियों के लिए, चाहे वे कितनी ही सुन्दर, आकर्षण, धनी क्यों न हों, बेकार होता है। दिल पर मेरा काबू न था। दिल मैं प्रीति को दे चुका था। साहिर का एक शेर याद आता है :

'वह अफसाना जिसे तकमील तक लाना न हो मुमकिन,*
उसे इक खूबसूरत मोड़ देकर छोड़ना अच्छा।'

मैंने रति को परिस्थिति समझाई। वह कुछ समझी, कुछ नहीं समझी। पर मुझसे दूर रहना उसने स्वीकार कर लिया। विक्टोरिया गार्डन में मुझसे वह अन्तिम बार मिली थी। जब उसने विदा ली, उसकी आँखें रो-रो कर सूज गई थीं। अगले हफ्ते वह कश्मीर चली गई। तब से आज तक मेरी उससे भेंट नहीं हुई, न कभी पत्र- व्यवहार ही। कुछ वर्ष बाद उसने ब्याह कर लिया। सुना, पति व्यसनी और दुराचारी निकला। इससे ज्यादा मैंने और कुछ नहीं सुना, न और कुछ जानने की कोशिश ही की।

मेरे जीवन में आज तक अनेक युवतियाँ आई हैं। युवतियों से मैं सदा घिरा रहा हूँ। पुरुषों की अपेक्षा स्त्रियों की संगत मुझे सदा ही अधिक पसन्द रही है। मगर बुद्धू या बेवकूफ किस्म की औरतों से मुझे बड़ी कोफ्त होती है। सूरत के साथ जब तक सीरत और दिमाग का समन्वय न हो, औरत बोर बनकर रह जाती है। केवल यौन (सेक्स) भयंकर बोरियत है। स्त्री-पुरुष प्रसंग में अत्यन्त महत्त्वपूर्ण और रोचक स्थान मैं रति क्रीड़ा को नहीं, उससे पूर्व की, प्रथम मिलन से लेकर प्रेमोन्मत्त होने तक की भावनायुक्त सुखद घड़ियों को दूँगा। नारी का सबसे बड़ा आकर्षण उसकी सूरत ही नहीं है, उसके विचार, उसकी कल्पना, उसकी अदा, उसकी वाणी, उसके शरीर के अन्य अंग भी हो सकते हैं। स्त्री-पुरुष का परस्पर प्रेम सदा ही यौनात्मक नहीं हुआ करता। प्रेम मानसिक और अछूता भी हो सकता है, यद्यपि यह कहना मुश्किल है कि ऐसे प्रेम में यौन-भावना बिलकुल ही लापता रहती है। शायद नहीं रहती। मानव के अन्तरतम की परतों का रहस्य तो मनोवैज्ञानिक भी न बता सकेंगे। मगर स्त्री-पुरुष के बीच मानसिक, अछूती मित्रता का स्थायी तौर पर होना सम्भव है। ऐसी स्थायी, अछूती मित्रता मेरी अनेक युवतियों के साथ रही है।

लड़कियों को अपनी ओर आकर्षित करने का मुझे शुरू से खब्त था। जिस तरह मुझे सदा खयाल रहता था कि मुझसे मिलने वाले सारे पुरुष मुझे अच्छा समझें और

---

* समाप्ति।

मेरी इज्जत करें, उसी तरह मन में इच्छा रहती थी कि जान-पहचान की सुन्दर स्त्रियाँ मुझ पर रीझ जाएँ। मुझसे प्रेम करने लगें। इस दिशा में तरह-तरह के यत्न करता और सदा सफल होता। तकलीफ पीछे हटने में होती थी और इस आदत ने आगे चलकर एक बार मेरा प्रायः सर्वनाश ही कर डाला था। तभी से इस बुरी आदत से मैंने काफी हद तक छुटकारा पाया है। किसी मासूम के दिल से खेलना क्रूरता है। इसमें दोनों दुखी होते हैं।

शान्तिनिकेतन से मल्लिक जी का पत्र आया जिसमें उन्होंने लिखा था कि डॉक्टर पांडे (प्रीति के पिता) प्रीति से मिलने शान्तिनिकेतन आए थे। प्रीति को उन्होंने मेरी ओर से विमुख करते हुए काफी फटकारा है। उन्हें हमारा सम्बन्ध मान्य न था, आदि पढ़कर मैं उदास हो गया।

दूसरे दिन की डाक से प्रीति का पत्र भी मिला। उसने भी वही बात लिखी थी पर अन्त में मुझे अपने असीम प्रेम का आश्वासन देते हुए आशा दिलाई थी और अधीर न होने के लिए विनती की थी।

इसके एक महीने बाद मल्लिक जी कार्यवश बम्बई आए। मुझसे मिले, मिलकर मुझे हिम्मत बँधाई, आशा दिलाई और फिर गांधी जी से मिलने वर्धा चले गए।

मैं अपनी बेबसी और बेचैनी कम्पनी के काम में व्यस्त होकर भुलाने लगा।

बिहार के एक साधारण लेखक, अनूपलाल मंडल, के साधारण हिन्दी उपन्यास 'मीमांसा' के फिल्मीकरण के अधिकार मैंने खरीद लिये और उस पर पटकथा लिखने बैठ गया। उपन्यास की कथावस्तु मुझे भा गई थी। हरीन्द्रनाथ चट्टोपाध्याय मेरे दफ्तर अक्सर ही गप्पें लगाने आया करते थे। चित्र-निर्माण का काम शुरू होते देख उन्होंने चित्रपट कथा लिखने का दायित्व उन्हें सौंपे जाने का सुझाव दिया। अपनी तारीफ अपने मुँह करने में वे तब भी प्रवीण थे। मैं उस समय चौबीस वर्ष का युवक था। मैं उनकी बातों में आ गया और उनसे अनुबन्ध करना चाहा। पर पटकथा लेखन का पारितोषिक उन्होंने 40,000 रुपये माँगा। यह सुनकर मैं अवाक् रह गया। रूस से लौटे हुए लोकतंत्रवादी, पांडिचेरी आश्रम में रहकर योगी अरविन्द घोष की संगत किए हुए अल्पसन्तोषी, नाटककार, गीतकार, कवि ने आज मुँह खोला था। मैंने अपनी और कम्पनी की आर्थिक असमर्थता बताते हुए पारितोषिक की राशि कम करने का अनुरोध किया। पर हरीन्द्रनाथ, मेरे मित्र हरिन, टस से मस न हुए और यह कहकर चले गए कि पटकथा लेखन उन जैसे विशेषज्ञ का ही काम है, मुझ जैसे अबोध, अनाड़ी और नौसिखिए के बूते की बात नहीं। मुझे उन दिनों कम्पनी से 500 रुपये मासिक मिलते थे। 100 रुपये देकर मैंने कहानी खरीदी थी। 40,000 रुपये पटकथा लेखन की कीमत देना (और माँगना भी) केवल पागलपन

था। इसकी चौथाई कीमत भी तब के किसी पटकथा लेखक को नहीं दी गई थी। मैंने खुद उपन्यास 'मीमांसा' का मुक्त रूपान्तर कहानी में किया और फिर उस पर पटकथा लिखने बैठ गया। कथा का नाम मैंने 'बहूरानी' रखा और चित्र-निर्माण की तैयारियाँ जोरों से शुरू कर दीं।

हरीन्द्रनाथ जो मेरे दफ्तर से गए तो उसके बाद बरसों तक मुझे न मिले। अगले महीने जहाँगीर हॉल में उन्होंने अपने तीन नाटक प्रस्तुत किए, पर मुझे आमंत्रित न किया। मैं और द्वारका टिकट कटाकर देखने गए। नाम बड़ा, दर्शन छोटा। वे नाटक कम और धूमधाम, गड़बड़ घोटाला अधिक थे। जब गैलरी के प्रेक्षकों ने चिल्लाना और स्टेज पर पैसे फेंकना शुरू किया तो हरीन्द्रनाथ नाटक बन्द कर तुरन्त ही फिल्मी गीत गाने बैठ गए। उस रात उन्होंने 'द पैरेट' नाटक भी खेला था। वह नाटक मैं अपने कॉलेज में खेल चुका था। मेरा अभिनय हरीन्द्रनाथ के मुकाबले कहीं अच्छा था। द्वारका ने मेरी राय की पुष्टि की।

मैं कभी सोचा करता कि हरीन्द्रनाथ ने पटकथा लेखन की इतनी अधिक कीमत मुझसे क्यों माँगी थी। शायद इसलिए कि सारी जिन्दगी कवि बने, पैसे का तिरस्कार करते, उन्होंने चकल्लस में बिताई थी। जिन्दगी की जरूरियात पूरी न कर सकने के कारण कुंठित रहे और अब अचानक पैसा कमाने को अवसर देख लोभ कर बैठे, जैसे सोने के अंडों के लोभ में शेख चिल्ली ने मुर्गी ही काट डाली थी। मगर यह जरूर कहूँगा कि हरीन्द्रनाथ चट्टोपाध्याय उच्चस्तरीय और प्रतिभाशाली कलाकार हैं। अब हम मित्र हैं। वे कभी-कभी मेरे बँगले 'वाटिका' आते हैं और मेरे बच्चों के साथ बच्चा बनकर खेलते हैं, गाने सुनाते हैं, कई तरह का अभिनय करके दिखाते हैं।

जब मैंने इंटरव्यू के लिए कलाकारों को दफ्तर में बुलाया, तो लम्बी-चौड़ी मेज के पीछे मुझ जैसे कम उम्र लड़के को देख वे मुस्कुरा पड़े। वे लोग सफेद बालों वाले, मोटे पेट वाले, अधेड़ उम्र के पान चबाते निर्माताओं को देखने के आदी थे—स्टेट एक्सप्रेस सिगरेट पीते हुए, सूट-बूट धारी कॉलेज युवक के नहीं। इशारा समझ मैंने फौरन ढीले-ढाले सूट पहनने शुरू कर दिए और आँखों पर चश्मा लगाने लगा—जीरो नम्बर। इस उपाय ने मेरी उम्र में कुछ वर्ष जोड़ दिए और मैं अब एक चपल छोकरे के बजाय गम्भीर युवक दिखने लगा।

अन्त में मैंने कलाकारों एवं तकनीशियनों को अनुबन्धित किया और फिर चित्र-निर्माण करने की सन्धि हाथ आई थी। चित्र की कमजोरियों के लिए मैंने सदा दिग्दर्शक को ही दोष दिया था। बहुतेरे दिग्दर्शकों में कितनी ही कमजोरियाँ थीं, कितने ही दोष थे। मैं एक ऐसे दिग्दर्शक की खोज में था जो अपनी कला में निपुण हो, श्रेष्ठ हो। पर ऐसा कोई दिखाई न दिया। तब मैंने तय किया कि अपने चित्र 'बहूरानी' का दिग्दर्शन मैं खुद करूँगा। कुशल दिग्दर्शक बनने की

अभिलाषा मेरे अन्दर सदा से थी। सक्रिय अभिलाषा ही शायद महत्त्वाकांक्षा कहलाती है।

लेकिन मेरे फाइनेंसर मित्र द्वारका दास डागा ने मेरे इस प्रस्ताव का विरोध किया। उनका विरोध एक आशंका पर आधारित था। उन्होंने सोचा, कोई वितरक एक नए रंगरूट दिग्दर्शक का चित्र खरीदने पर राजी न होगा। ठीक ही सोचा। उनका विरोध अनुचित न था। तब मुझे दूसरी युक्ति सूझी। मैंने अपने चित्र सम्पादक जुन्नरकर तथा चरित्र नायक मुबारक को सहदिग्दर्शक नियुक्त किया और यह बात साफ कर दी कि वे दोनों नाम के दिग्दर्शक रहेंगे, वास्तव में चित्र का दिग्दर्शन मैं खुद करूँगा।

अब मैंने रहने के लिए शिवाजी पार्क में, समुद्र तट पर, एक फ्लैट किराए पर ले लिया और उसमें रहने चला गया। इस मकान का नाम भी 'गजदर हाउस' था और इसका मालिक मेरे दफ्तर वाली इमारत का मालिक ही था। मेरा फ्लैट दूसरी मंजिल पर था। पहली मंजिल पर सिने अभिनेत्री लीला चिटनिस रहती थी। बाम्बे टॉकीज के पिछले सफल चित्र 'कंगन' में अशोक कुमार के साथ नायिका की भूमिका में आकर वह ख्याति के शिखर पर पहुँची हुई थी।

मेरे माता-पिता छोटी बहनें और छोटे भाई विजय को लेकर मेरे पास बम्बई आ गए और मेरे साथ फ्लैट में रहने लगे। बम्बई में पहली बार अपने घर माँ के हाथ का खाना खाकर लगने लगा, मैं बम्बईवाला हो गया हूँ, बम्बई में बस गया हूँ।

चौबीस वर्ष की अवस्था में मैं 'दि इंडिया आर्टिस्ट्स लि. कम्पनी' का मैनेजिंग डाइरेक्टर बना हुआ था। 'बहूरानी' चित्र का निर्माता था। चित्र में हीरो की भूमिका करने जा रहा था। साल भर का सतत अथक प्रयत्न और मेहनत सफल हुई थी। मैं उत्तेजित और प्रफुल्लित था।

3 जनवरी, 1940 के दिन 'बहूरानी' की शूटिंग आरम्भ हुई। उस दिन मैं दो वर्ष बाद मेकअप करके कैमरे के सामने आया था। चित्र में मेरे साथ नायिका के रूप में अनुराधा और मिस रोज थीं। चित्र का मुहूर्त धूमधाम से आयोजित किया गया था। बम्बई के प्राय: सब निर्माता पधारे थे। हिमांशु राय को मैंने स्वयं जाकर निमंत्रण दिया था पर वे न आए, न बॉम्बे टॉकीज के किसी व्यक्ति को आने दिया। एक नवागंतुक फिल्म निर्माता की छोटी-सी सफलता पर भी एक प्रतिष्ठित फिल्म निर्माता ईर्ष्या से किस प्रकार जल-कुढ़कर रह जाता है, यह उस दिन मेरे चित्र के मुहूर्त पर साफ दिखाई दे गया।

फिल्म उद्योग में निर्माता की हैसियत से मेरे सहसा आगमन ने एक खलबली मचाई हुई थी। फिल्म उद्योग में चित्र-निर्माण शैली में मैं क्रांति पैदा करने जा रहा था। मैंने बड़े-बड़े लेख लिखे हुए थे कि अपनी फिल्म में गाने न दूँगा, ऐसा करूँगा, वैसा करूँगा, किन्तु निर्माता के दायित्व के भार तले दबी मेरी आँखें भी चित्र की

व्यावसायिक सफलता (बॉक्स ऑफिस) पर केन्द्रित हो गईं और मैंने लाचार होकर अपनी मान्यताओं, निष्ठाओं से काफी हद तक समझौता कर लिया। चित्र में गाने भी दिये।

उन दिनों 'फिल्म इंडिया' फिल्मी पत्रिकाओं में प्रमुख थी और उसके सम्पादक तथा प्रमुख संचालक बाबूराव पटेल का फिल्म उद्योग में बड़ा रौब था। उनके इशारे पर बड़े-बड़े निर्माता नाचा करते थे। 'फिल्म इंडिया' में अपना फोटो देखने के लिए छोटे-बड़े सब कलाकार लालायित रहते थे। मैं उनसे मिलने को उत्सुक था ही कि उनका मेरे लिए फोन आ गया। मुझसे दस मिनट तक बाबूराव ने याराना ढंग से बात की, कुछ तारीफ भी की, कुछ खिल्ली भी उड़ाई और मुझे चाय के लिए अपने दफ्तर में आमंत्रित किया। हम दोनों के दफ्तर फोर्ट में ही थे और उनके बीच केवल सौ मीटर का फासला था। चार बजे मैं उनके दफ्तर पहुँचा।

दफ्तर में पत्रकारों के दफ्तरों का अस्त-व्यस्त वातावरण था। अन्दरवाले केबिन के स्विंगडोर पर पट्टी लगी थी : बाबूराव पटेल। मैं दरवाजा खोलकर अन्दर गया। सामने ही एक बहुत बड़ी टेबल थी जिसके पीछे बड़ी-सी रिवॉल्विंग चेयर पर एक ऊँचा-पुर्जा, गोरा-चिट्टा, गोलमटोल-सा, हँसमुख, शरारती और चंट आँखों से मुझे घूरता हुआ, छत्तीस वर्ष की अवस्था वाला जो व्यक्ति बैठा था, वही था 'फिल्म इंडिया' का सम्पादक—बाबूराव पटेल। बाबूराव उठकर मुझसे बड़े तपाक से मिले। उनके सामने, मेरी ओर पीठ किए, एक दुबला-पतला शख्स बैठा था, जिसकी ओर मैंने ध्यान नहीं दिया था।

'तुम इसे जानते हो?' बाबूराव ने मेरे बाजूवाले व्यक्ति की ओर संकेत करके मुझसे कहा : ''बाम्बे क्रॉनिकल' में फिल्म पेज साला यही लिखता है। इसका नाम...'

'हलो, अब्बास!' मैं सहसा पहचानकर कहा। 'हाँ-हाँ, मैं अब्बास को जानता हूँ, बाम्बे टॉकीज में ये पब्लिसिटी मैनेजर हुआ करते थे।'

मैंने ख्वाजा अहमद अब्बास से हाथ मिलाया। उसके बाद आधे घंटे तक हम तीनों में गपशप होती रही। चाय पीकर अब्बास चले गए।

बाबूराव पटेल के साथ मैं उस दिन एक घंटे के करीब रहा। उतने समय में उन्होंने मेरे बारे में, मेरे परिवार के, मेरे जन्मस्थान के, मेरी शिक्षा-दीक्षा के, मेरे सिद्धान्तों, मान्यताओं, अभिलाषाओं के बारे में आवश्यक जानकारी प्राप्त कर ली।

बाबूराव ने मेरे बारे में पहले बनाई हुई अपनी धारणा और मुझसे मिलने के बाद स्थित किए अपने विचार प्रकट करते हुए कहा : 'नागपुर का यह अनाड़ी छोकरा, किशोर साहू, मारवाड़ियों को फाँसकर बम्बई आया हुआ है और बड़ी शान से पिक्चर बना रहा है। जरा देखूँ तो यह है कौन और दीखता कैसा है। तुम्हें 'जीवन प्रभात' में जरूर देखा था। उसको दो साल हो गए। परदे पर देखी हुई एक अभिनेता

की छाया से उसके वास्तविक व्यक्तित्व और मानसिक स्तर का सही अन्दाजा नहीं लगाया जा सकता। इसलिए मैं तुमसे मिलना चाहता था। मगर तुम तो होशियार मालूम होते हो और गम्भीर भी। तुम बात के धनी, और धुन के पक्के हो। तुम जैसे सक्रिय प्रयत्नशील और महत्त्वाकांक्षी युवक मैंने नहीं देखे। तुम मुझे अच्छे लगे हो।'

मुझे भी बाबूराव पसन्द आए थे। मैंने बाबूराव के व्यक्तित्व का एक मानसिक चित्र बनाया हुआ था। बाबूराव में पत्रकारों, सम्पादकों, संवाददाताओं के सारे गुण-अवगुण थे—उनकी पैनी आँखें, तेज कान, मतलब की यारी, आदि। मगर इसके अतिरिक्त भी कई गुण-अवगुण थे—मैंने तभी तुरन्त देख लिया—जो एक असाधारण व्यक्ति में ही हो सकते हैं।

बाबूराव महाराष्ट्रीय थे। बंजारा जात के थे। मैट्रिक भी नहीं पास की थी, पर मिशन के किसी पादरी प्राध्यापक के गुरुत्व में अँगरेजी साहित्य का निजी तौर पर काफी अध्ययन कर चुके थे। हमारी बातें अधिकांश अँगरेजी में हुईं। बीच-बीच में हिन्दी में भी। 'साला' के अतिरिक्त और भी गई गालियोंवाले नंगे शब्द उनकी जबान पर चढ़े हुए थे। बिना उन अश्लील शब्दों का प्रयोग किए उन्हें समाधान न होता था। मगर उस पहली मुलाकात में ही हम दोनों तू-ता की घनिष्ठता बरतने लगे। जब मैंने पूछा कि वे इतनी अच्छी हिन्दी कैसे बोल लेते हैं, तो उन्होंने कहा कि आवारगी और विद्रोह बचपन से उनकी तबीयत में रहे हैं और इसी कारण महाराष्ट्रीय समाज की सीमित परिधि के बाहर निकलकर उन्होंने हिन्दीभाषियों की, पंजाबियों की, और मुसलमानों की भी संगत की है। इससे वे हिन्दी वालों की तरह बोल सकते थे। गालियाँ भी हिन्दी वालों की तरह देते थे।

बाबूराव ने अन्त में कहा : 'सुन किशोर, मैं जानता हूँ, तुम एक अच्छा पिक्चर बनाना चाहते हो। शायद अच्छा बना भी लोगे, पर तुम्हारी उम्र बहुत कम है। शायद आज तुम दुनिया के सबसे कम उम्र फिल्म निर्माता हो (उस समय मैं चौबीस वर्ष का था)। तुम्हें दुनियादारी का अभी तजुरबा नहीं। अच्छा चित्र बना लेना ही काफी नहीं। अगर चित्र को अच्छी विज्ञप्ति न मिली तो चित्र नहीं चलेगा। 'फिल्म इंडिया' में अगर तुम बराबर विज्ञापन दोगे तो देश के कोने-कोने में लोगों को पता चल जाएगा कि किशोर साहू कौन है, कौन-सा चित्र बना रहा है। तुम्हारी 'बहूरानी' का चारों तरफ डंका बज जाएगा।'

मैंने बाबूराव को आश्वासन दिया कि मैं 'बहूरानी' का विज्ञापन नियमित रूप से 'फिल्म इंडिया' में दिया करूँगा। मेरे लिए हर महीने एक पृष्ठ विज्ञापन वे रिजर्व कर दें। एक पृष्ठ विज्ञापन की कीमत उन दिनों 200 रुपये हुआ करती थी। बहुत कीमत थी। अपनी मुलाकात से आज हम दोनों खुश थे। हमने आज एक दूसरे को आँका था, समझा था। हमारी आज, इस पहली भेंट में, केवल व्यावसायिक सम्बन्ध की ही नहीं वरन् एक ऐसी विलक्षण और स्थायी मित्रता की नींव पड़ी थी, जो दो

साहित्यप्रेमी, लेखक, विचारक, कर्मशील, प्रगतिशील, सुहृदय पुरुषों में होना सम्भव है। 1940 की उस पहली भेंट को आज चौंतीस वर्ष हो गए। हमारी मित्रता कई आँधी-तूफानों से होकर गुजरी है। हम लोग आपस में कई बार लड़े-झगड़े, और कई बार समझौता हुआ। आज हम दोनों के बीच कोई व्यावसायिक सम्बन्ध नहीं, केवल सद्‌भावनायुक्त गहरी मित्रता है।

मार्च में 'बहूरानी' की शूटिंग के दौरान, दो सेट के बीच की अवधि में, मैं फिर प्रीति से मिलने कलकत्ता गया। इंटर की परीक्षा देने के लिए प्रीति कलकत्ता आने वाली थी। उसी अवसर का दुबारा भेंट के लिए फायदा उठाना हमने निश्चित किया हुआ था।

कलकत्ता में मैं ग्रेट ईस्टर्न होटल में ठहरा। प्रीति अपनी एक बंगालिन सहेली के घर ठहरी हुई थी। पिछली बार जब मैं शान्तिनिकेतन आया था तो लौटते में कलकत्ता सिर्फ एक दिन ठहरा था। शहर ठीक से न देखा था, न देखने की इच्छा ही हुई थी। अबकी मैं कलकत्ता तीन दिन ठहरा। प्रीति ने सारा शहर मुझे घुमा-फिराकर दिखाया। विक्टोरिया मेमोरियल, अजायबघर, चिड़ियाखाना, बोटेनिकल गार्डन, लेक साइड की हमने खूब सैर की। साथ सिनेमा देखा—प्रीति के साथ कलकत्ता भी अच्छा लगने लगा। मगर वास्तविकता पर आँखें बन्द नहीं की जा सकती थीं। चुस्त बम्बई के सामने कलकत्ता अवश्य ही सुस्त था। शैतान की आँत की तरह अस्त-व्यस्त, बेढंगा और गन्दा था। मगर कलकत्ता बंगाल था। आधुनिक सुशिक्षित बंगाल, और उसकी अपनी विशेषताएँ थीं, और ये विशेषताएँ प्रीति को पसन्द थीं।

पिछली बार शान्तिनिकेतन से बम्बई लौटते समय डिब्बे में बैठे हुए एक चीनी महाशय से मेरा परिचय हुआ था। महाशय इसलिए कह रहा हूँ कि मेरा वह चीनी सहयात्री उस चाइनामैन की तरह न था जो पीठ पर नौ मन का गट्ठर लादे हमारे शहरों के गली-कूचों में 'शेल्क...शेल्क' की आवाजें लगाता चायना कोर्ट एवं अन्य प्रकार के सिल्क (रेशम) का कपड़ा बेचा करता था और चौगुने दाम बताकर चौथाई में माल दे जाता था। यह पैंतीस वर्ष का सुशिक्षित और सम्भ्रान्त व्यक्ति था। अपने जिज्ञासु स्वभाव के कारण मैंने उन महाशय से बातचीत शुरू कर दी। बातचीत के दौरान मैंने उनसे पूछा : 'क्या यह सच है कि आपके देश—चीन—में लोग कीड़े-मकोड़े, चूहे और साँप खा जाते हैं?'

वे चीनी सज्जन हँसे, कहने लगे : 'ये सब कम्बख्त अँगरेजों की रँगी हुई बातें हैं। क्या आप समझते हैं कि दुनिया में श्रेष्ठ व महत्त्वपूर्ण समझी जानेवाली संस्कृतियों में एक जो हमारी चीनी संस्कृति है, क्या उस संस्कृति के लोग कीड़े-मकोड़े, चूहे

और साँप खाकर रहते होंगे? उनके विचार, धर्म और संस्कृति के साथ-साथ उनका पाकशास्त्र भी तो उन्नति के शिखर पर पहुँचा होगा।'

मैं निरुत्तर उन्हें ताकने लगा।

वे फिर बोले : 'अगर मैं कहूँ कि कीड़े-मकोड़े, चूहे-साँप, शेर, हाथी, आदि, वर्जित मांस भारतवासी खाया करते हैं तो क्या यह सच होगा?'

मैंने कहा : 'नहीं, यह सच नहीं होगा।'

'मगर यह सच है। उसी तरह यह मेरे देशवासियों के लिए सच है। भारत में आदिवासियों की ऐसी कई जंगली जातियाँ हैं जो उपरोक्त मांस का भक्षण करती हैं। करती हैं न?'

'हाँ, जंगली और आदिवासियों में कुछ लोग शायद ऐसे होंगे जो...'

'उसी तरह हमारे चीन में भी कुछ जंगली जातियाँ, आदिवासी लोग उपरोक्त मांस का भक्षण करते होंगे। भारत की तरह चीन भी बहुत पुराना और बड़ा देश है। देश के सब लोग एक समान हो नहीं सकते, न एक उनका खाद्य हो सकता है। भारतीय संस्कृति तथा भारतीय पकवानों से मैं परिचित हूँ। आपके पकवान आपका महान संस्कृति के अनुकूल ही हैं।'

'आप मुझे अपने कुछ पकवानों के नाम बता सकते हैं?'

'चिकन चाउचाउ, चाउमीन, फ्राइड राइस...' उन्होंने मुझे एक दर्जन पकवानों के नाम लिखा दिए। मैंने उनसे वादा किया, बम्बई जाकर वहाँ के एक मात्र चीनी भोजनालय 'शांघाय रेस्तराँ' में उनकी बताई डिशेज खाऊँगा। और बम्बई पहुँचने पर मैंने वैसा किया भी। वाकई डिशेज अत्यन्त स्वादिष्ट थीं। चीनी खाने का तब से मुझे चस्का लग गया और तब से मैं चीनी खाना महीने में दो-तीन बार नियमित तौर पर खाता आया हूँ। आज तो भारत के हर बड़े शहर में चीनी रेस्तराँ खुले हुए हैं और बम्बई में तो ढेर-से खुले हुए हैं।

उन चीनी सज्जन का नाम मिस्टर पेक था। कलकता में रहते थे। चौरंगी में उनका फोटो स्टूडियो था। एक शाम प्रीति को लेकर मैं पेक को ढूँढ़ने निकल पड़ा। आधे घंटे की खोज के बाद उनका स्टूडियो मिल गया और वे भी। मुझे फौरन पहचानकर मि. पेक बहुत खुश हुए। मैंने चीनी पकवानों के स्वादिष्ट होने की पुष्टि की। देशाभिमान से उनकी चीनी आँखें चमक उठीं।

प्रीति की परीक्षा को चार-पाँच दिन रह गए थे और मैं उसकी पढ़ाई में बाधक हो रहा था। यह अनुचित था और इसका मुझे एहसास था। तीन दिन के बाद ही मैं बम्बई लौट आया। प्रीति मुझे छोड़ने हावड़ा स्टेशन तक आई थी। मुझे बार-बार उसने आश्वासन दिया था कि परीक्षा के बाद नैनीताल वापस जाने पर, अपने माँ-बाप को हमारे ब्याह के लिए राजी करने की कोशिश करेगी। मैं फिक्र न करूँ, खुश रहूँ।

प्रीति मुझसे छः वर्ष छोटी है। उस समय वह अठारह वर्ष की थी। नैनीताल के कॉन्वेंट के शिक्षण के बाद शान्तिनिकेतन आश्रम के सांस्कृतिक, सात्त्विक, कलात्मक वातावरण में रहने से प्रीति का समस्त व्यक्तित्व आधुनिक और प्राचीन संस्कृतियों का एक आदर्श सन्तुलन बन चुका था, जो मुझे बहुत भाया। यह सन्तुलन उसके चरित्र और स्वभाव में भी था। ब्याह के लिए मैं उतावला और बेचैन हो उठता, झुँझलाहट प्रकट करता; पर वह कुलीन बाला बड़े प्यार से मुझे हिम्मत दिलाती, धीरज रखने को कहती। उसकी माँ बीमार थी। माँ की तबीयत को ध्यान में रखकर, पिता को दुख न पहुँचाने की बात मन में सोचकर, अपना मन मारकर मुझे भी मन मारने और धीरज रखने को कहती। उसकी कर्तव्यपरायणता, उसकी सहनशक्ति अपार थी।

और उसके इन गुणों पर भी मैं मुग्ध था।

बम्बई लौटकर मैं फिर 'बहूरानी' की शूटिंग में व्यस्त हो गया। कथा, पटकथा के साथ-साथ मैं संवाद भी लिख रहा था। पहले मुझे विश्वास न था कि मैं संवाद भी लिख सकूँगा। लेकिन संवाद लेखक के सहायतार्थ जब मैंने कुछ दृश्यों के संवाद लिखे तो देखा कि स्वयं मेरे संवाद उनसे बेहतर हैं। तभी से आत्मविश्वास हो गया और मैं संवाद भी लिखने लगा। 'बहूरानी' का निर्माण मेरे लिए चुनौती था, साथ ही साथ विशिष्ट तथा चतुर्मुखी फिल्मी कला-कौशल मुझमें जो कहीं राख तले दबा हुआ था, उसे उभारने, निखारने का स्वर्ण अवसर भी। मुझे इन महीनों में पर्याप्त आत्मविश्वास प्राप्त हुआ।

अचानक खबर मिली कि बाम्बे टॉकीज के निर्माता हिमांशु राय पागल हो गए हैं और उन्हें उनके बँगले पर बन्द रखा जाता है। एक दिन सवेरे साउंड रेकॉर्डिस्ट वाचा (जो बाद में निर्माता भी बने और जिन्होंने 'महल' चित्र प्रस्तुत किया) जब राय के घर गए तो राय नाहक खूब बिगड़े। (महीने-दो महीने में एकाध बार बिगड़ते-चिल्लाने की उनकी पुरानी आदत थी।)

मगर इस बार इतना चिल्लाए और इतनी देर तक चिल्लाए कि लोगों को ताज्जुब हुआ। चिल्लाने तक ही बात न रही। आज राय ने कसकर एक तमाचा वाचा की कनपटी पर जड़ दिया, जिससे कान का परदा फट गया। वाचा की पत्नी अँगरेज मेम थी। वह पिस्तौल लेकर राय के घर पहुँची। लोगों ने बीच-बचाव किया। गुस्सा करना बेकार था क्योंकि हिमांशु राय पागल हो चुके थे।

और इसके कुछ ही हफ्तों के बाद उनकी मृत्यु हो गई। अशोक ने मुझे टेलीफोन करके उनकी मृत्यु की खबर सुनाई, सुनकर मुझे दुख हुआ। बहुत दुख हुआ। अपना सारा रोष और मनोमालिन्य मैं क्षण भर में भूल गया। सब पुरानी दुखदायी बातों को भूलकर उनके बारे में सिर्फ अच्छी बातें सोचने लगा। हिमांशु राय जो कुछ भी थे,

जैसे भी थे, उन्होंने मुझे फिल्म में पहली बार प्रस्तुत किया था। मैं उनका आभारी था। मैं तुरन्त मलाड पहुँचकर उनकी अरथी के साथ श्मशान तक गया और जब घी पाकर चिता की लपटें बवंडर की तरह लहक उठीं तो मैं रो पड़ा था। मैंने कई बार भगवान से उनकी आत्मा की शान्ति के लिए सच्चे हृदय से प्रार्थना की।

'बहूरानी' चित्र तेजी से बन रहा था। परेल में आजकल जहाँ राजकमल कला मन्दिर है, वहीं पर उन दिनों 'वाडिया मूवीटोन' का स्टूडियो हुआ करता था। 'बहूरानी' की शूटिंग वहीं हो रही थी।

मेरा डेढ़–दो साल का अथक परिश्रम रंग लाया था और मैं इस कम उम्र में फिल्म–निर्माता बन गया था। यह बात मेरे लिए गौरव और दूसरों के लिए हैरत की थी।

फिल्म उद्योग के अभिनेता, अभिनेत्रियाँ, हास्य नायक, चरित्र नायक मुझसे मिलने के लिए उत्सुक थे। संगीत दिग्दर्शक, गायक, अन्य तकनीशियन तथा फिल्मों में प्रवेश करने के इच्छुक मेरे आगे–पीछे घूमा करते।

फिल्म इंडस्ट्री में, जोरदार विज्ञप्ति के साथ, मैं एक भूचाल की तरह आया था। सबकी आँखें मेरी ओर लगी हुई थीं। स्पर्धा, ईर्ष्या का घोरतम और गन्दा अनुभव भी मुझे हो रहा था। तथाकथित प्रतिष्ठित, सफल तथा जाने–माने फिल्म निर्माता मुझे तिरछी निगाहों से देखते और मेरे असफल हो जाने की प्रतीक्षा में बेचैन रहते।

20 जून, 1940 को 'एक्सेलसियर थिएटर', बम्बई में 'बहूरानी' का शानदार प्रीमियर (उद्‌घाटन) हुआ। उस अवसर पर बम्बई के मेयर जमनादास मेहता अध्यक्ष थे और भारत के प्रथम फिल्म निर्माता दादा साहेब फालके मुख्य अतिथि होकर पधारे थे। सिनेमा हॉल फिल्म व्यवसाय की छोटी–बड़ी हस्तियों तथा नगर के प्रतिष्ठित जनों से खचाखच भरा हुआ था।

'बहूरानी' चित्र प्रेक्षकों को पसन्द आया। बाबूराव पटेल मेरी सफलता पर बहुत खुश हुए। 'बम्बई में निर्मित चित्रों में श्रेष्ठतम!' उन्होंने मुझे बधाई देते हुए कहा।

औंघ की राजकुमारी, अक्का साहेब, ने मुझे पत्र लिखा : 'मैं हिन्दी चित्र कम देखती हूँ, पर अगर हिन्दी के चित्र तुम्हारी 'बहूरानी' के समान ही अच्छे और उच्चस्तरीय होते हों, तो आज से मैं तमाम चित्र देखा करूँगी।'

समालोचकों ने चित्र की प्रशंसा की।

जो कुछ मुझसे अपेक्षित था, मैंने अधिकांश में उसकी पूर्ति की थी। मैं अब एक सफल अभिनेता और निर्माता बन चुका था। फिल्मी जगत में मैंने अपना एक स्थान बना लिया था।

मेरी कम्पनी के प्रचार अधिकारी (पब्लिसिटी ऑफिसर) मेहर तारापुर नाम के एक पारसी हुआ करते थे। अधेड़ उम्र के थे। चेहरे पर गहरी रेखाएँ पड़ती थीं और सिर पर घने घुँघराले सफेद बाल थे। कभी ये सिने पत्रिका 'मिरर' के जोरदार सम्पादक रह चुके थे। दिन में वे 6 पैकेट कैवेंडर सिगरेट पी जाते और दोनों हाथों की उँगलियों में कुल मिलाकर 6 या 7 अंगूठियाँ पहना करते थे। दुबले-पतले शरीर के बावजूद आवाज खासी भारी पाई थी और पारसी होने के बावजूद उर्दू, फारसी बहुत अच्छी बोलते थे। शायद इस वजह कि बचपन में उनका शिक्षण हैदराबाद में हुआ था। चित्र के प्रचार के सिलसिले में तारापुर अक्सर सुबह-सुबह मेरे घर आकर मुझसे सलाह-मशविरा किया करते।

एक दिन तारापुर कहने लगे : 'साहब, आपका घर बड़ी अच्छी जगह है। (मैं शिवाजी पार्क में समुद्र के किनारे वाले मकान 'गजदर हाउस' में रहा करता था।) आपने अपने फ्लैट को सजाया भी खूब है। मगर इसमें एक चीज की कमी है।'

'क्या?' मैंने पूछा।

'चूड़ियों की खनक नहीं है यहाँ।'

'क्यों? मेरे माता, पिता, बहनें, छोटा भाई—ये सब तो मेरे पास ही हैं। चूड़ियाँ भी घर में खनकती रहती हैं।'

तारापुर मुस्कुराए : 'मेरा मतलब आप के निजी कमरों से था। आपके कमरों में चूड़ी तो तब ही खनकेगी जब आप शादी कर लें। अब तो 'बहूरानी' फिल्म भी बनकर तैयार हो गई, रिलीज होने जा रही है। आप इंडस्ट्री में कामयाब होकर जम गए। अब आप दुलहन ले आइए।'

'दुलहन भी आ जाएगी,' मैंने कुछ शरमाते हुए कहा। 'जानते हो, तारापुर, मैंने पिछली रात ही एक ऐसा सपना देखा है जो—मुझे लगता है—सच होने वाला है और इसीलिए कह रहा हूँ कि इस घर में अब चूड़ियाँ जल्दी ही खनकेंगी।'

सुनकर तारापुर खुश हुए और चले गए। पर बाद में मैं अपना सपना याद करके विचलित और आशंकित हो गया। मैंने सपने में छोटी-सी एक काली नागिन को अपने बेडरूम में घुसते देखा था। नागिन के स्याह शरीर पर छोटे-छोटे सुनहरे रोएँ थे। नागिन से मुझे डर न लगा। थोड़ी देर बाद मैं एक युवती से बातें कर रहा था। उस नागिन का क्या हुआ, पता नहीं चला। शायद नागिन ही वह लड़की थी। लड़की का चेहरा किसी जान-पहचान की लड़की से मिलता-जुलता न था। सवेरे तक शक्ल भी याद न रही। सारा सपना धुँधला गया था। किन्तु न जाने क्यों, शायद किसी अज्ञात प्रेरणावश, ऐसा विश्वस्त रूप में लगने लगा कि मेरी जिन्दगी में एक लड़की आनेवाली है, आ रही है। मगर जिन्दगी में एक लड़की तो आ चुकी थी और उसका नाम प्रीति था। दिल ने कहा : 'नहीं, यह लड़की कोई और है।' दिमाग ने कहा : 'आने दो, एकाकीपन की घुटन को दूर करने में कम आएगी।'

सपने में साँप कभी-कभी मैं देखा करता था और अपने अनुभव के आधार पर, साँप देखकर उससे लड़की का अर्थ निकालना मेरे लिए स्वाभाविक था। मगर न जाने क्यों, इस सपने से मैं खुश न हुआ। आशंकित हो उठा।

'बहूरानी' के उद्घाटन समारोह पर आमंत्रित लोगों की नामावली को दोहराते हुए एक दिन तारापुर ने कहा था : 'साहब, आप कुछ लोगों के नाम तो भूल ही गए।'

'किसके नाम?'

'जैसे मोतीलाल, बिब्बो, वत्सला कुमेठकर, हादी, स्नेहप्रभा प्रधान...'

मैंने बीच में काटकर पूछा : 'कितने नाम हैं?'

'पन्द्रह-बीस होंगे।'

'अपने पास सीटें कम हैं, सारे इनविटेशन कार्ड जा चुके हैं। अब उनमें तब्दीली नहीं की जा सकती। मगर शायद कुछ सीटें मिल जाएँगी। इसलिए आप मोतीलाल, बिब्बो, वत्सला, हादी जैसे बड़े लोगों को कार्ड भिजवा दीजिए। कुल मिलाकर दस कार्ड भेज दीजिए।'

'और स्नेहप्रभा प्रधान को?'

'उसे रहने दीजिए। मैं उसे जानता भी नहीं।'

'आपने तो ऐसे कइयों को प्रीमियर पर इनवाइट किया हुआ है जिन्हें आप खुद नहीं जानते। फिर यह स्नेहप्रभा प्रधान कोई बहुत छोटी स्टार भी नहीं। अभी रंजीत की फिल्म में साइड हीरोइन बनकर आई है और आगे...'

'नहीं, उसे रहने दो,' मैंने निर्णयात्मक ढंग से कहा।

तारापुर चले गए।

किन्तु चित्र के उद्घाटन की रात थिएटर में जब लोग मुझे घेरकर बधाइयाँ दे रहे थे, भीड़ में से मेरी ओर एक पाँच फीट की युवती चली आ रही थी। उसके सिर के बाल छोटे कटे थे, रेशमी काला ब्लाउज और रेशमी काली साड़ी पहने हुए थी। साड़ी पर तीन इंच का सुनहरा किनारा था। पाँव में ऊँची एड़ी के सैंडल्स थे। (अपनी ऊँचाई बढ़ाने के लिए ठिंगनी स्त्रियाँ अधिक ऊँची एड़ी का प्रयोग किया करती हैं जिस तरह ऊँची स्त्रियाँ नीची एड़ी का) बिजली की तरह खयाल मन में फौरन कौंध गया कि उस रात स्वप्न में देखी हुई सुनहरे रोएँवाली काली नागिन, सुनहरे बॉर्डरवाली काली साड़ी पहने सामने से आती हुई, इस युवती की ही प्रतीक थी।

युवती स्नेहप्रभा प्रधान थी। हालाँकि पहले मैं उससे न मिला था, देखकर उसे पहचान गया। उसकी शक्ल पोस्टरों और बैनर्स पर शहर में कुछ ही महीने पहले जगह-जगह देख चुका था। स्नेहप्रभा ने अपना परिचय देते हुए, अपने छोटे मुलायम हाथ से मेरा हाथ मिलाया और बड़े तपाक के साथ मुझे बार-बार मेरे चित्र के लिए और मेरे अभिनय पर देर तक बधाइयाँ दीं। चित्र की खूबियों के अनेक स्थलों पर अपना हर्ष प्रकट किया। मैंने उसे धन्यवाद दिया। मैं मन में सोच रहा था : और इस

बेचारी को आमंत्रित करने के लिए मैंने उस दिन तारापुर को मना कर दिया था, पर यह आई कैसे? शायद तारापुर ने इसे भी आमंत्रण पत्र आखिर भेज ही दिया था। खैर, अच्छा ही किया। लड़की होशियार है। मेरा चित्र इसे पसन्द आया। बहुत पसन्द आया। मैं उससे मिलकर, उसकी बधाइयाँ पाकर बहुत खुश था। बधाइयाँ और प्रशंसा किसे अच्छी नहीं लगतीं? चुगली और चापलूसी की तरह ही प्रशंसा और बधाई अच्छे-अच्छे पायेदार इनसानों का सन्तुलन बिगाड़ देती है।

महेश कौल मुझे नागपुर से अब रोजाना पत्र लिखने लगे थे। उन्होंने लिखा कि यह जरूरी नहीं कि मैं भी उनके हर पत्र के उत्तर में रोजाना लिखूँ। बम्बई आने के लिए वे कितने बेताब हो रहे थे, यह उनके हर पत्र से झलकता था। अन्त में मैंने उन्हें आ जाने के लिए लिख दिया। 'ज्वाला बैंक' को त्यागपत्र देकर महेश कौल तुरन्त ही बम्बई आ गए और मेरे साथ ही रहने लगे।

उसी समय अमृतलाल नागर से भेंट हुई। फिल्मों में संवाद लिखने के लिए वे बम्बई आए हुए थे। अपने अगले चित्र में पटकथा लेखन विभाग में अमृतलाल नागर और महेश कौल को साथ रखने का मैंने सोचा हुआ था।

प्रेक्षकों की प्रतिक्रिया देखने मैं रोजाना एक्सेलसियर थिएटर जाया करता था। एक दिन अचानक स्नेहप्रभा प्रधान का मुझे घर पर टेलीफोन आया। उद्घाटन की रातवाली मुलाकात की याद दिलाते हुए उसने मुझे मिलने की इच्छा प्रकट की। अपनी नई सफलता पर मैं प्रफुल्लित और उत्तेजित तो था ही। ऐसे में अपनी सफलता, अपनी खुशियों की घड़ियों को किसी अपने के साथ बाँटने के लिए मन तरस रहा था। जी, माँ, घर के अन्य लोग, मेरे मित्र मेरी खुशी में जरूर शरीक थे, पर फिर भी मैं अपने को कभी-कभी बिलकुल अकेला पाता। मेरी महिला मित्रों में से कोई भी उन दिनों बम्बई में न थी, या थी तो अपने निजी प्रपंचों में व्यस्त थी। मेरी शामें सुनसान और वीरान पड़ गईं। ऐसे में जब स्नेहप्रभा एक शाम मेरे घर आई और उसके बाद हर शाम आकर मेरे साथ प्रेक्षकों पर 'बहूरानी' की प्रतिक्रिया का अध्ययन करने थिएटर चलने लगी, तो मेरी शामें रंगीन हो उठीं।

'बहूरानी' देखने बाबूराव पटेल दो बार आए थे। दोनों बार स्नेहप्रभा को मेरे साथ देखकर उन्हें ताज्जुब हुआ।

'क्या तुम्हें 'बहूरानी' इतनी अच्छी लगी कि तुम दोबारा देख रही हो?' बाबूराव ने स्नेहप्रभा से पूछा।

'आप भी तो दोबारा देख रहे हैं,' स्नेहप्रभा ने उत्तर दिया।

'मैं एक सम्पादक हूँ। मुझे आलोचना लिखनी है। मैं दो बार देख सकता हूँ।'

'मैं एक अभिनेत्री हूँ, अच्छी फिल्म मैं कई बार देख पकती हूँ।'

'अब तक कितनी बाद देखी तुमने?'

'हर रोज देखती हूँ।'

बाबूराव व्यंग्यात्मक हँसी हँसकर चले गए। स्नेहप्रभा अब दिन में भी अक्सर मुझसे मिलने लगी। जब आती, साज-सिंगार करके आती। हँसती, बोलती, दिल बहलाती। छोटे-छोटे विषयों पर छोटी-छोटी बातें करने में, जिसे अँगरेजी में 'स्मॉल टॉक' कहते हैं, स्नेहप्रभा निपुण थी। मैं इसके विपरीत हूँ। बड़े विषयों, कठिन प्रसंगों पर मैं बहस कर सकता हूँ, छोटी बातें करते नहीं बनती। स्नेहप्रभा का साथ और उसकी बातें मेरी जिन्दगी के सुनसान क्षणों को दूर करने लगीं।

मुझसे प्रीति का पत्र-व्यवहार अचानक रुक गया। उसके पिता के आदेशानुसार उसकी डाक पर शान्तिनिकेतन में कड़ा नियंत्रण रखा जाने लगा। अब वह मुझे अपनी सहेली कमला कपूर के द्वारा लिखा करती। मैं भी उत्तर कमला को देता। कभी उसकी दूसरी सहेली पुष्पा (यह नाम कल्पित है) मुझे लिखती और प्रीति का हाल बताया करती। उत्तर में मैं भी पुष्पा को लिखता और लिखी बातें प्रीति को बता देने को कहता। जल्दी ही मैंने देखा कि पुष्पा के पत्र कुछ अधिक रसीले हुए जा रहे हैं। मुझे शक होने लगा कि आजकल वह अपने पत्र प्रीति को बिना बताए, बिना उसके कहे या जाने लिखने लगी है और फिर एक खत में पुष्पा ने साफ-साफ मेरे लिए अपनी आसक्ति झलका दी। मैंने चौंककर उसे लिखना ही बन्द कर दिया। उधर प्रीति के आदेशानुसार कमला ने मुझे लिखा कि मैं सब्र से काम लूँ, चिट्ठी न लिखा करूँ। प्रीति की माँ अधिक बीमार हैं। छुट्टियों में प्रीति नैनीताल जाएगी। वहाँ जाकर घरवालों से बात करेगी। मल्लिक जी भी शायद नैनीताल जाएँगे। वे भी प्रीति के माता-पिता को समझाने की कोशिश करेंगे, आदि। पढ़कर मैं परेशान हो गया। प्रीति की रोकथाम और माता की लम्बी बीमारी अजीब उलझनें बन गईं। कभी-कभी मैं सोचता कि जाने प्रीति मुझे मिलेगी भी या नहीं! विलम्ब असह्य हो गया। मैं अक्सर उदास रहने लगा।

ऐसे में सहसा एक और उलझन पैदा हो गई। पहले मैं कह चुका हूँ कि मेरी कम्पनी में धन मेरे मित्र द्वारका दास डागा तथा उसके पिता, चाचा और परिवार के अन्य लोगों का लगा था। 'दि इंडिया आर्टिस्ट्स लि.' से मुझे निर्माता और मैनेजिंग डाइरेक्टर की हैसियत से 500 रुपये मासिक वेतन मिलता था। दूसरे शब्दों में अपनी ही बनाई कम्पनी में नौकर था। मालिक लोग वे थे जिनका धन लगा था यानी डागा परिवार। अपने समय का 'बहूरानी' चित्र अधिकतम प्रचारित चित्र था जिससे मुझे अच्छी-खासी ख्याति प्राप्त हो गई थी। मैं बड़ा निर्माता, बड़ा अभिनेता बन गया था और सारी ख्याति मैंने हथिया ली थी। मित्र द्वारका को यह बात खल गई। जलन बड़ी कातिल है। द्वारका मुझसे ईर्ष्या करने लगा। मुझसे खिंचा-खिंचा रहने लगा। 'बहूरानी' की सफलता से प्रेरित हो, मैं कम्पनी के आगामी चित्र की योजना बना रहा था। अचानक द्वारका ने यह योजना रोक दी और कम्पनी की बागडोर, खुद अपने हाथ में लेकर अक्सर मेरी कुरसी पर बैठने लगा। बदलते

माहौल को मैं देख रहा था और भविष्य के लिए आशंकित हुआ जा रहा था। द्वारका ने आगामी चित्र के लिए दूसरे दिग्दर्शकों से बातें शुरू कीं और कहानी खोजने लगा—बिना मेरी राय लिए। मेरी वस्तुस्थिति मानो मोटे-मोटे अक्षरों में दीवार पर लिखकर उमड़ आई थी। मैंने तिरस्कृत होने से हट जाना ही बेहतर समझा और अपना त्यागपत्र दे दिया। द्वारका ने मेरा त्यागपत्र तो मंजूर कर लिया पर मेरी दो महीने का वेतन रोक लिया और देने से साफ इनकार कर दिया। मैंने तब कम्पनी की जनरल मीटिंग बुलाई।

बिना रूमाल और कलम के मैं कभी बाहर नहीं निकलता। स्नेहप्रभा ने मुझे अपनी गाड़ी में बिठाकर जनरल मीटिंग तक पहुँचाया था और नीचे गाड़ी में बैठी मेरा इन्तजार करती रही थी। उस दिन मैं रूमाल घर भूल आया था। मीटिंग शुरू होने में देर थी। मैं परेशान था। थोड़ी देर में दरवाजा खोलकर चपरासी आया और सेंट से महकता हुआ एक रूमाल मुझे देता हुआ बोला : 'एक मेम साहब आई थीं, उन्होंने आपको देने के लिए कहा है।'

मैंने रूमाल ले लिया। स्नेहप्रभा खुद ऊपर दफ्तर तक आकर रूमाल दे गई थी। तह किए हुए नए रूमाल की परतों में एक नन्ही-सी परची थी जिस पर अँगरेजी में लिखा था : 'प्रिय किशोर, परेशान नहीं होना। तुम्हारी स्नेह।' स्नेहप्रभा की इस छोटी-सी करनी ने दिल में ताजगी ला दी।

जमनादास मेहता दबंग आदमी थे और उस जनरल मीटिंग के अध्यक्ष थे। उन्होंने मेरी हिमायत करते हुए द्वारका और उसके रिश्तेदारों को खूब फटकारा और मेरा दो महीना का वेतन तथा हर्जाना कम्पनी से मुझे दिलवा दिया। उसके बाद द्वारका और मेरे बीच एक दीवार खड़ी हो गई और हममें बोलचाल बिलकुल बन्द हो गई। कॉलेज के दिनों की हमारी घनिष्ठ मित्रता का यह अन्त था।

हिमांशु राय के निधन के बाद ही 'बाम्बे टॉकीज' में दो दल बन गए थे। एक दल देविका रानी का था और दूसरा एस. मुकर्जी का।

देविका रानी नए चित्र 'पुनर्मिलन' की तैयारियाँ कर रही थीं और उसकी नायिका के लिए स्नेहप्रभा प्रधान को लिया हुआ था। अपनी कम्पनी को त्यागपत्र देकर अब मैं मुक्त हो चुका था। मैंने एक दिन स्नेहप्रभा के घर से देविका को टेलीफोन किया और उनके चित्र में काम करने की इच्छा प्रकट की थी। वे बहुत खुश हुईं और फौरन आकर मिलने को कहा।

मैं बॉम्बे टॉकीज जाकर उनसे मिला। हिमांशु राय के कमरे में, उनकी कुरसी पर, निर्माता बनी देविका रानी बैठी थीं। सफेद सूती साड़ी-ब्लाउज पहने थीं, कोई आभूषण न था, न माथे पर बिन्दी। वैधव्य के इस सादा, सफेद कपड़ों में वे और भी आकर्षक हो उठी थीं और इसका उन्हें एहसास था। कमरे में दीवार से सटी एक मेज थी जिस पर स्व. हिमांशु राय का बड़ा भारी फोटो एक फ्रेम में मढ़ा रखा था,

जिस पर हर सुबह फूल चढ़ाए जाते थे और पास में अगरबत्तियाँ जल रही थीं। श्रद्धांजलि का यह तरीका मुझे अतिशयोक्ति-सा लगा।

पर देविका अब वह कल वाली अल्हड़ देविका न थीं; निर्माता की कुरसी पर बैठकर, निर्माता की जिम्मेदारियों के बोझ से दबी, गम्भीर और सतर्क हो गई थीं।

'अब मैं फिल्मों में नायिका बनकर न आऊँगी। नजम नकवी और अमिय चक्रवर्ती मेरे निर्मित चित्रों का दिग्दर्शन करेंगे।'

मैंने उन्हें बधाई दी और शुभकामनाएँ भी।

'तुम भी बॉम्बे टॉकीज में आ जाओ। कहाँ अकेले प्रपंच खड़ा किया हुआ था! 'पुनर्मिलन' में स्नेहप्रभा प्रधान नाम की एक तारिका को लिया हुआ है। तुम उससे मिलकर खुश होगे। उसके साथ तुम हीरो बनकर आ जाओ, मुझे बहुत खुशी होगी।'

'मैं तैयार हूँ,' मैंने कहा।

'तो मैं भी तैयार हूँ,' देविका ने कहा और अपने सेक्रेटरी परेरा को बुलाकर उससे मेरा अनुबन्ध टाइप करने को कह दिया।

शाम को जब मैं लौटा तो मेरे हाथ में एग्रीमेंट (अनुबन्ध) देखकर स्नेहप्रभा को बड़ा ताज्जुब हुआ। 'मेरे साथ तो आठ दिन तक घिसघिस करने के बाद एग्रीमेंट किया था देविका रानी ने,' स्नेह ने मुस्कुराते हुए व्यंग्य किया : 'और तुम्हें आज देखते ही एग्रीमेंट थमा दिया!'

सन्देह और ईर्ष्या की झलक उस दिन मैंने पहली बार स्नेहप्रभा में देखी और कुछ देर के लिए विचलित भी हुआ।

उसके बाद ही मैं बीमार पड़ गया। हफ्ता भर तक बुखार और जुकाम से बिस्तर पर पड़ा रहा। माँ, जी और घर के लोग मेरे पास थे। डॉक्टर बराबर दिन में दो बार मुझे देख जाते। स्नेहप्रभा सुबह से लेकर रात को देर तक मेरे पास बनी रहती और मेरी तीमारदारी करती।

मेरे बेडरूम में लिखने की मेज पर रखी हुई फोटो फ्रेम में प्रीति की तसवीर लगी हुई थी। मन-ही-मन बुखार की हालत में मैं प्रीति की याद कर तिलमिलाया करता था। प्रीति से मेरा सम्बन्ध स्नेहप्रभा से छिपा न था। मैंने उससे सारी बातें कब की कह दी थीं, पर फिर भी स्नेहप्रभा मुझ पर रीझ रही थी, मुझे रिझा रही थी।

अपनी शामों की वीरानी और घुटन दूर करने और उन्हें रंगीन बनाने के ही खयाल से मैंने स्नेहप्रभा को सधाया हुआ था। अपनी हर महिला मित्र को अपने ऊपर आसक्त करा रखना मेरा पुराना मर्ज था। उसी आदत के अनुसार मैं स्नेहप्रभा से मित्रता बरत रहा था, बरतना चाहता था। लेकिन मुझे नहीं मालूम था कि मुझ प्रतिभाशाली 'सफल फिल्म निर्माता', 'होनहार नवयुवक' में स्नेहप्रभा अपना भावी

पति देख रही थी। मुझे नहीं मालूम था कि उसने मन में ठान लिया था कि मुझे वह हर हालत में प्रीति के बावजूद...जीत कर रहेगी, पाकर रहेगी।

'प्रीति तुम्हें नहीं मिलेगी,' स्नेहप्रभा ने मुझसे कहा। 'तुम उसका कब तक इन्तजार करोगे ? मुझे विश्वास है, मेरा असीम प्रेम पाकर तुम उसे भूल जाओगे। हम दोनों बिलकुल एक जैसे हैं। एक ही महीने यानी अक्टूबर की हमारी पैदाइश है। तुम 22 अक्टूबर के हो और मैं 20 अक्टूबर की। तुमसे एक साल छोटी हूँ। हमारा स्वभाव एक-सा है। हमारी पसन्द एक-सी है। एक जैसा ही हम सोचते हैं। हम दोनों एक दूसरे के लिए ही जन्मे हैं, एक दूसरे के होकर रहेंगे...'

विनाश काले विपरीत बुद्धि! मेरी मति मारी गई। मैं सोचने लगा : 'प्रीति की माँ बीमार हैं। न जाने कब तक और बीमार रहेंगी! जब तक बीमार रहेंगी, प्रीति हमारे ब्याह की बात घरवालों से कभी न करेगी। अगर मैंने जिद करके प्रीति को चुपचाप मुझसे ब्याह करने पर मजबूर भी किया तो खबर पाते ही उसकी माँ दम तोड़ देंगी। माँ के मरने से प्रीति अपने को और मुझे दोषी ठहराएगी। और इस तरह हम दोनों दुखी हो जाएँगे, कभी भी सुख से न रह सकेंगे। इससे तो अच्छा है, मैं प्रीति को भूल जाने की कोशिश करूँ, स्नेह को 'हाँ' कह दूँ।

और अन्त में मैंने स्नेह को 'हाँ' कह दी।

माँ और जी ने मुझे रोकने की बहुतेरी कोशिश की, प्रीति के हक में दलीलें दे करके स्नेह का उन्होंने घोर विरोध किया पर हमारी जिद के आगे उनकी न चली और वे बेचारे दिल मसोसकर रह गए।

और 13 सितम्बर, 1940 के दिन बम्बई के रजिस्ट्रार के दफ्तर में हमारी सिविल मैरेज हो गई।

हमारे ब्याह की खबर सनसनीखेज थी। स्नेह और मेरी तस्वीरों से देश की पत्रिकाएँ भरी पड़ी थीं।

मैंने मल्लिक जी को शान्तिनिकेतन के पते पर छोटी-सी चिट्ठी लिखी और स्नेहप्रभा प्रधान नाम की एक युवती से अपना ब्याह हो जाने की सूचना देते हुए अपनी कुछ सफाई भी दी कि आखिर मैं कब तक प्रीति के लिए इन्तजार करता, आदि। अन्त में उनसे विनती की कि प्रीति को यह खबर सँभालकर दें और उसे दुखी या विह्वल न होने दें।

उत्तर में मल्लिक जी का मात्र एक वाक्य का पोस्ट कार्ड आया : 'गॉड्स डिकरी मस्ट बी एक्सेप्टेड,' अर्थात् 'जैसी विधाता की इच्छा।'

यह एक वाक्य जहर-बुझे तीर की तरह मेरे दिल में कहीं बिंधकर रह गया। ग्लानि और पीड़ा से मेरी अन्तरात्मा तड़पने, छटपटाने लगी।

स्नेह और मैंने अपने-अपने फ्लैट छोड़ दिए और हम दोनों अपने परिवारों के साथ सांताक्रुज में घोड़बन्दर रोड पर एक मकान लेकर उसमें सब साथ रहने चले गए।

'पुनर्मिलन' की शूटिंग शुरू हो चुकी थी और चित्र तेजी से बन रहा था। देविका रानी ताड़ गई थीं कि स्नेह से अपना सम्बन्ध मैंने अनुबन्ध के दिन उनसे जानबूझकर छिपाया हुआ था। शूटिंग के बीच स्नेह और देविका में काफी अनबन रही। स्नेह को देविका और मेरी दोस्ती खल गई। उधर देविका भी स्नेह से रूखा बर्ताव करतीं और उसे जलाने के लिए उसी के सामने मुझसे घुल-मिलकर बातें करतीं।

छोटी-छोटी बातों में, छोटी-छोटी हरकतों में दिलचस्पी लेकर नारी, छोटी हो या बड़ी, कितने-कितने तरह का बखेड़ा खड़ा कर सकती है, यह देखकर मैं विस्मित था।

जिस बात की मुझे आशंका थी, वही हुई। शादी होते ही मुझ पर बात साफ खुल गई कि हम दोनों बेमेल हैं और हमारी शादी एक बहुत बड़ी भूल हुई।

युवक-युवती, शादी से पहले, कोर्टशिप (प्रणय) के दिनों में जब एक-दूसरे से मिलते हैं तो अपने साज-सिंगार और बर्ताव में बड़ी खबरदारी बरतते हैं, जिससे वे एक दूसरे को भले और आकर्षक लगते हैं। एक-दूसरे में छोटी-छोटी कुछ बातों की साम्यता देखकर वे इस नतीजे पर पहुँचते हैं कि उनके स्वभाव एक हैं, पसन्द एक हैं, सोचने का तरीका एक है, इसलिए उनमें खूब निभेगी। यहीं उनकी भूल होती है। अपना जीवन-साथी चुनने के लिए यह साम्यता की कसौटी बिलकुल गलत है। विभिन्नता और असाम्यता का आकर्षण शायद साम्यता के आकर्षण से अधिक स्थायी और रुचिकर हो सकता है। ऊपरी दिखावे का आकर्षण और पसन्द की साम्यता के परे भी कोई चीज होती है। शारीरिक आकर्षण झूठा भी हो सकता है। साज-सिंगार, इत्रों की महक, लिपस्टिक रंजित गुलाबी होंठों की मुस्कुराहट, गर्दन की बाँक, मदमाती खिलखिलाहट, लचकती चाल, आँखों की मटक, और बात करने की अदा पर ही मात्र दाम्पत्य जीवन की इमारत नहीं खड़ी की जा सकती। फ्लर्टेशन (झूठी इश्कबाजी) के लिए ये विशेषताएँ शायद आकर्षण और आवश्यक होंगी, लेकिन दाम्पत्य जीवन फ्लर्टेशन नहीं, वह सुखदायी साधन है, और उसके लिए शारीरिक उपलब्धियों से परे, मानसिक तथा आत्मिक गहराइयों में उतरकर परस्पर आकर्षण, साम्यता और एकता को खोजना और पाना जरूरी है। मन की बेचैन तरंगों के ज्वार-भाटे में होशोहवास खो देने के बजाय अन्तरात्मा की प्रेरणा को समझना आवश्यक है।

शाम की मनोहारी आभा में, रात की जगमगाती रोशनी में भाया हुआ वह मदमाती चेहरा, वह खिलखिलाती हुई प्रणयग्रस्त युवती दिन के बेरहम उजाले में कुछ और ही नजर आ सकती है। हो सकता है कि वह फूहड़ हो, झगड़ालू हो,

दुराचारी हो, व्यसनी हो, गृहस्थी के काम-काज से जी चुराती हो, दिन को देर से सोकर उठती हो, नौकरों पर सदा चीखती-चिल्लाती रहती हो, पति का खयाल बराबर न रखती हो, बच्चों से नफरत करती हो, आदि। बुरे काम के लिए जो बुरी न हो, ऐसी युवती अच्छे काम के लिए अक्सर अच्छी नहीं होती। ब्याह एक अच्छा काम ही नहीं, एक महान अनुष्ठान है।

रंगमंच पर या रुपहले परदे पर नर्तकियों और अभिनेत्रियों का कमाल देखकर कई लोग उन पर रीझ जाते हैं। दुनिया के हर देश में यह हमेशा से होता आया है। रीझकर वे चाहते हैं, उस नर्तकी या अभिनेत्री से शादी कर लें। कोई उनसे पूछे कि उन्हें क्या पसन्द आया? वे कहेंगे कि वह नर्तकी, वह अभिनेत्री, वह युवती पसन्द आई, उसका अभिनय पसन्द आया। वे बेचारे नहीं जानते कि उस मनमोहक नृत्य और अभिनय से उस युवती के अन्दर जो नारी है, उसका कोई सम्बन्ध नहीं। एक कुशल नर्तकी या एक कुशल अभिनेत्री एक अत्यन्त घटिया नारी हो सकती है, यह वे नहीं जानते।

वे कलावंतियाँ सिर्फ रंगमंच पर ही अपना कला-कौशल दिखा सकती हैं और उन्हें वहीं देखना और देखकर मन बहलाना चाहिए। घर की चारदीवारी में, दिन के उजाले में वे नग्न और भद्दी लगती हैं। नग्न शरीर का अपना आकर्षण अवश्य है; पर शरीर की नग्नता में मंच का कला-कौशल ढूँढ़ना मूर्खता है। मंच की उनकी विशिष्टताएँ गृहस्थी के वातावरण में नितान्त झूठी और फूहड़ लगेंगी।

और झूठ कभी छिपाए नहीं छिपता। झूठ को जमीन में गाड़कर अगर ऊपर से पहाड़ का वजन भी रख दो, तो वह सुरंग लगा पहाड़ की चोटी से निकलकर चिल्लाएगा : 'मुझे देखो, मैं झूठ हूँ।'

प्रणयग्रस्त युवती भी प्रणयकाल (कोर्टशिप पीरियड) में अपने प्रेमी को लुभाने के लिए एक प्रकार का अभिनय ही करती है, इतना समझकर ही हर प्रेमी आगे बढ़े, सन्तुलन रखे और सब्र से काम ले, जल्दबाजी और उतावली न करे। अभिनय की परतों तले निहित नारी का मूल्यांकन प्रेमी की अन्तरात्मा कर लेगी।

जो कसौटी प्रेमी को दे रहा हूँ, वही कसौटी प्रेमिका के लिए भी खरी है।

इतना सब कहने के बाद अब एक गुर की बात कहता हूँ। हम सब नियति की उँगलियों की अदृश्य डोर से बँधे, कठपुतलियों की तरह, उन उँगलियों के इशारे पर नाच रहे हैं। हम समझते हैं कि हमने वर देखा, हमने वधू पसन्द की, हमने शादी की। भ्रम है। हम उसी से मिले, उसी को हमने पसन्द किया, उसी से शादी की जिससे हमारी शादी बदी हुई थी। हर व्यक्ति अपना जीवनसाथी पिछले जन्म से बदाकर लाता है और शायद नियति का यह विधान तोड़ा नहीं जा सकता।

सच यह था कि मैंने प्रीति को तन, मन और आत्मा से चाहा था और अब भी उसी तरह चाहता था।

लाख यत्न करने पर भी उसे मैं भूल न पाया। दिन-रात, चौबीसों घंटे, मैं मन-ही-मन, प्रीति की याद में खोया रहता और उसके वियोग की लपटों में भुनता रहता। मन मारकर, मन की बात छिपाकर, मैं सारा समय काम में व्यस्त रहता और ऐसा बनता कि मैं अपने ब्याह से खुश और सन्तुष्ट हूँ।

मैंने हमेशा अपनी गृहस्थी का एक मानसिक चित्र बनाया था जिसमें मेरे घर के अन्दर शान्ति होगी, शोरशराबा न होगा, सुगंधित फूल होंगे, हँसी-खुशी होगी, सुव्यवस्था होगी, हर काम समय और शिस्त के अनुसार होगा, एक दूसरे के लिए सहानुभूति, त्याग और अखंड प्रेम होगा। अब घर में सब इसके विपरीत मिला। यह देखकर कि हमारी शादी फेल हो गई—सो तो होनी ही थी—मुझे ताज्जुब न हुआ, दुख हुआ, बहुत दुख हुआ।

एक-एक करके मेरे दोस्तों ने मेरे घर आना छोड़ दिया। अशोक और उनकी पत्नी शोभा शादी के बाद मुझसे मिलने घर कभी न आए। शादी के पहले इन दोनों ने जी और माँ के साथ-साथ मुझे बहुतेरा समझाया था और स्नेहप्रभा से शादी करने के विरुद्ध हजार दलीलें पेश की थीं। अशोक घर के पास से गुजरते हुए एक शाम दो मिनट को मुझसे मिल लिए। 'बन्धन' के उद्घाटन पर लाहौर जा रहे थे। बस, महेश और अमृत से, एक ही शहर में रहने के बावजूद, हफ्तों भेंट न होती। कभी अचानक ही शहर में या किसी स्टूडियो या थिएटर में मुझे स्नेहप्रभा के साथ देखकर आँख बचाकर वे कतरा जाते। मेरे दोस्तों को स्नेहप्रभा न भाती। स्नेहप्रभा को मेरे दोस्त न सुहाते। शादी करके मैं अपने मित्रों को, सहयोगियों को गँवा चुका था। मेरे लिए अगर कभी भूल से किसी पुरानी महिला मित्र का टेलीफोन आ गया तो घर में आग लग जाती थी।

जल्दी ही मैं बिलकुल अकेला पड़ गया। जिन्दगी में वीरानी आ गई जो कुआँरेपन की वीरानी से अधिक जानलेवा थी। तब कभी-कभी मेरी शामें और रातें उदास कटती थीं पर शान्ति तो थी। अब दिन-रात की किटकिट और तनातनी थी, दिन-रात की उदासी थी। वीरानी और बियाबानी थी।

फ्रांसिस वॉटसन दिल्ली से कार्यवश बम्बई आया। मुझे टेलीफोन किया और मुझसे मिलना चाहा। और समय होता तो मैं उसे घर पर खाने के लिए बुलाता, पर घर मेरा न था। मेरा कोई घर न था। 'पुनर्मिलन' चार महीने के अन्दर बनकर 21 दिसम्बर, 1940 को रिलीज भी हो चुका था। बाद में जगह-जगह उसने जुबली (रजत जयन्ती) मनाई। पर मैं मन से अस्वस्थ और परेशान था। मेरे पास

कोई कॉन्ट्रैक्ट न था, कोई काम न था, न काम करने को मन करता था। घर के माहौल से परेशान और दुखी होकर मेरे माता-पिता, बहनें और नन्हा भाई विजय मुझे छोड़कर नागपुर जा चुके थे। मेरी बहन इंदु का ब्याह रमेश गुप्ता से हो चुका था, पर ब्याह में हम दोनों शरीक न हो पाए थे। स्नेहप्रभा एक चित्र में काम कर रही थी। दूसरे चित्रों में काम करने की बातें चल रही थीं। वह कमा रही थी और मैं बेकार था। मैं अपने को घरजमाई की तरह महसूस करता था। मैं फ्रांसिस से शहर जाकर रेस्तराँ में मिला।

फ्रांसिस को पहचानना मुश्किल हो गया था। उसने अपनी दाढ़ी-मूँछें साफ कर दी थीं जिससे उसके पिचके गालोंवाला मुँह चूसे हुए आम की तरह निकल आया था। सूटेड-बूटेड था और फेल्ट हैट लगाने लगा था। सैर के निमित्त भारत आया हुआ; अपने को लेखक, कलाकार कहने वाला अँगरेज यात्री अब 'बरा साहब' बना हुआ था। दिल्ली में एक मेम, जो एक जवान लड़की की माँ थी—उससे उसने शादी भी की हुई थी। वाइसराय के किसी विशेष विभाग में (उसने विभाग का नाम न बताया और कुछ गोलमोल ही बोला) अच्छे वेतन पर काम कर रहा था। मैं समझ गया। मुझे अब शक हो गया कि फ्रांसिस गुप्तचर बन गया है, शायद हमेशा से था, शायद इसी वजह भारत आया था। तीन साल बाद जब मैं प्रीति की बड़ी बहन के घर ठहरा हुआ था तो फ्रांसिस से दिल्ली में फिर भेंट हुई थी। मेरे साथ प्रीति थी और उसके साथ उसकी मेम पत्नी और जवान लड़की। उस दिन लंच के दौरान मेरा शक विश्वास में बदल गया। फ्रांसिस गुप्तचर था। दिल खट्टा हो गया।

उसके बाद फ्रांसिस से कभी भेंट न हुई। पत्र-व्यवहार भी मैंने बन्द कर दिया। न जाने अब वह कहाँ है, क्या है, है भी या नहीं!

पति-पत्नी एक साथ किसी और व्यवसाय में रहकर सुखी जीवन बिता सकते हैं, पर अगर दोनों फिल्म व्यवसाय में काम करते हों, दोनों कलाकार हों, तो उनमें कभी न बनेगी। उनकी परस्पर स्पर्धा उन्हें सुख-चैन से नहीं रहने देगी और मुझे तो ऐसी पत्नी चाहिए थी जो अभिनेत्री न हो, जो फिल्म लाइन में न हो, किसी भी लाइन में न हो, जो कमाने-खानेवाली न हो, जो घर-गृहस्थी सँभालने वाली हो, गृहलक्ष्मी हो, मेरे बच्चों की माँ हो।

मैं हद दर्जे का आत्मविश्वासी हूँ।

अपने अन्दर कोई विशेषता न होते हुए भी बेकार की डींगें हाँकना जिस तरह बेवकूफी है, उसी तरह अपनी विशेषताओं को छिपाए हुए खामखाह झुककर नम्रता दिखाना, झिझकना, शरमाना भी बेवकूफी है।

अपने कला-कौशल का, अपनी प्रतिभा का एहसास मुझे हो चुका था और उस एहसास ने ही मेरे अन्दर आत्मविश्वास पैदा किया हुआ था। उस आत्मविश्वास को स्नेहप्रभा नहीं तोड़ सकती थी। कोई नहीं तोड़ सकता था।

भावना को सदा गति चाहिए और गति को अनुकूल धरती। भावना पहाड़ी नदी के समान है जिसका प्रवाह रोका नहीं जा सकता। रुकावटों को चीर-फाड़कर, तोड़-ताड़कर वह निकल जाएगी। अगर सामने चट्टान आ गई तो जलाशय बन जाएगा और फिर जलप्रपात। मेरी भावनाओं के बीच एक चट्टान आ गई थी। भावनाएँ कुंठित हो गईं। उनका विस्फोट तनाव में हुआ, मनमुटाव में हुआ, वैर में हुआ।

कई प्रकार के वैर होते हैं पर पति-पत्नी के बीच जो वैर होता है, वह जहर-बुझा तीर होता है।

झूठ बोला जा सकता है, पाप किया जा सकता है, पर बेमन से प्यार नहीं किया जा सकता। बेमन का सहवास नरक की यातना है।

रातों के सन्नाटे में स्नेह अक्सर चौंककर उठती, कुहनी के बल होकर मुझे ताका करती। मैं जान जाता, वह मुझे ताक रही है। कभी आँखें खोल देता, कभी सोने का बहाना करता रहता। तब वह मुझे हिलाकर जगाती।

'क्या सोच रहे हो?' कहती।

'कुछ नहीं।'

'तुम अपनी प्रीति के बारे में सोच रहे हो?'

'मैं सो रहा था, तुमने जगा दिया मुझे।'

'तो फिर तुम प्रीति का सपना देख रहे थे। बोलो, है न सच?'

मैं कहता : 'नहीं, यह झूठ है। मैं सच में सो रहा था।'

पर वह मेरी बात का अविश्वास करते हुए फिर सोने लगती। इस तरह की हरकत वह रात में अक्सर करती। कभी-कभी एक रात में दो-तीन बार करती। उसकी इस हरकत पर मुझे ताज्जुब न होता। क्योंकि बात में सच्चाई थी। मैं जब प्रीति के बारे में सोचता या सपना देखता, तो न जाने कैसे स्नेह को फौरन पता चल जाता और वह जाग पड़ती। कभी-कभी मुझे गहरी नींद से जगाकर वह कहती : 'सुनो, किशोर, सुनो...'

'क्या सुनूँ?' मैं आँखें मलता हुआ कहता।

'साँसों की आवाज सुनो। हमारे पलंग पर, हम दोनों के बीच, तीसरा कोई साँस ले रहा है।'

मैं बात हँसी में उड़ा देता। 'तुम्हारा वहम है। कौन साँस लेगा? शायद मेरी साँसें सुनी होंगी तुमने।'

'नहीं, वह साँस तुम्हारी नहीं थी।'

'तो तुम्हारी होगी।'

'नहीं। मेरी भी नहीं थी।'

'तो फिर किसकी थी?'

'तुम्हारी प्रीति की होगी।'

'बकवास बन्द करो और सो जाओ।' मैं कहता और खुद सो जाने का बहाना करता।

वह पड़ी-पड़ी करवटें बदलती रहती।

एक बेकसूर की आह रंग लाई थी और उस आह ने स्नेह को बेजार कर दिया था। प्रीति और मुझमें बेतार का तार बँधा हुआ था जिस पर हमारे असीम प्रेम का निरंतर प्रसारण हो रहा था। जिस तरह मैं प्रीति के खयाल में डूबा रहता था, उसी तरह प्रीति भी दिन-रात मेरी याद किया करती थी। भरसक कोशिश करने पर भी मुझे नहीं भुला सकती थी। हम दोनों की अतंरात्माओं का विलक्षण खिंचाव हमें रातों के सन्नाटे में एक दूसरे के बहुत पास कर देता था और हम दोनों ऐसा महसूस करते कि हम कभी जुदा न हुए, एक दूसरे के पास हैं, एक दूसरे में समाए हुए हैं। हमारे प्रेम की तीव्रता इतनी अधिक थी कि कभी-कभी ऐसा लगता कि मैं अपने विचार प्रीति तक बड़ी आसानी से भेज रहा हूँ और उसके विचार मुझ तक उसी तरह आसानी से चले आ रहे हैं। अखंड चिन्तन का ही दूसरा नाम ध्यान है। योगशास्त्र में इसका सविस्तार वर्णन है। इष्ट देव के ध्यान में मग्न होकर जिस प्रकार उनके दर्शन हो जाते हैं, उसी प्रकार ध्यान-मग्न होकर इष्ट प्रेमी का या प्रेमिका का सामीप्य भी प्राप्त हो जाता है। दोनों, बिना पत्र-व्यवहार के, केवल विचार-बल (थॉट फोर्स) के माध्यम से परस्पर 'बातचीत' कर सकते हैं। योगियों और भक्तों की तरह यह सिद्धि कभी-कभी सच्चे प्रेमियों को भी प्राप्त हो जाया करती है। मेरा अनुभव यही कहता है।

फ्रेंच लेखक ज्यूल्स रोमाँ ने अपने सुन्दर उपन्यास 'द बॉडीज रैपचर' में दो सच्चे प्रेमियों के परस्पर असीम प्रेम का चित्रण कुछ इसी तरह दर्शाया है। रोमाँ की नायिका का सूक्ष्म शरीर (ऐस्ट्रल बॉडी) तो, मनन करते ही, अपने प्रेमी के पास—वह जहाँ कहीं भी हो—पहुँच जाया करता था, पर मैं प्रीति के पास निरंतर मनन करने पर भी—अपने सूक्ष्म शरीर से भी—कभी न पहुँच पाया। हमारा मिलन केवल विचारों में, सपनों में होता रहा। परन्तु फिर भी, मुझे लगता है, रोमाँ के उस औपन्यासिक सच्चे प्रेम की कल्पना (कनसेप्शन) सही है। ताज्जुब यह है कि ऐसी सूझ एक विदेशी, और खासकर एक फ्रेंच को क्योंकर सूझी? मगर यह किसने कह दिया मुझसे कि प्रेम करना केवल भारतवासी ही जानते हैं, कि प्रेमी केवल भारत में ही हो सकते हैं?

धीरे-धीरे मैं अपना व्यक्तित्व खो रहा था और मेरा अस्तित्व दो भागों में विभाजित हुआ जा रहा था। एक भाग मौजूदा तंग, अँधेरे माहौल में पड़ा सड़ने लगा;

और दूसरा खयालों और सपनों की दुनिया में उड़ता हुआ, प्रीति की ओर, प्रीति के पड़ोस में लहका जा रहा था।

अचानक एक दिन सवेरे मेरे लिए मल्लिक जी का फोन आया। (मेरी जिन्दगी में, मेरे साथ बहुत-सी बातें अचानक ही हुई हैं। बहुत से प्रसंग, बहुत-सी घटनाएँ अचानक ही घटी हैं। बहुत से व्यक्ति अचानक ही मिले हैं और इसी आकस्मिकता ने मेरे जीवन को नाटकीय बना दिया है।) मल्लिक जी किसी काम से बम्बई आए हुए थे और जुहू पर सर चिमनलाल सीतलवाड के बँगले पर ठहरे हुए थे। उसी पुराने तपाक से उन्होंने हँसी-मजाक करते हुए मुझसे बात की। मैंने उन्हें खाने के लिए आमंत्रित किया और उन्हें लाने गाड़ी भेज दी।

मल्लिक जी आए, हमारे साथ खाना खाया और शाम तक साथ रहे। यह देखकर ताज्जुब हुआ कि वे स्नेह और उसकी माँ को कराची से जानते थे। दुनिया कितनी छोटी है! उन दोनों से भी वे तपाक के साथ मिले। दिन भर हँस-बोलकर हमारे साथ बिताया। दूसरे दिन वे शान्तिनिकेतन वापस जानेवाले थे। स्नेह ताड़ गई थी कि मल्लिक जी प्रीति को सिर्फ जानते ही न थे बल्कि मेरे और प्रीति के पुराने प्रेम-प्रकरण की उन्हें खबर भी थी। पर उसने कुछ न कहा, कुछ न पूछा। मल्लिक जी को जुहू छोड़ने मैं उनके साथ गया।

गाड़ी में भी मल्लिक जी, अपनी आदत के अनुसार, हँसी-मजाक करते हुए गप्पें लगा रहे थे।

'आप मुझसे नाराज तो नहीं, मल्लिक जी?' मैंने पूछा।

'नाराज!' मल्लिक जी हँस पड़े। 'नाराज क्यों होऊँगा? अगर नाराज होता तो तुमसे मिलने तुम्हारे घर आता?'

'आप राम से मिलने आये, सीता को साथ नहीं लाए।' न जाने मेरे मुँह से यह कैसे निकल गया!

मल्लिक जी सहसा गम्भीर हो चुप रहे। बड़ी देर तक चुप रहे। फिर बोले : 'रामायण पढ़ा है तुमने?'

'पढ़ा तो था। अब भूल गया।'

'तो फिर पढ़ो।'

थोड़ी देर के बाद हिम्मत करके मैंने पूछा : 'प्रीति आजकल कहाँ है, मल्लिक जी?'

'शान्तिनिकेतन में है।'

'कैसी है प्रीति?'

'अच्छी है, जिन्दा है। तुम कैसे हो?'

'मैं मर रहा हूँ, मल्लिक जी, घुल-घुलकर मर रहा हूँ। मैं बहुत दुखी हो गया हूँ।'

'सो तो आज दिन भर तुम्हारे घर रहकर मैंने देख लिया। किसने किया दुखी तुमको?'

'मैंने...मैंने खुद अपने आपको दुखी किया।'

'तुमने अपने-आपको दुखी किया, अपने माँ-बाप को दुखी किया, प्रीति को दुखी किया, मुझे दुखी किया, क्यों की यह शादी?'

'की नहीं, हो गई। अपने-आप नहीं, जबर्दस्ती।'

'जबर्दस्ती?'

'मेरे साथ छल हुआ है।'

'किसने किया छल?'

'किस्मत ने।'

'किस्मत को क्यों दोष देते हो? तुम चाहते तो न करते शादी। ऐसी उतावली की क्या जरूरत थी...?'

मल्लिक जी की फटकार से मुझे सांत्वना मिली। मेरी आँखें भर आईं। कार रुक रही थी क्योंकि सीतलवाड का बँगला आ गया था।

'आओ, उतरो,' मल्लिक जी ने मुझे थपथपाकर कहा। 'चाय पीकर जाओ।'

कमरे में पहुँचकर मल्लिक जी ने नौकर को चाय लाने के लिए कहा। जब हम लोग अकेले रह गए तो मैंने फिर प्रीति की बात छेड़ दी। मैंने जानना चाहा कि मेरी शादी की खबर पाकर उस पर क्या प्रतिक्रिया हुई थी।

मल्लिक जी ने उस शाम का सारा हाल सुनाया जब उन्होंने प्रीति को अपनी कुटिया में बुलाकर मेरे शादी कर लेने की खबर सुनाई थी। सुनकर प्रीति सन्न रह गई थी और फिर उसकी आँखों से अश्रुधाराएँ बह निकली थीं और ऐसा लगता था, वह बेहोश होकर गिर पड़ेगी। उसके बाद प्रीति गुमसुम-सी रहने लगी, बुझी-बुझी-सी। उसके चेहरे से हँसी उड़ गई। जीवन से वह कुछ विरक्त हो गई।

'भूल जाने की कोशिश करो,' मल्लिक जी ने एक दिन प्रीति से कहा था। 'अपनी पढ़ाई और काम में दिलचस्पी लिया करो। कुछ वक्त बीत जाने पर तुम भूल जाओगी।'

प्रीति ने मल्लिक जी की ओर देखकर मुस्कुरा दिया था। उस मुस्कान का अर्थ था :

'सच, क्या आप समझते हैं, मैं भूल सकती हूँ?'

मल्लिक जी ने फिर कहा था : 'तुम्हारे पिता तुम्हारे लिए वर खोज ही रहे हैं। किसी अच्छे लड़के से शादी कर लेना। सब ठीक हो जाएगा।'

'नहीं, मल्लिक जी। अब मैं कभी शादी नहीं करूँगी,' प्रीति ने दृढ़ता से उत्तर दिया था।

कमरे में फिर चुप्पी हो गई। प्रीति की व्यथा सुनकर मेरी आँखों से आँसू बहने लगे।

'प्रीति से कहिएगा, मल्लिक जी कि जो कुछ हुआ, उसके लिए मैं दुखी हूँ। मुझे माफ करने की कोशिश करे।'

'कह दूँगा।'

चाय पीकर बहुत उदास मैं लौट आया।

हमारे दाम्पत्य जीवन को आग लगी हुई थी और वह धू-धू करके जल रहा था। शिष्टाचार के सारे झूठे नाटक अब दोनों ओर से बन्द हो चुके थे। नंगा सत्य गर्दन ताने झाँक रहा था। और सत्य यह था कि हमारी शादी सर्वथा असफल हो चुकी थी। इसे सफल करने की चेष्टा अब बिलकुल व्यर्थ थी।

मुझे स्नेह पर बेहद गुस्सा था। कभी मेरा मन आत्महत्या कर लेने को करता। पर ऐसा करना अपना ही मुँह काला करना था। अपने ही हाथों हार मानना था। सहज ही हार मानने का मैं आदी नहीं। मर जाना आसान है; बहुत आसान है; जीना बहुत मुश्किल है। मैंने जिंदा रहकर बिगड़ी को बनाने का संकल्प किया। पर कैसे, कोई उपाय न सूझता, कोई रास्ता दिखाई न देता। लाचारी, घुटन और क्लेश की अँधेरी खाई में पड़ा-पड़ा मैं छटपटाने लगा। स्नेह से ही नहीं, मुझे स्त्री जाति से नफरत हो गई। मेरा खाना-पीना छूट गया और मुझे बुखार रहने लगा।

उसके बाद एक दिन झगड़े में स्नेह ने हमारे घर को 'मेरा घर है' कहा। यह वाक्य ऊँट की पीठ पर आख़िरी तिनका था। शीशे पर बाल तो आया ही हुआ था, अब शीशा चकनाचूर हो गया।

'तुम नागपुर चले जाओ,' स्नेह ने कहा : 'अपने घर। वहाँ तुम्हारी देखभाल यहाँ से अच्छी होगी।'

'हाँ,' मैंने कहा : 'मैं भी यही सोच रहा था। मैं नागपुर जाऊँगा—अपने घर और अब लौटकर नहीं आऊँगा।'

बुखार की हालत में ही मैं टैक्सी लेकर वी.टी. स्टेशन पहुँचा और टिकट कटाकर कलकत्ता मेल में बैठ गया। साथ में मेरे सिर्फ एक सूटकेस था और जेब में कुछ थोड़े से रुपये।

13 सितम्बर, 1940 को हमारा ब्याह हुआ था और 13 जनवरी, 1941 को हम अलग हो रहे थे यानी इस अद्‌भुत वैवाहिक नाटक ने कुल चार महीने की जिन्दगी पाई थी। रंगमंच के नाटक और सिनेमाघरों के चलचित्र की जिन्दगियाँ भी इससे लम्बी हुआ करती हैं।

मुझे छोड़ने स्टेशन पर कोई न आया था। बम्बई की मायानगरी में अपने को लुटाकर, अपना सुख–चैन गँवाकर, परेशान, बीमार और बिलकुल अकेला आज मैं बम्बई से जा रहा था घर—अपने घर, नागपुर।

अपने पहुँचने का तार मैंने दिया था इसलिए नागपुर स्टेशन पर मुझे लेने जी, माँ और परिवार के अन्य लोग आए हुए थे।

मुझसे सारी बातें सुनकर जी, माँ को ताज्जुब न हुआ। इस दिन की अपेक्षा उन्हें थी ही। घर में सबने मेरे साथ सहानुभूति बरती किन्तु मैं सुस्त और उदास रहने लगा। मल्लिक जी को शान्तिनिकेतन पत्र लिखकर मैंने सारी बातें बता दीं।

दो हफ्ते बाद अमृतलाल नागर और महेश कौल भी कुछ दिनों के लिए बम्बई से नागपुर आ गए। महेश अपने घर ठहरे और अमृत मेरे साथ। दिनभर हम तीनों साथ रहते। मेरी बौखलाहट और ऊब को दूर करने में उनका साथ काम आया।

एक इतवार को हम तीनों ने तय किया कि बुधवार तक एक लघुकथा लिख डालें। बस, फिर पिल पड़े हम लोग। अमृत और मैं सुबह, दोपहर, शाम, रात अपनी कहानियों में डूबे रहते, रात के दो–दो बजे तक लिखते। मंगल की रात हम दोनों ने अपनी–अपनी कहानियाँ खत्म कीं और कॉफी पीकर एक दूसरे को सुनाईं और एक दूसरे की कहानियों पर दाद दी। अमृत की कहानी का शीर्षक था : 'मरघट के कुत्ते' और उन्होंने भूत जगाकर बीभत्स रस उँड़ेला था। मेरी कहानी का शीर्षक था : 'घोंसला' और मैंने करुण रस पैदा किया था। दूसरे दिन यानी बुधवार को महेश हाथ हिलाते हुए आए और कहने लगे, पाँच–छः पंक्तियों से अधिक वे नहीं लिख पाए। पर हमारी कहानियाँ सुनकर उन्होंने तारीफ की।

'घोंसला' कहानी 'विश्वमित्र' पत्रिका में छपी थी।

मेरे साथ बारह दिन रहने के बाद अमृत बम्बई वापस चले गए। वहाँ जाकर वे नौकरी और काम की तलाश करने लगे। उनकी चिट्ठियों में उनकी फटेहाली और उपवासों का जिक्र पढ़कर मैं दुखी होता रहता। पर मैं विवश था।

महेश भी बम्बई जा चुके थे। मैंने अपनी एक पटकथा 'आँसू' उन्हें देकर उसे कहीं बेच देने के लिए कहा हुआ था।

मुझसे बेकार नहीं बैठा जाता। बेकारी और ऊब को दूर करने में लिखना, पढ़ना, सोचना, चित्रकारी, फोटोग्राफी जैसी मेरी विशिष्ट रुचियों ने हमेशा मेरा साथ दिया है। मैं लघुकथाएँ लिखने में व्यस्त हो गया और 'जल्दी आना', 'उस्ताद की कसम', 'गुलशन', आदि कहानियाँ लिख डालीं।

स्नेह का पत्र आया जिसमें उसने लिखा था कि वह 21 फरवरी को घर छोड़कर अलग फ्लैट में रहने चली जाएगी। मैं बम्बई आकर अपना सामान ले लूँ।

21 फरवरी को जी और माँ के साथ मैं बम्बई पहुँचा। अमृतलाल नागर और महेश कौल हमें लेने दादर स्टेशन आए थे। अमृत और महेश कंडेल रोड, दादर पर

एक घर, 'माधव निवास', के निचले महले में साथ रहते थे। हमें उन्होंने अपने घर ठहराया। सामान रखकर मैं सीधा सांताक्रुज गया। जी और अमृत मेरे साथ थे।

स्नेह के साथ थोड़ी देर झिकझिक हुई। हम दोनों ने अपना-अपना सामान बटोरकर बाहर निकाला और दो ट्रकों पर लदवा लिया। हममें यह तय हो गया था कि अब हम दोनों अलग रहेंगे। स्नेह अपने सामान के साथ माहिम में 'फरेरा मैनशन' के फ्लैट में चली गई और मैं अपना सामान लिये, जी और अमृत के साथ 'माधव निवास' यानी अमृत के घर चला आया।

उसके बाद हम लोग अमृत और महेश के साथ 15 दिन रहे। मैं पहले ही बुरे मूड में था। इस घर, 'माधव निवास', ने मूड और बिगाड़ दिया। घर की विशेषता यह थी कि वह शिवाजी पार्क के मरघट के पास था। घर के सामने से जब देखो, अरथियाँ निकला करतीं। रात के अँधेरे सन्नाटे में जब 'राम राम सत्य है!' की मर्मभेदी सामूहिक कंठ-ध्वनि के साथ गैस की रोशनी और अरथी की छाया कमरे की दीवारों पर पड़ती तो हृदय दहल जाता और फिर नींद हराम हो जाती। जीवन, मरण, पाप, पुण्य कर्मफल, पुनर्जन्म, जीवात्मा, परमात्मा, आदि आध्यात्मिक विषयों में ध्यान उलझ जाता।

मेरा सब सामान पैक करके रेलवे से नागपुर भिजवाया गया।

स्नेह से कई भेंटें हुईं। वह अक्सर शाम को अपनी गाड़ी में मुझसे मिलने आ जाती। कभी गाड़ी में बैठकर और कभी शिवाजी पार्क बीच पर टहलकर हम ठंडे दिल से बहस करते।

दुनिया में मृत प्रेम से अधिक मृत और कोई वस्तु नहीं है। प्रेम जब एक बार मरता है तो बिलकुल ही मर जाता है।

मैं अपने सॉलिसिटर्स से तलाक के सम्बन्ध में मशविरा करके जी और माँ को साथ लिये नागपुर वापस चला गया और जाते ही नागपुर सेशंस कोर्ट में मैंने विवाह सम्बन्ध-विच्छेद के लिए अर्जी दायर कर दी।

शर्म, झिझक और आत्माभिमान को तिलांजलि देकर मैंने प्रीति को पत्र लिखा। मल्लिक जी से पत्र-व्यवहार चल ही रहा था और उन्होंने परिस्थिति तथा मन:स्थिति से प्रीति को परिचित रखा ही हुआ था। बहुत दिनों बाद प्रीति ने मेरे पत्र का उड़ता-उड़ता उत्तर दिया। मैं उसे बराबर पत्र लिखता रहा। कुछ पत्र उसे नहीं मिले और उसकी ओर से देर-देर तक मौन रहा। मेरी बेचैनी बढ़ती गई।

मेरे पुराने मित्र स्वामी जी (कृष्णानन्द सोख्ता) अब नागपुर में कांग्रेसी नेता बने हुए थे। मुझसे दो-तीन बार मिलने आए। हँस-हँसकर बताने लगे कि वे नेता किस तरह बने। बने नहीं, बना दिए गए—जबर्दस्ती। वे गाते बहुत अच्छा थे। उनकी

आवाज कथावाचकों की आवाज की तरह सुरीली और प्रभावशाली थी। जब कभी कांग्रेस की बड़ी सभा होती, कार्यकर्ता लोग स्वामी जी को सभा में आमंत्रित कर उनसे देशभक्ति के स्फूर्तिदायक गीत गवाया करते। लोगों को उनका गायन बहुत अच्छा लगता और वे उनका आदर करने लगे। एक बार जोश में आकर वे भाषण भी दे बैठे। जनता उनके वक्तव्य पर मुग्ध हो गई और उन्हें उस दिन से नेता मानने लगी, और स्वामी जी उस दिन से सभाओं में भाषण भी देने लगे।

उस दिन से स्वामी जी मनमुख्तार, गैरज़िम्मेदार, बेफिक्र नाटककार या कलाकार न रह पाए, नेता बनकर नेता का आचरण करने पर मजबूर हो गए। खद्दर पहनने लगे। खिलखिलाकर हँसना छोड़ दिया। मामूली हँसी भी कम ही हँसने लगे और, जबर्दस्ती, अपनी तबीयत में कुछ रूखापन और कुछ मनहूसियत ले आए।

इसके पाँच-छः वर्ष बाद मैंने बम्बई में जब सुना कि छिंदवाड़ा से लौटते कार की दुर्घटना में स्वामी जी का देहान्त हो गया तो बड़ा दुख हुआ। अपने कॉलेज जीवन में स्वामी जी के साथ मैंने कई मजेदार घंटे गुजारे थे।

नागपुर में मैं दिन भर घर में रहता था। न किसी से मिलता-जुलता, न सिनेमा जाता। साहित्यिक लेखन में व्यस्त रहने लगा। हिन्दी में अनेक कहानियाँ लिखीं, जो समय-समय पर 'विश्वामित्र', 'विशाल भारत', 'माया', 'वीणा', 'रानी', आदि साहित्यिक पत्रिकाओं में प्रकाशित होती रहीं। बाद में मैंने अपनी बारह कहानियों का संग्रह 'टेसू के फूल' प्रकाशित करवा दिया। ये कहानियाँ बहुत लोकप्रिय हुईं और अब तक इस संग्रह के कई संस्करण निकल चुके हैं।

हालाँकि मैं अपने लिखने-पढ़ने में व्यस्त रहता, पर आखिर इनसान कितनी देर तक लिखता-पढ़ता रहेगा? मैं घर में बैठे-बैठे थक जाता, ऊब जाता। सारे समय मुझ पर जड़ता छाई रहती। विरक्ति के साथ जब ऊब मिल जाती है तो वह मेल हलाहल बन जाता है।

मेरा वर्तमान सिसक रहा था और भविष्य वीरान और उदास प्रतीत होता था। शाम को मैं पैदल घूमने निकल जाता। मेरा मुहल्ला—नई बस्ती (न्यू कॉलोनी)—शहर के उत्तरी छोर पर था। शहर से बाहर रेलवे लाइन के किनारे-किनारे चलता हुआ मील भर दूर जाकर मैं लाल मिट्टी के टीलों पर बैठ जाता। उन टीलों की एक ओर मुसलमानों का कब्रिस्तान था और दूसरी ओर ईसाइयों का। उन टीलों पर बैठकर और कभी लेटकर मैं सुस्ताया करता। कभी बीते हुए अच्छे-बुरे प्रसंगों को मन में दुहराता और कभी बिलकुल ही अचेतन की अवस्था में डूबकर एक बेमानी शून्य से घिर जाता।

रेल की पटरियों पर दनदनाती हुई ट्रेन आती और मैं चौंककर जाग जाता। उस एक घंटे में तरह-तरह की ट्रेनें गुजरतीं। मेल आती, पैसेंजर जाती, मालगाड़ी आती। टीले तले की धरती कँपकँपा उठती। मैं करवट बदलकर गाड़ी के डिब्बे गिनने

लगता, बड़े ध्यान से गिनता, मानो उस गिनती पर मेरा अस्तित्व निर्भर हो! पर बाद में भूल जाता कि कितने गिने थे। इंजन से काला, घना कितना सारा धुआँ, इतनी चिनगारियाँ घुमड़-घुमड़कर निकलती थीं। मैं सोचता : 'अच्छा हुआ जो इंजन बेजार और जड़ है। अगर वह एक जानवर होता और अपने पेट से इतनी धुआँ, इतनी चिनगारियाँ उगलता तो उसकी क्या हालत होती?''

एक शाम कुछ देर तक मैं टीले पर पड़ा रहा। शायद झपकी आ गई थी। गाने की सुरीली आवाज सुनकर मैं जाग पड़ा। अँधेरा हो चुका था और दूर शहर की बत्तियाँ जगमगाने लगी थीं। गाने की आवाज मुसलमानों के कब्रिस्तान की ओर से आ रही थी। आवाज पास आती जा रही थी मगर कोई व्यक्ति दिखाई न दिया। गाना अच्छा लगा और मैं खुश होकर मजे लेने लगा। फिर कौतूहल हुआ। आवाज नीचे के टीलेवाले एक ओझल स्थान से रेल की पटरी की ओर से आ रही थी। मैं उठा और टीले से उतरकर पटरी-पटरी आया। दूर से एक छोटी -सी आकृति चली आ रही थी। मीठी, सुरीली आवाज में, तान ले-लेकर गजल गाई जा रही थी : 'हसीना डोली पे हो जा सवार।' दूसरी पंक्ति अश्लील थी। मैंने रुककर इन्तजार किया, और थोड़ी देर में आठ वर्ष का नन्हा बालक मेरे सामने आया। चुस्त पाजामे पर फटी कमीज और फटी वास्केट पहने हुए था। कमीज में शायद बटन न होने के कारण गला नीचे नंगा था। पाँव में चप्पल न थी। घुँघराले बाल माथे पर बिखर रहे थे।

'कौन हो तुम?' मैंने पूछा।

बालक ने गाना बन्द कर दिया और सहमकर खड़ा हो गया।

'कहाँ रहते हो?' मैंने फिर पूछा।

'कब्रिस्तान।' उसकी आवाज खनखनाती हुई और सुरीली थी, जैसे गवैयों की होती है।

'कब्रिस्तान?'

'जी।'

'तुम कब्रिस्तान से आ रहे हो?'

'जी हाँ।'

'वहाँ क्या करते हो?'

'रहता हूँ।'

एक क्षण को मुझे लगा कि वह किसी बच्चे की प्रेतात्मा है जिससे मैं बात कर रहूँ।

'तुम कब्रिस्तान में कहाँ रहते हो?' मैंने पूछा।

'घर में।'

'तुम्हारे घर में और कौन कौन हैं?'

'मेरा बाप है, मेरी सौतेली माँ है, दो छोटी बहनें हैं।'

'तुम्हारा बाप क्या करता है?'

'कब्रिस्तान की रखवाली करता है?'

'इस वक्त तुम कहाँ जा रहे हो?'

'तेल लेने।'

मेरी नजर उसके हाथ पर गई। वह अपनी उँगली से एक काली बोतल लटकाए हुए था।

अब हम साथ-साथ शहर की ओर चलने लगे थे।

मैंने कहा : 'क्यों, तुम्हारा बाप क्यों नहीं जाता तेल लाने?'

'शाम को वह दारू पीता है। बाजार का सौदा लाने मेरे को भेजता है। नहीं जाओ तो मारता है। बड़ा खराब है मेरा बाप।'

'और तुम्हारी माँ?'

'वो मेरी माँ नहीं है, सौतेली माँ है। वो तो खाने को दौड़ती है। बहुत बुरी है। मेरी माँ मर गई। मैं बहुत छोटा था तभी मर गई।'

'तुम्हारा नाम क्या है?'

'जब्बार मियाँ।'

'अच्छा, जब्बार मियाँ, तुम्हें कब्रिस्तान में डर नहीं लगता?'

'ना।'

'रात को कभी भूत नहीं दिखाई दिए?'

'नहीं तो।'

'कब्रिस्तान में भूत नहीं रहते क्या?'

'पता नहीं। रहते होंगे। पर मेरे बाप से वो डरते हैं। कबर के बाहर नहीं निकलते।'

मैं हँस पड़ा। 'अच्छा, जब्बार मियाँ,' मैंने कहा : 'गाना सुनाओ।'

और जब्बार मियाँ ने गाना शुरू किया : 'हसीना डोली पे हो जा सवार...'

उसके बाद हम दोनों दोस्त बन गए। शाम को टीलों से लौटने वक्त अक्सर जब्बार मियाँ से मुलाकात हो जाया करती। जिस दुकान से वे तेल लेते या मिर्च-मसाला, वह दुकान मेरे घर के पड़ोस में थी। कभी दिन को भी जब्बार मियाँ हमारे मुहल्ले में सौदा खरीदने आते और हमारे घर भी दर्शन दे जाते। माँ उन्हें अक्सर कुछ खाने-पीने को दे देतीं।

सी. पी. एंड बेरार स्टूडेंट्स फेडरेशन के सेक्रेटरी श्री व्यास आकर मुझसे मिले और जबलपुर में होनेवाली कल्चरल कॉन्फरेंस का उद्घाटन करने के लिए उन्होंने साग्रह मुझे आमंत्रित किया। मैंने अन्त में उनका निमंत्रण स्वीकार कर लिया।

11 अप्रैल, 1941 को मैं जबलपुर पहुँचा। विद्यार्थियों का जत्था मुझे लेने स्टेशन पर आया हुआ था। 'कॉमरेड किशोर साहू, जिंदाबाद' के बुलंद नारों के साथ उन्होंने मेरा स्वागत किया।

तीन फिल्मों का नायक, एक पटकथा-संवाद लेखक, निर्माता, दिग्दर्शक; कुछ लघुकथाओं का लेखक और एक सिने तारिका के साथ चार महीने के अद्‌भुत वैवाहिक जीवन का तर्जुरबा—यही मेरी उपलब्धियाँ थीं। राजनीतिक क्षेत्र में मैंने कोई तीर नहीं मारा था, कोई विशेष कॉमरेडी नहीं दिखाई थी, पर फिर भी 'कॉमरेड किशोर साहू, जिंदाबाद' का जयघोष मन को अच्छा लगा।

जबलपुर के माने हुए वयस्क डॉ. डिसिल्वा के घर में ठहराया गया। डॉक्टर साहब मजेदार आदमी थे। पढ़ाई के दौरान विलायत में बिताए दिनों के किस्से, वहाँ की मेमों की करतूतें लंच पर बताने लगे। सेक्स पर उनका वक्तव्य विशेष रंगीन हो उठा था। समय अच्छा कटा।

शाम को धूमधाम से अधिवेशन हुआ। श्री विश्वंभरनाथ सभा के अध्यक्ष थे। मैंने उद्‌घाटन करते हुए अँगरेजी में भाषण दिया। कॉलेज के दिनों में डिबेटों में चूँकि अँगरेजी में ही बोला करता था, यहाँ भी छात्रों की भीड़ देखकर, अँगरेजी में बोल गया। मेरे भाषण पर उपस्थित छात्रों ने जोरों से तालियाँ बजाईं और 'कॉमरेड किशोर साहू, जिन्दाबाद' के फिर नारे लगाए।

पर मेरे बाद ही जो महाशय भाषण दे रहे थे, सहसा उन्होंने मेरे अँगरेजी बोलने पर घोर आपत्ति की और मुझ पर व्यक्तिगत आक्षेप किया। मेरी समझ में न आया, मुझ पर सहसा यह गुस्सा क्यों? और यह हजरत हैं कौन?

पास बैठे हुए एक छात्र मित्र ने कहा : 'यह यशपाल है, अपने को कॉमरेड बताता है।'

'कौन यशपाल?' मैंने पूछा। तब तक मैंने यह नाम नहीं सुना था।

छात्र मित्र ने कहा : 'अपने को कम्प्युनिस्ट कहता है। कभी टेररिस्ट भी रह चुका है और अब फॉरवर्ड ब्लॉकिस्ट बना हुआ है। आपके स्पीच और जयघोष से जलकर आपकी खिल्ली उड़ाना चाहता है।'

मुझे गुस्सा आ गया और उनके भाषण के बाद मैं यशपाल पर जवाबी हमला करने के लिए बोलने लगा। मगर विश्वंभरनाथ जी पोख्त व्यक्ति थे और उन्हें सभा को शिष्ट बनाए रखना था। उन्होंने मुझे आगे कुछ न बोलने का निवेदन किया और स्वयं यशपाल को, उनके निन्दनीय आचरण के लिए, आड़े हाथों लिया, जब उन्होंने ऊँचे स्वर में झाड़ा : 'अगर किशोर साहू ने अँगरेजी में भाषण दे दिया तो कोई पाप नहीं किया। उनका दिल और पोशाक तो भारतीय हैं। (मैं शेरवानी और पाजामा पहने हुए था।) मगर, यशपाल जी, आपको अँगरेजी से इतनी नफरत है तो आपने यह अँगरेजी पोशाक क्यों पहन रखी है?' लोग खिलखिला

पड़े थे। कॉमरेड यशपाल ने कोट-पैंट पहना हुआ था और गले में लाल दमकती टाई बाँध रखी थी।

दूसरे दिन शाम को हम लगभग पचास लोग भेड़ाघाट देखने गए। तीन नावों में बैठकर नर्मदा के गहरे, शान्त जल पर हमने देर तक नौकाविहार किया। नर्मदा वहाँ बहुत ही सँकरी थी। दोनों ओर संगमरमर के सफेद, नीले, लाल चमचमाते कगारे उस चाँदनी में स्वप्निल और अलौकिक प्रतीत हुए। उस प्रशान्त वातावरण को जो ध्वनि भंग कर रही थी, वह थी हमारे चप्पू के पानी काटने की ध्वनि। जब हम लोग लौटे तो सवेरे के साढ़े चार बज रहे थे।

दूसरे दिन सवेरे एक सभा में मैंने विद्यार्थीगण के साथ दो घंटे तक 'कला और संस्कृति' पर बातचीत की। नवयुवक छात्रों के बीच अपने को पाकर मुझे कॉलेज के दिन याद हो आए और मन खिल उठा।

सुना, कॉमरेड यशपाल उपेक्षित महसूस कर सवेरे ही जबलपुर से प्रस्थान कर गए थे।

दोपहर को कुछ मित्रों के साथ मैं नर्मदा पर 'धुआँधार' देखने गया। वाकई धुआँधार हो रहा था। जलप्रपात देखने का यह मेरा पहला अवसर था।

गंगा और यमुना के बाद नर्मदा का ही महत्त्व समझा जाता है। यह क्यों है, इसका अनुमान नर्मदा के सान्निध्य में पहुँचकर ही लगाया जा सकता है। वहाँ के वातावरण में जो अलौकिकता है, बयान नहीं की जा सकती। शायद यह इसलिए है कि हजारों साल से इस पवित्र नदी के जंगलों में साधु-सन्तों, ऋषि-मुनियों का बसेरा रहा है और उनके सद्विचारों से वातावरण झंकृत रहा है। तभी तो यह नदी पतित पावन कहलाती है और सुख-शान्ति के इच्छुक व्यक्ति इसकी परिक्रमा पर निकला करते हैं।

एक घटना बताता हूँ। मेरे दादा जी एक बार परिवार को लेकर अमरकंटक पर्वत की यात्रा को गए। अमरकंटक से नर्मदा निकलती है और वह उद्गम स्थान बहुत पवित्र माना जाता है। बिलासपुर के पास है अमरकंटक लेकिन रास्ता उन दिनों बीहड़ था। पहाड़ों और खाइयों से होकर जाना पड़ता था। राह में चोर, डाकुओं और वन्य पशुओं का भय रहता था। सामान लेकर साथ चलनेवाले कुलियों के पास बर्छे, भाले, इत्यादि होते थे। मैं बहुत छोटा था। शायद दो साल का था और मेरे शरीर पर बहुत सारे फोड़े निकले हुए थे। मेरे फोड़ों के मारे माँ परेशान थीं। जंगल की घनी झाड़ियों से सहसा एक शेर बाहर निकला। सब लोग डरकर रुक गए। मगर शेर रास्ता काटता हुआ चुपचाप चला गया। लोग आगे बढ़े तो थोड़ी दूर पर ही एक पेड़ के नीचे धूनी रमाए एक जटाधारी साधु महात्मा बैठे थे। हम लोग उनके दर्शन को गए।

साधु महात्मा ने धूनी से थोड़ी राख पत्ते में लेकर पुड़िया बनाई और माँ से कहा : 'यह ले जा। यह भभूत दूध में घोलकर आठ दिन तक अपने बच्चे को पिला देना। तेरे बच्चे के फोड़े अच्छे हो जाएँगे।'

माँ कहती हैं, उन्होंने वैसा ही किया और आठ दिन के अन्दर मेरे शरीर के तमाम फोड़े सूखकर साफ हो गए।

यह कैसा चमत्कार था? वह कोई दवाइयों वाली भस्म या कुश्ता न था, एलोपैथी का कोई कम्पाउंड या ऐंटीबायोटिक गोलियाँ न थीं, वह मात्र धूनी की राख थी। फिर उससे फायदा कैसे हो गया? अवश्य ही योगी की साधना, तपस्वी का तप और भक्त की भक्ति में कोई विशिष्ट शक्ति है। विचारबल (थॉट फोर्स) और आत्मबल (स्पिरिचुअल फोर्स) को मानना पड़ेगा। वैज्ञानिक तो केवल जड़ और बेजान यंत्रों के सहारे ज्ञानोपार्जन करना चाहते हैं; आध्यात्मिकों और तत्त्वज्ञानियों की तरह अपने अन्दर झाँककर शरीर और मस्तिष्क के अन्दर की जीवन्त यंत्रावली का सहारा वे नहीं लेते। मानव-बुद्धि की उड़ान की एक सीमा है, उससे परे वह नहीं पहुँच सकती। वैज्ञानिक चाँद पर पहुँच गया, मंगल पर भी पहुँच जाएगा; किन्तु समस्त ब्रह्मांड में वह नहीं उड़ सकता। समस्त ब्रह्मांड में विचरना और ब्रह्मांड को अपने में व्याप्त कर लेना केवल आध्यात्मिकों के बूते की बात है, ऐसा मेरा अटल विश्वास है।

दिनेश नन्दिनी चोरड्डा से मेरी फिर भेंट हुई। पिता के पास नागपुर आई हुई थी। उसने अपने चौथे गद्य-गीत संग्रह की पांडुलिपि मुझे पढ़कर सुनाई। रचनाएँ श्रृंगार और प्रेम रस से कुछ अधिक ही ओत-प्रोत थीं। मैंने दिनेश को उसके साहस पर दाद दी। मैं अपनी लघुकथा 'पुष्पा' लिख चुका था। दिनेश को सुनाई।

'हाय, बड़ी अच्छी कहानी लिख डाली तुमने!' दिनेश ने कहा था।

प्रीति के पत्र नीरस और निर्जीव हुआ करते थे। कहते हैं, पुरुष का भाग्य और नारी का हृदय नहीं जाना जा सकता। प्रीति के पत्रों से उसके मन की बात नहीं झलकती थी। एक खिंचाव बना हुआ था। सच है, उसने मुझे क्षमा कर दिया था, पर मुझे लगा, यह उसने शिष्टाचार के नाते ही किया था। वह मुझे एक मित्र की तरह लिखती, एक प्रेमिका की तरह नहीं। मुझे खुद अपनी चिट्ठी का दूसरे किसी के हाथ में पड़ जाने का अन्देशा था। तब, लाचार होकर, मैंने अपनी बहन इंदु और भाई सुशील को, अपने पत्र का वाहक बना, चुपचाप शान्तिनिकेतन के लिए कलकत्ता मेल से रवाना किया—प्रीति के पास।

उसी दिन यानी 7 अगस्त, 1941 की दोपहर को रेडियो पर गुरुदेव रवीन्द्रनाथ ठाकुर के निधन का शोक समाचार मिला। बचपन से ही रवीन्द्रनाथ मेरे सबसे प्रिय कवि तथा लेखक रहे थे। उनकी कविताओं में तो अद्‌भुत रस था ही पर उनकी लघुकथाएँ और अन्य गद्य रचनाएँ भी उसी तरह अद्‌भुत काव्य से ओतप्रोत थीं, जिन्हें पढ़कर मुझे नशा हो जाया करता था और मैंने उन्हें दुनिया का महानतम

कलाकार, साहित्यकार माना हुआ था। इस महान प्रतिभाशाली, विश्वकवि की मौत ने मुझे बहुत दुखी कर दिया। मुझे याद है, महात्मा गांधी ने उस दिन शोक प्रकट करते हुए उन्हें 'द ग्रेटेस्ट पोएट ऑफ दि एज' कहा था, अर्थात 'युग का महान्तम कवि'।

इंदु ने प्रीति से मिलकर मेरी सारी बातों से, मेरी मानसिक दशा से उसे परिचित कराया और मेरा पत्र उसे दे दिया। सुशील गेस्ट हाउस में बने रहते और इंदु जाकर प्रीति से मिला करती। किसी को शक न होता। प्रीति ने उनकी काफी आवभगत की और अपनी ओर से इत्मीनान दिलाते हुए मेरे नाम एक पत्र दिया। तीन दिन शान्तिनिकेतन रहकर वे लोग नागपुर लौट आए और प्रीति का पत्र मेरे हाथों में दे दिया।

प्रीति का वह पत्र पढ़कर मारे खुशी के मैं उस दिन मर सकता था। उसने लिखा था कि वह सदा से मुझे चाहती रही है। बीच के बहके-भटके दिनों को याद करके मैं ग्लानि और दुख में न पड़ा रहूँ। वह एक बुरा सपना था, जिसे भूल जाना ही अच्छा है। मैं खुश रहा करूँ। नागपुर के कुंठित वातावरण में अपनी प्रतिभा नष्ट न होने दूँ। मुझे अपने जौहर दिखाने के लिए बम्बई ही उपयुक्त क्षेत्र है। बम्बई वापस जाकर पूर्ववत् काम में मन लगाऊँ। वह मेरी है और सदा रहेगी। उसका प्रेम मेरे लिए अडिग है।

मुर्दा जाग उठा था। बम्बई जाने के लिए मैं कमर कसने लगा।

उसी समय अचानक बम्बई से रजनीकान्त पंड्या का पहले पत्र और तुरन्त बाद टेलीफोन आया। रजनीकान्त मेरे चित्र 'बहूरानी' के छायाकार थे और द्वारका दास डागा के साथ चिपके हुए थे। रजनीकान्त ने कहा कि द्वारका हमारी पुरानी अनबन भूल गए हैं और कम्पनी—इंडिया आर्टिस्ट्स—को पुनः जागृत करने का उन्होंने तय किया हुआ है। आगामी चित्र के निर्माण में पूर्ववत् मेरा सहयोग चाहते हैं। मैं फौरन बम्बई चला आऊँ।

मैं नागपुर में आठ महीने का 'वनवास' काट चुका था। खुश-खुश बम्बई के लिए रवाना हो गया।

बम्बई आकर मैं द्वारका दास डागा से मिला। अब इंडिया आर्टिस्ट्स का दफ्तर श्री साउंड स्टूडियो, दादर में था। आगामी चित्र की तैयारी में कुछ दिन मैंने द्वारका का साथ दिया। द्वारका से बिछड़े मुझे पन्द्रह महीने हो चुके थे। मैंने देखा, इन पन्द्रह महीनों में द्वारका की आदतें और स्वभाव में बड़ा परिवर्तन हो चुका था। शराब अधिक पीने लगा था और सारा वक्त खुशामदखोरों से घिरा रहता था। ऐसे खुशामदखोरों, चापलूसों को फिल्म व्यवसाय में 'चमचे' कहते हैं। जिस तरह मिठाई

पर मक्खियाँ लपकती हैं और भिनभिनाने लगती हैं, उसी तरह पैसेवाले नवयुवक (चाहे वह अभिनेता हो, दिग्दर्शक हो या...) को घेरकर, उसकी चापलूसी कर, उसके लिए—उसी के पैसे से—मन बहलाने के विभिन्न साधन जुटाकर, उसके आगे-पीछे होते रहते हैं।

द्वारका के पिता नरसिंहदास जी ने मुझे बुलाकर एकांत में कहा : 'द्वारका मेरा बड़ा लड़का है। वह जो करना चाहता है, मैं उसमें ना नहीं किया करता। तुम्हारे साथ मिलकर उसने सिनेमा कम्पनी खोलनी चाही। मैंने उसका साथ दिया, रुपया लगाया। 'बहूरानी' चित्र बना। अच्छा चित्र था। सब ठीक चल रहा था। फिर तुमसे उसका मनमुटाव हो गया। तुम अलग हो गए। तुम्हारे जाने के बाद से अब तक-डेढ़ साल होने को आया—द्वारका ने कुछ न किया। बेकार के लोग उसे घेरे रहते हैं। वह पीने लगा है। ज्यादा पीता है। कई एक्ट्रेसेज से उसकी दोस्ती हो गई है। तुम वापस आए तो मुझे सन्तोष हुआ था, पर मैं देखता हूँ, द्वारका तुमसे खिंचा रहता है। तुम उसे नहीं सँभाल सकते।'

मैं नरसिंह दास जी की बातों का रुख ताड़ चुका था। 'तो फिर आपने क्या सोचा है?' मैंने पूछा।

'मैं द्वारका को सिनेमा से हटाना चाहता हूँ। बम्बई से ले जाना चाहता हूँ।'

'यानी आप आगामी चित्र में पैसा नहीं लगाएँगे?'

'नहीं।'

'मैं अगर निर्माता बनूँ और चित्र निर्माण की सारी जिम्मेदारी अपने ऊपर लूँ, तब भी नहीं?'

'तुम द्वारका की जिम्मेदारी लोगे?'

मैं चुप हो गया।

'सुनो, किशोर, मेरा साथ दो।'

'कैसे?'

'तुम द्वारका को अपना सहयोग न दो।'

'वह तो शायद अब मैं खुद ही नहीं दे सकूँगा। द्वारका के साथ मेरी निभना मुश्किल है। द्वारका अब वह द्वारका न रहा जिसे मैं जानता था। जब से बम्बई आया हूँ, मैं खुद परेशान हूँ। आगे चलकर फिर आपस में झगड़ने से तो अच्छा है कि मैं अभी से दूर रहूँ।'

मेरे विचार सुनकर नरसिंहदास जी ने सन्तोष की साँस ली।

'इंडिया आर्टिस्ट्स' के आगामी चित्र की तैयारियाँ यकायक ऐसे रुक गईं, जैसे बिजली का करंट फेल हो जाने से पटरी पर भागती हुई ट्रेन रुक जाती है! किसी की कुछ समझ में न आया कि सहसा यह क्या हो गया। सिर्फ मैं जानता था और जानते थे नरसिंहदास जी।

मगर बिजली का करंट फेल होने से झटका सबको लगा। मुझे भी लगा।

मैंने शिवाजी पार्क में 'शेरा विला' में पहले माले पर एक छोटा-सा फ्लैट किराये पर ले रखा था और उसी में रहता था। अमृतलाल नागर लखनऊ, आगरा आदि घूमकर, अपने परिवार तथा सम्बन्धियों, मित्रों से मिल-मिलाकर बम्बई वापस लौट आए थे और मेरे ही साथ रहने लगे थे। महेश कौल भी पड़ोस में अपने एक मित्र के साथ रहते थे। उन दोनों को मैं 'इंडिया आर्टिस्ट्स' के आगामी चित्र में लेखन विभाग में लगा देना चाहता था, पर अब तो कम्पनी ही बन्द कर दी गई थी। हम सब-के-सब एक साथ ही बेकार हो गए।

जीवन में उतार-चढ़ाव तो होते ही हैं, किन्तु फिल्मी जीवन में इनका आदान-प्रदान अधिक रहता है।

हाथ पर हाथ धरे बैठे रहना मेरी आदत नहीं। मैंने अपने बम्बई आने की खबर शहर में विस्तारित कर दी।

'पुनर्मिलन' जुबली हिट साबित हुआ था और मैं नामी अभिनेता समझा जाने लगा था। लेकिन मेरा समाधान न हुआ। मैं सफल दिग्दर्शक बनना चाहता था। मैं जानता था कि फिल्म निर्माण में अधिक महत्त्वपूर्ण दिग्दर्शक ही होता है। किन्तु दिग्दर्शक बनने का अवसर मुझे कौन देगा? 'बहूरानी' बना चुका था, मेरा नाम उसके दिग्दर्शक के रूप में प्रचारित नहीं किया गया था। दिग्दर्शक का चांस पाने के लिए मेरा दिग्दर्शक होना जरूरी था, जो मैं नहीं था।

अचानक एक दिन फिल्म निर्माता कीकूभाई देसाई ने मुझे बुला भेजा।

जब मैं अंधेरी जाकर उनके पैरामाउंट स्टूडियो में उनसे मिला, तब सहज ही मेरी समझ में यह बात आ गई कि स्टंट पिक्चरों के निर्माताओं में वे इतने खुलेआम बदनाम क्यों थे। उन्होंने बैठने को तब कहा जब कि मैं बैठ चुका था।

कीकूभाई कहने लगे कि इस बार 'कुँआरा बाप' नामक एक सामाजिक चित्र बनाने की सोच रहे हैं और चाहते हैं, मैं उसमें नायक की भूमिका करूँ।

मैंने प्रस्ताव स्वीकार कर लिया, पर दो शर्तों पर। चित्र की पटकथा मैं लिखूँगा और दिग्दर्शन भी मेरा होगा। दिग्दर्शन के लिए वे जे.पी. अडवानी को, जो उनके लिए पहले कई चित्रों का दिग्दर्शन कर चुके थे, नियुक्त कर चुके थे, लेकिन कीकूभाई देसाई इस बात पर राजी हो गए कि मैं सहदिग्दर्शक बनूँ। पटकथा लेखन मुझे सौंपने को वे अलबत्ता तैयार थे। मैं राजी हो गया।

दूसरे दिन जब मैं कीकूभाई देसाई से मिला तो वे अस्त-व्यस्त धोती में न थे, आज उन्होंने बड़े शऊर से चाइना कॉर्ड का पतलून पहन रखा था। आज उन्होंने बैठे-बैठे पच से पान न थूका। उठकर कमरे से बाहर गए और वहाँ थूककर आए। हम

दोनों फौरन दोस्त बन गए। मेरी मरजी से उन्होंने पात्र-चयन (कॉस्टिंग) किया। प्रतिमा दास गुप्ता नायिका बनाई गई। वाडिया मूवीटोन के पिछले चित्र 'कोर्ट डांसर' में साधना बोस (नायिका) की सहेली की भूमिका प्रतिमा कर चुकी थी और लोगों को आकर्षक लगी थी। ई. बिली मोरिया को खलनायक के लिए लिया गया। कॉलेज के दिनों में मैं ई. बिली मोरिया को चित्रों में (उन दिनों चित्र 'टाकीज' कहलाते थे) मिस गौहर के साथ, नायक की भूमिकाओं में देख चुका था और उसके सहज अभिनय तथा आकर्षक रूप से प्रभावित था, यद्यपि अब वह उम्र और ख्याति की ढलान पर था। अब मुझे उसे दिग्दर्शन देने का सौभाग्य प्राप्त हुआ था।

चित्र शुरू हुआ—और मेरा दर्दे-सर भी। पहले दिन से ही मेरे सहदिग्दर्शक और मेरे बीच मतभेद शुरू हो गया। मेरी पटकथा में तो वे मनमानी न कर पाते, पर कैमरा ऐसे स्थान, ऐसे कोण पर रखते जो मुझे पसन्द न होता। कलाकारों को बहुधा वे ठीक इस प्रकार कुछ करने को कहते जिस प्रकार मैं न चाहता। व्यक्तित्वों की तरह हमारी शैलियों में भी फर्क था। आपस में लड़ते हुए दिन में दस बार हम लोग कीकूभाई के पास जाते। कभी वे मेरी हिमायत करते, कभी अडवानी की। मेरे सहदिग्दर्शक की दलील हुआ करती : 'किशोर साहू का तो दिग्दर्शन का यह पहला मौका है, पर मैं चालीस चित्रों का दिग्दर्शन कर चुका हूँ।' मेरा मुँह-तोड़ जवाब होता : 'चालीस फिल्में बनाने के बाद भी अडवानी ने एक ऐसी फिल्म नहीं दी कि जो बढ़िया कहला सके। और मैं चाहता हूँ कि मेरी पहली फिल्म ही बढ़िया बने, जिसे लोग याद रखें।'

टीम में जल्दी ही फूट पैदा हो गई और दो टोलियाँ हो गईं। ई. बिली मोरिया को मुझ जैसे कमउम्र दिग्दर्शक से आदेश लेने में झेंप आती थी, सो वे और कुछ अन्य कलाकार भी अडवानी की सुनते। प्रतिमा दासगुप्ता और युवा कलाकारों का 'ग्रुप' मुझसे ही दिग्दर्शन लेता। लेकिन नौवें दिन कीकूभाई देसाई अपेंडिक्स से अचानक बीमार पड़े और ऑपरेशन टेबल पर उनका देहान्त हो गया। 'कुँआरा बाप' की शूटिंग रोक दी गई और हम सबको नोटिस दे दिया गया। जिस प्रकार सुअवसर अकस्मात् आई थी, विपत्ति भी अकस्मात् आई। मेरे होश उड़ गए।

कुछ दिनों बाद एन.आर. आचार्य—जो पहले बॉम्बे टाकीज में निर्माण प्रबन्धक हुआ करते थे और फिर दिग्दर्शक भी बन चुके थे—मेरे पास आए और कहने लगे कि वे अपनी एक फिल्म निर्माण संस्था खोल रहे हैं। मैं भी उसमें शरीक हो जाऊँ। दोनों मिलकर चित्र निर्माण किया करेंगे। योजना मुझे पसन्द आई। श्रीमती कीकूभाई से मैंने 'कुँआरा बाप' के हक खरीद लिए और इस नई कम्पनी (आचार्य आर्ट प्रोडक्शंस) में एक साथ दो चित्रों का निर्माण कार्य शुरू हो गया। 'कुँआरा बाप' का दिग्दर्शन मैं करनेवाला था, दूसरे चित्र 'उलझन' का दिग्दर्शन आचार्य स्वयं। अब मैं पूर्णत: दिग्दर्शक बनने चला था। मैं खुश था।

अमृतलाल नागर को मैंने 'कुँआरा बाप' के संवाद लिखने के लिए अनुबन्धित कर लिया। महेश कौल अपने लिए दिग्दर्शक विभाग में कोई जगह खोजने में व्यस्त थे। अमृत ने 'सेरा विला' में ही निचले माले में फ्लैट ले लिया और अपने परिवार को लखनऊ से बम्बई बुलाकर उस फ्लैट में साथ रहने लगे। छायाकार मैंने रजनीकान्त पंड्या को नियुक्त किया।

'कुँआरा बाप' के पात्र-चयन में मैंने खबरदारी बरती। पुरानी नौ दिनों की शूटिंगवाली फिल्म की रीलें मैंने रद्द कर दीं और चित्र फिर से नए सिरे से आरम्भ किया। मनचाही तब्दीलियाँ कीं। मैं स्वतंत्र था। प्रतिमा से मेरी अच्छी मित्रता हो गई थी। चित्र की नायिका के लिए मैंने उसे ही लिया। नायक मैं था।

1942 का यह मध्य था। मैंने एक छोटी-सी, पुरानी, दो सीटर मोटरकार खरीद ली। उसकी खासियत यह थी कि चलते-चलते वह बीच सड़क पर, बिना नोटिस दिए, खड़ी हो जाती थी। मगर इतनी हल्की थी कि मैं अकेला ही, पाँव बाहर निकाल, उसे ठेलकर बाजू कर लिया करता। महीने में पन्द्रह दिन वह मेरे घर रहती और पन्द्रह दिन कारखाने में। सात सौ रुपये में पाली हुई वह एक मीठी खुराफात थी। अपनी कमाई से खरीदी हुई वह मेरी पहली कार थी।

मैं वह दिन, अपने दिग्दर्शन का पहला दिन, कभी न भूलूँगा। मैं सुबह से ही उत्तेजित था। (यह बुरी आदत मुझमें अब भी है। शूटिंग के दिन मैं सुबह का अखबार भी नहीं पढ़ता। रात को खाने से पहले पढ़ता हूँ या सोते समय।) स्टूडियो में पूजा समाप्त हुई थी और लाइटिंग (प्रकाश व्यवस्था) हो रही थी। मुहूर्त में पधारे हुए अतिथियों की खासी भीड़ थी। सबकी आँखें मुझ पर जमी हुई थीं, क्योंकि मैं दिग्दर्शक था और वह मेरा प्रथम दिग्दर्शन था। मुझसे अपेक्षा की जा रही थी कि मैं साउंड (ध्वनि) चालू करवाऊँ। शॉट प्रतिमा दासगुप्ता पर लिया जाने वाला था।

नीली रेशमी साड़ी पहने, तेजस्वी प्रकाश के घेरे में खड़ी, प्रतिमा मुस्कुरा रही थी। मैंने आज्ञा दी : 'साउंड स्टार्ट।' लाउड स्पीकर में साउंड रेकार्डिस्ट की आवाज गूँज उठी : 'स्टार्टेड।'

मैं कहने ही वाला था : 'कैमरा' कि अचानक प्रतिमा ने मेरी ओर ताक कर आँख मारी। पता नहीं, मैं चक्कर खाकर गिर क्यों न पड़ा। बदन में ठंडा पसीना फूट निकला और गले में जैसे कुछ अटकने लगा। लेकिन शायद इसलिए कि अभिनेता था, मैं सँभल गया। देखा अनदेखा कर मैंने कहा : 'कैमरा!' और कैमरा चलने लगा। 'एक्शन!' मैंने कहा, और शूटिंग शुरू हो गई। जब मैंने थोड़ी देर बाद 'कट' कहा, तो उपस्थित जनों की तालियों से स्टूडियो गूँज उठा। शॉट ओ.के. था। मैं दिग्दर्शक बन चुका था।

सबसे पहले बधाई प्रतिमा ने दी।

'बाप रे,' उसने हाथ मिलाते हुए शरारतन कहा : 'तुम्हारे हाथ तो बर्फ हुए जा रहे हैं।'

हाथ ही क्यों, मैं समूचा बर्फ हुआ जा रहा था। लेकिन इसका पारितोषिक मिलने में विलम्ब न हुआ। 'कुँआरा बाप' मेरा पहला दिग्दर्शित चित्र 'बॉक्स ऑफिस' में अति सफल रहा। यह लगभग हिन्दी में पहला हास्य चित्र था जिसने इतनी सफलता प्राप्त की थी।

मैं दिग्दर्शक ही नहीं, सफल दिग्दर्शक बन गया।

इस दौरान नागपुर सेशंस कोर्ट में हमारे विवाह सम्बन्ध-विच्छेद का केस चल रहा था। हमें तलाक मिल गया।

तलाक प्राप्त कर, छुटकारा पाकर, मैंने सन्तोष की साँस ली और अपनी जिन्दगी को नया मोड़ देने के लिए सावधान हो गया।

इस कम उम्र में उस मनहूस वैवाहिक जीवन के क्लेशयुक्त वातावरण से गुजरकर मैं बाहर तो निकल आया, पर मेरे व्यक्तित्व को कई जगह खरोंचें आए बिना न रह सकी। इसका असर मेरे दिलोदिमाग पर भी पड़ा। मेरा स्वभाव बदल गया। मुझे गुस्सा जल्दी आने लगा। स्त्री जाति से ही अब मैं नफरत करने लगा। शायद यह प्रतिक्रिया स्वाभाविक थी। प्रीति के असीम, उदार प्रेम और प्रतिमा की एकनिष्ठ मित्रता ने अगर उन दिनों मुझे न सँभाला होता तो शायद मैंने अपना सन्तुलन सदा के लिए खो दिया होता और मैं खब्तदिमाग, सनकी बनकर रह जाता। स्त्रियों के प्रति ही नहीं, समस्त संसार के प्रति शायद मैं एक विकृत दृष्टिकोण अपना बैठता, जिससे मेरी प्रतिभा सदा के लिए कुंठित हो जाती। लेकिन मैं बच गया।

लेखक की कोई अनुभूति व्यर्थ नहीं जाती। देखी-सुनी हर बात को वह सँजोकर रखता है। उसी तरह अपने अच्छे-बुरे अनुभव भी वह सँजोता है और चेतन-अवचेतन में उसके अन्दर का कलाकार उन दृश्यों, प्रसंगों, भावनाओं और अनुभूतियों का सम्पादन किया करता है और यथासमय उनका रूपांतर उसकी रचनाओं में हो जाता है।

अपनी परेशानी और बौखलाहट के दिनों में मेरे दिमाग में कहीं एक बेचैन, बेमुरव्वत खयाल कौंध उठा था। मेरे अन्दर के लेखक ने उस खयाल को नथकर सधाया और सधाकर उसे कथावस्तु का रूप दिया। उस कथावस्तु पर कथा लिखी जो स्त्री जाति के विरुद्ध; आधुनिक, पढ़ी-लिखी तितलियों के विरुद्ध, कई व्यक्तियों के विरुद्ध, कई कुप्रथाओं के विरुद्ध, पूँजीपतियों के विरुद्ध, समाज के ठेकेदारों के

विरुद्ध एक अखंड और जोरदार बगावत थी, निन्दोक्ति थी। उस पटकथा का नाम मैंने 'राजा' रखा।

'कुँआरा बाप' की अद्‌भुत सफलता के कारण हर तरफ मेरी माँग थी। प्रतिमा और मेरी जोड़ी चमक उठी थी। पर मैं सावधान था। केवल अभिनेता बनकर रह जाना मैं नहीं चाहता था। कुछ निर्माताओं ने मुझसे दूसरा हास्य चित्र बनवाना चाहा, पर मैं गम्भीर, दुखान्त कहानी 'राजा' बनाना चाहता था। नई स्थापित हुई संस्था 'पूर्णिमा प्रोडक्शन' के संचालकों को 'राजा' की पटकथा खूब जँची और उन्होंने मुझे लेखक-दिग्दर्शक-अभिनेता की हैसियत से अनुबन्धित कर लिया। नायिका के लिए मैंने प्रतिमा दासगुप्ता को ही लिया।

'राजा' में कहानी जब चरम बिन्दु पर पहुँचती है, नायक अपने साथियों, मोहल्लेवालों को साथ लिये अपने सम्मान में हो रही सार्वजनिक सभा के लिए पैदल रवाना होता है। नायक का नाम राजा है। राजा गरीबों के मुहल्ले में रहता है और गरीबों का हिमायती है। ऐसे अवसर के लिए मुझे एक लाल रंग का समाजवादी गीत चाहिए था। ऐसी एक कविता मैं त्रिपुरी कांग्रेस के अवसर पर भगवतीचरण वर्मा से सुन चुका था। डेढ़ लाख की भीड़ के सामने वर्मा जी ने अपनी कविता सुनाई थी। सुनाने का उनका अपना ढंग था। मुँह अधिक खोलकर शब्दों का उच्चारण करते थे, फिर भी अच्छा सुनाते थे। सुनकर लोग प्रभावित हुए थे। उनकी उस कविता पर मेरी आँख थी और एक दिन मैं उस कविता को अपने किसी चित्र में प्रस्तुत करना चाहता था। कविता इस प्रकार शुरू होती थी :

हम दीवानों की क्या हस्ती, हैं आज यहाँ, कल वहाँ चले,
मस्ती का आलम साथ चला, हम धूल उड़ाते जहाँ चले।

भगवतीचरण वर्मा उन दिनों बम्बई में रह रहे थे और फिल्मों के लिए कहानी, गीत, संवाद लिखना चाहते थे और लिख रहे थे। श्री साउंड स्टूडियो में उनसे मेरी कई बार मुलाकात हो चुकी थी। उन्होंने मुझे अपनी अनेक कविताएँ सुनाई थीं। मुझे उनकी कुछ कविताएँ विशेष अच्छी लगी थीं। कहानी और संवाद लेखन में वे कच्चे थे।

मैंने वर्मा जी को ज्योति स्टूडियो—जहाँ 'राजा' की शूटिंग चल रही थी—में बुलाकर निर्माता रमणलाल पारिख से उनकी भेंट करवा दी और 200 रुपये में उनकी उपरोक्त कविता 'राजा' के लिए बिकवा दी। इसके लिए अनुबन्ध तीसरे दिन होनेवाला था। मगर तीसरे दिन वर्मा जी कविता बेचने से मुकर गए। रमणलाल और वर्मा जी में काफी बहस हुई। रमणलाल ने इस तरह बात तय करके मुकर जाने के लिए वर्मा जी को काफी लताड़ा और वकील से हर्जाने को नोटिस देने की धमकी

दी। कविता पर संगीत रिहर्सल हो चुके थे और अब वह गीत बन चुकी थी। उसे लौटाने में वाकई कम्पनी को आर्थिक हानि पहुँचती। मैंने भगवतीचरण वर्मा को समझाया कि वे अपने तथाकथित मित्रों के बहकावे में न आएँ। 'राजा' के अन्य गीत राममूर्ति चतुर्वेदी से 35 रुपये प्रति गीत के हिसाब से लिये गए थे। मैं वर्मा जी को उनके एक गीत की कीमत 200 रुपये दिलवा रहा था। उन्हें बहकाने वाले फिल्म व्यवसाय के अन्य गीतकार थे जो नहीं चाहते थे कि वर्मा जी की कोई कविता बिके और वे गीतकार बनकर उनके क्षेत्र में प्रवेश पा जाएँ। मैंने विवाद में रमणलाल पारिख का साथ दिया। अन्त में वर्मा जी मान गए और अनुबन्ध पर दस्तखत कर 200 रुपये लेकर चले गए।

प्रतिमा दासगुप्ता एक अद्भुत पटाखा थी। बंगालिन थी, साँवली थी, आकर्षक थी, शरीर-रचना और स्वभाव में कुछ मर्दानगी और तेजी थी। उसके पास बेबी ऑस्टिन की रेसिंग कार थी, जो वह खुद चलाती थी। गाड़ी की आवाज जोर की थी, जैसी रेसर की हुआ करती है। प्रतिमा की अपने पति मंजूर उल हक से बनती न थी। प्रतिमा और उसकी कुछ सहेलियों की परस्पर मित्रता को मंजूर शक और ईर्ष्या की दृष्टि से देखते और परेशान रहते। रूठकर बीकानेर, दिल्ली चले जाते तो महीनों नहीं आते। प्रतिमा उनसे तलाक चाहती थी।

प्रतिमा मुझसे अपनी और अपने जीवन की राई-रत्ती बात भी बता देती। मैं उसे समझता था। मुझमें वह एक मित्र, एक सहायक, एक आधार पाती। मेरी मन:स्थिति वह समझती थी। प्रीति से मेरे प्रेम का वह आदर करती थी और परस्पर इस समझ-बूझ की नींव पर ही हमारी मित्रता घनिष्ठ होकर स्थायी रूप से कई दिनों तक टिकी रही।

प्रतिमा और मेरी मित्रता उन दिनों फिल्म जगत में चर्चा का विषय बन गई। पत्र-पत्रिकाओं में तरह-तरह के इशारे और उल्लेख होने लगे। किसी की खिल्ली उड़ाने और निन्दात्मक लेखन में बाबूराव पटेल का सानी नहीं। 'फिल्म इंडिया' के पन्ने हमारी तस्वीरों से और हम पर कसी पैनी फबतियों से भरे रहते। कभी सिनेमाघर में या रेस्तराँ में बाबूराव से भेंट हो जाती। हमें साथ देखकर वे ईर्ष्या से जल भी उठते और साथ-साथ एक विचित्र प्रकार से पुलकित होकर हमारे मुँह पर मजाकिया फबतियाँ भी कसते। उनकी प्रतिक्रिया हास्यापद होती, मानो उन्होंने हमें नहीं देखा, पेरिस में छपा रति-क्रीड़ा का कोई नंगा कार्ड देख लिया!

ऐसे 'गुप्त प्रणय' की प्रसिद्धि से नायक-नायिका को विशेष ख्याति मिलती है और उनका मूल्य अधिक बढ़ जाता है। हमारे साथ भी यही हो रहा था। हमने उन टीका-टिप्पणियों का खंडन कभी न किया।

प्रतिमा की उस विचित्र, मधुर मैत्री ने सबसे बड़ा काम यह किया कि मेरे मन में नारी जाति के लिए नफरत की जो पैनी धार पैदा हो गई थी, उसे रेती से रगड़कर कुंठित कर दिया। रही-सही नफरत तब जाती रही जब मैंने प्रीति को पा लिया।

'राजा' की शूटिंग का चरम बिन्दु वाला दृश्य स्टूडियो में रात के समय फिल्माया जा रहा था। सभा का दृश्य था जिसमें लोगों की बड़ी भीड़ के आगे मैं (राजा) जोरदार भाषण देता हूँ। नारी और समाज के खिलाफ जहर उगलते हुए उस वक्तव्य के अन्तर्गत मुझे जोश आ गया और आवाज मैंने इतनी तीव्रगति से ऊँची चढ़ा ली कि सहसा मेरा चेहरा तमतमा उठा, आँखें लाल-सुर्ख हो गईं, खून सिर में चढ़ गया, माथे की नसें फूल गईं और फिर मैं गश खाकर गिर पड़ा।

मंच पर मेरे बाजू की कुरसी पर बैठी हुई प्रतिमा चट से लपककर मुझे झेल लिया था, वर्ना शायद उस दिन मेरा सिर फूट जाता।

कहानी में भी अपने वक्तव्य के अन्त में राजा गश खाकर गिरता है। मेरे वक्तव्य पर और फिर गिरने पर लोगों ने जोरदार तालियाँ बजाईं। वे बेचारे नहीं जानते थे कि यह अचानक एक वास्तविक दुर्घटना हुई थी, यह अभिनय न था।

उस रात डेढ़ बजे के समय डॉक्टर स्टूडियो बुलाया गया। पानी के छींटे और इंजेक्शन देकर उसने मुझे होश में लाया। उस समय जी भी वहाँ उपस्थित थे। मुझे घर ले जाया गया। मेरे सिर से खून पूर्णतया उतरने के लिए तीन दिन लगे, पर मैं बिस्तर पर एक हफ्ता पड़ा रहा। उसके बाद जाकर वह अधूरा दृश्य मैंने पूरा किया।

दुबारा भाषण देते समय सावधानी बरतनी पड़ी। पर इस सावधानी के कारण भाषण में वह ओज पैदा न हो पाया। सम्पादन के समय मैंने पहले वाला ही भाषण जोड़-जाड़ कर लगा दिया। दृश्य में जान आ गई।

उस दुर्घटना के समय से मेरे मस्तिष्क में एक कमजोरी कायम हो गई। मुझे गुस्सा जल्दी आने लगा। मेरे जैसा शान्त स्वभाववाला व्यक्ति दिमाग की इस कमजोरी को बीमारी ही कहेगा। इसलिए मैं सदा प्रयत्न करता रहता हूँ कि विशेष रूप से शान्त और सन्तुलित रहूँ और चीखूँ-चिल्लाऊँ नहीं। बगैर गुस्से के भी अगर कभी जोर से बोलना या चिल्लाना होता है, तो भी मैं सावधानी बरतता हूँ।

'राजा' समाप्ति पर था। लेखन, दिग्दर्शन और अभिनय में मैंने अपनी आत्मा उँडेल दी थी। पर अब दिल घबरा रहा था। गम्भीर, प्रगतिशील, प्रभाववादी चित्र बनाने का यह मेरा पहला अवसर था। और मैं कम उम्र था। फिर मुझे मालूम था, बंगाल के न्यू थिएटर्स से नामी दिग्दर्शक प्रमथेश बरुआ की 'रानी' बनकर लगभग उसी समय मुकाबले में आनेवाली थी। बरुआ 'देवदास', 'गृहदाह', 'मुक्ति' जैसे बढ़िया और सफल चित्र बना चुके थे। उनका पिछला चित्र 'जवाब' विशेष रूप से सफल हुआ था। मेरी छाती दहलने लगी।

गरमी की छुट्टियों में प्रीति अपने घर नैनीताल गई हुई थी। एक बार प्रीति से मिलना जरूरी था। मिलकर आगे योजना बनानी थी। यह काम सिर्फ पत्रों द्वारा नहीं हो सकता था। इसलिए 13 मई, 1943 को मैं फ्रंटियर मेल से नैनीताल के लिए रवाना हो गया।

निकलने से पहले मैंने अपने मित्र कुँअर हरिन्द्रपाल सिंह को जलालपुर तार देकर दिल्ली में मुझसे मिलने का आग्रह किया था।

जब मैं दिल्ली पहुँचा तो ऋषभचरण जैन मुझे लेने स्टेशन आए हुए थे। उन्होंने मुझे होटल न जाने दिया और अपने घर ले गए। पुराने घर में उनकी पत्नी और बच्चे रहते थे। यह तीन कमरों का उनका कोई नया स्थान था जहाँ वे अपनी नई पत्नी (कहा तो उन्होंने पत्नी ही था) के साथ रहते थे। पति-पत्नी ने मेरी खूब आवभगत की। दूसरे दिन हम फिर स्टेशन गए क्योंकि हरिन्द्रपाल सिंह के आने की आशा थी।

जैन ने कहा : 'एक तार पर और एक दिन के नोटिस पर कुँअर साहब नहीं आएँगे।'

मगर हरि अलीगढ़वाली गाड़ी से आ गए। जल्दी में आए थे इसलिए साथ और कोई कपड़े न लाए थे सिवा उनके जो पहन रखे थे। एक छोटी-सी अटैची थी। उन्होंने सोचा था कि मुझसे दिल्ली स्टेशन पर मिलकर वहीं से दूसरी गाड़ी पकड़कर जलालपुर वापस चले जाएँगे। रेशमी बुश्शर्ट और पैंट में थे।

जैन पत्रकार थे। उनसे नैनीताल जाने का कारण छिपाकर रखना था। पत्रकार के पेट में कोई बात नहीं पचती। इसलिए हरि को अलग ले जाकर मैंने कहा : 'प्रीति नैनीताल आई हुई है, अपने घर पर रहती है। घर पर उसके माता-पिता हैं। नैनीताल पहुँचने पर भी मैं उससे मिलने उसके घर जा नहीं सकूँगा, क्योंकि मैं तुरन्त ही पहचाना जाऊँगा। नैनीताल मैं कभी गया नहीं इसलिए वहाँ मैं किसी को नहीं जानता। मैं अपने पहुँचने की खबर प्रीति तक कैसे पहुँचाऊँगा? प्रीति से मेरा मिलना बहुत जरूरी है। इस मिलन पर मेरा भविष्य निर्भर है।'

हरि ने गर्दन टेढ़ी करके तिरछा देखते हुए पूछा : 'तुमने मुझसे दिल्ली आकर मिलने को क्यों कहा था?'

'मैं तुम्हें अपने साथ नैनीताल ले जाना चाहता था।'

'तो परेशान क्यों हो, चलो।'

'मगर तुम तो गरम कपड़े भी साथ नहीं लाए?'

'अरे यार, इसकी फिक्र मत करो। तुम्हारे साथ, तुम्हारे लिए, अगर जहन्नुम भी कहोगे तो चला चलूँगा, फिर यह तो नैनीताल है। चलो, तुम्हारे कपड़े पहन लूँगा।'

उसी रात हम दोनों नैनीताल के लिए दिल्ली से रवाना हो गए। वह गाड़ी मुरादाबाद जंक्शन होकर जाती थी। मुरादाबाद स्टेशन के डाइनिंग रूम में हमने बहुत ही स्वादिष्ट खाना खाया।

दूसरे दिन काठगोदाम जाकर ट्रेन रुक गई। यह आखिरी स्टेशन था। यहाँ से ऊपर पहाड़ पर 22 मील का चक्करदार रास्ता बसों से तय करना पड़ता था। हम दोनों बस में जा बैठे और बस चलने लगी।

इससे पहले मैं मसूरी के पहाड़ पर इसी तरह देहरादून से बीस मील का सफर बस द्वारा कर चुका था। यह मेरे लिए कोई नया अनुभव न था। पर फिर भी आज मुझे सबकुछ नया लगा। लोग नए लगे, सड़कें नई लगीं, पेड़-पौधे नए लगे, वातावरण नया लगा, नया और अच्छा लगा। अच्छा लगना ही था। मेरी बस आज कुहरों के झीने-घने परदों को चीरती हुई, खतरनाक मोड़ों पर घूमती हुई ऊपर को चली जा रही थी। बिलकुल ऊपर, पहाड़ की चोटी पर जाकर रुकेगी, जहाँ प्रीति रहती थी, जिसके दिल को मैंने बुरी तरह दुखाया हुआ था।

बस में बैठते ही हरि सो गए थे। मैं सामने को, फिर चारों ओर, फिर सामने ताक रहा था। रिमझिम होने लगी। देखते ही देखते वातावरण ठंडा हो गया और दृश्य सुहाना और मैं अपने रसीले खयालों में भटकने लगा...अब शहर आ रहा था। धूप छिटक आई थी। बस सँकरी गली से जा रही थी। मोड़ पर जो मुड़ी तो सहसा, बिलकुल ही अप्रत्याशित ढंग से सामने एक बहुत बड़े शीशे का विस्तार चमचमा उठा, जिस पर छः-सात यॉटें, तितलियों की तरह, फिसली जा रही थीं। यही नयना ताल था। यही नैनीताल था। वाह, कितना सुन्दर, कितना अद्‌भुत स्थान था! मैंने दूसरे कई पहाड़ (हिल स्टेशन) देखे हैं। हर एक का अपना एक आकर्षण है। किन्तु यात्री को नैनीताल पहुँचने पर अचानक ही जो अद्‌भुत सौंदर्य का साक्षात्कार होता है, वह अन्य पहाड़ों के दर्शन में नहीं। ऐसा लगता कि घूँघट उठाते ही हमने नवेली का सुन्दर मुखड़ा देख लिया! नैनीताल की मुँह-दिखाई में यही विशेषता है।

हम लोग सामान उतारकर तल्लीताल वाले एम्पायर होटल में जाकर ठहरे। नहा-धोकर खाना खाया। ठंड थी। मैं गरम सूट पहना हुआ था। हरि को मेरे कपड़े छोटे हुए पर मेरी गरम शेरवानी उन्होंने खींच-तानकर पहन ली और शाम को प्रीति से मिलने, उसे मेरे आने की खबर देने, दूसरे दिन हमारे मिलने का समय और स्थान निश्चित करने वे निकल पड़े।

रात के आठ बजे के लगभग हरि लौटे। उनके हाथ में जिन की भरी हुई बोतल थी। वे बहुत गम्भीर थे। उनकी हरी-हरी आँखें अधिक हरी लगने लगीं।

'क्या हुआ?' मैंने धड़कते हुए दिल से पूछा।

'बुरी खबर है,' हरि बोले : 'मैं प्रीति के घर गया। डॉक्टर साहब भी थे। उनसे भी मिला। उनके जाने के बाद प्रीति से अकेले में बात की। पर प्रीति तुम्हारा नाम सुनकर उठकर खड़ी हुई, तुमसे मिलने से साफ इनकार कर दिया और मुझे बैठा छोड़कर अन्दर चली गई। मैं थोड़ी देर बैठा रहा फिर उठकर बोट क्लब चला गया। फिर मैंने बाजार से यह जिन की बोतल खरीदी।'

मैं अवाक् खड़ा था। मेरे घुटने ढीले पड़ गए। धम्म से मैं कुरसी पर बैठ गया। हरि बोतल का काग खोल रहे थे। 'आओ, जिन पीएँगे,' वे बोले। 'तुम्हारा गम गलत करने के लिए यह दवाई मैं इसीलिए लेता आया हूँ।'

उन्होंने गिलास भरकर मेरे सामने रख दिया। गिलास सरकाते हुए मैंने कहा : 'नहीं, मैं नहीं पीऊँगा।'

'जरा मेरी तरफ देखो,' कहकर उन्होंने दोनों हाथों से मेरा सिर पकड़कर ऊपर अपनी ओर उठाया। मेरी आँख छलछला रही थी। 'हाय! कुर्बान जाऊँ तुझपर और तेरे इश्क पर!' वे यकायक ठहाका मारकर हँसने लगे। 'घबराओ मत दोस्त, सब ठीक हो गया।' मेरी पीठ जोरों से ठोंकते हुए वे बोले।

अब मेरी समझ में आया कि यह शरारती बिलौटा मुझे तड़पाने के लिए मेरे साथ इतनी देर मजाक कर रहा था।

प्रीति से मिलकर हरि ने उसे मेरे नैनीताल पहुँचने की खबर जब दी थी तो प्रीति यह सुनकर बहुत खुश हुई थी और उसने दूसरे दिन सवेरे ठीक आठ बजे ग्रैंड होटल के पीछे आकर मिलने का मेरे पास सन्देशा भेजा था।

'लो, अब गिलास उठाओ,' हरि ने कहा। 'तुम्हारी कामयाबी मनाएँ। टू युअर लव! टू युअर सक्सेस!'

खा-पीकर मैं निश्चिंत सो गया। हरि बोट हाउस क्लब जाकर रात भर लड़कियों के साथ नाचते रहे।

दूसरे दिन सवेरे ठीक आठ बजे मैं ग्रैंड होटल के पीछेवाली सड़क पर पहुँच गया।

ग्रैंड होटल प्रीति के पिता का था। बाजू में एक कॉटेज थी जहाँ वे लोग रहते थे। कॉटेज से प्रीति निकली और पीछे के दरवाजे से होती हुई मेरी वाली सड़क पर आई। हम दोनों मिले। बड़ी देर तक एक दूसरे को देखते रहे। प्रीति कुछ दुबली, बोझिल और मुर्झाई-सी लगी। फिर हम दोनों एक दूसरे को देखकर मुस्कुराए और फिर साथ-साथ चलने लगे। ग्रैंड होटल से दूर ऊपर की ओर एक जगह बैठकर हमने देर तक बातें कीं। प्रीति ने कोई शिकवा-शिकायत न की। ऐसे मिली, जैसे मैंने कभी कोई बेहूदा हरकत न की हो! स्नेह का जिक्र तक न आया। उसके इस खूबसूरत अन्दाज ने हमारे मिलन को भी एक खूबसूरती बख्श दी और मुझे लज्जित और कुंठित होने से बचा लिया। दोपहर को मेरे होटल आकर मिलने का प्रीति ने वादा किया। मैं खुश-खुश अपने होटल लौट आया।

मुझसे सारी बातें सुनकर हरि बहुत खुश हुए और मेरी सफलता की कामना करते हुए दोपहर को जलालपुर के लिए रवाना हो गए। मसूरी के पहाड़ पर मिला

हुआ मेरा यह हरी आँखों वाला चंट, शरारती दोस्त नैनीताल के पहाड़ पर एक दिन मेरे काम आएगा, यह मैंने पहले कभी नहीं सोचा था।

वादे के अनुसार दोपहर को प्रीति मुझसे मिलने मेरे होटल आई और शाम तक मेरे साथ रही। दूसरे दिन भी आकर तमाम दिन मेरे पास रही। उसकी माँ बहुत बीमार थीं। प्रीति ने मुझे वचन दिया कि शान्तिनिकेतन वापस जाने से पहले वह माँ को समझा-बुझाकर मना लेगी। माँ मान गईं तो पिता भी मान जाएँगे। वे दोनों मानें या न मानें, शान्तिनिकेतन से प्रीति मेरे पास बम्बई आ जाएगी और हम ब्याह कर लेंगे। सन्तोष की साँस लेकर मैं चौथे दिन नैनीताल से बम्बई के लिए रवाना हो गया।

23 मई को मैं बम्बई वापस पहुँचा। 24 मई को प्रीति का तार मिला। उसकी माँ का 23 तारीख को स्वर्गवास हो गया था। यह घटनाक्रम विचित्र था। बेचारी प्रीति! और बेचारा मैं! दूसरे दिन पत्र भी आया। पढ़कर बहुत रंज हुआ। मैंने अपने पत्रों में उसे सांत्वना दी।

समय बीतने लगा। छुट्टियाँ खत्म हुईं। प्रीति वापस शान्तिनिकेतन चली गई।

बम्बई में उन दिनों बारिश पहली जून के आसपास शुरू हो जाया करती थी। न जाने क्यों, शायद बेशुमार हो रहे बम के प्रयोगों से, आजकल मानसून देर से आने लगा है। पर उस 1943 के वर्ष में शुरू से ही बम्बई में बदली-पानी हो रहा था।

'राजा' फिल्म बनकर तैयार हो चुकी थी। मैं 'सेरा विला' के सामनेवाली नई इमारत 'किशोरी विहार' में बड़ा फ्लैट लेकर रहने चला गया था। जी, माँ, बहनें, भाई—सब नागपुर छोड़कर मेरे पास बम्बई में ही रहने लगे थे। रमेश गुप्ता भी प्रोफेसरी की नौकरी त्यागकर मेरे पास आ गए थे और मेरे साथ सहायक दिग्दर्शक के तौर पर काम कर रहे थे। 'राजा' में भी मेरे साथ थे और चित्र में जेबकतरे—बुलाकी—की सुन्दर भूमिका भी कर चुके थे।

मई का पहला हफ्ता था। मैं नए चित्र के लिए कहानी सोच रहा था। कहानी सोच ली थी, लिख रहा था। आगामी चित्र मैं खुद निर्माता बनकर प्रस्तुत करना चाहता था और इसके लिए फाइनेंसर (साहूकार) खोज रहा था। एक शाम प्रतिमा दासगुप्ता मेरे घर आई। सिनेमा के लिए देर हो चुकी थी इसलिए मैंने कहा : 'चलो, बीच पर पैदल घूमेंगे।'

सुबह-शाम पैदल घूमने जाने की मुझे आदत थी। अब भी है।

प्रतिमा और मैं बीच पर सैर करने के लिए निकल पड़े। मुश्किल से हम लोग 100 गज गए होंगे कि पानी का जोरदार झल्ला आया। हम दोनों पासवाले मकान

के खुले बरामदे में जा घुसे और पानी बन्द होने का इन्तजार करने लगे। सहसा अन्दर से एक पंजाबी महिला आई और उन्होंने हमसे ड्रॉइंगरूम में आकर बैठने का अनुरोध किया। हमारे कपड़े गीले से हो रहे थे इसलिए हम संकोच करने लगे। इतने में उनके पति निकलकर बाहर आए और हमें ड्राइंगरूम में ले जाकर बिठा ही दिया और फिर नौकर को हमारे लिए चाय का आदेश दिया। बिजलियाँ कौंधने लगीं और ऐसा लगा कि आँधी आनेवाली है। घुप्प अँधेरा हो गया।

हमने परस्पर अपना परिचय दिया। पति का नाम रूसी मिस्त्री था। पारसी थे परन्तु चुरुट पी रहे थे। पंजाबी युवती से शादी की हुई थी। 28 वर्ष की उम्र थी। खुशमिजाज थे। इस फ्लैट में नए-नए ही आए थे। पिक्चर देखने का शौक न था पर पत्नी को बहुत था और वे हर हफ्ते दो फिल्में देखती थीं।

'अब आप कौन-सा पिक्चर बना रहे हैं?' रूसी मिस्त्री ने मुझसे पूछा।

'अभी-अभी मैंने 'राजा' पिक्चर बनाकर तैयार किया है,' मैंने उत्तर दिया। 'रिलीज की तैयारियाँ चल रही हैं। इन दिनों मैं अगले पिक्चर की कहानी लिख रहा हूँ।'

'अगला पिक्चर कब शुरू करेंगे आप?'

'पता नहीं। जब मुझे फाइनेंस मिल जाए। आप क्या करते हैं?'

'मैं? मैं नई एअरवेज खोलने की सोच रहा हूँ।'

'वह क्या हुआ?'

'एअर सर्विस। मैं टाटा एअरलाइंस की तरह अपनी एअर लाइंस शुरू करना चाहता हूँ।''

'इसके लिए तो बहुत पैसा लगेगा?'

'हाँ, सो तो लगेगा।'

'कितना लगेगा?'

'लगभग एक करोड़।'

रूसी के रहन-सहन और उनके छोटे-से फ्लैट और मामूली फर्नीचर को देखकर तो मुझे वहाँ फटेहाली या उचक्कापन ही दिखाई दिया।

'उतना पैसा है आपके पास?' मैंने कौतूहलवश पूछा।

'मेरी पत्नी के पास चालीस हजार रुपया है इस वक्त मगर मैं और पैसों का इन्तजाम कर रहा हूँ। एअरलाइंस के पीछे दीवाना हूँ मैं।'

कोने में रखा हुआ हवाई जहाज के प्रोपेलर का एक फल वे उठा लाए और हमें दिखाने लगे। हम बोर हो गए उनकी बातों से। पानी बन्द हो चुका था। हम जाने के लिए उठे तो हमें छोड़ने वे बरामदे की सीढ़ियों तक आए।

'अच्छा, किशोर साहू, अगर मेरे पैसों का इन्तजाम हो गया तो मैं आपके पिक्चर को फाइनेंस कर दूँगा।'

मैं एक मिनट रूसी को ताकता रह गया। 'धन्यवाद,' मैंने कहा। 'मुझे बहुत खुशी होगी।'

और फिर हम लोग हाथ मिलाकर चल पड़े।

'अजीब घनचक्कर है।' प्रतिमा ने रास्ते में मुझसे कहा। 'कौड़ी तो जेब में नहीं और एअरलाइंस खोलने के सपने देख रहा है। पत्नी के चालीस हजार के बूते इतनी डींगें! हवाई जहाज चलाऊँगा टाटा की तरह! मुझे तो पागल लगा।'

'मुझे पागल तो नहीं लगा, मगर हाँ, घनचक्कर जरूर लगा,' मैंने कहा।

खैर, बात आई-गई हो गई और अब इस प्रसंग को तीन हफ्ते होने को आए।

नैनीताल से लौटकर मैं बम्बई आया ही था कि एक दोपहर को मेरे घर के टेलीफोन की घंटी बजी। नौकर ने कहा कि कोई रूसी मिस्त्री नाम का आदमी बात करना चाहता है। मैं नाम भूल चुका था। पर मैंने रिसीवर लेकर कहा : 'हलो, मैं किशोर साहू बोल रहा हूँ।'

'हलो, किशोर। मैं रूसी—रूसी मिस्त्री।''

'कौन मिस्त्री?'

'भूल गए आप? बीस-पच्चीस दिन पहले आप और आपकी हीरोइन पानी में भींगकर मेरे घर...'

'अच्छा-अच्छा, आप हैं? हाँ, हाँ, याद आ गया। कैसे हैं आप? कहाँ से बोल रहे हैं?'

'सुनिए, किशोर साहू! मैंने कहा था न, कि अगर मेरा रुपयों का इन्तजाम हो गया और मैं अपनी कम्पनी बना सका तो आपके पिक्चर में पैसा लगा दूँगा?'

'जी, मुझे याद है। आपने कहा था।'

'मेरी कम्पनी बन गई है। बहुत रुपया आ गया है मेरे पास। आपको फाइनेंस करने के लिए मैं तैयार हूँ।'

जिस तरह बादल फटता है तो मेघ बरसता है, उसी तरह भगवान कभी-कभी छप्पर फाड़कर धन देता है। और यह छप्पर, अप्रत्याशित रूप से, अचानक ही फटा था। मुझे एक अच्छे फाइनेंसर की जरूरत थी ही। खुशी से मेरा दिल बाँसों उछलने लगा।

'कब?'

'कल। मेरे साथ ताजमहल होटल में लंच खाइए। वहीं सारी बातें तय करेंगे।'

'बहुत अच्छा,' मैंने कहा।

दूसरे दिन ताज में रूसी मिस्त्री के साथ मैंने खाना खाया और आगामी चित्र-निर्माण की योजना तैयार कर ली। हम दोनों मिलकर नई कम्पनी खोलेंगे। हम दो के अलावा एक और हिस्सेदार होंगे जिनका नाम सर चिनूभाई माधवलाल है। उनकी पूँजी रूसी एअरवेज में भी लगी हुई है। हमारी कम्पनी का नाम 'हिन्दुस्तान चित्र'

होगा। मैं निर्माता, दिग्दर्शक, लेखक, नायक हूँगा, आदि।

महीने भर पहले की उस बदली-पानी की शाम को अपने घर धारियोंवाला नाइट सूट पहने, लाखों की बात करता, एअरवेज खोलने के सपने देखता हुआ जो व्यक्ति घनचक्कर लगा था, आज ताज में खाने की मेज पर मेरे सामने सूटेड-बूटेड बैठा हुआ बहुत ही समर्थ-सतर्क और दक्ष प्रतीत हुआ, जैसा एक सिद्ध और सफल व्यापारी को होना चाहिए। रूसी मिस्त्री का यह नया चरित्र मेरे जीवन की एक और उपलब्धि था।

हफ्ते भर में कम्पनी बनकर तैयार हो गई और पैसों का सारा बन्दोबस्त पक्का हो गया। और इस आकस्मिक तथा नाटकीय ढंग से मेरी प्रिय संस्था 'हिन्दुस्तान चित्र' अस्तित्व में आई। आगे इसी संस्था के नाम से मैं कई वर्षों तक एक के बाद एक सफल और बढ़िया चित्र प्रस्तुत करता रहा।

अपने नए चित्र का नाम मैंने 'शरारत' रखा। नायिका की भूमिका के लिए मैंने प्रतिमा दासगुप्ता को लिया। मैं नायक था। निर्माण की तैयारियाँ शुरू कर दीं। मैं चाहता था, शूटिंग शुरू करने से पहले सब गाने लिखवाकर उन्हें रेकॉर्ड करवा लूँ। गाने लिखे जा रहे थे। शूटिंग में कुछ विलम्ब था।

प्रीति से मिले मुझे दो महीने हो चुके थे। इस बीच बेचारी पर माँ के देहान्त का पहाड़ टूट पड़ा था। मिलकर योजना नए सिरे से बनानी जरूरी हो गई थी। 29 जुलाई को मैं कलकत्ता मेल से कलकत्ता के लिए रवाना हो गया। प्रीति कलकत्ता में मुझसे ग्रेट ईस्टर्न होटल में मिलनेवाली थी। रास्ते में जोरों की बारिश हुई। बंगाल पर मानसून के बादल फट पड़े थे। हरी-भरी प्रकृति जलथल हुई जा रही थी।

जब मैं हावड़ा पर उतरा तो प्लेटफॉर्म पर प्रीति न थी। टैक्सी लेकर मैं ग्रेट ईस्टर्न होटल पहुँचा। मगर प्रीति वहाँ भी न थी। ताज्जुब भी हुआ और परेशानी भी। पत्रों द्वारा हम दोनों ने कलकत्ता में मिलने का समय और स्थान पहले ही निश्चित किया हुआ था। फिर यहाँ वह पहुँची क्यों नहीं? मैंने शान्तिनिकेतन ट्रंक कॉल किया। अन्धाधुन्ध बरसात के कारण शान्तिनिकेतन की टेलीफोन लाइन बिगड़ी हुई थी। रात देर तक मैं ट्रंक कॉल लगाता रहा और मुझे वही जवाब मिलता रहा : 'लाइन आउट ऑफ ऑर्डर, सर।' झुंझलाकर मैं सो गया।

सवेरे तैयार होकर मैं लाउंज में आया और फिर शान्तिनिकेतन के लिए ट्रंक कॉल लगाने लगा। टेलीफोन का नम्बर घुमाते हुए मैंने अचानक देखा, लाउंज के अन्दर सामने से, मुस्कुराती हुई, प्रीति मेरी ओर चली आ रही है। देखते ही क्षण भर में मेरी बौखलाहट गायब हो गई और हम दोनों बड़े तपाक से मिले।

जिस दिन मैं बम्बई से निकला, उसी दिन प्रीति भी शान्तिनिकेतन से निकली

थी। कलकत्ता उसके लिए कुल तीन घंटे का सफर था। वह चाहती थी, कलकत्ता मुझसे दो दिन पहले पहुँचकर वहाँ मेरी प्रतीक्षा करे। किन्तु सतत बरसात और जगह-जगह बाढ़ के कारण रेलवे लाइन पर पानी चढ़ आया था और ट्रेन बीच में ही रोक दी गई थी। तब प्रीति ने ट्रेन बदल दी और कभी मेल, कभी पैसेंजर, कभी मालगाड़ी से सफर करते हुए कल रात हावड़ा पहुँची। इस चक्करदार रास्ते ने 40 घंटे खा लिए। अगर प्रीति सुझबूझ से काम न लेती तो कलकत्ता पहुँच ही नहीं सकती थी। उसे शान्तिनिकेतन वापस लौट जाना पड़ता और मुझे बम्बई।

कलकत्ता पहुँचकर रात प्रीति अपनी एक सहेली के घर रह गई थी। अब मैंने उसे अपने ही होटल में एक कमरा दिला दिया।

पिछली बार हम दोनों ने साथ-साथ कलकत्ता की सैर की थी। देखने योग्य सारे स्थान हमने देखे हुए थे। अब सिवा एक दूसरे को तकते रहने के और कुछ न सुहाता था। साथ ही खाते-पीते, बात करते। कितनी सारी बातें थीं करने के लिए। दिन खत्म हो जाता पर बात खत्म न होती थी। आरम्भिक यौवन की भावनाओं का उफान ही विचित्र होता है, दृष्टिकोण विचित्र होता है, हर बात विचित्र होती है।

एक दूसरे को फिर से पाकर, एक दूसरे के पास हम दोनों असीम सुख का अनुभव करते। और मैंने इस सुख को एक बार तोड़कर नष्ट ही कर डाला था! मेरे सहसा उस भटक जाने से हम दोनों को कितना दुख उठाना पड़ा था! कितनी यातना सहनी पड़ी थी! जिन्दगी के तीन साल बर्बाद हो गए! गुनहगार मैं था, मगर सजा हम दोनों को भुगतनी पड़ी थी। मैंने प्रीति को स्नेह से अपने उलझ जाने और उससे ब्याह कर लेने से लेकर मनमुटाव और तलाक तक का सारा हाल कह सुनाया।

प्रीति ने बड़े ध्यान से सबकुछ सुना और फिर मुस्कुराकर बोली : 'भूल जाओ, यह एक बुरा सपना था। एक एक्सिडेंट।'

'तुम भूल सकती हो, प्रीति?' मैंने पूछा।

'मैं तो भूल भी गई। तुम्हें देखकर यह याद भी नहीं आता कि कभी हम बिछड़े थे।'

'तुमने इतनी जल्दी मुझे माफ कर दिया? मुझसे कोई कैफियत या सफाई नहीं माँगी? तुम कैसे कह सकती हो कि मैं तुम्हें सच में प्यार करता था? अगर करता तो यों भटकता नहीं। मुमकिन है, मेरे प्रेम में त्रुटि हो, मेरा प्यार झूठा हो! शायद अब भी मैं प्यार का झूठा नाटक कर रहा हूँगा—तुम्हें फिर से लुभाने-फँसाने के लिए?'

प्रीति खिलखिलाकर हँस पड़ी। फिर गम्भीर होकर मुझसे लिपट गई और बड़े प्यार से मेरी आँखों में देखते हुए उसने कहा : 'तुम्हारा प्यार मेरे प्यार की तरह सच्चा और अटूट रहा है, यह मैं जानती हूँ। तुम क्यों बहके थे, यह मैं नहीं जानती। पर तुम कभी मुझे भूले थे, यह मैं नहीं मानती। जानते हो, तुम्हें भूलने की मैंने बहुतेरी कोशिश की, पर न भूल सकी। मैं सोचती कि तुम्हें याद न करूँ वरना तुम भी मेरे

बारे में सोचने लगोगे, मेरी याद करने लगोगे। मैं तुम्हारे सुख-चैन में विघ्न डालना नहीं चाहती थी। पर मन बस में न था। तुम याद आते रहे। मैं तुम्हें दिन-रात याद करती रही। मुझे बराबर पता चल जाता था जब-जब तुम मुझे याद करते थे। अपनी यादों में, अपने खयालों में, हम सदा साथ रहे, कभी न बिछड़े। हमारी आत्माएँ सदा साथ-साथ रहीं। तुम अगर झूठा नाटक करते होते, तुम्हारा प्यार अगर झूठा होता, तो मैं जान जाती। झूठे प्रेम में बेतार का तार नहीं बँध सकता, किशोर! शायद विधि का यह विधान रहा हो कि हम तीन साल के लिए बिछड़ जाएँ और यातना भुगतें। शायद इसमें विधि का कोई अभिप्राय रहा हो जो हम इस समय, या कभी भी, नहीं जान सकते।'

प्रीति के शब्दों में लगभग मेरे ही आन्तरिक विचार प्रतिबिंबित हुए थे और यह होना ही था। प्रीति को अपने सच्चे प्रेम, अपनी निष्ठा पर विश्वास था और वह उसके लिए काफ़ी था। मुझे भी—अपनी करतूत के बावजूद—अपने सच्चे प्रेम, अपनी निष्ठा पर विश्वास था, जो वह देख रही थी और मन-ही-मन पुलकित हो रही थी। हम दोनों एक दूसरे के प्रतिबिम्ब थे और यह सत्य हम दोनों से छिपा न था। अगर झूठ छिपाया नहीं जा सकता तो सत्य के चेहरे पर भी नकाब नहीं डाली जा सकती। हमखयाली में जादू का असर होता है। केवल पसन्द की हमखयाली नहीं, विश्वास और निष्ठा की हमखयाली। दो अन्तरात्माओं की बिलकुल एक-सी तरंगें जब परस्पर टकराती हैं तो उस टक्कर से आग की चिनगारियाँ नहीं छूटतीं, अमृत के सोते फूट निकलते हैं।

प्रीति की माँ अब न रही थीं, बड़े भाई (कैप्टन केशवदत्त पांडे) युद्ध में लड़ने सिंगापुर गए थे; और फिर सुनने में आया था कि वे आई.एन.ए. में शरीक हो गए थे और अब उनका कोई समाचार न था। पता नहीं, जिन्दा भी हैं या नहीं! पिता हमारे ब्याह के विरुद्ध थे। वे रंज और फिक्र में थे। उन्हें मनाना मुश्किल था। वे कभी राजी नहीं होंगे। अब और समय बरबाद करने का हम दोनों में न धैर्य था, न सामर्थ्य।

मेरे अनुरोध के आगे प्रीति ने घुटने टेक दिए; पर कहने लगी : 'मुझे एक महीने का समय और दो। छुट्टी लेकर मैं नैनीताल जाकर बाबू (पिताजी) को आखिरी बार मनाने की कोशिश करूँगी।'

'और अगर वे न माने तो?'

'तो मैं, उनकी मरजी के विरुद्ध, तुम्हारे पास चली आऊँगी।'

मैं मान गया।

मुझे छोड़ने प्रीति स्टेशन तक आई। वह कलकत्ता एक दिन और ठहरकर शान्तिनिकेतन लौटनेवाली थी। आश्रम के लिए उसे कुछ चीजें खरीदनी थीं।

प्रेमियों की विदाई में बीमार की पीड़ा और मौत की उदासी सदा ही मिली-जुली होती है।

'अब कब देखूँगा तुम्हें?' मैंने गाड़ी में चढ़ते हुए पूछा।

'जल्दी।'

'जल्दी यानी कब?'

'मैं तुम्हें लिखूँगी।'

'सुनो, प्रीति,' मैंने सहसा कहा : 'नैनीताल जब जाओगी तो बम्बई होकर क्यों नहीं जातीं?'

'और बाबू को पता लग गया तो? पिटवाने का इरादा है क्या?'

'उन्हें पता नहीं लगेगा। तुम अगले महीने बम्बई आ जाओ। दो दिन हमारे यहाँ रहकर नैनीताल चली जाना।'

'अच्छा, आऊँगी। बम्बई होती हुई जाऊँगी,' प्रीति ने वियोग-वेदना से तड़पकर कह दिया।

और गाड़ी चल पड़ी. हम फिर बिछड़ गए।

1943 का वर्ष मेरे जीवन में अत्यधिक महत्त्व रखता है। अब तक मैं अनेक बीहड़ रास्तों से होता चला आया था—उस मृगजल का पीछा करते, जो सुख, शान्ति और आनन्द के नाम से पहचाना जाता है। वह मृगजल इस वर्ष साकार जलाशय बनकर मेरे समक्ष आ गया और मैंने जी भरके अपनी प्यास बुझाई।

'राजा' के रिलीज की तैयारियाँ हो रही थीं और मेरा दिल धड़क रहा था क्योंकि मुकाबले में उसी समय प्रमथेश बरुआ की 'रानी' आ रही थी। पत्रकारों ने साफ लिखा : 'बरुआ की 'रानी' और साहू के 'राजा' का खुला मुकाबला होने जा रहा है। देखें, जीत किसकी होती है, आदि।

21 अगस्त को बम्बई के नॉवेल्टी सिनेमाघर में 'राजा' रिलीज हो गया। पास ही के सिनेमाघर में 'रानी' आई। मेरा पिछला चित्र 'कुँआरा बाप' हास्य चित्र था, बॉक्स ऑफिस के हिसाब से अतिसफल चित्र था; और इसी कारण लोगों को मुझसे इस बार भी हास्य चित्र की आशा थी, जो 'राजा' न था। 'कुँआरा बाप' एक पटाखोंवाली फूलझड़ी था जो पढ़े-अनपढ़े सबको जँचा था, सबको हँसा गया था। लुभा गया था। 'राजा' एक आहत हृदय और जले-भुने कलाकार की बहुत गुस्से और यातना के अन्तर्गत सूझी हुई कहानी थी। चित्र में मैंने जिन्दगी को नंगा करके रख दिया था। चित्र जलता अंगारा था. कहानी दुखान्त थी।

पहले हफ्ते तो प्रेक्षक जितने मुँह उतनी बातें करने लगे; पर फिर यकायक ही समझदारों की समझ में 'राजा' आने लगा और शहर के सुशिक्षित वर्ग में, युवकों में, जिन्दादिलों में 'राजा' ने एक हलचल मचा दी।

बरुआ की 'रानी' असफल रही। शायद तीन हफ्ते के बाद उतार दी गई थी।

13 सितम्बर को बाबूराव पटेल ने मेरे घर फोन किया। पता चला, मैं घर पर नहीं हूँ, म्यूजिक रिहर्सल के लिए दादर के म्यूजिक रूम पर गया हुआ हूँ, तब बाबूराव का फोन मेरे लिए म्यूजिक रूम पर आया। मेरी एक महिला मित्र के सिलसिले में बाबूराव की उन दिनों मुझसे काफी अनबन थी। कई महीनों से हम लोग न तो मिले थे, न हमने आपस में फोन पर ही बात की थी। अब यह फोन पाकर मैं समझा, बाबूराव ने 'राजा' देखा है और उन्हें पसन्द नहीं आया और अब वे मेरी खिल्लियाँ उड़ाएँगे, चुन-चुनकर गालियाँ देंगे। अपनी छाती ठंडी करने का उनके लिए यही अवसर है। टेलीफोन पर उस दिन की हमारी बातचीत उल्लेखनीय है :

'हेलो, बाबूराव,' मैंने कहा।

'कल मैंने तेरा 'राजा' देखा।'

'पसन्द नहीं आया?'

'सुशी (बाबूराव सुशीला को 'सुशी' कहते हैं) ने भी देखा।'

'कैसा लगा।?'

'सुशी को बिलकुल पसन्द नहीं आया। कहती है, पिक्चर गन्दा है।'

'अबे, तू अपनी कह न! तुझे कैसा लगा?'

'साले, तूने यह क्या बनाके रख दिया?'

'अच्छा, इतना बुरा लगा?'

'मेरी तो जान निकल गई। मुझे नहीं पता था कि तू इतना भरा हुआ है। वाह, क्या बनाया है तूने! पर सब नहीं समझेंगे यह पिक्चर। सुशीला एम. ए. है; पर देख, वह नहीं समझी। उसे अच्छा नहीं लगा। अरे दिमाग चाहिए ऐसा पिक्चर समझने के लिए...'

बाबूराव बोलते चले गए और मुझे अकबर इलाहाबादी का उपयुक्त शेर याद हो आया :

इश्क को दिल में दे जगह 'अकबर'
इल्म से शायरी नहीं आती।

अपने प्रतिस्पर्धी से, देश के महानतम चित्र समालोचक से, जिसके कलम की नोक पर जहर और जबान पर अंगारा धरा होता था, ऐसी मुक्त प्रशंसा सुनकर मेरी आँखें भर आईं। कोई दस मिनट तक बाबूराव 'राजा' की खूबियाँ सविस्तार बताते रहे। व्यक्तिगत रूप से मुझसे बौखलाया और चिढ़ा हुआ इनसान, अपनी झुंझलाहट और जलन के बावजूद, इस समय एक सच्चे समीक्षक और कलापारखी की तरह बोल रहा था। चित्र में बाबूराव ने मेरे चरित्र की सहसा एक नई झाँकी देखी थी।

चरित्र को समझना कठिन है। साधारणतः लोगों के चरित्र इकहरे होते हैं और उनको समझना शायद उतना कठिन नहीं होता। मगर वे व्यक्ति जो एक से अधिक क्षेत्रों में सक्रिय रहते हैं, जो सोचते हैं, जिनमें कई खूबियाँ हैं और कई खामियाँ भी, ऐसे व्यक्ति दुहरा, तिहरा, दस प्रकार के चरित्र एक साथ ही रखते हैं। ऐसे व्यक्ति का व्यक्तित्व प्रभावपूर्ण तो होता ही है, पर साथ ही साथ उनके अनेक चरित्र सदा परस्पर गुत्थमगुत्था रहते हैं, और ऐसे व्यक्ति के जाननेवाले या मित्र उन्हें समझने में उसी तरह भूल करते रहते हैं, जैसी भूल हाथी के वर्णन में सात अन्धों ने की थी। मैं भी अनेक चरित्रों का गुत्थमगुत्था हूँ। मुझे लोग आसानी से नहीं समझ पाते। बाबूराव पटेल ने भी मुझे समझने में भूल की थी।

'अब देखूँगा, बाबूराव,' मैंने अब भी कुछ शक करते हुए कहा, 'कि तू अपने 'फिल्म इंडिया' में 'राजा' को कैसा रिव्यू (समालोचना) देता है।'

'अरे, मुझे अपनी कलम पर नाज है, पर सच कहता हूँ, सच कहता हूँ, मैं भी तेरे 'राजा' का रिव्यू, जैसा लिखना चाहिए, नहीं लिख सकूँगा। तेरा 'राजा' महान है। हिन्दुस्तान में अब तक बने तमाम चित्रों में श्रेष्ठ है। अच्छा, अब जा, अपने रिहर्सल में जा, मुझे भी काम है।'

और बाबूराव ने फोन बन्द कर दिया।

इसमें बिलकुल अतिशयोक्ति नहीं है अगर मैं कहूँ कि भारतीय पत्रकारों और समालोचकों में बाबूराव की पैनी आँख (और कान भी), झनझनाती लेखनी, उनकी समझ-बूझ, उनकी चित्र, प्रसंग और व्यक्ति के मूल्यांकन करने की शक्ति, भाषा, और बात को कहने का उनका ढंग असाधारण रहा है।

राजनीति और सिनेमा क्षेत्र में सबसे बड़ा साम्य यह है कि दोनों जगह स्पर्धा और ईर्ष्या का पैशाचिक आतंक है। जिस तरह हर राजनीतिज्ञ, हर नेता अपने प्रतिस्पर्धी को बढ़ते-चढ़ते, लोकप्रिय होते नहीं देख सकता और ऊपरी दिखावे के लिए समितियों और सभाओं में यद्यपि उसका समर्थन करता है, किन्तु अन्दर-अन्दर, छिपे-छिपे, उसकी कब्र खोदता रहता है; उसी तरह एक फिल्म निर्माता या दिग्दर्शक या कलाकार भी दूसरे को मरा देखना चाहता है। फिल्म के उद्घाटन (रिलीज) के दिन सारे निर्माता, दिग्दर्शक और कलाकार चित्र के बनानेवालों और उसमें काम करनेवालों को किस तरह फूलों के हार और गुलदस्ते दे-देकर हँस- हँसकर बधाइयाँ देते और चित्र की सफलता के लिए कामना करते दिखाई देते हैं! पर ये सब उनका झूठा दिखावा है। दिल से वे सब यही चाहते हैं कि दूसरे का वह चित्र पिट जाए और उसके निर्माता, दिग्दर्शक, कलाकारों के जनाजे उठ जाएँ। यह अमानुषी वृत्ति केवल विचारों तक ही सीमित नहीं रहती; कभी-कभी, बल्कि अक्सर, ओछी और कमीनी हरकतों तक बढ़ जाती है।

इसलिए, तब तक के अपने थोड़े से अनुभव ने मुझे इतना सिखा दिया था (बाद में मैंने और भी बहुत कुछ सीखा और जाना) कि अपने फिल्मी भाइयों—और बहनों(?!)—की बधाइयों को मैं विशेष महत्त्व न दूँ, केवल शिष्टाचार का चिकना नाटक ही समझूँ। इसलिए 'राजा' के चित्र के मूल्यांकन का मेरे पास कोई साधन न था। जनता ? जनता की पसन्द का मापक भी खरा नहीं। एक रद्दी और घटिया चित्र भी जनता को बहुत पसन्द आ सकता है और उसकी जयंतियाँ मनाई जा सकती हैं। अलबत्ता जनता की पसन्द से चित्र के बॉक्स ऑफिस (आर्थिक महत्त्व) का अन्दाजा किसी हद तक लग सकता है, पर वह भी पहले एक-दो हफ्ते की भीड़ देखकर निश्चित रूप से बहुधा नहीं लग पाता। मित्रों, रिश्तेदारों, शुभचिन्तकों की बधाइयाँ कोई माने नहीं रखतीं। वे बेचारे हमारी चाहत और भलाई के चिन्तन में हमारी ही तरह कृति से मोह करने लगते हैं। जिस वस्तु से मोह हो जाए, वह अच्छी ही लगेगी। कलाकृति का सही मूल्यांकन केवल कलापारखी ही कर सकता है। जनता काँच के चमचमाते टुकड़े को हीरा घोषित कर सकती है, पर हीरे की परख—वह हीरा कीचड़ से लथपथ क्यों न हो—एक जौहरी ही कर सकता है।

और एक जौहरी ने, एक कलामर्मज्ञ ने आज मुझे टेलीफोन पर बधाइयाँ दी थीं। मेरे प्रस्तुत चित्र को अद्वितीय, अद्भुत और महान बताया था। मेरी छाती फूल उठी। मैं गद्गद हो गया। कलाकार का सच्चा पारितोषिक वही बधाई, वही स्तुति है, जो उसे एक समालोचक से मिले; बशर्ते कि समालोचक समर्थ, सुयोग्य और निष्कपट हो।

'फिल्म इंडिया' के अक्टूबर, 1943 के अंक में 'राजा' पर बाबूराव पटेल की जोरदार समालोचना प्रकाशित हुई। नॉवेल्टी थिएटर में छः हफ्ते चलकर 'राजा' उतर गया था। मगर फिल्म इंडिया की तरह ही प्रशंसात्मक समालोचनाएँ देश के अन्य पत्रों में भी निकलीं। और वे तमाम लोग पत्रों में समालोचनाएँ पढ़कर सहसा जाग उठे जो चित्र न देख पाए थे, और अपने आलस्य या उदासीनता पर पछताने लगे। कुछ ही हफ्तों के बाद 'राजा' फिर से प्रदर्शित किया गया। अब की बार वह आठ हफ्तों तक चला। समझदार और युवक वर्ग ने चित्र बार-बार देखा। बीस-बीस बार देखनेवालों के भी प्रशंसा पत्र मेरे पास आए। कई शहरों में कई वर्षों तक यह चित्र इतवार को कई सिनेमाघरों में स्थायी रूप से प्रदर्शित होता रहा।

बंगाल फिल्म जर्नलिस्ट्स असोसियेशन ने 'राजा' की पटकथा (जिसका लेखक मैं था) को 1943 की श्रेष्ठ पटकथा घोषित किया।

और इस तरह मैं—'कुँआरा बाप' का जनप्रिय दिग्दर्शक—अब, 'राजा' बनाकर, प्रगतिशील और महान दिग्दर्शक बन गया; और मेरी गणना देवकी बोस ('विद्यापति') प्रमथेश बरुआ ('अधिकार'), शान्ताराम ('आदमी') जैसे देश के दो या तीन श्रेष्ठ

दिग्दर्शकों में होने लगी। और मैं भारत का सबसे कम उम्र दिग्दर्शक था। बाबूराव पटेल तथा अन्य कई समालोचकों ने मुझे जीनियस (प्रतिभाशाली) घोषित किया।

कुछ समालोचनाओं के कुछ अंश मैं यहाँ उद्धृत करता हूँ :

- 'राजा' हृदय को मसलकर रख देनेवाली सुन्दर, सशक्त कथा है, जो प्रेक्षकों को घंटों तक व्यथित रखती है।

  'राजा' फिल्म निर्माण के क्षेत्र में न केवल एक स्तम्भ है बल्कि सूक्ष्म मानवीय भावनाओं को परदे पर चित्रित करने की दिशा में एक उज्ज्वल, सक्रिय प्रयोग है। आज तक भारत ने, अपने अनेक ख्यातिप्राप्त और प्रशंसित दिग्दर्शकों के बावजूद, 'राजा' जैसा चित्र नहीं प्रस्तुत किया था।

  —फिल्म इंडिया

- 'राजा' अभिनेता-दिग्दर्शक किशोर साहू की महान वैयक्तिक उपलब्धि है।

  —टाइम्स ऑफ इंडिया

- 'राजा' में साहू ने उस उच्च कोटि का अभिनय किया है जो भारतीय चित्रों में मुश्किल से ही देखने को मिलता है।...एक महान कथा का सुन्दर प्रस्तुतीकरण जिससे किशोर साहू भारत के प्रमुख अभिनेता-दिग्दर्शकों की पंक्ति में आ बैठे हैं।

  —संडे स्टैंडर्ड

- 'राजा' एक महान उपलब्धि है जो साहू को दो या तीन श्रेष्ठ दिग्दर्शकों के बीच स्थान देती है।

  —बॉम्बे सेंटिनल

- 'राजा' निर्माण और भाव की गहराई की महानतम नवीनता प्रदर्शित करता है और यही नहीं, दिग्दर्शन में भी बढ़िया सफाई और भव्यता है।

  —अमृत बाजार पत्रिका

- प्रतिभाशाली युवक किशोर साहू के लिए 'राजा' एक महान उपलब्धि है।

  —रूपवानी

प्रशंसा और ख्याति मेरा दिमाग न फिरा सकीं; बल्कि इनसे मुझे वह अपार प्रेरणा मिली कि मैं फिल्म जगत में अपना स्थान स्थायी बनाए रखने, उसे और भी ऊँचा करने के लिए विश्वस्त रूप से अधिक सक्रिय हो गया। मेरा आत्मविश्वास—जो कभी भी न मर पाया था—अब अँगड़ाई लेकर उठ खड़ा हुआ था और मेरी महत्त्वाकांक्षाओं को और अधिक भड़का रहा था, दहका रहा था—वह अनुकूल मन:स्थिति, वह खुशगवार माहौल पैदा कर रहा था जिसमें बरसों की दुबकी हुई कुंठित प्रतिभाएँ उजागर हुआ करती हैं।

प्रीति से मेरा पत्र-व्यवहार तेजी से चल रहा था। हम लोग अब हर सप्ताह एक दूसरे को पत्र लिखा करते। हम लोग पत्र केवल अँगरेजी में ही लिखा करते थे। अब मैंने एक प्रेम-पत्र हिन्दी में लिखा—प्रयोगार्थ। लिखकर जब मैंने पत्र पढ़ा तो अजीब-सा लगा। पर मैंने वह पत्र पोस्ट कर दिया। मेरी शंका ठीक ही निकली। उस हिन्दी के प्रेम-पत्र की प्रतिक्रिया प्रीति पर अपेक्षित ही हुई। उसने उत्तर में लिखा कि वह हिन्दी का प्रेमपत्र उसे ओछा और गन्दा लगा और अब मैं कभी पत्र हिन्दी में न लिखूँ। अगर कभी लिखूँ भी तो सावधानी बरतूँ कि उर्दू के वे चन्द शब्द जो मुस्लिम परिवारों में भले ही बोले जाते हों, उर्दू शायरी में जो भले ही प्रचलित हों, हिन्दी के प्रेम-पत्र में उन्हें न लिखूँ, ताकि पत्र सस्ता और बाजारू न लगे।

बात उसने एक तरह से सच कही थी। हम सुशिक्षित और कुलीन प्रेमी अपना प्रेमालाप केवल अँगरेजी में ही करने के आदी हैं। हर नाजुक खयाल, प्यार के मीठे से मीठे वचन, कामावेश के उत्तेजित-प्रज्वलित बोल तथा भावनाएँ अँगरेजी में बड़ी आसानी से मुँह से निकल जाती हैं और उनका अर्थ और असर सहज और स्वाभाविक रूप में होता है। हमारे कान (और हृदय भी) वे ही खयाल, भावनाएँ हिन्दी शब्दों में सुनकर चौंक उठते हैं; उन बोलों में सस्तापन, बाजारूपन और वाहियातपन पाते हैं, जो कानों के उन हिन्दी शब्दों और बोलों से सर्वथा अनभ्यस्त होने की वजह से है। मेरे प्रयोग ने मुझे इतना तो सिखा दिया कि किसी भाषा में शब्द का जादू तभी होता है जब व्यक्ति उस शब्द के मानी से ही सिर्फ परिचित न हो बल्कि उस शब्द के बोलने-सुनने का आदी भी हो। हम दोनों ही हिन्दी प्रणय-शब्दावली से सर्वथा अपरिचित थे, उसके अनभ्यस्त थे—और हैं। तब से हमने कभी हिन्दी में एक दूसरे को प्रेम-पत्र न लिखा।

दीवाली की छुट्टियों में शान्तिनिकेतन के 'कलाभवन' का एक जत्था अजंता, एलोरा के भ्रमण पर जानेवाला था। प्रीति भी उस जत्थे में शरीक हो रही थी। मैंने उसे लिखा कि वह जत्थे में शामिल न हो, भ्रमण पर न जाए, बल्कि सीधे बम्बई चली आए। यहाँ दो-तीन दिन रहकर नैनीताल जा सकती है।

मेरा सुझाव मानकर प्रीति ने मुझे सूचित किया कि सितम्बर के अन्त तक वह बम्बई के लिए रवाना हो जाएगी।

खबर बहुत खूबसूरत थी। विश्वास न होता कि पन्द्रह दिनों के अन्दर प्रीति बम्बई में होगी, मेरे पास। पत्र मैंने बार-बार पढ़ा, रोज-रोज पढ़ा, पढ़ता रहा।

और फिर प्रीति का तार आ गया। 27 सितम्बर को बॉम्बे मेल से, नागपुर होते हुए, वह बम्बई पहुँच रही थी।

जीवन की सुन्दर-असुन्दर धूप-छाँव तथा भयंकर आँधी-तूफानों के बीच छः वर्षों से चलता हुआ हमारा अभिसार अब निश्चय ही अपनी आखिरी मंजिल पर था। आज तक प्रीति से मिलने हर बार मैं ही जाता रहा था, हजार मिल का सफर करके जाता रहा था। इस बार मुझसे मिलने हजार मिल का सफर करती हुई प्रीति आ रही थी।

27 तारीख को सवेरे की लोकल ट्रेन से मैं कल्यान स्टेशन पहुँचा। यथा समय बॉम्बे मेल आई। कल्यान जंक्शन है। ट्रेन आधा घंटा रुकती है। कोयले के इंजन अलग कर बिजली के इंजन गाड़ी से जोड़े जाते हैं। मैंने धड़कते हुए दिल से डिब्बों में झाँकना शुरू किया। लेडीज सेकंड क्लास मैं एक अँगरेज महिला से बात करती और सलाइयों से पीले ऊन का स्वेटर बुनती प्रीति बैठी हुई थी। मैं खिड़की के सामने खड़ा, निश्‍चिंत होकर उसकी भावभंगिमा देखे जा रहा था। सहसा प्रीति को मेरी नजर का एहसास हुआ और तुरन्त ही पलटकर उसने खिड़की की ओर देखा। मुझे देखते ही उसकी गोद से ऊन का गोला ढुलक गया। खुशी से वह खिल उठी। उठ खड़ी हुई। मैं दरवाजा खोलकर डिब्बे में आ गया। जिस प्रकार हर मिठाई मीठी होती है और उसका व्यक्तिगत स्वाद शब्दों में बताया नहीं जा सकता, उसी प्रकार विभिन्न समय और स्थानों पर हुए हमारे सभी मिलन अत्यन्त ही सुखद थे। पर कल्यान स्टेशन पर का यह मिलन विचित्र था, जिसकी विचित्रता शब्दों द्वारा या और किसी माध्यम से व्यक्त करने, समझाने में मैं बिलकुल असमर्थ हूँ।

कल्यान से दादर तक के सफर में आधा घंटा लगता है और रास्ते में अनेक सुरंगें आती हैं। प्रीति के पास बैठकर उस दिन वह सफर मैंने लेडीज कम्पार्टमेंट में ही तय किया। ऐसा लगा, दादर बहुत जल्दी आ गया। जी, माँ, मेरे भाई, बहन, आदि, दादर स्टेशन पर प्रीति को लिवा ले जाने आए थे। प्रीति को देख, उससे मिलकर सबको आनन्द हुआ।

'किशोरी विहार' में प्रीति के प्रवेश करते ही मेरा फ्लैट सहसा अपनी मनहूस जड़ता को छोड़कर हँसी-खुशी और कहकहों से झंकृत हो उठा। सारा वातावरण ही सचेत और सजीव हो उठा। फ्लैट घर लगने लगा, ऐसा घर, जहाँ जिन्दा इनसान बसते हों! गोया घर में एक लड़की नहीं, दुलहन आ गई हो! कभी प्रीति ने मुझे अपने साथ कलकता की सैर कराई थी, अब मैंने उसे अपने साथ बम्बई की सैर कराई। तीन दिन बड़ा शगल रहा।

आते ही प्रीति ने अपने नैनीताल जाने की तिथि और रेलवे रिजर्वेशन निश्‍चित करना चाहा था। 30 सितम्बर को वह जाना चाहती थी। एक दिन मैंने और माँग लिया और पहली अक्टूबर का टिकट और रिजर्वेशन मँगा दिया।

किन्तु जैसी-जैसी वह निश्‍चित तिथि पास आती जाती, हमारे मन की बेचैनी बढ़ती जाती। हमारा साथ, हमारा शगल जुदाई की उदासी से बोझिल हो उठा। प्रीति मुझे दिलासा देती कि नैनीताल जाकर अबकी बार वह अपने पिता को अवश्य ही मना लेगी और हमारे ब्याह के लिए उनकी अनुमति ले लेगी। अगर वे न माने तो पहला मौका पाते ही वह मेरे पास बम्बई चली आएगी।

आज के नकद के सामने कल का उधार मेरे मन को न सुहाता और मैं मन मसोसकर छटपटाने लगता।

कुढ़न और बेचैनी के उन क्षणों में आखिरी रात अकस्मात् ही प्रेरणा की तरह मुझे एक बात सूझ आई—एक खूबसूरत खयाल, और मैं मुस्कुराने लगा।

'क्या सोच रहे हो, सुनूँ?' प्रीति ने कहा।

'बहुत अच्छी बात सोच रहा हूँ। एक सुन्दर योजना सूझी है,' मैंने उत्तर दिया।

'सुन्दर तो होगी ही, तभी तुम मुस्कुरा रहे हो। पर अब मुझे भी बता दो न!'

'कल सवेरे हम लोग शादी कर लें। उसके बाद शाम की गाड़ी से तुम चली जाना।'

'उससे क्या होगा?'

'उससे यह होगा कि तुम सदा के लिए मेरी हो चुकी होगी।'

'सो तो अब भी हूँ।'

'हाँ, हो; मगर कानूनी तौर पर नहीं। हमारा प्रणय, हमारा मिलन सदा मुझे स्वप्न की तरह झीना और भ्रमात्मक लगा है। इस सपने को मैं चिरस्थायी सत्य का ठोस रूप देना चाहता हूँ, ताकि तुम्हारे बाबू तो क्या, दुनिया की कोई भी ताकत उसे मिटा न सके। तुम शादी करके जाओ। फिर मैं बेफिक्र इत्मीनान से रहूँगा।'

प्रीति हँसने लगी। 'अच्छी बात है,' वह बोली। 'जैसा तुम चाहो। पर इतनी जल्दी शादी की तैयारी कैसे हो सकती है?'

'हो जाएगी। इसकी फिक्र तुम मत करो।'

रात के उसी समय यह खबर मैंने घर में दी। जी और माँ ने योजना पसन्द की, बहुत पसन्द की। घर में उत्तेजना और खुशियाँ छा गईं।

सवेरे टेलीफोन और मेरे कर्मचारियों द्वारा ब्याह का सारा इन्तजाम हो गया। गिरगाँव के आर्य समाज मन्दिर में हमारा ब्याह होना निश्चित हो गया। हमारे ब्याह में शरीक होने के लिए मेरे माता-पिता, भाई, बहनें, बहनोई (रमेश गुप्ता), कर्मचारी गण, आदि मिलाकर पन्द्रह-बीस जन थे। पर मन किया कि उस शुभ अवसर पर मेरा कोई मित्र भी उपस्थित हो तो अच्छा हो। पर अब तो हमारे रवाना होने का समय हो गया था। न निमंत्रण देने के लिए समय था, न तैयार होने के लिए।

सहसा मेरे छोटे भाई विजय ने बालकनी पर से अशोक कुमार की एम.जी. आती देख ली और मुझे तुरन्त ही सूचित कर दिया। अशोक उन दिनों वरली पर समुद्र के किनारे वाले मकान में रहा करते थे। मेरे घर के बाजूवाले रास्ते—कॅडेल रोड—से होकर ही वे शूटिंग के लिए फिल्मिस्तान स्टूडियोज अपनी नन्ही-सी एम.जी. कार में बैठकर जाया करते थे।

मैंने बालकनी में निकलकर अशोक को हाथ हिलाया। पुकारने की जरूरत न थी, क्योंकि इस रास्ते गुजरते हुए वे बिना एक निगाह मेरे मकान पर डाले कभी न रहते थे। अशोक ने चर्र-से मोटर को ब्रेक लगाया।

'क्या बात है, किशोर?' उन्होंने नीचे सड़क पर से चिल्लाकर पूछा।

'प्रीति आई है,' मैंने कहा।

'अरे! कब?'

'तीन दिन हुए। और आज शाम को जा रही है।'

'और तुमने मुझे खबर भी न दी? मिलाया भी नहीं? कहाँ है प्रीति?'

'यहाँ।'

'ठहरो, मैं आता हूँ ऊपर,' और अशोक ऊपर आकर प्रीति से मिले। मिलकर बहुत खुश हुए, फिर प्रीति से बोले : 'अच्छा, अब यह बताओ, तुम किशोर से शादी कब करती हो?'

जब अशोक ने सुना कि हम लोग शादी के लिए आर्य समाज मन्दिर ही जा रहे हैं तो वे खुशी से उछल पड़े।

'चलो अशोक,' मैंने कहा, 'तुम भी हमारे साथ चलो, वरना हमारी शादी बिलकुल ही सूनी लगेगी।'

'हाँ, हाँ, चलो। तुम्हारी शादी में भला मैं न चलूँ?'

'तुम्हारी आज की शूटिंग का फिर क्या होगा?'

'गोली मारो, यार, शूटिंग को! ठहरो, मैं फोन कर देता हूँ।''

और फिर अशोक ने पहले अपने घर फोन करके पत्नी शोभा को यह शुभ समाचार देते हुए हमारे ब्याह में शरीक होने के लिए जल्दी से तैयार होने को कहा, फिर फिल्मिस्तान फोन करके साफ कह दिया : 'आज किशोर साहू की शादी है। मैं शादी में शरीक हो रहा हूँ। शूटिंग पर न आ सकूँगा।' और फिर वे फौरन शोभा को लेने उछलते, शोर मचाते अपने घर चले गए।

जब हमारी गाड़ियों का काफिला वरली पहुँचा तो अशोक और शोभा नुक्कड़ पर हमारा इन्तजार कर रहे थे।

इस प्रकार 1 अक्टूबर, 1943 के दिन, मध्याह्न के समय, आर्य समाज विधि के अनुसार, प्रीति और मेरा ब्याह हो गया। ब्याह पर मेरे कुटुम्ब के लोग उपस्थित थे, पर प्रीति का अपना कोई वहाँ न था, यह बात मुझे उस समय बुरी तरह काट रही थी; पर लाचारी थी। कन्यादान की रस्म रमेश, अशोक और शोभा ने पूरी की।

हम सबने साथ खाना खाया। हमारी खुशी की सीमा न थी। मेरे घर में आज पहली बार बनारसी साड़ी सरसराई थी, पहली बार चूड़ियाँ खनकी थीं। मैं खुश था। प्रीति खुश थी और यह सोचकर हम दोनों को ताज्जुब होता कि यह खुशी हमें अचानक और इस आसानी से और इतने सस्ते दामों उपलब्ध हो गई थी। हमारे ब्याह में कुल 200 रुपये का खर्चा हुआ था। दान-दक्षिणा मात्र अलग।

दोपहर बीती। शाम होने को आई। फ्रंटियर मेल का समय यानी विदाई की घड़ी पास आने लगी। प्रीति के साथ भेजने के लिए खाने का डिब्बा (टिफिन कैरिअर) भरा जाने लगा।

मैंने प्रीति के पास जाकर कहा : 'अपना सामान रख लो अब, वरना देर हो जाएगी। और यह लो टिकट और रिजर्वेशन।'

प्रीति ने हाथ न बढ़ाया, सिर झुकाकर फर्श को देखती हुई बोली : 'अब मैं नहीं जाऊँगी।'

'क्या बात है, प्रीति ? तुम नाराज हो ?'

प्रीति ने सिर हिलाकर 'न' जताया।

'तो फिर क्या हुआ ? चलो, उठो। जल्दी करो। तुम अपने घर जाना चाहती थीं न ?'

प्रीति ने सिर उठाया और मेरी आँखों में देखती हुई बोली : 'मेरा घर तो यही है, किशोर,' और उसने अपना सिर मेरी छाती से टिका दिया। फिर कहने लगी : 'ब्याह कर लेने के बाद बाबू के पास जाने में कोई तुक नहीं। जाती तो पहले चली जाती। अब जाकर उनसे क्या कहूँगी ? किस मुँह से कहूँगी ? वे क्या सोचेंगे ? उन्हें कैसा लगेगा ? अब तो यही अच्छा है कि मैं जाऊँ ही नहीं। तुम उन्हें तार देकर या चिट्ठी लिखकर हमारे ब्याह की खबर दे दो। नहीं, तुम कुछ मत करो। मैं ही चिट्ठी लिखकर उन्हें समझाने की कोशिश करूँगी। मान गए तो ठीक, नहीं तो मेरी किस्मत।'

मैंने तसल्ली देते और हिम्मत बँधाते हुए कहा : 'तुम फिक्र मत करो, प्रीति, मुमकिन है, बाबू अभी गुस्सा भी करें, रूठ भी जाएँ, मगर कब तक रूठे रहेंगे ? तुम उनकी लाड़ली बेटी हो। तुम्हें खुश और सुखी देखकर वे एक दिन जरूर पिघल जाएँगे और वह दिन जल्दी आएगा।'

'खैर, जो होगा सो होगा। तुम चिन्ता न करो। तुम अपना मन न खराब करो। आज हमारा ब्याह हुआ है। छः वर्षों की हमारी साधना आज सफल हुई है। इस सुख और आनन्द के प्रसंग पर किसी असंगत विचार या चिन्ता की छाया न पड़ने दो। हमारा जीवन हमारा अपना है। इसे सुखमय केवल हमीं बना सकते हैं, और हम बनाएँगे...'

प्रीति के मधुर उद्गार मेरे मन को छू-छू गए। प्रीति की कोमल भावनाएँ मेरे अन्त:करण को सहलाने लगीं। आदर्श अर्धांगिनी और सुखी दाम्पत्य का आभास उस दिन मुझे पहली बार मिला।

और फिर प्रीति न गई।

प्रीति मेरी जिन्दगी में अकेली नहीं आई। अमन-चैन, सुख-शान्ति वह अपने साथ लेकर आई।

इससे पहले मैंने स्त्रियाँ देखी थीं, तरह-तरह की स्त्रियाँ देखी थीं, और बहुत पास से देखी थीं। फूहड़, कुलटा से लेकर सुघड़, सती-साध्वी तक की उनकी बीसों किस्में थीं और उन किस्मों से परिचित था, उनके चरित्रों और स्वभावों से परिचित था।

यारी और प्रेम में फर्क है। प्रेमिका और पत्नी में फर्क है। हर प्रेमिका पत्नी नहीं बन सकती, न हर पत्नी प्रेमिका बन सकती है। जो बन सके, वह उत्तम है।

मेरे मन ने जो अपने लिए एक आदर्श नारी का चित्र कल्पित किया हुआ था, वह अब राजकुमारी का चित्र न था, लालपरी का चित्र न था। अब मेरा वह मानसिक चित्र एक धर्मपत्नी का था। प्रीति ने आकर उस चित्र को सजीव कर दिया। प्रीति केवल सुघड़ धर्मपत्नी ही न थी, कुशल गृहलक्ष्मी भी थी। उसने मुझे उबार दिया, बहाल कर दिया।

मैं उस मजबूत तनेवाले जीवट पेड़ के समान था जिसकी डालियाँ भीषण झंझावात में बुरी तरह झंझोड़ी गई थीं, जिसकी पत्तियाँ छिन्न-भिन्न हो चुकी थीं, जिस पेड़ की मान्यता थी : 'टूट तो सकते हैं हम, लेकिन लचक सकते नहीं।' प्रीति के संसर्ग ने मुझमें लचक पैदा कर दी; वे फाँसें, जो मेरे हृदय में कहीं हिलगकर रह गई थीं, निकाल दीं। मेरा आहत, विद्रोही मन शान्त होने लगा। जिन्दगी में जो एक कटुता आ गई थी, मिटने लगी; और मेरा व्यक्तित्व सहसा सन्तुलित होने लगा। स्त्री के दिये हुए घाव पर मरहम रखने के लिए स्त्री ही चाहिए। हम दोनों एक दूसरे के पूरक और प्रेरक बन गए और जीवन में बसन्त आ गया। पेड़ पर नई फुनगियाँ फूटीं, नई कोपलें निकलीं, नई कलियाँ लगीं, चटककर फूल बनीं, और फिर अपनी ही महक से मस्त होकर वह पेड़ झूमने लगा।

दुनिया अच्छी भी है, बुरी भी है। दुनिया का रंग-रूप देखने वाले पर निर्भर होता है। व्यक्ति की मनोदशा के अनुसार ही दुनिया उसे दिखाई देगी। मन चंगा तो जग चंगा। मन प्रफुल्लित हो तो संसार सुन्दर लगेगा। मन अशान्त हो तो संसार मरघट प्रतीत होगा। स्वर्ग और नरक मन की ही दो प्रकृतियाँ हैं। जो मन को साध ले, वह संसार को साध लेगा। मैं मन को कभी न साध सका, यद्यपि साधने का प्रयत्न निरंतर करता रहा हूँ। हरेक को करना चाहिए।

संघर्ष का नाम ही जीवन है। व्यावसायिक संघर्ष अब भी पूर्ववत थे, किन्तु अब, उन संघर्षों के बावजूद, जीने में मजा आ रहा था। कर्कश ध्वनियाँ मधुर लगने लगीं। उगती हुई पौध से संगीत सुनाई देने लगा। फल-पत्तियाँ अधिक रंगीन हो उठीं। प्रारंभिक यौवन के उफान के कारण या दाम्पत्य की अद्‌भुत मिठास के कारण मन में निरंतर तरंगें छूटतीं, स्फूर्ति पैदा होती, जिससे अजीब-अजीब दुष्कर और असम्भव काम करने को इच्छा होती। जी करता, पहाड़ को मुट्ठी में लेकर पीस दूँ, समुद्र का सारा जल एक घूँट में पी जाऊँ, उचककर आसमान छू लूँ।

इन्हीं उछलती उमंगों-तरंगों को कवियों ने जवानी का नशा, यौवन का उन्माद, जीवन का बसन्त कहा है। हाय, बड़े प्यारे होते हैं ये दिन! ये 'सोने-से दिन, चाँदी-सी रातें!'

हमारे ब्याह के ठीक पन्द्रह दिन बाद मल्लिक जी बम्बई आकर जुहू पर सर चिमनलाल सीतलवाड के बँगले पर ठहरे। उन्होंने हमें फोन किया। प्रीति और मैं उनसे मिलने जुहू गए और उन्हें सादर अपने साथ घर ले आए। हमारे साथ उन्होंने खाना खाया। दोपहर को हमारे घर आराम किया। दिन भर खूब बातें हुईं। उन्होंने अनेक गीत गा-गाकर सुनाए। अपना प्रियगीत 'आज कौन आया सवेरे-सवेरे' जब उन्होंने गाया तो उनकी आँखें भर आई थीं। (स्पष्ट था, मल्लिक जी अपने हृदय में कोई दर्द छिपाए हुए थे। अवश्य ही वे आँसू वियोग के थे। किसी को उन्होंने खोया हुआ था।) उनकी आवाज अच्छी थी और आवाज में दर्द था। मल्लिक जी सारी जिन्दगी कुँआरे रहे थे। गांधी जी के आश्रम में थे। गांधीजी ने आश्रम के नियमानुसार, उनसे भी आजन्म ब्रह्मचारी रहने की शपथ लेनी चाही थी, पर मल्लिक जी सविनम्र वैसी शपथ लेने से इनकार कर दिया था और इसी कारण गुरुदेव के निमंत्रण पर गांधी जी के आश्रम को छोड़ वे गुरुदेव के आश्रम चले गए थे। पर उन्होंने कभी ब्याह नहीं किया।

मल्लिक जी ने कविहृदय पाया था और कभी-कभी वे अँगरेजी में कविता भी लिखते थे। प्रीति और मेरे प्रेम-प्रकरण का यह सुखांत देखकर वे बहुत खुश हुए और हमें उन्होंने आशीर्वाद दिया। इसके बाद मल्लिक जी जब कभी बम्बई आते, हमसे अवश्य मिलते। हमें देखकर उनकी आँखों में अक्सर एक चमक पैदा होती। मैं उस चमक में एक कसक की झलक पाता और मुझे लगता कि मल्लिक जी का हृदय अपने कुँआरेपन पर कभी-कभी रोया करता था। उनका एकाकीपन उन्हें डसने लगा था। अन्दर से वे अशान्त और दुखी थे। धीरे-धीरे, समय के साथ हमारा पत्र-व्यवहार लगभग बन्द हो गया और पिछले कुछ वर्षों में हमारी परस्पर भेंट न हो पाई। अचानक 1970 में जब हमने अखबार में पढ़ा कि चेम्बूर में ही श्री गुरुदयाल मल्लिक का स्वर्गवास हो गया तो हमें बहुत दुख हुआ। पता चला कि कुछ महीनों से मल्लिक जी चेम्बूर में—हमारे घर से एक मील पर—किसी सज्जन के फ्लैट में रह रहे थे। ताज्जुब हमें इस बात का है कि उन्होंने इसकी सूचना हमें क्यों न दी!

हमारे ब्याह के तीसरे दिन ही प्रीति ने बाबू (पिता—डॉक्टर पांडे) को पत्र लिखकर विनयपूर्वक हमारे ब्याह का समाचार देते हुए उनकी अनुमति की अवहेलना करने के लिए क्षमा माँगी थी। पन्द्रह दिन बाद बाबू ने यह चिट्ठी प्रीति को लौटा दी और इस तरह अपनी नाराजगी जतला दी। तब हमने यही उचित समझा कि कुछ दिनों के लिए चुप्पी साध लें।

मल्लिक जी ने भी यही सलाह दी थी। उन्होंने कहा था : 'समय बीतने दो, सब ठीक हो जाएगा।'

ठीक ही कहा था। समय में जादू का असर होता है।

द्वितीय विश्वयुद्ध जोरों से छिड़ा हुआ था। शहर पर अचानक गोलाबारी की आशंका से कई बार लोग बम्बई छोड़-छोड़कर भागे थे। बहुत सारे फ्लैट खाली पड़े थे। मगर खतरे से ज्यादा खतरनाक खतरे का खतरा होता है। आहिस्ता-आहिस्ता लोग खतरे के आदी हो गए और सारे काम पूर्ववत् चलने लगे।

गांधी जी ने 'करो या मरो' का गुरुमंत्र दिया था। फिर 'वीर की अहिंसा' (नॉन वायलेंस ऑफ द ब्रैव) लेख लिखकर उन्होंने अहिंसा की नई परिभाषा दी थी। इस लेख से अहिंसावादियों और हिंसावादियों, दोनों ही ने प्रेरणा पाई। देश हुंकार भरकर उठ खड़ा हुआ। शहर में सरेआम, गली-कूचों में, अँगरेज मारे जाने लगे। सत्याग्रह, बहिष्कार, जुलूस, अराजकता से एक तनाव पैदा हो गया। अँगरेज सरकार ने गांधी जी को पकड़कर आगाखाँ पैलेस, पूना, में नजरकैद कर दिया और जवाहरलाल नेहरू, सरदार वल्लभभाई पटेल, आदि, अन्य नेताओं को जेलों में बन्द कर दिया। मगर जब महायुद्ध चरमबिन्दु पर पहुँचा और देश में, नेताओं को गिरफ्तार रखने के बावजूद, आन्दोलन दब न पाया तो सरकार ने गांधी जी तथा अन्य नेताओं को मुक्त कर दिया और उनके साथ समझौते की बातचीत शुरू कर दी। तनाव कम हुआ और फिर से लोग हँसी-खुशी की चुस्कियाँ लेने के लिए उतावले हो उठे।

फिक्र, उदासी, मनहूसियत अगर दीर्घकाल तक बनी रहें तो बर्दाश्त के बाहर हो जाती हैं। फिर लोग इनकी ओर से विमुख हो जाते हैं, लापरवाह हो जाते हैं, इनकी अवहेलना करने लगते हैं, और अपने उस दुर्भाग्य को सन्तुलित करने के लिए ऐसे शगल तलाश करने लगते हैं जिनमें उन्हें हँसी, खुशी, सुख और आनन्द मिले।

महायुद्ध के सतत तनाव और आन्दोलन की लम्बाई ने जिन्दगी में रूखापन, विरक्तता, बदमजगी ला दी। जनता मनोरंजन के लिए बेचैन हो उठी। इसी सबब छोटे-बड़े शहरों से लेकर दफ्तरों और युद्ध-शिविरों तक में तरह-तरह के मनोरंजन पैदा हो गए। रेस्तराँ, नाटक और सिनेमा का चलन यकायक बढ़ गया। प्राचीन युगों की भूली-बिसरी गणिकाएँ, विषकन्याएँ, रूपजीविकाएँ अब 'कॉल गर्ल' का नया नाम लेकर पैदा हुईं और सर्वत्र प्रचलित हो गईं।

रोजगार-धन्धे में उबाल आया। कीमतें खूब चढ़ीं। महँगाई खूब बढ़ी। काला बाजार की शुरुआत हुई। व्यवसायी ईमान बेचने लगे। रंक राजा बन गए।

रूसी मिस्त्री की 'मिस्त्री एअरवेज' जोरों से चल निकली थी और बम्बई में वे अब बड़े और प्रतिष्ठित व्यक्ति तथा व्यवसायी समझे जाने लगे थे। सरकार में उनकी बहुत दूर तक पहुँच हो गई थी। और मेरे वे घनिष्ठ मित्र बन गए थे।

मेरा चित्र 'शरारत' बनकर तैयार हुआ और प्रस्तुत भी हो गया। मैं नायक था और प्रतिमा दासगुप्ता नायिका। मेरे भाई सुशील ने हास्य नायक और रमेश गुप्ता ने

खलनायक की भूमिकाएँ की थीं। चित्र व्यावसायिक दृष्टि से सफल रहा था। किन्तु अब देश में मेरा अपना एक प्रेक्षक वर्ग हो गया था जिसका मैं प्रिय बना हुआ था और जिसे 'राजा' के बाद मुझसे उसी चित्र की तरह उच्च स्तरीय कलाकृति की प्रत्याशा थी। हर बार मैं 'राजा' जैसा गम्भीर, प्रगतिशील, साहसी और नाजुक चित्र बना नहीं सकता था। ऐसा करना आर्थिक आत्महत्या करने के समान था। 'शरारत' के निर्माण और वितरण के नतीजे से कम्पनी के मेरे हिस्सेदार—रूसी मिस्त्री और सर चिमनभाई माधवलाल—सन्तुष्ट हुए और नया चित्र शुरू करने के लिए जो मेरी विशेष माँगें थीं, उन्होंने तुरन्त स्वीकार कर लीं।

झूठे शिष्टाचार और घिसी-पिटी परिपाटियों को रौंदता हुआ मैं इस तेजी से सफलता और ख्याति के शिखर पर जा चढ़ा था कि मेरे क्षेत्र के तथा उससे सम्बन्धित अन्य क्षेत्रों के कई वे लोग, जो नित मेरे साथ उठा-बैठा करते थे, मिला-जुला करते थे, और कई वे लोग भी जो मुझे व्यक्तिगत रूप में जानते-पहचानते थे, सहसा हीन भावना से ग्रस्त हो, खुद-ब-खुद मुझसे अलग होकर, बहुत दूर जा खड़े हुए और मेरे उत्थान पर जलने-कुढ़ने लगे और खामखाह मेरे दुश्मन बन गए। दुख बाँटने को बहुत साथी मिल जाते हैं, पर सुख में व्यक्ति अकेला पड़ जाता है। उसका सुख लोगों को खलने लगता है। संसार की यह विचित्र रीत है।

उन दिनों छोटी-छोटी कई सिने पत्रिकाएँ निकला करती थीं। उन पत्रिकाओं की शायद पाँच सौ प्रतियाँ भी नहीं छपती रही होंगी; जिनमें से उनके सम्पादक दो-तीन सौ प्रतियाँ बम्बई, कलकत्ता, लाहौर के सिने निर्माताओं, दिग्दर्शकों, कलाकारों और वितरकों के पास भेज दिया करते थे और बाकी की बची हुई प्रतियाँ रेलवे स्टालों पर रख दिया करते थे। इससे वे समझते थे कि सिनेक्षेत्र के व्यक्तियों को यह भ्रम हो जाएगा कि उनकी पत्रिकाएँ सर्वत्र खूब बिक रही हैं और वे पत्रिकाएँ वास्तव में महत्त्वपूर्ण हैं। किन्तु वे सम्पादक केवल अपने-आपको धोखा दे रहे थे। उनकी चालबाजी का सिनेक्षेत्र के लोगों को पूरा-पूरा पता था, क्योंकि सिनेसंसार के व्यक्ति जीवन के घोरतम संघर्षों तथा अमानुषी प्रतियोगिताओं में कुट-पीसकर ही उभरे हुए होते हैं और इसी वजह से वे बड़े अनुभवी, दक्ष और काइयाँ हो जाते हैं। उन पत्रकारों की वह हीन और सस्ती चालें सिनेक्षेत्र खूब समझता था। पर फिर भी जब वे सम्पादक हमारे पास विज्ञापन माँगने आते, हम निर्माता, शिष्टाचार बरतते हुए, उन्हें थोड़ा-बहुत विज्ञापन दे ही दिया करते थे। अगर कभी कोई न दे पाता तो अगले अंक में उस निर्माता के खिलाफ काफी-कुछ लिखा होता।

उन दिनों सिने पत्रिकाओं में काफी ओछापन, सस्तापन और कालाबाजार होता था। कुछ पत्रकार निर्माताओं, दिग्दर्शकों और कलाकारों को तरह-तरह की धमकियाँ देकर उनसे रुपया ऐंठने के सतत प्रयत्न किया करते। यह बीमारी अन्य भाषाओं के पत्रकारों को भी थी, मगर हिन्दी के पत्रकारों को अधिक थी। मैं बम्बई के इनेगिने

निर्माताओं में था जो हिन्दी के हिमायती थे। पर हिन्दी पत्रकारों में से कुछ ने अपनी फब्तियों और लांछनात्मक लेखों को मुझे लक्ष्य बना लिया, जिससे मेरी प्रतिष्ठा तथा ख्याति में धब्बा लगने का अन्देशा पैदा हो गया। रुपए देकर भी उन पत्रकारों का मुँह बन्द कर सकता था, किन्तु वैसा करना मेरे आत्माभिमान के विरुद्ध था।

शादी के बाद एक दिन शाम को प्रीति और मैं अपनी राल्स रोइस कार में बैठकर सिनेमा देखने निकले। (उस एक साल में मैंने तरह-तरह की गाड़ियाँ लीं और बदलीं। कुछ महीने रोल्स, फिर ऐल्विस, फिर पॉनटिएक, फिर प्लिम्थ, फिर ला साल। ये सब कीमती, मशहूर बड़ी गाड़ियाँ पुरानी ही थीं। युद्ध के कारण नई गाड़ियाँ मुश्किल से मिलती थीं। पुरानी होने के कारण वे सन्तोषजनक न थीं, इसलिए मैं उन्हें बदलता रहा, जब तक कि मेरे पास बेबी मॉरिस और ब्यूइक बिलकुल नई गाड़ियाँ न आ गईं।) वरली पर अचानक हमारी रोल्स के समानांतर एक गाड़ी आकर साथ-साथ चलने लगी और कोई मुझे जोर-जोर से पुकारने लगा। मैंने मुड़कर देखा। बाजूवाली गाड़ी में बाबूराव पटेल और सुशीला रानी थे।

'हलो बाबूराव!' मैंने कहा।

'कहाँ जा रहा है?'

'पिक्चर देखने। तू?'

'दफ्तर। कौन है तेरे साथ? भाभी बैठी हैं क्या?'

'हाँ। प्रीति है।'

'तो, साले, गाड़ी रोक। शादी पर नहीं बुलाया तो न सही, अब तो मिला दे।'

मैंने गाड़ी रोकी। बाबूराव ने भी। और फिर वे दोनों अपनी गाड़ी से उतरकर मेरी गाड़ी के पास आए। मैंने प्रीति से बाबूराव और सुशीला का परिचय कराया।

'यह कोई बात हुई न!' बाबूराव ने प्रीति की प्रशंसा करते हुए कहा। 'ये लगती हैं तेरी दुलहन! भाभी, तुम हो किशोर के लायक, पर मालूम नहीं, यह साला तुम्हारे लायक है या नहीं। अच्छा, तो अब तुम लोग मेरे घर डिनर के लिए कब आते हो?'

'शनिवार को,' मैंने कहा।

'ठीक है। शनिवार को पक्का रहा।'

और शनिवार को बाबूराव के घर 'आजाद' में हम चारों ने शाम साथ बिताई, साथ खाना खाया। देर तक गपशप होती रही। बाबूराव के घर उस दिन मैं पहली बार गया था।

उसके बाद से हमारा परस्पर व्यक्तिगत सम्बन्ध पारिवारिक सम्बन्ध में बदल गया और हम दोनों के परिवारों में घनिष्ठता पैदा हो गई। प्रीति और सुशीला परस्पर अच्छी मित्र बन गईं। बाबूराव और मैं व्यावसायिक संघर्ष में कई बार टकराए, पर हमारे व्यक्तिगत या पारिवारिक सम्बन्ध पर आँच न आई।

मैं एक कलाकार हूँ और अच्छा कलाकार हूँ, यह मेरा अहं नहीं, विश्वास है। बिना आत्मविश्वास के कोई कलाकार किसी कलाकृति का सृजन नहीं कर सकता। मित्रों से प्रशंसा और जनता से शाबाशी बाद में मिलती है; पहले मूलतः केवल कलाकार का अपना आत्मविश्वास ही होता है, और कलात्मक सृजन से पूर्व तथा सृजन के अन्तर्गत कलाकार अपनी कल्पनाओं से अकेला ही जूझता है। सृजन में जो आनन्द, जो तृप्ति कलाकार को मिलती है, वही उसका पारितोषिक है। बाद की वाहवाही और आर्थिक लाभ उसकी जिस्मानी जिन्दगी के लिए आरामदेह जरूर साबित होते हैं, लेकिन उस आराम का उपभोग कलाकार नहीं, उसके अन्दर का (या बाहर का?) इनसान करता है। कलाकार की मानसिक तुष्टि, उसका आत्मिक आनन्द तो उसे सृजनकाल में सृजन-क्रिया ही ने प्रदान कर दिया होता है। बाद में, कलाकृति के तैयार हो जाने पर, कलाकार उसे अलग होकर, बाहर से, दूर से देखता है और ताज्जुब करता है कि उसने इतनी सुन्दर कृति कैसे निर्माण कर ली! और फिर अपने कला-कौशल पर वह खुश होता है, नाज करता है, इतराता है।

इसीसे मिलती-जुलती अनुभूति इन्सान के जोड़े को होती है, वह एक दूसरे के संयोग से उस चमत्कारिक 'कलाकृति' का सृजन करता है जिसे सन्तान कहते हैं। पति-पत्नी की मनोदशा बहुत विचित्र हो जाती है—विशेषकर पहली बार, जब उन्हें पता चलता है कि वे उस चमत्कारिक कृति के सर्जक हैं। मन की वह अजीब हालत अपार आश्चर्य, गर्व और आनन्द के कारण होती है। इस मामले में हर दम्पती कलाकार-सम है।

जब हमें पहले-पहल पता चला कि घर में नन्हा गुड्डा आनेवाला है तो हमारे आनन्द की सीमा न रही। इच्छानुसार ही अक्सर धारणा बन जाती है। शायद इसीलिए या न जाने क्यों, लगता था कि गुड्डा ही आएगा, गुड्डी नहीं। और फिर उस अजनबी नन्हीजान के आने की राह बड़ी बेचैनी से देखी जाने लगी। घर में तरंगें छूटने लगीं। छोटी-बड़ी बेशुमार चीजें बनाई और जुटाई जाने लगीं। कई दिनों तक नामों की खोज हुई। कई-कई नाम सोचे गए। अन्त में 'रोहित' नाम पसन्द आया हम दोनों को; मगर अतिथि के आगमन तक उसे गुप्त और सुरक्षित रखा गया।

बम्बई के श्रेष्ठतम गायनॉकॉलॉजिस्ट, डॉ. शिरोडकर, से प्रीति की जाँच करवाई। सब ठीक-ठाक था। माँ और बच्चे के स्वास्थ्य और पुष्टि के लिए कैल्शियम, आयरन, आदि दवाइयाँ डॉक्टर दे रहे थे। प्रसूत की घड़ी के दो दिन पहले बच्चे का सिर जिस स्थान पर और जिस कोण से होना चाहिए था, वैसा न था। पर अभी भी दो दिन बाकी थे। संभव था, इस दौरान स्थिति अनुकूल हो जाए, वरना सिजेरियन ऑपरेशन करना होगा। खामखाह एक फिक्र पैदा हो गई। प्रीति को डॉ. शिरोडकर के नर्सिंग होम में दाखिल कर दिया गया। डॉ. शिरोडकर ने प्रसूत के समय खुद मौजूद रहने का वचन दिया। अक्सर उनके अस्पताल की

लेडी डॉक्टर ही प्रसूत कराया करती थी। प्रीति ने अपने पास मुझे बने रहने का अनुरोध किया। कहने लगी : 'बाहर तुम्हें बहुत तकलीफ होगी। मुझसे ज्यादा दर्द होगा तुम्हें। मेरे पास रहो।'

डॉक्टर मान गए। माँ भी हमारे साथ उसी कमरे में थीं।

18 जुलाई की रात थी। दर्द के दौरे शुरू हुए। रात भर आते रहे। रात ढलने लगी। मैं प्रीति के सिरहाने खड़ा था। प्रीति मेरा हाथ थामे हुए थी। थोड़ी देर बाद डॉक्टर शिरोडकर ने जतलाया कि नॉर्मल डिलिवरी होगी, सिजेरियन की जरूरत न होगी, बच्चा सीधा हो चुका है। सुनकर तसल्ली हुई। और फिर एक घंटे के भीतर (18 जुलाई, 1944 को साढ़े चार बजे सवेरे) बच्चा पैदा हो गया।

'लड़का है!' डॉक्टर ने मुस्कुराकर कहा।

माँ ने मेरा कन्धा थपथपाया और प्रीति ने मेरा हाथ मसल दिया।

डॉक्टर बच्चे को पाँव से पकड़कर उलटा लटकाए हुए उसके मुँह में जमा हुआ बलगम उँगलियों से निकाल रहे थे। यह विधि स्वाभाविक है। बच्चा बिलकुल नीला था और बहुत बड़े मेढक की तरह दीख रहा था। नवजात शिशु इतना बदनुमा दीख सकता है, यह मैं नहीं जानता था। जो बात मैंने फौरन ताड़ ली, वह उस समय हमारे सामने खड़ी हुई समस्या थी। बच्चा मौन था। उसके मुँह से आवाज नहीं निकली थी। वह अब तक न रोया था, यद्यपि डॉक्टर उसे तरह-तरह से थपेड़ रहे थे।

मेरा दिल धड़कने लगा। माँ ने मेरी ओर देखा। मैंने माँ की ओर। हमारी नजरें मिलीं। मिली हुई नजर के तार पर बिजली के करंट की तरह दिल की घबराहट दौड़ गई। फिर हमने डॉक्टर की ओर देखा। उन्होंने भी एक नजर हम पर फेंकी। वे परेशान न थे और बच्चे को ठंडे, गरम पानी के तैयार टबों में डुबकियाँ देने की सोच रहे थे, कि तभी बच्चे का मुँह सहसा खुला और वह जोरों से रो उठा और अपनी बड़ी-बड़ी आँखें उसने खोल दीं, जो तेज रोशनी में चमचमाने लगीं। हमारी जान में जान आई। अच्छा ही हुआ, आधा मिनट के इस दर्दनाक नाटक से प्रीति बेखबर रही थी। डॉक्टर ने बाँह से अपने माथे का पसीना पोंछा और बच्चे को बाजूवाले पलंग पर लिटाते हुए उसके गीले नंगे शरीर पर हलकी चपत लगाकर कहा : 'शैतान कहीं का!'

कुछ देर बाद मैंने डॉक्टर से पूछा : 'बच्चा इतना नीला क्यों है?'

'गोरे बच्चे जन्म के समय नीले ही दीखते हैं। आपका बच्चा बहुत गोरा होगा।'

यह था हमारा गुड्डा—रोहित—हमारा पहला बच्चा।

उस रात, उस नर्सिंग होम में, रोहित के बाद जन्मे बच्चे न बच पाए। बुरी घड़ी शुरू हो गई थी। दूसरे दिन सवेरे सूर्य ग्रहण था।

आठ-दस दिनों तक दिन-रात में मिलाकर कई घंटे मैं नर्सिंग होम में ही गुजारता। मेरे परिवार के लोग भी दिन-रात आते-जाते। पोते के जन्म से जी और माँ विशेष खुश हुए। प्रीति और मेरे प्रेम-प्रकरण में जी ने मुझे शुरू से—लगभग उसी

दिन से, जिस दिन सात साल पहले प्रीति का पहला नीला लिफाफा मुझे मिला था—मुझे प्रोत्साहन दिया था। मेरे भटके हुए दिनों में जी और माँ बहुत दुखी हो गए थे। प्रीति ने आकर उनके दिलों को प्रफुल्लित कर दिया। और अब उसने उनकी गोद में एक गुड्डा बिठा दिया था।

घर में सबके चेहरे खिल उठे और जिन्दगी में खुशियों का ढेर लग गया।

इस बार मैं फिर किसी कलात्मक चित्र का सृजन करना चाहता था। ऐसा भव्य और वैभवशाली चित्र, जिसमें कुछ कहने को मिले, कुछ कर दिखाने को मिले।

इतिहास मेरा प्रिय विषय रहा है; इसलिए मेरी निगाह जयपुर, जोधपुर, उदयपुर, चित्तौड़ के प्राचीन राजमहलों, दुर्गों, प्राचीरों पर से फिसलती हुई पाटलिपुत्र पर आ जमी।

चन्द्रगुप्त मौर्य पर फिल्म बन चुकी थी। चाणक्य पर बन सकती थी, किन्तु उसमें मुझे चन्द्रगुप्त की भूमिका करनी पड़ती। चाणक्य के सामने चन्द्रगुप्त को इतना 'स्कोप' न था कि मैं बहैसियत अभिनेता के अपने जौहर दिखा सकूँ। सम्राट अशोक का पात्र मुझे न बैठता था क्योंकि अशोक ने करतब बुढ़ापे में दिखाए, ख्याति अधेड़ उम्र की अवस्था में—कलिंग विजय के बाद, बौद्ध धर्म की दीक्षा लेकर और उस धर्म का देशदेशान्तर में प्रचार करने के बाद—ही पाई। उस प्रौढ़ चरित्र के लिए मेरी अवस्था बहुत कम थी। मेरी आवाज एक युवक की आवाज थी। तब फिर क्या करूँ, क्या न करूँ, इसी उलझन में पड़ा मैं परेशान था कि अचानक एक दिन सवेरे-सवेरे दिल्ली के एक पत्रकार, मंगलानन्द गौतम, मेरे घर आए।

मंगलानन्द गौतम दिल्ली से हिन्दी की एक पत्रिका निकाला करते थे। नाम याद नहीं आ रहा, क्योंकि हर तीन-चार साल के बाद या तो वे पत्रिका का नाम बदल देते थे या पुरानी को छोड़कर नई पत्रिका निकाल लेते थे। जब मेरे पास आते, मुझे बड़ी कोफ्त होती। कीचड़ में लथपथ जूते लिये मेरे ड्राइंगरूम के कालीन पर कदम रखते हुए, बारिश में भीगे कपड़ों के बावजूद, सोफे पर बैठ जाते। मुझसे कुछ अधिक ही घनिष्ठता बरतते हुए मुझे 'तुम' कहते, टाले नहीं टलते, बातें बहुत करते थे। मैं अक्सर ऊब जाता था। वे मेरे पास अपने पत्र के लिए विज्ञापन माँगने ही आया करते थे। मैं उन्हें विज्ञापन देता तो बहुत खुश हो जाते। जब कभी न देता या न दे पाता, तो देर तक बैठकर, चाय पीकर, मेरी सुबह या दोपहर या शाम बरबाद कर, हँसते हुए, बिना शिकवा-शिकायत चले जाते। निराश होने पर भी उन्होंने अपने पत्र में न कभी मुझ पर कीचड़ उछाला, न कभी मेरे खिलाफ लिखा। कुछ देहकहनी आदतों वाला बेशऊर-सा वह इनसान दिल और मिजाज का अच्छा था और इसीलिए वह मौके-बेमौके मेरे पास बेधड़क आ धमकता था। अब भी आता है और अब भी मैं उसे बरदाश्त कर लेता हूँ। आदमी अच्छा है।

उस दिन आते ही अपनी नाक साफ करने के बाद उन्होंने हाथ धोती से पोंछा, फिर हाथ मिलाने के लिए मेरी ओर बढ़ा दिया। सफाई और स्वच्छता की मुझे बीमारी है। मैंने दूर से ही नमस्कार करके उन्हें बैठने को कहा। वे बैठ गए। इधर-उधर की देर तक बातें कीं। फिर पूछने लगे कि नया कौन-सा चित्र बनाने चला हूँ।

'मौर्य युग पर कुछ बनाना चाहता हूँ।' मैंने कहा : 'मगर मुझे कहानी नहीं मिल रही। उपयुक्त चरित्र नहीं मिल रहा।'

गौतम ने दोनों पाँव उठाकर सोफे पर पालथी मारकर बैठ गए और एक तलुए पर हाथ फेरते हुए बोले : 'कैसा चरित्र चाहिए तुम्हें?'

'युवा चरित्र। वीर, योद्धा, कर्मनिष्ठ, आदर्श...'

'चन्द्रगुप्त है ऐसा चरित्र।'

'चन्द्रगुप्त बन चुका है।'

'अशोक।'

'ना। मुझ पर नहीं जँचेगा।'

'तो उसका बेटा—कुणाल। तुम्हारी आँखों की तरह की बड़ी-बड़ी, खूबसूरत उसकी भी आँखें थीं। कुणाल पक्षी अपनी सुन्दर आँखों के लिए प्रसिद्ध है। उसी के नाम पर अशोक ने अपने पुत्र का नाम कुणाल रखा था।'

'मैं इतिहास का विद्यार्थी हूँ मगर इतिहास के पन्नों में यह कभी नहीं पढ़ा कि कुणाल नाम का कोई पुत्र भी था सम्राट अशोक का। यह कुणाल कहाँ से ले आए आप?'

'इतिहास का मुझे पता नहीं, पर कुणाल की गाथा किंवदंतियों में मशहूर है। तुमने नहीं सुनी?'

'ना,' मैंने कहा। 'मैंने नहीं सुनी। क्या है किंवदंती?

संक्षिप्त में, पाँच-दस मिनट में गौतम ने गाथा का सारांश सुनाया। सम्राट अशोक बुढ़ापे में तिष्यरक्षिता नाम की एक सामंत-कन्या पर रीझकर उससे ब्याह कर लेते हैं और उसे रानी बना लेते हैं। वह रूपगर्विता राजकुमार कुणाल के सुन्दर रूप और आँखों पर आसक्त हो जाती है। कुणाल अपने आदर्श से न डिगकर उसके कलुषित प्रेम का तिरस्कार करता है। तिष्य के हृदय में प्रतिशोध की ज्वाला धधक उठती है और वह कुणाल को बन्दी बनाकर उसकी आँखें निकलवा देती है। सम्राट अशोक को जब तिष्य की पैशाचिक करतूत का पता चलता है तो वे राजमहल के प्रांगण में आग जलवाकर उसे जिन्दा आग में झोंक देते हैं।

मैंने कहा : 'मैं सोचूँगा।'

गौतम विज्ञापन लेकर हँसते हुए चले गए। किन्तु मेरे पास वे एक सूझ (आइडिया), एक खयाल, अपने अनजाने में, बेतरतीबी में छोड़ गए थे और यह खयाल मेरे दिमाग में बवंडर की तरह घुमड़-घुमड़कर चकराने लगा।

उसके बाद हफ्तों मैंने मौर्यकालीन इतिहास का अध्ययन किया। हजार रुपये की पुस्तकें खरीदी होंगी। एकाध बार कुणाल के नाम का सरसरी तौर पर उल्लेख आया, पर उस गाथा की पुष्टि में समाधानकारक कहीं कुछ न मिला। तब मैंने बौद्ध और जैन धर्मों की पुस्तकें मँगाईं। जैनी ग्रन्थों में कुणाल का सविस्तार विवरण मिल गया। कुणाल का पुत्र सम्प्रति जैन धर्म का पालक एवं रक्षक था और उसने अशोक के बाद, साम्राज्य के छिन्न-भिन्न हो जाने पर, कश्मीर के प्रान्तों पर वर्चस्व जमा, अनेक वर्षों तक राज किया था। बस, फिर क्या था! कहानी का 'मसाला' मेरे हाथ लग चुका था। गौरवशाली मौर्यों की पृष्ठभूमि पर एक रोचक और सारगर्भित कथावस्तु मुझे प्राप्त हो चुकी थी। उस पर पटकथा लिखना अब मेरा काम था।

और महीने भर में मैंने पटकथा लिख डाली। इस पटकथा का नाम मैंने 'वीर कुणाल' रखा।

'वीर कुणाल' कथा का तानाबाना मैंने किंवदंतियों के आधार पर जरूर बुना मगर इस बात का पूरा ध्यान रखा कि जैन तथा बौद्ध धर्म-ग्रन्थों में पाए गए वृत्तांतों एवं उल्लेखों से कहानी भटकने न पाए। 'वीर कुणाल' की कहानी (जीवनी) को इतिहासकार भले ही न मानें, मैं मानता हूँ। फिरंगी इतिहासकार की सीमित दृष्टि और दिमाग अपने मतलब के दायरे में घूमने का आदी है। तथाकथित भारतीय इतिहासकारों ने जब इतिहास लिखना शुरू किया तो उनकी आँखों पर भी फिरंगियों का चश्मा लगा हुआ था और हाथ में उन्हीं की उधार माँगी हुई लेखनी थी, वरना अँगरेजों की पैशाचिक क्रूरता के प्रतीक 'ब्लैक होल ऑफ कैलकटा' को वे किंवदंती और झूठ न कहते। शिवाजी को 'द माउंटेन रैट' (पहाड़ी चूहा) और महात्मा गांधी को 'द हाफ नेकेड फकीर' (अधनंगा फकीर) न बनाते। यह न कहते कि आकर्षण का सिद्धान्त न्यूटन का और अमरीका कोलम्बस की खोज है।

परन्तु हम अपनी प्राचीन संस्कृति को भूल चुके हैं और मानव की प्राचीन उपलब्धियों से अनभिज्ञ हैं। आधुनिक भारतीय इतिहासकार की जानकारी का माध्यम विदेशी इतिहासकार ही रहा है। स्वतंत्र होकर वह खुद अपने देश के ग्रन्थों में क्यों नहीं झाँकता? अगर मेरे एक महीने की छानबीन ने सम्प्रति, कुणाल, अशोक और समस्त मौर्य वंश की भूली-छिपी हजार बातों को मेरे लिए उजागर कर दिया, तो एक सच्चा, श्रमी, सिद्ध इतिहासकार, जो अनुसन्धान को अपनी साधना बनाकर घर से निकलेगा, वह क्या-कुछ नहीं कर सकेगा! एक साधक हवा का रुख मोड़ सकता है।

भारत का इतिहास झूठा लिखा गया है। सच्चा इतिहास लिखना होगा। सच्चा इतिहास भारतीय इतिहासकार ही लिख सकेगा—कल का स्वतंत्र और निर्भीक इतिहासकार। हमारा सच्चा इतिहास हमारे धर्म ग्रन्थों में सिमटा सिसक रहा है और उन ग्रन्थों पर फफूँदी लग रही है। कोई योग्य और साहसी माई का लाल आए तो! उन ग्रन्थों, उन लोकगाथाओं, उन किंवदंतियों का मुआयना तो करे! उनका अनुसन्धान तो करे!

इस शताब्दी के आरम्भ में अचानक प्राप्त ग्रन्थ—'कौटिल्य का अर्थशास्त्र'—ने वैज्ञानिक संसार की आँखें खोल दीं। न जाने ऐसे कितने ही ग्रन्थ हमारे प्राचीन मठों, मन्दिरों, कन्दराओं में पड़े धूमिल हो रहे होंगे।

'वीर कुणाल' की पटकथा तैयार कर लेने के बाद मैंने पात्र-चयन पर ध्यान दिया। चित्र की नायिका और खलनायिका, दोनों एक ही स्त्री थी—तिष्यरक्षिता। इस विलक्षण पात्र को अभिनीत करने के लिए फिल्म संसार की सबसे सुन्दर अभिनेत्री चाहिए थी। ऐसी अभिनेत्री विजय भट के सफल पौराणिक चित्रों—'भारत मिलाप' और 'रामराज्य'—की नायिका शोभना समर्थ थी। बाबूभाई जानी के चित्र 'इनसान' में मेरे साथ उन दिनों वह नायिका की भूमिका कर रही थी। बहुत महँगी दो या तीन अभिनेत्रियों में उसकी गणना होने लगी थी। किन्तु चित्र में हर चीज मैं बढ़िया चाहता था। पैसों की मुझे कमी न थी। रूसी मिस्त्री और सर चिनूभाई का मुझे जोर था।

मैंने शोभना समर्थ को अपने दफ्तर में बुलवाकर उसके सामने प्रस्ताव रख दिया।

'बोलो, 'वीर कुणाल' में मेरे साथ काम करोगी?'' मैंने पूछा।

शोभना मुस्कुराई और मुझे कनखियों से ताकती हुई बोली : 'तुम्हें कभी मैं ना कह सकती हूँ? पर तुम्हें मालूम है, अब तक मैं हीरोइन के रोल ही करती आई हूँ। तुम्हारी फिल्म में वैम्प (खलनायिका) का रोल...'

'मेरी फिल्म में वैम्प ही हीरोइन है।'

'मैं मानती हूँ। पर सीता का रोल करने के बाद मुझे जब लोग तिष्यरक्षिता के वैम्पिश रोल में देखेंगे तो क्या कहेंगे?'

'सुनो, शोभना, अब तक तुमने जितने रोल किए हैं, सारे सीधे-सादे ढंग के थे। सीता के रूप में कोई भी खूबसूरत चेहरा खप सकता था। कोई भी बेवकूफ खूबसूरत औरत सीता का रोल कर सकती थी। तुम एक अच्छी सीता बनीं, अच्छी दीखीं, पर तुमने किया कुछ भी नहीं। सारे पिक्चर में राम के पीछे-पीछे मूक छाया की तरह घूमती फिरीं। वे अभ्यस्त मुसकानें अभिनय नहीं।'

'तुम्हारे पिक्चर में क्या कर लूँगी?'

'तिष्यरक्षिता का रोल बहुत मुश्किल है। इसमें एक्टिंग दिखाने का मौका मिलेगा।'

'तुम समझते हो, किशोर, सच-सच कहना, यह रोल मैं कर सकूँगी?'

'मैं हूँ साथ में, मैं करवाऊँगा। मेरी बात याद रखना, शोभना, यह रोल तुम्हारी जिन्दगी का बेहतरीन रोल होगा और यह भी सुन लो, ऐसा रोल तुम्हें फिर कभी न मिलेगा।'

'रोल सचमुच बहुत बढ़िया है।'

'हाँ, खूब नैन-बाण चलाने का मौका मिलेगा।'

शोभना हँसने लगी। 'मैं करूँगी। यह रोल मैं नहीं छोड़ सकती।'

'ठीक,' मैंने कहा : 'अब रही लेन-देन की बातें।'

'मुझे मालूम है, दोस्त होने के नाते तुम मुझे ज्यादा न दोगे। मैं माँगूँगी भी नहीं।'

'आखिरी पिक्चर तुमने कितने में किया है?'

शोभना ने राशि बताई। 'मगर उसके बाद शान्ता आप्टे ने एक नए पिक्चर में इस राशि से ज्यादा लिये। शान्ता आप्टे और मैं बराबर की जा रही हैं।'

'मुझसे क्या लोगी, यह बताओ न?'

'जो शान्ता आप्टे ने लिये, उससे दस हजार कम दे देना।'

'नहीं, शोभनात्र, मैं तुम्हें कम नहीं दूँगा। अगर मेरे पास साधन न होते तो मुझे, दोस्ती का फायदा उठाकर, तुमसे कीमत कम कराने का हक था। शान्ता आप्टे से जितने हजार कम माँग रही हो, उतने ही हजार ज्यादा दूँगा तुम्हें, ताकि तुम यह सोचकर खुश हो सको कि जिन्दगी में तुम्हें सबसे बड़ी राशि तुम्हारे एक दोस्त ने दी थी।'

शोभना की आँखें छलछला उठीं। फिर हमने हाथ मिलाया। मिठाई मँगवाकर खाई और बाँटी।

दूसरे निर्माता, दिग्दर्शकों ने जब सुना कि मैंने सीता को तिष्यरक्षिता यानी नायिका को खलनायिका बना दिया तो वे मुझे पागल समझने लगे।

सम्राट अशोक के लिए मैंने चन्द्रमोहन को चुना। उनकी तेजस्वी कंजई आँखों और विलक्षण आवाज की मुझे जरूरत थी। प्रभात फिल्म कम्पनी, पूना से निकलकर वे उन दिनों बम्बई की अन्य फिल्म कम्पनियों में काम कर रहे थे। उनका नाम था। उनकी माँग थी। मैंने चन्द्रमोहन को टेलीफोन किया और अपनी योजना समझाते हुए कहा : 'अगर आप मेरी फिल्म में सम्राट अशोक का रोल करें तो मुझे बहुत खुशी होगी। एक-दो दिन में समय निकालकर मेरे घर या दफ्तर आ जाएँ तो सारी बातें रूबरू तय कर लेंगे। मैं भूमिका भी आपको समझा दूँगा।'

मगर चन्द्रमोहन का दिमाग उन दिनों सातवें आसमान पर था। शिष्टाचार में वे इतने कोरे थे, यह मैं नहीं जानता था। 'सुनिए, साहू साहब,' उन्होंने कहा : 'मैं पिक्चर का चालीस हजार लेता हूँ। अगर आपको मंजूर हो तो कल मेरे घर एडवांस लेकर आ जाइए, कहानी भी वहीं सुन लूँगा।'

उनकी उजड्डता पर मुझे आग लग गई। कलाकार कोई कितना ही अच्छा क्यों न हो, अगर व्यक्ति बुरा हो तो मुझे वह कभी पसन्द नहीं आता, न मैं उससे कोई सरोकार रखता हूँ। इसी वजह से कुछ व्यक्ति, जो बावजूद अपने ओछे चरित्र, बदमिजाजी तथा दुर्गुणों के अच्छे कलाकार हैं और माने जाते हैं, मेरे चित्रों में कभी न आ पाए। मैंने सदा उन्हें अपने से दूर रखा।

चन्द्रमोहन को जवाब देते हुए मैंने कहा : 'इस रोल के लिए मेरा बजट बीस हजार तक दे सकता है। इससे ज्यादा नहीं।'

'अगर आप चन्द्रमोहन को चाहते हैं तो आपका अपना बजट बदलना होगा।'

'यह मुमकिन नहीं,' मैंने खड़ा उत्तर दिया : 'किशोर साहू अपना बजट नहीं बदल सकता, चन्द्रमोहन को बदल सकता है।'

कुछ सेकंड टेलीफोन में चुप्पी रही, फिर वे बोले : 'आपके ऑफर और मेरी डिमांड में तो बहुत बड़ा फर्क है। आप ऐसा कीजिए...'

मैंने बात बीच में काट दी : 'रहने दीजिए। फ़र्क़ ऑफर और डिमांड में ही नहीं, फ़र्क़ और भी कई जगह है।' और मैंने टेलीफोन बन्द कर दिया।

चन्द्रमोहन से मैं रूबरू कभी न मिला था। इसके तीन साल बाद जब मैं 'साजन' बना रहा था, फिल्मिस्तान स्टूडियोज में अशोक कुमार के कमरे में उनसे कई बार मुलाकात हुई। अशोक की निर्मित फिल्म में वे चरित्र नायक की छोटी-सी भूमिका कर रहे थे। तब, उन मुलाकातों में, न मैंने उस पुरानी घटना का जिक्र किया, न उन्होंने। तब तक तीन वर्षों में चन्द्रमोहन टूट चुके थे। टूटे को जलील करना कमीनापन होता।

अशोक के साथ मुझे हँसते, गप्पें लगाते देखकर एक दिन उन्होंने कहा : 'अपने पिक्चर में भी मुझे एक रोल दीजिए न, साहू साहब।'

'देखिए, मौका आने दीजिए,' मैंने कहा और बात टाल दी।

रस्सी जल गई थी, बल नहीं गया था। अब भी, इस खस्ता हालत में भी, रेस और शराब की लतें चन्द्रमोहन से न छूटी थीं। कर्ज लेते, उधार माँगते, पर शराब पीते और रेस खेलते।

उसके दो-तीन साल के बाद ही चन्द्रमोहन का देहान्त हो गया। मैंने सुना, उनकी अंत्येष्टि क्रिया के लिए भी उनके पास पैसा न था। दोस्तों ने खर्च पूरा किया।

सम्राट अशोक की भूमिका के लिए सिर्फ एक ही उपयुक्त अभिनेता था, और वह था चन्द्रमोहन। और वह मेरे पास न था। आदर्श को जब वस्तुस्थिति से समझौता करना पड़ता है तो खून जलता है। पर लाचारी थी। मैंने मुबारक को सम्राट अशोक की भूमिका के लिए अनुबन्धित कर लिया। चन्द्रमोहन और मुबारक में उतना ही फ़र्क़ था जितना सम्राट अशोक और नवाब वाजिदअली शाह में, या जवाहरलाल नेहरू और जगजीवन राम में।

महारानी कुरुवकी के लिए मैंने दुर्गा खोटे को लिया। बाकी के पात्र छोटे-छोटे थे। उनके लिए उपयुक्त अभिनेता, अभिनेत्रियाँ जुटाना मुश्किल न था।

तुरन्त ही मोहन स्टूडियोज में 'वीर कुणाल' का मुहूर्त करके मैंने शूटिंग शुरू कर दी।

प्रीति की बड़ी बहन बसन्ती देवी (दीदी) उन दिनों दिल्ली में रहती थीं। उनके पति, डॉ. नवीन चन्द्र पांडे, अपने रिश्तेदार डॉ. एन.सी. जोशी के करोल बाग स्थित अस्पताल में उन्हीं के साथ काम करते थे। डॉ. जोशी दिल्ली के नामी सर्जन समझे जाते थे और रिश्ते में प्रीति के चाचा लगते थे। वे बिलकुल ही लालची न थे और गरीबों का इलाज, ऑपरेशन मुफ्त करते थे। 1947 के साम्प्रदायिक उपद्रव के दिनों में जब वे एक दिन अपने अस्पताल से अपने घर, जो पास ही था, जा रहे थे, तो एक मुसलमान ने अपने घर की खिड़की से उन्हें अपनी बन्दूक का निशाना बना दिया। उनकी मौत पर सारा दिल्ली रोया था।

दीदी की कई चिट्ठियाँ आ चुकी थीं जिनमें उन्होंने हमें दिल्ली आकर कुछ दिन उनके घर बिताने का आमंत्रण दिया था। प्रीति पर दीदी का विशेष प्रेम था। माता के देहान्त के बाद और पिता की नाराजगी में अब प्रीति के लिए दीदी का घर ही एक प्रकार से मायका था। दीदी का मन रखना था और फिर हमें भी माहौल और हवा तब्दीली की जरूरत थी। 'वीर कुणाल' के दो सेट की शूटिंग के बीच की फ़ुरसत का फायदा उठाकर 31 मार्च, 1945 की शाम को हम लोग फ्रंटियर मेल से दिल्ली पहुँचे।

दीदी अपनी हिलमन कार खुद चलाकर हमें लेने स्टेशन आई थीं। बड़े तपाक से मिलीं। जब करोल बाग—जहाँ उनका बँगला था—पास आने लगा तो उन्होंने सहसा हमें खबर दी कि बाबू, दो दिन हुए, नैनीताल से दिल्ली आए हैं और उनके पास ठहरे हुए हैं। प्रीति और मैं सकपकाकर एक दूसरे के चेहरे को ताकने लगे और दीदी हमारी हालत पर मुस्कुराने लगीं।

पर जब हम लोगों ने घर में पहुँचकर बाबू के पाँव छुए तो उन्होंने हमारे सिर पर हाथ फेरकर आशीर्वाद दिया और प्रीति की गोद से रोहित को लेकर उसे खूब लाड़-प्यार करने लगे। रोहित तब आठ महीने का था।

इस तरह बाप-बेटी के प्रेम की टूटी हुई कड़ी उसी क्षण फिर से जुड़ गई और एक पिता के आहत हृदय का सारा रोष, सारा मनोमालिन्य दूर हो गया।

'वीर कुणाल' मेरे लिए एक विलक्षण अनुभव था। वैसे तो हर दिग्दर्शक अपने निर्माणाधीन चित्र में थोड़ा-बहुत लीन रहता ही है, किन्तु मैं—निर्माता, लेखक, अभिनेता और दिग्दर्शक की चौमुखी हैसियत तथा जिम्मेदारी के सबब—कुछ ज्यादा ही लीन हो जाया करता हूँ। और मेरी लीनता सिर्फ स्टूडियो पर या स्टूडियो के सेट पर ही खत्म नहीं होती, वह घर तक मेरे साथ आती है और घर में भी बनी रहती है, जब तक चित्र बनकर खत्म नहीं हो जाता।

इसी वजह चित्र के निर्माणाधीन काल में मेरा व्यक्तित्व द्वंद्वात्मक हो जाता है और मैं द्विकर्मक बन जाता हूँ। अगर चित्र आधुनिक और सामाजिक हुआ तो इस

द्वित्व का पता आसानी से नहीं लगता। लेकिन 'राजा' की तरह असाधारण चित्र के दौरान राजा की भूमिका करते समय मैं स्टूडियो में ही नहीं, घर में भी, चौबीसों घंटे या तो समुद्र की तूफानी-चट्टानी लहरों पर सवार रहता था या जागृत ज्वालामुखी के मुहानों पर आरूढ़।

और अब तो इस मौर्ययुगीन गाथा को फिल्माते समय मेरा यह द्वित्व और अधिक बढ़ गया था। आज से दो हजार वर्ष पहले का मौर्य युग; वे मौर्यकालीन वास्तुकला, वेशभूषा, वातावरण, व्यवहार; वे प्रभावशाली पात्र, घटनाएँ; वह हृदय-स्पर्शी नाटकीय कहानी—यह स्वभाविक ही था कि मैं उनकी लपेट में आ जाऊँ। दिन भर स्टूडियो में उस संस्कृति में सराबोर रहने के बाद; वे अंगरखे, धोतियाँ, केश, तलवारें, कटारें पहने रहने के बाद ; सांस्कृतिक, शुद्ध हिन्दी में निरंतर संवाद बोलने के बाद; सेट से बाहर या घर आकर सहसा उस वातावरण को छोड़ना, उन पात्रों से अलग होना, मुश्किल हो जाता। कोट, पैंट, कुरता, पाजामा, सूट पहनना और अँगरेजी में बोलना अटपटा लगने लगता। घर के लोग अटपटे लगने लगते।

साधारणतः हर व्यक्ति जिस समाज में रहता है, समाज के जिस विभाग का वह पुर्जा है, उसी तरह, उसी ढंग से, उसी तर्ज से रहकर, उसी रंग में जीकर, वह सारा जीवन बिता देता है। मगर अभिनेता की जिन्दगी उस तरह एकसाँ और एकरंगी नहीं होती। कई-कई महीने तक सारा-सारा दिन वह किसी पात्र की भूमिका में डूबकर उस पात्र का जीवन जीता है। अभिनेता अपनी जिन्दगी में कई पात्रों का अभिनय करता है। दिन भर अभिनय करता है, रात को घर जाकर सो जाता है। रात को अपने घर में सोता हुआ व्यक्ति भले ही वह स्वयं हो, किन्तु दिन में अन्य भूमिका करता हुआ वह अन्य व्यक्ति होता है। जितनी उसने भूमिकाएँ की हैं, लगभग उतने ही व्यक्तियों की जिन्दगियाँ गोया उसने अपनी खुद की जिन्दगी के साथ-साथ जी लीं। अपने निजी चरित्र को त्यागकर या बिसराकर उन पात्रों के चरित्र अपने ऊपर ओढ़ने पड़ते हैं। उन चरित्रों में समा जाना पड़ता है।

इसी वजह से एक अभिनेता का अस्तित्व उसके अपने अस्तित्व तक ही सीमित नहीं रह पाता; उन विभिन्न पात्रों के अस्तित्वों से भी जा मिलता है जिन्हें उसने अभिनीत किए हैं। शायद इसी वजह अभिनेता को कभी-कभी अपने निजी अस्तित्व के समझने और पहचानने में कठिनाई का सामना करना पड़ता है, जिस तरह एक व्यक्ति को एक सुन्दर या भयानक सपना देखते हुए सहसा जाग आने पर करना पड़ता है।

'वीर कुणाल' मेरे लिए नौ-दस महीने तक निरंतर चलता हुआ एक सुन्दर सपना था। जब वह सपना टूट गया यानी जब चित्र समाप्त हो गया तो दिल को झटका लगा। इसके अलावा एक ख़ालीपन और सूनेपन का भी एहसास हुआ, जैसा लेखक या चित्रकार को अपनी कलाकृति की समाप्ति पर होता है।

और फिर चित्र का रिलीज पास आ गया। मैं चाहता था, 'वीर कुणाल' का उद्घाटन किसी नामी नेता द्वारा हो। मित्रों ने कहा, यह असम्भव है। श्रद्धेय नेता सभी कांग्रेसी थे। और कांग्रेस फिल्मों या फिल्म वालों से चमकती थी। नेतागण झिझकते थे। और यह बात मुझे खल रही थी।

हर प्रगतिशील देश में राजनीतिज्ञ और कलाकार बिना झिझक परस्पर मिलते-जुलते हैं। समाज के जितने भी खंड हैं, उन सब खंडों के माहिर और स्तरीय व्यक्ति समाज तथा सरकार के आयोजित अनेक प्रसंगों में बराबरी से कन्धे से कन्धा रगड़ते दिखाई देंगे। मगर हमारे उस समय के गुलाम देश में छोटे-बड़े अनेक नेता अपनी देशभक्ति की अकड़ में खामखा ऐंठ रहे थे। कला और कलाकारों से वे मीलों दूर रहते। निजी व्यवहार में भी खुलकर हँसना-बोलना कम ही करते। अगर स्वातंत्र्य आन्दोलन में वे जेल न गए होते, अगर देशभक्ति का सेहरा उनके सिर न बँधा हुआ होता, तो उनमें से बहुत से नेता निहायत रूखे और मनहूस और घटिया किस्म के इन्सान समझे जाते। कला और साहित्य से अपने को वंचित रखना किसी भी व्यक्ति के लिए, चाहे वह डॉक्टर हो, इंजीनियर हो, रोजगारी हो, या राजनीतिज्ञ हो, मेरी राय में, एक कमजोरी ही नहीं बल्कि बेवकूफी भी है। ऐसे वंचित व्यक्ति का व्यक्तित्व एवं चरित्र हमेशा ही कच्चा, अधूरा और विकृत रहता है।

मन करने लगा कि कांग्रेस और कला के बीच की खाई को पाटने की कोशिश करूँ। फिल्मों के प्रति कांग्रेसी नेताओं के मन की झिझक निकाल दूँ। यह काम शेर की गुफा में जाकर शेर को नत्थी करने के समान था, पर मैंने कमर कस ली।

उन दिनों कांग्रेस में कई शेर थे। मगर शेरेबब्बर एक ही था—सरदार वल्लभभाई पटेल। मैंने तवज्जो इन पर दी।

श्री पुरुषोत्तमदास टंडन ने मुझे दो-तीन बार मिलने के लिए बुलाया हुआ था। उनसे मेरी भेंट मलाबार हिल पर श्री कन्हैयालाल माणिकलाल मुंशी के घर हुई थी। श्रीमती लीलावती मुंशी से भी उन्हीं अवसरों पर भेंट हुई। वह भेंट कांग्रेस के लिए फिल्म उद्योग से चन्दा वसूल करवा देने के सिलसिले में थी। मैंने यथायोग्य अपना सहयोग दिया हुआ था। श्रीमती मुंशी ने सरदार पटेल के घर फोन करके मणिबेन पटेल से बात की और सरदार से मेरी भेंट तय कर दी।

निश्चित दिन और समय पर मरीन ड्राइव सरदार पटेल से मिलने उनके बेटे दयाभाई पटेल के फ्लैट पर पहुँच गया। वहाँ पहली बार दयाभाई और मणिबेन से मेरी मुलाकात हुई। पिता की देखरेख मणिबेन करती थीं और वे लगभग उनकी सेक्रेटरी ही थीं। मणिबेन ने मुझसे कहा कि सरदार पटेल कुछ अस्वस्थ हैं इसलिए मैं अपनी बात पाँच मिनट में खत्म कर लूँ वरना उन्हें परेशानी होगी।

जब मैं साथ वाले कमरे में पहुँचा तो सरदार सोफे पर लेटे हुए अखबार पढ़ रहे थे।

मैंने उन्हें अपना परिचय दिया और फिल्म उद्योग से, हमारी तकलीफों से उन्हें परिचित कराया। मैंने कांग्रेस पर और उन पर तोहमत लगाई कि वे हमारी अवहेलना करके हमारे साथ जुल्म कर रहे हैं। मैंने उनसे कहा कि स्वदेशी वस्त्र और स्वदेशी वस्तुओं के इस्तेमाल करने पर कांग्रेसी नेतागण इतना जोर देते हैं, तब फिर स्वदेशी फिल्मों को नेस्तोनाबूद करने के लिए विदेशी सरकार जो नाना प्रकार के अड़ंगे लगाती जा रही है, इस पर कोई कांग्रेसी नेता ध्यान क्यों नहीं देता? उन दिनों हॉलिवुड और इंग्लैंड की कुछ फिल्म कम्पनियाँ—अपनी अपार पूँजी और सरकारी सहयोग के बल पर—भारत में स्टूडियो खोलकर फिल्म बनाने की योजना तैयार कर रही थीं। ऐसा होता तो हमारा स्वदेशी फिल्म उद्योग गारत हो जाने का भय था।

हमारी बातों के दौरान मणिबेन तीन-चार बार कमरे में आईं और मेरी तरफ देखकर आँखों से भेंट समाप्त करने का इशारा करके चली गईं। पर जब-जब मैं अपनी बात बीच में काटकर चलने के लिए उठा, सरदार ने मुझे बैठ जाने को कहा और अन्त में बेटी से बोले कि उनकी तबीयत अच्छी है और उन्हें मुझसे आज दिल खोलकर बात करने दिया जाए। मणिबेन हताश होकर चली गईं।

एक घंटे के बाद जब मैंने अपनी बातें खत्म कीं, तो सरदार गम्भीर होकर अपने सिर पर हाथ फेरने लगे। उनका चेहरा तमतमाने लगा और नासिकाएँ फड़कने लगीं। इतनी बड़ी नासिकाएँ मैंने दूसरे किसी की नहीं देखीं। घंटे भर से उनके चेहरे को मैं दो फीट की दूरी से देखता चला आ रहा था। काफी लम्बा दहाना, भद्दी नाक, बड़ी नासिकाएँ, लगभग घुटा हुआ बिलकुल गोल सिर, चेहरे पर गहरी मोटी रेखाएँ। सूरत काफी भद्दी और बदनुमा थी। पर एक चित्रकार के लिए बहुत ही उपयुक्त विषय था। उनके अन्दर के जोशीले तूफान की हलचल उनके बाहरी बीमार और शिथिल शरीर पर साफ झलक पड़ती थी। ऐसी भद्दी शक्ल वाले व्यक्ति का व्यक्तित्व कितना अधिक प्रभावशाली था! अत्यधिक सुन्दरता की तरह ही अत्यधिक कुरूपता भी व्यक्तित्व को असाधारण और ओजस्वी बनाने में सहायक होती है। नेहरू की तरह ही सरदार का व्यक्तित्व महान था और यह महानता उस दिन मैंने इतने पास से प्रत्यक्ष देखी। चित्रकार होने के कारण मैंने सरदार के चेहरे की असुन्दरता का वर्णन कर दिया पर लोगों ने उनके चेहरे की असुन्दरता कब देखी थी? जनता तो उनके सुन्दर, महान व्यक्तित्व पर मुग्ध थी। जिस तरह महात्मा गांधी के अद्भुत व्यक्तित्व पर वह मुग्ध थी। व्यक्तित्व की महानता के आगे शक्लोसूरत का रूप-रंग सदा ही बेकार साबित हुआ है।

'अच्छा किया, साहू, जो तुम मुझसे आकर मिले,' सरदार पटेल ने कहा, 'और मिलकर मुझे फिल्म इंडस्ट्री के सारे दुख-दर्द तुमने बताए। अगर कोई बताएगा ही नहीं तो हमें कैसे मालूम होगा?'

'कोई बताने की हिम्मत ही नहीं करता, सरदार साहब! हम सोचते थे, आप लोग हमसे मिलना नहीं चाहते। हमारी बात सुनना आप लोगों को गवारा नहीं।'

'तुम्हारा भी कहना ठीक है। हम लोग कांग्रेस के काम में, सरकार से नित के झगड़ों में इतने व्यस्त रहे हैं कि राजनीतिक क्षेत्र से बाहर हमारी नजर आसानी से नहीं जाती। अच्छा, अब तुम क्या चाहते हो?'

'मैं दुनिया को यह बता देना चाहता हूँ कि किशोर साहू के चित्र 'वीर कुणाल' को सरदार पटेल का आशीर्वाद और भारतीय फिल्म उद्योग को कांग्रेस का संरक्षण प्राप्त है।'

'मैं अपना पूरा सहयोग देने को तैयार हूँ। कांग्रेस का जोर भी भारतीय फिल्म उद्योग को अब से पूरा-पूरा प्राप्त होगा, इसकी जिम्मेदारी मैं अपने ऊपर लेता हूँ। पर अब तुम ही बताओ, यह किस तरह हो सकता है?'

'1 दिसम्बर को मेरे चित्र का नॉवेल्टी थिएटर में रिलीज है। उस दिन आप थिएटर में पधारकर मेरे चित्र का उद्घाटन करें। मैं फिल्म इंडस्ट्री के सारे नामी और प्रतिष्ठित लोगों को वहाँ आमंत्रित करूँगा। उस अवसर पर मैं अपनी और फिल्म उद्योग की समस्याएँ आपके, जनता के और प्रेस के सामने रखूँगा। उस दिन आपको अपनी और कांग्रेस की ओर से आश्वासन देने का अच्छा मौका मिल सकता है।'

सरदार पटेल खुश हो गए। 'मैं तैयार हूँ,' उन्होंने कहा।

कमरे के बाहर बम्बई कांग्रेस कमेटी के अध्यक्ष श्री एस.के. पाटिल उनसे मिलने आए हुए थे और इन्तजार कर रहे थे। सरदार ने पाटिल को अन्दर बुलाया और कहा : '1 दिसम्बर को मैं साहू की फिल्म 'वीर कुणाल' का 4 बजे नॉवेल्टी में उद्घाटन करना चाहता हूँ।'

पाटिल ने याद दिलाते हुए कहा : 'मगर उस दिन तो शाम को कलकता में वर्किंग कमेटी की मीटिंग है। आपको दोपहर के प्लेन से कलकत्ता जाना होगा।'

सरदार पटेल ने मेरी ओर देखा।

'आप दूसरे दिन आ सकते हैं,' मैंने सुझाया।

'नहीं, यह नहीं हो सकता,' सरदार बोले। 'मगर यह हो सकता है कि मैं तुम्हारे चित्र का उद्घाटन करने के बाद फौरन स्पेशल प्लेन से जाऊँ?'

'अगर आप उद्घाटन करते ही, बिना चित्र देखे, चले गए तो जनता समझेगी कि आपको फिल्मों से दिलचस्पी नहीं। आप की रुचि, आपकी विरक्तता की मिथ्या भावना बनी रहेगी।'

'अच्छी बात है, तो मैं इंटरवल तक थिएटर में बैठकर तुम्हारा चित्र जरूर देखूँगा। मगर उसके बाद मुझे जाने दो।'

मैं सहर्ष मान गया।

सरदार ने पाटिल से 1 दिसम्बर की शाम के लिए अभी से स्पेशल प्लेन चार्टर कराने को कह दिया।

मैं उन सबको धन्यवाद देकर चला आया और उस दिन से सरदार पटेल के बेटे दयाभाई पटेल और श्री एस.के. पाटिल से भी मेरा घनिष्ठ सम्बन्ध हो गया।

1 दिसम्बर, 1945 का दिन भारतीय फिल्म उद्योग के इतिहास में स्वर्ण अक्षरों में लिखा जाएगा।

योजना के अनुसार मैंने फिल्म व्यवसाय और शहर के प्रतिष्ठित व्यक्तियों को थिएटर में आमंत्रित किया हुआ था। पत्रकार वर्ग भी उपस्थित था। सरदार पटेल के करकमलों द्वारा 'वीर कुणाल' के उद्घाटन किए जाने की जोर-शोर से विज्ञप्ति की गई थी। सरदार पटेल और किशोर साहू—कांग्रेस और सिनेमा—ये दो असंगत तत्त्व नॉवेल्टी थिएटर में एकत्र और एकरस होने जा रहे थे। लोगों का कौतूहल अपार था। पाटिल ने मुझे पूरा-पूरा सहयोग दिया था। थिएटर खचाखच भर गया और थिएटर के बाहर, सड़क पर भी हजारों की भीड़ लग गई।

फिल्म शुरू होने से पेश्तर मैं सरदार वल्लभभाई पटेल और अपने व्यवसाय के कुछ बुजुर्गों को लेकर मंच पर पहुँचा। सरदार पटेल का सत्कार करते हुए अपने संक्षिप्त भाषण से मैंने भारतीय फिल्म निर्माण की समस्याएँ सरदार के सामने रखीं और उनसे संरक्षण के लिए प्रार्थना की।

उत्तर में सरदार पटेल ने देर तक जोरदार भाषण दिया। लोगों को आश्वासन दिया कि फिल्मों से या सिनेमा से, कला से, साहित्य से कांग्रेस या कांग्रेसी नेता विमुख या विरक्त नहीं। मेरे चित्र 'वीर कुणाल' को उन्होंने अपार सफलता के लिए अपनी शुभकामनाएँ दीं। फिर शेरेबब्बर की तरह गरजकर उन्होंने अमरीकी और बरतानवी फिल्म कम्पनियों को, जो भारत में स्टूडियो खोलने की चेष्टा कर रही थीं, चेतावनी दी : 'जिस दिन विदेशी पूँजीपतियों ने हमारे देश में आकर स्टूडियो खोलने की कोशिश की, तो याद रखें वे विदेशी और याद रखे यह बरतानवी सरकार, उस दिन कांग्रेस अपनी पूरी ताकत के साथ उनका विरोध करेगी। जिस तरह नमक सत्याग्रह हुआ था, उसी तरह इन विदेशी पूँजीपतियों के स्टूडियो पर सत्याग्रह होगा और इस सत्याग्रह का नेतृत्व मैं खुद करूँगा।'

उपस्थित जनता ने सरदार के प्रभावशाली वक्तव्य पर जोरों से तालियाँ बजाईं। 'सरदार पटेल की जय!' और 'सरदार पटेल जिंदाबाद!' के नारों से थिएटर गूँज उठा।

फिल्म उद्योग ने सरदार के आश्वासन पर सन्तोष की साँस ली।

विदेशी पूँजीपतियों और बरतानवी सरकार की रूहें काँप उठीं। वे जानते थे, आज कोई कांग्रेसी खरगोश या ऊँट या बैल या भैंसा नहीं बोला था, कांग्रेस के किसी गीदड़ ने गीदड़ भभकी नहीं दी थी, आज कांग्रेस का शेरेबब्बर दहाड़ा था। सरदार पटेल बात के पक्के थे। जो कहते थे, करके दिखा देते थे।

विदेशियों ने इसके बाद भारत में स्टूडियो खोलने की योजना तुरन्त त्याग दी।

भाषण के बाद सरदार पटेल मध्यांतर तक थिएटर में बैठकर 'वीर कुणाल' देखते रहे। उसके बाद हम सबसे विदा लेकर हवाई अड्डे के लिए रवाना हो गए और स्पेशल प्लेन से उड़कर कलकत्ता चले गए।

'वीर कुणाल' बॉक्स ऑफिस की दृष्टि से साधारणतः सफल रहा। नॉवेल्टी में 16 हफ्ते चला। यह मेरे अच्छे चित्रों में से है। इस चित्र ने मुझे कला के सोपान पर एक-दो कदम और ऊपर चढ़ा दिया।

प्रशंसनात्मक समालोचनाएँ देश के अनेक पत्रकारों और समालोचकों से मुझे मिलीं। अच्छे शब्द किसे अच्छे नहीं लगते! अपनी कलाकृति पर होती हुई प्रशंसा की बौछार किसे नहीं सुहाती! खेल के मैदान में अगर प्रेक्षक खिलाड़ियों को तालियाँ न दें, उनका उत्साह न बढ़ाएँ, तो खिलाड़ियों से खेलते न बने। उन समीक्षाओं और समालोचनाओं से मुझे सन्तोष ही नहीं हुआ बल्कि मेरा उत्साह और भी बढ़ गया।

'वीर कुणाल' के बाद बाबूराव पटेल तथा अन्य पत्रकारों ने 'आचार्य किशोर साहू' कहना शुरू कर दिया। और मैं उस दिन से आचार्य कहाने लगा।

1946 का आरम्भ अच्छा हुआ। 6 जनवरी की रात के 8:32 पर डॉ. शिरोडकर के नर्सिंग होम में हमारी दूसरी सन्तान पैदा हुई। हमने कन्या चाही थी, कन्या पैदा हुई। नाम पहले से सोचा हुआ था। बच्ची की आँखें बड़ी थीं। सोचा हुआ नाम—नयना—उस पर खूब ही जँचा।

प्रीति और बच्ची को देखने शोभना समर्थ गुलदस्ता लेकर नर्सिंग होम आई। 'वीर कुणाल' की बढ़िया समालोचनाओं पर मुझे बधाई देती हुई बोली : 'तुम्हारा दूसरा चित्र क्या होगा, किशोर? कहानी तैयार कर ली?'

'हाँ, कर ली।'

'क्या कहानी है?'

'तुम्हें सुना चुका हूँ—स्टूडियो में।'

'तुमने तो दो-तीन कहानियाँ सुनाई थीं।'

'यह वह कहानी है जो पाँच साल पहले मैंने तुम्हें सुनाई थी और तुम्हें पसन्द आई थी।'

'हाय, बड़ी अच्छी कहानी है वह! 'आँसू' नाम था न कहानी का?'

'तब नाम 'आँसू' था।'

'और अब?'

''सिन्दूर'।'

'बड़ा बढ़िया नाम है—'सिन्दूर'! तुम्हारी फिल्मों के नाम बड़े सुन्दर होते हैं। है न, प्रीति?'

प्रीति ने पलंग पर पड़े-पड़े शोभना के कथन का समर्थन किया।

'अच्छा, किशोर,' शोभना ने आँखें तिरछी करके कहा : ''सिन्दूर' की हीरोइन कौन होगी?'

'तुम,' प्रीति ने कहा।

'सच?'

'हाँ, सच,' मैंने कहा।

'तुम्हारा कोई भरोसा नहीं, पर प्रीति की बात पर भरोसा है। तुम्हारी यह प्रीति बड़ी अच्छी है। तुम तो मेरे दोस्त हो, पर मैं तुम्हारी औरत पर फिदा हूँ। अगर मैं आदमी होती न, किशोर, तो जानते हो, क्या करती?'

'क्या करतीं?' मैंने ताज्जुब से पूछा।

'प्रीति से शादी कर लेती।'

'और अगर उसकी शादी मुझसे पहले ही हो चुकी होती तब?'

'तो उसे भगा ले जाती।'

हम सब हँस पड़े।

तब से अब तक प्रीति की तारीफ में शोभना ने इसी तरह के उद्गार कई-कई बार कहे हैं। मुझसे उसकी दो-एक बार खटकी, वह मुझसे कई बार रूठी, मगर प्रीति और शोभना में सदा ही मेल रहा।

द्वितीय विश्वयुद्ध समाप्त हो चुका था। देश के सारे नेता छोड़ दिये गए थे। कमान पर तीर चढ़ा लेने के बाद ज्यादा देर तक कमान को खींचकर नहीं रखा जा सकता। थोड़ी ही देर में हाथ थककर जवाब दे देते हैं। उसी तरह बरसों के खिंचाव और तनाव से जनता तंग आ चुकी थी। बरसों का वह तंग और मनहूस माहौल अब सहसा खुलकर बिखर उठा और उसमें जिन्दगी की बू आने लगी।

कांग्रेस और सरकार में बातचीत शुरू हुई। गांधी जी से वॉइसरॉय समझौता करने की योजना बना रहे थे।

उन्हीं दिनों बम्बई के शिवाजी पार्क में नेताजी सुभाषचन्द्र बोस के बाएँ हाथ धिल्लन का भाषण हुआ। उनके साथ अरुणा आसफअली भी पधारी थीं। तीन लाख की भीड़ उपस्थित थी। नेताजी को तथा उनके सिद्धान्तों और उनकी हिंसात्मक नीति को जनता की यह श्रद्धांजलि थी। इतनी भीड़ मैंने शिवाजी पार्क में पहले कभी न देखी थी।

मगर एक नेता और एक सैनिक में बड़ा फर्क़ होता है। वह फर्क़ उस दिन मुझ पर जोरों से खुल पड़ा। एक के पास दिमाग होता है जिससे वह सोचता है, योजना बनाता है, हुक्म देता है। दूसरे के पास केवल अपने नेता के प्रति निष्ठा होती है और उसकी आज्ञा पालन करने की क्षमता।

उस दिन सभा में अरुणा आसफअली भी बोली थीं। आन्दोलन के दिनों में उन्हें पकड़ने को वारंट निकला हुआ था, लेकिन पुलिस की पकड़ में वे न आई थीं। पुलिस की नजर से बचकर, छिपकर वे भागती फिरीं, मित्रों के घरों में रहती रहीं; और इस परस्पर आँखमिचौनी के कारण तथा महिला होने के कारण भी उस देशभक्ति के वातावरण में, वे एक प्रकार की वीरांगना समझी जाने लगी थीं। उनकी 'वीरता' का विश्लेषण करने के लिए जनता को न फुरसत थी, न ही जनता में इतनी योग्यता थी। जनता को केवल अरुणा के प्रति कौतूहल था। अरुणा को देखकर, उनके भाषण पर भी, जनता ने तालियाँ बजाईं। किन्तु बाद में, आज तक, किसी ने नहीं पूछा कि अरुणा आसफअली यकायक राजनीतिक क्षेत्र से कहाँ गायब हो गईं? उस 'वीरांगना' का क्या हुआ? नेताजी का वह बहादुर सैनिक, जो अँगरेजी फौज से बरमा में और आसाम में कभी टक्कर लेने को तत्पर था, सहसा कहाँ खो गया?

प्रीति के बड़े भाई, कैप्टन केशवदत्त पांडे, जो अँगरेजों की सेना के साथ लड़ने मलाया गए हुए थे और जिनका पिछले चार साल से कोई पता न था, सहसा खबर मिली कि वे मलाया में जापानियों के बन्दी हैं। अगस्त, 1945 में द्वितीय विश्वयुद्ध समाप्त हो चुका था। सहसा नवम्बर में केशव का मद्रास से अपने पिता को नैनीताल तार आया कि वे मुक्त होकर भारत पहुँच गए हैं और सीधे नैनीताल आ रहे हैं। बड़ा बेटा जिंदा था। घर लौट रहा था। सारे परिवार और सगे-सम्बन्धियों में खुशी की लहर दौड़ गई।

लड़ाई पर जाने से पहले केशव और रमा जोशी के ब्याह की बात लगभग तय थी, मगर उसी समय उन दोनों के बीच वह दुष्ट महायुद्ध आ गया था और केशव को मोरचे पर जाना पड़ा था। अब जो वे लौटकर घर आए तो ब्याह तुरन्त ही तय कर दिया गया और जोरों से तैयारियाँ होने लगीं।

कई साल से केशव ने प्रीति को न देखा था। अपनी छोटी बहन (प्रीति से भी छोटी) भारती को लेकर मार्च में वे बम्बई आए। बिछड़े हुए भाई-बहन मिले और मिलकर बहुत खुश हुए। उनके साथ दस दिन हम सब ने मजे में गुजारे। 22 अप्रैल को केशव का ब्याह इलाहाबाद में निश्चित हुआ था। बरात बनारस से निकलने वाली थी। अपनी शादी का हम सबको निमंत्रण देकर, प्रीति को साथ लेकर, केशव

और भारती बड़ी बहन के घर दिल्ली चले गए। साथ में तीन महीने की नन्ही नयना भी गई थी और उसकी आया भी।

इसके पाँच ही दिन बाद मुझे फिल्म इंडस्ट्री के डेपुटेशन के साथ सरकारी नुमाइंदों से मिलने दिल्ली जाना पड़ा। तय हुआ कि सफर हवाई जहाज से किया जाए। हवाई जहाज छः बजे सवेरे उड़ता था। मुझे याद है, पाँच बजे का अलार्म लगाकर उस दिन मैं उठा था। घर में एक खलबली-सी मची हुई थी। मैं हवाई जहाज से उड़कर दिल्ली जाने वाला था। अचम्भे की बात भी थी और खतरे की भी। जी, माँ, दो साल का नन्हा रोहित और मेरे परिवार के अन्य लोग और मेरे कुछ कर्मचारी मुझे छोड़ने सांताक्रूज हवाई अड्डे तक आए थे।

जब हमारी गाड़ियाँ एअरोड्रोम के पास पहुँचीं तो पहाड़ियों से घिरा हुआ वह स्थान बिलकुल ही अनजाना और अनोखा लगा। एअरोड्रोम के और भी पास पहुँचने पर वहाँ की बिजली की बत्तियों का वह धीमा-धीमा नीला-बैंगनी प्रकाश अँधेरे को भेदकर शक्लों को अद्‌भुत बनाने लगा और फिर पौ फटने लगी। क्षितिज पर लाली पैदा हुई, फिर सफेदी और फिर मैं रूमाल हिलाता हुआ, ऊँची-ऊँची सीढ़ियाँ चढ़ता हुआ, विमान में जा बैठा। इंजन के पंखे घरघराने लगे। कुरसी पेटियाँ बाँधी गईं। जब विमान उड़ा तो पहाड़ी की चोटी पर सूरज का लाल-सुर्ख गोला काँप रहा था।

सपनों में मैं कई बार हवा में बाजू मारता हुआ उड़ चुका था। उड़ने के एहसास से मैं परिचित था। मगर विमान कब जमीन छोड़कर हवा में उड़ने लगा, यह ठीक से पता न चल पाया। घरघराहट की आवाज और खिड़कियों के बाहर कटते हुए बादलों को देखकर यह अनुमान जरूर लगाया जा सकता था कि विमान उड़ रहा है, किन्तु उड़ने का भान न होता। कभी-कभी विमान जोरों से काँपता, थिरकता और कभी सहसा गोता लगाता और पेट में गुदगुदी होती। पाँच घंटे विमान में अपनी सँकरी कुरसी पर बैठे-बैठे मैं ऊब गया। मगर फिर तुरन्त ही दिल्ली आ गया। विमान उतरने लगा और कानों में जोरों का दर्द होने लगा, मानो कान के परदे फटने वाले हों! प्रीति मुझे लेने एअरोड्रोम आई थी।

बम्बई से दिल्ली का सफर मैंने इससे पहले रेलगाड़ी में ही किया था। सफर में कई स्टेशनों पर गाड़ी रुकती थी और लगभग एक शाम, एक रात और एक पूरा दिन सफर में गुजरते थे। आज सवेरे मैं बम्बई से उड़ा था और पाँच घंटे बाद दिल्ली पहुँच गया। यह एक विलक्षण बात थी और मेरे मन को गुदगुदा रही थी। पर मेरे दिल की उस दिन की कैफियत का अन्दाजा आज के पाठक नहीं लगा सकते। आज हवाई जहाज का चलन इतना अधिक है कि वह अपना नयापन, अपना अनोखापन खो चुका है।

5 अप्रैल, 1946 के दिन हवाई जहाज से वह मेरा पहला सफर था। हर पहला अनुभव विलक्षण लगता है और इसीलिए व्यक्ति के जीवन में अपना विशेष महत्त्व रखता है।

एक दिन मुझे रायबहादुर चुन्नीलाल की डिनर पार्टी का निमंत्रण मिला। वह पार्टी सी.सी.आई. क्लब में दी जा रही थी।

बॉम्बे टॉकीज में हिमांशु राय के देहान्त के बाद ही दो दल हो चुके थे : एक दल देविका रानी का था और दूसरा शशधर मुकर्जी का। दोनों दलों में पहले तो स्पर्धा पैदा हुई और बाद में मनमुटाव। इन्दिरा गांधी के असाधारण व्यक्तित्व, उत्कृष्ट चालों और यथेष्ट मोरचाबन्दी के कारण जिस तरह मोरारजी देसाई, एस.के. पाटिल और कामराज जैसे अनुभव और घाघ कांग्रेस नेताओं की 1956-70 में मात पर मात होती चली गई, उसी तरह देविका रानी ने निर्माता मुकर्जी और सूत्रधार रायबहादुर चुन्नीलाल की छुट्टी कर दी थी और बॉम्बे टॉकीज की बागडोर अपने हाथ में ले ली थी। लाचार होकर रायबहादुर, मुकर्जी और अशोक कुमार ने मिलकर 'फिल्मिस्तान' नामक अपनी नई कम्पनी शुरू की।

'फिल्मिस्तान' का पहला चित्र 'चल चल रे नौजवान' बना। अशोक कुमार और नसीम उसके मुख्य कलाकार थे और हालाँकि ज्ञान मुकर्जी का नाम बतौर दिग्दर्शक के दिया गया था, शशधर मुकर्जी ने दिग्दर्शन में उन्हें भरसक सहायता दी थी। लम्बे अरसे तक चित्र बनता रहा। खूब पैसा खर्च किया गया। बॉम्बे टॉकीज की फिल्मों से मुकाबला था। सिद्ध, अनुभवी, घाघ मर्द एक औरत को दिखा देना चाहते थे कि फिल्म निर्माण गुड़ियों का खेल नहीं।

रायबहादुर चुन्नीलाल योग्य और चतुर व्यवसायी थे। 'चल चल रे नौजवान' की उन्होंने खूब विज्ञप्ति की। पर रिलीज होते ही चित्र बैठ गया। 'चल चल रे नौजवान' न चल पाया, रेंग भी न सका, और 'फिल्मिस्तान' के अधिष्ठाताओं के चेहरे उतर गए। आर्थिक हानि भारी हुई थी।

उधर यश और ख्याति के शिखर पर से ही देविका रानी ने फिल्म उद्योग से रिटायर होने का संकल्प कर अपनी संस्था—बॉम्बे टॉकीज—वाड़ीलात गांधी, ज्वाला प्रसाद तिवारी, आदि, मंडली को बेच दी और प्रसिद्ध रूसी चित्रकार डॉ. स्वतास्लाव रोरिक के साथ ब्याह करके बम्बई छोड़कर चली गईं। रोरिक ने भारत को अपना घर बनाया हुआ था और कूल्लू तथा बंगलोर में उनके फूलों-फलों के बाग थे, अब भी हैं।

ऐसी परिस्थिति में उस शाम सी.सी.आई.क्लब की उस डिनर पार्टी में रायबहादुर चुन्नीलाल से मेरी भेंट हुई।

रायबहादुर को मैं पिछले बारह वर्षों से यानी 'जीवन प्रभात' के समय से जानता था। तब भी वे बॉम्बे टॉकीज और हिमांशु राय के अस्तित्वों की रीढ़ की हड्डी थे। रायबहादुर पंजाबी थे। कभी फौज में अकाउंट्स विभाग में काम कर चुके थे। पहले महायुद्ध के समय बसरा या बगदाद भी जा चुके थे। उनके व्यक्तित्व में अँगरेजियत थी; शिस्त, सम-निष्ठा, और सख्ती थी। वे सदा चाइना कॉर्ड का दूधिया रंग का

रेशमी सूट पहना करते और उनके कोट के कॉलर पर सदा गुलाब का फूल लगा रहता। फूल के साथ कुछ पत्तियाँ सरो की होतीं। उनका साफ-सुथरा, इस्तरी किया हुआ रेशमी सूट कुछ जरूरत से ज्यादा ही कड़ा और अकड़ा हुआ लगता और उसका पहननेवाला भी। अगर परिचितों और मित्र-मंडली में शशधर मुकर्जी चालाक, होशियार, डरपोक, बेमुरब्बती, मतलबी यार समझे जाते थे, तो रायबहादुर चुन्नीलाल निडर, मुस्तैद, दक्ष, बेझिझक, सख्त और अकड़बाज।

रायबहादुर को देखने पर लगता मानो वे फौलाद का बल खाया हुआ एक स्प्रिंग हैं जो कितना ही दबाओ, दबेगा नहीं, उसी तरह अकड़ा रहेगा। मगर मैंने उसी फौलादी स्प्रिंग को दोस्तों की संगत में, रात के एक-दो पैग पीने के बाद, और खासकर अगर हसीन सूरतें मौजूद हुईं, मुलायम रस्सी बनते देखा है और फिर उस रस्सी से बल निकलते हुए भी देखा है। उनके फौलादी व्यक्तित्व के अन्दर मोम का दिल था।

पार्टी के दौरान, कॉलर पर चटके हुए गुलाब के बावजूद, 'चल चल रे नौजवान' की असफलता के कारण, रायबहादुर की उदासी मुझसे छिप न सकी।

सहसा अशोक कुमार ने रायबहादुर से कहा : 'किशोर को अपनी कम्पनी में क्यों नहीं ले लेते, रायबहादुर?'

रायबहादुर ने मेरी ओर देखा। 'ठीक तो है। मगर किशोर साहू को तो अपनी खिचड़ी अलग पकाने की आदत है। ये कब हमारे साथ काम करने वाले हैं! आजकल क्या बना रहे हो, किशोर?'

'एक नया चित्र शुरू किया है,' मैंने कहा।

'क्या नाम है?'

' 'सिन्दूर'।'

'बड़ा खूबसूरत नाम है।'

'और कहानी भी बड़ी खूबसूरत है,' अशोक ने कहा। 'आप सुनेंगे तो बहुत पसन्द करेंगे। मैं तो चाहता हूँ, यह फिल्म अपने 'फिल्मिस्तान' के बैनर में बने।'

रायबहादुर एक क्षण चुप रहे, कुछ सोचते रहे, फिर बोले : 'कितना बन चुका है पिक्चर?'

मैंने कहा : 'शूटिंग अभी शुरू नहीं की है। तीन गाने रेकॉर्ड कर चुका हूँ। कास्टिंग कर रहा हूँ। अगले महीने शूटिंग शुरू करने जा रहा हूँ।'

'एक काम करो, किशोर। 'सिन्दूर' की कहानी तुम कल सवेरे मुझे सुना दो। जैसा अशोक कहता है, अगर कहानी उतनी ही अच्छी हुई और मुझे पसन्द आ गई तो मैं चाहूँगा कि यह फिल्म तुम हमारी कम्पनी के लिए बनाओ। फिक्र मत करो, जो कुछ तुम्हारा इस पर अब तक खर्च हुआ है, मैं वह सब तुम्हें दे दूँगा।'

'आ जाओ, किशोर, 'फिल्मिस्तान' में आ जाओ। साथ रहेंगे,' अशोक ने कहा।

'अच्छी बात है, रायबहादुर,' मैंने उत्तर दिया, 'मैं आपको कल सवेरे कहानी सुना दूँगा। आपको पसन्द आ गई तो बाकी बातें तब हो जाएँगी।'

'ठीक है। तो कल हम यहीं सी.सी.आई. में 10 बजे सवेरे मिल रहे हैं।'

'जी, ठीक है। मैं आ जाऊँगा।'

रात भर मैं इस नए प्रस्ताव पर सोचता रहा। परामर्श के लिए प्रीति पास में न थी। वह भाई की शादी के लिए दिल्ली गई हुई थी। पर मैं निर्माता की जिम्मेदारियाँ इतने सालों से लादे हुए थक गया था। सुस्ताने के लिए दिल बेताब हो रहा था। फिर मैंने सोचा, न जाने 'सिन्दूर' की यह कहानी चलेगी भी या नहीं। कई साल पहले—1940 में—यह कहानी मुकर्जी को पसन्द आई थी। मगर बाद में जब मैं इसे बेचने सागर मूवीटोन के निर्माता चिमनभाई देसाई के पास गया तो उन्होंने इसे अस्वीकार करते हुए कहा : 'नहीं, साहू साहब, यह कहानी हमारे लायक नहीं। इसकी हीरोइन एक विधवा है। सदा सफेद सूती साड़ी पहने रहती है। कोई शृंगार नहीं। लोग वेशभूषा, साज-शृंगार देखना पसन्द करते हैं, आँसुओं में डूबा हुआ चेहरा नहीं।' तब मैं यह कहानी लेकर रंजीत मूवीटोन के निर्माता चन्दूलाल शाह और फिर मिनर्वा मूवीटोन के निर्माता सोहराब मोदी के पास भी गया था। उन्होंने भी लगभग चिमनभाई के शब्दों में मेरी कहानी को नापास कर दिया था। अब मैं सोचने लगा कि ऐसे अनुभवी निर्माताओं की आलोचना की अवहेलना करके, केवल अपनी पसन्द और अपने आत्मविश्वास पर 'सिन्दूर' बनाना मेरे लिए कहाँ तक उचित होगा?

मैंने हमेशा अपने चित्रों में कुछ नयापन देने का प्रयास किया था और हमेशा बड़ी जबर्दस्त आर्थिक जोखिम उठाई थी। यद्यपि ऐसा करने से मुझे हर बार आर्थिक लाभ न हो पाया था परन्तु हर बार कलात्मक सफलता अवश्य मिलती गई थी; और जोखिम उठाने की अपनी इसी विशेषता के कारण तथा परिणामस्वरूप मैं भारत के श्रेष्ठ दिग्दर्शकों में गिना जाने लगा था। परन्तु तब मैं अकेला था, अविवाहित था, पत्थर पर सिर मारकर पत्थर को तोड़ देने का हौसला रखता था और शौक भी। अब बात और थी। अब मेरी पारिवारिक जिम्मेदारियाँ बहुत बढ़ गई थीं। अब मैं एक पति था, एक पिता था, एक जिम्मेदार नागरिक था।

युद्ध समाप्त हो चुका था। कीमतें गिर चुकी थीं और गिरी जा रही थीं। फिल्म व्यवसाय डाँवाँडोल हो रहा था। बड़े-बड़े चित्र असफल हो रहे थे। ऐसे में मेरी हिम्मत का कचक जाना स्वाभाविक था।

मैंने दूसरे दिन सी.सी.आई.क्लब जाकर रायबहादुर चुन्नीलाल को 'सिन्दूर' की कहानी सुना दी। कहानी सुनाने में तीन घंटे लगे। अशोक भी वहाँ मौजूद थे। रायबहादुर का दिल मोम की तरह पिघल-पिघल गया और कहानी सुनते-सुनते कई बार उनकी आँखें छलछला उठीं।

'वाह, किशोर, वाह!' रायबहादुर ने कहा। 'तुम्हारी यह कहानी बहुत बढ़िया है। मैं यह कहानी खरीदने को तैयार हूँ। तुम इसे हमारी कम्पनी के बैनर में बनाओ। यही नहीं, मैं तुमसे तीन फिल्में बनवाने के लिए अनुबन्ध करने को तैयार हूँ।'

'मैं जानता था,' अशोक ने कहा, 'कि आपको किशोर की यह कहानी पसन्द आएगी।'

'आओ, अब एग्रीमेंट की शर्तें तय कर डालें,' रायबहादुर, ने कहा।

मैंने कहा : 'मैं अपने साले की शादी के लिए बनारस जा रहा हूँ। वापस लौटने पर सब तय कर लेंगे।'

'अच्छी बात है,' रायबहादुर ने कहा।

और फिर हम तीनों ने साथ लंच खाया। रायबहादुर खुश थे। अशोक खुश थे। मैं खुश था।

केशव के दोनों ताऊ बनारस रहते थे, इसलिए बरात बनारस से निकलने वाली थी। दिल्ली से प्रीति अपने सम्बन्धियों के साथ बनारस जा चुकी थी।

18 अप्रैल को माँ और दो साल के रोहित को लेकर मैं बनारस के लिए रवाना हो गया। 20 तारीख के सवेरे चार बजे गाड़ी बनारस पहुँची। बनारस जाने का यह मेरा पहला अवसर था।

सेठ गौरीशंकर गोयनकर की कोठी पर बरातियों के एकत्र होने का प्रबन्ध किया गया था। प्रीति के परिवार तथा दूर-पास के इतने सारे सम्बन्धियों से मेरी वहाँ पर भेंट हुई। ब्राह्मण का जमाई होने के कारण उन ब्राह्मणों के मंडप में, ब्राह्मण बरातियों की पंगतों में, बैठकर मैंने खाना खाया। किसी ने भी मुझे यह महसूस न होने दिया कि मैं उनकी जाति के बाहर का हूँ। उन सनातनी, रूढ़िवादी ब्राह्मण अतिथियों की कट्टरता तथा चौके-चूल्हे का छुआछूत यकायक काफूर हो गया। मुझे लगा, वे सब मेरे ही कुल-गोत्र के हैं, मेरे ही सम्बन्धी हैं। उन्हें भी यही महसूस हुआ कि मैं भी उन्हीं का अपना हूँ और मैंने सहसा देखा कि देश और देशवासी प्रगति कर गए हैं।

दूसरे दिन सवेरे हम लोग बनारस से 11 मील पर स्थित सारनाथ के प्राचीन मन्दिर और खँडहर देखने गए। फोटोग्राफी का मुझे शुरू से शौक रहा है। मुझे याद नहीं आता कि बिना अपने कैमरे के मैं कभी भी सफर पर निकला हूँ। मेरा कॉन्टेक्ट्स कैमरा उस दिन भी मेरे कन्धे से लटका हुआ था। मैंने वहाँ बहुत-सारी तस्वीरें खींचीं। प्राचील काल के, मौर्ययुगीन अनेक स्तंभ और शिलाएँ वहाँ सुरक्षित रखी थीं। कई तरह के शिलालेख भी थे। असली अशोक स्तंभ का ऊपरी भाग—जिस पर कमल, धर्मचक्र तथा सिंह बने हुए थे—मैंने उस दिन वहीं पहली बार देखा। वह स्तंभ शायद संगमरमर का बना हुआ था, इस समय ठीक याद नहीं। सफेद चिकने

पत्थर का था। बहुत सुन्दर था। मैंने प्रीति को अशोक स्तंभ के सामने खड़े करके कई तस्वीरें खींचीं। वहाँ के चौकीदार ने मेरे फोटो खींचे जाने पर आपत्ति की, खासकर उस स्तंभ की पृष्ठभूमि पर, पर मैं फोटो खींच चुका था। आज वही अशोक स्तंभ भारत का प्रतीक-चिन्ह है। उसी स्तंभ का धर्मचक्र हमारी राष्ट्रीय ध्वजा पर अंकित लहरा रहा है।

शाम को बजरे पर बैठकर हमने बनारस-घाट के किनारे-किनारे दूर तक सैर की। सीढ़ियों पर बेशुमार स्त्री, पुरुष और बच्चे नहा-धो रहे थे। कोई जल में डुबकी लगा रहा था, कोई तपस्वी की तरह एक टाँग पर खड़ा था। पास ही फूला हुआ मुर्दा गंगा की धारा में बहा जा रहा था। मन्दिरों में शंख और घंटियों की ध्वनियाँ आ रही थीं। डूबते हुए सूरज की आभा में ये दृश्य, ये ध्वनियाँ अद्‌भुत लगीं। गोया गंगा का यह घाट न था, जीवन-सागर था, जहाँ जीवन-मरण के असंख्य पहलू क्षण-क्षण दृष्टिगोचर हो रहे थे। भक्ति, पुण्य, पाप, गन्दगी का यह विलक्षण मेल था।

जिस तरह रोगी अपने रोग के इलाज के लिए अस्पताल जाता है, उसी तरह पापी आत्मशुद्धि के लिए तीर्थस्थान जाता है। दोनों स्थानों की नालियों में सड़ांध ही मिलेगी लेकिन नालियों में झाँका क्यों जाए! स्वस्थ व्यक्ति कभी अस्पताल नहीं जाता, न शायद शुद्ध आत्मावाला कभी तीर्थस्थान जाता है।

विश्वनाथ जी के मन्दिर जाकर हम लोगों ने भगवान के दर्शन किए, आरती में शरीक हुए और फिर मंडप में लौट आए।

दूसरे दिन बरात के साथ हम रेलगाड़ी से इलाहाबाद पहुँचे। दुलहन का जनवासा इलाहाबाद में था।

दिन को हमने इलाहाबाद घूम-फिरकर देखा। शहर में कोई विशेषता न थी। शायद तब रही हो जब मोतीलाल और जवाहरलाल शहर में रहते थे। 'आनन्द भवन' भी जाकर देखा। रईसों की कोठियों की तरह ही यह भी एक कोठी थी। कोठी में कोई विशेषता न थी। शायद तब रही हो—शायद नहीं, अवश्य ही तब रही होगी—जब नेहरू परिवार इस कोठी में रहता था। यह मेरी मान्यता है कि घर और शहर का महत्त्व उनमें रहने-बसने वाले व्यक्तियों के व्यक्तित्वों पर निर्भर रहता है। 'आनन्द भवन' सुनसान खड़ा ऊँघ रहा था। अपने वैभवशाली अतीत पर सिर धुन रहा था, आँसू बहा रहा था। कभी इस कोठी में एक जिन्दादिल परिवार रहता था। कभी यह कोठी स्वातंत्र्य-आन्दोलन का हृदय-क्षेत्र बनी हुई थी और इसके दरोदीवार से, फर्श, छत, मुँडेरों से जिन्दगी की बू आती थी; पर आज यह 'आनन्द भवन' केवल भवन रह गया था—एक बेजान इमारत।

रात में केशव-रमा का धूमधाम से ब्याह हुआ। बहुत सारे लोग उपस्थित थे। सबके चेहरे खुशियों से खिल रहे थे। ब्याह की खुशी लगने वाली खुशी होती है। उपस्थित युवकगण खामखा उत्साहित हुए जा रहे थे और युवतियाँ न जाने क्यों

लजा रही थीं। ब्याह के प्रसंग के अतिरिक्त उमंग और आनन्द की यह स्थिति और किसी प्रसंग में नहीं पाई जाती, कि जब खुशी मात्र खुशी ही नहीं रहती, गुदगुदी में बदल जाती है।

दूसरे दिन की गाड़ी से मैं अपने परिवार को लेकर बम्बई के लिए रवाना हो गया।

बम्बई पहुँचते ही रायबहादुर ने अनुबन्ध की जल्दी मचाई। प्रीति की भी यही इच्छा थी कि मैं कुछ दिनों के लिए अपनी जिम्मेदारियाँ कम करके चैन और आराम की मनमुख़्तार ज़िन्दगी बिताऊँ।

13 मई, 1946 को मैंने उचित पारितोषिक पर 'फिल्मिस्तान' से अनुबन्ध कर लिया—दो चित्रों के लिए। कहानियाँ मेरी होंगी और उनका दिग्दर्शन भी मैं करूँगा और मुख्य नायक की भूमिका में भी मैं ही रहूँगा।

मैंने संगीत दिग्दर्शक खेमचन्द प्रकाश से तीन गाने पहले ही लिये हुए थे, वे गाने 'फिल्मिस्तान' ने मुझसे खरीद लिये। मेरा तब तक का सारा खर्चा मुझे दिया, और खेमचन्द प्रकाश को संगीत दिग्दर्शक नियुक्त कर दिया।

कहानी के सारे पात्र लगभग पहले ही तय थे। उनकी नियुक्ति कर दी गई।

नायिका के लिए मैंने शोभना समर्थ को वचन दिया हुआ था, मगर अब वह असम्भव हो गई थी। पेट में चतुरा थी। एक अच्छी भूमिका गँवा देने का शोभना को दुख हुआ और एक अच्छी अभिनेत्री को गँवा देने का मुझे, पर मजबूरी थी। सहसा दूसरी उपयुक्त अभिनेत्री दिखाई नहीं दे रही थी। बनमाला से बात की। उसने जो पारितोषिक माँगा, हमें मंजूर न हुआ। तब मैंने हिम्मत करके शमीम को, जो रंजीत मूवीटोन की कई फिल्मों में नायिका, उपनायिका, खलनायिका रह चुकी थी और घिसी-पिटी अभिनेत्री समझी जाती थी, चुन लिया और फिल्मिस्तान से 'सिन्दूर' के लिए उसका अनुबन्ध करवा दिया।

15 जून, 1946 के दिन स्टूडियो में 'सिन्दूर' का मुहूर्त करके मैंने शूटिंग आरम्भ कर दी।

अब तक किसी फिल्म के बनाने में मुझे इतनी घुटन, इतनी कोफ्त न हुई थी जितनी 'सिन्दूर' में हुई।

मंच की तरह ही स्टूडियो के फर्श पर दिग्दर्शक के हाथों में कलाकार कठपुतली के समान होते हैं। दिग्दर्शक जिस तरह चाहे, उन्हें नचाता है। खासकर मैं तो इसी किस्म का दिग्दर्शक हूँ और अपने कलाकारों से पूरा सहयोग और समर्पण चाहता हूँ। मगर सर्कस के रिंग मास्टर की तरह मैं चाबुक के जोर से उन्हें नहीं नचाता-कुदाता, क्योंकि कलाकार सर्कस के जंगली जानवर नहीं होते। वे अत्यन्त भावुक, समझदार, नाजुक किस्म के इनसान होते हैं। सिर में दिमाग और पहलू में धड़कता

हुआ दिल होता है, और जिन्हें प्यार और सहानुभूति की अदृश्य डोर के सहारे एक सिद्ध और कुशल दिग्दर्शक बड़ी आसानी से इच्छानुसार घूमा-फिरा सकता है।

इसी सबब कलाकार चुनते समय मैं बहुत खबरदारी बरतता हूँ। घटिया कलाकार मुझे चल जाता है पर घटिया इनसान मुझे बरदाश्त नहीं होता। फिर भी बाज वक्त चयन में, पहचानने में भूल हो जाती है। कलाकार का मूल्यांकन करना आसान है, इनसान को परखना बहुत मुश्किल। छोटे-मोटे कलाकार अगर घटिया इनसान निकले तो मैं खास परवाह नहीं करता; उन्हें या तो दूर कर देता हूँ या दूर-दूर रखता हूँ। किन्तु बड़े पात्रों के बड़े अभिनेता, अभिनेत्रियाँ मुझे निष्ठा और समर्पण की कसौटी पर खरे चाहिए। इसी वजह चन्द्रमोहन को, 'वीर कुणाल' के पात्र-चयन के समय, दूध की मक्खी की तरह फेंक देने में मुझे एक क्षण भी नहीं लगा था।

'सिन्दूर' की जब आठ-दस दिन की शूटिंग हो चुकी तो रायबहादुर चुन्नीलाल ने एक दिन मुझसे कहा : 'कम्पनी के डिस्ट्रीब्यूटरों ने शमीम के चित्र की नायिका होने पर एतराज किया है। वे कहते हैं कि शमीम बहुत अनलकी है। जिस पिक्चर में आती है, वह पिक्चर नहीं चलता।'

'इसमें शमीम का क्या दोष? वे पिक्चर ही घटिया थे,' मैंने कहा।

'कुछ भी हो, मैं अपने डिस्ट्रीब्यूटरों को नाराज नहीं कर सकता। मुझे पिक्चर बेचना है।'

'तो?'

'शमीम को बदलना होगा। इसकी जगह तुम और किसी को ले लो।'

'और जो इतनी शूटिंग हो चुकी है, इतना पैसा खर्च हो चुका है, उसका क्या होगा?'

'डिस्ट्रब्यूटर लोग वह सब हर्जाना देने को तैयार हैं।'

उन आठ-दस दिनों की शूटिंग में शमीम कहानी की नायिका के पात्र में रम चुकी थी। मैं बतौर दिग्दर्शक और नायक के, शमीम को नायिका के रूप में ग्रहण करने का अभ्यस्त हो चुका था। नायिका और शमीम के अस्तित्व मेरे लिए एकाकार हो चुके थे। अब उन्हें जुदा करना, दूसरी अभिनेत्री ढूँढ़कर लाना, उसे कहानी की नायिका बनाना, और उसके अस्तित्व को नायिका के अस्तित्व से दोबारा एकाकार करना मुझे पसन्द न था। शमीम मेरे लिए चित्र की नायिका 'मीरा' बन चुकी थी। अब मैं 'मीरा' को और किसी के रूप में देख ही नहीं सकता था। सम्भव है, यह मेरी कमजोरी हो। अपने घर में मेरे बैठने-उठने, काम करने, लिखने, सोने के स्थान और फर्नीचर अलग तय हैं। खाने की मेज पर सदा मैं एक ही कुरसी पर बैठता हूँ, रोज उस स्थान को बदलता नहीं। अपने ही पलंग पर सोता हूँ और किसी के पलंग पर नहीं। किसी के घर चला जाऊँ और वह मुझे बैठने को कोई कुरसी दे तो दोबारा वहाँ जाने पर मैं उसी पहली वाली कुरसी पर बैठता हूँ। अगर किसी कारण वह

कुरसी मुझे न मिले तो मुझे बहुत अटपटा लगता है। फिर, अब तो यहाँ किसी बेजान कुरसी का सवाल न था, एक जीती-जागती, सधाई हुई, भायी हुई अभिनेत्री का सवाल था, जिसका मैं आदी हो चुका था। अभिनेत्री शमीम के व्यक्तित्व तथा अभिनय की मुझे आदत पड़ चुकी थी। आदत को तोड़ना मेरे लिए मुश्किल था। कई तरह की गुलामी होती है। सरकार की गुलामी से लेकर जोरू की गुलामी तक गुलामी के कई प्रकार होते हैं। उनमें से एक आदत की गुलामी भी है। आदत की गुलामी सबसे बुरी। उससे उभरना सबसे मुश्किल।

मैंने प्रस्ताव का विरोध किया। रायबहादुर अड़े रहे और शूटिंग रुक गई।

आठ दिन बाद मैंने रायबहादुर से कहा : 'मैंने काफी सोचा है। मैं शमीम को नहीं बदल सकता। इसलिए आप मुझे बदल दीजिए। जो कुछ शूटिंग हुई है, उसका खर्च देकर अपनी शूट की हुई फिल्म लेकर मैं जाने को तैयार हूँ।'

'तुम बड़े जिद्दी हो, किशोर!' रायबहादुर ने कहा। 'मैंने तुम्हें इसलिए नहीं लिया था कि आठ दिन बाद अलग कर दूँ। अगर तुम भी कम्पनी को बरबाद करने पर तुले हो तो ऐसा ही सही। तुम्हारी ही रह जाए। चलो, कल से शूटिंग जारी कर दो। शमीम ही सही। जो होगा सो होगा।'

शूटिंग फिर से शुरू हो गई, मगर रायबहादुर और मुझमें तनाव पैदा हो गया। 'सिन्दूर' की नायिका का पात्र 'मीरा' एक विधवा थी। इसलिए मैंने उसे सारे दृश्यों में केवल सफेद सूती साड़ी में प्रस्तुत किया हुआ था। रायबहादुर को चित्र के रशेज दिलचस्प न लगते, सफेद सूती साड़ी पहने शमीम न भाती; और दिन-प्रतिदिन मेरे प्रति उनकी नाराजगी अधिक बढ़ती चली गई। कम्पनी में एक और चित्र बन रहा था—'शहनाई'। प्यारेलाल सन्तोषी उसके दिग्दर्शक थे। यही रायबहादुर जब प्रोजेक्शन थिएटर में 'शहनाई' के रशेज देखते तो सुसज्जित, चुलबुली रेहाना की भावभंगिमा और नृत्य पर मजे ले-लेकर चुटकियाँ बजाते। मेरा खून जल-जल जाता। इसकी परवाह न करते हुए मैं एकाग्रचित्त हो चित्र की शूटिंग में व्यस्त रहकर सन्तुष्ट रह सकता था; पर अब सेट पर भी, शूटिंग के दौरान, मेरा खून जलने लगा था, और खून जलाने लगी चित्र की नायिका यानी शमीम खुद।

देश में उन दिनों अन्तरिम सरकार बनी हुई थी। जिन्ना के नेतृत्व में मुसलिम लीग काफी बखेड़ा खड़ा किए हुए थी और पग-पग पर गांधी जी और कांग्रेस को अड़ंगे लगाए जा रही थी। महात्मा गांधी, पं. नेहरू, और सरदार पटेल जैसे हमारे देशभक्त नेता अखंड स्वतंत्र भारत के सपने देख रहे थे; और उधर जिन्ना देश को विभाजित करके अपने और मुसलमानों के लिए मुसलिम प्रदेश अलग कर देने की माँग कर रहा था। समस्त देश और देश की जनता में तनाव पैदा हो गया था। ऐसे वातावरण में मेरे 'सिन्दूर' की नायिका शमीम रोजाना जब स्टूडियो आती तो अपने साथ 'जिन्ना के खुतूत' (जिन्ना के पत्र) नामक पुस्तक लेकर आती और सेट पर, शूटिंग के दौरान,

सबके सामने, सब उपस्थित कलाकारों और तकनीशियनों को दिखा-दिखाकर उस पुस्तक को बड़े चाव से पढ़ती रहती। शमीम की यह हरकत उसकी साम्प्रदायिक वृत्ति और बदनीयती को सिद्ध तो करती ही, लेकिन सेट पर के उस कलात्मक वातावरण को दूषित करके हम सब का खून भी जला-जला देती। और हिन्दुओं से तथा हमारे हिन्दू नेताओं से नफरत करने वाली ऐसी मुसलिम अभिनेत्री मेरे सेट पर, मेरे साथ, हिन्दू विधवा का त्रस्त और भोला चरित्र अभिनीत कर रही थी! और ऐसी अभिनेत्री के साथ मुझे मीठे और प्रेमयुक्त संवाद बोलने पड़ते, उसकी ओर स्निग्ध दृष्टि से देखकर भंगिमाएँ करनी पड़तीं! जलन, कोफ्त और गुस्से को दबाकर, उससे ऊपर उठकर अभिनय करना होता। शमीम के साथ काम करना मेरे ही लिए नहीं, तमाम सहकलाकारों और तकनीशियनों के लिए, उसकी निन्दनीय हरकतों के बावजूद अपना कलाकौशल दिखाने के लिए, गोया एक प्रकार की सतत चुनौती थी।

जीवन में पहली बार मैं ऐसी नायिका के साथ काम कर रहा था जिससे मुझे दिली नफरत थी। मेरी घुटन देखकर एक बार रायबहादुर ने कहा : 'मेरी सुनो, किशोर, अब भी बदल दो शमीम को।'

'नहीं,' मैंने कहा, 'शमीम को नहीं बदलूँगा।'

और मैंने शमीम को नहीं बदला।

1 सितम्बर की रात अशोक, शोभा, मुकर्जी और दीदी (श्रीमती मुकर्जी) मेरे घर डिनर खा रहे थे। पार्टी रंग पर आई ही थी कि रेडियो पर खबर आई कि बम्बई शहर में, विशेषकर मोहम्मद अली रोड पर, हिन्दू-मुसलिम झगड़ा जोरों से शुरू हो गया है। फिर पार्टी न जमी। जल्दी-जल्दी खाना खाकर अशोक और मुकर्जी सपत्नीक अपने-अपने घर को रवाना हो गए। और उसके बाद कई दिनों तक और रह-रहकर कई बार कई दिनों तक बम्बई में ही नहीं वरन् देश के अन्य शहरों में भी साम्प्रदायिक दंगे चलते रहे।

20 सितम्बर, 1946 को हमारी तीसरी सन्तान ममता पैदा हुई।

पाँच महीने तक सतत जलते-भुनते शूटिंग करके मैंने 'सिन्दूर' समाप्त कर दिया और शमीम से छुटकारा पाया। सबने सन्तोष की साँस ली। हालाँकि शूटिंग समाप्त हो गई थी, चित्र समाप्त नहीं हुआ था। शूटिंग के बाद भी कई काम बाकी रहते हैं, जैसे—एडिटिंग, बैक ग्राउंड म्यूजिक, आदि। सो 'सिन्दूर' को अन्तिम रूप देने में मैं व्यस्त हो गया।

उन्हीं दिनों एक शाम मेरे फ्लैट 'किशोरी विहार' के नीचे से कोई मुझे जोर-जोर से पुकारने लगा। मैं बालकनी पर निकल आया। देखा, नीचे हरीन्द्रनाथ चट्टोपाध्याय खड़े हैं। सहसा आँखों को विश्वास न हुआ। लगभग सात वर्ष पहले—

'बहूरानी' के समय—हरीन्द्रनाथ मुझसे नाता तोड़कर मेरे दफ्तर से जो गए थे तो फिर अब तक कभी परस्पर भेंट न हुई थी। इस दौरान, उनकी भविष्यवाणी के बावजूद, मैं सफल कहानीकार, पटकथा लेखक, अभिनेता, दिग्दर्शक और निर्माता बन चुका था। और हरीन्द्रनाथ देश-देशान्तर के भ्रमण, सिने-तकनीक के गहरे अध्ययन, और अपनी डींगों के बावजूद, ठीक वहीं के वहीं रह गए थे यानी बिलकुल अजनबी और बेकार।

पर मैं जानता था, वह व्यक्ति जो इस तरह अजनबी और बेकार है, अपने चरित्र, स्वभाव और आदतों के कारण है; वास्तव में वह एक महान कवि और कलाकार है। शेली और बायरन की तरह ही उसके दिमाग में भी कोई कीड़ा है जो उसे निश्चिन्त होकर एक स्थान पर टिकने नहीं देता, एक काम में अधिक समय तक ग्रस्त नहीं रहने देता; जो उसे स्वच्छंद, आवारा और मुक्त बनाए रहता है; जो उसे हर प्रकार के प्रपंचों, बन्धनों, जिम्मेदारियों को तोड़-ताड़कर विरक्तों, वैरागियों की तरह आवारागर्दी पर मजबूर करता है। हरीन्द्रनाथ की इस कलाकारों वाली आवारागर्दी और स्वच्छंदता और मुक्ति से मेरे अन्दर के कलाकार को अक्सर ही ईर्ष्या हुई है, पर मेरे अन्दर के व्यक्ति को अपने पारिवारिक जीवन तथा सुरक्षित दुर्ग के ठोस प्राचीरों को तोड़कर बाहर भटकना कभी स्वीकार न हुआ। यद्यपि यह भी सच है कि मेरे अन्दर के कलाकार और मेरे अन्दर के व्यक्ति ने समय-समय पर द्वंद्वात्मक चरित्र जिये हैं; कलाकार अलग कहीं भटका है और व्यक्ति कहीं और विचरा है।

'हैलो, हरिन!' मैंने कहा। 'क्या बात है?'

'मैं अत्रे और वनमाला से मिलने जा रहा था, सोचा, तुमसे भी मिलता जाऊँ।'

आचार्य अत्रे का फ्लैट मेरे घर के पास ही था और अभिनेत्री वनमाला उन्हीं के साथ रहती थी।

'हाँ, हाँ, तो आइए न! ऊपर आइए।'

हरीन्द्रनाथ जीना चढ़कर ऊपर आए। आकर मुझसे गले लग गए। प्रीति और बच्चों से मैंने उन्हें मिलाया। वे इस प्रकार मिले जैसे रोजाना मिलते रहे हों! हमारे मनमुटाव के सात साल वे एकदम ही लील चुके थे। इस बीच उन्होंने 'माना' (मन) का एक नया और सुन्दर चरित्र सधाया हुआ था। प्रतिदिन एकाध घंटा अपने या किसी मित्र के घर वे सहसा अपने मन को बच्चे का मन मानकर बिलकुल बच्चे की तरह तुतलाकर बोलने, उछलने, कूदने, रोने, हँसने, मचलने लगते थे। अगर उनके इस प्रदर्शन को अभिनय कहा जाए तो वह अत्यन्त ही सुन्दर और मोहक अभिनय था। किन्तु वह अभिनय न था। हरीन्द्रनाथ ने अपने जीवन के ज्वारभाटे में सतत डूबते-उभरते मन को शान्त और सन्तुलित करने हेतु यह 'माना' का चरित्र रोजाना कुछ देर के लिए अपने ऊपर ओढ़ लेने की एक खूबसूरत और कारगर युक्ति खोज निकाली थी। आध घंटे तक 'माना' बनकर बच्चों के साथ (रोहित और नयना तब बहुत छोटे थे) और हम बड़ों के साथ भी बहुत खेले।

चाय पीकर जब वे चले गए तो बच्चे कई दिनों तक उन्हें याद करते रहे। पर उसके बाद हरीन्द्रनाथ और मुझमें फिर से मित्रता हो गई, जो अब तक है। वे मेरे ही नहीं, हम सबके मित्र बने हुए हैं—अब तक।

1946 का दिसम्बर महीना बीता जा रहा था कि अचानक एक दिन सवेरे-सवेरे बाईस वर्ष का एक सिख युवक मेरे घर नौकरी माँगने आया। दीखता वह 18 वर्ष का था क्योंकि उसकी दाढ़ी-मूँछें बहुत हलकी, छितरी और छोटी थीं। मालूम हुआ, उसका बाप सिख है और माँ चीनी। उसका नाम मीतसिंह और मोटर ड्राइवर की नौकरी चाहता था। उसका ट्रायल लेकर मैंने उसे अपने पास नौकर रख लिया। मैंने अपने उपन्यास 'परदे के पीछे' में कहीं लिखा है कि पैसे से बम्बई में क्या नहीं खरीदा जा सकता! जो खरीदा नहीं जा सकता, वे हैं—माँ, बाप और अच्छा नौकर। वह मीतसिंह मेरे पास लगभग आठ साल रहा। था वह ड्राइवर लेकिन कुटुम्ब के व्यक्ति की तरह हमने उसे रखा और वह भी उसी तरह रहा। अपने पिता के देहान्त के बाद जब वह हमारी नौकरी छोड़कर अपने भाई, बहनों और माँ के साथ जहाज पर बैठ हाँगकाँग वापस लौट जाने के लिए हमसे विदा लेने आया तो उसकी ही नहीं, हमारी आँखें भी भर आई थीं। हर नए वर्ष के आरम्भ में आज तक मीतसिंह हमें न्यू ईयर कार्ड भेजता है और हम उसे।

मीतसिंह की तरह स्वामिभक्त नौकर हमें दूसरा आज तक न मिला।

फिल्मिस्तान के बैनर में 'सिन्दूर' और 'शहनाई'—ये दो चित्र बनकर तैयार हो चुके थे। 'सिन्दूर' मैंने बनाया था, 'शहनाई' सन्तोषी ने। कम्पनी के पास पैसा न था। जैसा कि मैं पहले कह चुका हूँ, 'चल चल रे नौजवान' ने कम्पनी की कमर पहले ही तोड़ रखी थी यद्यपि रायबहादुर चुन्नीलाल को 'सिन्दूर' की कहानी पहले इतनी पसन्द आई थी कि कहानी सुनते वक्त उनकी आँखें कई बार भर-भर आई थीं और उस कहानी पर उन्हें पूरा विश्वास था कि उस पर एक अत्यन्त सफल चित्र बन सकेगा, किन्तु चित्र के चित्रीकरण के दौरान, शमीम के अभागी और मनहूस होने की धारणा उनके दिमाग में इस कदर गहरी बैठ गई थी कि अब वे 'सिन्दूर' चित्र के प्रति लगभग उदासीन हो चुके थे। उन्हें सारी आशाएँ अब कम्पनी के दूसरे चित्र 'शहनाई' से ही थीं। इसलिए कम्पनी के पास जो कुछ पैसा था, वह सारा 'शहनाई' की विज्ञप्ति और प्रसिद्धि पर ही खर्च किया जाने लगा और 'सिन्दूर' को सौतेली माँ का बर्ताव ही मिलने लगा।

शहर में, सड़कों पर, बिना बैनर्स और पोस्टर्स लगाए, बिना विशेष पब्लिसिटी के 7 जून, 1947 को रॉक्सी थिएटर, बम्बई में 'सिन्दूर' रिलीज कर दिया गया। थिएटर पर भी कोई उपयुक्त पब्लिसिटी या डेकोरेशन न लगाया गया।

प्रीमियर शो शुरू हुआ। प्रेक्षक चुपचाप शो देखते रहे। थियेटर में चुप्पी छाई हुई थी। ऐसी चुप्पी थी कि लगा, फिल्म खाली थिएटर में दिखाई जा रही है।

एक घंटे बाद चित्र का नायक (मैं) अपनी बालकनी में निकलकर, उस चाँदनी रात के काव्यमय सुखद सन्नाटे में नीचे अपने कमरे की बालकनी में खड़ी उसे ही स्निग्ध दृष्टि से तकती हुई विधवा नायिका (शमीम) के लिए साड़ी फेंकता है। हवा में तितली की तरह उड़ती हुई बनारसी साड़ी नायिका की ओर उतरती चली जाती है और उसी समय अँधेरे में बैठे हुए प्रेक्षकों की तालियों की प्रचंड ध्वनि से सारा थियेटर गूँज उठता है। ये तालियाँ प्रेक्षकों की पसन्द की प्रतीक थीं।

बाजू में बैठी हुई प्रीति ने मेरा हाथ दबाया और मेरे कानों में कहा : 'फिक्र मत करो। पिक्चर जुबली करेगा।'

मध्यांतर में रायबहादुर चुन्नीलाल ने मुझसे पूछा : 'तुम्हारा क्या खयाल है, किशोर, लोगों को पिक्चर कैसा लग रहा है?'

'मैं समझता हूँ, रायबहादुर, लोगों को पसन्द आ रहा है। कहानी गम्भीर और सरस होने की वजह से लोग दम साधे, चुपचाप देखे जा रहे हैं। अगर पिक्चर उन्हें पसन्द न आता तो अब तक वे खाँसने, खँखारने, और उठ-उठकर बीड़ी-सिगरेट पीने कई बार बाहर जा चुके होते।'

'तुम्हारा क्या खयाल है, कितना चलेगा?' मुकर्जी ने पूछा।

'तुम बताओ न, तुम्हारा क्या अन्दाज है?' मैंने कहा।

'मैं कह नहीं सकता। आठ-दस हफ्ते तो चलना चाहिए। तुम क्या समझते हो?'

मैंने कहा : 'मैं समझता हूँ, ज्यादा चलेगा। शायद सिलवर जुबली (रजत जयंती) कर ले।'

रायबहादुर ने मेरी पीठ थपथपाई। 'कितना भी चले,' वे बोले : 'मगर पिक्चर तुमने बढ़िया बनाया है।'

इतने में रंजीत मूवीटोन के निर्माता और मालिक, सेठ चन्दूलाल शाह, हमारे पास आए और शमीम के लिए चुनिन्दी-चुनिन्दी अश्लील गालियाँ निकालकर कहने लगे : 'यह साली—मेरी कम्पनी में इतने साल रही, इतने पिक्चरों में मैंने इसे हीरोइन, साइड हीरोइन और वैम्प बनाकर निकाला, मगर इस कम्बख्त ने मेरे पिक्चरों का सत्यानाश कर दिया। आज तुम्हारे पिक्चर में ही, किशोर, यह इतना बढ़िया काम कैसे कर रही है?'

रायबहादुर ने गर्व से छाती फुलाकर कहा : 'कर नहीं रही है, सेठ साहब, उससे हमने करवाया है।'

रायबहादुर के 'हमने' का अर्थ था कि बढ़िया काम करवाने का श्रेय रायबहादुर को भी है। उनका यह अहं इतना हास्यास्पद था कि चन्दूलाल शाह हँस पड़े। फिर

उनके अहं को तोड़ने के लिए शाह बोले : 'भई, किशोर साहू, आज मैंने मान लिया। तुम बहुत बड़े डाइरेक्टर हो!'

और 'सिन्दूर' ने जुबली की। जुबली से भी अधिक, यानी 32 हफ्तों तक रॉक्सी में चला और फिर अन्य किसी चित्र के लिए थिएटर बुक होने की वजह से चलता हुआ 'सिन्दूर' रॉक्सी से हटा दिया गया। 'सिन्दूर' ने उसके बाद अनेक शहरों में जुबलियाँ कीं और कम्पनी को वितरकों से बहुत पैसा आया। मुझे नाम और ख्याति मिली। मेरे पास प्रेक्षकों के बेशुमार पत्र आए जिनमें बधाई देते हुए कुछ ने मुझे सूचित किया कि 'सिन्दूर' चित्र देखकर ही लेखक ने एक विधवा से ब्याह कर लिया है।

'सिन्दूर' जब रॉक्सी में छः हफ्ते चल चुका था, मैंने दयाभाई पटेल (सरदार पटेल के पुत्र), एस.के. पाटिल, मोरारजी देसाई, जयप्रकाश नारायण, आदि, अनेक कांग्रेसी नेताओं को आमंत्रित करके चित्र दिखा दिया। वैसे तो इन राजनीतिक व्यक्तियों को चित्र देखने या किसी अन्य मनोरंजन में अपना दिल बहलाने की 'फुरसत' नहीं मिलती थी और इसी कारण वे नहीं जान पाते थे कि राजनीतिक क्षेत्र के बाहर कहाँ क्या हो रहा है। मैं उन्हें चित्रों से परिचित रखना चाहता था। मेरा अनुकरण करते हुए अन्य फिल्मी निर्माताओं ने भी राजनीतिक व्यक्तियों और नेताओं को चित्र के उद्घाटनों पर आमंत्रित करना शुरू कर दिया। अच्छा ही हुआ। राजनीतिज्ञों और नेताओं की हँसने, बोलने, खुश होने, खेल-तमाशों और मनोरंजनों में मजा लेने की जो झिझक थी, मिट गई।

जयप्रकाश नारायण और उनकी धर्मपत्नी प्रभावती को, 'सिन्दूर' दिखाने के बाद, मैंने एक दिन अपने घर खाने के लिए बुलाया। वे दोनों सवेरे ही मेरे घर आए, दोपहर का खाना हमारे साथ खाया, सुस्ताया, और फिर शाम को चाय पीकर चले गए। दिन भर जयप्रकाश जी से खूब बेतकल्लुफाना बातें हुईं। पिछले यानी 1942-45 के आन्दोलन में महात्मा गांधी तो आन्दोलन के मुख्य नायक थे ही, किन्तु जब वे और उनके कांग्रेसी सहयोगियों को अँगरेज सरकार ने पकड़कर जेलों में ठूँस दिया तो जनता नेताहीन हो गई। गांधी जी का 'करो या मरो' वाला गुरु-मंत्र जनता के पास अवश्य था, किन्तु फिर भी जनता को दिशा और नेतृत्व की आवश्यकता थी। असहयोग के लिए जनता में उत्साह और स्फूर्ति सतत बनाए रखने में दो व्यक्तियों ने चमत्कारिक योगदान दिया, उनमें एक थे सुभाषचन्द्र बोस और दूसरे थे जयप्रकाश नारायण।

भेस बदलकर, अँगरेजों की आँखों में धूल डाल सुभाष बाबू भारत से भाग निकले थे। पहले जर्मनी और फिर जापान पहुँच गए थे। जापानियों के सहयोग से 'आजाद हिन्द फौज' स्थापित कर बरमा तक आ पहुँचे थे। महायुद्ध भीषण रूप ले रहा था और अँगरेजों के हर जगह छक्के छूट रहे थे। हिटलर, लगता था, समस्त

यूरोप को निगल जाएगा। लगता था, नेताजी सुभाषचन्द्र बोस अपनी आजाद हिन्द फौज को लेकर किसी भी दिन, अँगरेजी फौजों को परास्त कर, भारत पहुँच जाएँगे और अँगरेजों को खदेड़कर भारत को आजाद कर देंगे। गुलाम देश की गुलाम जनता, सदियों की गुलामी के कारण, पंगु और अपाहिज की तरह नाना प्रकार से सोचती और नाना प्रकार की मनभावन प्रत्याशाओं से फुरेरी लेती। फौजी पोशाक में नेताजी की तसवीरें और विदेशी रेडियो पर प्रसारित उनके ओजस्वी भाषण भारत की जनता को सतत जोश में रखते।

सुभाष बोस की तरह ही जयप्रकाश नारायण अहिंसावादी न थे, और यह बात भारत की जनता जानती थी। असहयोग आन्दोलन छिड़ते ही अँगरेज सरकार ने जयप्रकाश जी को भी पकड़कर जेल में बन्द कर दिया था। उन्हें हजारीबाग जेल में रखा गया था। पर बाद में जैसे ही खबर निकली कि हजारीबाग जेल से जयप्रकाश निकल भागे हैं तो देश में खुशी की लहर दौड़ गई, उत्साह और स्फूर्ति के करंट जनता के बैठते हुए दिलों को छू-छू गए और देश सचेत और जागृत हो उठा। अँगरेजों ने जयप्रकाश नारायण को पकड़ने की बहुतेरी कोशिशें कीं पर वे पकड़ में न आए और चमत्कारिक रूप से अपने अज्ञात स्थान से रेडियो पर स्फूर्तिदायक भाषण और समाचार प्रसारित करते रहे। गांधी, नेहरू, पटेल, आदि, कांग्रेसी नेताओं की अनुपस्थिति में अपने अज्ञातवास से हुंकार भर-भरकर लोगों का हौसला और हिम्मत बनाए रखने का श्रेय जयप्रकाश को भी है। उन दिनों लोगों के दिलों में वे झाँसी की रानी और भगतसिंह की तरह स्थान पा चुके थे। राजनीति से विशेष दिलचस्पी रखने और एक असाधारण व्यक्ति के पेंचीदा चरित्र का अध्ययन करने के इरादे से ही मैं जयप्रकाश जी को पास से देखना, परखना और समझना चाहता था। उस दिन यह मौका मुझे भरपूर मिला।

जब मैंने पूछा : 'अब यह बताइए, जयप्रकाश जी कि आप जेल से भाग कैसे निकले?'

तो उन्होंने कहा : 'दीवार फाँदकर।'

'मगर इतनी ऊँची दीवार आप फाँद कैसे गए?'

वे मुस्कुराए। 'बड़ा पुराना और भोंडा तरीका अपनाया हमने।'

'मुझे सुनाइए न, किस तरह दीवार फाँदे, कैसे भागे, कहाँ गए, क्या हुआ—अगर आपको कोई एतराज न हो तो।''

उन्होंने कहा कि उन्हें कोई एतराज नहीं और जेल जाने से लेकर सरकार से समझौता होने पर लौट आने तक की सारी दास्तान वे सुना गए।

हुआ यह था कि जेल में बन्द करने के बाद जयप्रकाश जी पर कड़ा प्रतिबन्ध लगाया गया था, उनके पाँवों में बेड़ियाँ डाल दी गई थीं और उनपर बड़ी निगरानी रखी जा रही थी।

अँगरेज सरकार जानती थी कि जयप्रकाश नारायण गांधीवादी नहीं, सुभाषचन्द्र बोस की तरह हिंसावादी हैं, और इसलिए बहुत खतरनाक हैं। सुभाषचन्द्र बोस अँगरेजों की पहुँच के बाहर थे; तो सारा रोष अब सरकार ने अपने दूसरे हिंसक शत्रु पर निकाला। जयप्रकाश जी को थर्ड डिग्री मेजर्स (तीसरे दर्जे की यंत्रणाएँ) दी जाने लगीं। हफ्तों उन्हें भूखा रखा गया। घुप्प अँधेरे कमरे में कई-कई दिन बन्द रखा गया, हंटरों से मारा गया, बर्फ की सिलों पर नंगा सुलाया गया, आदि। जयप्रकाश कई बार बेहोश हो-होकर गिर पड़े, कई बार मरने-मरने को हुए, पर उन्होंने अपनी पार्टी और सहयोगियों का भेद न बताया और बार-बार यही कहते रहे कि उनका कोई सहयोगी नहीं, कि वे अहिंसावादी ही हैं, गांधी जी के समर्थक मात्र हैं। और फिर जानबूझकर कुछ आचरण भी कांग्रेसी देशभक्तों की तरह करने लगे। अन्त में जेलर और अन्य कर्मचारी उनके प्रति कुछ आश्वस्त और कुछ लापरवाह हो गए।

जयप्रकाश जी ने भाग निकलने के लिए स्थिति अनुकूल पाई। योजना पहले से बनाकर उन्होंने तैयार रखी हुई थी। एक दिन शाम के गहराते अँधेरे में, जैसा कि तय किया हुआ था, अन्य राजनीतिक बन्दियों की सहायता से, संत्रियों की आँख बचाकर, वे दीवार के पास खिसक आए। एक दूसरे के कन्धे पर चढ़कर तीन व्यक्ति उस ऊँची दीवार के सहारे खड़े हो गए और फिर जयप्रकाश जी उन तीनों के कन्धे पर से होकर दीवार के ऊपर जा पहुँचे और बेड़ियों समेत बाहर की ओर नीचे कूद पड़े। उतने ऊपर से उबड़-खाबड़ धरती पर फलाँग लगाने के कारण उनके पाँव में मोच आ गई। दर्द से कराहते, लँगड़ाते, बेड़ियों समेत वे रात के अँधेरे सन्नाटे में चलकर शहर में पूर्वस्थित लोहार के घर पहुँचे। वहाँ अपनी बेड़ियाँ तुड़वाईं और फिर अपने एक गुप्त सहयोगी की सहायता से शहर से फरार हो गए। छिपते-छिपते, भेस बदलकर, रात-रात में सफर करते। गुप्त सहयोगियों के सहारे, वे नेपाल के जंगलों में जा पहुँचे, जहाँ उनके साथी योजनानुसार, ट्रांसमीटर पर हुंकारें भरनी शुरू कर दीं और देश भर के रेडियो झनझना उठे। जनता को फुरेरी आई और जमता हुआ खून फिर खौलने लगा और जयप्रकाश नारायण सहसा, शिवाजी और झाँसी की रानी की तरह, व्याकुल और अधीर जनता के हीरो बन गए।

उस दिन रात को बड़ी देर तक और फिर कई दिनों तक मैं अक्सर सोचा करता कि जयप्रकाश नारायण ने ऐसा कौन-सा कमाल कर दिया जो जेल की दीवार फाँदकर भाग निकले और छिप-छिपकर रेडियो पर बोलते रहे? लगा, खामखा जीवंत नेता और हीरो बन बैठे थे। पर फिर धीरे-धीरे बात मेरी समझ में आ गई। भगतसिंह के तात्कालिक जोश और अनेक कांग्रेसी नेताओं के जेलखाने जाकर वहाँ की नियमित दिनचर्या से और ताश खेलकर, अखबार पढ़कर, गप्पें हाँककर समय काटने से कहीं अधिक कठिन और साहसपूर्ण जयप्रकाश नारायण का गतिचक्र और कार्यक्रम रहा था।

और अब समझौते के शान्त वातावरण में यही व्यक्ति कितना साधारण, खामोश और सुस्त दिखाई देता था! लेकिन जुगनू को दिन के उजाले में नहीं, रात के अँधेरे में देखना चाहिए; शेर को लोहे के पिंजरे में नहीं, जंगल के वीराने में देखना चाहिए; तभी उनकी असलियत का, उनकी विशेषता का, उनके महत्त्व का अन्दाजा लगाया जा सकता है। जिस प्रकार हर स्थान और समय की एक माँग होती है, उसी प्रकार हर समय का एक व्यक्ति होता है और हर व्यक्ति का एक समय होता है।

व्यक्ति कितना ही प्रतिभाशाली क्यों न हो, अपने समय और स्थान के घेरे के बाहर वह निकम्मा और मामूली लगेगा। सेंट हेलेना द्वीप पर अपना अन्तिम जीवन बिताते हुए पाँच फीट चार इंच के नेपोलियन बोनापार्ट को देखकर किसी को सहसा विश्वास न होता था कि यही वह महान विभूति है, यही वह प्रतिभाशाली, समृद्ध, वीर, प्रेमी, तेजस्वी महापुरुष है जो एक साधारण सैनिक से बढ़कर फ्रांस का सम्राट बना, अपने भाइयों को जिसने स्पेन और रोम का राजा बनाया, राजकुमारी जोजेफीन से जिसने ब्याह किया, देश को जिसने कानून (लॉ कोड) दिया और अपनी 'अजिंक्य सेना' का नेतृत्व करते हुए जिसने रूस और लगभग समस्त यूरोप को एक बार रौंद डाला था।

जयप्रकाश जी व्यक्तिगत रूप से भावुक और सभ्य हैं। अन्य राजनीतिज्ञों की तरह छक्के-पंजे, अमानुषी दाँव-पेंच उन्हें नहीं आते यानी सफल राजनीतिज्ञों के गुण और अवगुण भी उनमें नहीं। और फिर स्वातंत्र्य के बाद सहसा राजनीतिक क्षेत्र में पिछड़ जाने का मूल कारण उनका बिगड़ता हुआ स्वास्थ्य भी है। एक बीमार लेखक या व्यवसायी या प्राध्यापक या न्यायाधीश या वकील या डॉक्टर अपने क्षेत्र में अपना काम किसी तरह करके अपना स्थान बनाए रख सकता है; परन्तु राजनीतिक क्षेत्र में जिसने स्वास्थ्य खोया, उसने अपना स्थान खो दिया, अपना पद खो दिया। जनता को बीमार नेता नहीं चाहिए।

जयप्रकाश नारायण को जनता खूँखार शेर के रूप में देख चुकी थी, उनका अब यह नया गौ की तरह शान्त और सुस्त रूप उसे नहीं सुहाया। शेर कितना ही बीमार और बूढ़ा क्यों न हो जाए, घास चरता अच्छा नहीं लगता।

लेबर कॉलेज और रिसर्च इंस्टिट्यूट की सहायतार्थ जयप्रकाश जी धन इकट्ठा करना चाहते थे। उन्होंने इसके लिए मेरा सहयोग माँगा। मैंने एक वैराइटी प्रोग्राम की योजना बनाई और सुदराबाई हॉल में जोर-शोर से वैराइटी प्रोग्राम प्रस्तुत कर दिया। उस प्रोग्राम में मेरे साथ पृथ्वीराज कपूर और जयमन दारू ने भी भाग लिया। मैंने अपना हिन्दी का एकांकी हास्य नाटक 'शादी या ढकोसला' प्रस्तुत किया। नाटक के मेरे सहकलाकार थे कामिनी कौशल और डेविड एब्रेहम। मैं नायक था, कामिनी नायिका और डेविड हास्य चरित्र की भूमिका में थे। इतना सफल और इतना हँसानेवाला नाटक हिन्दी में आसानी से दूसरा न मिलेगा।

कार्यक्रम अत्यन्त सफल रहा और लगभग 40,000 रुपये टिकटों और चन्दे में उस शाम एकत्रित हो गए।

प्रेक्षक और जयप्रकाश नारायण, दोनों खुश हो गए।

जिन दिनों मैं 'वीर कुणाल' बना रहा था, लगभग उन्हीं दिनों उदय शंकर अपना ट्रुप लेकर मद्रास के स्टूडियो में 'कल्पना' चित्र बना रहे थे। उदय शंकर की 'कल्पना' में धन सर चिनूभाई माधवलाल (जिन्होंने रूसी मिस्त्री के साथ मिलकर मेरे 'वीर कुणाल' में भी धन लगाया हुआ था) का लगा था। इस प्रकार 'कल्पना' और 'वीर कुणाल' लगभग एक ही धनी के दो चित्र होने के कारण उनमें और उनके निर्माताओं में परस्पर कुछ आत्मीयता भी पैदा हो गई थी और कुछ प्रतिस्पर्द्धा भी। 'कल्पना' बॉक्स ऑफिस की दृष्टि से (व्यापारिक दृष्टि से) असफल रहा, यह दूसरी बात है, किन्तु चित्र उदय शंकर के सुन्दर, कलात्मक नृत्यों से भरपूर और अच्छा था। मुझे अच्छा लगा और उन सबको, जो नृत्यकला प्रेमी हैं, अच्छा लगा था।

'कल्पना' के गीत सुमित्रानन्दन पंत ने लिखे थे। उसी सिलसिले में पंत जी काफी दिन मद्रास और बम्बई रहे। उन दिनों भगवतीचरण वर्मा, सुमित्रानन्दन पंत, नरेन्द्र शर्मा, अमृतलाल नागर, उपेन्द्रनाथ अश्क, यशपाल, भगवतीप्रसाद वाजपेयी, वृन्दावनलाल वर्मा, आदि बहुत-से हिन्दी लेखक और कवि बम्बई में एकत्र हो गए थे और हिन्दी फिल्मों के लिए कहानी, संवाद और गीत लिखने की जी-तोड़ कोशिश कर रहे थे। अक्सर अमृतलाल नागर के घर इन सबकी और समय-समय पर बाहर से आए हुए लेखकों, कवियों की बैठक हुआ करती। अमृत का घर शिवाजी पार्क में बिलकुल मेरे घर के सामने था। चूँकि मैं स्वयं हिन्दी का लेखक था और अपने मित्रों के लिए कथा, पटकथा, संवाद, आदि, मैं स्वयं ही लिखता था, इसलिए हिन्दी के कुछ लेखक मुझसे कतराते थे, ईर्ष्या करते थे। ईर्ष्या इसलिए कि मैं सफल लेखक था। ऐसा लेखक था जो निर्माता, दिग्दर्शक और अभिनेता भी था। उनकी ईर्ष्या और कुढ़न मैं समझता था और इसलिए उनसे दूर-दूर ही रहता था।

चूँकि चर्चा छिड़ी है, दो शब्द मैं फिल्मी लेखन के बारे में कह ही दूँ। सम्भव है, कुछ गलतफहमियाँ दूर हो जाएँ।

बच्चों के लिए जो साहित्य लिखा जाता है और जो साहित्य सुशिक्षित व्यक्तियों के लिए लिखा जाता है, इन दोनों साहित्यों के स्तरों में फ़र्क़ है। अक्सर इन दोनों साहित्यों के लेखक अलग-अलग होते हैं। सुशिक्षित साहित्य प्रेमियों के लिए लिखी हुई मौलिक साहित्यिक रचनाएँ और जनसाधारण के लिए लिखी हुई चटपटी चालू कहानियों और उपन्यासों में भी फ़र्क़ होता है। और अक्सर इनके लेखक भी जुदा होते हैं। अँगरेजी के लेखकों में भी सौ-पचास साहित्यिक लेखकों के मुकाबले

हजारों चालू लेखक हैं और जनसाधारण में बहुत चलन भी है उनकी पुस्तकों का। मॉम और हेमिंग्वे और टैगोर और शॉ और हक्सले और टॉल्स्टॉय और चेखव और सार्त्र जनसाधारण नहीं पढ़ते।

इसी तरह, अच्छा कहानी लेखक अच्छा उपन्यास भी लिख जाएगा या उपन्यासकार कहानीकार भी बन जाएगा, यह जरूरी नहीं। ऐसे कई लघुकथा लेखक हुए हैं जो उपन्यास न लिख पाए। उपन्यास लेखक लघुकथा लेखक न बन सके। फिर, नाटक भी साहित्य का एक महत्त्वपूर्ण अंग है। यह अलग ही शाखा है। बर्नार्ड शॉ कई उपन्यास लिखकर सर्वथा असफल हो चुके थे, जब वे म्यूजिकल रिव्यूज और नाटकों के लिए पत्रों में समीक्षक नियुक्त किए गए। नाटक के तकनीक का अध्ययन करने का इस तरह उन्हें अनायास ही अवसर मिला और वे नाटक लिखने लगे और उनके नाटक साहित्यिक भी माने गए और मंच पर भी उन्हें असाधारण सफलता मिली। यानी बर्नार्ड शॉ—एक महान और सफल नाटककार—उपन्यास या लघुकथा न लिख सके। मॉम अपवाद थे जो उपन्यास, लघुकथा और नाटक—साहित्य के इन तीनों माध्यमों में सफल हुए।

नाटक लिखने के लिए लेखक को मंच के तकनीक और संवाद के लिए विशेष प्रतिभा चाहिए। इसी तरह चित्रों के लिए पटकथा लेखन में भी फिल्मी तकनीक और संवाद लेखन में विशेष निपुणता का होना आवश्यक है। हिन्दी के कुछ लेखक और कवि फिल्मी तकनीक का अध्ययन किए बिना और संवाद लेखन में कोई कमाल हासिल किए बिना ही फलाँग लगाकर फिल्मी क्षेत्र में कूद पड़े, मगर औंधे गिरे। गिरना ही था।

और जब साहित्यकार बम्बई से टिकट कटाकर अपने-अपने घर मुँह लटकाए चुपचाप लौट गए तो मन में एक कचोट और हिन्दी फिल्मों के लिए, हिन्दी फिल्मों के सफल लेखकों और गीतकारों के लिए नफरत की चिनगारी साथ ले गए। हमारे देश के साहित्य-लेखन में धन नहीं, विशेषकर इस समय। यह साहित्यिकों के लिए नहीं, देशवासियों और देश की सरकार के लिए शर्म की बात है। धनाभाव से समय-समय पर ग्रस्त और पीड़ित होकर जब हमारे साहित्यकार बौखलाते हैं तो हृदय में कहीं दबी हुई वह नफरत की चिनगारी लहक उठती है और फिल्मों तथा फिल्मवालों पर टिप्पणियाँ कसने पर उन्हें उकसाती रहती है।

साहिर लुधियानवी बहुत अच्छे और माने हुए उर्दू के कवि हैं। बम्बई आकर फिल्मों में भी वे गीत और गजलें लिखने लगे और बहुत नाम और रुपया कमाया। साहिर एक दिन मेरे घर आए और बातों के सिलसिले में कहने लगे कि एक बार मुशायरे में शरीक होने वे दिल्ली गए थे। मुशायरे में अन्य शायर भी थे। मुशायरा सफल रहा। साहिर की रचनाओं पर विशेष दाद मिली। मुशायरे के उपरांत साहिर के एक शायर मित्र—जिसे मैं अनवर का कल्पित नाम दूँगा—ने शायरों की मंडली

से कहा : 'चलिए, अब हम लोग कहीं चलकर कुछ पीएँ और फिर किसी होटल में खाना भी साथ खाएँ। और पार्टी का सारा खर्च साहिर देगा। साले ने फिल्मों से हराम का लाखों कमाया हुआ है।'

मित्र मंडली ने सुझाव फौरन पसन्द किया और साहिर ने उस रात उन सबको पिला-खिलाकर उनकी तृप्ति की।

मुझसे साहिर कहने लगे : 'आपने अनवर की जबान पर, उसके शब्दों पर गौर किया, साहू साहब? अनवर मेरा दोस्त था, फिल्मों में अपने गीत और गजलें देने वह भी बम्बई आया था, पर न चला, फेल हो गया। मेरी कामयाबी पर उसकी जलन देखी आपने? कहता है : साले ने—यानी साले साहिर ने—फिल्मों से हराम का लाखों कमाया हुआ है। —अरे, मैं तो खुद ही उन सबको पिलाने-खिलाने वाला था। पार्टी भी माँगते हैं और ऊपर से गाली भी देते हैं। है न कमीनापन की हद? अनवर अगर फिल्म के लिए न लिख सका तो इसमें मेरा क्या कुसूर है? मैं कामयाब हो गया तो मुझसे जलता क्यों है? क्यों फिल्मों को और मुझे गाली देता है? अगर फिल्मों से ऐसी ही नफरत थी तो उल्लू का पट्ठा खुद क्यों आया था फिल्मों में लिखने के लिए बम्बई?'

'ऐसे अनवर,' मैंने कहा, 'हमारी हिन्दी में भी बहुत हैं। कइयों को तो मैं व्यक्तिगत रूप से जानता हूँ। उनके उद्‌गारों से अपना दिल नहीं खराब करना चाहिए; क्योंकि वे बेचारे खुद नहीं बोलते, उनकी बेबसी और कुढ़न बोलती है। हमें उनकी ऐसी वाहियात बातों को नजरअन्दाज कर देना चाहिए।'

'सो तो हम करते ही हैं। पर, सच कहता हूँ, कभी-कभी उनकी जलील हरकतों से मुझे आग लग जाती है।'

साहिर ने सच ही कहा था।

तो, सुमित्रानन्दन पंत उन दिनों बम्बई में ही थे। प्रीति की तरह ही पंत जी भी पहाड़ी ब्राह्मण हैं और अल्मोड़ा के रहने वाले हैं। प्रीति से उनका नजदीकी रिश्ता भी लगता है। उनके मजाकिया और हँसोड़ बड़े भाई स्व. देवकीनन्दन पंत से दिल्ली में दीदी (प्रीति की बड़ी बहन) के घर कई बार मेरी भेंट हो चुकी थी। अब अमृतलाल नागर के घर पंत जी से भी भेंट हुई। मैंने पंत जी को अपने घर खाने के लिए आमंत्रित किया।

सुमित्रानन्दन पंत से उस दिन देर तक बातचीत हुई। बचपन से मैं उनका नाम सुनता आया था। किसी पुस्तक में जब मैंने पहली बार उनकी तस्वीर देखी थी तो मैं समझा कि किसी महिला की तस्वीर है। बहुत लम्बे घुँघराले केश और गोद में लैप डॉग (छोटा गोद कुत्ता), जो शायद पिकिनीज या पॉमरेनियन की नस्ल का था, रखे हुए थे। चूँकि हिन्दी मेरा विषय न था इसलिए कोर्स में बतौर पाठ्य-पुस्तक में उनकी कविताएँ मैं विधिवत् न पढ़ पाया था। बाद में जब खुद पढ़ना चाहा तो मुझे

उनकी भाषा खामखा क्लिष्ट और बनावटी लगी। कुछ कविताएँ और पंक्तियाँ अवश्य ही भा गई थीं, बस।

तुलसी, सूर, मीरा, कबीर, बिहारी जैसे बृजभाषी कवियों के बाद खड़ी हिन्दी के कवियों की रचनाएँ मुझे, न जाने क्यों, फीकी लगी हैं। प्रणय-काव्य में उर्दू के मीर, गालिब, दाग, इकबाल, फिराक, जोश, जिगर और साहिर पढ़ने के बाद खड़ी हिन्दी की रचनाएँ घटिया और बचकानी लगती हैं। हालाँकि यह भी सच है कि उर्दू का लगभग समस्त काव्य प्रणय पर ही केंद्रित है और प्रणय-क्षेत्र से बाहर कुछ करने की रुचि या वृत्ति उर्दू शायरों ने कम ही दिखाई है, जिससे उनके अतिशयोक्तिपूर्ण इश्किया कलाम पढ़ते-पढ़ते पाठक थोड़ी देर में उब भी जाता है।

सो, उस दिन सुमित्रानन्दन पंत जब मेरे घर खाने के लिए आए तो मैं उन्हें पास से देखा। शर्ट-पैंट के ऊपर बहुत ही छोटा-सा यानी कूल्हे तक ही आता हुआ कोट पहने हुए थे। वे सदा इसी तरह छोटा कोट पहनते जो लम्बे घुँघराले बालों के साथ असंगत और हास्यास्पद लगता। ऐसा एहसास होने लगता कि सुमित्रानन्दन पंत सदा ही इस दुविधा में रहे हैं कि वे वेशभूषा मर्दाना अपनाएँ या जनाना और सन्तोषजनक कुछ तय न कर पाने के कारण उन्होंने मर्दाना और जनाना दोनों ही वेशभूषाएँ और रूपरेखाएँ अपने ऊपर ओढ़ ली हों! परिणाम यह हुआ कि वे न तो पुरुष ही दीखते, न स्त्री; कुछ और ही दिखने लगे। जब बात करते तो भावभंगिमा, उठने-बैठने का ढंग, चलने का तरीका भी लचीला और नाजुक लगता। उनकी इन अदाओं पर साथ वाले लोग मुस्कुराते, बाद में महिलाएँ भी मखौल उड़ातीं।

किन्तु मुझे उस बाहरी उलझनी आवरण के भीतरवाले समित्रानन्दन पंत, व्यक्ति पंत, कवि पंत, अच्छे लगे। पंत जी सच्चे कलाकार और कवि की तरह अपने-आप में मस्त थे। न किसी के लेने में, न देने में। उस सज्जन कवि से मिलकर उस दिन तबीयत खुश हुई; हालाँकि अगर हमारी दूसरी भेंट होती, तो कहना मुश्किल है कि बिना बोर हुए मैं घंटा भर भी उनसे बातचीत कर सकता। शायद कर सकता। शायद नहीं कर सकता। मुझे लगा, बहुत-से विषयों पर और जिन्दगी के हजार पहलुओं पर पंत जी बात नहीं कर सकेंगे। लगा, भावना की तरंगों से बाहर निकलकर जीवन की नग्न और यथार्थ अनुभूतियों से वे भली भाँति परिचित नहीं। पर एक छायावादी कवि से कल्पना-लोक छोड़कर बाहर भटकने और यथार्थ की सड़ी-गली दुनिया का अनुभव लेने की प्रत्याशा की ही क्यों जाए?

उसके बाद मैं प्रीति और बच्चों को लेकर, जी और माँ के पास कुछ समय बिताने, जगह और वातावरण की तब्दीली और विश्राम के लिए, पलाड़ी गया। पलाड़ी गाँव नागपुर से चालीस मील पर है। नागपुर में ट्रेन से उतरकर

हम लोग मेरे ताऊ, चाचा और अन्य सम्बन्धियों से मिले। फिर ताऊ की कार से पलाड़ी पहुँचे। जी और माँ वर्ष के कुछ महीने गाँव में बिताया करते हैं, जिससे धान की बुआई, निराई, कटाई पर और साथ-साथ राइस मिल पर उनकी निगरानी भी हो जाया करती है और गाँव में रहने का उन्हें आनन्द भी प्राप्त हो जाता है।

जून का महीना था, बारिश हो चुकी थी और धरती, पहाड़ियों, पेड़-पौधों पर हरियाली निखर आई थी। बरसात में पलाड़ी गाँव हरा-भरा होकर लहलहा उठा था। बंबई के बाद पलाड़ी बड़ा ही अच्छा लगा। हरी-हरी घास, चिपचिपाती धरती; ढलानों पर बहता हुआ पानी; विचरते, चरते पशु; तरह-तरह के पक्षियों का कलरव; मेढकों की टर्र-टर्र; गाँव के कच्चे मकानों, झोंपड़ियों से उठता हुआ धुआँ; मुर्गे की बाँग; कुएँ पर पानी उलीचती हुई स्त्रियाँ, गायों का रँभाना; साफ-सुथरी धुली हुई हवा के झोंके; और अपनी चौबीसों घंटे की खूबसूरत बेकारी—मन प्रफुल्लित हो उठा। शरीर की थकान और दिमाग की गर्द दूर होने लगी।

प्रकृति के सम्पर्क और ग्रामीणों के सान्निध्य में मन में कई शंकाएँ उत्पन्न होने लगीं; शहरी जीवन में बनाई कई धारणाएँ, मान्यताएँ बेमानी और बेकार लगने लगीं। 'मनुष्य को जीवन में क्या चाहिए?' यह विचार बार-बार मन में उठकर मचलने लगा। धन-दौलत, नाम-ख्याति अस्थिर और मिथ्या लगने लगे। सुख और शान्ति ही मानव की अन्तिम और खरी उपलब्धियाँ होनी चाहिए, इस निर्णय पर मन बार-बार पहुँचने लगा। पर जवानी के जोश और काम के उत्साह के आगे ये सात्त्विक और आध्यात्मिक विचार अधिक प्रबल न हो पाते और मैं अपने पारिवारिक जीवन के सुखद हिंडोले पर पेंगे भरने लगता।

सात साल बाद मैं पलाड़ी गया था यानी कॉलेज जीवन के बाद पहली बार गया था। कुछ बूढ़ी शक्लें अब न दिखाई दीं। इसरू चरवाहा भी चल बसा था। गाँव का मजबूत किसान, माधो, जो गाड़ी भर लकड़ी कुल्हाड़ी से दिन भर में अकेला फाड़ लेता था, अब दमे के कारण कुछ बूढ़ा और शिथिल हो गया था। जो बच्चे थे, वे युवक हो गए थे और उनकी बहुएँ आ गई थीं। नई सूरतें लिये नए बच्चे आ गए थे। जाने-अनजाने लोगों का यह मेरा प्रिय पलाड़ी गाँव प्रीति को देखकर बहुत प्रसन्न हुआ। प्रीति ने गाँव भर में मिठाई और रुपये बाँटे और गाँव वालों ने बदले में हमें ढेर-सी शुभकामनाएँ दीं।

बम्बई लौटकर मैंने बेबी मॉरिस कार खरीदी। यह मेरी पहली कार थी जो मैंने बिलकुल नई खरीदी थी और जिसे मैं शो रूम से निकालकर घर लाया था। उसके पुर्जे-पुर्जे, सीट और पेंट से नएपन की खुशबू आ रही थी। हर नई चीज का—नई नवेली से लेकर नए जूते तक का—अपना लोच होता है। इसी से वह नई बेबी मॉरिस कार उन दिनों हमारी मूल्यवान उपलब्धि थी।

पिछले वर्ष अशोक कुमार और अपने दूसरे मित्र एस.एन. मेहता (जो आई.सी.एस. थे और बम्बई में इंडस्ट्रीज विभाग में सेक्रेटरी थे) और मैं अपने परिवारों को लेकर एक दिन अपनी गाड़ियों में बैठ पिकनिक के लिए चेम्बूर गए। उन दिनों चेम्बूर जंगल था। थोड़ी-सी बस्ती थी। क्रिश्चियन कॉलोनी के पास थोड़े-से बँगले बने हुए थे। हर हफ्ते-दो हफ्ते में चेम्बूर के जंगलों में खून हुआ करता था। टैक्सीवाले चेम्बूर जाने से घबराते थे। चेम्बूर 'द गार्डन ऑफ बॉम्बे' (बम्बई की पुष्पवाटिका) कहलाता था, क्योंकि चेम्बूर में फूलों के बेशुमार बगीचे थे और बम्बई के बाजारों, घरों, होटलों में वहीं से फूल जाया करते थे।

हम लोग चेम्बूर पहुँचकर, एक कुएँ के पास, पेड़ों की छाँव में, दरियाँ बिछाकर पिकनिक मनाने बैठ गए। कुछ खाना साथ आया था, कुछ वहाँ बनाया गया। बाजू के खेत में ककड़ी और भुट्टे लगे हुए थे। ककड़ी और भुट्टे लेने प्रीति खेत में गई और ढेर-से लेकर आई। कहने लगी : 'जगह बड़ी अच्छी है। खरीद क्यों न लें? यहीं एक बँगला बनाकर रहेंगे।'

उस समय तो हम सबने प्रीति का मजाक उड़ाया पर बात मेरे मन में बैठ गई थी। अगले हफ्ते मुझे अपना हमराय पाकर प्रीति ने वह लम्बी-चौड़ी जमीन खरीद ली। साल भर तक वह जगह खाली पड़ी रही। गड्ढे खुदवाकर उसमें पेड़ लगवाए गए थे, फैंसिंग लगाया गया था, लेकिन इतनी फ़ुरसत न मिली थी कि बँगला बनाएँ।

अब पलाड़ी से लौटने पर हमने दशहरे के दिन मुहूर्त करके, बँगले की नींव डालकर, खुदाई शुरू कर दी। आठ महीने में बँगला बनकर तैयार हो गया। बँगले का नाम हमने 'वाटिका' रखा और शिवाजी पार्क छोड़कर चेम्बूर आकर 'वाटिका' में हम रहने लगे। 'वाटिका' के आसपास कोई बँगला न था सिवा एक बँगले के, जिसमें एक अँगरेज रहता था। चार फर्लांग पर 2000 मुसलमानों की बस्ती थी और शहर में साम्प्रदायिक झगड़े नित हुआ करते थे। चेम्बूर के भयानक वीराने में अकेले घर में हमारे रहने पर लोग चकित थे। पर हमें अपने नौकरों, बन्दूकों और तीन खूँखार अलसेशियन कुत्तों का बड़ा सहारा था और कभी कोई वारदात न हो पाई और चेम्बूर की खुशगवार फिजा में हम खुश-खुश रहने लगे।

पिछले बीस वर्षों में चेम्बूर का हुलिया बदल गया है। जिस धरती पर जंगलों का सन्नाटा था, फसलें लहलहाती थीं, फूल खिला करते थे, अब वहाँ तरह-तरह के कलपुर्जे और कारखाने लग गए, हजारों इमारतें बन गईं; रिफाइनरी, फर्टिलाइजर और एटॅमिक रिएक्टर खुल गए, आबादी तीन लाख की हो गई, और एक जमाने का वह खूबसूरत वीराना आबाद (बर्बाद!) होकर एक ओर सायन से और दूसरी ओर घाटकोपर से जा मिला है।

लेकिन शिकायत बेकार है। सुनते हैं, जब देश और संस्कृतियाँ प्रगति करते हैं तो बस्तियाँ यों ही आबाद होती हैं। अरबस्तान की उस मरुभूमि पर भी जहाँ के

वीरानों में नित आँधियाँ और बगूले उठा करते थे, जहाँ की बियाबानी में राहजन आए दिन तिजारतियों और बरातियों के कारवाँ लूटा करते थे, जहाँ के सहराओं में कभी मजनू अपना गरेबाँ चाक कर 'लैला-लैला' पुकारता हुआ दीवानावार फिरा करता था, आज उन्हीं बियाबानों, वीरानों और सहराओं में तेल की पाइप लाइनें लग गईं, शहर आबाद हो गए; कारखाने, स्कूल, कॉलेज, अस्पताल और होटल खुल गए। धधकते रेगिस्तान में ठंडे पानी के फव्वारे छूटने लगे। मौसम पर काबू पाकर आला दिमाग और तरक्कीपसन्द इनसान ने जन, जेवर और जमीन का भरपूर उपभोग करने के सैकड़ों साधन जुटा लिए और सैकड़ों ईजाद कर लिए।

'कौन जानता है, मरकर स्वर्ग मिले या न मिले, स्वर्ग के मजे जीते-जी यहीं क्यों न ले लिए जाएँ?' इसी प्रश्न को लेकर बेचैन मानव प्रकृति से दूर होता जा रहा है।

सदियों की गुलामी के बाद 15 अगस्त, 1947 को भारत आजाद हो रहा था। देश भर में उत्सव की तैयारियाँ हो रही थीं। बम्बई के गली-कूचों और इमारतों में दीपावली की तरह रोशनियाँ जगमगा रही थीं। 14 अगस्त की शाम को हम लोग रोशनी देखने गेट वे ऑफ इंडिया तक गए। कारों और लोगों की बेइंतिहा भीड़ से सड़कें, फ़ुटपाथ और मैदान पटे हुए थे। चेहरों पर उल्लास और गर्व था। आधी रात तक लोगों के जत्थे चहलकदमी करते रहे और घड़ी ने जब ठीक 12 बजाए तो 15 अगस्त का दिन स्वतंत्र भारत में आरम्भ हो रहा था। धूमधाम से उत्सव मनाया गया। हमें सहसा विश्वास न होता कि हमारा देश स्वतंत्र हो गया है, कि हम स्वतंत्र हैं।

1942 में मैं ऑल इंडिया स्टूडेंट्स कॉन्फ्रेंस का उद्‌घाटन करने लखनऊ जा चुका था। वहाँ चौक पर अमृतलाल नागर के घर ठहरा था। शहर घूम-फिरकर देखा था। लोगों के रहन-सहन, तौर-तरीकों का मुआयना और अध्ययन किया था। भारत में मुसलिम शासकों के शेरोशायरी, ऐशोआराम-पसन्द अन्तिम सदस्यों की ऐयाशी और पतन की सड़ांध में गलती हुई तहजीबों-तमुद्‌दुन की झाँकियाँ लखनऊ के गली, बाजार और कुछ लोगों में अब भी थोड़ी-बहुत नुमायाँ थीं। अन्दाजा आसानी से लगाया जा सकता था कि जब लखनऊ अपने उरुज पर था यानी जब शेरोशायरी, बाजों, शिकरों, रंडियों, हीजड़ों, और भांडों की वहाँ सरगरमी थी तो शहर का क्या रंग रहा होगा, लोगों का क्या ढंग रहा होगा!

गजनवी और बाबर के रूप में जो मुसलमान जाहिल और क्रूर राक्षस की तरह लूट-खसोट करते भारत आए थे और फिर यहाँ के शासक बन बैठे, उन्हीं की सन्तान—वाजिदअली शाह के रूप में—पेशवाज, चूड़ियाँ और घुँघरू पहनकर इज्जतो-आबरू सब गँवाकर, गाती-नाचती हुई तख़्तोताज खो बैठी थी।

हर देश का इतिहास लगभग एक समान होता है। मनुष्य की तरह ही देश का जन्म होता है; देश शिशु से बालक बनता है, फिर युवावस्था में आता है, यौवन के करतब दिखाकर वयस्क होता है, फिर अपनी उपलब्धियों से लिप्त होकर ऐशोआराम की जिन्दगी भोगता हुआ शिथिल और रोगी होकर बूढ़ा हो जाता है और शनैः-शनैः रसातल को जा पहुँचता है। फिर त्रस्त और पिछड़े हुए देश, सहसा बालिग होकर, सीना ताने उभरने लगते हैं और फिर उनका भी गतिचक्र उसी ढाँचे में ढलने लगता है। पर्याप्त धन, ऐश्वर्य और ऐशोइशरत के साधन पाते ही देश—मानव की भाँति ही—बूढ़ा और पंगु हो जाता है, और तब उसका मुकाबला कोई भी नंगा-भूखा देश उद्दंडता से कर सकता है।

अब पाँच साल बाद यानी 19 दिसम्बर, 1947 को मैं अखिल भारतीय कवि-सम्मेलन का उद्घाटन करने कानपुर के लिए रवाना हो रहा था। वनमाला, कवि-सम्मेलन में, अतिथि के तौर पर आमंत्रित की गई थी, सो वह भी मेरे साथ सफर कर रही थी।

वनमाला उन दिनों की लोकप्रिय अभिनेत्री थी और हिन्दी-मराठी के कई चित्रों में हीरोइन की भूमिका कर रही थी। मेरे अपने चित्रों के लिए उससे दो-एक बार बात हुई थी परन्तु राशि पर समझौता न होने के कारण मामला हर बार टूट गया था। लेकिन हम लोग पड़ोसी थे और हममें दोस्ताना व्यवहार था। वनमाला मराठी के महान नाटककार और कुशल वक्ता आचार्य अत्रे के साथ उन्हीं के घर रहा करती थी। वनमाला का रंग गोरा, आँखें कंजई, स्वभाव काव्यमय और रंगीला था।

सफर में और परदेस में जब एक ही देश या शहरवाले दो प्राणी मिलते हैं तो अक्सर जरा देर में परस्पर आत्मीयता बरतने लगते हैं। जिस वनमाला को बम्बई में मैं बरसों से जानता था, ट्रेन के सफर और डिब्बे के एकान्त में वह सहसा मेरे बहुत निकट आ गई और बिना संकोच अपनी बातें मुझे बताने लगी। कहानी लेखक और फिल्म दिग्दर्शक होने के कारण मुझे निरंतर नए, असाधारण, अद्भुत चरित्र, स्वभाव, पात्र, प्रसंग और घटनाओं की खोज रहती है और जब कोई अपरिचित चरित्र या प्रसंग समक्ष आता है तो मैं सतर्क होकर उसमें विशेष दिलचस्पी लेता हूँ।

व्यथित हृदय सदा सहानुभूति चाहता है। वनमाला ने बचपन से लेकर अब तक की अपनी आत्मकथा मुझे सुना दी और चुप-चुप रोने लगी। ऐसा लगा, अन्दर-अन्दर बरसों से घुमड़ता हुआ तूफान आज अनुकूल मार्ग पाकर बाहर फट पड़ा है। एक सुन्दर, आकर्षक युवती, एक सफल भावुक अभिनेत्री कितनी व्यथा, कितनी घुटन, कितना दर्द, कितना असन्तोष मन में दबाकर मुस्कुराती, रिझाती, लुभाती, इतराती हुई जिन्दगी जी सकती है, और उसके सगे-सम्बन्धी और दुनियावाले उसकी

लादी हुई अभ्यस्त मुस्कानों और भावभंगिमाओं को देख-देख उसके भाग्य और ऐश्वर्य को तरसती निगाहों से ताकने लगते हैं, यह मैंने उस दिन प्रत्यक्ष देख और समझ लिया। अभिनेत्री और नारी वनमाला के चरित्र की परतें मेरे सामने अचानक जो खुलीं तो मैं विस्मित रह गया। उसके केश छिटकने शुरू हो गए थे और वह इनसोमनिया (अनिद्रा) से बेजार रहा करती थी। अध्यात्मवाद का उसे नया चस्का लगा था। और मैंने देखा, उसका अशान्त मन तीव्र गति से सतत कुछ खोज रहा है। क्या खोज रहा है, वह स्वयं नहीं जानता। किन्तु मैं जानता था कि वनमाला का अशान्त मन क्या खोज रहा था। वह शान्ति खोज रहा था।

'तुम्हारी घुटन और बेचैनी मैं समझता हूँ, वनमाला,' मैंने कहा। 'तुम्हें शान्ति चाहिए।'

'कहाँ मिलेगी शान्ति?' वनमाला ने सिर पीछे खिड़की की चौखट पर खट-से मारा और मेरी ओर ताकने लगी। मानो लहकता, हाँफता, दम तोड़ता हुआ कोई प्यासा पानी का पता पूछ रहा हो!

मैं निरुत्तर हो गया।

संसार में जितनी नारियाँ हैं उतनी ही उनकी किस्में नहीं होतीं। समस्त नारी समुदाय के चरित्र और स्वभाव मूलतः चार वर्गों में बाँटे जा सकते हैं। इन चार प्रकृतियों के वर्णन वात्स्यायन ने अपने रतिशास्त्र में किया ही हुआ है। कुछ नारियाँ उन्हीं में से दो या तीन या चार वर्गों का अद्भुत मिश्रण होती हैं जिसके कारण नारी की कई जातियाँ प्रतीत होने लगती हैं और वह एक समस्या दिखाई देने लगती है। कहानी लेखक और फिल्म दिग्दर्शक के लिए नारी के इस वर्गीकरण को समझना और उनकी उन तमाम जातियों, उपजातियों से परिचित होना आवश्यक है। जिनका परिचय इन सब वर्गों की नारियों से कुछ ही वर्षों में हो जाता है, वे भाग्यवान हैं। अभागों को इस उपलब्धि के लिए कई जन्म लेने पड़ते हैं। मैं इस मामले में अपने को भाग्यवान समझता हूँ। नारी का (पुरुष का भी) कोई वर्ग आज मुझे अपरिचित या अनजाना नहीं लगता।

ट्रेन तीन घंटे लेट जा रही थी। कानपुर शायद सात बजे शाम को पहुँचती थी मगर अब दस बजे रात को पहुँचेगी। सम्मेलन का उदघाट्न समय आठ बजे था। पुरुषोत्तमदास टंडन सम्मेलन के अध्यक्ष तय हुए थे। मुझे समय का बड़ा खयाल रहता है। ट्रेन के लेट होने से मैं परेशान हो गया। झाँसी से डाइनिंग कार कट कर अलग हो गई थी। अँधेरा हो चुका था। अब रात के खाने का क्या होगा? कानपुर स्टेशन पर रात दस बजे उतरकर बिना खाए तो हमसे सम्मेलन में शरीक न हुआ जाता।

अचानक वनमाला ने मेरा ध्यान एक छोटे-से स्टेशन पर लगी हुई छोटी-सी दुकान पर बिकते हुए साग-पूड़ी की ओर आकृष्ट किया। गाड़ी के भूखे यात्री दुकान पर बुरी तरह टूटे पड़ रहे थे। मैं भी उतरकर दुकान पर पहुँचा और काफी खाना लेता

आया। स्टेशनों पर खरीदा हुआ आलू-पूड़ी का खाना मुझे हमेशा अच्छा लगा है। मगर आज पूड़ी के साथ यह आलू की नहीं, बैंगन की सब्जी थी। हमने मुँह बिगाड़कर खाना शुरू किया पर पहला ही निवाल बहाल कर गया। बैंगन बहुत ही स्वादिष्ट थे, इतने कि आलू भुला गए।

दस बजे रात के ट्रेन कानपुर स्टेशन पहुँची। सम्मेलन के संयोजक और सचिव हमें लेने प्लेटफॉर्म पर आए हुए थे। कहने लगे : 'सम्मेलन में लोगों की अपार भीड़ लगी हुई है। वे सारे आपके इन्तजार में घंटों से बेताब हुए जा रहे हैं। टंडन जी भी आठ बजे से मंच पर पधारकर बैठे-बैठे परेशान हो रहे हैं। अब जल्दी चलिए। गाड़ी तैयार है। आपको खाना बाद में खिला देंगे। हमारा साथ दीजिए वरना आज हमारा फजीता हो जाएगा।'

'चलिए,' मैंने कहा। 'हम लोग खाना खा चुके हैं।'

जब हम लोग सभा भवन पहुँचे तो लोगों के आनन्द और उत्साह का पारावार न था। अपने भाषण में पुरुषोत्तमदास टंडन ने सम्मेलन का अभिप्राय बताया और मेरा परिचय देकर मुझसे सम्मेलन का उद्घाटन करने के लिए निवेदन किया। मैंने उदघाट्न की रस्म पूरी की और सम्मेलन आरम्भ हो गया।

तीन घंटे तक नाना प्रकार के सिद्ध-असिद्ध कवियों ने अपनी-अपनी पक्की-कच्ची कविताएँ पढ़कर-गाकर सुनाईं। मैं समझता हूँ, दुनिया के और किसी देश के लोग इतने काव्यप्रिय नहीं जितने हमारे देश के हैं। वर्ड्सवर्थ, शेली और कीट्स की सीधी-सादी छिछली कविताएँ भी विलायती विद्यार्थियों को समझाने के लिए एम.ए., डी.लिट्. प्राध्यापक चाहिए। तुलसी, सूर, कबीर और मीरा के सारगर्भित और स्तरीय पद हमारे यहाँ के अनपढ़ धोबी, चमार, किसान, मजदूर भी गाते और समझते हैं। सभा भवन का काव्यमय वातावरण मुझे बहुत प्यारा लगा।

सहसा उपस्थित श्रोताओं ने फरमाइश की कि मैं भी कुछ सुनाऊँ। मैंने आनाकानी की तो शोर इतना बढ़ गया कि कार्यक्रम रुक गया। मैंने उनसे लाख विनती कि मैं पद्य-काव्य नहीं लिखता पर वे न माने। कहने लगे कि अपना कोई गद्य-काव्य सुना दूँ। (मेरे गद्य-काव्य पत्रिकाओं में प्रकाशित हो चुके थे।) लाचार होकर मैंने 'अभिसार' शीर्षक अपना गद्य-काव्य सुनाना आरम्भ किया। पद्य-कविता और पद्य-गीत की पंक्तियों पर तालियाँ पड़ते मैंने कई बार देखी थीं। अपने गद्य-काव्य पर तालियों की प्रत्याशा मुझे न थी। लेकिन जब मेरी पंक्तियों के हर उचित और उपयुक्त स्थान पर श्रोता झूम-झूमकर, तालियाँ बजा-बजाकर मुझे दाद देने लगे तो मुझे अपने गद्य-काव्यों के स्तरीय होने का साक्षात् प्रमाण मिल गया। जब तक लोगों ने मुझसे चार-पाँच गद्य कविताएँ न सुन लीं तब तक मुझे दम न लेने दिया। मेरे बाद फिर कोई और न जमा और अन्य कवियों पर सीटियाँ और बोलियाँ होने लगीं। तब मैं और वनमाला, भूख और थकान का बहाना कर, लोगों की आज्ञा ले, सभाभवन से निकल आए।

कानपुर के प्रतिष्ठित डॉक्टर रोहतगी के बँगले में हमें ठहराया गया। डॉ. रोहतगी के दोनों बेटे और बहू भी डॉक्टर थे। उनके सम्मिलित परिवार ने हमारा खूब अतिथि सत्कार किया और सिंघानिया के 'रिट्रीट' से लेकर सिविल लाइंस, बाजार और मजदूरों की बस्ती तक सारा शहर दिखाया। ठंड के मारे नगर पहले ही ठिठुर रहा था और अब उस पर पानी भी बरसा था। शाम से ही हम लोग ओवरकोट पहने अँगीठी के पास जमा हो जाते और बातचीत, हँसी-मजाक करने लगते। किसी को भान न रहता कि अतिथि कौन है और यजमान कौन। रोहतगी परिवार की आत्मीयता ही कुछ ऐसी थी।

तीन दिन कानपुर रहकर हम लोग निकल गए। वनमाला लखनऊ चली गई और मैं बम्बई के लिए रवाना हो गया। लौटती बार, दिल किया कि बैंगन-पूड़ी फिर खाई जाए। परन्तु शाम के धुँधलके में देखा हुआ वह छोटा-सा स्टेशन अब दिन के उजाले में न जाने कहाँ गुम हो गया था!

लौटती बार यात्रा शुष्क थी। वनमाला का चरित्र और उसके जीवन के कुछ प्रसंग याद आते रहे। बम्बई लौटने पर दो-तीन बार उससे स्टूडियो और उत्सवों पर भेंट भी हुई, पर ट्रेन की नारी वनमाला और बम्बई की अभिनेत्री वनमाला में बहुत अन्तर था।

कुछ ही दिनों बाद सुना, वनमाला अत्रे को छोड़कर और फिल्म लाइन को भी छोड़कर बम्बई से चली गई है, अपने पिता के घर—ग्वालियर।

उसके पिता कभी ग्वालियर में दीवान रह चुके थे। वनमाला खानदानी थी, सुशिक्षित थी, भावुक थी, कलाकार थी, और जिन्दगी में रूढ़िवादिता को तोड़-ताड़कर उसने बहुत-से काम असाधारण व्यक्ति की तरह किए थे; क्योंकि वह एक असाधारण व्यक्ति, एक असाधारण हस्ती थी।

इसके कुछ वर्ष बाद मेरे एक परिचित ने मुझे खबर दी कि हाल ही में जब वह वृंदावन गया था तो वहाँ मन्दिर में वनमाला को जोगिन के रूप में देखा था। जोगिया वस्त्र पहने हुए थी और गले में रुद्राक्ष माला डाल रखी थी और कृष्ण भगवान के दर्शनार्थ आए हुए भक्तों, उपासकों, अतिथियों को रसोई परोस रही थी।

सुनकर मुझे ताज्जुब भी हुआ और खुशी भी।

प्यासा पानी तक पहुँच चुका था।

भारत में उन दिनों चित्रों, तकनीशियनों तथा कलाकारों को पुरस्कार देने की प्रथा न थी। कभी-कभी कोई पत्र अपनी ओर से किसी चित्र को श्रेष्ठ घोषित कर देता था। कभी विभिन्न पत्र-पत्रिकाएँ विभिन्न चित्रों को सराहते और श्रेष्ठ बताते। अक्सर उनका निर्णय किसी मतलब से होता; क्योंकि यलो जर्नलिजम और काला बाजार की उन दिनों सरगरमी थी। अतएव पत्रकारों के सामूहिक निर्णय

के अभाव में उनका अलग-अलग चित्रों की प्रशंसा करना, उन्हें श्रेष्ठ बताना विशेष महत्त्व न रखता था।

बेंगाल फिल्म जर्नलिस्ट्स असोसिएशन अलबत्ता कलकत्ता में एक प्रतिष्ठित संस्था थी जो भारतीय चित्रों का मूल्यांकन करके पुरस्कार प्रदान किया करती थी। 1943 में 'राजा' की श्रेष्ठ पटकथा के लिए मुझे बेंगाल फिल्म जर्नलिस्ट्स असोसिएशन से पुरस्कार मिल चुका था जिसने भारतीय फिल्मों में छपी मेरे चित्रों की उत्तम समालोचना के साथ मिलकर मुझे उत्तम स्थान तथा ख्याति प्रदान करने में बड़ा योगदान दिया था।

बी.के. करंजिया—जो अब फिल्मफेयर के सम्पादक और फिल्म फाइनेंस कॉरपोरेशन के चेयरमैन हैं—उन दिनों 'सिने वॉयस' नामक एक पत्रिका निकाला करते थे और फिल्म इंडिया के बाद इसी पत्रिका का महत्त्व समझा जाता था। करंजिया ने अपनी पत्रिका के पाठकों से श्रेष्ठ चित्र, तकनीशियन तथा कलाकार चुनने के लिए मत माँगे। साथ ही फिल्म निर्माताओं की संस्था—इंडियन मोशन पिक्चर्स प्रोड्यूसर्स असोसिएशन (इम्पा), बम्बई—की एक्जीक्यूटिव कमेटी (जिसमें वी. शान्ताराम, रायबहादुर चुन्नीलाल, सोहराब मोदी, चन्दूलाल शाह, शंकरभाई भट, आदि, थे) को भी जज नियुक्त किया। इस प्रकार 'सिने वॉयस' पत्रिका के पाठकों के मतों में हस्तक्षेप करना सम्पादक के लिए असम्भव था। उस मिली-जुली कमेटी का नाम 'सिम्पा' रखा गया और 'सिम्पा' ने 'सिन्दूर' को 1947 का श्रेष्ठ चित्र तथा मुझे श्रेष्ठ दिग्दर्शक घोषित किया। आज तक के पुरस्कारों में यह पहला और अन्तिम पुरस्कार था जिसे प्रेक्षक वर्ग और फिल्म उद्योग के निर्माताओं ने मिलकर प्रदान किया था।

'सिन्दूर' के बाद ही मैं बीमार पड़ा था और मैंने काफी वजन खो दिया था। अस्वस्थ रहने के कारण अगले चित्र 'साजन' में मैंने अशोक कुमार को हीरो और रेहाना को हीरोइन की भूमिकाएँ दीं और शूटिंग शुरू कर दी। यह चित्र भी सफल रहा और बम्बई तथा अन्य अनेक शहरों में 'साजन' ने रजत जयंतियाँ मनाईं।

बॉम्बे टॉकीज संस्था वाडीलाल गांधी और वाचा, आदि ने खरीदी हुई थी। अशोक कुमार उनके साथ साझेदार होकर वहीं चित्र निर्माण करना चाहते थे। साथ में मुझे भी चलने को कह रहे थे। रायबहादुर चुन्नीलाल को हम दोनों का एक साथ फिल्मिस्तान छोड़कर जाने का इरादा पसन्द न आया। कई महीने घिसघिस होती रही। अन्त में रायबहादुर ने कहा कि अगर मैं चित्र फिल्मिस्तान में बनाता रहूँ और तीसरा भी चित्र बनाने की जिम्मेदारी पूरी करूँ तो वे अशोक को मुक्त कर देंगे। मैं मान गया और अशोक को बॉम्बे टॉकीज जाने की अनुमति मिल गई।

30 जनवरी, 1948 की शाम को फिल्मिस्तान स्टूडियोज में कर्मचारियों की सभा आयोजित करके रायबहादुर चुन्नीलाल और शशधर मुकर्जी ने अशोक कुमार

का अभिनन्दन करते हुए उन्हें मजबूरन मुक्त करने पर खेद प्रकट किया। फेअरवेल पार्टी का समारोह चल ही रहा था कि चपरासी ने आकर मुझसे कहा कि घर से मिसेज साहू का टेलीफोन आया है और वे कुछ जरूरी बात करना चाहती हैं।

मैं लपककर टेलीफोन पर गया। किसी अज्ञात आशंका से दिल धड़कने लगा। मैंने रिसीवर उठाया।

'सुनो, किशोर,' प्रीति ने अजीब-सी आवाज में कहा, 'एक बहुत बुरी खबर है।'

'क्या?...जल्दी बताओ।'

'गांधी जी मर गए!'

'अरे! कैसे?'

'उन्हें किसी ने पिस्तौल से मार दिया।'

'किसने?'

'पता नहीं। अभी-अभी रेडियो पर खबर आई कि भंगी कॉलोनी, दिल्ली, में प्रार्थना के समय, किसी ने उन्हें पिस्तौल से मार डाला।'

सुनकर मैं स्तब्ध रह गया। थोड़ी देर बाद मैंने कहा : 'मैं घर आ रहा हूँ।' और मैंने रिसीवर रख दिया।

समारोह में जाकर मैंने गांधी जी के निधन का शोक समाचार दिया। पार्टी उसी दम बन्द कर दी गई और सारे लोग शोकग्रस्त और सिर लटकाए अपने-अपने घर चल दिए। किसी को सहसा विश्वास न होता था कि राष्ट्र को आजादी दिलाने वाला वह महान योद्धा, अहिंसा का वह अद्‌भुत पुजारी, स्वयं आज हिंसा का शिकार होकर, हम सबके बीच से उठ गया है।

गोरेगाँव से शिवाजी पार्क अपने घर पहुँचने तक जो दृश्य दिखाई दिए, वे विलक्षण थे। रात होने तक शहर घोर सन्नाटे में डूब गया।

हम किसी ने रात खाना न खाया। देश भर में हिन्दुओं के अधिकांश घरों में उस रात चूल्हा न जला। (हिन्दू-मुसलिम फसाद उन दिनों उत्थान पर था। बम्बई में, विशेषकर महम्मदअली रोड पर, हिन्दू-मुसलिम झगड़े जोरों से चल रहे थे। दर्जनों रोज मर रहे थे।) रेडियो पर रामधुन और शोक समाचार लगातार दुहराए जा रहे थे। गांधी जी के हत्यारे का नाम जाहिर न हुआ था। मुसलमान यह सोचकर कि मारनेवाला जरूर ही कोई मुसलमान होगा और अब हिन्दू लोग प्रतिशोध की ज्वाला से प्रज्वलित होकर मुसलमानों का भुरता बनाए बिना न रहेंगे, सहमकर अपने-अपने घरों में जा दुबके। दूसरे दिन समाचार मिला कि हत्यारा एक हिन्दू—नाथूराम गोडसे—था। पर उस दिन से साम्प्रदायिक झगड़े बन्द हो गए।

31 तारीख को सारा दिन रेडियो सिसकता रहा। 'बिरला हाउस' से राजघाट तक गांधी जी की शवयात्रा पर निरंतर कॉमेंटरी चलती रही। पं. जवाहरलाल नेहरू ने गांधी जी को 'राष्ट्रपिता' के नाम से याद किया और उनकी शववाहिनी पर सरदार पटेल

के साथ बैठकर, रोते–आँसू बहाते, राजघाट तक गए। दिल्ली में जनता लाखों की संख्या में शवयात्रा में शरीक थी। दिल्ली के लिए वह एक अद्‌भुत दृश्य था। समस्त देश के लिए वह एक घोर संकट था। सारा देश एक क्षण में अनाथ हो गया था।

उसके बाद जनता के होशोहवास लौटने और देश के गतिक्रम को सन्तुलित होने में हफ्तों नहीं, महीनों लग गए।

'साजन' के बाद मैंने फिल्मिस्तान के लिए जो तीसरा चित्र बनाया, उसका नाम 'नदिया के पार' था। कथा, पटकथा, सदैव की भाँति मेरी ही थी। कहानी की पृष्ठभूमि मैंने अपना चिरपरिचित छत्तीसगढ़ रखी थी। स्थानीय छत्तीसगढ़ी भाषा का मुक्त उपयोग किया था। मुख्य भूमिकाओं में दिलीप कुमार और कामिनी कौशल को लिया था। दिलीप और कामिनी तब लगभग नए थे, सिर्फ एक या दो चित्रों में आ चुके थे। लैला–मजनू की तरह 'नदिया के पार' एक दुखान्त प्रेम कहानी थी। चित्र सफल रहा। लाहौर और कराची में इसने मेरे ही चित्र 'सिन्दूर' और जेमिनी के 'चन्द्रलेखा' का रिकॉर्ड तोड़ा।

'नदिया के पार' हिन्दी चित्रों में पहला था जिसमें नायिका को मैंने चोली, ब्लाउज न देकर केवल सूती साड़ी पहनाई थी। साड़ी घुटने तक आती थी और बाँहें, कन्धे खुले थे। उस समय की कामिनी कौशल इस वेशभूशा में नग्न नहीं, सुन्दर और कलात्मक लगी। उसके बाद से यह छत्तीसगढ़ी संथाली वेशभूषा कई बहाने और कई बार हिन्दी चित्रों में आती रही है। कामिनी कौशल सम्भ्रान्त और सुशिक्षित तो थी ही, बहुत अच्छी कलाकार भी थी। देविका रानी की तरह ही छोटे कद की थी और अपना विशिष्ट आकर्षण रखती थी। कामिनी मेरी अच्छी मित्रों में से रही है।

फिल्मिस्तान से अनुबन्धित मेरे तीन चित्र समाप्त हो चुके थे और मैं फिर से अपनी संस्था—हिन्दुस्तान चित्र—के बैनर में चित्र निर्माण की योजना बना रहा था कि अचानक एक दिन ज्वालाप्रसाद तिवारी से मेरी भेंट हुई। कुछ दिन वे वाडीलाल गांधी के साथ बॉम्बे टॉकीज के हिस्सेदार रहने के बाद अब मक्खनलाल और चिरावावाला के साथ मिलकर अंधेरी में एम. एंड टी. स्टूडियोज चला रहे थे और चित्र निर्माण करने की सोच रहे थे। मेरे चित्रों में धन लगाकर हिस्सेदार बनना उन्होंने स्वीकार कर लिया।

मेरी कहानी 'सावन आया रे' लिखकर तैयार थी। नायिका के लिए मैंने कलकत्ता जाकर रमोला को तय किया। दलसुख पंचोली के लाहौर से निर्मित 'खजांची', आदि कुछ चित्रों में रमोला चुलबुली नायिका का अभिनय कर चुकी थी पर अब अधिकांशत: बंगला चित्रों में काम किया करती थी। यहूदी थी लेकिन हिन्दी और बंगला अच्छा बोलती थी। 'सावन आया रे' की नायिका का पात्र गम्भीर था और

असाधारण भी। कहानी की नायिका पढ़ी-लिखी है, प्रेम में विश्वास नहीं करती और शादी-ब्याह को निरर्थक और अनावश्यक समझती है। नैनीताल के पहाड़ पर नायक से भेंट होने पर और उसके सम्पर्क में शनैः-शनैः उसकी मान्यताएँ और सिद्धान्त टूटने-बिखरने लगते हैं और अन्त में अत्यन्त कोमल और नाजुक चरमबिन्दु पर पहुँचकर वह नायक के लिए अपने सच्चे और असीम प्रेम का प्रदर्शन करती है। कहानी मौलिक और मार्मिक थी। चित्र का नायक मैं स्वयं था। अन्य कलाकार थे डेविड, मोहना, सोफिया, गुलाब बाई, आदि।

अब तक सिने दिग्दर्शक चित्रों का सारा फिल्मीकरण प्रायः स्टूडियो के अन्दर ही किया करते थे। आउट-डोर शूटिंग के लिए बम्बई से 10-15 मील बाहर चले गए तो बहुत हो गया वरना कश्मीर, हिमालय, नदी, पहाड़, झील, दुर्ग, आदि सब स्टूडियो के अन्दर ही सेट बनाकर, परदे रँगकर उपलब्ध कर लिए जाते थे। स्पष्ट था कि ऐसी झूठी दृश्यावलियाँ झूठी ही लगेंगी।

मैंने इस झूठी परिपाटी को तोड़ते हुए नैनीताल के आउट-डोर शूटिंग के लिए नैनीताल जाने का तय किया और, व्यय की परवाह न करते हुए, अपने यूनिट और परिवार को लेकर 2 अक्टूबर, यानी गांधी जी की जन्मतिथि के दिन, नैनीताल के लिए फ्रंटियर मेल से रवाना हो गया। अगर मैं भूलता नहीं हूँ तो अब तक नैनीताल के पहाड़ पर जाकर फिल्मों की शूटिंग करने वालों में मैं प्रथम ही था।

नैनीताल की झील और पहाड़ और गलियों, बाजारों में मैंने जी भरके शूटिंग की। नैनीताल प्रीति का मायका था। यहीं हमारा अभिसार हुआ था। यहीं मैंने नई जिन्दगी पाई थी। प्रीति और मेरी कई मधुर स्मृतियाँ इस रमणीय स्थान से आबद्ध थीं। 'सावन आया रे' की वह कोमल प्रेम कहानी फिल्माते हुए हमारी वे सारी स्मृतियाँ सजग हो उठीं और कामधन्धे के क्षण जीवन के निजी क्षणों के साथ घुल-मिल गए।

एक दिन शूटिंग के बाद शाम को प्रीति और मैं घोड़ों पर बैठकर 'डरोथीज सीट' पर गए। लौटती बार रास्ते में हमने अपने घोड़े छोड़ दिए और पैदल चलने लगे। बस्ती के पास पहुँचते ही बूँदाबाँदी शुरू हो गई। हमने अपनी रफ्तार तेज कर दी। परन्तु पानी ने भी वही किया, तब लपककर हम दोनों एक कॉटेज के अहाते में प्रवेश कर कॉटेज की ओलती में खड़े हो गए। पानी का झल्ला अब जोरदार खड़ी बारिश में परिवर्तित हो गया था और हम दीवार से सटकर खड़े-खड़े कमर से नीचे तक भीगकर लथपथ हुए जा रहे थे। और फिर ओले भी गिरने शुरू हो गए।

उसी समय कॉटेज का दरवाजा खुला और एक गोरी बूढ़ी मेम ने हमें दुबका देख अन्दर आने को कहा। हमने अपने गीले कपड़ों की ओर देखा तो वह मुस्कुराई और हमारे हाथ पकड़कर अन्दर ले गई। बैठक में आग जल रही थी। बूढ़ी मेम प्रख्यात चित्रकार सास ब्रूनर थी जो कुछ महीनों से अपनी बेटी एलिजाबेथ ब्रूनर के साथ नैनीताल रह रही थी। जवाहरलाल नेहरू और इन्दिरा गांधी से उनका घनिष्ठ

परिचय था। इतने में बाहर का दरवाजा फिर खुला और जनानी लाल छतरी से पानी टपकाती, भीगी हुई, एलिजाबेथ भी अन्दर आई। कहने लगी, बोट हाउस क्लब से लौट रही थी जब पानी में पकड़ी गई।

कॉटेज में बिंधती हुई हवा सूँ-सूँ कर रही थी। टीन के छप्पर पर ओले तड़ातड़ पड़ने की आवाज निरंतर आ रही थी। और हम तीन भीगे हुए प्राणी, आग के बावजूद, ठंड के मारे काँप रहे थे। सास ब्रूनर ने तब जल्दी से बिना दूधवाली गरम-गरम चाय में रम डालकर हमें 'रशियन टी' पिलाया और फिर कमरे का वातावरण यकायक रंगमय हो उठा।

माँ, बेटी दोनों ने अपने-अपने तैल चित्र हमें दिखाए। सास लैंडस्केप पेंट किया करती थी और एलिजाबेथ पोर्ट्रेट। सास का 'गुलमोहर' और एलिजाबेथ के 'पंडित नेहरू', 'उदय शंकर', 'टैगोर' विशेष सुन्दर चित्र थे। उनके साथ व्यतीत किए हुए उस एक घंटे में हम चारों में मित्रता हो गई।

हमारी बातों का विषय चित्रकला से न जाने कैसे अध्यात्मवाद पर आ गया। मैंने देखा, चित्रकारों का बेलाग और स्वच्छंद जीवन बिताने के बाद अब, इस प्रौढ़ावस्था में, सास ब्रूनर को हिन्दू धर्म, योग, अध्यात्मवाद जैसे विषय आकृष्ट कर रहे थे और उधर बेटी, बातचीत के दौरान, रात को बोट क्लब में होने वाली डांस नाइट का जिक्र कर रही थी। दो स्तरीय चित्रकारों में, दो माँ-बेटी के चरित्र और स्वभाव में, यह बहुत बड़ा अन्तर शायद उनकी अपनी-अपनी अवस्था के कारण था।

आज अचानक दो विदेशी प्रख्यात चित्रकार नारियों का अद्‌भुत चरित्र पाकर मैंने उस आकस्मिक बरसात को मन-ही-मन बार-बार धन्यवाद दिया।

आग की आँच पाकर हमारे कपड़े सूख चुके थे और बारिश बन्द हो चुकी थी। विदा लेकर हम दोनों अपने निवासस्थान—ग्रैंड होटल—लौट आए। जब तक हम 'नैनीताल' रहे, सास और एलिजाबेथ रोज आकर हमसे मिलती रहीं। उसके बाद दो वर्ष तक हमारा पत्र-व्यवहार भी होता रहा। फिर न जाने कैसे, हमारे पत्रों का सिलसिला टूट गया और हम बिछड़ गए। आग की तरह मैत्री भी तभी तक जीवित रहती है जब तक उसे सतत हवा दी जाए।

शूटिंग समाप्त कर यूनिट बम्बई के लिए रवाना हुआ और हम लोग दीदी (प्रीति की बड़ी बहन) के घर हफ्ता भर रहने दिल्ली चले गए।

रवीन्द्रनाथ ठाकुर की नातिन, नन्दिता, से प्रीति की शान्तिनिकेतन के समय से घनिष्ठ मैत्री थी। शान्तिनिकेतन में आचार्य कृपलानी के चचेरे भाई कृष्णा कृपलानी एक समय अँगरेजी के प्राध्यापक हुआ करते थे। नन्दिता और कृष्णा ने, गुरुदेव की अनुमति से, ब्याह कर लिया था। गुरुदेव के निधन के बाद कृष्णा कृपलानी शायद पं. नेहरू या इन्दिरा गांधी या दोनों के बुलावे या उनकी सहायता से शान्तिनिकेतन छोड़कर दिल्ली आ बसे थे और केन्द्रीय सरकार के साहित्य अकादमी में सचिव के पद पर

नियुक्त हो गए थे। जब कभी कृष्णा कृपलानी और नन्दिता बम्बई आते, हमसे अवश्य मिलते। 'वीर कुणाल' के समय नन्दिता हमारे घर लगभग पन्द्रह दिन रह चुकी थी।

नन्दिता कृपलानी साँवली थी, आकर्षक थी, अच्छा गाती और नृत्य करती थी। शान्तिनिकेतन के दिनों में वह अनेक नाट्य समारोहों में भाग लिया करती और गुरुदेव के नाटकों की जान रहा करती थी। बम्बई में भी एक बार गुरुदेव का 'चित्रांगदा' नाटक प्रस्तुत कर मुणालिनी साराभाई के साथ उसने उत्तम अभिनय और नृत्य किया था। 'सिन्दूर' के लिए जब मैं हीरोइन खोज रहा था तो नन्दिता से मैंने चित्र में हीरोइन की भूमिका करने को कहा था। नन्दिता तुरन्त तैयार हो गई। कृष्णा ने अपनी ओर से कोई आपत्ति न की, परन्तु फिर नन्दिता ही खुद यह सोचकर कि उसके और कृष्णा के परिवार के कुछ लोग और अन्य कुछ लोग भी उसका मेरे साथ फिल्म में काम करना अनुचित समझेंगे, बहुत मन मारकर ना कर दिया था।

दिल्ली में अब प्रीति और मैं कृष्णा और नन्दिता कृपलानी से मिलने उनके घर गए। पिछले दो वर्षों से उनसे भेंट न हुई थी। वे लोग बड़े प्यार से मिले। खूब बातें हुईं। शान्तिनिकेतन के पुराने प्यारे दिन से लेकर अब तक की सारी घटनाएँ और प्रसंग दोहराए गए। सन्तान के अभाव से उनका घर सूना था। उनकी मुसकानों और मनोविनोद के बावजूद उनके अन्दर की व्यथा झलक रही थी। बहुतेरी व्यथाएँ थीं। बहुतेरी उलझनें थीं। नन्दिता इन दो वर्षों में ही सूख गई थी, कुछ विरक्त हो गई थी। बातों के दौरान सहसा उसने कहा : 'काश, मैंने तुम्हारी बात मानकर 'सिन्दूर' में काम कर लिया होता, किशोर!'

इस एक वाक्य में उसकी घुटन सिमटकर उभर आई थी।

इसके बाद कुछ वर्षों तक हमारी परस्पर भेंट न हो पाई। पर फिर जब हम दोबारा मिले तो नन्दिता बूढ़ी लगने लगी थी। ऐसा लगा, मानो उस दिन वाली 'चित्रांगदा' के मंच की वह अलबेली नर्तकी विंग में जाकर जल्दी से भेस बदलकर आई हो! उसके केश और आँखों की पलकें तक सफेद हो चुकी थीं और सुना, वह ट्यूमर या कैंसर के असाध्य रोग से ग्रस्त थी। पर वे बहादुर पति-पत्नी हमसे उसी तरह हँस हँसकर मिले और जब तक हम लोग उनके घर रहे, वे हँसते और मुस्कुराते रहे।

इनसान अपने दिल में कितनी घुटन, कितनी व्यथा, कितनी पीड़ा दबाकर रख सकता है और फिर भी नहीं मरता! या यों कहूँ कि मरने से पहले इनसान कितनी-कितनी मौतें मर जाता है!

दो साल बाद नन्दिता का देहान्त हो गया।

अब तो जब कभी दिल्ली का जिक्र आता है, नन्दिता याद आने लगती है—जैसे चित्तौर का नाम लेते ही पद्मिनी याद आती है या आगरा के नाम से मुमताज।

जून, 1948 में हमारा बँगला बनकर तैयार हो गया था और हम लोग चेम्बूर रहने चले गए थे। हमने बँगले का नाम 'वाटिका' रखा था।

'सावन आया रे' तेजी से बन रहा था। कलाकारों का जब सम्पूर्णतः सहयोग मिलता है तो फिल्म-निर्माण, फिल्मीकरण, और सारा श्रम दिलचस्प और आनन्दमय हो जाता है।

रमोला बहुत बड़ी कलाकार थी। चुहल किस्म के पात्र वह पहले बखूबी कर चुकी थी। परन्तु जब 'सावन आया रे' की नायिका (आशा) के गम्भीर चरित्र को अभिनीत करने की बारी आई तो वह समूची ही, बड़ी सहजता से, नायिका के चरित्र में ढल् गई। स्टूडियो में और सेट पर देखने वाले सहसा न भाँप पाते कि रमोला कहाँ खत्म होती है और आशा कहाँ शुरू। अभिनेत्री रमोला और नायिका आशा के पृथक् चरित्र, चित्र की शूटिंग के दौरान एकाकार होकर चलते रहे।

रमोला सुन्दर थी, आकर्षक थी, अल्हड़ थी, भावुक थी, समझदार थी। कद की छोटी होने कारण लड़की-सी, गुड़िया-सी लगती थी। मेरे यूनिट के सब सदस्यों से घुल-मिलकर रहती और उनसे दोस्ताना सुलूक करती थी। मुझसे, प्रीति से और बच्चों के साथ भी वह घनिष्ठ हो गई।

'सावन आया रे' के दृश्यों की शूटिंग के समानांतर कुछ-कुछ उसके जीवन का घटनाक्रम चल रहा था। वह बेचैन रहने लगी। स्थिति यह थी कि हम दोनों अपने निजी चरित्र को नायक-नायिका के चरित्रों से पृथक् न रख सके और दिन-दिन एक दूसरे के पास आते चले गए।

उन्हीं दिनों यानी 22 नवम्बर की रात बम्बई में जोरों का तूफान आया। रात भर बारिश होती रही। तूफान का वेग 150 मील प्रति घंटा था। इतना भयंकर तूफान मैंने अपनी जिन्दगी में अब तक नहीं देखा। हम रात भर सो न सके। बिजली बन्द हो गई। घर में ही नहीं, शहर भर में घुप्प अँधेरा हो गया। सारी रात सारा शहर अँधेरे में रहा। टेलीफोन भी बन्द हो गया। इसके मानी थे कि आंधी-तूफान और बारिश ने बिजली और टेलीफोन के खम्भे उखाड़ दिए थे। सवेरे जब हम उठे तो हमारे अहाते के कुछ पुराने पेड़ गिरे पड़े थे और बाकी के ऐसे झूम रहे थे मानो वे भी गिर पड़ेंगे। कुछ पेड़ हमारी आँखों के सामने गिरे। दस बजे जाकर कहीं पानी थमा और आँधी बन्द हुई। सारी रात और सुबह दस बजे तक हमने जो देखा और अनुभव किया था, उससे हमारे लिए अनुमान लगाना मुश्किल न रहा कि प्रलय कैसा होता होगा।

उस शाम बाबूराव पटेल ने हमें खाने के लिए अपने घर 'आजाद' पर बुलाया हुआ था। रास्ते में जगह-जगह पेड़, बिजली और टेलीफोन के खम्भे गिरे पड़े थे, जिससे गाड़ी चलाना मुश्किल हो गया। घूम-घामकर चेम्बूर से ब्रीच कैंडी तक चालीस मिनट का रास्ता हमने डेढ़ घंटे में तय किया।

'रात सुशी के हाल देखने थे,' बाबूराव ने हँस-हँसकर कहा : "आँधी के थपेड़ों से जब हमारा मकान काँपने लगा तो वह गीता खोलकर बैठ गई और गायत्री और महामृत्युंजय मंत्र जपने लगी!'

मोमबत्ती के प्रकाश में हमने उस शाम व्हिस्की पी; लेकिन खाने के लिए जैसे ही टेबल पर पहुँचे तो अचानक बिजली आ गई।

वर्ष के अन्तिम दिन, यानी 31 दिसम्बर, 1948 के दिन, मैंने 16,000 रुपये में मेट्रो मोटर्स से 'ब्यूइक' मोटर कार खरीदी। आज छोटी फिएट गाड़ी के लिए भी 30,000 रुपये देने पड़ते हैं!

विचित्र बात यह है कि दो महीने पहले ही एक मेरे परिचित ज्योतिषी, शंभु लिंगम, ने कहा था : 'वर्ष समाप्त होने से पहले आपके पास एक और वाहन आ जाएगा। वाहन-सुख आपको भरपूर और जीवन भर मिलता रहेगा।'

सच है, जिन्दगी के ऐशोआराम में वाहन अत्यन्त आवश्यक वस्तु है। बहुत प्रकार के सुख होते हैं—जैसे माता-सुख, पिता-सुख, स्त्री-सुख, पुत्र-सुख, आदि। उसी तरह एक वाहन-सुख भी होता है।

'सावन आया रे' बनकर तैयार हो गया। प्रीमियर रिलीज के लिए मैं कलकत्ता गया। थिएटरों की सजधज और शहर की विज्ञप्ति देखने के लिए रिलीज के दिन सुबह मैं शहर के दौरे पर निकला। कृष्णा थिएटर के सामने खड़ा मैं मैनेजर से बात कर रहा था कि सामने से मुस्कुराता हुआ एक यूरोपियन आता दिखाई दिया। सूरत जानी-पहचानी लगी मगर कहाँ देखी है, याद न आया। मैं घोर संकट में पड़ा अपनी याद से जूझने लगा और वह विदेशी पास आता जा रहा था।

मेरे पास पहुँचकर हाथ बढ़ाते हुए उसने पूछा : 'मुझे नहीं पहचाना?'

'पहचाना,' मैंने अब सहसा पहचानकर मुस्कुराते हुए कहा।

'तो बताओ मेरा नाम?'

'तोर हकिनसन।'

वह खुशी से फड़क उठा और फिर हम दोनों खूब-खूब गले मिले।

नौ-दस वर्ष पहले, यानी 1939 में जब मैं महात्मा गांधी मार्ग (हॉर्नबी रोड) पर अपने दफ्तर 'मजदर हाउस' में रहा करता था और 'बहूरानी' प्रस्तुत करने की तैयारियों में था, तो अचानक एक दिन तारापूरवाला बुक शॉप में तोर हकिनसन से भेंट हो गई थी। (इस विचित्र भेंट का विवरण मैंने अपने उपन्यास 'परदे के पीछे' में सविस्तार किया है।) बाद में हम दोनों में दोस्ती हो गई। तोर हकिनसन, हाँलाकि स्वीडन का रहने वाला था, ऑक्सफोर्ड यूनिवर्सिटी से डॉक्टरेट लेने के लिए भारत आया था और दक्षिण भारत में महीनों रहकर भरत नाट्यम तथा कथकली और दक्षिण के आदिवासियों तक के नृत्य पर थीसिस लिख रहा था। दक्षिण से ताजा-ताजा लौटने के कारण खद्दर का सफेद कुरता, खद्दर की सफेद लुंगी और जर

की किनारी वाला, तह किया हुआ, सफेद रेशमी दुपट्टा पहना करता था। जब देखो तब दक्षिण भारत की तारीफ किया करता। वहाँ के दृश्य, वहाँ की युवतियों के गुण बखाना करता।

'अभी तो तुमने कुछ भी नहीं देखा, तोर,' एक दिन मैंने उससे कहा, 'अभी तो सारा देश देखना बाकी है। उत्तर जाओ—बनारस, लखनऊ, दिल्ली जाओ। राजपूताना जाकर देखो। कश्मीर देखो। बंगाल जाओ। बंगालिन को देखोगे तो दक्षिण याद न रहेगा।'

उसके बाद तोर भ्रमण पर निकल पड़ा था। छः महीने तक उत्तर भारत की सैर करके कलकत्ता जा पहुँचा था। हर दो-तीन हफ्ते में वह मुझे पत्र लिखा करता था।

अब—दस बरस बाद—तोर के खूबसूरत चेहरे की सुर्खी जाती रही थीं। आँखों के आसपास बारीक, हलकी रेखाएँ (क्रोज फीट) बन गई थीं। शर्ट-पैंट पहने हुए था। तरुण अँगरेज कवि स्व. रूपर्ट ब्रुक की तरह उसके सुन्दर, सुनहले जो लम्बे बाल हुआ करते थे, अब छोटे कटे हुए थे, रूखे हो गए थे, और छिटकने लगे थे।

'तुम अभी तक कलकत्ता में ही हो, स्वीडन नहीं लौटे?' मैंने पूछा।

'ना, नहीं लौटा।'

'थीसिस लिखी? डॉक्ट्रेट ली?'

'ना।'

'क्यों?'

'मैंने शादी कर ली।'

'किससे?'

वह मुस्कुराया। 'एक बंगालिन से।'

'कब?'

'तभी—उन्हीं दिनों। तुम कहा करते थे न—बंगाल जाकर बंगालिन को देखोगे तो चक्कर आ जाएगा! सो वही हुआ।'

मैं हँस पड़ा। 'और काम-धन्धा?' मैंने पूछा।

'सिगरेट फ़ैक्टरी में काम कर रहा हूँ।'

'तुम खुश तो हो, तोर?'

'बहुत। मेरी पत्नी बड़ी अच्छी है। नौकरी बड़ी अच्छी है। और क्या चाहिए मुझे?'

सच तो है। मनुष्य को और क्या चाहिए?

तीन-चार दिन मैं कलकत्ता में रहा। तोर मेरे साथ-साथ रहा। 'सावन आया रे' के प्रीमियर शो पर भी वह उपस्थित था। चित्र उसने बहुत पसन्द किया। प्रेक्षकों को भी चित्र पसन्द आया था। सन्तोष की साँस लेकर मैं बम्बई लौट आया।

उसके बाद 13 मई, 1949 को बम्बई में कृष्णा और कैपिटल थिएटरों में जब 'सावन आया रे' रिलीज हुआ तो लोगों की भीड़ थिएटरों पर इस कदर टूट पड़ी कि पुलिस को लाठी चार्ज करना पड़ा। 13 मई का वह दिन मेरे लिए महत्त्व का दिन

था। मेरे जीवन में कई असाधारण प्रसंग, न जाने क्यों, 13वीं तिथि को होते आए हैं और अब तो मैं 13 की संख्या को अपने लिए लकी ही मानने लगा हूँ।

'कृष्णा' में उस शाम बाबूराव पटेल भी आए थे। फिल्म निर्माताओं से वे कभी पास न माँगा करते। निमंत्रण भेजा तो वापस कर देते। अपने पैसे से टिकट खरीदकर ही चित्र देखते, ताकि निर्माता का उन पर किसी तरह का एहसान न रहे और चित्र की मनचाही समीक्षा लिखने के लिए वे मुक्त रह सकें।

शो के बाद बाबूराव मुझसे लिपट गए और खूब बधाइयाँ देने लगे, और मुझे और प्रीति को और रमोला को पकड़कर अपने घर 'आजाद' खाना खिलाने ले गए।

महीनों तक तन, मन, धन खर्च करके, बड़े उत्साह, शौक और लगन से बनाई हुई मेरी कलाकृति सफल हुई थी, सराही गई थी। मैं खुश था, प्रीति खुश थी, रमोला खुश थी।

उस रात तीन पेग पी चुकने के बाद बाबूराव ने कहा : ' 'राजा' के बाद किशोर, तेरा यह पिक्चर मुझे पसन्द, आया, बहुत पसन्द आया। वाह, क्या कहानी है! तूने और तेरी इस रमोला ने क्या काम किया है, वाह! लगता नहीं कि तुम दोनों एक्टिंग कर रहे हो। तुम दोनों कहीं सच्चा नाटक तो नहीं कर रहे? प्रीति, तुम आँख रखना इस पर। यह साला फिर पाँच फीट की छोकरी के साथ उलझ रहा है। पर, यार, रमोला, तुम लगती बड़ी माशूक हो। काश, मैं भी एक्टर होता! कम-से-कम शूटिंग में तो तुम्हारे साथ फ्लर्ट करने को मिलता।'

हम सब हँस दिए, और तभी सुशीला ने उठकर कहा : 'चलो, चलो, खाना लग गया।'

खाते-खाते बाबूराव ने फिर 'सावन आया रे' की प्रशंसा शुरू कर दी। कुछ दृश्यों की खूबियाँ बताने लगे।

'अब बन्द कर, यार,' मैंने कहा : 'सारा रिव्यू (समालोचना) तू यहीं बता देगा तो फिल्म इंडिया में फिर क्या लिखेगा?'

'मेरा असली रिव्यू यहीं सुन ले, किशोर। फिल्म इंडिया में रिव्यू दूसरा निकलेगा। खूब मारूँगा तेरे पिक्चर को।'

'क्यों?' मैंने साश्चर्य पूछा।

'और नहीं तो क्या? तेरा यह पिक्चर बहुत अच्छा है। बढ़िया बनाया है तूने। और यह खूब चलेगा भी। तू कमाएगा इसमें। पर मुझे क्या मिलेगा?'

ब्लैकमेलिंग और काला बाजार उन दिनों फिल्म पत्रिकाओं में जोरों से चालू था। बाबूराव खुद बहुत बड़े ब्लैकमेलर समझे जाते थे। फिल्म व्यवसाय में कइयों का खयाल था, खयाल ही नहीं, विश्वास था कि वे रुपया लेकर ही अच्छी समालोचना देते हैं। मुझे भी अब उन पर शक होने लगा।

'तुझे क्या चाहिए?' मैंने पूछा।

'रुपया। तू कमाएगा तो मुझे भी हिस्सा मिलना चाहिए।'

'कितना?'

'पाँच हजार।'

'और अगर न दूँ तो?'

'तो रिव्यू ऐसा बुरा लिखूँगा कि तेरी धज्जियाँ उड़ा दूँगा। फिर देखता हूँ, बेटा, तू कैसे बिजनेस करता है! पिक्चर फेल करके रख दूँगा।'

पता नहीं चल रहा था कि बाबूराव बोल रहे थे या व्हिस्की बोल रही थी। पर मैं सहम गया। प्रीति और रमोला भी सहम गईं। आज ये एक नए बाबूराव थे—दुनियादार, बिजनेसमैन, ब्लैकमेलर।

'मैं तुझे रुपया नहीं दूँगा,' मैंने कहा।

'क्यों नहीं देगा?' बाबूराव ने खाते-खाते गिलास में नया पेग भरा और एक नया गिलास मुझे पकड़ा दिया।

'क्योंकि मैं अपने अन्तःकरण की रक्षा करना चाहता हूँ। तुझे दस हजार देकर पब्लिसिटी करवा सकता हूँ, पर एक रुपया भी देकर तेरे रिव्यू में अपनी तारीफ नहीं लिखवाऊँगा। झूठी तारीफ और खरीदा हुआ रिव्यू मुझे नहीं चाहिए।'

'क्यों नहीं चाहिए? तेरा फायदा नहीं होगा?'

'सुन, साले बंजारे,' मैंने कहा, 'मैं अपने को एक अच्छा कलाकार, लेखक और इंटेलेक्चुअल समझता हूँ। तुझे भी मैं एक अच्छा क्रिटिक और इंटेलेक्चुअल समझता हूँ। हमारी दोस्ती दो इंटेलेक्चुअल की दोस्ती है। इसमें रिश्वत देकर बट्टा न लगाऊँगा, न रिश्वत लेकर तुझे लगाने दूँगा।'

'देख, सोच ले। कल चुपचाप पाँच हजार भिजवा दे वरना रिव्यू पढ़कर फिर मुझे दोष न देना।'

'नहीं दूँगा,' मैंने कहा। 'मैं समझ लूँगा कि एक महान पत्रकार, एक अद्वितीय समालोचक का स्वर्गवास—मेरा मतलब नरकवास हो गया।'

बाबूराव जोर-जोर से हँसने लगे, बोले : 'तेरी मरजी है, मत दे। कल को रोएगा।'

दो बजे रात के हम तीनों विदा लेकर निकले। रास्ते में रमोला ने कहा : 'बाबूराव पटेल इतना जबर्दस्त ब्लैकमेलर है, मुझे नहीं मालूम था। कुछ तो दे ही दो, वरना अपने इतने अच्छे पिक्चर को वह फेल करा देगा।'

'नहीं, किशोर,' प्रीति ने कहा : 'कुछ मत देना। उसे लिखने दो जो लिखना चाहे।'

'तुम ठीक कह रही हो, प्रीति,' मैंने कहा। 'कुछ नहीं दूँगा।'

पन्द्रह दिनों तक दिल में उछलकूद होती रही। अगले फिल्म इंडिया में बाबूराव की समालोचना पढ़ने के लिए हम सब बेताबी से इन्तजार करते रहे।

और फिर पहली जून के अंक में फिल्म इंडिया में 'सावन आया रे' की समालोचना निकली। सुर्खियाँ पढ़कर आँखों को सहसा विश्वास न हुआ। 'राजा' के बाद ऐसी बढ़िया, ऐसी व्यापक समालोचना जैसी 'सावन आया रे' पर बाबूराव

ने लिखी, फिर कभी न लिखी। उन्होंने चित्र को सराहते हुए मुझे हिमालय की चोटी पर बिठा दिया था। उस ऊँचाई से जब मैंने नीचे देखा तो चक्कर आने लगे।

'अब दे दो पाँच हजार बाबूराव को,' प्रीति ने मुझसे कहा। 'तुम्हारी बात भी रह गई और वह भी खुश हो जाएगा।'

बात मुझे जँच गई। एक लिफाफे में बन्द करके मैंने पाँच हजार रुपये अपने सेक्रेटरी के हाथ बाबूराव पटेल के पास भिजवा दिए। घंटे भर बाद बाबूराव का फोन आया।

'किशोर, ये रुपये क्यों भेजे तूने?' वे चिल्ला रहे थे।

'तूने माँगे जो थे। तूने इतना बढ़िया रिव्यू लिखकर मुझपर जो एहसान किया है, क्या उसके बदले में मैं यह तुच्छ भेंट भी नहीं दे सकता?'

'साले! क्या तूने मुझे ब्लैकमेलर समझ रखा है? 'राजा' के वक्त और 'वीर कुणाल' के वक्त क्या मैंने वे बढ़िया रिव्यू तुझसे पैसे लेकर ही लिखे थे?'

'नहीं, यह बात नहीं, बाबूराव; पर इस समय मेरे पास पैसा है। अगर मैं उसमें से...''

'तेरे पास पैसा है, दान कर दे; पर, रिव्यू के बाद ही सही, पैसा भेजकर तू मेरा इनसल्ट नहीं कर सकता। अच्छा पिक्चर बनाया इसलिए मैंने अच्छी समालोचना दी। कल बुरा पिक्चर देगा तो बुरी समालोचना दूँगा—इतना याद रख। तेरे पैसे वापस भेज रहा हूँ।'

और बाबूराव ने पैसे वापस कर दिए।

बाबूराव की उस रात वाली धौंस सहसा समझ में आ गई। एक इंटेलेक्चुअल को दूसरे इंटेलेक्चुअल से मात खाना मंजूर न था।

प्रशंसा की बौछार अन्य पत्र-पत्रिकाओं से भी आई। कुछ समालोचनाएँ आंशिक रूप में मैं यहाँ उद्धृत करता हूँ :

- किशोर साहू कृत 'सावन आया रे' दिग्दर्शकों के लिए एक पाठशाला है—एक महाकाव्य! मानवीय भावनाओं का एक गतिशील नाटक! आनेवाले लम्बे समय तक इस देश के फिल्म निर्माण के क्षेत्र में यह चित्र अपनी कला और नाटकीय अभिव्यक्ति के लिए एक शानदार स्तंभ साबित होगा।

—फिल्म इंडिया

- 'सावन आया रे' एक देदीप्यमान कृति है। अपने सर्जक के लिए यह अत्यन्त श्रेयस्कर सिद्ध होगी, साथ ही फिल्म उद्योग के लिए भी। पिछले बीस वर्षों में देखी तथा समालोचित फिल्मों में सर्वश्रेष्ठ!

—टाइम्स ऑफ इंडिया

- 1949 का सर्वश्रेष्ठ चित्र।

—संडे न्यूज ऑफ इंडिया

- 'सावन आया रे' फिल्म उद्योग के प्रशस्त भविष्य की ओर संकेत करता है। अपार नाटकीय संभावनाओं-भरा मनोरंजन।

—भारत ज्योति

- एक चतुर और प्रतिभाशाली प्रदर्शक के रूप में किशोर साहू सार्थकता, मनोरंजन, बॉक्स ऑफिस, विशिष्ट दर्शक अथवा जनसामान्य की रुचि, सूक्ष्म भाव तथा नाटकीयता—सभी कुछ को सन्तुलित रूप में प्रस्तुत करने में सफल रहे हैं।

—संडे स्टैंडर्ड

- 'सावन आया रे' किशोर साहू की विलक्षण रचनात्मक कलाकृति है। यह ऐसा प्रतिभाशाली व्यक्ति है, जिसका फिल्म उद्योग में कोई जोड़ नहीं।

—ईव्ज वीकली

- निर्माता, दिग्दर्शक, लेखक और अभिनेता—विभिन्न रूप में किशोर साहू की प्रतिभा लगभग हर दृश्य में स्पष्ट दिखाई देती है। उनका आकर्षक व्यक्तित्व सारी फिल्म पर छाया हुआ है। उनके जैसे कलाकार ही हमारे फिल्म उद्योग का खाका बदल सकते हैं। उन्हें हमारा अभिनन्दन।

—मार्च

- 'सावन आया रे' मूल्यवान नग-नगीनों से जड़ित तथा सुन्दरतम नक्काश से सुशोभित एक महान चित्र है। कल्पना की उत्कृष्ट कलाकारिता के साथ प्रस्तुत एक सशक्त कहानी।

—साउंड

- विलक्षण प्रतिभा के धनी किशोर साहू को 'सावन आया रे' में अब तक के फिल्म जीवन की सबसे बड़ी सफलता मिली है।

—वैराइटी

समालोचनाओं में सतत मेरी प्रशंसा पढ़-पढ़कर कितने ही निर्माता, दिग्दर्शक लेखक जल-जल गए।

अपने बराबर का, अपने जैसा व्यक्ति लोग सहन कर लेते हैं, परन्तु जब कोई असाधारण प्रतिभाशाली व्यक्ति समक्ष आता है तो वे उससे कतराने लगते हैं, ईर्ष्या और नफरत करने लगते हैं। मनुष्य-स्वभाव का यह अमिट नियम है।

20 सितम्बर, 1946 को हमारी तीसरी सन्तान—ममता—पैदा हुई।

'सावन आया रे' रिलीज होने से पेश्तर ही मैंने अपने दूसरे चित्र 'रिमझिम' के लिए रमोला को अनुबन्धित कर लिया था।

'रिमझिम' के मुहूर्त के दिन मेरे फाइनेंसर और हिस्सेदार ज्वालाप्रसाद तिवारी में और प्रीति में एक होड़ बद गई। मैं तेजी से शूटिंग करने के लिए फिल्म इंडस्ट्री में मशहूर हूँ। प्रीति ने कहीं कह दिया कि यह चित्र मैं तीन महीने के अन्दर ही बना दूँगा।

तिवारी जी सट्टा बाजार के सिद्ध खिलाड़ी थे, वे बोले : 'यह नामुमकिन है।'

'बहुत मुमकिन है,' प्रीति ने कहा।

'शर्त लगाती हैं आप?'

'लगाइए। क्या शर्त?'

'अगर तीन महीने में किशोर ने 'रिमझिम' चित्र की शूटिंग खत्म कर दी तो मैं आपको पच्चीस हजार रुपये दूँगा और अगर तीन महीने से ज्यादा लग गए तो आप मुझे पच्चीस हजार देंगी, बोलिए?'

प्रीति संकट में पड़ गई और मेरी ओर देखने लगी।

'लगा लो, प्रीति,' मैंने कहा।

'मुझे मंजूर है यह शर्त,' प्रीति ने कहा।

उपस्थित कलाकार और तकनीशियन इस अनोखी शर्त पर तालियाँ बजाने लगे।

'रिमझिम' की शूटिंग मैंने दो महीने, तेईस दिन में समाप्त कर दी। यह एक अचम्भा था। हलचल मच गई।

अब प्रीति को देख तिवारी जी कतराने लगे। शर्त की उन्हें कई बार याद दिलाई गई, पर वे सदा 'हाँ-हाँ, दूँगा' कहते रहे और उन्होंने अपना वचन न रखा। प्रीति को पच्चीस हजार कभी न मिले।

अपने साथियों, सहयोगियों, कर्मचारियों को, यहाँ तक कि घर के नौकरों को भी मैं सहज ही अलग नहीं करता। मुझे उनकी कुछ आदत हो जाती है, उनसे लगाव हो जाता है। 'राजा' के समय (1943) जो फिल्म सम्पादक—कांतिलाल शुक्ला—मेरे साथ हुए तो अब तक मेरे साथ हैं। मैं फिर दुहराता हूँ : मैं बहुत भावुक हूँ।

दो चित्रों से, यानी लगभग साल भर से, लगातार एक साथ काम करते-करते रमोला की मुझे और मेरी उसे आदत पड़ गई थी। स्टूडियो में, सेट पर और शूटिंग के दौरान उससे मुझे प्रेरणा मिला करती। दिल में रहते-रहते दर्द भी दिल बन जाता है। साथ रहते-रहते हम दोनों भी कुछ उसी तरह हुए जा रहे थे। प्रीति परेशान हो गई।

'जो स्थिति निभाई न जा सके, उसे उत्पन्न ही नहीं होने देना चाहिए।'

प्रीति की परेशानी मैंने देखी। बहकाने, भटकाने वाली भावनाओं पर दिमाग ने काबू पाया।

स्थिति को 'एक खूबसूरत मोड़ देकर छोड़ना अच्छा' था। रमोला से मैंने बात की। हमने बिलकुल ही अलग हो जाने का तय किया। और उसी क्षण हम जुदा हो गए। तब से आज तक हम आपस में कभी नहीं मिले, न किसी तरह का पत्र-व्यवहार किया।

हर अच्छी-बुरी आदत को टूटने में समय लगा है। उसे भी कुछ समय लगा। पर वह टूट गई।

अच्छा ही हुआ। जब तक रमोला मेरे साथ थी, मैं अपने चित्रों के लिए ऐसी ही कहानियाँ सोचता या यों कहूँ कि मुझे ऐसी ही कहानियाँ सूझतीं जिनकी नायिका का चरित्र रमोला पर जँचे। रमोला के जाते ही मेरे अन्दर का कथाकार अब सब सीमाओं और बन्धनों से मुक्त हो गया। अब मेरी कल्पना विभिन्न तथा अद्भुत कथावस्तुओं, प्रसंगों, चरित्रों से जूझने लगी। नायिकाओं के एक से एक रंगीन और विलक्षण चरित्र सूझने लगे।

अनेक युवतियाँ जो मेरे जीवन में आईं, अगर वे न आतीं तो मेरा एक पहलू अधूरा रह जाता। आकर उन्होंने झोली भर-भरकर मुझे अनुभूतियाँ प्रदान कीं।

जो अत्यन्त साधारण मनुष्य है, उसे भी कई तरह के सुख चाहिए। वह अपनी पत्नी और बच्चों के साथ सुखी है; पर फिर भी उसे वाहन का सुख चाहिए, सिगरेट-बीड़ी पीने का सुख चाहिए, शायद शराब पीने का सुख चाहिए, या ताश-गंजीफा खेलने का, दोस्तों का, पड़ोसियों का, गप्पें लगाने का, कुत्तों का, मुर्गियों का सुख चाहिए या बाग-बगीचे का सुख चाहिए। उसी तरह यह भी तो सम्भव है कि घर का एक सुखी व्यक्ति युवतियों का सुख चाहता हो!

सब व्यक्ति एक समान नहीं होते। किसी को एक रोटी नहीं पचती, कोई इतना पेटू होता है कि चार आदमियों का भोजन अकेला चट कर जाता है। किसी को रात दो घंटे नींद नहीं आती, कोई चौदह घंटे सोना चाहता है। कोई इतनी रूखी तबीयत का होता है कि न पत्नी को, न बच्चों को पर्याप्त प्यार दे सकता है, किसी के हृदय में प्यार के इस कदर सोते फूटते रहते हैं कि वह नहीं जानता, कहाँ सींचे।

मानता हूँ, सुख की परिभाषा सहज नहीं। शौक, व्यसन, लत, आदत, खुशी, आनन्द और सुख इस तरह परस्पर मिले-जुले हैं कि उनका दावे के साथ अलग-अलग अर्थ निकालना या समझना मामूली समझ-बूझ के इनसानों का काम नहीं। यहाँ मैं केवल इतना ही कहता हूँ—और जानता हूँ कि बहुत-से पाठक मुझे गलत समझेंगे—कि हर व्यक्ति अपने तईं बिलकुल अकेला होता है और हर व्यक्ति की जरूरतें अलग-अलग होती हैं। व्यक्ति जितना असाधारण, विचित्र, अद्वितीय होगा, जितना अधिक प्रतिभाशाली होगा, उतनी ही असाधारण, विचित्र, अद्वितीय उसकी जरूरतें होंगी। उदाहरण देता हूँ :

सिद्धार्थ असाधारण थे। संसार त्यागकर वे गौतम बुद्ध बन गए और उन्होंने समाज का रुख मोड़ दिया। कोई साधारण व्यक्ति चहेती पत्नी और परिवार का त्याग नहीं करता, नहीं कर सकता।

ब्याहता होने के बावजूद मीरा ने अपने पति के साथ, सामाजिक दृष्टि से, जो असंगत और अशोभनीय बर्ताव किया, वह कोई साधारण पत्नी न करती, न कर पाती। किन्तु मीरा न साधारण पत्नी थी, न साधारण स्त्री। वह एक महान कवयित्री, एक अद्भुत योगिनी थी।

नेपोलियन, जो एक मामूली सैनिक से बढ़कर सम्राट बना, जिसने लड़ाई के मोरचों पर से प्रेम-पत्र लिखे (और वाह, क्या खूब लिखे!) और शिविर के शयन कक्ष में वस्त्रहीन, कामातुर युवती से बेखबर होकर युद्ध के पैंतरे सोचे और बनाए और उन पर कारगर हुआ, और जिसने उन्नीसवीं शताब्दी को एक समय के लिए अपनी मुट्ठी में कस लिया था, वह कोई साधारण मानव न था। अगर वह साधारण न था तो उसकी निजी आवश्यकताएँ साधारण क्योंकर हो सकती हैं? उसने हर क्षेत्र में, हर दिशा में असाधारण करतब दिखाए। एक ओर तो हम उसकी राजनीतिक उपलब्धियों पर उसे शाबाशी देते हैं, सराहते हैं, उसे प्रतिभाशाली (जीनियस) कहकर याद करते हैं, और दूसरी ओर उसके व्यक्तिगत जीवन पर टीका-टिप्पणी करते हैं। हम यह भूल जाते हैं कि नेपोलियन प्रतिभाशाली था। अगर वह अद्भुत और अद्वितीय था, तो वह अद्भुत और अद्वितीय जीवन के अनेक क्षेत्रों में रहा होगा और उस गैरमामूली इनसान की जरूरतें भी गैरमामूली रही होंगी। हम यह भी भूल जाते हैं कि नेपोलियन इकहरा मानव न था; उसके अन्दर दस-बीस मानव थे। वह अनेक और अद्भुत चरित्रों का गुत्थमगुत्था था। वह महामानव था—शायद पिछले जन्म की कोई योग-भ्रष्ट विभूति।

डाविन्सी, माइकल एंजेलो सॉक्रेटिस, शेक्सपियर, डी. एच. लॉरेन्स, वाइल्ड, बायरन, शेली, टॉल्स्टॉय, मोपासाँ, मॉम, एच. जी. वेल्स, बर्ट्रेंड रसेल, गालिब, रवीन्द्रनाथ, शरत्चन्द्र, हिटलर, महात्मा गांधी, वॉन गॉग, पिकासो, चार्ली चैपलिन, आदि—प्रतिभाशाली लेखक, कवि, वैज्ञानिक, राजनीतिज्ञ, चित्रकार, अभिनेता—जनसाधारण से दस हाथ ऊँचे हैं। औसती इनसान के बूते के बहुत बाहर उन्होंने अपना अंजाम दिया है। उनके व्यक्तिगत जीवन का कोई साधारण व्यक्ति जायजा ले तो वह अचम्भे में पड़ जाएगा, उन पर तरह-तरह की टिप्पणी करने लगेगा, तरह-तरह के दोष लगाने लगेगा। हमेशा से यही होता आया है। असाधारण व्यक्ति के साथ दुनिया ने सदा अन्याय किया है; क्योंकि दुनिया आखिर साधारण व्यक्तियों के समूह ही तो है।

जब बात उठाई है तो अपनी एक बात और कह दूँ। मैं केवल एक व्यक्ति नहीं। मेरे अन्दर एक दुनियादार पुरुष है तो साथ ही साथ एक स्वच्छंद कलाकार (लेखक, कवि, दिग्दर्शक, अभिनेता, चित्रकार), एक भ्रमण-प्रिय शिकारी, और एक विचारक, आध्यात्मिक, वैरागी भी है। और ये सब व्यक्ति कभी अलग-अलग और कभी एक ही समय में अपना-अपना उन्मुक्त जीवन जीने में सम्बद्ध रहते हैं और परस्पर टकराकर मुझ समूचे, सम्मिलित व्यक्ति का कभी-कभार सन्तुलन बिगाड़ देते हैं। परन्तु यह टकराव ही मेरे जीवन का मूलाधार है। संघर्ष का ही दूसरा नाम जीवन है। और यह असन्तुलन मेरे जीवन को परिपक्व बनाने में विशेष योगदान देता रहा है।

सर्वथा सन्तुलित व्यक्ति केवल सज्जन बनकर रह जाता है, वह सृजनशील कलाकार नहीं बन सकता। कलाकार के लिए सन्तुलन खोते रहना आवश्यक ही नहीं, अनिवार्य है। सन्तुलन खो-खोकर ही अनुभूतियाँ जुटाई और सँजोई जाती हैं।

इसलिए मुझ समूचे मानव का मूल्यांकन करते समय, धीरज और सहानुभूति के साथ मेरे विभिन्न रूपों, अंगों, पहलुओं, चरित्रों को—उनके अपने गुण-दोष सहित—देखना और समझना होगा।

'रिमझिम' एक खूबसूरत हास्यपूर्ण चित्र था। मामूली चला। कोई विशेष स्तरीय बात उसमें न थी।

उसके बाद ही मैंने नानाभाई भट और अपने भाई सुशील साहू को दिग्दर्शक का दायित्व देकर, अपने नियंत्रण तथा निगरानी में, उनके द्वारा लगभग एक साथ तीन चित्र बनवाए : 'हमारा घर', 'बिजली', 'जन्माष्टमी'। तीनों चित्र अच्छे चले थे। 'हमारा घर' सामाजिक और घरेलू कहानी थी और उसमें पाँच नायक और पाँच नायिकाएँ थीं। ये दसों नायक-नायिकाएँ लगभग नए ही थे। पाँच में से एक नायिका मीना कुमारी भी थी, जो उन दिनों फिल्म व्यवसाय में नई-नई ही आई थी और शायद मेरे पास उसने पूरे चित्र के लिए 4,000 रुपये पर अनुबन्ध किया हुआ था।

उपरोक्त तीनों चित्रों का मैं निर्माता था, दिग्दर्शक नहीं। 'काफी सुस्ता चुका था', स्वयं दिग्दर्शन करने के लिए उतावला हो रहा था। कथा, पटकथा, संवाद मैंने लिखकर तैयार कर लिए थे। मैंने पटकथा का नाम 'काली घटा' रखा। इसकी नायिका का चरित्र यूरोपियन युवती का था। पुरानी, देखी-भाली कोई अभिनेत्री यूरोपियन न लगती थी, इसलिए मैं नए चेहरों के लिए विज्ञप्ति दी। सैकड़ों आवेदनपत्र मेरे पास आए। उन्हें बम्बई बुलाकर उनका कैमरा-टेस्ट, साउंड-टेस्ट, आदि लेकर मैंने उनमें से तीन लड़कियाँ चुन लीं। उनके नाम इस प्रकार थे : कृष्णा सरिन, इन्दिरा दास और सोहन सिंह सेखोंस।

कृष्णा आइ.टी. कॉलेज, लखनऊ में इंटर में पढ़ रही थी। उसी कॉलेज में इन्दिरा प्राध्यापिका थी। सोहन मिरांडा कॉलेज, दिल्ली में इंटर में थी। तीनों अपने-अपने कॉलेज छोड़कर बम्बई आ गईं और मेरी कम्पनी—हिन्दुस्तान चित्र—के साथ उन्होंने 'काली घटा' के लिए अनुबन्ध कर लिया। मुझे उनके नाम पसन्द न थे, सो मैंने उन्हें नए नाम दिये। कृष्णा सरिन को 'बीना राय' का नाम दिया, इन्दिरा दास को 'इंदि पंचाल' और सोहन सिंह सेखोंस को 'आशा माथुर'। बीना राय को मैंने मुख्य नायिका (हीरोइन) का रोल दिया, इन्दिरा पंचाल को दासी का रोल मिला और आशा माथुर को खलनायिका (वैम्प) का, और श्रीकान्त स्टूडियोज, चेम्बूर में धूमधाम से 'काली घटा' का मुहूर्त करके मैंने शूटिंग शुरू कर दी।

सिवा मेरे और गोप के जो क्रमशः प्रमुख नायक (हीरो) और हास्य अभिनेता (कॉमेडियन) की भूमिकाएँ कर रहे थे, बाकी सब कलाकार या तो छोटे थे या नए। 'काली घटा' की तीनों लड़कियाँ बिलकुल नई थीं। औरों के नामांकित सितारों से लदे चित्रों का मुकाबला करना मेरे नए चेहरेयुक्त चित्र के लिए दुष्कर कार्य था; इसलिए मैंने अपने चित्र को विशेष और अतिरिक्त प्रसिद्धि तथा विज्ञप्ति देने की योजना बनाई और पत्र-पत्रिकाओं में लम्बे-चौड़े विज्ञापन देकर 'काली घटा' चित्र और अपनी नई तारिकाओं का प्रचार करने लगा।

'काली घटा' की आउट डोर शूटिंग के लिए मैं अपने यूनिट और परिवार को लेकर औरंगाबाद गया। वहाँ के खूबसूरत स्टेट होटल में हम लोग ठहरे। वहाँ से एलोरा की प्राचीन गुँफाएँ लगभग 16 मील हैं और अजन्ता की 60 मील। एक सप्ताह वहाँ रहकर मैंने एलोरा और अजन्ता की गुफाओं में शूटिंग की। वास्तव में ये गुफाएँ अद्‌भुत हैं। पहाड़ काटकर शिल्पियों ने आजीवन इनकी दीवारों, छतों, स्तंभों और मूर्तियों को तराशा है। पिता की शिल्पकारी को बेटे ने जारी रखा और इस प्रकार ईसवी सन् के पहले दूसरी शताब्दी से लेकर ईसवी सन् के बाद आठवीं शताब्दी तक ये अद्‌भुत और विशाल गुफाएँ निरंतर बनती रहीं।

औरंगाबाद से दौलताबाद का किला तीन मील के फासले पर है। जाकर किला देखा। पास ही गाँव में खुले आकाश के नीचे औरंगजेब की कब्र थी। पच्चीस साल तक जिस मुगल बादशाह ने उत्तर भारत पर शासन किया था, जिसने अपने पिता और बहन को आगरा के किले में कैद रखकर घुला-घुलाकर मार डाला, सगे भाइयों की निर्दयता से हत्या कर डाली, हिन्दुओं पर जजिया कर लागू करके देश भर में अपनी रूखी तबीयत, निर्दयता, क्रूरता और कट्टर मुसलमानियत का आतंक फैला दिया था, आज उस वीरान कठघरे के अन्दर उसकी कब्र कितनी खामोश थी! आलमगीर (दुनिया का मालिक) कहानेवाले औरंगजेब की तुरबत पर दो फूल चढ़ानेवाला आज कोई न था। कब्र पर सर्वत्र चूहों की मैगनियाँ बिखरी पड़ी थीं।

औरंगाबाद से हम लोग हैदराबाद गए, फिर मद्रास, फिर ब्लू माउंटेन एक्सप्रेस में बैठकर ऊटी (ऊटकमंड)।

दक्षिण जाने का यह मेरा पहला अवसर था। ऊटी सुन्दर पहाड़ है। कहते हैं, इंग्लैंड से यह हिल स्टेशन कई बातों में साम्यता रखता है। रखता ही होगा। वहाँ के बोटेनिकल गार्डन और झील पर मैंने शूटिंग की।

अशोक कुमार किसी चित्र की शूटिंग के सिलसिले में बंगलोर गए हुए थे। उन्हें जब पता चला कि मैं पास ही ऊटी में हूँ तो पत्नी शोभा को लेकर वे मुझसे मिलने कार से ऊटी आ गए। हमारे पड़ाव में रंगत आ गई।

ऊटी एक हफ्ता रहकर हम लोग बम्बई लौट आए।

उन्हीं दिनों फिल्मार्ट्स के 'बुजदिल' नामक चित्र में मैं निम्मी के साथ टाइटल रोल (मुख्य भूमिका, जिसका नाम ही चित्र का नाम भी हो) कर रहा था। प्रेमनाथ सहनायक थे। कथा, पटकथा और संवाद इस्मत चुगताई के थे और उनके पति, शाहिद लतीफ, चित्र का दिग्दर्शन कर रहे थे। 'काली घटा' के साथ-साथ ही 'बुजदिल' भी बनकर तैयार हुआ था और लोगों को चित्र और विशेषकर चित्र में मेरा काम बहुत पसन्द आया था। उसमें मेरे अभिनय का जिक्र आज तक होता है।

शाहिद लतीफ को मैं पहले से जानता था—जब वे बॉम्बे टॉकीज में पटकथा-लेखन विभाग में हुआ करते थे। लेकिन अब 'बुजदिल' की शूटिंग के दौरान, इस्मत चुगताई से स्टूडियो के सेट पर रोजाना मुलाकात होने लगी। इस्मत की कहानियाँ मैं पढ़ चुका था। कुछ कहानियाँ मुझे पसन्द थीं। लिखने का तर्ज अनोखा था। सादत हसन मंटो का ढंग भी अनोखा हुआ करता था। अक्सर उन दिनों जब इस्मत का जिक्र आता तो मंटो का जिक्र भी आ जाया करता। और जब मंटो का जिक्र आता तो इस्मत भुलाई नहीं रह सकती थीं।

यौनात्मक कथावस्तु से दोनों को लगाव था। अपनी कहानी में कहीं न कहीं नर-नारी के शारीरिक सम्पर्क, संभोग या उनकी यौनात्मक कुछ सुन्दर या भद्दी भंगिमाएँ व क्रियाएँ, वे दोनों अवश्य ही लिखा करते और लगता कि मजे ले-लेकर लिखा करते। शलवार,पायँचा, नेफा, नाड़ा, घुटने, चूड़ियाँ, कम्बल, लिहाफ, बिस्तर, पलंग, शहवत, बू, बदबू, सड़ांध, बगल, पसीना, गोश्त, बेडरूम, संडास, पाखाना, खुड्डी जैसे शब्दों का उन्होंने दिल खोलकर उपयोग किया है। उनका अपना एक तर्जे बयाँ है। हर लेखक का अपना-अपना क्षेत्र होता है, उसका अपना-अपना विषय होता है। इस पर आपत्ति नहीं की जा सकती। मैं समझता हूँ कि मोपासाँ की कहानियों से ये दोनों बहुत प्रभावित थे और मोपासाँ का ही अनुकरण करते हुए उन्होंने यौन और काम से दिलचस्पी जतलाई। किन्तु मोपासाँ की उड़ानें ये कभी न ले सके। कोई न ले सका।

मोपासाँ ने कुछ उपन्यास भी लिखे थे किन्तु वे असफल रहे। मोपासाँ का क्षेत्र लघुकथा लेखन था। मैं उन्हें बहुत बड़ा कहानी लेखक मानता हूँ। मोपासाँ की तरह लिखने की दुनिया भर में कई लेखकों ने कोशिश की, किन्तु जब मोपासाँ सर्कस के ट्रेपीज खिलाड़ी की तरह झूले में बैठ हवा में पेंगें भरता और अद्भुत कलाबाजियों के करिश्मे दिखाता रहा है, उसके नकलची लेखक धरती पर बिछी दरी पर केवल गुलाटियाँ खा-खाकर रह गए।

एक दिन इस्मत और शाहिद ने प्रीति और मुझे मरीन ड्राइव पर अपने घर डिनर के लिए बुलाया। साहित्य की चर्चा से शाम शुरू हुई और मेरे जीवन के नाटकीय प्रसंगों के विवरणों में आधी रात को डिनर समाप्त हुआ।

सादत हसन मंटो से भी मेरा खास परिचय था। बँटवारे के बाद वे पाकिस्तान चले गए। जब वे भारत में थे, उनसे फिल्मिस्तान स्टूडियोज में मेरी अक्सर भेंट हुआ करती थी। साहित्य और जिन्दगी पर हमने घंटों बातें की होंगी।

मुझे खुशी इस बात की है कि हिन्दी के पुराने, रूढ़िवादी साहित्यकारों से पिछले दस-बारह वर्षों में कोट, बुश-कोट, पैंटधारी, अँगरेजी-दाँ, आधुनिक हिन्दी के नवयुवक साहित्यिक वर्ग ने साहित्य का ठेका लगभग छीन लिया है और छीने जा रहा है। यह नया लेखक भ्रमण करता है; कॉफी हाउस, रेस्तराँ जाता है, होटलों में खाता और शराब पीता है, युवतियों के साथ नाचता और फ्लर्ट या प्रेम करता है, जिन्दगी के हर पहलू से अपने को परिचित रखने की कोशिश करता रहता है; तभी तो उसकी कृतियों में जिन्दगी की बू आने लगी है।

खुशी इस बात की भी है कि फिल्म देखनेवाली जनता में समझदार और कलाप्रिय दर्शकों का वर्ग आज काफी विस्तार पा चुका है और दिन-ब-दिन पाए जा रहा है। अब यह सम्भव हो चुका है और दिन-ब-दिन होता जा रहा है कि फिल्मों में कहानियाँ हटकर दी जाएँ। घिसे-पिटे बॉक्स ऑफिस फार्मूले—जिसके मर्म को आज तक न कोई समझा या जाना है—के आधार पर लिखी हुई कुछ पटकथाएँ फेल हो गई हैं। मुकाबले में कम व्यय और छोटे या नए कलाकारों से बनाई हुई कुछ छोटी फिल्में सीधी-सादी, नाजुक और यथार्थरूपी पटकथाओं पर बनकर सफल हो गई हैं। शायद अब वह समय दूर नहीं जब साहित्य की अच्छी और फिल्माने योग्य कृतियाँ फिल्म निर्माताओं को आकृष्ट करने लगें। लेकिन यहाँ मैं नए साहित्यकारों से फिर दुहरा दूँ कि अगर फिल्मों में वे अपनी कृतियाँ देना चाहें या उनके लिए संवाद लिखना चाहें तो पटकथा के तकनीक का अध्ययन अवश्य करें। उसके बाद लेखक का अपना-अपना रुझान और अपना-अपना गुण (टैलेंट) है जिन पर उनकी सफलता निर्भर रहेगी।

1 ली जून, 1951 को बम्बई के इम्पीरियल, कैपिटल, आदि छः थिएटरों में 'काली घटा' चित्र जोरदार प्रसिद्धि के साथ रिलीज हो गया। रिलीज के दिन बम्बई में मानसून की पहली फुहार भी पड़ी थी। मेरी अनोखी पटकथा, शंकर-जयकिशन का मधुर संगीत और तीनों नई तारिकाएँ चित्र की विशेषताएँ थीं। चित्र बहुत सराहा गया और बहुत अच्छा चला।

जग्गाराव नायडू के नागपुर में कई थिएटर थे। उन्हीं नायडू ने 17 वर्ष पूर्व अपने थिएटर 'रीजेंट' में 'कर्म' चित्र का प्रदर्शन किया था। उद्घाटन पर देविका रानी और हिमांशु राय को आमंत्रित कर नायडू ने उनका भव्य स्वागत किया था। अब नायडू बम्बई आकर मुझसे मिले और 30 जून को 'काली घटा' के नागपुर में रिलीज के अवसर पर मुझे नागपुर आने के लिए निमंत्रित कर गए; यह आश्वासन दे गए कि 'काली घटा' का उद्घाटन 'कर्म' के उद्घाटन से बढ़कर होगा।

कॉलेज से निकलने के बाद, जब से मैं बम्बई आया, उन चार वर्षों में कई बार नागपुर जा चुका था। किन्तु 30 जून के सवेरे जब प्रीति और अपने सेक्रेटरी बोस के साथ मैं नागपुर पहुँच रहा था तो एक प्रख्यात फिल्म निर्माता, दिग्दर्शक, लेखक और अभिनेता की हैसियत से पहुँच रहा था। नायडू ने मेरे नागपुर पहुँचने की तिथि और समय पत्रों और हैंडबिलों में सर्वत्र प्रसारित की हुई थी। हफ्ते भर पहले से शहर भर में खलबली मची हुई थी और लोग यह सुन-पढ़कर गर्व और उल्लास से उत्तेजित हुए जा रहे थे कि सिने जगत का प्रख्यात और यशस्वी कलाकार किशोर साहू, जो उन्हीं के शहर का रहनेवाला था, अपने नवीनतम, बहुप्रचारित, बहुचर्चित चित्र 'काली घटा' के उद्घाटन के लिए नागपुर आ रहा है।

मैं जानता था कि नायडू मेरा और मेरे चित्र 'काली घटा' का स्वागत देविका रानी और 'कर्म' के स्वागत के ढंग पर ही करेंगे। किन्तु सवेरे नौ बजे लगभग जब मेरी ट्रेन—कलकत्ता-मेल—नागपुर स्टेशन के प्लेटफॉर्म पर पहुँची तो लोगों की अपार भीड़ देखकर मैं चकित रह गया। चूँकि मेरी यात्रा की तिथि अखबारों में निकल चुकी थी, बम्बई से नागपुर तक की यात्रा में उस दिन और उस रात, रास्ते भर, हर बड़े स्टेशन पर लोगों की भीड़ मेरे डिब्बे में पहुँचकर मुझे परेशान करती रही थी। कई कलाकारों को दर्शनार्थ आए हुए लोगों के ये जत्थे बड़े अच्छे लगते हैं और हर स्टेशन पर जब गाड़ी रुकती है तो वे खुद डिब्बे के दरवाजे पर निकलकर खड़े हो जाते हैं और जनता तथा यात्रियों का ध्यान अपनी ओर आकर्षित करने की चेष्टा किया करते हैं। इसके विपरीत, मैं अपनी यात्रा को कभी पब्लिसिटी नहीं देता। डिब्बे में चुपचाप, बिना लोगों के जाने और मुझे परेशान किए, सफर करना मुझे पसन्द है। मैं डिब्बे के बाहर अपने नाम का रिजर्वेशन कार्ड भी, गाड़ी चलते ही, फाड़कर अन्दर ले लेता हूँ, ताकि किसी को पता न चले कि मैं उस ट्रेन में सफर कर रहा हूँ, और अगर किसी को मालूम भी हो जाए तो वह यह न जान सके कि मैं किस डिब्बे में हूँ। मैं सदा पूरा कूपे रिजर्व करवाता हूँ—प्रीति साथ में हो तब भी और अगर मैं अकेला होऊँ तब भी। मुझे सफर में एकान्त चाहिए; उस एकान्तता में ही मेरे विचार उभरने लगते हैं और कल्पनाओं को पंख फूटते हैं।

किन्तु उस दिन नागपुर स्टेशन पर अपने दर्शनार्थ, अपने स्वागतार्थ बजता हुआ बैंड और फूल बरसाती हुई लोगों की वह अपार भीड़ देखकर मैं गद्गद हो उठा। नायडू ने आगे बढ़कर हमें उतारा और गले में हार पहनाए। नायडू के साथ द्वारका दास डागा खड़ा था। जितने बड़े हार वह लेकर आया था, मैंने कभी न देखे। हम खूब गले मिले। पुराना सारा मनोमालिन्य भुला दिया गया। लोगों से मिलते-मिलाते प्लेटफॉर्म के बाहर निकलकर कार में बैठने में लगभग चालीस मिनट लग गए। बाहर सड़कों पर भी लोगों की अपार भीड़ प्रतीक्षा में खड़ी थी।

हम लोग सी.पी. क्लब में ठहराए गए।

मध्य प्रदेश के राज्यपाल श्री मंगलदास पकवासा के करकमलों द्वारा उस रात लिबर्टी थिएटर में 'काली घटा' का सुन्दर उद्घाटन हुआ। मुख्य मंत्री पं. रविशंकर शुक्ल और गृह मंत्री पं. द्वारकाप्रसाद मिश्र ने भी उपस्थित रहकर हमें मान दिया था।

दूसरे दिन जग्गाराव नायडू ने गोंडवाना क्लब में हमें लंच और द्वारका दास डागा ने सी.पी. क्लब में डिनर दिया जिनमें सरकारी महकमों के सभी उच्च पदाधिकारी और शहर के प्रतिष्ठित सज्जन पधारे थे। मित्र द्वारका की पत्नी, राधा, जो पहले कभी मेरे सामने न निकली थी, घूँघट हटाकर इन लंच और डिनर पार्टियों में मेरी बगल में बैठी।

'कहिए,' नायडू ने मुझसे कहा : 'देविका रानी और 'कर्म' को दिये गए स्वागत से आपका यह स्वागत दस गुना बेहतर है?'

उत्तर द्वारका ने दिया : 'दस गुना नहीं, सौ गुना बेहतर है।'

मैंने नायडू और द्वारका को धन्यवाद दिया।

पार्टी में प्रतिष्ठित सज्जनों का समुदाय देखकर मैं मन में सोचने लगा : मैंने अच्छा किया जो बी.ए. करने के बाद ही सिनेमा में प्रवेश किया। आज ये सारे उच्च पदाधिकारी, व्यवसायी, वकील, बैरिस्टर, जज, आदि कितने निःसंकोच होकर और कितने तपाक के साथ भोज में शरीक होकर मेरे साथ घुल-मिल रहे हैं! क्या किसी पुराने अनपढ़ या अधपढ़ सिने कलाकार को यह सम्मान उपलब्ध हो सकता था? मैं—एक सिने कलाकार—आज प्रतिष्ठित, सभ्य समाज के बाहर का कोई अछूत नहीं, बल्कि उसका एक महत्त्वपूर्ण और सम्मानित अंग समझा गया हूँ, समझा जा रहा हूँ। किस प्यार और आदर की निगाहों से लोग मुझे तक रहे हैं!

डिनर की समाप्ति के समय जो एक घटिया हरकत एक व्यक्ति ने की, वह यहाँ उल्लेखनीय है। नशे में धुत्त होकर एक अतिथि लेडीज टॉयलेट में जा घुसा। महिलाओं की चीखोपुकार सुनकर वह चौंका और लड़खड़ाता, हँसता हुआ बाहर निकल आया। अतिथियों ने बात मजाक में ले ली, क्योंकि वह बेजा हरकत एक अँगरेज ने की थी और वह अँगरेज हाई कोर्ट का जज था। हालाँकि पीकर ऐसी बेजा भूल किसी भी व्यक्ति से हो सकती है और उसके लिए उसे जिम्मेदार नहीं ठहराया जा सकता; लेकिन कहीं यह व्यक्ति मैं होता तो उस दिन वे सारे उपस्थित व्यक्ति मेरे बारे में, सिनेमा के बारे में क्या सोचते?

मैंने सन्तोष की साँस ली और मन में कहा : 'अच्छा हुआ जो आज यह घटना हुई।'

एक दुष्ट मुसकान मेरे होंठों पर थिरकने लगी।

13 जुलाई, 1951 को 'काली घटा' दिल्ली में रिलीज होने जा रहा था। प्रीति और आशा माथुर को साथ ले मैं फ्रंटियर मेल से दिल्ली पहुँचा। हमारे पहुँचने की खबर लोगों को न जाने कैसे लग गई थी! नई दिल्ली स्टेशन पर एकत्र लोगों का जत्था हमारे डिब्बे पर टूट पड़ा। मैंने बाहर निकलकर उनका सामना किया। मेरे सेक्रेटरी बोस और पुलिस ने लोगों को काफी सँभाला किन्तु जब गाड़ी चली तो हजार आदमी गाड़ी की छत पर सवार थे और बीस-पच्चीस उत्तेजित दर्शनाभिलाषी हमारे डिब्बे में घुस आए थे। नई दिल्ली से दिल्ली स्टेशन तक पहुँचने में उस दिन गाड़ी को एक घंटा लगा होगा। दिल्ली स्टेशन पर लोगों की इतनी अधिक भीड़ थी कि डिब्बे से बाहर निकलना मुश्किल हो गया। अतिरिक्त पुलिस बुलाई गई, हमारे लिए भीड़ को चीरकर रास्ता बनाया गया, तब कहीं जाकर हम लोग प्लेटफॉर्म से निकलकर कार में बैठ पाए।

मेरे वितरक डी.आर. गुप्ता ने हमें, यूनिवर्सिटी रोड पर, अपने बँगले पर ठहराया। उन्होंने मुझे खुशखबरी दी कि, मेरी इच्छानुसार, 'काली घटा' का दिल्ली में उद्घाटन जनरल करिअप्पा द्वारा होने जा रहा है। जनरल करिअप्पा ने स्वीकृति दे दी है। यह खबर पत्रों में प्रकाशित कर दी गई है और यह भी प्रकाशित कर दिया गया है : 'आचार्य किशोर साहू और उनकी नई तारिकाएँ—बीना राय और आशा माथुर—मिनर्वा थिएटर के मंच पर व्यक्तिगत रूप में उपस्थित होंगे।'

मैं गुप्ता जी पर बहुत झल्लाया। लड़कियों को लेकर मंच पर जाना मुझे पसन्द न था। पर अब देर हो चुकी थी। सूचना तो छप चुकी थी।

दो हफ्ते पहले किसी चित्र के उद्घाटन के अवसर पर इसी शहर और इसी थिएटर में बुरी घटना हो चुकी थी। अभिनेत्रियाँ जब मंच पर जाने के लिए चलीं तो प्रेक्षकों ने उन्हें काफी-कुछ छेड़ा था—किसी ने स्पर्श किया, किसी ने चिकोटी काटी, किसी ने पल्लू खींचा। काफी ऊधम के बाद, पुलिस सहायता से, प्रेक्षकों की उजड्डता पर काबू पाया गया था। इस प्रसंग की सूचना मुझे मिल चुकी थी और मैं अब आशंकित और परेशान था। लेकिन अब हिम्मत हारना बेकार था। दोपहर के प्लेन से बीना राय भी दिल्ली पहुँच गई। उस शाम मिनर्वा थिएटर के मंच पर पहुँचकर जनरल करिअप्पा को चित्र का उद्घाटन करने के लिए धन्यवाद देते हुए मैंने कहा : 'आज तक ब्रिटिश सरकार हमारे भारतीय सिने व्यवसाय को सदा पीसती, रौंदती रही है, लेकिन आज मुझे गर्व है कि मेरा चित्र 'काली घटा' भारत का प्रथम चित्र है जिसका उद्घाटन स्वतंत्र भारत के प्रथम भारतीय सेनापति के करकमलों द्वारा हो रहा है।'

पाँच मिनट तक तालियों की बौछार चलती रही।

मैं हिन्दी में क्या बोल गया, जनरल करिअप्पा की समझ में न आया। किन्तु इतना तो वे भाँप गए कि मैंने उनके सम्बन्ध में कुछ बहुत अच्छा बोला है। वे देर तक झुक-झुककर मुझे आभार जताते रहे।

मैंने अब प्रेक्षकों से कहा : 'मुझे मालूम है, आप लोग मेरी दोनों तारिकाओं के मंच पर आने की प्रतीक्षा कर रहे हैं। वे दोनों उधर, ऊपर देखिए, बालकनी में बैठी हुई हैं, नीचे मंच पर आने से घबराती हैं। मुझसे कहने लगीं कि यह सभ्य लोगों का शहर नहीं, पिछले दिनों उन्होंने कुछ अभिनेत्रियों की बेइज्जती की थी। मैंने उन्हें इत्मीनान दिलाया है कि मेरी अभिनेत्रियों के साथ ऐसा कभी नहीं हो सकता। मैं उन्हें नीचे बुलाता हूँ। ये दोनों लड़कियाँ मैं दिल्ली से ही चुनकर ले गया था। आज ये लड़कियाँ बम्बई से दिल्ली यानी अपने मायके आई हैं। आप उन्हें आज दिखा दीजिए कि मायके वाले बेटियों का स्वागत कैसे करते हैं!'

लोगों ने फिर तालियों की बौछार कर दी और जब बीना राय और आशा माथुर खचाखच भरे हुए थिएटर में प्रवेश कर मंच की ओर बढ़ने लगीं तो प्रेक्षक स्वागतार्थ उठकर खड़े हो गए और तालियों की गूँज अधिक प्रचंड हो उठी।

उसके बाद चित्र को दिल्ली में भी सफल तो होना ही था।

दूसरे दिन जनरल करिअप्पा ने प्रीति और मुझे किंग जॉर्ज एवेन्यू, अपने निवासस्थान पर लंच के लिए आमंत्रित किया। बँगले में जनरल अकेले रहते थे। उनकी बातचीत में, बोलने के ढंग में फौजी रंग न था। हमारी पसन्द मालूम कर उन्होंने हमारे मनचाहे रेकॉर्ड बजाए और हमारी पसन्द के विषयों पर बात करते रहे। खाने की मेज पर एक चीनी तश्तरी में रखे बेला के फूल महकते रहे। और इस तरह उस दिन हमने जनरल के साथ दो खूबसूरत घंटे बिताए।

उसके बाद जनरल करिअप्पा के साथ मेरा कई वर्षों तक पत्र-व्यवहार चलता रहा। बाद में भारतीय राजदूत होकर वे आस्ट्रेलिया गए थे। वहाँ से भी वे लिखते रहे। बाद में कुछ अधिक व्यस्त हो गया और करिअप्पा रिटायर हो गए और हम बिछड़ गए। जीवन में मेरा परिचय कई अच्छे मजेदार, अनोखे महान चरित्रों से हुआ है और परिचय घनिष्ठता में परिवर्तित हुआ है। मैंने उन नए-नए पात्रों में एक समय तक दिलचस्पी ली है, फिर धीरे-धीरे उन पात्रों से मिलने-जुलने तथा पत्रों की शृंखला टूट जाने के कारण बिछड़ जाता रहा हूँ और मेरा ध्यान, मेरा मन अन्य नए, अनजाने, अनोखे व्यक्तियों की ओर आकृष्ट होता रहा है।

दिल्ली से प्रीति और बीना राय को साथ ले मैं आगरा गया। अब तक हमने ताजमहल नहीं देखा था। अब जी भरकर देखा। दिन की सुनहरी धूप में देखा और रात की झिलमिलाती चाँदनी में देखा। भ्रमण में कैमरा सदा मेरे कांधे से लटका रहता है। मैंने ताज की कई तसवीरें खींचीं यद्यपि मैं जानता था कि तसवीरों में ताज की मरमरी इमारत मात्र खिंच आएगी, वे स्वप्निल कल्पनाएँ, वे कोमल भावनाएँ, जो रूपवती मुमताज के उस सुन्दर मजार से सम्बद्ध हैं, कभी न अंकित

हो पाएँगी। कैमरा केवल रूप, रंग और आकार को चित्रित कर सकता है, भावना को नहीं।

अब एक खयाल सहसा उभरने लगा। मैंने पढ़ा हुआ था कि 18 साल में शाहजहाँ की हसीन मलिका, मुमताज महल, ने 12 बच्चे पैदा किए थे। मैं सोचने लगा, उन 18 सालों में अक्सर ही मुमताज का शरीर कितना बेडौल रहा होगा! एक बार विचारधारा ने विपरीत गति ली तो और भी कई शंकाएँ उत्पन्न होने लगीं। क्या ताजमहल सच में अत्यधिक सुन्दर और अद्वितीय है? ताजमहल को देखते समय अगर बादशाह और बेगम की वह मार्मिक प्रेम-गाथा स्मरण न हो आती तो भी क्या ताजमहल उतना ही सुन्दर लगता? अगर ताजमहल की यही इमारत नौबतखाना या अजायबघर होती, मयखाना या बन्दीघर या सरकारी महकमे का कोई दफ्तर होती, तो क्या तब भी दुनिया को यह उतनी ही सुन्दर लगती? क्या ताज का सौंदर्य और महत्त्व शाहजहाँ के अपनी बेगम के प्रति प्रेम का वास्तव में प्रतीक है? क्या शाहजहाँ वाकई मुमताज से बेइन्तिहा मुहब्बत करते थे? कहीं ऐसा तो नहीं हुआ कि इमारत, बाग और सड़क बनवाने के शौकीन बादशाह ने—अमन, चैन, फुरसत, और अपने शौक की वजह—अगर दिल्ली से कलकत्ता तक ग्रैंड ट्रंक सड़क बनवाई, दिल्ली का लाल किला और जामा मसजिद बनवाई, तो आगरा में जमुना के किनारे अपनी बेगम के लिए संगमरमर का एक कीमती और आलीशान मकबरा भी बना दिया? चूँकि शाहजहाँ ने हर इमारत आलीशान बनवाई थी, यह मजारवाली इमारत भी, अपने जाहोजलाल, नाम और ऐश्वर्य की याद ताजा रखने के लिए मात्र आलीशान बनवाई? इसके बनवाने के तहत बेगम के प्रति मुहब्बत कम और बादशाह का अपना अहं अधिक रहा हो? ताज की भव्यता जरूरी नहीं कि शाहजहाँ की मुहब्बत को तौलती हो? रही ताज की सुन्दरता, तो उसका श्रेय उस महान शिल्पी को दिया जाना चाहिए जिसने ताजमहल के रूप-आकार की कल्पना की और बीस वर्षों में उसे गढ़कर तैयार किया।

फिर हमने एतमाद्दौला का मकबरा देखा, लाल किला भी देखा जहाँ औरंगजेब ने शाहजहाँ को आजन्म कैद रखा था। सिकन्दरा (बहिश्ताबाद!) भी देखा जो कई कमरोंवाली एक लम्बी-चौड़ी इमारत है जिसे अकबर बादशाह ने बनवाया था और चाहा था कि मुगलिया शाही खानदान के शव इसी इमारत के कमरों में दफनाए जाएँ यानी सिकन्दरा शाही खानदान के लिए कब्रगाह था। दुर्भाग्यवश इतने लम्बे-चौड़े कब्रगाह के कुल दो कमरे काम आए थे। एक में बादशाह अकबर की कब्र थी और दूसरे में उनकी एक बेटी की। बाकी के सब कमरे खाली थे। शाही खानदान के अन्य सदस्यों में से कोई यहाँ तक न पहुँचा, कोई कहीं मरा और दफन हुआ और कोई कहीं।

सिकन्दरा में मैंने बादशाह अकबर की कब्र देखनी चाही जो बीच वाले कमरे के नीचे तलघर में थी। दस-पन्द्रह सीढ़ियाँ उतरकर गाइड और उसके टॉर्च के सहारे हम तलघर में पहुँचे। घुप्प अँधेरा था। गाइड ने दियासलाई सुलगाकर फर्श पर रखी हुई

लालटेन जला दी और उस मद्धिम प्रकाश में एक पुरानी कब्र झलक पड़ी जो अकबर की कब्र थी। लौटने से पहले गाइड ने फिर वह लालटेन फूँक मारकर बुझा दी।

'क्यों, बत्ती क्यों बुझा दी?' प्रीति ने पूछा।

'क्या करें, बीबीजी,' गाइड ने उत्तर दिया : 'तेल पर राशन है।'

मैंने प्रीति और बीना को सम्बोधन कर कहा : 'देखा तुम लोगों ने? अपनी ताकत और शानोशौकत पर नाज करने वाले आलीजाह, शहंशाहे हिन्द की दुर्गति देखी तुमने? आज उनकी कब्र पर चिराग जलाने के लिए तेल नहीं!''

रात हम लोग लॉरिज होटल में ठहरे। दूसरे दिन सवेरे फतहपुर सीकरी देखने निकल पड़े। बुलन्द दरवाजे से लेकर नौ रत्न दरबार तक खूब घूम-फिरकर देखा। मन में मैंने तभी तय किया कि अपने अगले चित्र के कुछ दृश्य मैं ताजमहल और फतहपुर सीकरी की पृष्ठभूमि पर अवश्य ही फिल्माऊँगा।

मथुरा से फ्रंटियर मेल पकड़कर हम लोग बम्बई के लिए रवाना हो गए। दूसरे दिन जब हम बम्बई पहुँचे तो बड़ा अच्छा लगा क्योंकि मानसून अपने पूरे उत्थान पर था और शहर में हर ओर जलथल हुआ जा रहा था।

इसके दो हफ्ते बाद ही 'काली घटा' चित्र कलकत्ते में रिलीज हो रहा था। हमारे साथ बीना राय भी कलकत्ता चलने वाली थी, किन्तु सहसा माता के अस्वस्थ हो जाने के कारण उसने टेलीफोन किया कि वह न चल सकेगी। लेकिन जब प्रीति और मैं स्टेशन पर पहुँचकर अपने कूपे में सामान जमा रहे थे कि अकस्मात् सरिन साहब (बीना राय के पिता) बीना को लिये लपके हुए आए और कहने लगे कि अगर बीना कलकत्ता न गई तो उसका दिल टूट जाएगा। बीना ने झिझकते, शरमाते हुए कहा : 'ममी अब अच्छी हैं। चलूँ मैं भी आपके साथ? मैं फर्श पर बिस्तर बिछाकर सो रहूँगी।'

हमने बीना को अपने साथ ले लिया और गाड़ी चल पड़ी। मेरा एक कर्मचारी दौड़ा हुआ आया और चलती गाड़ी में, हमारे डिब्बे की खिड़की से उसने ब्राउन पेपर में बँधा हुआ एक छोटा-सा बंडल डाल दिया। मैंने बंडल खोला। 'अभिसार' की प्रतियाँ थीं जो आज ही छपकर आई थीं। 'अभिसार' मेरे गद्य-काव्यों का संग्रह है। कॉलेज के दिनों से अब तक लिखी हुई मेरी गद्य-कविताएँ इस पुस्तक में संगृहीत थीं।

प्रवास में मैं पुस्तक में से अपनी कविताएँ पढ़-पढ़कर प्रीति और बीना को सुनाता रहा। अपनी रचनाओं को पुस्तक रूप में देखना हर लेखक को अच्छा लगता है; मुझे भी बहुत अच्छा लगा। युवाकाल की बिलकुल निजी और अपनी आंतरिक अनुभूतियाँ, प्रतीतियाँ, कल्पनाएँ, भावनाएँ अब इस पुस्तक में सदा के लिए संगृहीत होकर सुरक्षित हो गई थीं। इस एहसास से दिल को राहत हुई।

कलकत्ता में भी 'काली घटा' का शानदार उद्घाटन हुआ।

बीना राय कलकत्ता में अपनी बहन मोहनी के घर ठहरी; प्रीति और मैं ग्रेट ईस्टर्न होटल में, जहाँ हम पिछली बार ठहरे थे।

ब्याह के बाद प्रीति और मैं पहली बार एक साथ कलकत्ता आए हुए थे। प्रणय-काल की वे अनेक मीठी घड़ियाँ, जो हमने इस शहर में एक साथ बिताई थीं, याद हो आईं और पुराने, प्यारे उन अनेक स्थलों पर हम फिर साथ-साथ घूमते फिरे।

'काली घटा' के बाद ही मैंने कुछ दिन सुस्ताने का तय किया। दिग्दर्शक की हैसियत से छुट्टी लेकर, कम्पनी के आगामी चित्र 'सपना' के दिग्दर्शन के लिए केदार शर्मा को नियुक्त कर मैं स्वच्छंद भ्रमण और शिकार के लिए अक्सर महाराष्ट्र और मध्य प्रदेश के जंगलों में जाने लगा। प्रीति सदा मेरे साथ होती। शेर, चीते, सांभर, हिरन, नील गाय, सूअर, बतखें, आदि का हमने खूब शिकार किया।

'सपना' में नायक की भूमिका मैं कर रहा था। बीना राय नायिका थी। पॉल जिल्स नामक एक जर्मन निर्माता-दिग्दर्शक के 'जलजला' चित्र में भी मैं नायक था। रवीन्द्रनाथ ठाकुर के उपन्यास 'चार अध्याय' पर चित्र की पटकथा आधारित थी। गीता बाली नायिका थी और देव आनन्द सहनायक थे।

ये दोनों चित्र—'सपना' और 'जलजला'—बुरी तरह फ़ेल हो गए। पॉल जिल्स के पाँव उखड़ गए और मनोरंजन फिल्म निर्माण क्षेत्र से हटकर वे डॉक्युमेंटरी फिल्म बनाने लग गए। मैं अब अपना भ्रमण और शिकार कम करके अपने धन्धे पर विशेष ध्यान देने लगा।

मैंने तब मिसेज हेनरी वुड के प्रख्यात अँगरेजी उपन्यास 'ईस्ट लिन' पर आधारित करके पटकथा तैयार की और उसका नाम 'हमारी दुनिया' रखा। नायिका के लिए आशा माथुर और नायक के लिए भारत भूषण को लिया और मैं खलनायक बना। इस चित्र में नन्ही बालिका का अभिनय मेरी पुत्री नयना ने किया था और वह उसका प्रथम अभिनय था। चित्र पर हमें बड़ी आशा थी मगर वह यों ही रहा। मेरे दर्शक वर्ग और समीक्षकों को उसमें कुछ भी नया न लगा। कहानी घिसी-पिटी और अभिनय साधारण समझा गया।

उन्हीं दिनों इतालवी दिग्दर्शक रोजालिनी के 'ओपन सिटी' और जापानी दिग्दर्शक के 'यूकिवारिसू' नामक चित्रों ने सिने संसार तथा सिने उद्योग में क्रांति ला दी। ये दोनों चित्र नई कथावस्तु और नई शैली लेकर आए थे और बहुत कम पूँजी से तैयार किए गए थे।

सिने पत्रिकाओं में 'फिल्म इंडिया' श्रेष्ठ थी और उसका बहुत चलन था। बाबूराव पटेल ने इस पत्रिका से काफी धन कमाया। बांद्रा में पाली हिल पर एक प्लॉट खरीदकर उन्होंने आलीशान दोमंजिला मकान बनवाया और उसका नाम 'गिरनार' रखा। 3 अगस्त, 1952 के दिन 'गिरनार' में गृह प्रवेश के अवसर पर उन्होंने फिल्म व्यवसाय के तथा बाहरी क्षेत्र के कई अपने मिलने-जुलने वालों को

आमंत्रित किया। उस दिन वहाँ स्नेहप्रभा प्रधान भी आई थी। बाबूराव ने प्रीति और स्नेह का परस्पर परिचय कराया। बिना किसी संकोच तथा झिझक के दोनों मिलीं और कुछ देर आपस में बातचीत करती रहीं। मैं उन दोनों के साथ खड़ा, उनकी बातों में शरीक तो हो गया किन्तु, मन-ही-मन पृथक् होकर, उन दोनों युवतियों की उस समय की मनोभावना का अनुमान लगाने लगा। मेरे मन में स्नेह के प्रति कोई भावना न थी, न किसी तरह की नफरत थी, न कोई गुस्सा; वह मेरे लिए बिलकुल ही बेगानी और नादिलचस्प चीज थी, यह सोचकर भी कि कभी उसने मेरी जिन्दगी को उथल-पुथल कर दिया था, मुझे त्रस्त और दुखी कर दिया था; मेरे अन्दर अब कोई मनोविकार, कोई अच्छी या बुरी भावना न जाग पाई और मैं उसके प्रति बिलकुल बेलाग और विरक्त रहा, मानो उससे मेरी बहुत मामूली पहचान हो! मानो कभी वह मेरी जिन्दगी में आई ही न हो!

घर आने पर मैंने प्रीति से पूछा : 'तुम्हें स्नेह से मिलने पर कैसा लगा? कोई जलन या गुस्सा...'

'कुछ नहीं लगा,' प्रीति ने हँसकर कहा। 'मुझे लगा, मानो मैं तुम्हारी उन कई दोस्तों में से एक से मिल रही हूँ जिनका हमारी अपनी जिन्दगी से कोई सम्बन्ध नहीं। न डाह, न जलन, न गुस्सा।'

मुझपर उस दिन पुनः विदित हुआ कि किसी भी वस्तु या व्यक्ति का महत्त्व, किसी घटना या प्रसंग की रोचकता, खुशी या वेदना बहुधा स्थान और काल पर निर्भर रहती है। कालान्तर और दूरी के कारण मन की प्रतिक्रियाएँ, मनोभावनाएँ अस्पष्ट और धूमिल हो जाती हैं। समय और दूरी का चमत्कार अद्‌भुत है। हम कितनी ही असह्य वेदना क्यों न भुगतें, कितना ही अपार सुख क्यों न भोगें, बाद में बहुत बाद में, जब हम उन दुखदायी या सुखद क्षणों की याद करते हैं तो हमारा समस्त अस्तित्व दुखी या पुलकित नहीं हो जाता; दुख या सुख की यादों में अब इतनी ताकत नहीं रह जाती कि वे हमें दुखी या सुखी कर सकें। अपनी ही बीती को अब हम अपने से बाहर खड़े होकर प्रेक्षक की नाईं देखने लगते हैं। कभी मुझे गले पर बिच्छू ने काटा था और मारे दर्द के मैं घंटों तड़पा था। अब जब उस घटना के बारे में सोचता हूँ तो मेरे गले में पुनः दर्द नहीं होने लगता; केवल इतना याद आता है कि उस दिन बहुत दर्द हुआ था।

शेक्सपियर के 'हैमलेट' नाटक से मैं बचपन से ही प्रभावित था। हेमलेट की भूमिका—जो अत्यधिक अभिनेय है—को अभिनीत करने की महत्त्वाकांक्षा मुझमें सदा से ही रही है। अब मैंने सन्धि उपयुक्त पाई और 'हैमलेट' का फिल्मीकरण करने की योजना बनाने में जुट गया।

अब तक मैं भारत से बाहर नहीं निकला था। मैंने तय किया कि महीने भर के लिए यूरोप का दौरा कर आऊँ और विलायत से 'हैमलेट' के लिए वेशभूषा और साजसज्जा की सामग्री भी ले आऊँ और वेनिस में होने वाले फिल्मोत्सव (फिल्म फ़ेस्टिवल) में भी शरीक हो जाऊँ।

एक शाम बाबूराव पटेल और सुशीला रानी मेरे घर खाने के लिए आए तो मैंने उनसे अपना इरादा जतलाया। वे पहले ही यूरोप और अमरीका का भ्रमण कर आए थे। उन्होंने मुझे अपने मित्रों पर कुछ परिचयात्मक पत्र देने को कहा। यह भाँपकर कि शायद उस समय यात्रा के लिए मेरे पास रुपयों की कमी आ रही है और सम्भव है, प्रीति साथ में यूरोप न जा सकेगी, बाबूराव ने तुरन्त उस कमी को पूरा करने की हामी भरी। हम दोनों की यूरोप यात्रा के लिए 15000 रुपये की जरूरत थी। मेरे पास 10,000 रुपये मात्र थे। मेरा पैसा उस समय कम्पनी में फँसा हुआ था। दूसरे दिन बाबूराव ने मेरे पास 5000 रुपये भिजवा दिये, जो राशि मैंने यूरोप से लौटने के बाद महीने भर में उन्हें लौटा दी।

बाबूराव पटेल और सुशीला रानी के अनुरोध करने पर, उन्हीं के घर 'गिरनार' पर, मेरी कम्पनी—हिन्दुस्तान चित्र—के कर्मचारियों ने हमारी विदेश-यात्रा के उपलक्ष्य में हमें शानदार भोज दिया।

और 17 अगस्त, 1952 के दिन प्रीति और मैं टी. डब्ल्यू. ए. के विमान में सवार होकर यूरोप के लिए रवाना हो गए।

रात दो बजे हमारा विमान काहिरा पहुँचा। वहाँ समय दो घंटे से पीछे था। इसलिए हमें अपनी घड़ी में बारह बजाने पड़े। एक घंटा विश्राम के बाद प्लेन फिर उड़ा। जब हम भूमध्य सागर के ठीक बीचोबीच ऊपर थे, यकायक प्लेन झटके और डुबकियाँ खाने लगा। कप्तान ने घोषित किया कि हमारा विमान तूफान से गुजर रहा है और हम अपनी-अपनी कुरसी-पेटियाँ बाँध लें और सब्र और हिम्मत से काम लें। मगर जब एयर होस्टेस हमारे सामने खड़ी होकर लाइफ जैकेट बाँधने का तरीका समझाने और दिखाने लगी तो उस झटके और डुबकियाँ खाते विमान के यात्रियों के होश उड़ गए। हमें ऐसा लगा, मानो अब किसी भी क्षण विमान एक ऐसा गोता लगाएगा कि सीधा समुद्र में जा गिरेगा। यात्रियों के चेहरों का रंग उड़ गया। अचानक घोर संकट में फँसे हुए और मृत्यु की संभावना को निश्चित रूप लेते जानकर मनुष्य की हालत और उनकी शक्लें बिलकुल अजीब हो जाती हैं, वैसी, जैसी और कभी नहीं होतीं। मनुष्य बहुत बेवक़ूफ दिखाई देने लगता है, इतना, जितना वह और कभी नहीं दीखता।

मगर दस मिनट के बाद विमान तूफान पार करके स्थिर हो गया और हम सब के जान में जान आई।

सवेरे पौ फटने पर हम रोम पहुँचे। सोचा हुआ था कि रोम में कुल दो दिन ठहरेंगे; किन्तु रोम हमें इतना पसन्द आया कि हम लोग आठ दिन वहाँ ठहरे। देव

आनन्द, जो भ्रमण के लिए यूरोप आए हुए थे, हमें रोम में मिल गए। वेनिस में फिल्म फ़ेस्टिवल हो रहा था। हम सब रोम से उड़कर वेनिस पहुँचे। चार दिन वेनिस में रहे। फिल्म फ़ेस्टिवल देखा। दुनिया के किसी देश में फिल्म फ़ेस्टिवल इतने बड़े पैमाने पर और इतनी धूमधाम और इतनी शान के साथ मनाया जाता होगा यह मैंने कभी न सोचा था। वेनिस का सबसे बड़ा त्योहार ही फिल्म फ़ेस्टिवल है। देश-देशान्तर से तरह-तरह की फिल्में, सिने व्यवसाय के अनेक प्रख्यात प्रतिनिधियों, निर्माताओं, दिग्दर्शकों, कलाकारों की टोलियाँ छाई हुई थीं। उन चार दिनों में हमने विभिन्न देशों के अनेक महत्त्वपूर्ण चित्र देखे और अनेक अच्छे और नामांकित कलाकारों के सम्पर्क में आए।

वेनिस, समुद्र से घिरा, एक अति सुन्दर शहर है। शहर के अन्दर भी नहरें बनी हुई हैं और गंडीले (नौकाएँ) उनमें सतत चला करते हैं। वेनिस का अपना विशेष वातावरण है, जो हमें बहुत भाया। अँगरेजी में कहावत मशहूर है—'सी वेनिस बिफोर यू डाय' अर्थात् 'मरने से पूर्व वेनिस अवश्य देख लो।' मैं इस कहावत का समर्थन करता हूँ। हम दोनों ने वेनिस की खूब सैर की। देव आनन्द अक्सर हमारे साथ रहा करते। वे मेरे बहुत अच्छे मित्रों में से हैं।

फ्लॉरेंस की तरह वेनिस भी कला-क्षेत्र है। वेनिस में सतत होती हुई कला प्रदर्शिनियाँ देखीं हमने। पुरातन तथा आधुनिक चितेरों के हर शैली के चित्र एक साथ वहाँ देखने को मिले और तबीयत खुश हो गई। 'ग्राजिआ' मेरी अच्छी लघु कथाओं में से है। वह कहानी मुझे वेनिस में बिताए उन चार दिनों में ही सूझी थी।

वेनिस से हम ट्रेन में बैठकर फिर रोम आए। कोई देश विमान से सफर करके नहीं देखा जा सकता; क्योंकि देश उसके शहरों मात्र से नहीं भाँपा और समझा जा सकता है; देश के ग्रामों, प्राकृतिक दृश्यों तथा ग्रामीणों को देखना तथा समझना भी आवश्यक है। इस ट्रेन के सफर में हमने इतालवी लोगों के अनेक वर्गों को जरा पास से देखा। रोम पहुँचकर हम दो दिन वहाँ और ठहरे। इस प्रकार लगभग पन्द्रह दिन यानी अपनी आयोजित यात्रा का आधा भाग हमने इटली में ही बिता दिया था। लाचारी थी। इटली हमें बहुत, बहुत, बहुत पसन्द आया। वहाँ के रूपवान पुरुष, उनसे अधिक रूपवती स्त्रियाँ, उनका खाना, उनकी भाषा तथा बोलने का ढंग, उनकी भावभंगिमाएँ हमें अनोखी और रोचक लगीं।

रोम से हम उड़कर जूरिक गए। दो दिन वहाँ ठहरे। जूरिक से ट्रेन द्वारा इंटरलाकन गए। यह स्विट्जरलैंड का एक छोटा-सा शहर, या बड़ा-सा गाँव है, जो अपने प्राकृतिक सौंदर्य और पहाड़ों पर जाती हुई 'चेअर लिफ्ट' (बिजली के तारों पर चलती हुई कुरसियाँ और डिब्बे जिनमें बैठकर व्यक्ति ऊपर पहाड़ों की चोटियों तक चक्कर लगा सकता है) के लिए जगविख्यात है। एक दिन वहाँ रुककर, खूब सैर कर, हम ट्रेन से जिनेवा पहुँचे। रास्ते में स्विट्जरलैंड की प्राकृतिक शोभा देखी, खेतों

में दूर-दूर बने किसानों के सुन्दर कॉटेज (देहाती मकान) देखे। कोई मकान लाख रुपये से कम में न बना होगा। हर मकान की खिड़कियों पर फूलों से लदी कुँडियाँ सुसज्जित थीं। हमारी ट्रेन के डिब्बे से हरी-भरी धरती पर चरती हुई स्विस गायें दिखाई दीं। इतनी हृष्ट-पुष्ट और सुडौल गायें मैंने पहले नहीं देखी थीं।

नेहरू ने कहीं लिखा है : 'दुनिया में भारतवर्ष ही एक ऐसा देश है जहाँ गौ पूजी जाती है; किन्तु खेद की बात है कि सबसे घटिया, दुबली, पीड़ित गौ केवल भारत में ही पाई जाती है।' नेहरू ने सच कहा है। हम भारतवासी और विशेषकर हम हिन्दू गाय को पूजते जरूर हैं किन्तु उसकी देखरेख नहीं करते। गाय को हम गौ माता कहते हैं और उसका मांस नहीं खाते; नहीं खाने का कारण एक यह भी है कि अगर हम गाय मार-मारकर खाने लगें तो हमारे देश में दूध की कमी हो जाएगी और खेती के लिए बैलों की। सारा यूरोप गाय का मांस खाता है पर फिर भी वहाँ गाय की कमी नहीं, दूध की कमी नहीं। क्योंकि यूरोपीय देश अपनी गायों की नस्लों में उन्नति कर उन्हें खिला-पिलाकर, उनकी देखभाल करना जानते हैं। मैं तो उनकी मोटी-ताजी गायें, चरबी से लदे सूअर, बड़ी-बड़ी मुर्गियाँ और तरह-तरह के साफ-सुथरे कुत्ते देखकर दंग रह गया। गाँव से निकलकर, कतार बाँधे, स्विस बच्चे जब मैंने पास ही स्थित स्कूल जाते देखे तो मेरे अचरज का ठिकाना न था। बच्चे बहुत तन्दुरुस्त और गोलमटोल थे। हर बच्चा अच्छे चमड़े के जूते, ऊनी मोजे, ऊनी हाफ पैंट, कमीज, ऊनी कोट और ऊनी टोपी पहने हुए था। मैंने अनुमान लगाया, एक-एक बच्चे की वह पोशाक लगभग दो सौ रुपये की रही होगी। भारत के मरियल, नंगे, भूखे बच्चे बरबस याद आने लगे। मन खराब हो गया।

स्विट्जरलैंड की आबादी उस समय चालीस लाख थी यानी उस समय के बम्बई शहर की आबादी के बराबर। दोनों महायुद्धों में स्विट्जरलैंड बिलकुल पृथक् और अछूता रहा था; इतना ही नहीं बल्कि उसने दोनों दलों को गोला-बारूद, हथियार, और कल-पुरजे बना-बनाकर निर्यात किए थे जिसके कारण देश में बेहद धन आ गया था। उस छोटे-से देश में, जिसका नाम स्विट्जरलैंड है, स्विस नाम की उनकी अपनी कोई भाषा नहीं है। दक्षिण भाग में इतालवी भाषा, उत्तर में जर्मन, और पश्चिम में फ्रेंच बोली जाती है; और उन तीनों भाषाओं को उन्होंने अपनी राष्ट्रभाषा माना हुआ है।

इंटरलाकन और जिनेवा में एक-एक दिन ठहरकर प्रीति और मैं पेरिस गए। वहाँ एक हफ्ता रहे। वहाँ देखने योग्य बहुतेरी चीजें थीं। हमने लूव्र देखा। नातरदैम, वरसेल्स, आयफ़ेल टॉवर, आर्ट गैलरियों, शाँ इलेजे, मुमात्र की सैर की। पेरिस के होटलों और रेस्तराँ में खाते-पीते रहे। फ्रेंच स्त्री-पुरुषों के सतत सम्पर्क में रहकर उनका रहन-सहन, बर्ताव, स्टाइल, आदि, को हमने गौर से देखा। पेरिस का प्रख्यात ऑपेरा देखा। लीडो, मुलानरुज जाकर फ्लोर शो देखे। फॉली बरज़े नामक पेरिस का

वह अनोखा खेल–तमाशा देखा। विदेशियों से थिएटर खचाखच भरा हुआ था। लगभग नग्न युवतियों ने मंच पर नाच नाचकर, अठखेलियाँ करके प्रेक्षकों का मनोरंजन किया। तरह–तरह की और एक से एक सुन्दर युवतियाँ थीं; किन्तु पहले पाँच या दस मिनट के बाद ही मुझे और—मुझे विश्वास है—सारे प्रेक्षकों को उन युवतियों के शरीरों की उत्तेजनात्मक नग्नता से कहीं अधिक वाद्यों के अद्‌भुत ताल–सुरों पर थिरकते, झूमते, बलखाते उन मरमरी शरीरों से उमड़ती हुई कलात्मक सुन्दरता ही दिखाई दी। यह एक अनोखा और मनमोहक अनुभव था।

पेरिस से उड़कर हम लन्दन पहुँचे। तीन हफ्तों से लगातार विदेशी भाषा सुन–सुनकर और विदेशियों के समक्ष अपने को ठीक से व्यक्त न कर पाने के कारण बड़ी कोफ्त महसूस हो रही थी। लंदन पहुँचते ही ऐसा लगा मानो अपने देश आ गए। हर कोई हमारी तरह अँगरेजी भाषा बोलता था; फर्क़ इतना था कि वहाँ के अँगरेजों की अँगरेजी से हमारी अँगरेजी अधिक अच्छी थी। लंदन में कहीं चले जाओ, काफी भारतीय नर–नारी दिखाई देते हैं। बम्बई की तरह ही इमारतें, वही लाल बसें। एक अपनत्व महसूस हुआ।

एक दिन 'हैमलेट' के लिए कपड़े सिलने देकर हम पैदल लौट रहे थे तो रास्ते में कृष्णा मेनन मिल गए। हम भारतीय दम्पती को देखकर वे रुके और हमारा परिचय पाकर प्रीति के हाथ की अटैची उन्होंने ले ली और हमें अपने साथ इंडिया क्लब ले गए; हमारा सामान होटल से मँगवाकर हमें इंडिया क्लब में ठहराया और जितने दिन हम लन्दन में रहे, वे हमसे रोजाना मिलते रहे। हममें घनिष्ठता हो गई। नेहरू के साथ कुछ गलतफहमी हो जाने के कारण हाई कमिश्नर के पद से त्यागपत्र देकर वे अलग हो गए थे और बैरिस्टर की हैसियत से प्रैक्टिस कर रहे थे। इंग्लैंड के, और विशेषकर लंदन के, विद्यार्थी वर्गों के वे बहुत ही चहेते थे। भारतीय विद्यार्थी वर्ग के सुख–आराम के लिए वे सदा चिंतित रहा करते। हालाँकि अब बम्बई प्रान्त (आज का महाराष्ट्र) के भूतपूर्व मुख्य मंत्री बी.जी. खेर भारत के हाई कमिश्नर होकर लंदन में नियुक्त थे, कृष्णा मेनन का सारे इंग्लैंड में रौब था।

गपशप के बीच एक दिन मेनन ने मुझे अपना हाथ दिखाया। हथेलियों की रेखाएँ देखकर मैंने कहा : 'आपका यह वनवास अधिक समय तक न रहेगा। कुछ ही दिनों में आप फिर से राजनीति में प्रवेश कर ऊँचे पद पर पहुँचेंगे।'

वे हँसने लगे। 'विजयलक्ष्मी और जवाहर दोनों मुझसे नाराज हैं,' उन्होंने कहा : 'अब हमारे बीच की खाई कभी नहीं पटेगी।'

हाथ देखने में न मैं सिद्ध हूँ, न प्रवीण; यों ही थोड़ी–बहुत जानकारी रखता हूँ और केवल अपने और मित्रों के मनोरंजनार्थ पामिस्ट्री में दखल दिया करता हूँ। लेकिन कुछ ही वर्षों के बाद जब कृष्णा मेनन को नेहरू ने यूनाइटेड नेशंस (संयुक्त राष्ट्र संघ) में भारत का प्रतिनिधि नियुक्त किया और फिर जब मेनन लोकसभा में

प्रवेश कर रक्षा मंत्री के पद पर पहुँचे तो मैंने अपनी भविष्यवाणी पर मन-ही-मन अपने को दाद दी।

हाई कमिश्नर बी.जी.खेर ने मुझे और प्रीति को चाय के लिए आमंत्रित किया। खेर से मैं उस दिन पहली बार मिला। मुझे लगा, राजनीति, कूटनीति और षड्यंत्र में सिद्ध देश—इंग्लैंड—में खेर जैसे सज्जन को हाई कमिशनर नियुक्त कर नेहरू ने शायद भूल की है। लेकिन कृष्णा मेनन जैसा लायक और काइयाँ व्यक्ति 'जीप स्कैंडल' में अपने और अपने देश को बदनाम कर चुका था। बदनाम से सज्जन भला। राजनीतिक दाँवपेंच में खेर की सहायता के लिए धर्मवीर (ट्रेड कमिश्नर) तो थे ही।

धर्मवीर ने हमें डिनर के लिए अपने घर आमंत्रित किया और वे बड़े बेतकल्लुफाना तौर से मिले। तीन घंटे उनके घर बातचीत, पीने-खाने में मेज पर बीते। उनका तपाक अच्छा लगा। वैसे भी, परदेस में अपनों के बीच अपनत्व की भावना अधिक गहरी हो उठती है। तब मैं यह नहीं सोच सकता था कि छोटे कद का, साँवला, खुशमिजाज, मामूली-सा दिखनेवाला यह आई.सी.एस. आगे चलकर, इन्दिरा गांधी के शासन में, बंगाल का राज्यपाल बनकर अपने चरित्र और बुद्धि और राजनीति का इतना चमत्कार दिखाएगा। लेकिन प्रतिकूल वातावरण में ही व्यक्ति की बुद्धि परखी जाती है, संकट के समय ही करतबी पुरुष अपने करतब दिखाता है।

लंदन हमेशा से नाटकों का शौकीन रहा है। हमने वहाँ चल रहे लगभग सभी नाटक देखे और मैंने अपने को आधुनिक नाटक तथा आधुनिक नाट्य अभिनय, दिग्दर्शन, नाट्य तकनीक से परिचित कराया।

द्वितीय विश्वयुद्ध में बमबारी के कारण लंदन के कई भागों में मकान नष्ट हो चुके थे और अब तक जगह-जगह टूटी, जली इमारतें युद्ध की भयंकरता की याद दिला रही थीं। जनता थकी-सी दिखाई दी। यूरोप के खुली तबीयत तथा मनमौजी लोगों के बाद इंगलैंड के रहिवासी रूखे, खामोश और नीरस लगे। वहाँ की बदली, रिमझिम सीजन, कुहरा वाकई मन पर मनहूसियत लाद देते जिससे इटली और भारत की सुनहरी धूप याद आने लगती।

लंदन से हम ब्रूसेल्स गए, फिर पेरिस, फिर नीस, फिर रोम। जिस शहर गए, वह सुन्दर लगा। अभी-अभी महायुद्ध से उभरने के बावजूद यूरोप में कहीं गन्दगी, कूड़ा-करकट, फटेहाल न दिखाई दी। कहीं भिखारी देखने को न मिला।

किन्तु अब हम भ्रमण करते-करते थक गए। सारे शहर एक तरह के लगने लगे--वही सुन्दरता, वही सफाई, वही खुशहाली; हर शहर में वही खूबसूरत पार्क, बाग-बगीचे; वही सुसज्जित रेस्तराँ; वही झनझनाता ऑरकेस्ट्रा; वही हँसते-हँसाते, खाते-पीते, मौज उड़ाते नर-नारियाँ...मन ऊब उठा और अब यूरोप में हमारे लिए कोई नयापन न रहा। भारत की धूप, लू, बरसात, नदी, नाले, डबरे याद आने लगे; मेढकों की टर्र-टर्र, झींगरों की झनक, भिखारियों का फटे चीथड़ों में भिक्षा माँगना, भारत

की गरीबी, गन्दगी, धूल, पसीना, हाय-हाय, सुस्ती, बेफिक्री, शान्ति और अपने बम्बई की याद सताने लगी। अपना घर, घर के लोग याद आने लगे। बच्चों को देखने के लिए दिल तड़पने लगा। अपने वतन की याद, अपने शहर की याद वाकई जबर्दस्त होती है। महीना भर पहले जिस यूरोप में पहला कदम रखते ही हम आनन्द विभोर हो झूम उठे थे और अपने देश को नरक-सम समझ मन-ही-मन शर्मिंदा हुए जा रहे थे, अब वही यूरोप, उसके शहर, उसकी तड़क-भड़क, उसकी नियमित जिन्दगी, खुशहाली, जल्दबाजी हमें बोर करने लगीं। इसके अलावा एक बात और थी। मनुष्य, विशेषकर काम-धन्धेवाला मनुष्य, काम करने का अभ्यस्त मनुष्य, निठल्ला और बेकार बहुत दिनों तक नहीं भ्रमण कर सकता। यूरोप ही नहीं, स्वर्ग में भी नहीं भ्रमण कर सकता। अब मुझे अपनी बेकारी खलने लगी और प्रीति को भी।

19 सितमबर, 1952 को हम एअर इंडिया विमान से बम्बई लौट आए। बच्चों तथा परिवार के अन्य जनों से मिलकर बहुत आनन्द हुआ।

यूरोप के इस भ्रमण ने मुझे तरोताजा तो कर ही दिया था, साथ-साथ कई क्षेत्रों में कई अनुभूतियाँ भी प्रदान की थीं। दस साल की अवधि में मनुष्य जो कुछ देखता, सुनता, करता, समझता है अगर वह सब एक महीने में हो जाए, तो हम कह सकते हैं कि वह मनुष्य दस साल की जिन्दगी एक महीने में जी गया। सो, इस एक महीने में—यूरोप का भ्रमण कर—मैं कई वर्ष आगे निकल गया था।

आते ही मैंने माला सिन्हा को, जो लगभग नई थी, 'ऑफीलिया (हीरोइन) की भूमिका के लिए अनुबन्धित किया और 16 अक्टूबर को श्रीकान्त स्टूडियो, चेम्बूर, में, एस.के. पाटिल की अध्यक्षता में 'हैमलेट' का मुहूर्त कर दिया।

मुहूर्त के बाद पाटिल ने 'वाटिका' में हमारे साथ खाना खाया। मैंने उनसे निवेदन किया कि वे इम्पा (इंडियन मोशन पिक्चर्स प्रोड्यूसर्स असोसिएशन) के प्रेजिडेंट बनकर फिल्म उद्योग में सुधार करने का प्रयत्न करें। उन्होंने मेरा सुझाव स्वीकार करके अनुमति दे दी, बशर्ते कि हम निर्माता लोग उन्हें एकमत से चुनें।

इसके बाद मैं निर्माताओं को अपना हमराय बनाने का प्रयत्न करने लगा। इस कार्य में मुझे दो वर्ष लग गए। अन्त में हमने इम्पा का कॉन्स्टीट्यूशन बदलकर पाटिल को ऑनररी मेम्बर बनाया और फिर एकमत से उन्हें इम्पा का प्रेजिडेंट चुन लिया। मैं सीनियर वाइस प्रेजिडेंट चुना गया। किन्तु जब कुछ महीनों के बाद, राजनीति में अत्यधिक व्यस्त हो जाने के कारण, पाटिल ने लाचार होकर इम्पा को अपना त्यागपत्र दे दिया, तो उसके बाद इम्पा का प्रेजिडेंट मैं चुना गया। कुछ वर्ष पूर्व जिस इम्पा से, मुझ पर डिसिप्लिनरी एक्शन लेकर, मुझे निकाल देने का कुछ लोगों ने षड्यंत्र रचा था, अब मैं उसी इम्पा का प्रेजिडेंट था!

यद्यपि मैंने 'हैमलेट' का मुहूर्त कर लिया था, मैंने चित्र की शूटिंग शुरू न की थी। यूरोप-भ्रमण के दौरान मुझे एक नई कहानी सूझी थी और मन करने लगा था कि उस कहानी पर रंगीन चित्र बनाऊँ। तब तक भारत में कुल दो रंगीन चित्र बने थे; एक था महबूब खाँ का 'आन' और दूसरा, सोहराब मोदी का 'झाँसी की रानी'। पेरिस में मेरी भेंट आँदरे थॉमा से हुई थी। आँदरे थॉमा उन दिनों फ्रांस के अच्छे छायाकारों (कैमरामैन) में समझा जाता था, और इंग्लिश अभिनेत्री पोट्रिशिया रॉक का पति था। आँदरे थॉमा ने मुझसे कहा था कि अगर मैं कोई रंगीन चित्र बनाऊँ तो वह भारत आने को तैयार है।

मैंने अब 'हैमलेट' के बजाय इस नई कहानी पर ध्यान दिया। जल्दी से पटकथा लिख डाली और उसका नाम 'मयूरपंख' रखा। मैं नायक था और दिग्दर्शक भी। कहानी में दो नायिका थीं जिनकी भूमिकाओं के लिए मैंने सुमित्रा देवी और ऑडेट फरग्यूसन नाम की फ्रेंच तारिका को अनुबन्धित कर लिया। आँदरे थॉमा को केबल देकर भारत बुला लिया।

आँदरे कुल तीन महीने के लिए उपलब्ध था; इसलिए यह जरूरी था कि चित्र मैं तीन महीने के अन्दर बनाकर समाप्त कर दूँ। वितरकों के धन पर अवलम्बित न रहकर किसी पूँजीपति से धन ब्याज पर उठाना आवश्यक हो गया। कपूरचन्द मेहता—रॉक्सी थिएटर के मालिक—बम्बई के बड़े फाइनेंसरों में गिने जाते थे और वे कई चित्रों को फाइनेंस कर रहे थे। मैंने कपूरचन्द मेहता के आगे अपनी योजना रखी। कुछ मुलाकातें हुईं। सब तय हो गया। उन्होंने मेरी और प्रीति की गारंटी पर पाँच लाख रुपया उधार देना स्वीकार कर लिया। किन्तु जब वे हमारे घर 'वाटिका' में नाश्ता कर, अनुबन्ध पर हस्ताक्षर कर, अपने घर जाने के लिए कार में बैठने लगे तब मुड़कर एक निगाह 'वाटिका' पर डाल गए और उनकी वह निगाह मुझे खल गई।

कपूरचन्द से रुपये ब्याज पर उधार लेकर मैंने 'मयूरपंख' की शूटिंग शुरू कर दी। मैं पहले कह चुका हूँ कि पिछली बार जब मैं आगरा गया तो तय कर चुका था कि अपनी किसी फिल्म में ताजमहल और फतहपुर सीकरी के दृश्य अवश्य फिल्माऊँगा। 'मयूरपंख' कहानी में मैंने इसी कारण ताजमहल और सीकरी के दृश्य रखे, पृष्ठभूमि जयपुर की रखी। अपना यूनिट—जिसमें कलाकार और तकनीशियन मिलाकर 67 लोग थे—लेकर मैं आउटडोर शूटिंग के लिए निकल पड़ा। साथ में प्रीति भी थी।

आगरा पहुँचकर मैंने ताजमहल और फतहपुर सीकरी पर शूटिंग की। वहाँ से हमारा काफिला दिल्ली पहुँचा। वहाँ भी शूटिंग की। फिर हम जयपुर गए। जयपुर में हवामहल, आमेर किला, बाजारों में शूटिंग करते रहे। जयपुर को 'पिंक सिटी' (गुलाबी शहर) कहते हैं क्योंकि वहाँ की सारी इमारतें और महल लाल पत्थर के बने हैं।

जयपुर में एक दिन महाराजा सवाई मानसिंह का निमंत्रण मिला। शाम को उन्होंने मुझे और प्रीति को ड्रिंक्स के लिए अशोक क्लब आमंत्रित किया था। हम दोनों गए। दो घंटे महाराजा के साथ रहे। अपनी उम्र के बावजूद—उस समय वे 40-45 के रहे होंगे—वे काफी तरुण तथा रूपवान दीखते थे। उनकी धर्मपत्नी, महारानी गायत्री देवी, तो संसार की बारह सुन्दरतम स्त्रियों में मानी गई थीं। गायत्री देवी से मेरी कभी भेंट न हुई। उनकी माता इन्दिरा राजे—बड़ौदा के महाराज सयाजीराव गायकवाड़ की सुपुत्री और कूचबिहार की महारानी—को मैं भली भाँति जानता था। इन्दिरा राजे अपने समय की सुन्दरियों में थीं और अब भी, इस पौढ़ावस्था में भी, अत्यन्त आकर्षक और प्रभावशाली व्यक्तित्व रखती थीं और 'वाटिका' आकर हमारे साथ खा-पी चुकी थीं। हाँ, तो उस शाम अशोक क्लब में अचरज की बात यह हुई कि जब रात के आठ बजे हम महाराजा से विदा लेने लगे तो बेअरर ने चट आगे बढ़कर व्हिस्की का बिल मुझे पकड़ा दिया। मैंने अपनी आश्चर्य छिपाकर जेब से पर्स निकाला और उसमें से नोट निकालकर बेअरर को बिल चुकता करने लगा। महाराजा मुझसे बातचीत में खोए हुए थे और यह सब देखकर भी अनदेखा किए जा रहे थे।

अपने होटल पहुँचकर यह विचित्र घटना मैंने अपने कुछ स्थानीय मित्रों को सुनाई। उन्होंने महाराजा की कंजूस तबीयत के कुछ और किस्से मुझे सुनाए। जयपुर जैसे ऐतिहासिक और विख्यात संस्थान के अधिपति और पोलो के श्रेष्ठ खिलाड़ी के साथ उनकी यह कंजूस तबीयत मुझे असंगत लगी। लेकिन शायद हर इनसान में कुछ असंगत और बेतुकी आदत होती ही है।

जयपुर शहर से नौ मील पर गलता नामक एक देवस्थान है। एक दिन दोपहर को हम लोग मोटरकार में बैठकर गलता जा रहे थे। रास्ता ऊसर और उजाड़ धरती के बीच से जाता था। लू चल रही थी। सिवाय बबूल के और कोई वृक्ष न दिखाई दिये। सहसा उस तपते वीराने में एक बबूल के नीचे, हाथ में हँसिया लिये एक भील बाला, जो सोलह-सत्रह की रही होगी, नीचे झुक-झुककर सूखी लकड़ियाँ चुनती दिखाई दी। हमारी कार देखकर वह सीधी तनकर खड़ी हो गई और, हँसिया वाले हाथ से माथे पर छाँह कर और दूसरा हाथ कमर पर टिका, वह हमें कौतूहलवश देखने लगी। मैंने कार धीरे की और उसे जी भरके तकने लगा। इतना अपार सौन्दर्य मैंने किसी युवती में नहीं देखा। उसका वह गेहुआँ रंग, उसका वह अल्हड़ यौवन, उसकी वह कौतूहलवश हमारी ओर ताकने की अदा, उसकी भावभंगिमा दिल में उतर गई। हमें तकता देख लजाकर उसने मुँह मोड़ लिया।

जब हम वहाँ से चले तो आँदरे थॉमा के उद्‌गार थे : 'गॉश! ब्यूटी इन द डेजर्ट! (उफ! मरुस्थल के बीच ऐसी सुन्दरता!)

गलता पहुँचकर हमने मन्दिर में भगवान के दर्शन किए, झरने से निकलता हुआ पानी देखा, उस रम्य स्थान के घने पेड़ों की छाँह में बैठकर थकान दूर की लेकिन

न ध्यान उन घने पेड़ों पर बोलते हुए मोर की ओर था, न झरने की ओर, न मन्दिर की घंटियों की ओर, न भगवान की ओर। वह ग्रामीण या जंगली सुन्दर बाला और उसकी वह अल्हड़ जवानी बरबस याद आती रही।

आँदरे मेरी मनोदशा देखकर मुस्कुराया। 'अगर मैं महाराजा होता,' मैंने कहा : 'तो उसे आज अपने हरम में ले जाकर रखता।'

'मैं उसे अपने साथ पेरिस ले जाने को तैयार हूँ,' आँदरे ने कहा।

हमारे साथ जयपुर के रईस और 'मयूरपंख' के राजस्थान क्षेत्र के वितरक मेहताबन्द गोलचा भी थे। वे बोले : 'थॉमस साहब, पेरिस ले जाने से पहले जरा अच्छी तरह सोच लीजिए। उसके हाथ में आपने हँसिया देखी थी?'

हम सब हँस पड़े।

लौटते में हम सबकी निगाहें उस बबूल को ढूँढ़ने लगी जहाँ वह खड़ी थी। मगर वह फिर न दिखाई दी। और हम तरसती आँखें लिये होटल लौट आए।

मैंने अनेक रूपवती स्त्रियाँ देखी हैं। एक से एक खूबसूरत सोसाइटी लेडीज और रानियों, महारानियों के सम्पर्क में आया हूँ; पर आज एक बबूल तले की वह जंगली बाला कभी न भुलाई गई।

सुसंस्कृत, सुशिक्षित, सम्भ्रान्त नारी का बनावटी शृंगार, उसकी अभ्यस्त मुस्कानें तथा अनेक विद्याओं में उसकी निपुणता ग्रामीण या आदिवासी रमणी के प्राकृतिक लावण्य तथा सहज सौन्दर्य के समक्ष निश्चय ही फीकी पड़ जाती हैं। राजमहलों के बाग में फूले हुए गुलाब ने वनफूल का मुकाबला कब किया है?

फूलों की बात छेड़ी है तो फूलों की बात कहता हूँ; कुछ और भी कहूँगा। फारसी कविता में गुलाब की शान में बड़ी तारीफ की गई है। इस सुन्दर, नाजुक, सुवासित फूल से माशूकों की तुलना की गई है। विदेशों में गुलाब को फूलों का राजा माना गया है, जिस प्रकार भारत में कमल को माना गया है। कमल भारत का सदा से राष्ट्रीय फूल रहा है। मुझे गुलाब और कमल दोनों ही विशेष पसन्द नहीं। मैं इन्हें फूलों में श्रेष्ठ मानने को तैयार नहीं। ठीक है, ये दोनों फूल रूपरंग में बाजी मार ले जाएँ; किन्तु किसी भी वस्तु का महत्त्व केवल उसके रूप-रंग पर ही तो निर्भर नहीं रहता। कुछ हसीनों को मैंने लड़ते-झगड़ते, चोरी करते, झूठ बोलते, खून करते देखा है; कुछ परी चेहरा माशूकों को बदहजमी, पायोरिया और सिफलिस, गनोरिया से ग्रस्त देखा है; कुछ हूर और ब्यूटी कहानेवालियों के जिस्म से घोड़े की तरह बू आते देखी है। सुन्दरी परम सुन्दरी तभी कहाएगी जब वह सर्वांगी, सर्वरूपी, सर्वगुणी सुन्दरी हो। कमल या गुलाब के फूल सिरहाने रखकर सोते मैंने किसी को नहीं देखा। चमेली, जाई, जूही की झालरों से नवदम्पती के पलंग सदा ही सुसज्जित और सुवासित होते देखे हैं। रसिकों को हाथ में बेला का गजरा बाँधे देखा है। अलबेली के जूड़े में मौलसिरी की वेणी महककर कयामत ढाते देखी है। इसीलिए बेला, जाई,

जूही, चमेली, मौलसिरी, गेंदा, शेफाली, पारिजात और चम्पा जैसे फूल मुझे गुलाब और कमल के मुकाबले कहीं अधिक पसन्द हैं।

उसी तरह मुझे बुलबुल पसन्द नहीं। सम्भव है, इसलिए भी न हो कि मैंने बुलबुल कभी देखी नहीं, केवल अजायबघरों और पुस्तकों में देखी है। न जाने भारत के उर्दू शायर इस अनजाने विदेशी पक्षी पर क्यों इतने इतराते हैं और खामखा उसकी तारीफ में शेरों पर शेर लिखे जाते हैं? मुझे तो पक्षियों में सदा मोर ही राजा लगा है। जयपुर में मैंने मोर की बोली सुनी है। एक पेड़ से दूसरे पेड़ पर उसे उड़ते-फुदकते देखा है, मदमस्त हो उसे नाचते देखा है, और मोर-मोरनी का प्रणय देखा है। स्वर्गीय दृश्य था।

जिसने सावन के महीने में राजस्थान, उत्तर भारत, मध्य भारत, गुजरात और काठियावाड़ जाकर मोरों को विचरते, नाचते, शोर मचाते, प्रणय करते देखा हो, जिसने गर्मियों की दुपहरियों और साँझों और रातों में कोयल की मधुर कूक सुनी हो; जिसने पपीहा, सारस, तोता, मैना को विचरते, फुदकते, बोलते, कलरव करते देखा-सुना हो, वह बुलबुल और नाइटिंगेल और स्काइलार्क को कोई महत्त्व न देगा।

जयपुर में हमारे ही होटल में श्री वी.वी. गिरी (हमारे वर्तमान राष्ट्रपति) ठहरे हुए थे। उस समय वे केन्द्रीय सरकार में श्रममंत्री थे। मजदूर संघ से वे सम्बन्धित रहे थे और इस वजह उनका नाम पत्रों में पढ़ता आया था और मैं जानता था कि वे छोटे-मोटे नेता हैं। हर नेता और देशभक्त का, चाहे वह कितना ही छोटा क्यों न हो, मैं आदर करता था, अब भी करता हूँ। एक दिन शाम को शूटिंग से लौटकर अपने कमरे के सामने बैठे हम लोग—मैं, प्रीति, आँदरे थॉमा, ऑडेट फरग्यूसन, सुमित्रा देवी, क्लॉड हडसन (व्यवस्थापक), रेजिनॉल्ड विल्सन (कलाकार) आदि, गपशप लगाते ड्रिंक्स ले रहे थे कि हमने देखा, उसी अहाते में तीस-चालीस गज के फासले पर टी पार्टी की तैयारियाँ हो रही हैं। जरा देर में दो-ढाई सौ लोग जमा हो गए और पार्टी शुरू हो गई। बेअरर से पता चला कि पार्टी श्री गिरी की ओर से है जिसमें शहर के प्रतिष्ठित व्यक्ति आमंत्रित हैं।

उसी समय एक राजकर्मचारी मेरे पास आकर कहने लगे : 'आपको और श्रीमती साहू को श्री गिरी ने पार्टी में शरीक होने के लिए कहा है।'

मुझे पार्टी शुरू हो जाने पर दिया गया वह विलंबित निमंत्रण तथा निमंत्रण देने का असभ्य ढंग खल गया। वह निमंत्रण था या आदेश? पार्टी की योजना निश्चय ही पहले से, शायद दो दिन पहले से, बनाई गई थी। गिरी और मैं एक ही होटल में ठहरे थे। मेरे और मेरे यूनिट के ठहरने से होटल भर में एक खलबली-सी मची रहा करती थी। यद्यपि हममें परस्पर परिचय न था किन्तु हम दोनों एक दूसरे के नाम से

अपरिचित तो न थे। सदाचार के नाते उस चाय पार्टी के लिए निमंत्रण मेरे पास बहुत पहले ही पहुँच जाना चाहिए था।

मैंने उस कर्मचारी से कहा : 'निमंत्रण के लिए धन्यवाद। गिरी जी से कह दीजिए, इस समय यहाँ हमारी पार्टी चल रही है, हम न आ सकेंगे।'

कर्मचारी दो मिनट हक्का-बक्का खड़ा मुझे घूरता रहा पर मुझसे कोई तवज्जो न पाकर चुपचाप चला गया। आँदरे और सुमित्रा ने बहुतेरा कहा कि हम दो मिनट पार्टी में हो आएँ, किन्तु अपने साथियों को छोड़कर जाना मुझे न सुहाया और गिरी की पार्टी खत्म हो जाने के बाद भी हमारी बैठक देर तक जमी रही, क्योंकि दूसरे दिन शूटिंग न थी।

संयोगवश जिस ट्रेन से हम जयपुर से निकले, गिरी भी उसी ट्रेन से प्रवास कर रहे थे और हम दोनों के फर्स्ट क्लास डिब्बे एक दूसरे से लगे हुए थे। एक घंटा सफर करने के बाद एक स्टेशन पर जब गाड़ी रुकी तो एक सरकारी कर्मचारी—शायद गिरी का वह सेक्रेटरी या पी.ए. था—हमारे डिब्बे में आकर कहने लगा कि श्री गिरी ने हमसे मिलने की इच्छा प्रकट की है और हमें साग्रह अपने डिब्बे में चाय के लिए आमंत्रित किया है।

हमने आमंत्रण सहर्ष स्वीकार कर लिया और यथासमय अगले एक स्टेशन पर उतरकर प्रीति और मैं श्री गिरी के डिब्बे में पहुँच गए।

गिरी ने उठकर हमारा स्वागत किया और बिना संकोच तथा खुलकर हमारे साथ बातचीत करने लगे। जयपुर वाली टी पार्टी का न उन्होंने जिक्र किया, न मैंने। सम्भव है, उन्हें अपनी भूल दिखाई दे गई हो! सम्भव है, हमें आमंत्रित करने में विलम्ब उनकी ओर से नहीं, उनके कर्मचारी की ओर से हुआ हो, और आमंत्रण की असभ्य भाषा भी उसी कर्मचारी की रही हो! लगभग एक घंटा हमने उनके साथ बिताया। उनके साथ चाय पी। मैंने उन्हें विवेकी, विनयशील और सतर्क पाया। ऐसा लगा कि राजनीति और सरकारी प्रपंचों में व्यस्त रहा हुआ व्यक्ति मुझसे बात करके मेरे तथा मेरे व्यवसाय यानी फिल्म इंडस्ट्री के सम्बन्ध में बड़ी विनम्रता से जानकारी प्राप्त किए जा रहा है। उनसे विदा लेकर जब हम अपने डिब्बे में लौट आए तो मन हलका था। आज एक सहृदय, विनयशील सज्जन से भेंट हुई थी।

जयपुर के बाद हमारा यूनिट दिल्ली से दो सौ मील उत्तर में स्थित सोहनपुर इस्टेट गया। सोहनपुर एक जमींदारी थी जो अब सरकाराधीन हो चुकी थी। यहाँ हम एक हफ्ता रहे। मुझे चित्र में शिकार के दृश्यों को फिल्माने के लिए 21 हाथी चाहिए थे। हाथियों का ठेका और हमारे रहने, आदि, की व्यवस्था का भार मैंने राजासाहब सोहनपुर को पहले ही दिया हुआ था। राजकोठी से एक फर्लांग पर, घने जंगल के बीच, एक सुन्दर बँगला था जहाँ अँगरेज गवर्नर, जब कभी शिकार के लिए

आता, ठहरा करता था। हम सब उसी बँगले में ठहरे। बँगले के बरामदों और कमरों में शेर, चीता, हिरन, बन्दर, अजगर, सूअर, गौर, नीलगाय, सांभर, चीतल, सारस, मोर आदि लगभग सौ वन्य पशु-पक्षी मढ़े रखे हुए थे। रात के अँधेरे में हमारे यूनिट की लड़कियाँ कई बार उन्हें देखकर चीख-चीख पड़ीं। सुबह-शाम जंगली हाथियों की चिंघाड़ें और शेर की दहाड़ें सुनाई दिया करतीं; लेकिन राजा साहब की ओर से दो कर्मचारी राइफलें लिये, हमारे रक्षार्थ, चौबीसों घंटे बँगले पर तैनात रहते थे।

दिन भर मैं उन जंगलों में अपनी फिल्म की शूटिंग करता। चार बजे के बाद साये लम्बे होने लगते और पाँच बजे तो जंगल में अँधेरा हो जाता। इसलिए साढ़े चार बजे शूटिंग समाप्त करके पाँच बजे तक मैं अपने समस्त यूनिट को बसों और कारों में भरकर पड़ाव (बँगले) पर भिजवा देता। देर होने से हिंसक वन्य पशुओं का खतरा था, विशेषकर जंगली हाथियों का।

यूनिट को बँगले रवाना कर हम कुछ लोग—मैं, प्रीति, राजासाहब, उनके भाई, उनके दो-एक मित्र, ड्राइवर, कुछ नौकर—दो जीपों में बैठकर शिकार के लिए निकल पड़ते। उस घने जंगल में शेर, चीते की तलाश में दूर-दूर तक चक्कर लगाते। किन्तु जब शेर या चीता न मिलता तो लौटते में हम अन्य जानवरों पर गोली चलाने को तत्पर हो जाते और इस प्रकार प्रति दिन जब लगभग साढ़े सात-आठ बजे तक हम अपने पड़ाव को लौटते तो अपने साथ सूअर, हिरन, चीतल या सांभर अवश्य लेकर आते।

अब तक हमने आगरा, दिल्ली, जयपुर जैसे शहरों में शूटिंग की थी और शहरी तथा होटलों की जिन्दगी से ऊबकर अब इस जंगली पड़ाव की जिन्दगी से लुत्फ उठा रहे थे। शाम को बँगले के आँगन में यूनिट की कलाकार महिलाएँ एकत्र हो जातीं और प्रीति के साथ मिलकर रसोइयों के हाथ बँटातीं, हालाँकि इसकी जरूरत न थी। कोई चटनी पीसती, कोई रोटी बेलती, कोई सब्जी काटती। बँगले के आँगन में हर शाम रसोई पकाने का प्रोग्राम एक मजेदार रूप ले लिया करता और दिन भर की थकान रात का खाना बनाने और खाने-पीने के शगल में दूर होती। इस प्रकार काम-काज और मनोरंजन का यथेष्ट समागम करके हमने एक हफ्ता उस वन्य प्रदेश में बड़े मजे में गुजार दिया।

इसके बाद बनारस जाकर हमने दो दिन शूटिंग की और फिर बम्बई लौट आए।

इनडोर शूटिंग मैंने मिनर्वा स्टूडियो में की और अगले छः हफ्तों में चित्र समाप्त कर दिया।

उसी समय मेरी दादी—गौरा—जो पलाड़ी गाँव में रहती थीं, बीमार पड़ीं। इलाज के लिए उन्हें भंडारा की हमारी हवेली में लाकर रखा गया। किन्तु 28 अप्रैल, 1953 के दिन उनका स्वर्गवास हो गया। उस समय उनकी अवस्था 78 वर्ष की थी।

'मयूरपंख' के निर्माण-काल में बहुत से नए व्यक्तियों से मेरी भेंट हुई। मध्य प्रदेश के मुख्य मंत्री स्व. पं. रविशंकर शुक्ल से दादाजी और जी का पहले से घनिष्ठ परिचय था। 'काली घटा' के नागपुर में उद्घाटन के समय से मेरा परिचय पं. शुक्ल के बेटे श्यामाचरण शुक्ल (जो अब मध्य प्रदेश के मुख्य मंत्री हैं) से भी हो गया था।

कार्यवश श्यामाचरण शुक्ल बम्बई आए। मैंने उन्हें खाने के लिए 'वाटिका' पर आमंत्रित किया। मुझे याद है, मैंने उनसे पूछा था कि उन्होंने भविष्य के लिए क्या योजना बनाई है। उत्तर में उन्होंने कहा कि उनका रुझान व्यापार की ओर भी था और वे राजनीति से भी दिलचस्पी रखते थे; किन्तु भविष्य के लिए कोई निश्चित योजना न बनाई थी। तब मैं नहीं जानता था, न वे ही जानते थे, कि एक दिन वे मध्य प्रदेश के मुख्य मंत्री बनेंगे। पिता के बाद पुत्र किसी प्रान्त का मुख्य मंत्री बना हो, ऐसा उदाहरण स्वतंत्र भारत के इतिहास में अभूतपूर्व था।

'मयूरपंख' में एक दृश्य शिकार का भी था, जिसमें 21 हाथियों की और एक शेर की आवश्यकता थी। हाथियों का दृश्य मैं सोहनपुर के जंगलों में तथा तराई के हाथीघास वाले क्षेत्र में फिल्मा चुका था। शेर के लिए मध्य प्रदेश के सुरक्षित वनक्षेत्र कान्हाकिसली में दृश्य फिल्माने की योजना बनाकर शिकार का सारा बन्दोबस्त और ठेका मैंने विद्याचरण शुक्ल को दे दिया। विद्याचरण उन दिनों ऐलविन कूपर नामक एक शिकार कम्पनी चला रहे थे। यह कम्पनी देशी-विदेशी शिकारियों के लिए भारत के जंगलों में शिकार की योजना तथा सुव्यवस्था किया करती थी। 'मयूरपंख' का यूनिट लेकर मैं, प्रीति, नागपुर से मेरे मित्र नायडू और विद्याचरण लगभग चार-पाँच दिन कान्हाकिसली के डाक-बँगले में एक साथ रहे और मैंने जंगली जानवर फिल्माए।

दिन भर जून की धूप में शूटिंग करने के बाद थके-हारे हम लोग डाक-बँगले लौटते, शाम को नहा-धोकर खुले मैदान में बैठकर बियर पीते। विद्याचरण ने हमारे साथ कभी न पी। वे केवल हमारे संग बैठकर बातचीत करते। मुझे उन पर तरस आता। ऐसा लगता कि जी तो पीने को कर रहा है परन्तु कांग्रेसी होने के नाते और कांग्रेसी मुख्य मंत्री के पुत्र होने के नाते वे अपना मन मार रहे हैं। उस सुन्दर, रम्य, वन्य प्रदेश के अनेक वन्य पशु झाड़ियों से बाहर निकलकर हमारी आँखों के सामने विचरने लगते और ऐसे में नायडू अक्सर कोई बेतुकी राजनीतिक चर्चा छेड़कर मुझे और विशेषकर विद्याचरण को विवाद में घसीटना चाहते। विद्याचरण या तो नायडू की बातों से भन्ना जाते या उठकर चल देते। कुछ व्यक्तियों को खाना खाने के समय या गपशप की बैठक में—जहाँ आदमी दो मिनट सुख-चैन से हँस-बोलकर गुजार देना चाहता है—खामखा राजनीति या अन्य समस्याओं का पचड़ा ले बैठने की आदत होती है। और यह बुरी आदत जग्गाराव नायडू को भी थी, हालाँकि उनमें दूसरी बहुत-सी आदतें बहुत अच्छी थीं, जिनके कारण अन्त तक वे मेरे प्रिय मित्र बने रहे।

कान्हाकिसली के डाक-बँगले में ही मुझे एक कथानक सूझा और बाद में मैंने उस पर 'लहू के धब्बे' शीर्षक शिकार विषय पर एक लघुकथा लिखी।

कान्हाकिसली में मैंने विद्याचरण के सतर्क दिमाग की पैनी धार देखी थी; इसलिए बहुत आगे चलकर जब वे उपगृहमंत्री और फिर उपवित्तमंत्री बने तो मुझे आश्चर्य न हुआ।

खैरागढ़ की रानी साहिबा पद्मावती देवी से मेरा परिचय था ही, जो अब, इन दिनों गहरा होकर हमारे परिवारों में भी घनिष्ठता हो गई। बाद में पद्मावती देवी मध्य प्रदेश की विधान सभा में चुनकर आईं और स्वास्थ्य मंत्री नियुक्त हुईं। अगर लोक सभा को तारकेश्वरी सिन्हा के रूप पर गर्व था तो मध्य प्रदेश की विधान सभा को भी रानी पद्मावती के रूप पर गर्व था। अन्तर केवल इतना था कि पद्मावती रूप, रंग और आकर्षण में तारकेश्वरी से दो-चार तोले अधिक थीं, हैं।

एक दिन पद्मावती देवी के साथ मैं ताज महल होटल में लंच खाकर निकला तो नेपाल के महाराजा त्रिभुवन से भेंट हो गई और फिर यह भेंट मैत्री में परिवर्तित होते देर न लगी। जब कभी वे बम्बई आते, हम परस्पर मिला करते। अक्सर वे एम्बेसेडर होटल में ठहरते और मैं और प्रीति अक्सर उनकी पार्टियों में शरीक होते। एक बार खाने के लिए जब वे 'वाटिका' आए तो उन्होंने फिल्मों में दिलचस्पी दिखाते हुए मुझसे एक चित्र बनवाने की इच्छा प्रकट की। मैं योजना बना ही रहा था कि वे बीमार पड़े और फिर अचानक बम्बई से चले गए। नेपाल वापस जाते ही वे राज्य प्रपंचों और अपने बिगड़ते हुए स्वास्थ्य के उपचार में लग गए और इधर मैं भी अपने चित्रों में खो गया और इस प्रकार दोनों ओर से बात आगे न बढ़ पाई। बाद में उनका स्वर्गवास ही हो गया।

दिग्वि (राजनांदगाँव के राजकुमार महंत दिग्विजय दास) इंगलैंड से लौटकर आए और कुछ दिन 'वाटिका' में हमारे साथ ही रहे। उनकी माता, रानी साहिबा ज्योति देवी, को कलकत्ता में कार से दुर्घटना हो जाने के कारण टाँग पर बुरी तरह चोट आई और उसी एक्सिडेंट का केबल पाकर दिग्वि माता को देखने भारत लौट आए थे। दिग्वि मुझे और प्रीति को बहुत मानते थे। वे कहा करते : 'सिवा आप लोगों के इस दुनिया में मेरा और कोई नहीं।'

दिग्वि जब शायद साल भर के थे, रानी साहिबा की राजा साहब से अनबन हो जाने के कारण, वे दिग्वि को लेकर राजनांदगाँव से अपने मायके मयूरभंज चली गई थीं। इस प्रकार दिग्वि अपने पिता से दूर रहे। सदा होटलों में रहे और बाद में, राजकुमार कॉलेज की पढ़ाई के समय, दिग्वि रानी साहिबा से भी दूर ही रहे। बाद में पिता का स्वर्गवास हो गया। इस प्रकार उन्हें माता-पिता का यथेष्ट प्यार और सुख न मिल पाया। यही उनके एकाकीपन की भावना का मूल कारण था।

कलकत्ता में दिग्वि के साथ मैं 'मयूरभंज हाउस' गया और वहीं उनकी माता रानी साहिबा ज्योति देवी से मैं पहली बार मिला। राजनांदगाँव में बिताया हुआ

बचपन और बचपन में रानी साहिबा के सम्बन्ध में सुनी हुई और मेरे बाल मन ने कल्पना की हुई वे सारी रंगीन बातें फिर याद हो आईं। अब भी, उनकी इस बीमार अवस्था (टाँग प्लास्टर में बँधी थी) में भी वे आकर्षक लगती थीं। जवानी में अवश्य ही अधिक आकर्षक रही होंगी। लेकिन अब उनमें रानी के कोई चिन्ह न थे, जैसे 'मयूरभंज हाउस' में राजघरानों या महलों वाली कोई बात न दिखाई दी। 'मयूरभंज हाउस' उजड़े हुए रईसों की कोठी की तरह ही लगा और ज्योति देवी आधुनिक ऊँचे समाज की आधुनिक नारी ही प्रतीत हुईं। परियों, राजकुमारियों और राजा-रानियों की रोचक कहानियाँ सुननेवाले दिमाग को और उनके मधुर सपने देखने वाले मन को एक जोर का धक्का लगा।

किन्तु मेरी इस अवस्था तक मेरे दिलोदिमाग आधुनिक भारत तथा वर्तमान जीवन के यथार्थ से भली भांति परिचित हो चुके थे और यथार्थ से तुरन्त ही समाधान कर लेने का मैं अभ्यस्त हो चुका था।

16 जुलाई, 1953 को प्रीति ने पुत्र (हमारी चौथी सन्तान) को जन्म दिया, जिसका नाम हमने विक्रम रखा। घर में हम सब प्यार से उसे 'विकी' कहा करते।

'मयूरपंख' चित्र मैंने दो भाषाओं में बनाया था : हिन्दी तथा अँगरेजी में। मैं चाहता था, अँगरेजी प्रति विदेशों को बेच दूँ। इस अँगरेजी प्रति को अँगरेजी में डब करने और उसका सम्पादन करने के लिए और साथ-साथ विदेशी बाजार के लिए वितरकों की तलाश में मैं 9 सितम्बर, 1953 को दोबारा यूरोप के लिए रवाना हुआ। मेरे साथ मेरा मित्र सुरेश बोरकर भी था। सुरेश बोरकर वितरक था और बम्बई क्षेत्र के वितरण के लिए 'मयूरपंख' उसी के पास था।

रोम और पेरिस ये ही दो शहर थे यूरोप में जहाँ मुझे सम्पादन तथा डबिंग की सुविधा उपलब्ध हो सकती थी। इसके अलावा ये दो शहर यूरोपीय फिल्म बाजार के केन्द्र बने हुए थे।

रोम में हम लोग एक हफ्ता ठहरे।

लिन्सा रॉस्सी इतालवी फिल्मों की नवोदित तारिका थी। उसने हमें फ़ुटबॉल मैच देखने के लिए आमंत्रित किया। दर्शकों की ऐसी अपार भीड़ मैंने फुटबॉल ग्राउंड पर पहले कभी न देखी थी—एक लाख बीस हजार लोग थे। जैसी भीड़ बम्बई के रेस कोर्स पर होती है, उसी तरह की भीड़ थी और लोग टिकट खरीदकर, सज-धजकर आए थे। खेल रोम और मिलान की टीमों के बीच था। ऐसे सुन्दर, सुगठित, मजबूत शरीरों वाले युवक खिलाड़ी बस देखते ही बनते थे। सारे खिलाड़ी प्रोफ़ेशनल खिलाड़ी थे। पूछने पर लिन्सा ने बताया कि वे सारे अपने-अपने फुटबॉल क्लब से

भारी वेतन पाते थे। सेंट्रल फारवर्ड को लगभग 25,000 रुपए मासिक मिलता था। सिनेमा स्टारों की भाँति वे भी प्रख्यात थे।

जिस देश में खिलाड़ियों को ऐसे ऊँचे पारितोषिक मिल सकते हों, वहाँ के खिलाड़ी क्यों न कमाल करेंगे? हमारी क्रिकेट टीम के कुछ खिलाड़ी बेचारे बिना पर्याप्त आर्थिक लाभ के, अपने कुटुम्ब-निर्वाह के लिए यथायोग्य निश्चित साधन के बिना ही, केवल अपने शौक, अपनी लगन के जोश में खेलते रहे हैं। भारत के प्रख्यात क्रिकेटर सी.के. नायडू अपने आरम्भिक जीवन में कई बार जी से जूते या पैंट माँगकर ले जाया करते थे।

'मयूरपंख' की साथ लाई हुई कॉपी हमने विदेशी वितरकों को दिखाई। उन्हें चित्र पसन्द आया और मोल-भाव होने लगा।

उन दिनों अनेक अमरीकन कम्पनियाँ यूरोप आकर पेरिस या रोम के स्टूडियो में अँगरेजी चित्र बना रही थीं और इस वजह कई अमरीकन अभिनेता, अभिनेत्रियाँ पेरिस तथा रोम आए हुए थे। रोम में मेरी कुछ कलाकारों और दिग्दर्शकों से भेंट हुई।

एक दिन सुरेश बोरकर बहुत उत्तेजित मेरे पास आया और कहने लगा : 'जानते हैं, साहू साहब, आज मुझे कौन मिल गया?'

'कौन?' मैंने कौतूहलवश पूछा।

'हेडी लेमार।'

'कौन-सी हेडी लेमार? 'सैमसन एंड डिलायला' की हीरोइन?'

'हाँ, वही।'

'कहाँ मिली?'

'एक डिपार्टमेंट स्टोर में। शाम को अपने पिक्चर के ट्रायल में मैंने उसे भी आमंत्रित कर दिया है और वह आ रही है।'

सुरेश बोरकर मुझसे उम्र में दस वर्ष छोटा है। बहुत बढ़िया सेल्समैन है इसीलिए मैं उसे अपने साथ ले गया था। व्यक्तिगत तौर पर हम परस्पर अच्छे मित्र रहे हैं। सुरेश में एक ऐब है। वह जब झूठ बोलता है तो पता नहीं लगने देता कि झूठ बोल रहा है। वह जानता था कि मैं उसकी बात पर विश्वास नहीं कर रहा हूँ। वह चुप हो गया।

शाम को लेबॉरेटरी के थिएटर में जब 'मयूरपंख' का प्रदर्शन शुरू होने का समय हुआ तो सचमुच हेडी लेमार आ पहुँची।

हेडी लेमार हॉलीवुड की सुन्दरतम अभिनेत्रियों में से थी। अभिनय कला की दृष्टि से मैंने उसे कभी बड़ी कलाकार नहीं समझा और न समीक्षकों ने ही। किन्तु बरसों पहले 'एलजिअर्स' नामक चित्र में चार्ल्स बॉए के साथ आकर वह रूपवती दर्शकों को ही नहीं, मुझे भी लुभा गई थी। हाल में ही सिसिल डी मिल के प्रचंड ऐतिहासिक-धार्मिक चित्र 'सैमसन एंड डिलायला' में विक्टर मैच्योर के साथ उत्तीर्ण होकर सारी दुनिया के प्रेक्षकों पर अपने रूप का जादू कर गई थी। चित्र

अत्यधिक सफल हुआ था। हेडी के शरीर की रचना तथा आकार अब भी—33 या 35 वर्ष की अवस्था में—18 वर्ष की लचीली युवती की तरह था। किन्तु चेहरे पर हल्की-हल्की रेखाएँ, विशेषकर आँखों के अतराफ, शुरू हो गई थीं और उन रेखाओं में हेडी का तीव्र गति से जीया हुआ वासनायुक्त समस्त जीवन प्रतिबिंबित हो रहा था। जैसा कि हेडा ने अपनी जीवनी 'एक्स्टसी एंड मी' में लिखा है, सेक्स (यौन) उसके शरीर में नहीं, उसके चेहरे में था।

सुरेश ने हेडी लेमार से मेरा परिचय कराया और थोड़ी देर बातचीत के उपरांत शो शुरू हो गया।

'मयूरपंख' हेडी लेमार को बहुत पसन्द आया। वह कहने लगी : 'इस सुन्दर चित्र के लिए मैं आपको बधाई देती है, मिस्टर साहू! कुछ वितरकों से आपको जो ऑफर्स मिल चुके हैं, मैं जानती हूँ। सुरेश ने मुझे सब बताया हुआ है। वे ऑफर्स बहुत कम हैं। आप चित्र को डब करके इसका विदेशी मार्केट के लिए, बिना गानों का, और संक्षिप्त वर्शन बैक ग्राउंड म्यूजिक के साथ तैयार कर डालिए। यूरोप और अमरीका के लिए आपको बीस लाख का ऑफर मेरी ओर से है। मैं आपके साथ इसके वितरण में साझेदार बनने को भी तैयार हूँ।'

बात हेडी ने पते की कही थी। दूसरे दिन होटल के बार में मुझे डॉ. ब्लूम नामक ब्राजील के एक यहूदी करोड़पति रोजगारी मिल गए। उन्होंने भी कुछ-कुछ हेडी लेमार का ही प्रस्ताव दिया।

तब मैंने, चित्र का विदेशी वितरण निश्चित जान, चित्र के अँगरेजी वर्शन को परिपूर्ण करने की ओर तुरन्त ध्यान देना ही उचित समझा।

रोम में एक दिन हम लोग एक रेस्तराँ में खाना खा रहे थे कि सुरेश ने मेरा ध्यान एक टेबल पर खाते हुए साबू की ओर आकर्षित किया। साबू भारत का रहनेवाला था—मैसूर इस्टेट के महावत का बेटा था। जब वह दस-बारह वर्ष का था, उसे चुनकर कोई अमरीकन दिग्दर्शक हॉलिवुड ले गया था और 'एलिफेंट बॉय' नामक चित्र में उसे प्रस्तुत किया गया था। तब से साबू के हॉलिवुड से कई चित्र आ चुके थे और साबू जगप्रसिद्ध हो चुका था, यद्यपि आजकल उसकी माँग न थी और इसी कारण वह रोम आकर सुप्रख्यात इतालवी दिग्दर्शक डीसिका के एक चित्र में छोटी-सी भूमिका कर रहा था। मुझे सहसा एक सूझ आई।

खाने के बाद मैंने साबू को अपनी टेबल पर बुलाया। परिचय के बाद इधर-उधर की बातें होने लगीं। यह देखकर कि साबू भारत जाकर अपने सम्बन्धियों से मिलने के लिए छटपटा रहा है, मैंने अपना प्रस्ताव उसके समक्ष रख दिया। मैंने कहा : 'भारत जाने के लिए तुम्हारे पास, साबू, पैसे नहीं हैं। अगर टिकट के पैसे तुमने जमा भी कर लिए तो वहाँ क्या खर्च करोगे, इसलिए मेरा प्रस्ताव है कि तुम भारत आओ मगर एक हफ्ते के लिए नहीं, तीन महीने के लिए। और उन तीन महीनों

में मैं भारत में एक चित्र बनाऊँगा जिसमें तुम हीरो रहोगे। तुम्हें बम्बई के श्रेष्ठ होटल—ताजमहल होटल—में रखूँगा। तुम्हारे रहने-खाने का सारा खर्च मैं दूँगा। इसके अतिरिक्त चित्र के विदेश वितरण में चौथाई हिस्सा भी दूँगा।'

साबू, जो रोम में धक्के खाता घूम रहा था, मेरे प्रस्ताव से खिल उठा। वह तुरन्त मान गया।

इस अनोखी योजना से हम दोनों का फायदा था। अन्तर्राष्ट्रीय ख्यातिप्राप्त अभिनेता मेरे भारतीय चित्र को उपलब्ध हो रहा था—लगभग मिट्टी के मोल में, और साबू को भारत देखना, अपनों से मिलना और विदेशी बाजार का चौथाई भाग मिल रहा था। मैंने मेनू कार्ड के पीछे अनुबन्ध की शर्तें लिखीं और उस पर साबू के हस्ताक्षर लेकर तुरन्त बम्बई टेलीफोन करके प्रीति को सूचना दे दी।

प्रीति ने हमारे प्रचार विभाग द्वारा यह सूचना संवाददाताओं तक पहुँचा दी।

भारत भर के समाचार-पत्रों में यह सनसनीखेज खबर सुर्खी बनकर निकली : 'साहू टू स्टार साबू इन हिज नेक्स्ट' (साहू के आगामी चित्र में साबू)।

और फिल्म व्यवसाय में एक तहलका मच गया।

अब रोम से हम लोग पेरिस गए।

आँदरे थॉमा की अभिनेत्री पत्नी पोट्रिशिया रॉक इन दिनों रोम में ही थी और किसी फ्रेंच-इतालवी को-प्रोडक्शन में काम कर रही थी। वह आकर मुझसे मेरे होटल में मिली और उसने मुझे अपने घर आमंत्रित किया। आँदरे से उसके डेढ़ वर्ष का एक बच्चा था जो पहली भेंट में ही मुझसे काफी हिलमिल गया।

'शायद यह तुम्हें आँदरे समझ बैठा है,' पोट्रिशिया ने कहा।

मेरा भी यही अनुमान था। आँदरे आल्प्स के पास कहीं किसी फ्रेंच चित्र की शूटिंग कर रहा था। पोट्रिशिया ने टेलीफोन पर उससे बात करके मेरे पेरिस पहुँचने की तिथि उसे विदित कर दी।

दो दिन बाद रात के दो बजे जब सुरेश और मैं पेरिस पहुँचे तो बेचारा आँदरे दो सौ मील अपनी कार चलाकर हमें लेने हवाई अड्डे पर आया हुआ था। अपनी कार में बिठाकर वह हमें शहर ले गया। सुरेश एक होटल में ठहरा और मैं आँदरे के फ्लैट में। आँदरे खुद स्टोर-रूम में रहने लगा। मेरे लाख मना करने पर भी मुझे उसने अपना बेडरूम, जिसमें डबल बेड रखा हुआ था, दे दिया। पोट्रिशिया की कई सुन्दर-सुन्दर जनानी चीजों से वह बेडरूम सुसज्जित था। ड्रेसिंग टेबल पर रखे हुए ब्रश में कुछ केश हिलगकर रह गए थे। लिपस्टिक लगाने के बाद जिस टिश्यू पेपर को होंठों पर रखकर लिपस्टिक की नमी सुखाई गई थी, उसपर होंठों का आकार उतर आया था और वह टिश्यू पेपर कन्धे के नीचे दबा पड़ा था। बाथरूम में छोटी-बड़ी लगभग

पाँच सौ नाना प्रकार के सेंट की शीशियाँ रखी थीं जो, शीशा-मढ़ी दीवारों में प्रतिबिंबित होकर, चौगुनी और फिर सौगुनी प्रतीत हुई जा रही थीं। व्यक्ति अपनी अनुपस्थिति में कितना अधिक उपस्थित हो जाता है, यह मैंने पोट्रिशिया के कमरे में रहकर बार-बार अनुभव किया।

आँदरे जब भारत आया था तो व्हिस्की को छूता तक न था। केवल बियर या वाइन पीता था। व्हिस्की का चलन ग्रेट ब्रिटेन में अधिक था। यूरोप में अधिकांशतः बियर तथा नाना प्रकार की वाइन का चलन था। भारत में आँदरे की दोस्ती ऐस्टोरिया होटल—जहाँ वह ठहराया गया था—में ठहरे हुए कुछ अँगरेजों से हो गई थी और उनकी तथा 'मयूरपंख' की फ्रेंच अभिनेत्री ऑडेट फरग्यूसन—जिसकी माँ फ्रेंच और पिता अँगरेज थे—की सोहबत में आँदरे व्हिस्की पीने लग गया था और काफी पीने लगा था। ऑडेट और आँदरे की परस्पर मित्रता घनिष्ठ रूप ले चुकी थी और इसकी भनक पोट्रिशिया को लग चुकी थी। लेकिन आँदरे जब हम सबसे और ऑडेट से विदा लेकर अकेला पेरिस लौट गया तो अन्त में पोट्रिशिया ने आँदरे के बहकने को भुलाकर उसे क्षमा कर दिया था।

अब आँदरे पत्नी से दूर रह-रहकर और कई-कई दिन बेकारी के कारण परेशान दिखाई दिया। अब वह पीने अधिक लगा था।

'मुझे लगता है, किशोर,' एक दिन वह मुझसे कहने लगा : 'कि पोट्रिशिया मुझसे बदला ले रही है। शायद किसी से उसका प्रेम प्रकरण चल रहा है।'

'किससे?'

'पता नहीं। मगर ऐसा लगता है, रोम में कोई है जिसके साथ उसका अफ़ेअर चल रहा है।'

अगले हफ्ते जब मैं लौटकर रोम पहुँचा तो पोट्रिशिया फिर मुझसे मिलने आई। मुझे लगा, वह खुद भी अपने अकेलेपन से बेजार भी और मन बहलाने के लिए अच्छी संगत की तलबगार रहा करती थी। मुझसे कहने लगी : 'मुझे भारत ले चलो। मैं भी तुम्हारे पिक्चर में काम करूँगी।'

इसके छः महीने के अन्दर मुझे यूरोप फिर जाना पड़ा। भारत सरकार ने 'मयूरपंख' को कान फिल्म फ़ेस्टिबल के लिए निर्वाचित किया हुआ था। सुरेश बोरकर के हाथ 'मयूरपंख' की प्रति पेरिस भेजकर मैंने सब-टाइटलिंग का काम शुरू करवा दिया था। मुझे जाकर कॉपी की जाँच करनी थी और फिर कॉपी तथा सुरेश के साथ फ़ेस्टिवल में शरीक होने कान जाना था।

रास्ते में मैं रोम में उतरा। अबके मैं रोम तीसरी बार आया था—दो-ढाई साल के अन्दर तीन बार यूरोप आया था। रोम के गली-कूचे तक याद हो गए थे। वही सूरतें, वही दृश्य, वही वातावरण। हवाई जहाज ने दुनिया सिकोड़कर काफी छोटी कर दी है। रोम से मैं पेरिस गया।

रोम में पोट्रिशिया फिर मिली। उन दिनों वह इंग्लैंड की मानी हुई और बड़ी सिनेमा स्टार समझी जाती थी। उसने मुझे लंच के लिए एक रेस्तराँ में आमंत्रित किया। लंच पर दो युवक और थे। दोनों अमरीकन थे। एक फिल्म निर्माता था और दूसरा धनवान व्यवसायी। वह धनवान व्यवसायी मुझे अच्छा न लगा। शायद इसीलिए कि वह बोलता बहुत ही कम था और घुग्घू की तरह शक्ल बनाए बैठा रहता था या इसलिए कि उसकी नाक का छोर कुछ अधिक ही लाल था। लेकिन लंच समाप्त होते तक मैं भाँप गया कि पोट्रिशिया इस व्यवसायी युवक से उलझी हुई है।

उस दिन जब मैंने पोट्रिशिया से आँदरे के मन की घुटन का जिक्र किया तो उसने बात हँसकर उड़ा दी। पेरिस पहुँचकर मैंने आँदरे से अपने अनुमान का जिक्र किया। वह कहने लगा कि वह सब-कुछ जान गया है। पोट्रिशिया ने डिवोर्स (तलाक) के लिए कार्रवाई शुरू भी कर दी है।

इस बार मैं आँदरे के फ्लैट में न ठहरकर होटल में ठहरा। इसके दो या तीन वर्ष बाद, अधिक पीने के कारण, आँदरे थॉमा को लकवा हो गया और फिर जल्दी ही अचानक हृदयगति बन्द हो जाने से उसकी मृत्यु हो गई।

इस प्रकार एक नामांकित छायाकार (कैमरामैन) और मेरा मित्र शराब की बोतल में डूबकर मर गया।

पेरिस से उड़कर सुरेश बोरकर और मैं कान गए। पहली बार जब मैं यूरोप आया था तो प्रीति के साथ नीस देख चुका था। समुद्र के किनारे बसा हुआ वह छोटा-सा सुन्दर शहर हमें बहुत पसन्द आया था। उतना गहरा नीला पानी मैंने और किसी समुद्र का नहीं देखा। कान भी मुझे बिलकुल नीस की तरह ही लगा—जैसे ये दोनों जुड़वाँ शहर हों! वैसे भी इन दोनों शहरों में शायद कुल बीस मील का फासला है।

वेनिस की तरह ही कान में भी सबसे बड़ा त्योहार 'फिल्म फ़ेस्टिवल' (फिल्मोत्सव) ही होता है। सारी दुनिया से फिल्म डेलिगेशन (फिल्म प्रतिनिधि मंडल) आए थे। हर देश के कलाकार वहाँ उपस्थित थे। शहर में चौबीसों घंटे चहल-पहल थी।

यद्यपि मैं अपने साथ एक काली अचकन भी ले आया था, मैंने वह कभी न पहनी। सदा सूट ही में रहता। सुरेश के ड्रेस-सूट का कोट पेरिस की लॉन्ड्री में फट गया था, सो कान में वह सदा अपने काली पैंट के ऊपर मेरी काली अचकन पहने घूमता। मुझे वह पादरी की तरह दीखता; किन्तु कान की युवतियाँ और होटल, रेस्तराँ के बैरे सुरेश को महाराजा समझकर उसके आगे-पीछे होने लगते। अपने लिए लोगों में ऐसी गलतफहमी पैदा करने में सुरेश का खुद का हाथ भी था। एक शाम पार्टी में अपनी आवभगत के बीच जोश में उसने अपने को प्रिन्स और मुझे अपना सेक्रेटरी बना दिया!

कान का वातावरण उल्लासमय लगने वाला वातावरण था। यूरोप में यात्री काम के अभाव से ऊब सकता है किन्तु लड़कियों के अभाव से नहीं। वैसे भी वहाँ पुरुषों की अपेक्षा स्त्रियाँ अधिक हैं। फिर, कान में तो बहार आई हुई थी। तरह-तरह की और एक से एक सुन्दर युवतियाँ सर्वत्र दिखाई देतीं। फुटपाथ पर, बीच पर, रेस्तराँ, में—जहाँ जाओ, दिखाई देतीं और पास आकर अधिक पास आने की कोशिश करतीं।

फ़ेस्टिवल में प्रतिदिन तीन चित्र दिखाए जाते : एक सवेरे और दो शाम को। हर चित्र के साथ चित्र के निर्माता, दिग्दर्शक, कलाकार अपने देश के राजदूत को साथ लिये, बैंड बाजा बजाकर, जुलूस निकालकर, शान से थिएटर तक आते। रास्ते पर दोनों ओर शहरियों और अतिथियों की भीड़ तालियाँ बजाकर उस जुलूस का स्वागत करती। राजदूत थिएटर में अतिथियों का स्वागत करते और फिर चित्र का प्रदर्शन आरम्भ हो जाता। शो के बाद उसी शाम, या रात, दूसरे दिन राजदूत कान फ़ेस्टिवल में सम्मिलित सभी अतिथियों को कॉकटेल पार्टी देते जिसमें लगभग 25000 रुपये का खर्च हुआ करता। फ्रांस और अमरीका—शायद ये ही दो देश थे—जिनके राजदूतों ने कॉकटेल की बजाय डिनर पार्टियाँ दी थीं। डिनर पार्टी का खर्च 75000 रुपये से कम न आया होगा।

सरदार मलिक भारत के राजदूत थे फ्रांस में। मैं उनसे पेरिस में मिल चुका था और वे सहर्ष मेरे चित्र 'मयूरपंख' के साथ कान फिल्म फ़ेस्टिवल में पधारे थे। किन्तु जब मेरे चित्र के प्रदर्शन की बारी आई तो सरदार मलिक ने मुझे और सुरेश बोरकर को अपने होटल में डिनर के लिए बुलाया। दिनेश सिंह भी डिनर में उपस्थित थे। उन दिनों दिनेश सिंह फ्रांस में हमारे फर्स्ट सेक्रेटरी हुआ करते थे। सरदार मलिक ने मुझसे कहा कि अगले दिन, भारत के राजदूत होने के नाते, मेरा चित्र 'मयूरपंख'—जो भारत का प्रतिनिधित्व कर रहा था—के साथ जुलूस निकालकर थिएटर तक वे न चल सकेंगे।

मैंने जब कारण पूछा तो सरदार मलिक कहने लगे : 'फिल्म फ़ेस्टिवल का महत्त्व हमारा देश नहीं जानता। हमारी सरकार समझती है कि दिल्ली और बम्बई में आए दिन होते हुए फिल्मों के प्रीमियर शो (उद्घाटन) की तरह ही यह इंटरनेशनल फिल्म फ़ेस्टिवल (अन्तर्राष्ट्रीय फिल्मोत्सव) भी होता होगा। और इसी सबब इस अवसर पर खर्च के लिए हमारे दूतावासों को इतनी छोटी-सी राशि प्रदान की जाती है कि उसमें बड़ी मुश्किल से हमारी यात्रा और रहने-खाने का खर्च पूरा हो पाता है। अब आप ही बताइए, अगर मैं आपकी यानी अपने देश की प्रतिनिधि फिल्म के साथ अगुआई करता हुआ बैंड बाजा बजाकर थिएटर चलूँ, तो क्या यह आवश्यक नहीं कि अन्य देशों के राजदूतों की तरह मैं भी कॉकटेल पार्टी दूँ? मगर कॉकटेल पार्टी के लिए पैसा कहाँ से लाऊँ? जब पार्टी ही नहीं दे सकता तो मैं जुलूस कैसे निकालूँ? आप बुरा न मानिए—मेरी शुभकामनाएँ आपके साथ हैं। मैं शो में आऊँगा,

हमारे दूतावास के सारे सदस्य आएँगे, मगर भारत की ओर से न कोई धूमधाम होगी, न कॉकटेल पार्टी।'

'धन्यवाद,' मैंने कहा। 'मैं आपकी मजबूरी समझता हूँ। मेरा दुर्भाग्य है जो ऐसे पिछड़े हुए देश से आता हूँ।'

'आप मुझ पर—मुझ पर ही नहीं, भारत के अन्य राजदूतों पर भी—बड़ा उपकार करेंगे अगर आप भारत लौटते ही पत्रों में लेख लिखकर हमारी सरकार को, हमारे नेताओं तथा शासकों को बताएँ, समझाएँ कि यह इंटरनेशनल फिल्म फ़ेस्टिवल अन्तर्राष्ट्रीय मेल-मिलाप, कलात्मक, सांस्कृतिक तथा व्यावसायिक प्रदर्शन के लिए कितना श्रेष्ठ और महत्त्वपूर्ण अवसर है।'

भारत लौटने पर मैंने वैसा ही किया। मैंने पत्रों में कई लेख लिखकर फिल्मोत्सवों का महत्त्व समझाया। इसी सिलसिले में कुछ नेताओं से व्यक्तिगत भेटें भी कीं।

कान फिल्म फ़ेस्टिवल में 'मयूरपंख' बहुत पसन्द किया गया। शिकार के दृश्य और जयपुर, आगरा की वास्तुकला विदेशियों को विशेष अच्छी लगी। कई यूरोपीय तथा अमरीकन वितरकों की माँगें मिलीं किन्तु मैं सौदा न कर सका, क्योंकि अँगरेजी वर्शन को तैयार करने में विलम्ब था। उनके ऑफ़र्स लेकर मैं भारत लौट आया।

'मयूरपंख' चित्र गेवा कलर में था। गेवा कलर का एकाधिकार (मोनोपली) स्व. अम्बालाल पटेल के पास था। जब मैंने पहले-पहले बम्बई आकर फिल्म में प्रवेश किया था, अम्बालाल पटेल फिल्मों में कैमरामैन हुआ करते थे। उसके तुरन्त ही बाद कैमरामैनी छोड़कर उन्होंने गिरगाँव में सेंट्रल कैमरा नामक फोटो स्टूडियो तथा फोटोग्राफी की सामग्री की एक दुकान खोल दी थी। उन दिनों पटेल ने उसी दुकानवाले फोटो स्टूडियो में मेरी कई तस्वीरें खींचीं। उसके बाद ही द्वितीय विश्व-युद्ध छिड़ गया। पटेल ने अपना धन्धा बढ़ाकर फोर्ट में दूसरी शाखा खोल दी और फोटोग्राफी से सम्बन्धित कई चीजों की, जैसे—कैमरा, लेंस, फिल्म, प्रोजेक्टर, स्क्रीन, आदि की विदेशों से एजेंसी ले ली और तारदेव में 'फिल्म सेंटर' के नाम से लेबोरेटरी (रसायनशाला) खोल दी।

अम्बालाल पटेल को शौक चर्राया कि वे भी खुद एक चित्र निर्मित करें। अतएव, एजरा मीर को दिग्दर्शक लेकर उन्होंने कश्मीर की पृष्ठभूमि पर 'पामपोश' नामक चित्र बनाया। उन्होंने सोचा था कि सस्ते में, एक-दो महीने में चित्र बना डालेंगे। लेकिन धीरे-धीरे वह चित्र दो वर्ष तक बनता रहा और उसमें काफी पैसा भी खर्च हो गया।

इधर अम्बालाल पटेल से खरीदी हुई गेवा कलर फिल्म पर ही 'मयूरपंख' बनाकर मैंने कुछ ही महीने में तैयार कर दी थी और अब उसके इंग्लिश वर्शन के

पाश्चात्य देशों में वितरण के लिए वितरकों से बातचीत कर रहा था। पटेल चाहते थे, पहले उनका चित्र बिके। नतीजा यह हुआ कि मेरे चित्र का अँगरेजी वर्शन सेंसर कराने में लगभग दो साल लग गए।

कौन किसके लिए कभी रुका है! अपने वितरक, हेडी लेमार, डॉ. ब्लूम, आदि सबको मैं तब तक खो बैठा। तब तक 'मयूरपंख' की मेरी ही कहानी पर आधारित करके कहानी को कॉपीराइट से बाल-बाल बचाते हुए—कुछ विदेशियों और भारतीयों ने 'मयूरपंख' के चरित्रों तथा वातावरण की नकल करते हुए कुछ चित्र बना डाले।

कहाँ तो मैं लाखों बनाने के सपने देख रहा था और कहाँ अब मुझे तीन लाख का घाटा हो गया।

बहुत दिनों से प्रीति कह रही थी कि हाजी मलंग चला जाए। कल्यान से सात-आठ मील पर एक पहाड़ के ऊपर हाजी मलंग बाबा की दरगाह है और श्रद्धालु दूर-दूर से बाबा के मजार पर फूल, चादर चढ़ाने आते हैं, अपनी-अपनी मुरादें और मन्नतें मानते हैं। 18 अक्टूबर, 1953 की सुबह हम लोग अपनी कार से हाजी मलंग के पहाड़ तले बसे हुए गाँव में पहुँचे। गाँव में गाड़ी छोड़कर ऊपर जाती सीढ़ियों पर हमने चढ़ाई शुरू कर दी। ममता तब साढ़े तीन वर्ष की थी और विकी (विक्रम) दो महीने का। साथ में हमने ममता के लिए एक डाँडी भी रख ली थी; किन्तु ममता डाँडी में न बैठी और हमारे साथ सीढ़ियाँ पैदल चढ़ती हुई उतने ऊँचे पहाड़ पर स्थित बाबा के दरगाह पर पहुँच गई। विकी नौकर की गोद में गया था।

दरगाह के दर्शन आदि के बाद एक पेड़ की छाँह में बैठकर हमने साथ लाया हुआ खाना खाया और सुस्ताया। उस ऊँचाई पर—आस्थावादियों के सतत आगमन से, उनके भक्ति-श्रद्धायुक्त विचारों की विशुद्धता के कारण ही—जो शान्त, रम्य वातावरण था, हम सबको बहुत सुहाया।

भक्तों के साथ किए गए बाबा के कुछ करिश्मों के किस्से हम पहले भी सुन चुके थे, अब वहाँ और भी सुनने को मिले। एक चमत्कार सुनाता हूँ :

मध्य वर्ग के एक दम्पती को सन्तान नहीं थी। उनके ब्याह को लगभग दस वर्ष हो चुके थे। पति-पत्नी दुखी रहा करते थे। एक दिन पत्नी ने हाजी मलंग बाबा से मन्नत मानते हुए संकल्प किया कि अगर उसे सन्तान हुई तो पहली सन्तान वह बाबा के नाम बलि कर देगी। मन्नत भयानक और मूर्खतापूर्ण थी किन्तु—संयोगवश!—पत्नी के गर्भ रह गया और यथासमय उसने पुत्र को जन्म दिया। बच्चा बढ़ने लगा। पति-पत्नी मन्नत की याद कर आकुल होने लगे; किन्तु अनर्थ की आशंका से मन पक्का कर, वे कुछ हफ्तों के शिशु को लेकर हाजी मलंग बाबा की दरगाह पर पहुँचे; बाबा की मजार पर चादर चढ़ाकर, उनका उपकार मानकर, उन्हें लाख-लाख धन्यवाद

देकर वे दरगाह के पीछे वाली खुली जगह पर आए जहाँ पहाड़ की तीव्र ढलान है। पत्नी ने कई बार चाहा कि बच्चे को नीचे फेंक दे, किन्तु माँ की ममता प्रबल रही और वह बच्चे को न फेंक सकी। संकल्प टूटता देख वह व्याकुल हो उठी। पति भी बेजार हो गया। तब, लाचार हो, दिल बड़ा करके, पत्नी ने बच्चे को अपनी छाती से लिपटाया और चट पहाड़ की चोटी से नीचे कूद पड़ी। पति चीखा-चिल्लाया। पास-पड़ोस के लोग दौड़ आए। उन्होंने देखा, नीचे कुछ फुट के फासले पर, एक घने पेड़ की टहनियों पर वह नन्हा बच्चा हिलगा हुआ है। नीचे उतरकर लोगों ने बच्चे को पेड़ पर से उतार लिया। बच्चा सुरक्षित और जीवित था। माता हजार फीट नीचे खाई में गिरकर मर चुकी थी।

विचित्र है किन्तु देवस्थानों, तीर्थस्थानों के सम्बन्ध में कैसी-कैसी चमत्कारिक गाथाएँ प्रचलित रहती हैं! अद्भुत करिश्मे सुनकर इनसान की अक्ल काम नहीं करती और दिमाग जवाब दे देता है।

चार बजे हम लोग अपने थर्मस से निकालकर चाय पी रहे थे कि हमने देखा, ऊपर काले-काले बादल घिर रहे हैं। ऐसा लगा, शायद बारिश होगी। जल्दी से सामान बटोरकर हम लोग पहाड़ की सीढ़ियाँ उतरने लगे। तीन मंजिलें थीं। पहली मंजिल पर एक चाय की दुकान पर हमें एक अन्धा फकीर मिल गया। जब हम पहाड़ चढ़े थे तो उस बार भी हमने उसे यहाँ देखा था। उसकी दोनों आँखें बिलकुल सफ़ेद थीं। सुना था, लाठी टेकता, मस्त गाता हुआ, प्रतिदिन वह दरगाह तक जाता है और शाम ढले नीचे उतर आता है। अब वह हमारे साथ-साथ नीचे उतरने लगा। इतनी तेजी से सीढ़ियाँ उतरने के बावजूद उसके पाँव कभी न डगमगाते। देखता वह सदा सामने या ऊपर, नीचे कभी नहीं; फिर भी कदम उसके उन ऊबड़-खाबड़ सीढ़ियों पर बराबर पड़ते। कहीं कहीं सीढ़ियाँ न थीं, केवल सँकरी, सपाट धरती या चट्टान थी, कहीं सहसा गहरी ढलान। हम सब उस अंधे फकीर के सीढ़ियाँ उतरने पर हैरत में पड़ गए और उसके सुरीले कंठ से बुलंद आवाज में निकलती हुई बाबा के गुणगान बखानती पंक्तियाँ सुनकर मुग्ध हो गए।

सहसा अँधेरा हो गया और आँधी चलने लगी। पेड़-पौधे झूमने लगे। रह-रहकर ऊपर से रोड़े ढुलक-ढुलककर नीचे आने लगे और फिर बारिश शुरू हो गई। हम लपकते हुए, पानी में भीगते, बच्चों पर कपड़ों से ओट किए, नजदीक की झोंपड़ी में जा घुसे। वहाँ आठ-दस और भी व्यक्ति पहले से शरण ले रहे थे। वह झोंपड़ी वास्तव में चाय की दुकान तथा दूसरी मंजिल थी। अब एक मंजिल और यानी तीसरी मंजिल बाकी थी जहाँ हमारी गाड़ी खड़ी थी। मगर उस घनघोर वर्षा में निकलना बुखार और निमोनिया को आमंत्रण देना था।

हमने दुकानवाले से कहकर झोंपड़ी में आग जलवाई और अक्टूबर की उस अचानक बारिश में भीगे हुए अपने कपड़े सुखाए। चाय बनवाकर पी और अन्य जनों

को पिलवाई, फकीर को भी जो निरंतर हमें अपनी कव्वालियाँ सुनाता रहा। बाहर जोरों की बारिश हो रही थी, बादल गरज रहे थे, बिजलियाँ काँप रही थीं और ऐसा लगता था कि रात इस गीली, जगह-जगह चूती झोंपड़ी के अन्दर ही गुजार देनी होगी। हमें अपनी चिन्ता न थी, नन्ही ममता और बहुत नन्हे विकी की चिन्ता थी। साथ में गरम कपड़ा भी न लाए थे।

एक घंटे बाद जब बारिश कम हुई तो मैंने नौकरों को बाहर जाकर रास्ते के हाल मालूम करने भेजा। लौटकर उन्होंने खबर दी कि झोंपड़ी के जरा नीचे ही जो नाला है, उसमें गहरा पानी रेलपेल बहा जा रहा है और उस नाले को पार नहीं किया जा सकता। सुनकर मन बैठ गया। मन-ही-मन न जाने हमने बाबा से कितनी-कितनी मिन्नतें न की होंगी कि वे नाले का पानी उतार दें।

आधा घंटे के बाद अंधा फकीर उठा और झोंपड़ी से बाहर निकलकर कहने लगा : 'चलो।'

हम लोग भी बड़ी आशा लेकर बाहर आए। घुप्प अँधेरा था। बारिश थम चुकी थी। हम सीढ़ियाँ उतरने लगे। नाले में पानी रेलपेल बह रहा था। वह अंधा फकीर बाबा के गुणगान गाता हुआ, लाठी पानी में टेकता, नाला पार गया। कहीं घुटने भर और कहीं कमर भर पानी था। हम सब लोग, एक दूसरे के हाथ थामे, कतार बाँधे, किसी तरह नाला पार गए। जान में जान आई। पन्द्रह मिनट बाद—आठ बजे के लगभग—हम अपनी ब्यूइक कार में थे और कार हवा से बातें करती चली जा रही थी—चेम्बूर।

रास्ते में मैं सोचने लगा—उस फकीर के बारे में, अन्धे फकीर के बारे में, जिसकी आँखों में पुतलियाँ न थीं, जिसकी आँखें दूध की तरह सफ़ेद थीं, उसे कैसे मालूम हो गया कि नाले का पानी उतर चुका है? कोई कहेगा कि अपनी चालीस वर्ष की अवस्था में वह अब तक उस पहाड़ी रास्ते का अभ्यस्त हो चुका था। कई बारिशें उसके जीवन में आई थीं। कई बार नाले में पानी रेलपेल बहा होगा, कई बार बारिश थमने के आधा घंटे बाद नाले में इतना गहरा पानी कमर और घुटने भर रह गया होगा, और इसका उसे पता था। इसमें न कोई चमत्कार है, न कोई अचरज की बात। आप भी यही मानेंगे। ठीक ही है। किन्तु मैं ऐसा नहीं मानता।

सारी दलीलें बेकार हैं। ऐसे अनेक प्रसंग होते हैं जो सर्वथा दिमाग के जोर पर नहीं समझे जा सकते।

और ऐसे ही छोटे-बड़े अनेक प्रसंग मेरे जीवन में आए हैं। मेरे साथ ऐसी अनेक घटनाएँ हुई हैं जिन्होंने मुझपर यह प्रमाणित कर दिया और मुझे यह अटल विश्वास हो गया कि मानवी मस्तिष्क की समझ के बाहर भी कई ऐसी समस्याएँ हैं, ऐसे सत्य हैं जिन्हें केवल आंतरिक दृष्टि से देखा और समझा जा सकता है—यदि व्यक्ति की मानसिक तथा आत्मिक शक्तियाँ विकसित हो चुकी हों तो, वरना नहीं।

मानवीय मस्तिष्क में निरंतर उत्पन्न होते हुए अनेक 'क्यों' और 'कैसे' का उत्तर हमें वैज्ञानिकों से नहीं, योगियों और सिद्ध पुरुषों से ही मिलेगा।

नवम्बर में दिग्वि (राजनांदगाँव के राजकुमार महंत दिग्विजय दास) का पत्र आया कि अपनी माता के साथ वे बम्बई पहुँच रहे हैं—लड़की देखने। अगले हफ्ते दिग्वि 'वाटिका' आकर हमसे मिले, कहने लगे : 'ममी की निगाह में दो लड़कियाँ हैं—एक इन्दौर महाराजा की कन्या है और दूसरी बारिया के महाराजा (महारावल) जयदीप सिंह की छोटी बहन। ममी दोनों घरानों से लेन-देन और दहेज की बात कर रही हैं। अब, बताइए, मैं किसे चुनूँ?'

'तुमने दोनों लड़कियाँ देखी हैं?' मैंने पूछा।

'हाँ, देखी हैं।'

'तुम्हें कौन भाती है?'

'समझ में नहीं आता। आप और मिसेज साहू जिससे कहेंगे, मैं उसी से शादी करूँगा।''

दिग्वि की यह बचकानी जिद अपनी खुद की जिम्मेदारी से कन्नी काटना था। दूसरे के लिए लड़की पसन्द करने की जिम्मेदारी लेने से हमने इनकार कर दिया। हमने उन्हें सुझाया कि वे खुद उन दोनों लड़कियों के सम्पर्क में आएँ, कुछ दिन उनके साथ बिताएँ, केवल दूर से देखना ही काफी नहीं।

दो दिन बाद जब दिग्वि की माता ने जल्दी मचाई और बारिया-कन्या, संयुक्ता देवी, से रिश्ता मंजूर करना चाहा तो दिग्वि ने माता से और बारिया परिवार से कहा : 'लड़की को लेकर मैं 'वाटिका' जाऊँगा। अगर साहू साहब और मिसेज साहू ने लड़की पसन्द कर ली तो मुझे रिश्ता मंजूर है। उनके पसन्द किए बिना मैं हाँ न कर सकूँगा।'

दिग्वि की माता रानी साहिबा ज्योति देवी और कन्या के भाई महाराजा जयदीप सिंह को यह शर्त कितनी खल गई होगी, मैं समझ सकता हूँ। दो राजघरानों की आन और शान हमारी हाँ या ना पर निर्भर हो गई थी। किन्तु दिग्वि की शर्त वे मान गए और उसी दम मोटरों में बैठकर सारे के सारे 'वाटिका' चले आए। आकर उन्होंने समस्या हमारे सामने रख दी। प्रीति और मैं उलझन में पड़ गए।

हमने कन्या देखी, उससे बातचीत की। कन्या को वर पसन्द था और दिग्वि की बातों से लगा कि उन्हें भी कन्या पसन्द थी। रानी साहिबा ने प्रीति और मुझसे याचना की कि हम दोनों अपनी स्वीकृति दे दें।

जैसा मैं पहले कह चुका हूँ, राजनांदगाँव में कभी मेरे दादा दीवान रह चुके थे, राजनांदगाँव में मेरा बचपन बीता था। आज उसी राजनांदगाँव के राजकुमार का ब्याह मेरे घर मेरे हाथों बदना विचित्र संयोग था। मन के अन्दर अहंकारमयी गुदगुदी होने लगी।

महाराजा जयदीप सिंह कुछ न बोलते हुए हमें ताकने लगे। आशंका उन्हें डस रही थी।

'वर और वधू दोनों एक दूसरे को पसन्द करते हैं,' मैंने कहा। 'हम सबका यही कर्तव्य है कि उनकी पसन्द की कद्र करें। ब्याह को सफल बनाना हमारी नहीं, उनकी जिम्मेदारी है। हम दोनों को इस सम्बन्ध से बहुत खुशी होगी।'

हमारी स्वीकृति पाकर वर, वधू तथा उनके परिवार खुशी से खिल उठे। वहीं, हमारे घर, परस्पर गले मिले और फिर हम सबने एक साथ बैठकर खाना खाया। प्रीति ने सबको मिठाई खिलाई।

11 दिसम्बर, 1953 को बारिया में धूमधाम से दिग्वि का ब्याह हो गया। बरात के साथ मैं भी बारिया गया था। कई रजवाड़ों से अतिथि आए थे। इतने सारे राजा एक स्थान पर एकत्रित देखने का वह मेरा पहला और अन्तिम अवसर था। महाराजा जयपुर से लेकर सक्ति के राजा तक वहाँ उपस्थित थे।

ब्याह के अवसर पर शानदार दावत हुई, मुजरा भी हुआ। खैरागढ़ के राजा साहब सहसा उठकर मेरी कुर्सी से टिककर नीचे कालीन पर बैठ गए और कुहनी मेरे घुटनों से टिकाकर नाचने वाली की अदाओं पर वाह-वाह करने लगे। उपस्थित सारे राजा, महाराजा, उनके मित्र तथा सम्बन्धी मजा ले रहे थे और मैं सोच रहा था, कितना बुरा नाच रही है, कितनी बेसुरी हो जाया करती है। काश, मैं इसकी कमीज ठीक कर देता ताकि ब्राजियर की पट्टी तो गले से यों न झाँकती! झटके खा-खाकर बिंदिया सरक गई थी और रह-रहकर उलट जाती थी...यकायक नाच समाप्त हुआ। प्रेक्षकों ने नोट उछाले। वह झुक-झुककर सलाम करती नोट बटोरने लगी।

जब वह हमारे पास आई तो राजा साहब खैरागढ़ उससे मेरा परिचय कराते हुए शरारतन बोले : 'इन्हें जानती हो? यह खैरागढ़ इस्टेट के राजा साहब हैं।'

वह खिलखिला पड़ी : 'अजी खैरागढ़ की क्या बिसात,' वह बोली : 'ये तो सारे हिन्दुस्तान के राजा हैं। इन्हें कौन नहीं जानता?' फिर मुझे नमस्कार करके बोली : 'आपने शायद मुझे नहीं पहचाना।'

मैं ऐसे प्रसंग से, जब मेरी स्मृति मुझे धोखा देती है, बहुत घबराता हूँ। 'तुम्हें देखा है कहीं,' मैंने कहा।

'तीन साल हुए, आपके पिक्चर में मैंने डांस दिया था, दो सीन भी किए थे।'

मुझे सहसा याद आ गया। वह खुश-खुश इतराती हुई चली गई।

और मैं याद करने लगा कि पिक्चर की शूटिंग में इसके बेतुके अभिनय और नृत्य के कारण मैं कितना बौखला जाया करता था और आज इसी की भावभंगिमा से मुग्ध होकर इतने सारे लोग यहाँ झूम रहे हैं!

भोले-भाले प्रेक्षक की आँख और सिद्ध दिग्दर्शक की आँख में बड़ा अन्तर होता है। मैंने अनुभव किया, अपना विशिष्ट दृष्टिकोण रखने तथा हर मनोरंजन की

सामग्री में सदा बाल की खाल निकालने की आदत के कारण, छोटे-मोटे खेल-तमाशों और मनोरंजन से पर्याप्त लाभ उठाने में मुझ जैसा दिग्दर्शक अक्सर बिलकुल असमर्थ रह जाता है, जिससे उसके जीवन के रंगमंच, आनन्दमय क्षण या तो दूषित हो जाते हैं या कम हो जाते हैं।

कितनी ही छितरी हुई पंखुड़ियाँ क्यों न हों, फूल को सुन्दर मानकर उसकी सुगंध से जो मस्त हो जाने की क्षमता रखता हो, वही उस प्रसंग का भरपूर उपभोग कर सकेगा। जो फूल की रचनात्मक, रंगात्मक त्रुटियाँ खोजने बैठ जाए, वह बेकार में उलझकर रह जाएगा और मजे के दो क्षण जो उसे उपलब्ध हो सकते थे, उन्हें गँवा बैठेगा—सदा के लिए।

ब्याह के बाद बरात जब बारिया से वधू को ले बम्बई लौटी तो, संयोगवश, सक्ति के राजा साहब लीलाधर सिंह और मैं एक ही फर्स्ट क्लास कूपे में थे। बारिया में दिग्वि ने उनसे मेरा परिचय करा दिया था। वे मुझसे मिलकर बहुत खुश हुए थे। उन्हें सक्ति की वे कई बातें याद थीं जब दादा वहाँ दीवान थे। मैं भी उन्हें याद था। मैं तब सात-आठ वर्ष का रहा हूँगा। मुझे तो सबकुछ याद था।

बरसों से तमन्ना थी कि सक्ति के राजा साहब को देखूँ। जिन्दगी में देखे हुए राजाओं में वे पहले राजा थे। 'राजा' शब्द के साथ एक असाधारण व्यक्तित्व की कल्पना कर लेने का मन आदी हो चुका था। ज्यों-ज्यों मैं बड़ा होता गया और ज्यों-ज्यों मैं राजाओं-महाराजाओं के सम्पर्क में आने लगा, त्यों-त्यों मेरे कल्पित चित्र बिगड़ते-उजड़ते चले गए।

आज, अब, सक्ति नरेश को अपने डिब्बे में देख मैं बहुत उत्तेजित हो उठा।

अपने बचपन में इन्हीं राजा साहब को मैं एक महान हस्ती, प्रतिभाशाली समझता था। यही राजा ओवरलैंड कार में बैठकर नित शाम को दादाजी से मिलने, गपशप लगाने सक्ति में हमारे घर आया करते थे। लम्बे सिगरेट होल्डर में लगाकर सिगरेट पीया करते। इनकी सिगरेट विलायत से विशिष्ट तम्बाकुओं के सम्मिश्रण से बनकर आया करती थी और सिगरेट पर इनका नाम छपा होता था। बातचीत के दौरान सिगरेट की राख इतनी लम्बी हो जाती कि मैं खड़ा-खड़ा उसे टूटकर उनके कीमती, सुगन्धित कपड़ों पर गिरने की प्रतीक्षा किया करता; किन्तु वह कभी न टूटती, कभी न गिरती। ऐन मौके पर राजा साहब उँगली से झटका देकर राख दूर गिरा देते और मेरे अचरज का ठिकाना न रहता। ऐसा चमत्कार तो एक राजा ही दिखा सकता था!

और आज वही चमत्कारिक राजा लीलाधर सिंह मेरे डिब्बे में मेरे सहयात्री हैं। डिब्बा कूपे है, अतएव उसमें कुल दो बर्थ हैं। मेरे लिए नीचे वाली और उनके लिए

ऊपरवाली बर्थ रिजर्व की गई है, क्योंकि सक्ति इस्टेट के राजा साहब का महत्त्व सुप्रख्यात सिने निर्माता-दिग्दर्शक-लेखक-अभिनेता किशोर साहू से बहुत-बहुत-बहुत कम है। सारे रजवाड़े नष्ट हो चुके हैं, समस्त संस्थान भारत में विलीन होकर गणतंत्र के अधीन हो चुके हैं। राजाओं को प्रिविपर्स मिलने लगा है यानी उनकी सारी सत्ता छीनकर उन्हें पेंशन दे दी गई है। और फिर सक्ति कोई बड़ा संस्थान न था, मध्यप्रदेश में, छत्तीसगढ़ क्षेत्र की, एक छोटी-सी इस्टेट थी। लीलाधर सिंह हालाँकि अपनी इस्टेट में राजा साहब कहलाते थे, उन्हें राजा की टाइटल (पद) न थी। अँगरेज सरकार उन्हें केवल 'सक्ति चीफ' सम्बोधित किया करती थी। और राजा साहब, जो कभी अपनी इस्टेट में अपराधी को फाँसी का हुक्म सुनाने का अधिकार रखते थे, अब, इन दिनों, सक्ति छोड़कर पासवाले बड़े शहर रायपुर में जा बसे थे। अपने पुत्र—जिन्हें कभी मैं कुँअर साहब कहता था और जिनके साथ मेरा जबानी अनुबन्ध हो चुका था कि बड़ा होकर मैं उनके पास दीवान बनकर नियुक्त होऊँगा—के साथ रायपुर में एक छोटा-सा बँगला लेकर रहने लगे थे और बेटे के लिए राइस मिल लगा रखी थी।

यह सब जानकारी मैंने गाड़ी चलने के बाद लगभग एक घंटे की बातचीत में प्राप्त की। बेचारे राजा साहब! मेरे बचपन के हीरो! अब उनकी अवस्था 75 वर्ष की दिखाई दी। चेहरे पर अनगिनत रेखाएँ पड़ गई थीं। ठिंगने थे। काले थे। जात के राजगोंड थे। दिग्वि जब उनके बारे में हमसे बोलते तो उन्हें 'बनमानुस' कहा करते।

बातचीत के बाद जब सोने का समय हुआ तो राजा साहब छोटा-सा चमड़े का अपना सूटकेस—जिस पर खाकी रंग के कपड़े का गिलाफ था और ऊपर से नारियल की रस्सी बँधी हुई थी—खोलकर उसमें से फटा-पुराना नाइट सूट निकालकर पहनने लगे और फिर ऊपरवाली बर्थ पर चढ़ने को तत्पर उठ खड़े हुए। मैंने उन्हें, बहुत आग्रह करके, अपनी वाली नीचे की बर्थ दी और मैं खुद ऊपर जा सोया।

बम्बई पहुँचकर दूसरे दिन राजा साहब डिनर के लिए, मेरे निमंत्रण पर, 'वाटिका' आए। जी से, माँ से, प्रीति से, बच्चों से मिलकर वे बहुत प्रसन्न हुए। कहने लगे : 'फिल्म क्षेत्र में तुम्हारे पदार्पण से लेकर अब तक, किशोर, मैं तुम्हारी जीवनी को बड़े गौर और बड़े गर्व के साथ देखता आया हूँ।'

दो-तीन घंटे उस शाम बड़े आनन्द में व्यतीत हुए और मुझे एक असाधारण चरित्र को पास से देखने-समझने का भरपूर अवसर मिला।

अगर राजा साहब को मैं न देख पाता, उनसे प्रत्यक्ष न मिल पाता, तो मेरे जीवन की एक कड़ी अधूरी रह जाती, कल्पना और यथार्थ की वह क्रूर विषमता मुझ पर कभी न खुल पाती।

साबू यथासमय भारत आ गया। उसके साथ उसकी अमरीकन पत्नी और तीन वर्ष का बच्चा भी आए। मैंने उन्हें ताजमहल होटल में ठहराया। पटकथा मैंने लिखकर तैयार कर ली थी। चित्र का नाम 'सौदा' रखा। हीरोइन के लिए शशिकला को लिया। गोप और जॉनी वॉकर, सूर्य कुमारी, रूपा बर्मन, मनोरमा काटजू, आदि कलाकार अन्य भूमिकाओं में थे।

चित्र मैं तीन महीने के अन्दर बनाना चाहता था और इसीलिए ब्लैक एंड व्हाइट में बनाने की योजना बनाई थी; किन्तु अम्बालाल पटेल मेरे पास आए और उन्होंने चित्र गेवा कलर में बनाने का अनुरोध करते हुए एक बड़ा प्रलोभन दिया—वे मुझे गेवा कलर फिल्म लगभग बिना दाम लिए देंगे, बदले में मैं उन्हें चित्र के जर्मनी के लिए वितरण के हक बेच दूँ। इस व्यवस्था से हम दोनों का फायदा था और बिना विशेष अधिक व्यय के मैं 'सौदा' को रंगीन चित्र बना सकता था।

साबू को मैंने विशेष प्रसिद्धि (पब्लिसिटी) दी। पहले ही वह—हॉलिवुड की फिल्मों में आने की वजह—जगविख्यात था। साबू के भारत आते ही सारी फिल्म इंडस्ट्री में खलबली मच गई। अन्य कुछ निर्माता, मेरी उपलब्धि पर जलकर, साबू को अपने घर डिनर पर बुला-बुलाकर उसे प्रलोभन देने लगे कि वह उनके चित्रों में काम करे। लेकिन साबू मेरे साथ अनुबन्ध के अनुसार और कहीं काम नहीं कर सकता था जब तक कि 'सौदा' समाप्त न हो जाए। अन्य निर्माता मन मसोसकर रह गए।

26 दिसम्बर, 1953 को मैं विमान से अपना यूनिट लेकर कोचीन पहुँचा और मैंने चित्र की शूटिंग शुरू कर दी।

लेकिन रुकावटें शायद भाग्य में बदी थीं। अम्बालाल पटेल और मुझमें अनुबन्ध को लेकर झगड़े होने लगे। वे जर्मनी के वितरण अधिकार लौटाकर फिल्म के दाम नकद माँगने लगे जो मेरे पास नहीं थे। समय पर मुझे पर्याप्त धन उपलब्ध न हो सका। और इधर साबू के अमरीका लौटने का समय पास आने लगा।

चार रीलें शूट करने और दो गाने ध्वनिबद्ध करने और फिल्माने तक चार महीने बीत गए। साबू एक महीना और ठहरा, मगर मेरी वित्तात्मक उलझनें दूर न हो पाईं और चित्र अधूरा छोड़कर साबू सपरिवार अमरीका चल दिया। 'सौदा' में मेरा तीन-चार लाख रुपया लग चुका था। 'सौदा' अधूरा रह गया। मुझसे पहले 'मयूरपंख' में ही—अँगरेजी वर्शन के विलम्ब के कारण—तीन लाख की हानि हो चुकी थी। मेरे पाँव डगमगाने लगे।

जल्दी से मैंने 'हैमलेट' की शूटिंग शुरू कर दी। चित्र ब्लैक एंड व्हाइट में था। चार-पाँच महीनों में बनाकर तैयार कर दिया और बम्बई के मेट्रो थिएटर में 7 जनवरी, 1954 को रिजीज कर दिया। चित्र की भाषा सख्त किस्म की उर्दू रखी थी और शेरो-शायरी का भरपूर उपयोग किया था। कोशिश की थी कि शेक्सपियर के मूल अँगरेजी नाटक की आत्मा मेरे चित्र में खिंच आए और इसमें मैं अधिकांशत: सफल भी हो गया।

किन्तु भारत के जनसाधारण को चित्र की भाषा क्लिष्ट उर्दू समझ में न आई। जवान बेटे की माँ द्वारा अपने पति की हत्या करना तथा अपने देवर के साथ शारीरिक सम्बन्ध रखना अरुचिकर लगा। शेरो-शायरी में बोले गए संवाद तथा अभिनय का नाटकीय ढंग पब्लिक को खल गया। प्रेक्षकों का निम्न वर्ग—(अधिकांश प्रेक्षक इसी वर्ग के होते हैं)—शेक्सपियर के नाम से भी परिचित न था और 'हैमलेट' का उच्चारण वह 'आमलेट' किया करते थे, जैसे 'सैमसन एंड डिलायला' को भारत का यही वर्ग 'शमसुद्दीन और लैला' कहा करता था।

उन्हीं दिनों इंग्लैंड के मंच के प्रख्यात कलाकार डेम सिबिल थॉर्नडाइक और उसके पति सर लुइस कासन भ्रमण के लिए भारत आए हुए थे। शेक्सपियर के नाटकों में हीरोइन का कोई पात्र न था जो सिबिल ने लंदन के मंच पर सफलतापूर्वक न खेला हो। कासन भी कई भूमिकाएँ कर चुके थे, कई नाटक प्रस्तुत कर चुके थे। शेक्सपियरिन ड्रामा पर यह दम्पती अॅथॉरिटी (अधिकारी) माना जाता था। मैंने उन्हें मेट्रो पर आमंत्रित कर अपना 'हैमलेट' दिखाया। चित्र उन्हें बहुत पसन्द आया।

सिबिल थॉर्नडाइक कहने लगी : 'हालाँकि आपका चित्र उर्दू भाषा में है जो मैं नहीं जानती, लेकिन मैं हर दृश्य और हर डायलॉग पूर्णतया समझती चली गई। मुझे आपका 'हैमलेट' लॉरेन्स आलिवियर के 'हैमलेट' से अधिक पसन्द है। इससे पहले मुझे जॉन गिलगुड का वह वर्शन (रूपांतर) पसन्द था जो उसने कई वर्ष पहले—अपने युवाकाल में—लंदन के मंच पर प्रस्तुत किया था और जिसमें वह शेली की तरह लगता था। गिलगुड ने बाद में जब 'हैमलेट' प्रस्तुत किया तो मुझे पसन्द न आया। आपने अपने 'हैमलेट' को पर्याप्त काव्यमय बनाया है और शेक्सपियर की आत्मा को बखूबी निचोड़ा है। मैं आपको आपकी इस असाधारण सफलता पर बधाई देती हूँ।'

पति, सर लुइस कासन, ने पत्नी के उद्‌गारों का समर्थन किया।

और मैं एक कलाकार, एक अभिनेता जो बचपन से महत्त्वाकांक्षा रखता था कि विश्व साहित्य में श्रेष्ठ समझे जानेवाले साहित्यिक नाटक का श्रेष्ठ तथा कठिनतम पात्र हैमलेट अभिनीत करे—इन वयस्क (वे दोनों लगभग 75 के रहे होंगे) और माने हुए कलाकारों के मुख से अपनी प्रशंसा—बतौर अभिनेता और दिग्दर्शक दोनों के ही—सुनकर खुशी से फूल उठा।

एक कलाकार का सबसे सुन्दर एवं महान पारितोषिक कलात्मक सर्जन के अन्तर्गत प्राप्त हुआ आनन्द तथा सर्जन की समाप्ति पर कला पारखियों से मिल हुई प्रशंसा होता है।

एक अभिनेता, एक दिग्दर्शक ने अपनी कला के जौहर दिखाए थे और साधारण, अप्रत्याशित सफलता प्राप्त की थी। किन्तु एक निर्माता सर्वथा असफल होकर बरबाद हो चुका था।

'हैमलेट' बम्बई, उत्तर प्रदेश और मध्य प्रदेश में पूर्णतया फ़ेल हो गया। अन्य प्रान्तों के लिए वितरक न मिले। कलात्मक इच्छापूर्ति के लिए इतनी बड़ी आर्थिक बलि देने का सामर्थ्य मुझमें न था। अब मैं सहसा अपने को आर्थिक संकट-व्यूह में घिरा हुआ पाने लगा। वितरकों और साहूकारों का कर्जदार हो गया और मेरा सुख-चैन जाता रहा और नींद हराम हो गई।

1953 में 'मयूरपंख' बनाकर मैंने आर्थिक हानि उठाई थी।

1954 में 'सौदा' अधूरा रह जाने के कारण मुझे और भी आर्थिक हानि हुई थी।

उसी वर्ष—30 जून, 1954 को—6:30 से 7:15 तक सूर्य-ग्रहण हुआ, जिस लक्षण का सूर्य-ग्रहण पिछले पचास वर्षों में न हुआ था।

उसी वर्ष बाबूराव पटेल की पत्रिका 'फिल्म इंडिया' की बिक्री काफी गिर गई और वे मुझसे कहने लगे कि आमदनी कम हो जाने से वे परेशान हो गए हैं और पत्रिका का नाम बदल देने की सोच रहे हैं। दो-तीन वर्ष पहले 'फिल्म इंडिया' भारत की श्रेष्ठ फिल्म पत्रिका थी और बाबूराव के अहं का ठिकाना न था। ऊँचा और खड़ा-खड़ा बोलने के अभ्यस्त बाबूराव एक पार्टी में सबके सामने जे.सी. जैन (जो उन दिनों बेनेट कोलमैन के मैनेजिंग डाइरेक्टर बनकर नए-नए आए थे और आते ही जिन्होंने टाइम्स ऑफ इंडिया पब्लिकेशन से 'फिल्मफेअर' नामक सचित्र फिल्म-पत्रिका नई-नई निकाली थी) से कहने लगे : 'सुन ले, मारवाड़ी, मेरे मुकाबले साले तूने फिल्म मैगजीन निकाली है। साल भर के अन्दर तेरी मैगजीन न बन्द हो जाए तो मेरा नाम बाबूराव पटेल नहीं।'

जैन ने खिलखिलाकर अपनी पतली आवाज में उत्तर दिया था : 'इतना घमंड मत कर साले। मैं भी देखूँगा, किसका पेपर बन्द होता है।'

जैन का 'फिल्मफ़ेअर' जोरों से चल निकला और बाबूराव का 'फिल्म इंडिया' डाँवाँडोल हो गया। जे.सी. जैन के पीछे टाइम्स ऑफ इंडिया का ऑर्गेनाइजेशन और डालमिया का खजाना था; बाबूराव पटेल के साथ केवल उनकी अद्वितीय लेखनी थी। फिल्म पत्रिका के पाठक लेख नहीं, तसवीरें चाहते थे। बाद में बाबूराव पटेल ने 'फिल्म इंडिया' का नाम बदल कर 'मदर इंडिया' कर दिया और उस फिल्मी पत्रिका को राजनीतिक पत्रिका बना दिया। राजनीतिक क्षेत्र में वह मासिक पत्रिका अनोखी है। पर काश, बाबूराव अपने लेखन में जगह-जगह अश्लील एवं गन्दे शब्दों का प्रयोग न करते!

1955 में 'हैमलेट' फेल हो गया और मैं लाखों का कर्जदार होकर परेशान रहने लगा।

मैं जानता था, मेरी नैया समुद्र में हिचकोले खाने लगी है और प्रचंड लहरों का मुकाबला करने में अपने को असमर्थ पा रही है। मैं नितान्त आशावादी हूँ, सहसा हार कभी नहीं मानता, न सहज ही घुटने टेकता हूँ। आफतों से आखिर तक लड़ता हूँ और जब टूटकर बैठ जाता हूँ तो देवी चमत्कार की प्रत्याशा करने लगता हूँ जो मुझे विपदा से मुक्त कर दे। उस प्रचंड चट्टानी लहर के आने से पहले, जो मेरी नैया को डुबोकर रख देगी, मैं नैया को किसी तरह खेकर सुरक्षित किनारे पर ले जाना चाहता था। जल्दी से मैंने अपनी दूसरी संस्था 'साहू फिल्म्स लि.' के नाम से एक नया चित्र शुरू कर दिया। 'मयूरपंख' भी मेरी इसी संस्था द्वारा निर्मित हुआ था। इस नये चित्र का नाम 'किस्मत का खेल' था। इसकी हीरोइन थी वैजयन्ती माला। हीरो के लिए मैंने सुनील दत्त को, जो लगभग नए थे और रमेश सहगल के चित्र 'रेलवे प्लेटफॉर्म' में आ चुके थे, हीरो की भूमिका के लिए ले लिया। संगीत शंकर-जयकिशन का था। चित्र बनकर तैयार हुआ, प्रदर्शित हुआ, और असफल हो गया।

अपने बिगड़ते हुए कारोबार को व्यवस्थित रूप देने का भरसक प्रयास करने के बावजूद भविष्य अंधकारमय प्रतीत होने लगा। प्रयास जारी रखकर अवकाश के क्षणों में व्यथित-उद्विग्न होते रहने के बजाय मैंने हिन्दी में लघुकथाएँ लिखने और चित्रकारी में अपने को व्यस्त रखना ही उचित समझा।

असफलता से भी अधिक घातक चिन्ता होती है। चिन्ता को शराब पीकर भुला देने को मैं गलत समझता हूँ। सुना है, गम गलत करने के लिए लोग शराब में डूबे और खोए रहते हैं। मैं इसे बेवकूफी समझता हूँ। इसमें निरी कायरता है, मर्दानगी नहीं। मैं शान्तिप्रिय अवश्य हूँ, कायर कदापि नहीं। मैं शराब पीता हूँ मगर शराबी नहीं। अब तक मैं घर में शराब नहीं रखता था, न रोजाना पीता था। पार्टियों में पीता था—व्हिस्की के एक या दो पैग, अक्सर बियर। घर में जब पार्टी होती तो पार्टी के लिए व्हिस्की, बियर, आदि मँगवा ली जाती। यह कभी नहीं होता कि रोजाना शाम को मैं पीने बैठा हूँ। पीकर मुझसे लिखा नहीं जाता। पीकर काम में दिल नहीं लगता। पीकर मैं कभी शूटिंग पर नहीं गया। मैं जानता हूँ, शराब जहर है—अधिक मात्रा में। लेकिन किसी भी चीज की अति कब अच्छी हुई है? और किस चीज का दुरुपयोग नहीं किया जा सकता?

अगर शराब बुरी चीज है तो वह एक अच्छी चीज भी है, बशर्ते कि उसका सदुपयोग किया जाए। मूड बाँधने में शराब से बढ़िया कोई चीज नहीं। मैंने बियर या व्हिस्की की चुस्कियाँ ले-लेकर जिन्दगी के कई मज़े लूटे हैं। पिकनिक, शिकार, मित्रों के साथ बैठक, पार्टी, प्रणय-प्रसंग, यात्रा आदि की सुन्दर तथा मनोरंजक घड़ियाँ, शराब के सहयोग से, अधिक सुन्दर, अधिक मनोरंजक हो उठती हैं। फिर मैं शराब को बुरा कैसे कहूँ? जो बुरा कहता है, उसे मैं दाग के शब्दों में कहूँगा :

लुत्फे मैं तुझसे क्या कहूँ जाहिद,
हाय कमबख्त तूने पी ही नहीं!

अक्सर कहानियाँ मुझे पीकर सूझी हैं। थोड़ी-सी पीने के बाद सदा ही मेरे कल्पनाओं को पर फूटे हैं और मैं कल्पनालोक में स्वच्छन्द उड़ा किया हूँ; अब मैं घर में बकायदा तरह-तरह की शराब रखने लगा हूँ; किन्तु अब भी मैं रोज नहीं पीता; केवल अवसरों पर, पार्टियों पर, या मूड की खातिर पीता हूँ और बहुत कम मात्रा में पीता हूँ। एक-दो गिलास बियर या एक-दो पैग व्हिस्की लेकर मैं जो लुत्फ उठा सकता हूँ, वह अधिक पीकर नहीं उठा सकता, शायद कोई नहीं उठा सकता। अधिक पी जाने पर दिमाग कुन्द हो जाता है, जबान पर काबू नहीं रहता और शरीर भारी हो जाता है, पाँव लड़खड़ाने लगते हैं, और पीने वाला पागलों की हरकतें करने लगता है या गिर पड़ता है या सो जाता है। व्यक्ति शराब का उपयोग करे, शराब को अपना उपयोग न करने दे। शराब से मज़े उठाए, उसकी गुलामी न करे। शराब पीए लेकिन पीने की आदत न डाले। जितना कम पीएगा, जितने अधिक समयान्तर के बाद पीएगा, उसे उतना ही अधिक मजा आएगा।

अपनी चिन्ताओं और मन की व्यथाओं को दूर करने में शिकार के मेरे शौक ने बड़ा योगदान दिया। प्रीति को साथ ले मैं अक्सर शिकार पर निकल जाता। भंडारा और राजनांदगाँव के अनेक चक्कर लगाए। बम्बई से पास ही यानी चालीस मील पर भोरघाट का घना जंगल है। अब तो बसों, कारों और ट्रकों का उस रास्ते पर काफी यातायात बढ़ चुका है और वहाँ अब एक भी जंगली जानवर नहीं दिखाई देता, किन्तु उन दिनों वहाँ बड़ा सुनसान लगता था। अकेली मोटर चोर-डाकुओं के डर से उस रास्ते जाते घबराती थी और तब हम उस भयानक बियाबान में, पेण गाँव के इर्द-गिर्द के जंगलों, पहाड़ियों और नालों में डेरा डालकर सूअर, हिरन, चीतल, चीतों का शिकार किया करते थे। आसपास के तालाबों पर बतखों का शिकार भी करते। प्रीति को भी मेरी तरह ही शिकार का बड़ा शौक है और निशाना भी उसी तरह अच्छा है। कभी-कभी हम शिकार के साथ पिकनिक भी जोड़ देते और फिर हमारे साथ कभी नूतन, शोभना समर्थ, सुमित्रा देवी, आशा माथुर, रेजिनाल्ड विलसन, आदि भी चला करते।

संगीत नाटक अकादमी, दिल्ली, की ओर से फिल्म सेमिनार की योजना बनकर सहसा प्रचारित हुई। योजना के पीछे देविका रानी थीं।

फिल्म व्यवसाय से रिटायर होकर देविका रानी बंगलोर और कुलू में अपने रूसी चितेरे पति डॉ. स्वेतॉस्लाव रोरिक के साथ निश्चिंत जीवन बिता रही थीं और फिल्म उद्योग उन्हें लगभग भुला चुका था। देविका अपने पति के साथ बम्बई आईं। हम कुछ निर्माताओं, दिग्दर्शकों, कलाकारों और तकनीशियनों को ताजमहल होटल में, अलग-अलग टुकड़ियों में डिनर के लिए आमंत्रित कर, आयोजित सेमिनार में

भाग लेने के लिए हमसे साग्रह अनुरोध किया। हमें एक विषय दिया, पेपर तैयार करने का और दिल्ली जाकर सेमिनार में भाग लेने तथा पेपर पढ़ने का हमसे वचन लिया। फिर देविका कलकत्ता गईं, फिर मद्रास, और इस तरह महीना भर सतत दौरा कर अच्छे–बड़े, नामांकित व्यक्तियों से खुद मिल–मिलकर उन्होंने सेमिनार की सफलता लगभग निश्चित कर ली।

फिल्म उद्योग के प्रतिनिधियों की टोलियाँ बम्बई, कलकत्ता और मद्रास से विमानों में बैठकर दिल्ली पहुँचीं। दिल्ली शहर, वहाँ आयोजित फिल्म सेमिनार की खबर से, महीना भर से झंकृत था। हम प्रतिनिधियों के ठहरने की सुव्यवस्था एन.एस.सी.आई. क्लब में की गई थी।

27 फरवरी, 1955 को प्रधान मंत्री स्व. पं. जवाहरलाल नेहरू ने नेशनल फिजिकल लेबॉरेटरी, दिल्ली, में फिल्म सेमिनार का उद्‌घाटन किया। रंगबिरंगे फूलों से सुसज्जित सभा भवन खचाखच भरा हुआ था। पधारे हुए लोगों में उपराष्ट्रपति डॉ. राधाकृष्णन, केन्द्रीय सरकार के मंत्रिगण, राजदूत, लोक सभा के सदस्य, प्रमुख साहित्यकार, कलाकार, राज कर्मचारी और प्रतिष्ठित नागरिक थे।

ठीक सुबह दस बजे पं. नेहरू अपनी बेटी श्रीमती इन्दिरा गांधी—जो फिल्म सेमिनार की सोशल कमेटी की चेयरमैन थीं—के साथ सभा भवन में पधारे और मद्रास हाई कोर्ट के चीफ जस्टिस तथा संगीत अकादमी के प्रेजिडेंट डॉ. पी.वी. राजामन्नार और अकादमी की वाइस प्रेजिडेंट श्रीमती कमलादेवी चट्‌टोपाध्याय और फिल्म सेमिनार की स्टीयरिंग कमेटी के चेयरमैन श्री नित्यानन्द कानूनगो ने आगे बढ़कर उनका स्वागत किया।

डॉ. राजामन्नार ने फिल्म सेमिनार के चेयरमैन श्री. बी. एन. सरकार, संगीत नाटक अकादमी की एक्जक्यूटिव कमेटी की सदस्य और सेमिनार की डाइरेक्टर तथा प्राण श्रीमती देविका रानी से पं. नेहरू का परिचय कराया; उसके बाद परिचय कराया भारत के अनेक क्षेत्रों से आए हुए फिल्म निर्माताओं, दिग्दर्शकों, तकनीशियनों, अभिनेताओं, पटकथा लेखकों, वितरकों, प्रदर्शकों से।

इतना सुन्दर, इतना भव्य समारोह तब तक दिल्ली में कभी न हुआ था जिसमें फिल्मी हस्तियाँ फिल्म क्षेत्र के बाहर के प्रतिष्ठित व्यक्तियों के साथ इस तरह खुलकर मिली हों। पं. नेहरू ने अपने भाषण में साफ आश्वासन दिया कि वे भारतीय फिल्मों का भला चाहते हैं, उन्नति चाहते हैं और उसके लिए वे सबकुछ करने को तैयार हैं। हम सब खुश हो गए।

शाम को राष्ट्रपति डॉ. राजेन्द्र प्रसाद ने हमें राष्ट्रपति भवन में रिसेप्शन दिया और हम सबसे बड़े तपाक से मिले।

सेमिनार की बैठकें लगभग हफ्ता भर होती रहीं। इसमें भाग लेने वाले सदस्यों में मैं भी था। अन्य सदस्य थे : वी.शान्ताराम, बिमल राय, राज कपूर, देवकी बोस,

एस.एस. वासन, एम. भवनानी, जगत नारायण, सी.वी. देसाई, उदय शंकर, आर.एम. शेषाद्रि, दीवान शरर, एम.आर. अचरेकर, अकबर फजलभाई, केकी मोदी, दिलीप कुमार, नरगिस, दुर्गा खोटे, अहिन्द्र चौधरी, छबि बिश्वास, पंकज मलिक, अनिल बिश्वास, बी.एम. टाटा, पृथ्वीराज कपूर, डेविड एब्रेहम, ख्वाजा अहमद अब्बास, नरेंद्र शर्मा, आदि।

हफ्ता भर दिल्ली में फिल्म सेमिनार की चर्चा रही। पं. नेहरू ने अपने निवास-स्थान पर फिल्म सेमिनार के तमाम सदस्यों को एटहोम दिया जिसमें अन्य क्षेत्र के और सरकार के प्रतिष्ठित व्यक्तियों को भी आमंत्रित किया और हम सबके साथ खुलकर मिले और बातचीत की।

इस भव्य समारोह में एक हास्यास्पद घटना जो हुई थी, वह थी डॉ. बी.वी. केसकर का सेमिनार की अवधि में दिल्ली छोड़कर भाग जाना। डॉ. केसकर केन्द्रीय सरकार में सूचना और प्रसारण मंत्री थे। उनका शिक्षण पूना और वाराणसी में हुआ था। पेरिस यूनिवर्सिटी से डॉक्टोरेट प्राप्त की हुई थी। अविवाहित थे। सिर के बाल उड़ चले थे। ऐसे व्यक्ति से आशा की जाती थी कि वह खुश तबीयत, समझदार, सभ्य, रसिक और कलाप्रेमी होगा; किन्तु वे इसके बिलकुल विपरीत पाए गए। फिल्मी गानों से उन्हें नफरत थी। शास्त्रीय संगीत से दिलचस्पी रखना बहुत अच्छी बात है; लेकिन शास्त्रीय संगीत का हिमायती जब लोक-संगीत, ग्राम्य-संगीत, कच्चे गानों और फिल्मी गानों को बुरा कहने लगे तो वह अपने सांस्कृतिक विकास का नहीं, दिमागी अपरिपक्वता, खोखलेपन और संकीर्णता का प्रमाण देता है। सीधे-सादे, अनपढ़ किसानों और मजदूरों का मनोरंजन शास्त्रीय संगीत से नहीं हो सकता। इसके अलावा, श्रोताओं के कई मूड होते हैं और उन मूड की जुदा-जुदा जरूरतें होती हैं। शास्त्रीय संगीत से लेकर फिल्मी और लोक-संगीत, ग्राम्य तथा ठेठ जंगली और आदिवासी संगीत तक उन्हें उपलब्ध होना चाहिए। कला को नियंत्रित या सीमित न किया जाए। फिल्मों और फिल्म निर्माताओं पर और फिल्मी संगीत पर टीका करने से कभी न चूकते। अपने पद के अहं में कठोर शब्द बोलना, कटु वचन बोलकर दूसरों का दिल दुखाना उनका रवैया हो गया था। सारी फिल्म इंड्स्ट्री केसकर से कोढ़ी की तरह नफरत करने लगी थी। फिल्मवालों का दिल्ली आना और नेहरू का उन्हें सस्नेह गले लगाना डॉ. केसकर कैसे देख सकते थे? मरुस्थल में जब आँधी आती है और सर्वत्र रेत उड़ती है तो मूर्ख शुतुरमुर्ग अपना सिर बालू में गाड़ देता है, यह सोचकर कि जब उसकी आँखें देख नहीं पाएँगी तो आँधी कैसे आ सकती है? डॉ. केसकर भी शुतुरमुर्ग का अनुकरण करते हुए, फिल्म सेमिनार के समारोह तथा सेमिनार की बैठकों में होती हुई कार्रवाइयों पर आँखें मूँदकर, दौरे के बहाने दिल्ली से दूर भाग निकले।

फिल्म सेमिनार भारतीय फिल्म उद्योग के लिए एक महत्त्वपूर्ण प्रसंग था।

1945 में, 'वीर कुणाल' के उद्घाटन पर, सरदार पटेल की दिलचस्पी और सहानुभूति भारतीय फिल्मों के लिए प्राप्त कर मैंने कांग्रेस और फिल्म व्यवसाय के बीच वह गहरी खाई सदा के लिए पाट दी थी। और अब, 1955 में, सेमिनार आयोजित कर, देविका रानी ने भारत सरकार और भारतीय फिल्म व्यवसाय में परस्पर मेल-मिलाप और सम्बन्ध स्थापित कर दिया था। सेमिनार की योजना को सफल बनाने में उनका अपना काफी धन खर्च हुआ था।

और जब यह खबर जोरों से उड़ी कि या तो डॉ. केसकर को सूचना और प्रसारण मंत्री के पद से हटाकर उस पद पर देविका रानी को नियुक्त किया जा रहा है या एक नया फिल्म विभाग खोला जा रहा है जिसकी मंत्री देविका रानी होंगी, (पं. नेहरू और इन्दिरा जी से देविका रानी की बरसों की जान-पहचान और घनिष्ठता थी) तो फिल्म व्यवसाय इस खबर से पुलकित हो उठा। किन्तु खबर खबर ही रही और ऐसा नहीं हुआ।

ऐसा सोचा जाने लगा कि सेमिनार योजना को सफलीभूत करने में देविका रानी अपने कौशल और कूटनीति के प्रदर्शन में अति कर बैठी थीं और यही अति उनके लिए बाधक बन गई थी। और फिर नेहरू भी शायद नहीं चाहते थे कि वे लोगों की टीका-टिप्पणी के लक्ष्य बनें।

और डॉ. केसकर अपने पद पर तब तक चिपके रहे जब तक अगले चुनाव में मतदाताओं ने उन्हें, फटे-पुराने जूते की तरह, उठाकर फेंक न दिया।

'काली घटा' की सफलता के बाद से ही मेरा कारोबार बिगड़ता चला गया था। कुछ चित्र या तो साधारण रहे थे या असफल। मुझे धक्के पर धक्का लगता चला गया। 'मयूरपंख' में भी हानि हुई। 'सौदा' अधूरा रह गया। 'हेलमेट' सर्वथा फेल हो गया।

मैं कोई पूँजीपति न था। मैंने कभी भी फार्मूला चित्र बनाने में दिलचस्पी नहीं ली। मैं अपने चित्रों में सदा कुछ नया देने का प्रयास किया है, और इस आदत से मुझे कभी-कभी बड़ी आर्थिक हानियाँ भी हुई हैं। अब मैं देख रहा था कि जिन वितरकों से मुझे रुपया लेना था, उनसे रुपया समय पर वसूल नहीं हो रहा था और जिन साहूकारों से मैंने कर्ज लिये हुए थे, वे चुकती के लिए उतावली मचा रहे थे। मैं परेशान रहने लगा।

वी. शान्ताराम के भी बुरे हाल थे। उनके एक के बाद एक पाँच-छ: चित्र फेल हो चुके थे। उनका अब सारा दारोमदार 'झनक झनक पायल बाजे' चित्र पर था। चित्र प्रदर्शित हुआ और खूब सफल हुआ। फिल्म जब हिट होती है तो निर्माता को मालामाल कर देती है। शान्ताराम के दुख-दर्द दूर हो गए। किन्तु 1955 का मेरा साल कोर्ट-समनों, नोटिसों, डाकियों और चिन्ताओं के साथ ही बीता।

अपनी चिन्ताओं के बीच, समय निकालकर प्रीति को साथ लेकर मैं राजनांदगाँव चला जाता। वहाँ 'लालबाग पैलेस' में हम ठहरा करते और नांदगाँव, खैरागढ़, आदमाबाद तक के घने जंगलों में खूब शिकार खेलते।

जब हम राजनांदगाँव जाते तो भंडारा जरूर जाते। भंडारा से पाँच मील पर हमारा गाँव पलाड़ी है। जी और माँ अक्सर वहीं रहते थे। हम उनके पास तीन-चार दिन रहते। हमारे पहुँचने की खबर सुनकर भंडारा शहर से नटवर लाल पटेल, (बीड़ी मर्चेंट), सुशील पटेल (एडवोकेट) और डॉ. बसन्त जोब नित शाम को पलाड़ी आ जाते। फिर जीप में बैठकर हम सारी शाम और रात भर कोका, नागझीरा, चौरखमारा, आदि जंगलों में शिकार खेला करते। डॉ. बंसत बहुत बढ़िया शिकारी थे और तीस से अधिक शेर मार चुके थे, जिनमें से अधिकांश शेर आदमखोर थे।

मैं जब हाईस्कूल में पढ़ा करता था, मेशाक नाम के एक लोकप्रिय डॉक्टर भंडारा में हुआ करते थे। थे तो वे कपांउडर ही लेकिन जब कम्पाउंडरी छोड़कर वे प्रैक्टिस करने लगे तो लोग उन्हें 'डॉक्टर' कहने लगे। हरिजन से उनका परिवार कभी क्रिस्तान बना था। उनके हाथ में यश था। गरीबों को वे मुफ्त दवा देते थे। बड़ी भली तबीयत के आदमी थे। धोती, कमीज, ऊपर से कोट और सिर पर गोल कत्थई फेल्ट टोपी पहनते। शराबी थे पर नेक थे। उनके मरने से भंडारा के गरीबों का मसीहा जाता रहा था।

डॉ. मेशाक का एक लड़का था जो मुझसे चार-पाँच साल बड़ा था। उसे शिकार का बहुत शौक था और कभी-कभी वह जी से उनकी सिंगल बैरल ट्वेल्व बोर बन्दूक माँगकर ले जाया करता था। वह बन्दूक बाद में जी के पास कम और उसके घर अधिक रहने लगी। उस ट्वेल्व बोर से जमीन पर से जब उस युवक ने शेर को मार गिराया तो जी को और भंडारा के अन्य शिकारियों को उस युवक शिकारी पर बहुत गर्व हुआ। वही युवक आगे चलकर महान शिकारी हुआ। वही डॉ. बसन्त जोब था।

और डॉ. बसन्त सदा पलाड़ी आकर मेरे साथ शिकार पर दूर-दूर तक चलते। शिकार के ऊपर अनेक प्रसंग सविस्तार बताकर हमें अपनी दक्षता और बहादुरी से चकित कर देते। शेर को देखते ही बैलगाड़ी से या जीप से नीचे कूद पड़ते, शेर का दबे पाँव पीछा करते और बेखौफ उससे आँखें लड़ाकर गोली दाग देते। उनका निशाना अचूक था। वे बताते हैं कि एक बार उनके पास सिंगल बैरल की, बोल्ट एक्शनवाली, एक राइफल थी। राइफल में नुक्स यह था कि कभी-कभी यानी हर तीन या चार में से एक बार राइफल की ट्रिगर (घोड़ा) दबाने पर फायर नहीं हो पाता। राइफल का ब्रीच खोलकर गोली दोबारा भरनी पड़ती और फिर से घोड़ा दबाना होता। एक बार डॉ. बसन्त जंगल में पैदल चल रहे थे कि नाले में से वह आदमखोर शेर, जिसकी उन्हें तलाश थी, निकल पड़ा और उनसे तीस फीट के

फासले पर खड़ा होकर, उन पर उड़ान मारने के लिए तत्पर हो ही रहा था कि उन्होंने बन्दूक ऊपर उठाकर कन्धे तक लानी शुरू कर दी और चिन्तित हो उठे कि कहीं ट्रिगर दबाने पर मिसफायर हो गया तो दूसरी गोली मारने का समय मिलना असम्भव हो जाएगा क्योंकि उससे बहुत पहले वे उस शेर के जबड़े के अन्दर होंगे। शेर का उचकना था कि उन्होंने फायर कर दिया। किस्मत अच्छी थी, मिस फायर न हुआ। गोली खाकर शेर गिर पड़ा और मर गया।

एक और प्रसंग : उनकी गोली से घायल होकर शेर झाड़ी में जा छिपा। उन्होंने उसका पीछा किया। झाड़ी में शेर पड़ा हुआ था। वे समझे ,मर गया है; किन्तु जाँचने के लिए वे साहसी-दुस्साहसी शिकारी उसके पास पहुँचे, बन्दूक बायें हाथ में ली, और दाएँ हाथ से उसकी पूँछ पकड़कर खींचने लगे। भयंकर दहाड़ के साथ शेर उन पर उलट पड़ा और उन्हें धरती पर गिराकर उनका दाहिना हाथ चबाने लगा। डॉ. बसन्त की तात्कालिक चैतन्यता अद्‌भुत थी। पाँव शेर के पेट में अड़ाकर उन्होंने बायें हाथ से बन्दूक की नली शेर की छाती पर जमा दी और ट्रिगर दबा दिया। शेर उधर गिरा और ये इधर। शेर तो मर गया लेकिन भंडारा और नागपुर के अस्पताल में डॉक्टर बसन्त को तीन महीने रहना पड़ा। गैंगरिन हो गया था। मरते-मरते बचे। लेकिन शिकार की लत कभी न गई, न गए घाव के निशान ही।

कुमाऊँ के प्रख्यात शिकारी जिम कॉरबेट के अनेक किस्से मैं नैनीताल में उन लोगों से सुन चुका हूँ जो उन्हें व्यक्तिगत रूप से जानते थे। कॉरबेट की लिखी 'मैन ईटर्स ऑफ कुमाऊँ', 'जंगल लोर', आदि सभी पुस्तकें मैंने पढ़ी हैं। कॉरबेट सच्चे शिकारी थे और अच्छे लेखक थे। उनकी पुस्तकें बहुत रोचक हैं। मेरे साथी डॉ. बसन्त जोब अच्छे लेखक न थे लेकिन शिकारी जिन कॉरबेट से कहीं बड़े कद के थे। आदमखोर शेर बसन्त ने भी दर्जनों मारे, जमीन पर से मारे, और वाह, कमाल के मारे!

चार वर्ष हुए, डॉ. बसन्त का स्वर्गवास हो गया। मेरा एक शिकारी साथी मुझसे बिछड़ गया।

दिग्वि (दिग्विजय दास) 27 अप्रैल, 1954 को राजनांदगाँव की गद्‌दी पर बैठ चुके थे। उनके राजतिलक के अवसर पर मैं और प्रीति वहाँ उपस्थित थे। राजतिलक होने के बाद से दिग्वि को लगभग 70,000 रुपए का प्रिविपर्स हर तीन महीने में मिलने लगा था।

साल भर तो दिग्वि अपनी पत्नी रानी साहिबा संयुक्ता देवी—जिन्हें हम 'टाइनी' के नाम से पुकारते—को लेकर राजनांदगाँव के अपने 'लालबाग पैलेस' में रहे। किन्तु बाद में उनकी तबीयत राजनांदगाँव में न लगने लगी और उन्होंने बम्बई में,

महालक्ष्मी पर, 'वंसुधरा' में एक फ्लैट किराए पर ले लिया। महीने के कई दिन वे बम्बई में गुजारते। हर दिन शॉपिंग करने निकलते। हर दिन सिनेमा देखते। हर दिन शराब पीते। रात देर तक पीते और सवेरे देर से उठते। भरसक प्रयत्न करने के बाद भी प्रिविपर्स का सारा रुपया खर्च न कर पाते। उनके फ्लैट तथा पैलेस के हर कमरे में बाथरूम और किचन में भी एक-एक रेडियो रखा होता था। एक रेडियो से स्पीकर द्वारा हर कमरे में रेडियो की आवाज प्रसारित की जा सकती है। लेकिन यह कंजूसी क्यों? रुपया फिर कैसे खर्च किया जाए?

एक दिन दिग्वि मुझसे कहने लगे : 'बेकार बैठे-बैठे और बेकार में भटकने से तबीयत ऊब गई है। मुझे कुछ काम दिलाइए।' मेरे सुझाने पर उन्होंने कुछ कम्पनियों में रुपया लगाकर शेयर खरीद लिये, पर उन्हें अपने को व्यस्त रखने के लिए काम चाहिए था। 'महेन्द्र एंड महेन्द्र' के थाना स्थित कारखाने में जहाँ उनके शेयर्स थे, उन्हें काम मिल गया—ऑनररी (अवेतनीय)। रोज सवेरे अपनी नई बड़ी कार स्टुडबेकर में बैठकर वे थाना के कारखाने जाते और नीली वरदी पहनकर दिन भर छेनी, हथौड़ी और रेती से उलझे रहते। मुझे दिग्वि पर तरस आता। मनुष्य को तुरन्त मारने के लिए जहर काफी है; पर घुला-घुलाकर मारना हो तो उसे बेकार कर दो। महीना भर के बाद दिग्वि की समझ में आया कि यह तो कोई काम न हुआ, केवल अपने को व्यस्त रखने के लिए काम का बहाना हुआ। उन्होंने थाना जाना छोड़ दिया।

दिग्वि को ही नहीं, मैंने और भी बहुतेरे राजाओं और धनियों को देखा है जिन्हें—सुख, आराम और एशोइशरत के सामान की उपलब्धियों के बावजूद—समय काटना मुश्किल हो जाता है और वे जिन्दगी से ऊब जाते हैं। ऊबा हुआ इन्सान विचित्र हरकतें करता है, कर सकता है।

दिग्वि नागपुर तक अक्सर विमान से जाते। उनकी कार वहाँ तैयार खड़ी रहती जिसमें बैठकर वे राजनांदगाँव—130 मील का फासला—जाया करते। हवाई सफर में खतरे का अन्देशा तो रहता ही है; सो मैंने सलाह दी कि वे जहाँ तक हो सके, ट्रेन से ही सफर किया करें। मेरे कहने पर अगले दिन शाम को कलकत्ता मेल से वे राजनांदगाँव के लिए रवाना हो गए और उनका प्लेन का टिकट लौटा दिया गया। सवेरे अखबार में जब मैंने पढ़ा कि वह कलकत्ता मेल रात भुसावल के बाद कहीं डिरेल हो गई (पटरी से उतर गई) तो हम लोग बहुत परेशान हुए। मैंने राजनांदगाँव तार देकर कुशल-समाचार पूछा। शाम को दिग्वि का ट्रंक कॉल आया। वे सुरक्षित पहुँच गए थे। उनका डिब्बा भी पटरी से उतरा था लेकिन पहिये धरती में धँस जाने की वजह से तिरछा होकर रुक गया था, जिससे दिग्वि के डिब्बे वाले यात्री सुरक्षित रह गए थे।

उसके बाद दिग्वि ने ट्रेन से शायद ही कभी सफर किया हो। मुझे चिढ़ा-चिढ़ाकर विमान का टिकट दिखाते और विमान से सफर करते।

आर्थिक संकट में मैं घिर चुका था। दिग्वि मेरी मदद को आए और लगभग 40,000 रु. मुझे उधार दिये और 'वाटिका', जो कपूरचन्द मेहता के पास रेहन रख दिया गया था, छुड़ा लेने में हमारे काम आए। एक जमाना था—राज्याभिषेक से पहले—जब वे मुझसे रुपया उधार माँगा करते थे। अब हमने उनसे रुपये उधार लिये थे। विधि-चक्र विचित्र है।

दिग्वि और टाइनी में कुछ अनबन रहने लगी थी और वे दोनों परेशान रहा करते थे। हमने भरसक कोशिश की कि उनका परस्पर मन-मुटाव दूर कर दें, पर हम असफल रहे।

एक बार दिग्वि बम्बई आए और कहने लगे कि बोनाई के जंगल में जंगली हाथी मारकर आए हैं और हाथी के दाँत हमें भेंट करने वाले हैं। गोली हाथी की कनपटी पर मारी गई थी। खुद ही कहने लगे कि आदिवासियों को उनका हाथी मारना अच्छा न लगा; वे लोग हाथी की हत्या को पाप समझते हैं; हाथी को गणेशजी का रूप मानते हैं वे लोग। दो दिन बाद दिग्वि राजनांदगाँव लौट गए और जाते-जाते हमें शिकार के लिए ले गए।

तीसरे दिन 'बारिया हाउस', बम्बई, से टेलीफोन आया कि पिछली रात राजनांदगाँव 'लालबाग पैलेस' में, अपनी कनपटी पर पिस्तौल चलाकर दिग्वि ने आत्महत्या कर ली है। हमारे होश उड़ गए। हाथी की कनपटी पर गोली दागकर पिछले हफ्ते बोनाई के जंगलों में दिग्वि ने उसका शिकार किया था। दिग्वि के आत्महत्या और हाथी के वध में शायद कोई परस्पर सम्बन्ध न हो; किन्तु फिर भी वह हाथी मारना बार-बार खयालों में आता रहा। कनपटी पर गोली खाकर दोनों की जान गई थी। यह शायद साधारण संयोग था जो हमें उस समय अत्यन्त असाधारण लगा।

एक लक्ष्यहीन, त्रसित, परेशान और बेकार धनी युवक—जिसे जिन्दगी में पर्याप्त प्रेम न मिला हो—का शायद यही अन्त हो सकता था; किन्तु दिग्वि के उस अकस्मात् और दुखद और नाटकीय अन्त को अमिट सत्य मानकर उस सत्य से समझौता करने में हमें वर्षों लग गए।

मरने वाला तो एक बार मरकर मुक्त हो जाता है, पर उसके कुछ अपने, उसकी यादों में बँधे, नित मरा करते हैं।

दिग्वि से उधार लिया हुआ रुपया लौटाने में हमें काफी समय लग गया; पर हमने अन्त में वह रुपया उनकी माता और पत्नी के पास लौटा दिया। जो हम कभी न लौटा सके, वह है अहसान—जो हम पर दिग्वि ने किया था।

दिग्वि नि:सन्तान थे। इसका भी उन्हें दुख रहा करता था। महंत दिग्विजय दास के देहान्त (21 जनवरी, 1958) से राजनांदगाँव का वह राजवंश—जो वास्तव में गोसाईं वंश था और जिस वंश पर श्राप था कि किसी राजा (महंत) के सन्तान नहीं होगी—सम्पूर्णत: नष्ट हो गया।

आज राजनांदगाँव के 'लालबाग पैलेस' में मध्य प्रदेश सरकार का दफ्तर है। महल के जिन कमरों में कभी फानूस लटका करते थे, कालीनें बिछा करती थीं, शराब और सेंट की महक कहकहों के साथ लिपटकर थिरका करती थी, अब वहाँ टाइपराइटर खटखटा रहे हैं।

संघर्ष का दूसरा नाम अगर जीवन है तो जीवन का दूसरा नाम परिवर्तन है।

गोवा में पोर्तुगीज सत्ता के विरुद्ध आन्दोलन प्रबल रूप ले रहा था। पोर्तुगीज सैनिक सत्याग्रहियों पर गोलीबारी करके उन्हें मौत के घाट उतारे जा रहे थे। गोवा की जनता को भारत की सहानुभूति एवं सहायता प्राप्त थी।

उसी वर्ष—1956 में—सत्यजीत रे का 'पाथेर पंचाली' चित्र रिलीज हुआ। समालोचकों ने चित्र को सराहा। विदेशों के फिल्मोत्सवों में चित्र तथा दिग्दर्शक पुरस्कारित हुए और विश्व के श्रेष्ठतम चलचित्र निर्माण करने वाले देशों में भारत की गणना होने लगी।

एक दिन चेंबूर से चालीस मील पर, भोर घाट के जंगलों में, प्रीति और मैं शिकार के लिए गए। शाम होने पर हमने एक आदिवासी की झोंपड़ी रात काटने के लिए पसन्द की। झोंपड़ी के परिवार को दस रुपए दिये तो उन्होंने अपनी झोंपड़ी हमारे सुपुर्द कर दी और खुद बाजू वाली झोंपड़ी में रहने चले गए। टिफिन बास्केट, बरतन और पानी हमारे साथ सदा होते ही थे। रात हमने झोंपड़ी में अपने हाथ से खाना बनाया और पत्तल में परोसकर खाया। ऐसा हम अक्सर किया करते थे। शहर से दूर, इस जंगल में आकर, ताड़पत्री की टूटी झोंपड़ी में बिताई हुई वह रात बड़ी सुहानी थी।

दूसरे दिन जब हम 'वाटिका' में रात का खाना खाने बैठे तो जंगल में आदिवासियों की झोंपड़ी में बनाया और खाया स्वादिष्ट खाना बरबस याद आने लगा।

मैंने प्रीति से कहा : 'कल झोंपड़ी में पत्तल में खाना खाया था और आज अपने घर चाँदी की थालियों में खा रहे हैं, पर खाने में वैसा स्वाद क्यों नहीं आ रहा?'

'अगर खाना अच्छा न बना होगा तो उसे चाँदी की थाली में खाओ या सोने की, वह स्वादिष्ट नहीं हो जाएगा,' प्रीति ने उत्तर दिया।

'ठीक कहती हो,' मैंने कहा। 'खाने का अपना स्वाद होता है।'

'और स्वाद वातावरण और खाने वाले की मनोदशा पर भी निर्भर रहता है।'

'हाँ, रहता है।'

खैर, बात आई-गई हो गई, पर मैं जानता था, प्रीति के दिमाग में कोई खयाल घुमड़ रहा था।

रात प्रीति ने मुझसे कहा : 'वाटिका में केले के इतने सारे पेड़ लगे हुए हैं। कल से अगर हम केले के पत्ते पर खाना खाएँ तो कैसा रहे?'

'टेबल पर तुम पत्ते बिछाओगी?'

'तो पीतल की थालियाँ भी हैं हमारे पास। उनमें खाएँगे या—जैसे पहले खाया करते थे, प्लेटों में खाएँगे।'

'और चाँदी की थालियाँ बेच दोगी?'

'तुम्हारी एक कम्पनी—साहू फिल्म्स लिमिटेड—लिक्विडेशन में जा चुकी है, दूसरी—हिन्दुस्थान चित्र—डाँवाँडोल हो रही है। लाखों का कर्ज हो गया है। पाँच-छः महीनों से तुम्हारे स्टाफ को वेतन नहीं मिला है। फाइनेंसर (साहूकारों) की राशियाँ लौटाने की तो कोई सूरत दिखाई नहीं देती—उसका जो होना है, होगा; लेकिन इतने सालों से तुम्हारे साथ काम करने वाले कर्मचारियों को तो तुम भूखा नहीं मार सकते। डेढ़ सौ, दो सौ, तीन सौ पाने वाले बेचारे इतने महीनों बिना वेतन पाए किस तरह अपनी और अपने बाल-बच्चों की गुजर करते होंगे?'

'कितनी थालियाँ हैं तुम्हारे पास?'

'एक दर्जन थालियाँ और पाँच दर्जन कटोरियाँ। इनको बेचकर कम्पनी के सारे छोटे कर्मचारियों का हिसाब चुकता कर दो। कम्पनी बन्द कर दो। आजकल हमारे ग्रह ही ठीक नहीं हैं—जो करोगे, घाटा उठाओगे।'

बात मुझे जँच गई। जिन्दगी के रास्ते पर एक मोड़ आया हुआ था जो आँखें मींच लेने से हट नहीं सकता था। दूसरे ही दिन वे सारी चाँदी की थालियाँ और कटोरियाँ बेच दी गईं और कम्पनी के लगभग सभी छोटे-बड़े कर्मचारियों को पिछले कुछ महीनों का वेतन चुका दिया गया।

'हिन्दुस्थान चित्र' की सारी गतिविधियाँ बन्द हो जाने से आय का साधन कोई नहीं रहा। घर का खर्च तो चलाना ही था। मेरे बैंक में कुल बीस रुपए थे। फिल्म निर्माता बनकर पिछले अठारह वर्षों में मेरे हाथ से लगभग एक करोड़ रुपया गुजरा था। व्यवसाय में ऊँच-नीच कई बार हुई थी। लेकिन थोड़ी-बहुत पूँजी हमारे पास हमेशा ही रही। अब जैसी तंगदस्ती मैंने कभी महसूस न की थी। तंगदस्ती से ज्यादा परेशान कर रही थी फिक्र, कल की फिक्र। इतने सारे समन्स, नोटिस, कोर्ट केस! इनका क्या होगा? इनसे कैसे पार पाऊँगा? मेरा क्या होगा? भविष्य एकदम अंधकारमय प्रतीत होने लगा।

मैंने एक बहुत खूबसूरत सोने का हार प्रीति को ब्याह के अवसर पर भेंट दिया था। प्रीति ने वह हार चुपके से 7,000 रु. में बेच दिया और घर का खर्च चलाती रही और मुझे या बच्चों को खाने, पीने, पहनने में किसी प्रकार असुविधा न महसूस

होने दी। साल भर बाद जब मुझे हार की बात मालूम हुई और मैं उसे फिर खरीदने को उस जौहरी की दुकान पर पहुँचा तो हार वहाँ न था, बिक चुका था।

कहानियाँ मैं नियमित तौर पर लिखा ही करता था। मेरी एक कहानी फिल्मिस्तान के संचालक और निर्माता सेठ तुलाराम जालान को पसन्द आ गई और फिल्मिस्तान के लिए उस पर चित्र बनाने, उस चित्र का दिग्दर्शन एवं उसमें मुख्य नायक की भूमिका करने के लिए उन्होंने मुझे अनुबन्धित कर लिया। अपने साथ कामिनी कौशल को हीरोइन की भूमिका के लिए निश्चित कर मैंने चित्र 'बड़े सरकार' की शूटिंग शुरू कर दी। अपने कुछ पुराने कर्मचारियों को भी मैंने फिल्मिस्तान में अपने चित्र से सम्बद्ध करके रखवा दिया।

मेरे जीवन की हर प्रकार की गतिविधि में शुरू से ही प्रीति मेरे साथ-साथ रही है। कम्पनी में फिल्म निर्माण के दौरान और उसके बाद भी सारा हिसाब-किताब और निर्माण व्यवस्था के कई अंगों को वही देखा करती रही है। मैं दिग्दर्शन और अभिनय में अधिक व्यस्त हो जाया करता हूँ। मेरे साथ कहानी की बहस में भी वह बराबर भाग लेती रही है। शायद घर की गृहिणी को अपने व्यवसाय से बाँधकर अपने कारोबार का बोझ भी उस पर लाद देना ज्यादती है और अनुचित भी। किन्तु सदा से हमारा यही रवैया रहा है और अब उस रवैये के हम दोनों आदी हो गए हैं।

अपनी संस्था बन्द कर, फिल्मिस्तान में लगकर, वहाँ चित्र बनाना शुरू करते ही मेरी निजी जिम्मेदारियाँ सहसा कम हो गईं और प्रीति को सुस्ताने का अवसर मिला। प्रीति के पिता की तबीयत उन दिनों खराब रहने लगी थी। पिता से मिलने के लिए प्रीति अधीर हो रही थी; पर मेरे छोटे भाई विजय के ब्याह की तिथि करीब थी और ब्याह के लिए कई तरह की तैयारियाँ और प्रबन्ध करने जरूरी थे।

6 सितम्बर, 1956 को 'वाटिका' में विजय का ब्याह हो गया और अब प्रीति को फुरसत मिली। बच्चों के साथ मैंने उसे अपने पिता के पास एक महीने के लिए नैनीताल भेज दिया। मैंने वादा किया कि छुट्टी निकालकर एक हफ्ते के लिए अक्टूबर में मैं भी नैनीताल आ जाऊँगा और फिर हम साथ मिलकर बम्बई लौटेंगे।

दिन भर में स्टूडियो में अपने काम में व्यस्त रहता। शाम को घर आता तो घर सूना लगता। आरम्भिक जीवन में मैं कई बार महीनों अकेला रहा था; किन्तु अब कई वर्षों से अकेले रहने की आदत छूट चुकी थी। मैं दिन में कुछ घंटे बिलकुल अकेला रहा करता हूँ। मेरे साथ केवल मेरे विचार ही हैं और कोशिश किया करता हूँ कि कुछ देर के लिए वे भी न रहें और मैं अपने मस्तिष्क को एक निर्विकार और कोरा कर दूँ किन्तु अपने परिवार में रहकर अकेला हो जाना और बात है और परिवार से दूर रहकर अकेला रहना कुछ और। प्रीति और बच्चों के बिना 'वाटिका'

सुनसान और अजीब लगने लगा। जी, माँ भी कुछ दिनों के लिए पलाड़ी गाँव चले गए थे। मैं अपनी शामें और रातें लिखने और चित्रकारी में बिताने लगा।

और फिर अक्टूबर को फ्रंटियर मेल में बैठकर मैं नैनीताल के लिए रवाना हो गया। निकलने से दो दिन पहले बम्बई में जोरों की बारिश हुई थी। अक्टूबर में बारिश बम्बई के लिए विचित्र थी। पर यह बारिश रास्ते भर भी होती रही। सवेरे मथुरा पहुँचा तो वहाँ भी जोरों की वर्षा हो रही थी और दिन भर होती रही। रात काठगोदाम जानेवाली ट्रेन में बैठते समय भी पानी बरस रहा था। पानी बरसना मुझे बहुत अच्छा लगता है, विशेषकर जब मैं सफर में होऊँ, चाहे फिर बरसात बेमौसम क्यों न हो रही हो।

बरसात रात भर होती रही। सवेरे जल्दी से तैयार होकर मैं खिड़की के पास बैठ गया और पानी की लड़ियों के बीच से झिलमिलाता वह सुन्दर दृश्य देखने लगा। पहाड़ी नालों में पानी प्रचंड रूप से उबलता, खौलता, उफनता बहा जा रहा था। अगला स्टेशन लालकुआँ था, उसके बाद हलद्वानी और फिर काठगोदाम। यानी एक घंटे का सफर और था, और उस समय नौ बजे रहे थे। किन्तु कीछा नदी पर—जो बहुत सँकरी हुआ करती थी और अब वर्षा के कारण फूलकर उसने अपने किनारे तोड़ दिए थे—पहुँचकर गाड़ी रुक गई। पन्द्रह मिनट के बाद यात्रियों में जब परेशानी फैलने लगी तो कंडक्टर ने सूचित किया कि बाढ़ आ जाने के कारण कीछा के पुल और पुल पर की रेलवे लाइन को नुकसान पहुँचा है। ट्रेन पुल पर से होकर नदी पार नहीं कर सकती। थोड़ी देर में काठगोदाम से दूसरी ट्रेन आएगी। जिन्हें आगे जाना हो, वे उस ट्रेन में बैठकर चले जाएँ। जो लौट जाना चाहें, वे इसी ट्रेन से वापस जा सकते हैं। उसने यह भी सूचित किया कि खबर आई है कि काठगोदाम से नैनीताल पहाड़ पर जानेवाला रास्ता लैंड-स्लाइड (पहाड़ की मिट्टी का ढह जाना) की वजह से बसों का चलना बन्द है और काठगोदाम स्टेशन के प्लेटफार्म पर हजारों यात्री अटके हुए हैं।

सुनकर यात्रियों के होश उड़ गए। उन कुछ लोगों को छोड़कर, जो आगे लालकुआँ या हलद्वानी जाना चाहते थे, लगभग सभी यात्री ट्रेन में बैठे रहे और उन्होंने लौट जाने का तय कर लिया।

आधे घंटे में काठगोदाम से गाड़ी आई और पुल के उस पार रुक गई। हम लोग लगभग पचास या साठ व्यक्ति—अपना सामान उठाकर पुल पर चलते हुए—पुल पार कर, सामने वाली ट्रेन में आकर बैठ गए। और फिर ट्रेन चलने लगी। लालकुआँ स्टेशन आया। कुछ लोग वहाँ उतर गए, कुछ आगे हलद्वानी में उतरे। काठगोदाम स्टेशन पर मेरे साथ उतरने वाले शायद पन्द्रह या बीस लोग रहे होंगे।

किन्तु काठगोदाम स्टेशन के प्लेटफार्म पर हजारों यात्रियों की भीड़ न थी। तीन सौ से अधिक लोग न रहे होंगे। कुछ आशा बँधी।

पूछताछ करने पर पता चला कि उस प्रदेश में आठ–दस दिन से लगातार बरसात हो रही है। काठगोदाम से नैनीताल जानेवाला बीस–बाईस मील का वह रास्ता लैंड–स्लाइड हो जाने के कारण चार–पाँच जगह कट गया है, जिससे बस या कार ऊपर नहीं जा सकती। पिछले दो दिन से कोई बस या कार न ऊपर गई है, न ऊपर से आई है। यातायात बिलकुल बन्द है। रास्ता कब ठीक होगा, कोई नहीं जानता। जब बारिश बन्द होगी तभी ठीक किया जाएगा। इसमें विलम्ब लगेगा। सम्भव है, एक हफ्ता लग जाए। अक्टूबर में नैनीताल आने वाले यात्रियों में अधिकांश बंगाली होते हैं, जो कलकत्ता, पटना, इलाहाबाद, बनारस आदि शहरों से आते हैं। हजारों लोग निराश होकर चले गए। ये जो प्लेटफार्म पर तीन दिन से पड़े हुए हैं, अधिकांशतः बंगाली हैं। बाल–बच्चों समेत बेचारे इस ठंड में तीन दिन से प्लेटफार्म पर पड़े हुए हैं, इस आशा में कि रास्ता ठीक हो जाएगा और बसें चलने लगेंगी। पर रास्ता जल्दी ठीक नहीं हो सकता। मैं ऊपर नहीं जा सकता।

नानी की कहानी के वे वाक्य याद आने लगे : '...और, बेटा, जब वह राजकुमार शहर–शहर, गाँव–गाँव राजकुमारी को ढूँढ़ता हुआ नदी, पहाड़ पार करता जब कदली बन में पहुँचा तो क्या देखता है कि उस बियाबान जंगल में एक सरोवर है और उस सरोवर के बीचोबीच सोने का बना हुआ एक सुन्दर महल चमचमा रहा है। और इसी महल में उस दुष्ट राक्षस ने राजकुमारी को कैद करके रखा हुआ है। किनारे पर कोई नौका या डोंगी भी नहीं और सरोवर में अनगिनत मगरमच्छ जबड़ा फाड़े तैर रहे हैं। अब बेचारा राजकुमार सोच में पड़ गया कि क्या करे? पानी में तैरकर जाना चाहता है तो छलाँग लगाते ही मगरमच्छ उसे खा जाएँगे। फिर वह राजकुमारी तक कैसे पहँचे?'

यही हालत मेरी थी। दो दिन और दो रात का सफर करके मैं बम्बई से काठगोदाम पहुँचा था—नैनीताल पहाड़ की तलछटी में। पहाड़ के ऊपर प्रीति थी और बच्चे और मैं उन तक पहुँच नहीं सकता था। अजीब घुटन हुई।

स्टेशन मास्टर बैनर्जी को मैं जानता था। प्रीति के चचेरे भाई, घनानन्द पांडे, रेलवे बोर्ड के चेयरमैन थे और बैनर्जी उनके उपकारों से दबे हुए थे। बैनर्जी को शायद टी.बी. था और डॉक्टरों की राय थी कि काठगोदाम की आबोहवा उनके स्वास्थ्य के लिए लाभकारी है; इसलिए वे, जहाँ तक हो सके, काठगोदाम से अपना तबादला न होने दें। पांडे ने इसमें बैनर्जी की सहायता की थी और वे कुछ वर्षों से इसी स्टेशन पर चिपके हुए थे। बैनर्जी की सहायता से मैंने नैनीताल टेलीफोन लगाया जो बड़ी मुश्किल से लगा।

'कौन...ओह, किशोर, तुम बम्बई में क्या कर रहे हो?' प्रीति की विकृत–सी, क्षीण आवाज सुनाई दी। 'तुम तो नैनीताल पहुँचने वाले थे न?'

'मैं बम्बई से नहीं बोल रहा हूँ।'

'नैनीताल कब आ रहे हो?'

'अरे भाई, मैं काठगोदाम से बोल रहा हूँ।'

'क्या कहा? कब आ रहे हो?'

'मैं काठगोदाम से बोल रहा हूँ।'

'सच? कब आप...''

'आज, अभी—एक घंटा हुआ। मगर रास्ता टूटा हुआ है। बस नहीं चलती। टैक्सी भी नहीं चलती। सुना, जगह-जगह लैंड-स्लाइड हुआ है।'

'हाँ, मैंने भी यही सुना...'

'हलो...हलो...प्रीति...हलो...'

टेलीफोन लाइन टूट गई। दो घंटे तक मैंने कई बार लाइन जोड़नी चाही मगर नैनीताल से सम्बन्ध स्थापित न हो सका।

'लीजिए,' स्टेशन मास्टर बैनर्जी ने कहा : 'एक टेलीफोन कनेक्शन रह गया था नैनीताल से, तो अब वह भी जाता रहा।'

और मेरे पाँव तले से धरती खिसक गई।

अब मैं क्या करूँ? लौट जाँऊ बम्बई? लौटना भी चाहूँ तो आज मुमकिन नहीं। ट्रेन कल सवेरे ही जाएगी। रात तो यहीं बितानी पड़ेगी। बारिश लगातार हो रही थी। ठंड भी शिद्दत की थी। सारी शाम मैं प्लेटफार्म पर चक्कर लगाता रहा। यात्रियों के चेहरे याद हो गए।

यात्री अलग-अलग टोलियाँ बनाकर खा-पी रहे थे, ताश खेल रहे थे, फर्श पर बिस्तर बिछाकर सुस्ता रहे थे, गप्पें लगा रहे थे। किन्तु सबके कपड़े चुड़मुड़ और गन्दे हो रहे थे। चेहरों पर ऊब और घुटन थी। एक झुंड गोरे पादरियों का था जिसमें तीन पुरुष थे और दो युवतियाँ। पुरुष 30-35 की अवस्था के रहे होंगे। मजबूत कद-काठी के थे। युवतियाँ 25 के लगभग थीं। नन के लिबास में भी आकर्षक लग रही थीं। किन्तु वह आकर्षण उनके स्वास्थ्य का था। कपड़े सबके गन्दे हो रहे थे। सफेद कपड़े वैसे भी जल्दी गन्दे होते हैं या अधिक गन्दे लगने लगते हैं। उत्तर प्रदेश के एक रईस लाला थे, वयस्क थे, और दमे से बेजार थे। खाँस-खाँसकर सारा प्लेटफार्म हिलाए देते और फिर देर तक पीकदान में थूकते जाते थे। एक बंगाली परिवार में अपने सास, ससुर, पति और देवर के साथ बातचीत करती, हँसती, इठलाती हुई एक आकर्षक युवती दिखाई दी जो पूरी आस्तीनों वाला स्वेटर पहने हुए थी और उसके पाँवों में मोजे थे। वह बातचीत अपने परिवार के सदस्यों से करती लेकिन उसकी चपल आँखें रह-रहकर औरों की आँखों से उलझ जाया करती थीं। मैं प्लेटफार्म पर टहल रहा था। हर बार जब मैं उस जगह पहुँचकर मुड़ता, जहाँ वह अपने परिवार के साथ बैठी थी, तो उसकी आँखें मेरी आँखों से हर बार उलझतीं और हर बार बात करते-करते वह मुस्कुरा देती या हँस देती, मानो अपने साथियों की बात

पर मुस्कुरा या हँस रही है और उसकी यह आकर्षक भावभंगिमा मेरे लिए नहीं है। कुछ पुरुषों की तरह कुछ नारियाँ भी दिलफेंक हुआ करती हैं। किन्तु यह बंगालिन तो बहुत जबर्दस्त फ्लर्ट होनी चाहिए। देखो न, कितनों से बेतार का तार बाँधा हुआ है। उस नए चरित्र से खयालों में उलझता हुआ मैं बैनर्जी के साथ उनके बँगले पर खाने चला गया।

खातिरदारी में बैनर्जी ने कोई कमी न की; पर मेरा मन खाने में न था। मैं परेशान था। परेशानी में कभी कोई चीज नहीं सुहाती।

'यह रास्ता कब टूटा, बैनर्जी साहब?' मैंने खाते-खाते पूछा।

'तीन दिन होने को आए, एक-दो लैंड-स्लाइड हुए थे। बड़ी मुश्किल से दिन में एकाध बस चलती थी। सवेरे और भी रास्ता टूट गया और तब से बसों का चलना बन्द हो गया।'

'तो कल से न कोई ऊपर से नीचे आ सका?'

'अभी-अभी मैंने सुना है कि आज शाम को टट्टू पर बैठकर डाकिये आए थे और उनके साथ दो-तीन युवक भी थे। उन्होंने खबर दी कि सुबह के चले वे शाम को पहुँच थे और रास्ता सात-आठ जगहों पर बुरी तरह टूट चुका था। अब तो आना-जाना बिलकुल ही सम्भव नहीं।'

'लेकिन मैं कल नैनीताल जाऊँगा,' मैंने कहा। 'आप मुझे उन युवकों से मिला दीजिए जो शाम को पहाड़ से नीचे आए हैं।'

बैनर्जी ने पहले तो मुझे काफी डराया किन्तु अन्त में एक डाकिये और युवक मंडली में से एक को खोज निकाला और उनसे मेरी बातचीत करा दी।

युवक पारसी था। बम्बई का रहने वाला था। पन्द्रह दिन नैनीताल रहकर बम्बई लौट रहा था। पहाड़ पर से उसके साथ आए हुए दो साथी हलद्वानी के रहने वाले थे और वे अपने घर जा चुके थे। उस पारसी युवक ने रास्ते की हालत साफ-साफ बताई। वे पादरी और कुछ अन्य लोग भी जमा हो गए और हमारी बातें सुनने लगे। रास्ता सच में सात या आठ जगहों पर टूटा हुआ था। ब्राइडल पाथ (पगडंडियाँ) से होकर वे लोग नीचे आए थे। लेकिन अब वह रास्ता भी खतरे से खाली न था।

मैंने बैनर्जी से कहा कि वे सवेरे मेरे साथ ऊपर चलने के लिए एक टट्टू और दो कुलियों का इन्तजाम कर दें।

टट्टू तो नहीं मिला लेकिन दो कुली पचास रुपये पारितोषिक पर सवेरे मेरे साथ पहाड़ पर चलने के लिए तैयार हो गए।

रात बैनर्जी ने स्टेशन पर, अपने दफ्तर में, चारपाई पर मेरा बिस्तर लगवाकर मेरे सोने का इन्तजाम कर दिया। रात बहुत ठंड थी। तार की डेमी और टेलीफोन की घंटियाँ रात भर बजती रहीं और मैं ठीक से सो न सका। दूसरे दिन सवेरे आठ बजे जब मैं तैयार होकर प्लेटफार्म पर आया तो सारे यात्री अचरज भरी दृष्टि से मुझे

ताकने लगे। मेरे साथ-साथ वे प्लेटफार्म के बाहर तक आए। शाम वाली वह बंगालिन भी दिखाई दी। उसकी चपल आँखों में कौतूहल था। स्वेटर और मोजे नहीं पहन रखे थे इसलिए उसकी बाँहे नंगी थीं और पैर भी। उसके पाँवों के पंजों और बाँहों पर कोढ़ के सफेद दाग थे। उसने चट आँचल से बाँहें ढँक लीं। बेचारी!

मैंने एक दर्जन केले और तीन डबल रोटियाँ अपने बैग में रख लीं जो वक्त-जरूरत हमारे काम आएँ। कुलियों। (डोटियालों) ने मेरा सामान सिर पर उठाया। रात वाला वह पारसी युवक मेरे पास आया और बोला : 'आपके पास व्हिस्की है?'

'नहीं,' मैंने कहा। 'शायद थोड़ी-सी ब्रांडी होगी।'

''कितनी होगी?''

मैंने अटैची से ब्रांडी की छोटी-सी बोतल, जो मैं सफर में अक्सर साथ रखता हूँ, निकालकर दिखा दी। बोतल में मुश्किल से डेढ़ इंच ब्रांडी होगी।

अपनी जेब से व्हिस्की का सील बन्द पाइंट निकालकर मुझे थमाता हुआ वह बोला : 'इसे आप रख लीजिए। रास्ते में काम आएगी।'

'और आप?'

'मुझसे आपकी जरूरत ज्यादा है। लाइए, ब्रांडी मुझे दे दीजिए।'

मैंने उसे कीमत देनी चाही पर उसने न ली। तब मैंने उसे बहुत-बहुत धन्यवाद देकर उससे और बैनर्जी से विदा ली और चल पड़ा। रिमझिम हो रही थी। मैं अपने गरम ओवरकोट के ऊपर बैनर्जी का बरसाती पहना हुआ था और सिर पर अपने फेल्ट हैट के ऊपर बैनर्जी का ही छाता ताने हुए था।

बीस कदम जाने के बाद मैंने मुड़कर देखा, तीन सौ यात्रियों की भीड़ मुझे ताक रही थी। वे आपस में फुसफुसा रहे थे। क्या कह रहे थे, सुनाई न दिया। जरूर कहते रहे होंगे : 'अजीब बेवकूफ है, मरने चला है!'

सौ गज चलकर मैं नुक्कड़ पर पहुँचा तो शहर की ओर से एक युवक दौड़ता हुआ आया और कहने लगा कि कल शाम नैनीताल से नीचे आए हुए डाकियों और उस पारसी के साथ वह भी आया था। उसकी मल्लीताल में कपड़ों की दुकान है। मेरा नाम और मेरे ऊपर जाने की खबर सुनकर ही वह आया है और मेरे साथ चलेगा। मैं सहसा एक दिलेर साथी पाकर खुश हो गया।

एक फर्लांग मुश्किल से हम आए थे कि रास्ता टूटा हुआ पाया। पैदल चलने के लिए एक फुट भी जगह न थी। हम दाईं ओर टीले पर चढ़कर, एक मील का चक्कर लगाकर, फिर उसी टूटे हुए रास्ते पर आये। दो घंटे की चढ़ाई के बाद हमने सहसा देखा, नीचे ढलान पर एक फर्लांग के फासले पर पादरियों की टोली चली आ रही है। हमने तब उनके आ जाने का इन्तजार किया और जब वे—तीन पादरी और दो ननें—आकर हमसे मिल गए, तब हम सब एक साथ होकर आगे बढ़ने लगे।

पानी के झल्ले बार-बार आते और जब बारिश बन्द होती तो कुहरा छा जाता। आगे का रास्ता दिखाई न देता और कभी-कभी हमें दस-पन्द्रह मिनट तक कुहरा छँट जाने के लिए रुक जाना पड़ता। चौथे लैंड-स्लाइड पर कुल एक फुट की जगह बाकी थी। बाईं ओर ढले हुए पहाड़ का ढेर था और दाईं ओर हजार फीट गहरी खाई। वह सँकरा, फिसलनवाला एक फुट चौड़ा समतल भाग लगभग चालीस फीट लम्बा था। बड़ी हिम्मत करके हमने उस एक फुट चौड़ी पगडंडी पर चलना शुरू किया। आधी दूर मुश्किल से गए होंगे कि ऊपर से वह ढेर सहसा खिसककर नीचे आया और सामने की पगडंडी पर से फिसलता हुआ नीचे खाई में गिरने लगा। फिर बड़े पत्थर ढुलकने शुरू हो गए। मुझे लगा, शायद दो या तीन क्षण के अन्दर अब हम सब उस खाई में गिर चुके होंगे। उस एक क्षण में प्रीति और बच्चों के चेहरे मेरी आँखों के आगे झूल गए और मैंने मौत को साक्षात् अपने समक्ष पाया।

सहसा मेरे युवक साथी ने मेरा हाथ पकड़कर खींचा और चिल्लाकर सबसे लौट जाने को कहा।

हम सब रुक गए और सँभल-सँभलकर एक-एक पग रखते हुए, उस एक फुट चौड़ी पगडंडी पर थरथराते पाँवों से वापस लौट आए। हमारे लौटते ही वह लैंड-स्लाइड सम्पूर्णतः टूट गया। यहाँ मैंने जेब से व्हिस्की का पाइंट निकालकर उसमें से दो बड़े घूँट पीए। बिना सोडा के व्हिस्की पीने का वह मेरा पहला अवसर था।

हम लोग फिर बाईं ओर की चढ़ान पर चढ़ने लगे। एक फर्लांग जाने के बाद मुड़े और एक पहाड़ी नाले पर आए। घुटने भर गहरा पानी तेजी से बहा चला जा रहा था। हम उस नाले में उतरे ही थे कि एक नन पानी में गिर पड़ी और तेज धारा में बहने लगी। मेरे साथी ने लपककर उसे पकड़ लिया। फिर हम सब, एक दूसरे का हाथ थामे, उस तीस फीट चौड़े नाले को पार करने लगे। इतना कम गहरा नाला इतना भयानक हो सकता है, मैंने तभी देखा। पहाड़ी नाला अपनी तेजी के लिए इसी कारण प्रख्यात है।

मैं ही एक अकेला था जो अपने छाते, फेल्ट हैट, रेनकोट के अन्दर सुरक्षित था, जो दो-दो घूँट व्हिस्की पेट में जाने के कारण काँप न रहा था। मेरे सारे साथी और वे ननें बरसात में लगभग भीगकर ठिठुरे जा रहे थे। गोरी ननों के होंठ नीले पड़ गए थे। एक नन ने ब्रेजियर नहीं पहन रखा था, जिससे उसकी छातियाँ सफेद गीले वस्त्र के अन्दर से झलकने लगी थीं। किन्तु वह अल्हड़ वैरागिन अपने शरीर की नग्नता से बेखबर या उदासीन, अपना सारा सामर्थ्य एक लक्ष्य होकर, विपत्ति से जूझने में खपा रही थी।

रास्ते में मैंने साथ लाई हुई डबल रोटियाँ और केले अपने साथियों के साथ बाँटकर खाए। दो बजे के लगभग—छठा लैंड-स्लाइड पार करने के बाद—हम एक

दोराहे पर आए। यहाँ से रास्ता भवाली सैनिटोरियम के लिए कटता था। पादरियों और ननों का ग्रुप यहाँ पर हमसे विदा लेकर चला गया।

अब आगे भी दो लैंड-स्लाइड हमें मिले, किन्तु वे साधारण थे और अब हम पक्के रास्ते पर होकर चढ़ने लगे थे। पानी के झल्ले बराबर आते रहे। जब कुहरा घना होने लगा और अँधेरा छाने लगा तो ऐसा लगने लगा कि हम रास्ता भटक गए हैं और आज नैनीताल नहीं पहुँच पाएँगे। किन्तु वह युवक होशियार था। वह हम सबको रास्ते के निशान बताकर कहता रहा कि हम ठीक रास्ते पर हैं।

छः बजे हम लोग, पानी में लथपथ, पीछे की चढ़ाई चढ़कर ठीक ग्रैंड होटल के समीप पहुँचे। नैनीताल की बत्तियाँ जगमगा रही थीं। ऐसा लगा, मानो मैंने हिमालय की चढ़ाई करके गौरी शंकर शिखर जीत लिया है!

प्रीति ने जब मुझे देखा तो घड़ी भर मेरे दुस्साहस पर सन्न रह गई। ससुरालवालों ने मुझे मन में मूर्ख ही कहा होगा किन्तु तुरन्त ही खुशियाँ छा गईं। बच्चे मुझे देख खुश हो गए।

रोहित अपने मामा (प्रीति के चचेरे भाई) घनानन्द पांडे और कुछ अन्य रिश्तेदारों के साथ कार से अल्मोड़ा, कौशानी गया हुआ था। तब रोहित 12 वर्ष का था। बरसात के कारण वहाँ का रास्ता भी कट जाने से वे लोग कौशानी के डाक बँगले में अटक गए थे। उनके न लौटने से हम लोग चिन्तित हो उठे। किन्तु तीसरे दिन घोड़ों पर बैठकर रोहित और सारे लोग नैनीताल वापस पहुँच गए और फिर घर में रौनक आ गई।

डॉ. पांडे (प्रीति के पिता) की तबीयत अब सुधर चली थी।

नैनीताल में हफ्ता भर रहकर मैं खूब सुस्ताया। जगह और हवा की तब्दीली से मन में ताजगी आ गई। फिर हम सब एक साथ बम्बई लौट आए।

मेरी अपनी फिल्म निर्माण संस्था, हिन्दुस्थान चित्र, में कोई चित्र नहीं बन रहा था। कम्पनी की सारी गतिविधियाँ स्थगित और बन्द कर दी गई थीं। लगभग पन्द्रह वर्षों से 30-40 कर्मचारियों को मैंने तथा मेरी कम्पनी ने चित्र निर्माण के विभिन्न विभागों में काम और चन्दा देकर उन्हें सतत निबाहा था। कइयों के साथ अनुबन्ध तक न थे। जब मन मिल जाता है तो अनुबन्ध और लिखा-पढ़ी बेकार हो जाते हैं।

शहद पर जिस प्रकार मक्खियाँ आकृष्ट होती हैं, उसी प्रकार हर सफल व्यक्ति की ओर काम, नौकरी, मुसाहबी, चमचागीरी तथा मुफ्तखोरी के इरादे से अनेक जाने-अनजाने मित्र, वैरी, वे सम्बन्धी भी जो खामाखा अपने को सम्बन्धी बताने लगते हैं—खिंचे चले आते हैं। मेरे कई सम्बन्धी भी धीरे-धीरे किसी न किसी बहाने से बम्बई आकर मेरे साथ रहने लगे थे। मुझे बेकार व्यक्ति बुरा लगता है, इसलिए

मैंने उन सबको अपने संस्थाओं में लगा दिया था। और चूँकि वे मेरे सम्बन्धी थे, उन्हें वेतन अच्छा दिया जाता था।

मेरे एक फाइनेंसर मित्र स्व. एम.जी. शहानी मुझसे अक्सर कहा करते : 'आपने, साहू साहब, बड़ी भूल की जो इतने सारे रिश्तेदार अपनी कम्पनी में नौकर रख लिए। रिश्तेदारों को कभी नौकरी पर नहीं रखना चाहिए। वे कभी आपका साथ न देंगे और सदा आपसे जलेंगे। आपको उनकी मदद करनी है तो उन्हें कुछ रुपया दे दीजिए मगर अपने पास नौकरी न दीजिए। पराए लोगों पर एहसान करो तो बेचारे कभी नहीं भूलते लेकिन अपने सगे-सम्बन्धी नंबर एक के एहसान-फरामोश होते हैं।

मैं हमेशा शहानी की बात हँसकर उड़ा देता। मैं कहता : 'पता नहीं, मैं किसकी किस्मत से कमा रहा हूँ। मेरे दरवाजे से कोई खाली हाथ नहीं जाएगा, चाहे वह मेरी रिश्तेदार ही क्यों न हो।'

अब मेरी तथा कम्पनी की खस्ता हालत देखकर मेरे सब कर्मचारी मुझे छोड़कर चल दिए। मेरे रिश्तेदार भी खिसक गए। अब तक मैंने अपने कर्मचारियों को लाखों रुपए वेतन और पारितोषिक में दिये थे। कुछ लोगों ने राशियाँ बढ़ा-चढ़ाकर, वेतन की झूठी माँग करते हुए मुझे नोटिस भी भेजे।

मैं उन सब अपनों और परायों की भावनाओं में सहसा इस विलक्षण परिवर्तन को देख रहा था। मैं सोचा करता : क्या दुनिया इतनी मतलबी है? क्या बुरे वक्त में कोई किसी का साथ नहीं देता? कहानियों में सुना था कि दोस्त ने दोस्त के लिए जान दे दी। क्या आज दुनिया में दोस्त नहीं रहा? मैं इतनों को जानता हूँ, इतनों से मेरा गहरा सम्बन्ध रहा है। इतने सारे मेरे दोस्त हैं, पर वास्तव में दोस्त कोई नहीं। सब मतलब के यार हैं। मतलबी दोस्त! और कहीं मिलता हो तो हो, बम्बई में दोस्त नहीं मिलता, फिल्म व्यवसाय में तो कतई नहीं मिलता।

मैं धुन्ध में फँस चुका था, विपत्ति में घिर चुका था। उस संकटकाल में मेरा साथ केवल तीन व्यक्तियों ने दिया—मेरे पिता, माता और पत्नी ने। इन तीनों ने मुझे हौसला दिया, प्रेरणा दी और मैं अपने सर्वनाश की निश्चित घड़ी की आशंका में भी अपने को सन्तुलित रख सका। इन तीनों से प्यार और सहानुभूति और प्रेरणा पाए बिना शायद मैं उस विपत्ति का मुकाबला न कर पाता।

मैं कुछ साहूकारों और वितरकों का देनदार हो चुका था और उन लोगों ने मुझ पर केस किए हुए थे, डिक्रियाँ ली हुई थीं। जिनसे मुझे लेना था, उनसे समय पर रुपया न मिल पा रहा था। मगर जिन्हें देना था, उन्हें तो समय पर लौटाना जरूरी ही था। मेरी मजबूरियाँ कोई माने नहीं रखती थीं। मैंने अपनी सफाई में कोई दलील पेश नहीं की, और मैं 16 अप्रैल, 1957 को बम्बई हाई कोर्ट में अन्सालवेंट घोषित कर दिया गया। (फिर से सालवेंट होने के लिए मुझे चार साल लग गए।)

मुझ जैसा कर्तबगार, आत्मभिमानी और पानीदार आदमी उस दिन मर सकता था।

असह्य और घातक प्रतीत होने वाली विपदा की आशंका यदि मनुष्य को पहले ही न मार दे, तो विपदा के घटित होने पर फिर वह नहीं मरता। इनसान का दिल फौलाद का डिब्बा नहीं कि जोर का दबाव पड़ा और वह फट गया। वह रबड़ की तरह मुलायम और लचीले मांस की थैली है। जब सिमटे तो इतना कि राई-रत्ती भर ख़ुशी को जगह न मिले और फैले तो इतना कि संसार का सारा दुख उसमें समा जाए।

दुनिया में आकर आदमी जो कुछ भी बने, लेकिन किसी का देनदार न बने।

मेरे सॉलिसिटर मित्र मधुकांत ठाकुर—जो बम्बई की प्रख्यात सॉलिसिटर्स फर्म—'भाई शंकर कांभा एंड गिरधरलाल'—के साझेदार हैं—वे मेरा सदा की तरह उस संकट काल में भी बड़ा साथ दिया और बरसों बिना फीस लिये, उधार में मेरा काम करते रहे। ठाकुर की तबीयत में कुछ चिड़चिड़ापन है जो काम की व्यस्तता के कारण है और स्वभाव के गर्म हैं; किन्तु दिल के साफ हैं और दोस्तों से दोस्ती निभाना जानते हैं।

फिल्मिस्तान के लिए मैं 'बड़े सरकार' चित्र बना रहा था। सेठ तुलाराम जालान कम्पनी के मालिक एवं कर्ताधर्ता थे, अब भी हैं। पिछले कुछ चित्र विफल होने से वे उदासीन हो गए थे जिनसे उनके स्वभाव में चिड़चिड़ापन और रूखापन आ गया था। उनसे तथा उनकी संस्था से मुझे पर्याप्त सहयोग न मिल पाया। चित्र के लिए संगीत भी मेरे मन के अनुकूल नहीं मिला। कुल चार ही गानों के बाद हाथ खींच लिया गया और संगीत दिग्दर्शक ओ.पी. नैयर को छुट्टी दे दी गई। चित्र की शूटिंग समाप्त होते ही मैं कम्पनी से अलग हो गया। कम्पनी के सम्पादन विभाग ने चित्र का सम्पादन किया, पुराने चित्रों का पार्श्व संगीत डालकर चित्र समाप्त कर दिया गया। शशधर मुकर्जी ट्यूमर का ऑपरेशन करवाकर विलायत से लौट आए थे, किन्तु फिल्मिस्तान में अब उनकी जरा न चलती थी और संस्था की बागडोर जालान स्वयं सँभाले हुए थे। बिना यथेष्ट प्रसिद्धि-विज्ञप्ति के 'बड़े सरकार' प्रदर्शित कर दिया गया। परिणाम अप्रत्याशित न था। चित्र विफल हो गया।

इससे फिल्मिस्तान को विशेष हानि न पहुँची किन्तु चित्र के फेल हो जाने से मुझे विशेष धक्का लगा। 'बड़े सरकार' की यह वही कहानी थी जिस पर मुझे बड़ी आशाएँ थीं जिसे सुनकर मधुबाला फड़क उठी थी और मेरे चित्र में मुफ्त काम करने को तैयार हो गई थी। कहानी चित्र की जान हुआ करती है। मेरी एक अच्छी कहानी व्यर्थ बर्बाद हो गई थी।

6 मार्च, 1957 को सफल निर्माता-दिग्दर्शक और बॉम्बे टॉकीज के समय के मेरे मित्र अमिय चक्रवर्ती का हृदयगति बन्द हो जाने से देहावसान हो गया।

7 मई, 1957 को मेरे छोटे चाचा मुकुन्दलाल साहू का भंडारा में स्वर्गवास हो गया।

मेरे एक नजदीकी रिश्तेदार सरसराम गुप्ता थे। नाटक और रंगमंच के दीवाने थे। मंच पर खुद भी अभिनय कर चुके थे। अँगरेजी साहित्य से प्रेम था। शौकीन, व्यसनी और लतियल समझे जाते थे। जिन्दगी में उन्होंने कभी कुछ न किया सिवाय चकल्लस के। लेकिन दिल के बहुत अच्छे थे। उन्होंने ही मुझे जिन्दगी में पहली बार बियर पिलाई थी—जब मैं नागपुर में सेकंड इयर में पढ़ रहा था। अब एक दिन सरसराम गुप्ता बम्बई आए। कहने लगे, यहाँ के अस्पताल में डॉक्टरों से अपने गले की जाँच करवाना चाहते हैं। मेरे साथ ही ठहरे। बम्बई के डॉक्टरों ने नागपुर के डॉक्टरों की रिपोर्ट से सहमत होते हुए रोग को असाध्य घोषित किया। उन्हें कैंसर ऑफ थ्रोट (गले में कैंसर) था। दूसरे दिन विदा लेते समय गुप्ता ने मुस्कुराकर हाथ मिलाते हुए मुझसे कहा : 'अच्छा, किशोर, गुड बाय! यह हमारी अन्तिम भेंट है।'

घर में हम सबकी आँखें छलछला उठीं।

मौत का वॉरंट साथ लिये वह व्यक्ति उस शाम कलकत्ता मेल से नागपुर रवाना हुआ।

किसी से अगर कह दिया जाए : 'तेरे दिन लद गए और तू कभी भी मर सकता है,' तो उस बेचारे पर क्या बीतती होगी? यह खयाल तब से मुझे अक्सर परेशान करता रहा है। 20 अक्टूबर, 1957 को सरसराम गुप्ता का देहान्त हो गया।

21 जनवरी, 1958 को मित्र दिग्वि ने कनपटी पर पिस्तौल चलाकर अपने महल में आत्महत्या कर ली।

21 मार्च, 1958 को मेरे ड्राइवर स्वामी का हार्ट फेल हो गया। स्वामी दक्षिण का था। ग्यारह वर्ष पहले, जब मैं 'सिन्दूर' बना रहा था, मेरे पास ड्राइवर नियुक्त हुआ था। सनकी, सख्ती और गंजट्टी था। बड़ा एकनिष्ठ सेवक था। बच्चों से बहुत प्यार करता था। (कितने अद्भुत और असंगत लक्षणों का संयोग होता है मानव!) कई बार बिना नोटिस दिये नौकरी छोड़कर चला गया और उसी तरह कई बार, बिना बुलाए, अपने-आप आकर फिर कार चलाने लग जाता रहा। हम कोई उसे न नौकरी से दूर कर सकते थे, न नौकरी पर रख सकते थे। यह हक सिर्फ उसे ही था और वह खुद अपने मन की लहर पर निर्भर था। स्वामी के देहान्त से हमारे परिवार को बहुत दुख हुआ।

इस प्रकार 1957 और 1958 के ये दो साल दुख, क्लेश और स्नेहियों को खोते रहने में बुरे बीते।

मेरी संस्था की गतिविधि बिलकुल ठंडा थी। घर का टेलीफोन निरंतर मौन रहा करता। यार-दोस्त कन्नी काटकर दूर-दूर रहा करते। बड़ा सुकून था। बड़ा अवकाश मिला करता। उस सुकून और अवकाश की घड़ियों में इत्मीनान से सोचने के लिए खूब अवसर मिला और मैं उन कई विषयों पर सोचने लगा जो मुझसे, अपने अंधाधुंध व्यस्तता के कारण, ओझल रह गए थे।

कुछ लोगों को जरा-सा सूनापन, खालीपन बर्दाश्त नहीं होता और वे व्याकुल होकर संगत ढूँढ़ने निकल पड़ते हैं। मैं इसके विपरीत हूँ। अकेले में फुरसत के समय अपने विचारों और कल्पनाओं का मुझे बड़ा सहारा रहता है। मैं कितना भी खाली, बेकार, अकेला होऊँ, जरा देर में अपने विचारों को मनचाहा रंग और रस देकर अपने को बहला सकता हूँ, व्यस्त रख सकता हूँ।

मैंने लघुकथा लिखने पर उन दिनों विशेष ध्यान दिया। एक चित्र के समाप्त होने से पेश्तर ही अक्सर मैं दूसरे चित्र के लिए कथानक तथा पटकथा लिखकर तैयार कर लिया करता था। पटकथा के ही जोर पर मैं चित्र बना सकता था। पटकथा चित्र की रीढ़ की हड्डी हुआ करती है। पटकथा के बलबूते पर ही, एक प्रकार से मेरा निर्वाह हुआ करता है। पटकथा का मूल्य हजारों रुपए है—5,000 रु. से लेकर 50,000 रु. तक। अपना अमूल्य समय साहित्यिक लेखन को देने में मेरी आर्थिक हानि होती है। साहित्यिक रचनाओं से लेखक को कुछ विशेष आय नहीं होती। लघुकथा के लिए पत्रिकाओं ने मुझे 200 रु. प्रति कथा से अधिक कभी न दिये। एक साहित्यिक कहानी लिखने के समय में मैं चित्र के लिए एक कथानक लिख सकता हूँ और काफी रुपए कमा सकता हूँ इसीलिए साहित्यिक लेखन को मैं उचित समय न दे सका।

किन्तु यह भी सच है कि साहित्यिक लेखन के बिना मुझे पर्याप्त सन्तोष कभी न मिला और मैं अपनी फिल्मों के लिए फिल्मी लेखन तथा फिल्म निर्माण की भयंकर व्यस्तता के बीच साहित्यिक रचनाएँ प्रस्तुत करने के लिए सदा तिलमिलाया करता रहा। एक व्यवसायी को अगर धन चाहिए तो एक कलाकार, साहित्यिक लेखक को आत्मतृप्ति भी चाहिए, जो उसे केवल अपनी कलाकृति के निर्माण से ही उपलब्ध हो सकती है। मैंने अवसर उपयुक्त पाया और 'चाय' और 'पहली फुहार', 'चोर मर गया', 'मुँह दिखाई', 'लड्डू के धब्बे', 'धुएँ की लकीर', आदि लघुकथाएँ लिख लीं। ये सब हिन्दी की अनेक पत्रिकाओं में छपती रहीं। मैंने बाद में इन्हें संग्रह-रूप में भी छपवा लिया।

फिल्म जगत को मैंने अन्दर-बाहर से खूब अच्छी तरह से देखा था। इसका कोई पहलू नहीं जो मेरे लिए अनदेखा या अछूता रह गया हो। बहुत दिनों से मन कर रहा था कि फिल्म जगत की पृष्ठभूमि पर हिन्दी में एक वृहत उपन्यास लिखूँ। हर नए काम का बीड़ा उठाने के लिए पक्का इरादा ही नहीं, बड़ा हौसला भी चाहिए। उपन्यास शुरू करके मैं नियमित तौर पर लिखता रहा और साल भर के अन्दर उसे समाप्त कर दिया। उपन्यास का तात्कालिक नाम मैंने 'आकाश के तारे' रखा हुआ था जो मुझे विशेष पसन्द न था। एक दिन अभिनेत्री मीना कुमारी ने मुझे सुन्दर नाम सुझाया : 'परदे के पीछे'। मैंने अपने उपन्यास को अब 'परदे के पीछे' नाम देकर छपवा दिया। मेरा यह उपन्यास 'परदे के पीछे' हिन्दी के आधुनिक कथा साहित्य के श्रेष्ठतम यथार्थवादी उपन्यासों में है, और इस पर मुझे नाज है।

'परदे के पीछे' धारावाहिक रूप में जोरो-शोर से 'धर्मयुग' पत्रिका में प्रकाशित भी हुआ था।

विश्व के हर साहित्य में लेखक अपनी रचना प्रस्तुत करने के उपरान्त स्वयं मौन रहता है। रचना का मूल्यांकन करना उस लेखक का या उसके लेखक-मित्रों का काम नहीं; वह केवल साहित्यिक समीक्षकों का काम है, जिम्मेदारी है। लेखक और समीक्षक में फर्क है। लेखक समीक्षक नहीं होता, अक्सर नहीं होता। किन्तु हमारी हिन्दी में शायद साहित्यिक समीक्षक नहीं हैं, कम-अज-कम अब तक तो नहीं हैं।

मुझे इसकी परवाह नहीं कि मेरे समकालीन लेखक मेरी कृतियों को क्या समझते हैं या उनका मूल्यांकन किस प्रकार करते हैं। मैं जानता हूँ, वे अधिकांशत: मुझसे, अनेक कारणों से (जिसका जिक्र मैं पहले कर चुका हूँ) जलते हैं, मुझसे कतराते हैं। मैं उनकी जलन और कुढ़न समझता हूँ। मैं जानता हूँ, मेरी साहित्यिक कृतियाँ मौलिक हैं, अनोखी हैं, उत्तम हैं, और आधुनिक पाठकों का वर्ग उन्हें मान देता है और कल का साहित्यिक समीक्षक—जो (मैं आशा करता हूँ) गुटबन्दी के जहरीले वातावरण से पृथक् रह सकेगा और साहित्यिक कृतियों के मूल्यांकन में अपने को समर्थ पाएगा—उनको राष्ट्रभाषा हिन्दी के साहित्य में यथायोग्य ऊँचा स्थान देगा।

हिन्दी के कुछ लेखक और कुछ पत्र सम्पादक आजकल पत्रिकाओं में 'नई कहानी' का पचड़ा लेकर तगड़े वाद-विवाद में पड़े हुए हैं। वह महज बेकार की बहस है। हर लेखक उसी शैली को श्रेष्ठ समझता है जो शैली उसे सध गई हो किन्तु यह समझना भ्रम है कि उसकी शैली के अलावा अन्य शैलियाँ नहीं हो सकतीं। बाकी की कहानियों से लेकर मोपासाँ, हेमिंग्वे, टैगोर और चेखव तक कहानी लेखन की सैकड़ों शैलियाँ हैं। कहानी में नई-पुरानी जैसी कोई बात नहीं होती। कहानी अच्छी या बुरी हो सकती है। नई या पुरानी नहीं। सो लाभ इसी में है कि बेकार की बहस में उलझने और गुट बनाकर एक दूसरे की प्रशंसा करते रहने के बजाय लेखक अपना समय, अपनी ऊर्जा, अपने लेखन को दे; लेखन को साधना बनाए, जैसे पश्चिम के बहुतेरे लेखक किया करते हैं।

अपनी असाधारण प्रतिभा के कारण सामरसेट मॉम ने अपने नाटकों, उपन्यासों और विशेषकर लघुकथाओं द्वारा अद्वितीय ख्याति एवं धन प्राप्त किया, शाहों की जिन्दगी बसर की। अपने स्वच्छंद और मनमुख्तार रहन-सहन और खरी-खरी सुनाने की आदत के कारण अपने समकालीन कई लेखकों और समीक्षकों को उसने नाराज कर दिया था, जिससे वे लोग मौके-बेमौके मॉम की निन्दा और तिरस्कार करने से न चूकते और मॉम को सस्ता, साधारण लेखक बताते। मॉम ने समीक्षक की कभी परवाह न की और बस, लिखता चला गया। चाहे कोई कितना ही बहस कर ले, यह बात उसे माननी ही पड़ेगी कि अँगरेजी साहित्य में मॉम की टक्कर के

लघुकथा लेखक कम ही हुए हैं, जिन्होंने इतनी अधिक और इतनी बढ़िया कहानियाँ लिखीं और जिनकी कहानियाँ कल भी पढ़ी जाती थीं, आज भी पढ़ी जाती हैं, और कल भी पढ़ी जाएँगी।

कला और साहित्य के क्षेत्र में आखिरी फैसला हमेशा प्रेक्षक, श्रोता और पाठक के हाथ होता है। मानव और मानव-कृति का अन्तिम निर्णय जनता ही करेगी।

हालाँकि हिन्दी साहित्य में लघुकथा का जन्म जरा देर से हुआ और बहुत दिनों तक कथा क्षेत्र में सिवा प्रेमचन्द के स्तरीय लेखक दूसरा कोई न था। अब हम यह कह सकते हैं कि आज हिन्दी में मोहन राकेश, निर्मल वर्मा, मन्नू भंडारी, कमलेश्वर, राजेन्द्र यादव, कृष्णा सोबती, धर्मवीर भारती, उषा प्रियंवदा, रानी और मुझ जैसे बहुतेरे लेखक बहुत अच्छी कहानियाँ लिख रहे हैं, और भारत की प्रादेशिक तथा आंचलिक भाषाओं के मुकाबले हिन्दी की कहानियाँ अधिक अच्छी हैं।

1958 में मैंने देव आनन्द की संस्था 'नवकेतन' द्वारा निर्मित चित्र 'काला पानी' में चरित्र नायक की भूमिका की।

इसी वर्ष शशधर मुकर्जी फिल्मिस्तान से अलग हो गए और उन्होंने 'फिल्मालय' नाम से नई संस्था स्थापित की। इस संस्था में मुझे हिस्सा देने का वादा कर मुकर्जी ने मुझसे मेरा सहयोग माँगा हुआ था। मैंने पूरा सहयोग दिया था। किन्तु बाद में मुकर्जी मेरे हिस्से की बात साफ भूल गए और मुझे कुछ न मिला। मुझे इसका विशेष दुख न हुआ क्योंकि मैं मुकर्जी के चरित्र से भली-भाँति परिचित था।

एक दिन मुकर्जी मुझसे कहने लगे : 'साहू, तुम्हारा नाम आजकल बिलकुल धूल के बराबर है।'

'मैं जानता हूँ,' मैंने कहा : 'मगर मैं वही हूँ जो कल था। अगर कभी मुझमें प्रतिभा थी तो अब भी होगी।'

'अब नहीं है। अब भी होती तो तुम्हें यश क्यों नहीं मिलता?'

'क्योंकि मेरे ग्रह खराब हैं। मुझ पर साढ़ेसाती चल रही है।'

'यह सब बकवास है। एक बार नीचे गिरकर आदमी फिर ऊपर नहीं चढ़ सकता।'

'डींगें मत हाँको,' मैंने कहा : 'तुमने जिन्दगी में कभी कोई कमाल नहीं किया। तुम्हारी अच्छी किस्मत थी जो तुम्हें हिमांशु राय, रा.ब. चुन्नीलाल और फिर तुलाराम जालान मिल गए। दूसरों के बलबूते और धन पर तुमने दिग्दर्शकों द्वारा चित्र बनवाए जिनमें से आधे असफल हुए। पूरी तरह मैदान में अकेले होकर चित्र बनाओ तो जानूँ।'

मुकर्जी खिलखिलाकर हँस पड़े और फिर मेरे हौसले को गिराते हुए बोले : 'सच जानो, साहू, दुनिया बहुत आगे निकल गई, तुम पिछड़ गए।'

'मैं एक दिन तुम्हें और सारी दुनिया को फिर बताऊँगा कि मैं क्या हूँ, क्या कर सकता हूँ।'

'खैर, लाओ, एक पटकथा लिखकर लाओ। चलो, मेरे 'फिल्मालय' के लिए एक चित्र तुमसे ही बनवा लेते हैं।'

मेरे पास एक सुन्दर पटकथा लिखी तैयार रखी थी। मैंने अगले दिन वह कहानी मुकर्जी को सुनानी चाही तो वे कहने लगे कि कहानी से पहले मैं उन्हें कहानी का कथानक संक्षिप्त में सुना दूँ।

मैंने तीन या चार मिनट में कथानक सुना दिया। सुनकर वे कहने लगे : 'कोई नई बात नहीं है। मामूली त्रिकोणवाली कहानी है।'

'त्रिकोण होना कोई ऐब नहीं,' मैंने कहा। 'ट्रीटमेंट मेरी कहानियों की जान हुआ करता है। पूरी कहानी सुनोगे तब उसे समझ सकोगे।'

'अच्छा तो ऐसा करो, मुझ अकेले को ही नहीं, मेरे सारे परिवार को एक साथ सुनाओ। सबको अगर जँच गई तो उस पर गौर करेंगे।'

अगले हफ्ते मुकर्जी के घर मैंने उन्हें और उनके सारे परिवार को साथ बिठाकर वह पटकथा तीन घंटे में सविस्तार सुना दी। सदस्यों में कहानी के महत्त्व पर मतभेद हुआ और मुकर्जी कोई निर्णय न ले सके। उन्हें केवल एक घिसा-पिटा फार्मूला आता था—गानों के चन्द असरकारक प्रसंगों के इर्दगिर्द कहानी को घुमा दो। गाने चल गए तो चित्र चल पड़ेगा—चाहे कहानी कितनी ही भोंडी क्यों न हो!

तब मुकर्जी ने मुझे अपने चित्र 'लव इन शिमला' में चरित्र भूमिका करने को कहा। मैंने स्वीकार कर लिया। चित्र के दिग्दर्शक के लिए उन्होंने होनहार युवक आर.के. नय्यर को लिया। मुकर्जी के दूसरे बेटे जॉय मुकर्जी हीरो बने। हीरोइन के लिए एक नई लड़की—जो कि सिन्धी थी किन्तु हिन्दी अच्छी बोलती थी; एक सिन्धी चित्र में काम कर चुकी थी किन्तु हिन्दी फिल्मों के लिए जिसे हर निर्माता नापसन्द करता चला गया था, जिसका स्क्रीन टेस्ट लेकर मैंने मुकर्जी से उसे हीरोइन बनाने का अनुरोध किया था—ले ली गई। उस लड़की का नाम साधना था।

भूमिकाओं से न मेरा निबाह हो सकता था, न मुझे सन्तोष था। तब अपना उस मार्मिक मौलिक पटकथा पर चित्र स्वयं बनाने का मैंने तय किया। और तय किया कि हीरो खुद बनूँगा और हीरोइन के लिए मीना कुमारी को लूँगा। सारी कहानी एक अस्पताल के अन्दर-बाहर घटित होती थी। हीरो डॉक्टर था। हीरोइन नर्स। कहानी का नाम था : 'दिल अपना और प्रीत परायी'।

मीना कुमारी उन दिनों पति कमाल अमरोही के साथ पाली हिल, बांद्रा पर रहती थी। कहना मुश्किल है कि मीना कमाल के साथ रहती थी या कमाल मीना

के साथ। कमाती मीना थी। धन्धे की बात कमाल करते थे। मुझसे कहने लगे कि मेरे पिक्चर में काम करते मीना को खुशी होगी पर पहले मैं उन्हें कहानी सुना दूँ। बि   ना कहानी सुने जो प्रोड्यूसर आया, उन्होंने रुपए के लालच में बिना कहानी सुने, मीना को पिक्चर में दे दिया। नतीजा इसका यह हुआ कि धड़ाधड पाँच-छः पिक्चर मीना के उन दिनों फेल हो गए। इसीलिए कहानी पहले सुन लेने की सावधानी बरती जा रही है।

मैंने कहानी कमाल और मीना को सुना दी।

कहानी सुनने के दौरान मीना की आँखें कई बार चमकीं और छलछलाईं लेकिन कमाल अमरोही बिलकुल भावरहित चेहरे से सुनते रहे, कोई प्रतिक्रया उन्होंने जाहिर न होने दी। तीन घंटे के बाद, कहानी समाप्त होने पर कमाल बोले : 'मुझे नाज था कि मैं कहानी अच्छा सुनाता हूँ मगर मैं मानता हूँ, आप भी बहुत अच्छा सुनाते हैं, वाह!'

'धन्यवाद,' मैंने कहा। 'आपकी दाद की मैं कद्र करता हँू, यह बताइए, मेरी कहानी कैसी लगी?'

उत्तर मीना ने दिया : 'बहुत, बहुत, बहुत अच्छी थी। मुझे स्टूडियो जाने की जल्दी है। मेरी शूटिंग है। कहानी के बीच उठकर जा नहीं सकती थी। देर हो गई। मैं भागती हूँ अब। पर साहू साहब, मैं काम कर रही हूँ आपके पिक्चर में। वाह, कितनी बढ़िया कहानी सुनाई है आपने!'

और मीना चल दी।

'आगे की बात भी कर लें अब, कमाल साहब,' मैंने कहा।

'आपका मतलब मीना की कीमत से है, वह बात कल करेंगे। जरा सलाह कर लूँ उनसे।'

'ठीक है,' मैंने कहा, 'कल कर लेंगे।'

और मैं चला आया।

दूसरे दिन जब मैं उनके घर गया तो मीना कुमारी न थी, शूटिंग पर स्टूडियो जा चुकी थी। मीना-कमाल के ड्राइंग रूम की आधी जगह तख्तपोश ने ली हुई थी, जिस पर गद्दा बिछा था। गद्दे पर सफेद चादर तनी थी और तीन-चार गावतकिये दीवार के सहारे लगे हुए थे। कमाल लखनवी कुरता-पाजामा पहने, पाँव मोड़कर उसी तख्त की बिछात पर बैठे नवाबी ढंग से हुक्का पी रहे थे। पाँव मोड़कर बिछात पर बैठने की आदत न रहने से और अपनी पैंट में सलवटें पड़ जाने के अन्देशे से, मैं कल की तरह आज भी बाजू में रखी हुई कल वाली कुर्सी पर ही बैठा।

'क्या सोचा आपने?' मैंने पूछा।

'सुनिए, साहू साहब,' कमाल ने हुक्के की नै हाथ में घुमाते हुए कहा, 'आपको तो मालूम ही है कि पिछले दो-तीन सालों से मैं अपने 'महल पिक्चर्स' के बैनर में

एक बहुत बड़ा पिक्चर बना रहा हूँ जिसका नाम 'पाकीजा' है। मीना हीरोइन है। पिक्चर कलर और सिनेमास्कोप में है। पता नहीं, इस पिक्चर को खत्म होने में और कितने साल लग जाएँ। इस वक्त तो खर्च ही खर्च है इसलिए तय किया है कि 'कमाल पिक्चर्स' नाम की एक नई कम्पनी और खोल दें और उस कम्पनी में एक नया पिक्चर और शुरू करें जो जल्दी बना डालें, ताकि आमदनी का भी कुछ सिलसिला हो जाए।'

'अच्छा खयाल है,' मैंने कहा। 'मगर मेरे पिक्चर 'दिल अपना और प्रीत परायी' में तो मीना काम कर रही हैं न?'

'जी हाँ, कर रही हैं,' कमाल ने मुस्कुराकर कहा : 'मगर 'दिल अपना और प्रीत परायी' आप हमारी इस नई कम्पनी के लिए बनाएँगे।'

'यानी आपका मतलब है...'

'मेरा मतलब है कि आप मीना को माँगने आए थे, अब मैं आपको माँग रहा हूँ—अपनी कम्पनी के लिए। आप जो मुनासिब कीमत माँगेंगे, मैं दूँगा। जिस बड़े हीरो को चाहेंगे, मैं दूँगा। सब सहूलियतें दूँगा। कहिए, अब आप क्या कहते हैं?'

'मैं अपना प्रपोजल (प्रस्ताव) लेकर आया था। आपके प्रपोजल के लिए मैं तैयार न था; इसलिए मुझे एक धक्का-सा लगा है। मुझे दो दिन सोचने का मौका दीजिए। मैं सोचकर, घर में सलाह-मशवरा करके बताऊँगा।'

'जैसी आपकी मर्जी!'

'इतना बताइए, अगर मुझे आपका प्रपोजल मंजूर न हुआ तो?'

कमाल मुस्कुराए : 'तो मीना कुमारी आपको नहीं मिलेगी,' उन्होंने कहा।

मनुष्य कितना स्वार्थी होता है! और कौन मनुष्य स्वार्थी नहीं होता? आज किस खूबसूरती और नजाकत के साथ, बातों-बातों में, औपचारिक शिष्टता की आड़ में, दो व्यक्तियों के स्वार्थ में पेंच पड़ गया था।

मैंने घर आकर प्रीति और जी से सलाह की। उनकी राय में कमाल का प्रस्ताव बुरा नहीं था; बल्कि एक तरह से बहुत अच्छा था। इस समय मेरी स्थिति इस लायक न थी कि मैं फिर कोई नये चित्र की जिम्मेदारियाँ उठाऊँ। मेरे दिन अच्छे न थे, भाग्य को ग्रहण लगा हुआ था। निर्माता की सारी जोखिम और जवाबदारियाँ कमाल अमरोही और उनकी नई कम्पनी—कमाल पिक्चर्स—पर डालकर, लेखक-दिग्दर्शक की हैसियत से मनमानी करने और दिल खोलकर अपने जौहर दिखाने की यह मुझे स्वर्ण-सन्धि प्राप्त हो रही थी। मेरे दिल से भी यही आवाज आई।

तीसरे दिन कमाल अमरोही से मिलकर मैंने उनके प्रस्ताव को अपनी स्वीकृति दे दी और उचित शर्तों तथा राशि पर अनुबन्ध कर लिया।

'दिल अपना और प्रीत परायी' को मैं हर सूरत से सफल चित्र बनाना चाहता था। अगर चित्र सफल हो गया तो फिर से मेरा नाम उजागर हो जाएगा। दिग्दर्शक

उतना ही अच्छा या बुरा समझा जाता है जितना अच्छा या बुरा उसका पिछला चित्र होता है। मैं चाहता था, मीना कुमारी के साथ बड़ा हीरो लूँ। मैंने दिलीप कुमार माँगा। कमाल ने तुरन्त 'हाँ' कह दी। मैं खुश हो गया।

लेकिन जैसे-जैसे दिन बीतने लगे और चित्र के मुहूर्त की तिथि पास आने लगी, त्यों-त्यों मेरे चित्र की चर्चा कमाल के घर में और यूनिट में बढ़ने लगी और 'पाकीजा' के सम्बन्ध में उन्हीं के लोग उदासीनता और तिरस्कार के साथ बोलने लगे। कमाल के मन में अपनी ही दूसरी संस्था के चित्र—जिसका दिग्दर्शन मैं कर रहा था—के प्रति डाह पैदा होने लगी।

'दिलीप कुमार नहीं मिल सकता,' वे बोले। 'उससे मेरी कुछ अनबन है।'

तब मैंने अशोक कुमार का नाम सुझाया। वे कहने लगे, उनकी उससे भी कुछ गलतफहमी है। आखिर मैंने राजेन्द्र कुमार—जो महबूब की 'मदर इंडिया' में फिलहाल आ चुके थे—का नाम सुझाया। हफ्ता भर सोचने के बाद कमाल बोले : 'उसकी आवाज जनानी है।'

मुझे लगा कि जब कभी मैं कोई नाम सुझाता हूँ और मीना मेरी राय से सहमत होती है, कमाल चट हमारी मुखालिफत करते हुए वह नाम किसी बहाने रद्द कर देते हैं। मैं कुछ परेशान हो गया; और अन्त में मैंने चालू हीरो लेकिन मेरी कहानी के हीरो के लिए पूरी तरह उपयुक्त नहीं, ऐसे व्यक्ति का यानी शम्मी कपूर का नाम सुझाया। कमाल मान गए। मिलने के लिए शुक्रवार का दिन तय किया गया। लेकिन शुक्रवार की सुबह ही कमाल का मुझे फोन आ गया। कहने लगे : 'आपने आज का स्क्रीन पढ़ा, साहू साहब?'

'अभी नहीं, क्यों?'

'इस कम्बख्त शम्मी कपूर ने स्क्रीन में एक आर्टिकल (लेख) लिखा है, और उसमें राइटरों (लेखकों) के और मेरे खिलाफ गहरी चोट की है। अब यह शम्मी सोने का भी बनकर आएगा तो मैं इसे न लूँगा।'

जब शम्मी से मैंने स्क्रीन के लेख की शिकायत कर कमाल अमरोही की बात बताई, तो वह बहुत पछताया, कहने लगा : 'मुझे क्या पता था कि आप कमाल अमरोही के लिए पिक्चर बना रहे हैं और उसमें मुझे लेने वाले हैं! सच मानिए, अगर आप जरा भी इशारा कर देते तो मैं कमाल और मीना की तारीफ में कसीदे लिख देता।'

एक दिन मीना कुमारी के घर जब मैं उन लोगों के साथ दोपहर का खाना खा रहा था तो अचानक मीना ने कहा : 'चन्दन (कमाल को वह 'चन्दन' कहती), हीरो का रोल साहू साहब को ही करने दो। अपनी कम्पनी के लिए जब ये मुझे माँगने आए थे तब तो यही करने वाले थे।'

'मगर,' कमाल बोले, 'साहू साहब ने खुद ही मुझसे दूसरा हीरो माँगा है।'

'मगर दूसरा हीरो, जैसा ये चाहते हैं, तुम दे नहीं रहे। मैं तो कहती हूँ, साहू साहब, आप अब खुद ही करें। आपसे अच्छा काम और कोई नहीं कर सकेगा। क्यों, चन्दन ?'

'साहू साहब तो किसी से भी काम ले सकते हैं। अगर ये चाहें तो मुझे हीरो बना सकते हैं। तुमने मेरा नाम नहीं सुझाया ?'

मीना सहमकर चुप हो गई। खाने का मजा जाता रहा।

दूसरे दिन मीना ने मुझसे अकेले में कहा : 'अगर चन्दन हीरो बने तो मैं उनके साथ काम नहीं करूँगी। आप जल्दी से मुहूर्त करके शूटिंग शुरू कर दीजिए। हीरो के लिए कोई मिल ही जाएगा।'

और 20 जून, 1958 के दिन मैंने मॉडर्न स्टूडियोज, अंधेरी में 'दिल अपना और प्रीत परायी' का मुहूर्त करके शूटिंग शुरू कर दी।

दस-बारह दिन की शूटिंग करने के बाद मुझे पता चला कि कमाल अमरोही ने राजकुमार—जो महबूब की 'मदर इंडिया' में राजेन्द्र कुमार और सुनील दत्त के पिता का चरित्र अभिनीत कर चुके थे—को मेरे 'दिल अपना और प्रीत परायी' चित्र में हीरो के लिए अनुबन्धित कर लिया है। मैंने इसका विरोध किया, किन्तु कमाल ने मुझे समझा-बुझाकर आखिर राजकुमार को ही मुझ पर थोप दिया। खलनायिका के लिए मैंने नादिरा को लिया। चित्र जोरों से बनने लगा।

राजकुमार को सदा मुझसे शिकायत रही कि मैंने उनके चयन पर विरोध किया था। उनके मेरे साथ अच्छे ताल्लुकात हैं लेकिन अब भी कभी-कभी वे पुराना आरोप लगाते हुए मुझ पर व्यंग्य करते हैं; और मैं हर बार उनसे कहता हूँ कि मुझे उनसे कोई व्यक्तिगत शिकायत न थी। हर दिग्दर्शक अपने चित्र के लिए नामवर कलाकार चाहता है। मेरे पिछले कुछ चित्र असफल हो जाने के कारण मैं खबरदारी बरत रहा था कि मीना कुमारी के साथ हीरो भी तगड़ा हो। राजकुमार अच्छे कलाकार हैं। जिस किसी हीरो के साथ सहनायक या खलनायक बनकर आते हैं, हीरो को खा जाते हैं। किन्तु वे स्वयं हीरो की भूमिका करते हैं तो फीके पड़ जाते हैं। किन्तु मेरे कथन का राज पर कोई असर नहीं होता और उन्होंने अपना आरोप बरकरार रखा हुआ है कि मैंने उनके साथ अन्याय किया था।

मार्च, 1959 में 'लव इन शिमला' के यूनिट के साथ आर.के. नैयर, साधना, अजरा, शोभना समर्थ, विजयलक्ष्मी, दुर्गा खोटे और मैं शिमला गए। कुफरी में बर्फ पड़ी हुई थी। शिमला और कुफरी में दस दिनों तक शूटिंग हुई। दो-तीन बार बारिश भी हुई और ओले भी पड़े जिससे मौसम बहुत ठंडा हो गया।

साधना और नैयर के बीच रोमांस यहाँ पहुँचकर गहरा होने लगा। रोमांस तथा रोमांच करते लोग मुझे अच्छे लगते हैं। उनके इस दबे-दबे, लुके-छिपे रोमांस के कारण शूटिंग में भले ही कुछ ढीलापन आ गया हो लेकिन यूनिट में रंग आ गया था।

शिमला से जब मैं लौटा तो शोभना भी मेरे साथ थी। कालका स्टेशन तक पहुँचने के लिए हमने टैक्सी की हुई थी। रास्ते में शाम को सोलन आया। भूख लग रही थी। टैक्सी ड्राइवर ने सूचित किया कि यहाँ एक सरदार का छोटा-सा रेस्टोरेंट है जहाँ खाना बहुत बढ़िया मिलता है।

हम लोग उतरकर एक खस्ता हालत छपरे में पहुँचे जो सरदार अर्जुन सिंह दुआ का रेस्तराँ था। वाकई उस शाम सरदार के रेस्तराँ के असली घी के पराँठे, चिकन रोस्ट, गोश्त, छौंकी हुई उड़द की साबित दाल, आलू-काली मिर्च के तीखे पंजाबी पापड़ और दो-तीन तरह के अचार—हमने खूब छका। अर्जुन सिंह दुआ से घी का एक पीपा खरीदकर फिर हम निकल पड़े।

कालका पहुँचकर हमने ट्रेन ली। यूनिट के कुछ अन्य लोग पहले ही स्टेशन पर पहुँच चुके थे। ट्रेन में हमारे लिए रिजर्वेशन किया हुआ था।

रात अम्बाला में हमने गाड़ी बदली। यहाँ भी हमारे रिजर्वेशन किए गए थे। यूनिट के सब लोग अपनी-अपनी जगह जा बैठे। अपने चार बर्थ वाले छोटे कम्पार्टमेंट में मैं अकेला था। शिमला जाते समय मथुरा स्टेशन के प्लेटफार्म वाले बुक स्टॉल से मैंने रमण महर्षि पर एक अँगरेज—ऑथर ऑसबर्न—की लिखी किताब खरीदी हुई थी। यह रमण महर्षि की जीवनी थी। अब कम्पार्टमेंट में सामान ठीक से लगा, बिस्तर बिछा, मैं यह पुस्तक पढ़ने के लिए अपने को साध ही रहा था कि अपना सामान लिये शोभना समर्थ मेरे डिब्बे में आ पहुँची। कुछ परेशान थी।

'मेरे कम्पार्टमेंट में एक आदमी पीया हुआ है,' वह बोली। 'मैं तुम्हारे डिब्बे में आ जाऊँ?'

'मगर मैं डिब्बे में अकेला हूँ,' मैंने कहा।

'घबराते क्यों हो, तुम्हें खा नहीं जाऊँगी।'

और शोभना ने दरवाजा अन्दर से बन्द करके सामने वाली बर्थ पर अपना बिस्तर लगा दिया।

शोभना को मैं पिछले बीस वर्षों से जानता था। 'वीर कुणाल' और 'इनसान' चित्रों में वह मेरे साथ हीरोइन की भूमिका कर चुकी थी। हममें अछूती, सुन्दर, घनिष्ठ मित्रता थी, है।

शोभना और उसके पति कुमारसेन समर्थ में परस्पर न निभ सकने के कारण वे दोनों कुछ वर्षों से अलग रहने लगे थे। अभिनेता स्व. मोतीलाल से शोभना के ताल्लुकात मित्र मंडली तथा फिल्म इंडस्ट्री के लोगों से छिपे न थे। मोतीलाल और मुझमें व्यावहारिक शिष्टाचार से परे कभी रिश्ता न बढ़ पाया। शोभना के साथ मेरी

दोस्ती को लेकर कई बार उसने शोभना से झगड़ा किया। मुझे मोती से इतनी चिढ़ थी कि जब कभी मैं उसके सामने शोभना से मिलता, जान-बूझकर शोभना के प्रति बेतकल्लुफी और घनिष्ठता अधिक जतलाता। शोभना मुझे इशारों से मना करती मगर मन-ही-मन मोती को मेरा यूँ जलाना उसे अच्छा लगता। बाद में घंटा भर मुझे लेकर उन दोनों में चख-चख होती।

शोभना की अत्यधिक व्यवहार-कुशलता उसके सुन्दर मुखड़े के साथ मेल न खाती थी।

उस रात नि:संकोच होकर शोभना ने मुझे अपनी दास्तान बतानी शुरू की और आधी रात तक सारी जिन्दगी मेरे सामने खोलकर रख दी। इस दौरान वह कई बार मुस्कुराई, खिलखिलाई और रो भी पड़ी। बतानेवाली और न बतानेवाली ऐसी कोई बात न थी जो उसने मुझे न बताई हो। एक विश्वासपात्र मित्र के आगे अपनी मन की भड़ास निकालकर और सहानुभूति पाकर वह शान्त हुई। फिर वह अपनी बर्थ पर जाकर सो गई। थोड़ी देर बाद वह खर्राटे ले रही थी और मैं मन में सोच रहा था : 'बेचारी! नूतन और तनूजा और चतुरा और जयदीप की यह माँ भी है और बाप भी। जिन्दगी की लड़ाई अकेले लड़कर यह कितनी थक गई है, कितनी अकेली है!'

धन, यश और ख्याति की चाह में मनुष्य किस जोश के साथ तूफानों से जूझता और विपत्तियों का सामना करता चला जाता है! लेकिन कितनी जल्दी वे बहार के दिन खत्म हो जाते हैं और मनुष्य बाहर से शिथिल और अन्दर से खोखला हो जाता है।

दिमाग तो जानता और मानता था मगर दिल नहीं, कि मेरे सामने वाली बर्थ पर मेरी ओर पीठ किए, जो वजनी-सी, प्रौढ़-सी स्त्री सो रही है, जिसके सिर के बाल झड़कर कुछ कम हो गए हैं, जिससे उसका सिर कुछ सिकुड़ा-सा दिखने लगा है, और जिसके कूल्हे कुछ अधिक फैल गए हैं, यह तूफानी सुन्दरी है—'राम-राज्य' की रूपवती सीता और 'वीर कुणाल' की रूपगर्विता तिष्यरक्षिता। अगर वही होती तो इस तरह नींद में खर्राटे नहीं लेती।

कवियों और सौन्दर्यप्रेमियों के हृदय अपनी कल्पनाओं के जोर पर आसमान में पैबन्द तो लगा सकते हैं, हवा में महल भी खड़ा कर सकते हैं लेकिन यह कल्पना नहीं कर सकते कि हीर और लैला और जूलिएट नींद में कभी खर्राटे भी लेती रही होगी, कभी बदहजमी या पेचिश से बीमार भी होती रही होगी, या न नहाने पर उनके कोमल मरमरी जिस्म से पसीने की दुर्गन्ध भी आती रही होगा।

बर्थ पर पड़ा-पड़ा मैं सोचने लगा कि अगर लैला-मजनू, शीरीं-फरहाद और रोमियो-जूलिएट ने भरी जवानी में एक दूसरे के लिए जान देकर अपने प्रेम को इस कदर अखंड और अमर न कर दिया होता और अगर वे जिन्दा रह गए होते, उनकी

परस्पर शादी हो गई होती, तो उनकी जीवनियाँ नया मोड़ ले सकती थीं। सम्भव है, शादी के बाद लैला को मजनू लातों से मारता या तलाक दे देता या तीन बीवियाँ और ले आता। सम्भव है, शीरीं के हाथ और पाँव पर एक्जिमा हो जाता और फरहाद गंजा हो जाता, वे दर्जन भर बच्चे पैदा करते और दिन-रात उनमें तनातनी रहती। सम्भव है, जूलिएट इतनी मोटी हो जाती कि टुनटुन की तरह दिखने लगती। क्या तब भी रोमियो उसे प्यार करता? सम्भव है, आगे चलकर रोमियो शराबी या जुआरी निकलता और वेश्याओं के घर रातें बिताता। तब उनके आरम्भिक जीवन का वह प्रेम-कांड कितना अशोभनीय और भयंकर रूप ले लेता! क्या ये अमर प्रेमी अगर एक दूसरे को पा जाते और जीवित रह जाते, तो उनका दाम्पत्य और पारिवारिक जीवन उस प्रगाढ़ प्रेम की लौ को आजन्म उसी तरह प्रज्वलित रख सकता? कौन जानता है! कोई नहीं।

तात्कालिक जोश में मर-मिटना आसान है, एकनिष्ठ रहकर आजन्म प्रेम निभाना बहुत मुश्किल। जीवन के यथार्थ और कल्पना की रंगीनी में बड़ा अन्तर है। कल्पना को यथार्थ का रूप देना उसकी गर्दन मरोड़ना है।

अँधेरे में मेरे विचार बेलगाम भटक रहे थे। मैंने आँखें बन्द कीं और गिनती गिनने लगा। न जाने कब नींद आ गई!

फिल्म निर्माता-दिग्दर्शक गुरुदत्त और उनके पटकथा लेखक अबरार अलवी एक शाम खाने के लिए 'वाटिका' आए और फिर अगले हफ्ते गुरु ने पाली हिल स्थित अपने बँगले पर प्रीति और मुझे खाने के लिए आमंत्रित किया। अबरार कहने लगे कि वे भी नागपुर से आते हैं और मेरे चित्रों से प्रेरणा पाकर ही वे भी फिल्मों के लिए कथा, संवाद लिखने को प्रोत्साहित हुए थे। मेरे लिखे संवाद उन्हें बहुत अच्छे लगते रहे हैं। मेरे चित्रों के संवाद रटकर वे अक्सर नागपुर में, मेरे चाचा के घर के गैरेज में रखी हुई मोटर में मेरे चचेरे भाइयों के साथ बैठकर घंटों उन्हें वे संवाद और मेरे चित्रों के दृश्य सुनाया करते थे।

गुरुदत्त कहने लगे कि मेरे पुराने अद्‌भुत चित्र 'राजा' की कथा पर ही आधारित कर वे 'प्यासा' बना रहे हैं। अपनी पुरानी निर्माण शैली को छोड़कर इस बार वे मेरे स्टाइल (शैली) पर दिग्दर्शन कर रहे हैं। चित्र लगभग तैयार है पर वे समझ नहीं पा रहे हैं कि कैसा बना है। 'आप देखकर बताइए और कुछ खामियाँ हों तो तरकीबें सुझाइए। मैं आपका आभारी होऊँगा।'

'अब बहुत देर हो चुकी, गुरु,' मैंने कहा। 'अगर मेरी राय लेनी थी तो शुरू में लेते। अब अगर मैं देखूँगा और सुझाऊँगा तो दो स्टाइलों की खींचातानी में तुम्हारा चित्र कहीं का न रहेगा। अब तुम और अबरार मिलकर ही उसे सँवार लो।'

आखिर 'प्यासा' रिलीज हुआ। मैंने देखा, कहानी मेरे 'राजा' की कहानी से प्रेरित होकर ही लिखी गई थी, उसी पर आधारित थी; किन्तु 'प्यासा' 'राजा' न था। 'राजा' का हीरो तेज-तर्रार, विद्रोही, उतावला, मनमौजी, उदारहृदय प्रेमी था, महान लेखक और कवि था। 'प्यासा' का हीरो पुराने बंगला साहित्य के हीरो की तरह रोनी सूरत और मरियल था, शरतचन्द्र के देवदास से बहुत भिन्न न था। 'प्यासा' पहले तीन-चार दिन तो लगभग फेल ही हो गया था किन्तु सहसा उसका संगीत लोगों को भाने लगा। गीत साहिर ने लिखे थे और संगीत सचिन देव बर्मन का था। धुनें, लगभग सभी, तरन्नुम की थीं। तरन्नुम की सादगी लोगों को भा गई, क्योंकि यह स्टाइल पहली बार आया था। और फिर 'प्यासा' चल निकला।

'प्यासा' की सफलता से प्रोत्साहित होकर गुरुदत्त ने उसके बाद धींगामस्ती, उछलकूद, जासूसी ढंग के चालू चित्र—जिसमें वे माहिर थे—बनाना छोड़ दिया और संजीदा किस्म के साफ-सुथरे चित्र बनाने लगे। लेकिन इनमें उन्हें यथोचित सफलता न मिली। वे नहीं समझ पाए थे कि 'प्यासा' की सफलता का जादू उनकी नई अपनाई दिग्दर्शन शैली में न था। वह था चित्र के संगीत में और इसीलिए 'चौधवीं का चाँद' को छोड़ उनके लगभग सभी चित्र 'साहब बीबी गुलाम', 'कागज के फूल' आदि फेल हो गए और वे कर्ज और शराब में डूबते चले गए। और एक दिन अपने निजी तथा व्यावसायिक जीवन के संघर्षों से हारकर गुरु नींद की गोलियाँ अधिक मात्रा में लेकर सो गए।

गुरुदत्त की मौत से बम्बई की फिल्मी दुनिया में कई दिनों तक उदासी छाई रही। एक होनहार कलाकार जिन्दगी से पछाड़ खाकर विदा हुआ था। उनकी जीवनी में कुछ कलाकारों ने अपने भविष्य प्रतिबिंबित देखा और देखकर सन्न रह गए और अपना रवैया, आदतें, धारणाएँ तुरन्त बदल देने की चेष्टा करने लगे।

हर नशा थोड़ा-बहुत हानिकारक होता है किन्तु जब पान, तम्बाकू, ड्रग, शराब और स्त्री जैसे नशों का एक ही जगह मेल हो जाता है तो वह मेल पोटेशियम साइनाइड से भी भयंकर घातक होता है। पोटेशियम साइनाडड का शिकार आनन-फानन और केवल एक बार दम तोड़ता है किन्तु इस सम्मिलित नशे का भोक्ता बार-बार और कई बार मरता है और तड़प-तड़पकर मरता है।

'दिल अपना और प्रीत परायी' की आउटडोर शूटिंग के लिए 19 मई, 1959 को मैं कश्मीर गया। मेरे साथ मीना कुमारी, नादिरा, राजकुमार और कमाल अमरोही भी थे। बम्बई से दिल्ली हम लोग विमान से गए। रात दिल्ली में अशोक होटल ठहरे। दूसरे दिन विमान से श्रीनगर जा पहुँचे। यूनिट के अन्य लोग ट्रेन-बसों से सफर करके श्रीनगर पहुँचे थे।

प्रीति के साथ जब मैं यूरोप यात्रा पर गया था, स्विट्जरलैंड के छोटे से शहर इंटरलाकन में एक दिन हम एयर लिफ्ट में बैठकर पहाड़ों की चोटियों पर सैर करने निकले थे। एक चोटी पर स्थित रेस्तराँ में हमने कॉफी पी थी और वहाँ की चहल-पहल तथा नशीले आर्केस्ट्रा के साथ कुछ समय बिताया था। हमारे बाजू वाली टेबल पर दो अमरीकन बुढ़ियाएँ बैठी थीं। प्राकृतिक सौन्दर्य को निहारती हुई एक कहने लगी : 'हाउ ब्यूटिफुल!'

दूसरी ने कहा : 'यह तो कुछ नहीं। भारत जा रहे हैं, तुम्हें कश्मीर दिखाऊँगी। कश्मीर के सौन्दर्य के सामने स्विट्जरलैंड फीका है,' फिर सहसा मेरी ओर मुड़कर वह बोली : 'आप भारतीय मालूम होते हैं। आपने तो कश्मीर देखा ही होगा। मैं सच कह रही हूँ न?'

मैंने तब तक कश्मीर नहीं देखा था। कितने ही ऐसे भारतीय हैं जिन्होंने भारत में विशेष भ्रमण नहीं किया, जो भारत के सुन्दर स्थानों से अनभिज्ञ हैं, किन्तु अन्य देशों का काफी भ्रमण किया करते हैं। एक विदेशी महिला आज मेरे देश के प्राकृतिक सौन्दर्य की प्रशंसा कर रही थी। मैं गर्व से जितना फूल उठा, शर्म से उतना ही गड़ गया।

किन्तु तुरन्त ही मैंने उस प्रौढ़ा का समर्थन करते हुए कहा था : 'आप बिलकुल ठीक कहती हैं। कश्मीर के सामने इंटरलाकन घटिया लगता है।'

मैंने भारत में काफी भ्रमण किया है, लेकिन कश्मीर नहीं देखा था, जो अब देखा। कश्मीर वास्तव में अति सुन्दर प्रदेश है। चप्पे-चप्पे से सौन्दर्य झरता है। पोपलार और चिनार के पेड़, खेतों में छिछला पानी, बर्फीली पहाड़ियाँ, झीलों में चलते हुए शिकारे और साफ-सुथरी खुश्क ठंडी हवा—ये सब मिलकर स्वर्गिक वातावरण पैदा कर देते हैं। लोग अलबत्ता गरीब और गन्दे हैं।

कश्यप ऋषि के नाम पर ही इस प्रदेश का नाम कश्यपमीर कहाया था, जो बाद में बिगड़कर कश्मीर हो गया।

श्रीनगर में मैंने डल और नगीन झीलों पर, चश्मेशाही, निशात बाग, मुगल बाग और ओबेराय पैलेस होटल पर और पहलगाँव के एक सुन्दर पहाड़ी नाले पर शूटिंग की और दस दिनों में आउटडोर शूटिंग समाप्त कर दी। बाद में हम लोग घूमने के लिए गुलमर्ग गए जो सच में बहुत खूबसूरत जगह है। अँगरेजों के समय यहाँ जोरों की घुड़सवारी हुआ करती थी, गोल्फ खेला जाता था और खेलकूद, पिकनिक, नाच, कहकहों से यह जगह गुलजार रहा करती थी। अब होटल लगभग खाली था। लाउंज के एक कोने में चार-छः बम्बई के गुजराती चाय और कोकाकोला के सहारे, होटल के बाहर बिछी हुई सुन्दर प्रकृति से सर्वथा बेखबर, ताश खेल रहे थे।

गुलमर्ग से चार मील पर खिलनमर्ग है, जहाँ से हिमालय की चोटियाँ दिखाई देती हैं। हम लोग दूसरे दिन खिलनमर्ग गए। मैं और राजकुमार घोड़ों पर और बाकी

के लोग डाँडियों पर सवार होकर गए थे। राजकुमार को घोड़े की सवारी करना नहीं आता था। रास्ते भर वे कभी दाएँ, कभी बाएँ फिसलते रहे और नादिरा ने उनका खूब मजाक उड़ाया। अन्त में, घोड़े को दोष देकर, राजकुमार नीचे उतर पड़े और सारा रास्ता पैदल ही उन्होंने तय किया।

जब हम आधी चढ़ाई तय कर चुके थे तो पेड़ों पर, चट्टानों पर, धरती पर जगह-जगह बर्फ गिरी हुई दिखाई देने लगी। बर्फ झीने कपास की तरह थी और उस पर ओस की बूँदें थिरक रही थीं। ज्यों-ज्यों हम ऊपर चढ़ते गए, वह झीना कपास ठोस बर्फ की महीन परत का रूप लेता गया और फिर वह पतली परत मोटी होती चली गई। जरा और आगे, एक टीले पर, एक पहाड़ी युवती अपने दो छोटे भाइयों के साथ मिलकर बकरियाँ चरा रही थी। 'देस' की बकरियों से वे पहाड़ी बकरियाँ भिन्न थीं। उनका आकार बड़ा था और शरीर पर लम्बे बाल थे। युवती गोरी थी और गालों पर सेब की लाली थी, लटें उलझी हुई थीं और ऊन के चोगानुमा कपड़े पहने हुए थी। अपने कपड़ों की तरह ही वह युवती गन्दी लग रही थी। सुन रखा था कि कश्मीर के देहाती और पहाड़ी ठंड के मारे और पानी की कमी के कारण महीनों नहीं नहाते। आज यह मैंने प्रत्यक्ष देखा। जयपुर में गलता के रास्ते पर तपती धूप में बबूल तले देखी हुई वह अल्हड़, मदमाती भील बाला यकायक याद हो आई और फिर कश्मीर की यह सेब जैसे गालों वाली गोरी युवती भद्दी और बदशक्ल लगने लगी।

खिलनमार्ग बर्फाच्छादित पहाड़ की चोटी है। लोग यहाँ आकर सन्दूकनुमा पाटियों पर बैठ बर्फ पर फिसलने का मजा लिया करते हैं। हम भी पाटियों पर बैठकर बर्फ पर खूब फिसले। दिन को यहाँ छोटा-सा रेस्तराँ लगा करता है और यात्रियों के लिए चाय, कॉफी, नाश्ते की सुविधाएँ हो जाया करती हैं। हममें से कुछ ने गर्म कॉफी पी, कुछ ने ठंडी बियर। कॉफीवालों की तो वे ही जानें पर हम बियर पिए हुओं का लुत्फ दोबाला हो गया। हमारे सामने, नीचे, गहरी घाटी थी; कई घाटियाँ थीं, और उसके पीछे, बहुत दूर, कुहासे के महीन आवरण के पीछे, हिमालय का विस्तार था और गौरीशंकर, नन्दादेवी, आदि शिखर चमचमा रहे थे। अलौकिक दृश्य था! मेरे गले से कैमरा लटका हुआ था, लेकिन मैंने एक तसवीर न खींची। व्यर्थ था। ऐसे अलौकिक दृश्य ऐसे होते हैं जो कैमरे के लेंस द्वारा अंकित नहीं किए जा सकते। उन्हें और उस वातावरण को केवल मानसपटल पर अंकित किया जा सकता है।

उस हिमाच्छादित चोटी पर खड़े-खड़े, सामने की और भी ऊँची बर्फीली चोटियाँ तकते हुए, अनेक आध्यात्मिक विचार मन में उठने लगे। ऐसे ही स्थानों पर, ऐसे ही वातावरण में, जहाँ खेल-कूद हो रही थी; चाय, कोका-कोला और ब्रियर का शगल चल रहा था, ऋषि-मुनि, योगी और तपस्वी विचरा करते होंगे और ध्यानमग्न होकर समाधि लगाया करते होंगे।

कश्मीर छोड़ते समय जब हम हवाई अड्डे की ओर जा रहे थे, मन उदास हो रहा था और आशिकमिजाज, बादाख्वार बादशाह जहाँगीर का वह उपयुक्त फारसी शेर बरबस याद आ रहा था :

गर फिरदौस बर रूए जमीन अस्त,
हमीन अस्त हमीन अस्त हमीन अस्त।

अर्थात् अगर स्वर्ग धरती पर कहीं है, तो बस यहीं है, यहीं है।

'दिल अपना और प्रीत परायी' की शूटिंग आखिर लगभग समाप्त हो गई, केवल दो दिन की शूटिंग बाकी रह गई और पिक्चर खत्म था। कमाल अमरोही—जो चित्र के निर्माता थे—ने इच्छा प्रकट की कि पिक्चर का ट्रायल देखना चाहेंगे। फेमस सिने लेबोरेटरी में ट्रायल रखा गया। इतने सारे लोग—संगीत दिग्दर्शक शंकर-जयकिशन, गीतकार शैलेन्द्र, हसरत जयपुरी; मीना कुमारी, कमाल अमरोही, राजकुमार, नादिरा आदि उस शाम थिएटर में उपस्थित थे। मेरा परिवार भी था। पिक्चर का शो शुरू हुआ।

इससे पहले कई ट्रायल शो हो चुके थे और यूनिट के हम सारे पिक्चर से सन्तुष्ट थे। मीना कुमारी और राजकुमार और प्रीति को इस चित्र से विशेष सन्तोष था। सन्तोष मुझे भी था। निर्माणाधीन चित्र के ट्रायल कई हुआ करते हैं और उन ट्रायलों पर दिग्दर्शक तब तक फिल्माए हुए दृश्यों को केवल तकनीकी दृष्टि से देखता और आँकता है; किन्तु समूचे चित्र का जनता की रुचि और मनोरंजन के दृष्टिकोण से अन्दाजा वह तभी लगा सकता है जब वह समूचे चित्र का ट्रायल देखता है। और उस शाम वह समूचा, लगभग समूचा, ट्रायल देखा गया।

ट्रायल देखकर मैं सन्तुष्ट था। प्रीति और शंकर और हसरत जयपुरी भी सन्तुष्ट और खुश थे। कमाल अमरोही को चित्र नहीं जँचा। उनके चमचों को भी नहीं जँचा। मीना पूरी तरह सन्तुष्ट न थी। कमाल ने चित्र में मेख निकालनी शुरू की। शैलेन्द्र को पकड़कर उनसे चित्र की बुराइयाँ करने लगे। शैलेन्द्र जो अपने गीतों में बारीक नजाकत और सुन्दर भाव रखा करते थे, वैसे मोटी अक्ल के व्यक्ति थे, दकियानूसी और पुराने खयाल के बिहारी थे।

शैलेन्द्र ने एक नया एतराज किया। कहने लगे : 'डॉक्टर (राजकुमार) नर्स (मीना कुमारी) से प्रेम करता है और अपनी पत्नी (नादिरा) का तिरस्कार करता है। नादिरा का कोई दोष नहीं अगर वह राजकुमार को मीना कुमारी से प्रेम करने के लिए भला-बुरा कहती है। भारत में पत्नी के साथ सदा सहानुभूति दर्शाई जाएगी और एक नर्स सदा ही तवायफ समझी जाएगी। इसलिए नादिरा नायिका और मीना खलनायिका बन गई है और इसीलिए चित्र फेल हो जाएगा।'

कमाल अमरोही के एतराजों में यह नया खयाल एक और जबरदस्त एतराज बनकर आ जुड़ा। जयकिशन चुप रहे, पर जाहिर था, उनके विचार शैलेन्द्र की राय से मेल खा रहे थे। एक अच्छा और भावुक कवि, संगीतकार, चित्रकार, कलाकार निहायत कूढ़मगज और कूपमंडूक भी हो सकता है, जिस प्रकार एक अक्लमंद व्यक्ति सूखा और भावनारहित हो सकता है। भावना का सम्बन्ध अक्ल से नहीं होता।

'पिक्चर मुझे बिलकुल नहीं जँचा, साहू साहब,' कमाल ने मुझसे कहा।

'खैर, कल स्टूडियो में बात करेंगे।' और फिर हम सब लोग अपने-अपने घर चले गए।

दूसरे दिन सवेरे मैं मॉडर्न स्टूडियो, अँधेरी, पहुँचा जहाँ कमाल का दफ्तर था। कुछ लोगों ने मुझे खबर दी कि पिछली रात शो देखने के बाद कमाल ने यूनिट के लोगों को, दफ्तर के कर्मचारियों, मैनेजर सक्सेना और सेक्रेटरी तथा प्रॉडक्शन मैनेजर बाकर को अपने घर साथ ले जाकर उनके साथ देर तक 'दिल अपना और प्रीत परायी' पर बहस करके चित्र की, कहानी की, दिग्दर्शन की त्रुटियाँ, कमियाँ बताईं और अपनी राय साफ व्यक्त कर दी कि पिक्चर बिलकुल घटिया और रद्दी बना जो बिलकुल नहीं चलेगा। कमाल के शब्दों में 'ओवरनाइट फ्लॉप' है। अपनों ने कमाल की हाँ-में-हाँ मिला दी।

जब मैं कमाल अमरोही से दफ्तर में मिला तो उन्होंने कहा : 'पिक्चर ढीला और बोरिंग है साहू साहब! बिना डायलॉग के जगह-जगह साइलेंट (मूक) सीनों की भरमार है जिससे बोरियत और ज्यादा बढ़ जाती है।'

'मगर, कमाल साहब,' मैंने कहा, 'अभी तो पिक्चर में बैकग्राउंड म्यूजिक (पार्श्व संगीत) नहीं पड़ा है। मेरी आदत है और खासियत भी, कि मैं अपने चित्रों में कई जगहों पर साइलेंट सीन रखता हूँ, जहाँ जबान की बजाय आँखें बोलती हैं। ये ही सीन उपयुक्त पार्श्व संगीत पाकर जीवन्त हो उठते हैं और उनकी रोचकता लोगों को देर तक याद रहती है।'

'पिक्चर में कई सीनों में मीना को आपने अस्पताल के उन लम्बे बरामदों में जाते हुए दिखाया है। आप उसे आते हुए भी दिखा सकते थे। आपको इतना तो खयाल करना चाहिए था कि आखिर मीना कुमारी प्रोड्यूसर की बीवी है। क्या उसकी सूरत इतनी बुरी है जो आपने उसकी पीठ और कूल्हों को दिखाना मुनासिब समझा?'

'जब मैंने आपको कहानी सुनाई थी तब याद है आपको—इन्हीं साइलेंट सीनों पर आप और मीना कितने खुश हुए थे? हीरो (डॉक्टर) अक्सर यही पाता है कि हीरोइन (नर्स) उससे दूर हुई जा रही है, दूर चली जा रही है। इसीलिए मैंने अस्पताल के उन लम्बे बरामदों में, रातों के सन्नाटे में, मीना को डॉक्टर के कमरे

से दूर जाते हुए (वार्ड की ओर) दिखाया है। जाने में कसक है, आने में खुशी। मुझे डॉक्टर के दिल की कसक दिखानी थी। अब रही प्रोड्यूसर की बीवी की बात, सो मैंने मीना को प्रोड्यूसर की बीवी कभी नहीं समझा, एक आर्टिस्ट, एक एक्ट्रेस समझकर ही उससे काम लिया है। और मेरा खयाल है—मीना मुझसे सहमत होगी—कि उन लम्बे बरामदों में, नर्स की सफेद पोशाक पहने, कूल्हे मटकाती हुई, जब मीना जाती है तो निहायत शायराना अन्दाज पैदा कर देती है। मीना के जाने में जो लचक है, जो बात है, वह आने में नहीं। मीना की सूरत बहुत अच्छी है। आप फिक्र न करें, पिक्चर भर में बड़े-बड़े क्लोजअप रख दिये हैं मैंने, और आपने पिक्चर देखी है।'

कमाल अमरोही एकदम चुप हो गए। मीना मुस्कुराकर वहाँ से खिसक गई। थोड़ी देर बाद कमाल ने कहा : 'मुझे पिक्चर नहीं जँची।'

'पिक्चर में क्या नहीं जँचा?'

'यह मैं नहीं कह सकता। मगर पिक्चर ओवरनाइट फ्लाप है। क्यों, बाकर साहब, सक्सेना साहब?'

उन दोनों ने भी गर्दन जोरों से हिलाकर कमाल (मालिक तथा प्रोड्यूसर) की हाँ-में-हाँ मिलाई और मैंने मन में सोचा—कहाँ फँस गए!

'सुनिए, साहू साहब,' कमाल ने आखिर कहा—इस दौरान मैं ताड़ गया कि अब वे जो कुछ कहने वाले हैं, वह मुझे मान्य न होगा : 'पिक्चर की कहानी में मैंने कुछ तरकीबें सोची हैं। मैंने कुछ सीन सोचे हैं। आप इजाजत दें तो सुनाता हूँ।'

मैंने सुनाने के लिए कहा। कमाल ने वे अपने गढ़े हुए नए सीन सुनाए। 12 या 15 सीन थे और उन्हें फिल्माने में 22 दिन की शूटिंग और करनी पड़ सकती थी।

'22 दिन की शूटिंग का खर्च मुझ पर पड़ेगा।'

'आप क्यों फिक्र करते हैं?'

'क्योंकि आपके बनाए सीन मुझे नहीं जँच रहे हैं। आपके सीन अगर पिक्चर में पड़ गए तो कहानी बदल जाएगी।'

'बदल जाए। सँवर तो जाएगी।'

'बिगड़ जाएगी।'

'मगर इस हालत में तो मैं पिक्चर रिलीज नहीं करूँगा। आखिर मैं पिक्चर का प्रोड्यूसर हूँ, मेरी भी कोई राय होती है।'

खैर, किस्साकोताह, हमारे बीच एक गाँठ पड़ गई। ज्यों-ज्यों उस गाँठ को खोलने का मैंने प्रयत्न किया, वह एकगुत्थी में परिवर्तित होती चली गई और एक तनाव पैदा हो गया। इस तरह एक तैयार चित्र दो महीने तक रुका पड़ा रहा। मुझे 'दिल अपना और प्रीत परायी' से बड़ी आशाएँ थीं। बड़ी लगन से मैंने कथा, पटकथा और संवाद लिखे थे। बड़ी साधना से चित्र बनाया था। पिछले कुछ चित्र

मेरे फेल हो चुके थे। अपने गिरते हुए या गिरे हुए नाम को सँभालना और उजागर करना था। मुझे चित्र जँचा ही नहीं, खूब जँचा था। कमाल अमरोही को नहीं जँचा तो मैं क्या करूँ? आखिर मुझे भी कुछ परख थी। वैसे तो पब्लिक की पसन्द का कोई नहीं कह सकता किन्तु फिर भी मुझे अपनी ही समझ–बूझ से चित्र बनाना था। मैं अपने आत्मविश्वास पर अटल रहा।

पर मैं बहुत परेशान हो गया। एक बड़ी राशि जो मुझे चित्र की समाप्ति पर मिलने वाली थी, कमाल ने रोक दी।

कमाल अमरोही ने चुपके से राजकुमार और नादिरा को बुलाकर, खुद दिग्दर्शन कर, चित्र में अपने लिए नए दृश्य डालने चाहे किन्तु राजकुमार और नादिरा ने उनके प्रस्ताव को अस्वीकार कर दिया। तब कमाल ने मीना के सहारे शूटिंग करने का तय किया और यूनिट को लेकर वे जुहू बीच पर पहुँचे। दिन भर वहाँ शूटिंग की। शाम के समय एक दुर्घटना हुई और उनका नया कैमरा समुद्र के खारे पानी में गिर पड़ा। हजारों का कैमरा खराब हो गया। शूटिंग रुक गई। अकेली मीना के सहारे शूटिंग सम्भव न थी। अन्य कलाकार मेरे साथ विश्वासघात करने को राजी न थे। कमाल हाथ पर हाथ धरे बैठ गए पर अपनी जिद पर अड़े रहे और दिन पर दिन बीतने लगे और मेरी परेशानियाँ बढ़ती चली गईं। इस आर्थिक संकट के लिए मैं तैयार न था, पर मैं विवश था।

और ऐसे में, एक दोपहर को जब मैं खाने के बाद सो रहा था, मुझे एक सपना आया। सपने में मैंने कबूतर का एक जोड़ा देखा। नर मुझ पर चोंच से बार–बार प्रहार किए जा रहा है और मादा मुझपर झपटती जाती है। हालाँकि वह प्रहार नहीं करती। मैं उनके इस प्रचंड आक्रमण से भयमीत हो उठा, पर हिम्मत करके मैंने उन दोनों को अपने दो हाथों में पकड़ लिया। कबूतरी छटपटाने लगी और कबूतर मेरी कसी हुई मुट्ठी पर चोंच से आघात करने लगा। मैंने तब उस खूँखार कबूतर की गर्दन पर मुट्ठी जोरों से कस दी। उसका सिर लटक गया और अचानक मेरी नींद खुल गई।

बहुत मामूली, ऊलजलूल, बिन सिर–पैर का सपना था। मगर यह उन सपनों में से था जब दिल बोलने लगता है कि सपना प्रतीकात्मक और रहस्यमय है कि सपने का अर्थ है कि सपना घटित होकर रहेगा।

दिन भर मैं एक चित्र की चित्रकारी में लगा रहा। शाम को बगीचे में निराई करता रहा, टहलता रहा, बच्चों के साथ खेलता रहा। मगर वह सपना बार–बार याद आकर परेशान करता रहा। रात सोते समय सपने ने मेरी नींद हराम कर दी। खूँखार कबूतर कितना जल्लाद था! बेमन से उसका साथ देती हुई कबूतरी कितनी कोमल और सुन्दर थी! कोमल और सुन्दर...कोमल...सुन्दर...मीना कुमारी की तरह कोमल और सुन्दर। अवश्य ही वह कबूतरी मीना कुमारी की प्रतीक थी, और वह कबूतर

प्रतीक था कमाल अमरोही का। हां, यही बात है। सपने का यही अर्थ है...कमाल अमरोही को मैंने जेर कर दिया।

प्रीति को जगाकर मैंने सपने की बात कही, सपने का अनुमानित अर्थ भी बताया। प्रीति मेरी अज्ञात प्रेरणाओं और अद्‌भुत सपनों से परिचित थी, किन्तु इस समय वह निश्चयात्मक कोई अर्थ नहीं निकाल सकी, कहने लगी : 'अगर तुम्हारा मन कहता है कि कबूतर-कबूतरी कमाल और मीना तो शायद वही सच होगा।'

मैंने कहा : 'देखती जाओ, दो-चार दिन में कमाल या मीना का सन्देसा आएगा कि दो दिन की जो शूटिंग बाकी है, करके पिक्चर खत्म कर दीजिए।'

दूसरे दिन—23 सितम्बर, 1959 को—मुझे फिल्म निर्माता-दिग्दर्शक आसिफ का टेलीफोन आया। वे कहने लगे कि कमाल और मेरे बीच पिक्चर को लेकर जो पेंच पड़ा हुआ है, उन्हें उसकी सब खबर है। उन्हें यकीन हो गया है कि कमाल मेरे साथ ज्यादती कर रहे हैं। मैं परेशान बिलकुल न होऊँ। वे मेरा पूरा साथ देंगे। मैं उनसे फौरन मिल लूँ। कमाल पर दबाव डालकर मेरी रुकी हुई पिक्चर वे पूरी करवा देंगे।

प्रीति ने मुझसे कहा : 'तुम्हारा सपना तो ठीक उतरता दिखाई दे रहा है!'

आसिफ को मैं जानता था किन्तु उनसे मेरी जान-पहचान केवल दुआ-सलाम तक ही थी। आसिफ और कमाल के पुराने और गहरे ताल्लुकात थे। आसिफ के चित्र 'मुगलेआजम' के संवाद वजहत मियाँ, अमान आदि के साथ मिलकर कमाल भी लिख रहे थे। फिर कमाल और आसिफ दोनों मुसलमान थे। मेरी समझ में नहीं आया कि कमाल और मेरे बीच चलते हुए झगड़े का निपटारा आसिफ किस तरह करेंगे? मगर मैं यह भी जानता था कि आसिफ को दूसरों के झगड़ों में पड़कर सरपंच बनने और झगड़ा मिटाने का शौक था। किसी हद तक यह शौक मेहबूब खाँ को भी था। खैर!

तो मैं आसिफ से मिलने—के. आसिफ स्टूडियो—अंधेरी गया।

स्टूडियो के बाहर अहाते में काफी कूड़ा-करकट था। उनका दफ्तर वाला बँगला बहुत पुराना और गन्दा था। दीवारों पर पलस्तर जगह-जगह उखड़ रहा था। पुताई हुए बरसों हो चुके थे। गन्दा जीना चढ़कर मैं ऊपर गया। कुछ कमरे खाली पड़े थे। एक कमरे में बिछात पड़ी थी। गद्‌दे पर गावतकिये के सहारे आसिफ बैठे थे। उनके साथ उनके दो-तीन कर्मचारी भी थे और जोरों से बातचीत हो रही थी। आसिफ उठकर मुझसे तपाक से मिले। कर्मचारी बाहर चले गए।

आसिफ सफेद कुरता-पाजामा पहने हुए थे और लगता था, रात को इन्हीं कपड़ों में सोए थे। शायद वे रोज शेव नहीं किया करते थे, क्योंकि उनके चेहरे पर दो दिन की कच्ची-पक्की खूँटियाँ निकली हुई थीं। आदत के अनुसार मुट्ठी में

पकड़कर सिगरेट धुनक रहे थे। राखदानी न होने से फर्श पर सर्वत्र सिगरेट के बुझे हुए टुकड़े बिखर रहे थे। उस फर्नीचररहित, खाली, गन्दे कमरे की वीरानी में फर्श पर पड़े हुए लम्बे-चौड़े गद्दे पर बैठा हुआ वह अस्त-व्यस्त, बेनहाया-सा व्यक्ति क्या वही के. आसिफ था, जो भव्य चित्र बनाने और चित्रों में शृंगार और सजावट की मीनाकारी के लिए प्रख्यात था? एक कवि हृदय तथा काव्य, शृंगार, कला-पसन्द कलाकार, जिसे अपने चित्रों के सेट या कलाकरों की वेशभूषा में राई-रत्ती भर भी दाग-धब्बा बर्दाश्त नहीं होता, वह अपने व्यक्तिगत जीवन में, निजी रूप में कितना बिखरा हुआ, बेशऊर, लीचड़ और विरक्त लग रहा था! मुगलों में सबसे आला और बेहतरीन बादशाह अकबर के शासनकाल की, मुगलिया शानोशौकत की पृष्ठभूमि पर अनारकली-जहाँगीर वाली सुंदर और अमर प्रेम-कहानी फिल्माने वाला, 'मुगलेआजम' बनाने वाला वह सिद्ध कलाकार, वह निर्माता, वह दिग्दर्शक, जो पिछले कुछ वर्षों से (मुगलेआजम को समाप्त करने में आठ वर्ष लग गए थे) अपनी जिन्दगी के आधे दिन (दिन को शूटिंग के दौरान) उन शाही दरबार, शयनकक्ष, रंगशाला और बागों में, ऐतिहासिक पात्रों के सम्पर्क में बिताया करता था, इस समय इतना मामूली लग रहा था कि कोई उसे देखकर ताँगेवाला, मीरासी या फकीर समझ बैठे। मगर अपनी दुहरी जिन्दगी जीता हुआ यही वह शख्स था जिसका नाम के. आसिफ था, जो मेरी जिन्दगी के एक मुश्किल मोड़ पर फरिश्ता बनकर आया था। यही वह अपनी तरह का अकेला फिल्म निर्माता-दिग्दर्शक था जिसे बम्बई के करोड़पति पारसी व्यवसायी और साहूकार शापुरजी पालनजी का फाइनेंस (धन) उपलब्ध था, जो अपनी निर्माणाधीन भव्य ऐतिहासिक फिल्म के लिए पानी की तरह पैसा बहा रहा था, पर अपने निजी आराम के लिए जिसके पास धेला न था, न रहने के लिए अपना मकान या फ्लैट, न घूमने-फिरने के लिए अपनी मोटरकार। आसिफ सदा टैक्सी में सफर करते थे। अँगरेजी में बात नहीं कर सकते थे, कुछ अँगरेजी शब्दों का प्रयोग कर लेते थे। मगर अनपढ़ न थे। हिन्दी-उर्दू खूब बोलते थे और पल-पल पर यह जाहिर होता था कि अँगरेजी जानना कोई बहुत जरूरी नहीं। उनके चौखटे में जबड़ा जबर्दस्त अहमियत रखता था और बहुत बड़ी तथा आगे की झुकी ठुड्डी उनकी खासियत थी।

घंटे भर तक आसिफ ने मुझसे याराना तौर पर गपशप की। कमाल और 'दिल अपना और प्रीत परायी' के सिलसिले में मेरी बात सुनी। सुनकर बोले : 'मुझे पहले ही शक था मगर आपसे आपकी बात सुनकर अब मुझे पूरा यकीन और इत्मीनान हो गया कि आप सही हैं और कमाल गलत। कमाल आपके साथ नाइन्साफी कर रहे हैं, ज्यादती कर रहे हैं। आप फिक्र न करें। अब यह मामला आपका नहीं रहा, मेरा हो गया। आप अपनी बात पर अड़े रहिए, कमाल से मैं निपटूँगा। कमाल आपकी पिक्चर नहीं रोक सकते। आप बेफिक्र रहिए।'

मैं उन्हें धन्यवाद देकर घर लौट आया।

दूसरे दिन आसिफ ने फोन करके मुझे शाम को मॉडर्न स्टूडियोज में मिलने के लिए कहा। मैं नियत समय पर वहाँ पहुँचा। आसिफ मेरा इन्तजार कर रहे थे। मुझे लेकर वे कमाल अमरोही के वहीं स्थित दफ्तर में पहुँचे। कमाल हमारा इन्तजार कर रहे थे। बातचीत शुरू हुई :

'हाँ, भई, क्या झगड़ा है आप लोगों के बीच?' आसिफ ने पूछा।

'मैं आपको बता चुका हूँ। मुझे पिक्चर पसन्द नहीं। मैं उसके सीन बदलना चाहता हूँ,' कमाल ने उत्तर दिया।

'पिक्चर शुरू करते समय पेश्तर साहू साहब ने आपको कहानी सुनाई थी?'

'जी हाँ।'

'कहानी पसन्द करने के बाद ही आपने इन्हें पिक्चर शुरू करने की इजाजत दी थी?'

'जी हाँ।'

'और उसी कहानी और स्क्रीन प्ले के मुताबिक इन्होंने सीन फिल्माए?'

'जी हाँ।'

'तो फिर अब पिक्चर क्यों पसन्द नहीं आपको?'

'क्या मालूम, नहीं पसन्द। पिक्चर में वह बात नहीं पैदा हुई जो इनकी कहानी में थी।'

'यानी साहू साहब ने ठीक से डाइरेक्शन नहीं किया? यानी ये घटिया डाइरेक्टर हैं?'

'यह मैं नहीं कहता। लेकिन आखिर मैं भी एक राइटर हूँ, डाइरेक्टर हूँ और फिर इस पिक्चर का प्रोड्यूसर भी हूँ। मेरी भी कोई राय होती है।'

मैंने कहा : 'मगर मैंने इस पर तो कभी एतराज नहीं किया।'

कमाल ने आसिफ की ओर देखकर कहा : 'मगर साहू साहब तो मुझे हज्जाम समझते हैं।'

'यह आप मुझ पर बेकार की तोहमत लगा रहे हैं, कमाल साहब।'

'आखिर मैं भी 'महल' जैसा कामयाब पिक्चर बना चुका हूँ।'

'माफ कीजिएगा,' मैंने कहा : 'महल बनाने में अशोक कुमार और वाचा का भी हाथ था।'

'यह आप कैसे कह सकते हैं?'

'मैं जानता हूँ। मैं अक्सर बाम्बे टॉकीज स्टूडियोज और 'महल' के सेट पर आया करता था।'

'यह गलत फरमा रहे हैं आप। मुझे उस पिक्चर पर अवार्ड मिल चुका है।'

'आपको एक अवार्ड मिला होगा अब तक,' आसिफ ने कहा : 'मगर साहू साहब को कहानी और डाइरेक्शन पर सात बार अवार्ड मिल चुके हैं। इसलिए इन बातों में क्या धरा है। आप बताइए, आप चाहते क्या हैं?'

'मैं सीनों में अदला-बदली करके कुछ नए सीन रखना चाहता हूँ।'

'यानी आप इनकी कहानी में फर्क करना चाहते हैं?'

'जी हाँ।'

'यह आपको मंजूर है, साहू साहब?'

'जी नहीं, कतई नहीं। मैंने पिक्चर लगभग तैयार कर लिया है और मुझे वह पसन्द है। सिर्फ दो दिन की फुटकर शूटिंग बाकी है। मैं इसमें कोई अदला-बदली बर्दाश्त नहीं कर सकता।'

'आप तो खामखा की जिद कर रहे हैं, साहू साहब,' कमाल ने कहा।

'जिद की बात नहीं है, कमाल साहब, बात मेरे आत्मविश्वास की है। इस पिक्चर पर मेरा भविष्य निर्भर है। अगर यह फेल हो गया तो मैं कहीं का न रहूँगा। मुझे पूरा विश्वास है कि यह चलेगा। यह पिक्चर अच्छा बना है।'

'आपकी राय में अच्छा बना है?'

'जी हाँ, मेरी राय में। मैं अपनी ही राय से फैसला करूँगा।'

'क्या मैं चाहता हूँ कि यह फेल हो जाए?'

'जी नहीं, आप नहीं चाहते। मगर 'दिल अपना और प्रीत परायी' फेल हो गया तो मेरे पैर उखड़ जाएँगे : आपको खास फर्क नहीं पड़ेगा क्योंकि आप अपना बड़ा पिक्चर 'पाकीजा' बना ही रहे हैं।'

'मैं साहू साहब की राय से मुत्तफिक हूँ,' आसिफ बोले। 'इन्हें पिक्चर, जैसा ये चाहते हैं, खत्म करने दीजिए।'

'उस हालत में मैं प्रोड्यूसर की टाइटल में अपना नाम नहीं दूँगा, अपने प्रॉडक्शन मैनेजर बाकर का नाम दूँगा,' कमाल ने नाक-भौं सिकोड़कर कहा।

'बाकर का क्यों, अगर आप चाहें तो अपने चपरासी का नाम दे सकते हैं,' मैंने कहा : 'मुझे कोई एतराज न होगा।'

'आपको देर हो रही है, साहू साहब, आपको चेम्बूर जाना है,' आसिफ ने कहा। 'आप जाइए, मैं कमाल साहब को समझाता हूँ।'

मैं चला आया।

दूसरे दिन कमाल के मैनेजर सक्सेना का फोन आया। कहने लगे कि कमाल साहब ने आकर मिलने का निवेदन किया है।

मैं स्टूडियो जाकर कमाल से मिला।

'चलिए, आप ही की बात रह जाए, साहू साहब,' कमाल ने नाक-भौं सिकोड़कर कहा। 'आप पिक्चर जल्दी से खत्म कर दीजिए। कब शूटिंग कीजिएगा?'

'इसी हफ्ते।'

'ठीक है, कर लीजिए।'

उसी के बाद मैं आसिफ से मिला। उन्होंने मेरी अटकी हुई रकम दिला देने का भी भार अपने ऊपर लिया। अगले हफ्ते दो दिन की शूटिंग करके मैंने चित्र समाप्त कर दिया। मुझे बकाया पारितोषिक मिल गया।

दो दिनों तक बम्बई में जोरों का आँधी-पानी होने के बाद 10 अक्टूबर, 1959 को फिल्म निर्माता दलसुख पंचोली का हृदयगति बन्द हो जाने से देहान्त हो गया। एक जमाने में—12-15 वर्ष पहले—लाहौर से पंचोली ने 'खजांची', 'खानदान' आदि सफल चित्र प्रस्तुत करके भारतीय फिल्म व्यवसाय में एक बार अपना डंका बजा दिया था। बँटवारे के बाद पंचोली भारत आकर बम्बई से ही चित्र प्रस्तुत किया करते थे। मगर अब वे पिछड़ चुके थे। भले, सज्जन व्यक्ति थे। मेरे मित्र थे।

17 नवम्बर, 1959 को मेरे चाचा सुन्दरलाल साहू (जी के छोटे भाई) का अकस्मात् हृदयगति बन्द हो जाने से नागपुर में स्वर्गवास हो गया। उनके देहान्त से मुझे बहुत दुख हुआ। उनमें कई खूबियाँ थीं। उनकी लिखावट सुन्दर थी। कपड़ों आदि में टेस्ट अच्छा था। व्यापार में बुद्धि तीव्र रखते थे। कई बातों में वे मेरे आदर्श रहे थे। और उनकी कई विशेषताएँ मुझमें अनायास ही उतर आई थीं।

'दिल अपना और प्रीत परायी' की शूटिंग समाप्त हो चुकी थी। महीना भर तक उसकी एडिटिंग करता रहा। फिर बैकग्राउंड म्यूजिक लिया गया। फिर सेंसर द्वारा पास हुआ चित्र।

इस प्रकार पूर्णतया तैयार कर देने के बाद चित्र का रॉक्सी थिएटर में ट्रायल रखा गया। रॉक्सी के मालिकों—कपूरचन्द और केवलचन्द मेहता—को चित्र पसन्द आया और वे कहने लगे कि चित्र अच्छा बना है और दस हफ्ते तो शायद चल ही जाएगा। रॉक्सी पर रिलीज तय हो गया।

किन्तु अब भी कमाल अमरोही को 'दिल अपना और प्रीत परायी' पसन्द न था। वे उसे 'ओवरनाइट फ्लॉप' ही कहते रहे और उन्हें पूरा विश्वास था कि चित्र फेल हो जाएगा। शहर में जितने पोस्टर और बैनर लगाए गए और अखबारों के विज्ञापनों में भी उन्होंने निर्माता के बतौर अपना नहीं, अपने प्रॉडक्शन मैनेजर तथा मीना कुमारी के सेक्रेटरी एस.ए. बाकर का नाम दिया।

और 28 अप्रैल, 1960 को रॉक्सी थिएटर में 'दिल अपना और प्रीत परायी' का प्रीमियर हुआ। फिल्म इंडस्ट्री के अनेक निर्माता, दिग्दर्शक, कलाकार उपस्थित

थे। बहुतों को चित्र अच्छा लगा, कुछ को बहुत अच्छा लगा, और कुछ को नहीं भी लगा। मगर बधाइयाँ मुझे सभी ने दीं; कुछ ने मन से बधाई दी तो कुछ ने बेमन से। चन्दूलाल शाह ने जोरों से बधाई दी और कहा : 'पिक्चर बहुत बढ़िया है और जरूर हिट होगा।'

सुबोध मुकर्जी बोले : 'आखिर एक अस्पताल की कहानी में इससे ज्यादा और क्या कर सकते थे आप?'

यानी उनका छिपा हुआ अर्थ यह था कि अस्पताल की कहानी नहीं लेनी चाहिए थी, चित्र नहीं चलेगा। राजेन्द्र कुमार ने हसरत-भरी निगाह से चित्र देखा था। राजकुमार वाला डॉक्टर का पात्र पहले वे ही करने वाले थे। अपनी मायूसी छिपाते हुए उन्होंने चित्र की मुझसे बहुत तारीफ की।

आसिफ ने कहा : 'शाबाश! पिक्चर बहुत बढ़िया है।'

कमाल अमरोही बोले : 'मेहमानों की राय भी कोई राय होती है! इनकी तारीफ में क्या धरा है। कल पिक्चर पब्लिक में रिलीज होगा। तब देखेंगे, पब्लिक क्या कहती है।'

दूसरे दिन—29 अप्रैल, 1960—'दिल अपना और प्रीत परायी' रॉक्सी, कोहिनूर आदि थिएटरों में रिलीज हो गया। हर थिएटर में हाउसफुल रहा और पब्लिक ने चित्र को बहुत पसन्द किया। लेकिन पहले तीन शुक्रवार, शनिवार, रविवार की भीड़ से चित्र की सफलता का अन्दाजा नहीं लगाया जा सकता क्योंकि इनमें से दो दिन तो छुट्टी के दिन होते हैं। मैं रोजाना रॉक्सी जाता रहा और हर शो देखता रहा। कमाल अमरोही भी मेरे साथ-साथ रहते। हम लोग दूसरे थिएटरों के भी चक्कर लगाते। सोम, मंगल और बुध को भी जब हाउसफुल रहा तो, प्रेक्षकों का उत्साह देखकर, लगने लगा कि चित्र सफल हो गया है।

'आपका क्या खयाल है, साहू साहब, पिक्चर चलेगा?' कमाल ने पूछा।

'जरूर चलेगा,' मैंने कहा।

'कितना चलेगा?'

'जुबली करेगा।'

कमाल हँस दिये।

'आप नहीं समझते?' मैंने पूछा।

'नहीं।'

'आप क्या समझते हैं, कितना चलेगा?'

'शायद दस हफ्ते।'

'और अगर जुबली की तो?'

'तो आपको मैं एक मोटर कार प्रेजेंट करूँगा।'

'कौन-सी कार?'

‘आप जो भी कार चाहेंगे।’

‘तो आपका यह वादा रहा?’

‘हाँ, वादा रहा।’

चार हफ्ते के बाद रॉक्सी के केवलचन्द मेहता बोले : ‘पिक्चर तो हिट हो गया। यह तो लम्बा चलेगा।’

‘कितना जाएगा?’ कमाल ने पूछा।

‘पन्द्रह हफ्ते तो जाएगा ही, शायद और ज्यादा जाए।’

इसके बाद मैंने देखा, सारी फिल्म इंडस्ट्री ने और बम्बई के सारे लोगों ने देखा कि शहर भर में लगे हुए पोस्टरों और बैनरों पर निर्माता शब्द के बाद लिखा हुआ एस.एस. बाकर का नाम मिटाया जा रहा है और उसकी जगह कमाल अमरोही का नाम लिखा जा रहा है। अखबारों की विज्ञप्तियों में भी अब बाकर के बजाय कमाल का नाम आने लगा। चित्र का मैं लेखक और दिग्दर्शक था, सफलता के सारे श्रेय का केवल मैं अकेला हकदार था। कमाल यह सफलता मेरे साथ बाँटना चाहते थे, और इसी इरादे से उन्होंने चित्र की पब्लिसिटी में अपना नाम जोड़कर यह हास्यास्पद तब्दीली की थी। सारी फिल्म इंडस्ट्री उनकी इस बेजा हरकत पर हँसने और थू-थू करने लगी किन्तु उनकी इस हरकत से मुझे कोई फर्क न पड़ा। चित्र की कामयाबी का सेहरा मेरे ही सिर बँधा।

12 वर्ष पूर्व रॉक्सी थिएटर में मेरे ही दिग्दर्शित चित्र ‘सिन्दूर’ ने जुबली की थी और अब ‘दिल अपना और प्रीत परायी’ की रॉक्सी में सिल्वर जुबली (रजत जयन्ती) हो रही थी। मेरी खुशी का पारावार न था।

15 अक्टूबर, 1960 की शाम मैंने ‘वाटिका’ में, चित्र के जुबली करने की खुशी में डिनर पार्टी दी। चित्र से सम्बधित सभी आए पर कमाल अमरोही न आए, न उन्होंने मीना को आने दिया।

अगले हफ्ते मैंने टेलीफोन करके कमाल को उनके वादे की याद दिलाते हुए उनसे कहा : ‘आपने जुबली पर कार देने का वादा किया था। मैं बड़ी कार नहीं चाहता, सस्ती और छोटी नई फिएट कार मेरे घर आई हुई है, वही दिला दीजिए।’

कमाल ने टका-सा जवाब दिया : ‘प्रेजेंट दिया जाता है, साहू साहब, माँगा नहीं जाता। मैं दूँगा, मगर अपनी मरजी से दूँगा।’

‘ठीक है, वैसा ही सही। मैंने तो सिर्फ आपको याद दिलाई थी। अब नहीं मागूँगा।’ और आज तक कमाल अमरोही ने अपना वादा पूरा नहीं किया। उन्होंने मुझे कार भेंट न की।

1960 का वर्ष बीतते-बीतते ‘दिल अपना और प्रीत परायी’ की महान सफलता के कारण मैं फिर से सन्तुलित हो गया था, फिर से मेरा नाम उजागर हो गया था। कई चित्र सफल होते हैं किन्तु वे बॉक्स ऑफिस हिट (व्यापारिक रूप में सफल)

चित्र अक्सर छिछोरे, मारधाड़वाले, चालू और सस्ते मनोरंजन वाले हुआ करते हैं। 'दिल अपना और प्रीत परायी' कलात्मक दृष्टि से भी ऊँचा था, स्तरीय था; और यह एक बहुत बड़ी बात थी, मेरे लिए बहुत बड़ी उपलब्धि थी।

और यहाँ से मेरी जिन्दगी ने फिर नया मोड़ लिया।

1961 के आरम्भ में मैंने कुछ लघुकथाएँ लिखीं। 'छलावा' और 'गार्जिया' उनमें प्रमुख हैं और मेरी मनपसन्द कहानियों में से हैं। पिछले वर्ष के अन्त में जब मैं अखिल भारतीय नाट्य सम्मेलन के उद्घाटनार्थ ग्वालियर गया था, तभी वहाँ स्थित किला, मानमन्दिर एवं मृगनयनी प्रासाद आदि का निरीक्षण करते समय मुझे 'छलावा' कहानी का कथानक सूझा था। 'गार्जिया' का कथानक अभिनव चित्रकला के आधुनिक थोथे ढंगों तथा तथाकथित अभिनव कलापारखियों, समीक्षकों के सिर-पैरहीन सिद्धान्तों, सूत्रों पर एक व्यंग्य है।

मेरा वृहत् उपन्यास 'परदे के पीछे' भी उन्हीं दिनों प्रकाशित हुआ।

'वाटिका' का अहाता काफी लम्बा-चौड़ा था। बँगला डेढ़ एकड़ जमीन के बीच बना होने के कारण हमने चारों ओर फूल, सब्जी और फलों के पेड़ लगा रखे थे। अलसेशियन कुत्ते तो थे ही, हमने अच्छी नस्ल की मुर्गियाँ भी पाल रखी थीं जो लगभग 100 थीं। उनमें से अधिकांशतः व्हाइट लेगहॉर्न थीं। शेष होड आयलैंड रेड और ब्लैक मिनोरका थीं। अपनी बेकारी और तकलीफ के दिनों में इन मुर्गियों की देखभाल में मेरा काफी शगल हुआ करता, समय बीता करता। एकान्त तथा संकट की घड़ियाँ सहजता से बिताने में मनुष्य के अपने विचार, अपनी कल्पनाएँ, अपना शौक, शगल, हुनर अत्यन्त सहायक होते हैं। बिना इन उपलब्धियों के जीवन दूभर हो जाए।

एक बार मैं जब जुहू गया तो मेरे ड्राइवर ने कहा कि पास ही किशोर कुमार का बँगला है जो नया ही बनकर तैयार हुआ है। सो, मैं किशोर कुमार से मिलने उसके घर पर चला गया। बँगले के प्रवेश-द्वार के सामने ही किशोर के पिता, श्री कुंजीलाल गंगोली, मोढ़े पर बैठे अखबार पढ़ रहे थे। मैं उन्हें 'बाबा' कहता था, क्योंकि अशोक उन्हें 'बाबा' कहा करते थे। बाबा और माँ खंडवा रहा करते जहाँ उनका मकान और जमीन थी। बाबा अपने समय में वकालत किया करते थे। अब रिटायर हो चुके थे। काश्त से कुछ आय हो जाया करती थी। उनके तीनों बेटे—अशोक कुमार, अनूप कुमार और किशोर कुमार—बम्बई में ही थे। अशोक और किशोर ने सिनेमा में अत्यधिक सफलता एवं ख्याति प्राप्त की थी। बेटों ने अपने

माता-पिता को आराम से रखा हुआ था। किन्तु बाबा और माँ अक्सर खंडवा ही रहा करते और वर्ष में एक या दो बार बम्बई आते और एक-एक हफ्ता एक-एक बेटे के घर रहकर वापस खंडवा चले जाते।

तो, उस दिन द्वार पर अचानक बाबा को देखकर बहुत खुशी हुई। पता चला, किशोर घर पर नहीं है, शूटिंग पर गया हुआ है, लेकिन माँ अन्दर हैं। मैं माँ से मिलने अन्दर चला गया। ड्राइंगरूम के कालीन पर चटाई बिछाकर वही बैठी हुई माँ बड़ियाँ डाल रही थीं। पाँच मिनट माँ से बात करके मैं बाहर आकर बाबा के पास बैठ गया। उस समय उनकी उम्र लगभग 75 की रही होगी। उनको व्यायाम और कुश्ती का शौक रहा था और अपने समय में वे मजबूत और ताकतवर समझे जाते थे। चार-पाँच मील रोज चल लेना उनके लिए साधारण बात थी। अब शिथिल हो चुके थे।

उस आधे घंटे की बातचीत के दौरान मैंने उनसे जब पूछा : 'यह बताइए, बाबा, आपको बुढ़ापा कितना रास आता है? इस अवस्था में आपकी मनोदशा किस प्रकार की है?' तो बाबा एक मिनट चुप रहे, फिर धीरे-धीरे उन्होंने जो कहना शुरू किया, वह मैं कभी न भूलूँगा। वे बोले : 'बेटा, क्या बताऊँ, बुढ़ापा एक यातना बन गई है। समय नहीं कटता। आदमी को कुछ हॉबीज का होना बहुत जरूरी है। बचपन तो पढ़ाई-लिखाई और खेल-कूद में बीत जाता है, जवानी काम-धन्धों में, पर रिटायर होने के बाद, अपने को व्यस्त रखने के लिए हॉबीज काम आती हैं। दुर्भाग्यवश मुझे कोई हॉबी नहीं रही। न मुझे ताश खेलने का शौक रहा, न शिकार, पिकनिक सैर-सपाटे का; न गार्डनिंग का, न फोटोग्राफी का, न लिखने-पढ़ने का। कई लोग धार्मिक ग्रन्थों का अध्ययन, मंत्रों के जाप, और पूजा-पाठ में अपना समय बड़ी आसानी से बिता देते हैं, पर ब्राह्मण कुल में पैदा होने के बावजूद, मैंने धर्म या धार्मिक ग्रन्थों में रुचि न ली। एक मंत्र भी मुझे याद नहीं। अब पछताता हूँ। मेरे बेटे-बेटी सब अपने-अपने गृहस्थी में, अपने-अपने काम-धन्धे में लगे हुए हैं। मैं जब बम्बई आता हूँ तो जिस बेटे के पास ठहरा, उससे सिर्फ रात को थोड़ी देर के लिए भेंट होती है, थोड़ी देर बातचीत होती है। बेटे व्यस्त! बेटी व्यस्त! बहू व्यस्त! नाती-पोते हैं, सो वे मुझे पराया समझकर दूर-दूर रहते हैं। रहेंगे ही। साल में एक बार, दो बार आता हूँ मैं उनके लिए और वे मेरे लिए लगभग पराये ही हैं। अब रह गए हम दोनों पति-पत्नी; सो हम भी दिन भर आपस में क्या बातें करें! जितनी बातें करनी थीं, सब कर चुके। देखो न, वह अन्दर बैठी बड़ियाँ डाल रही है और मैं यहाँ बैठा अखबार पढ़ रहा हूँ। सुबह से शाम तक बस अखबार पढ़ता रहता हूँ। अखबार भी कोई कहाँ तक पढ़ सकता है? आँख खराब है। बराबर दिखता नहीं। पर क्या करूँ? वक्त कैसे काटूँ? बस, अखबार पढ़ता हूँ। बड़ी मनहूसियत है। बड़ी यातना है। जिन्दगी बोर करने लगी है। अब तो बस, उठा ले भगवान हमें!'

उस दिन जाना मैंने कि मैं कितना भाग्यवान हूँ कि मेरे पास एक-दो नहीं, अनेक हॉबियाँ हैं। मुझे पढ़ने का शौक है, लिखने का शौक है, चित्रकारी, फोटोग्राफी, पिकनिक, शिकार, भ्रमण का शौक है, गार्डनिंग की हॉबी है, कुत्ते पालने, मुर्गी पालने की हॉबी है, मनन-चिन्तन भी करता हूँ। शौक, शगल, हॉबी से मन उचट जाता है तो तुरन्त मैं अपनी दूसरी हॉबी का सहारा ले लेता हूँ, और इस वजह समय मुझ पर कभी भारी नहीं बैठता। मैं हर समय अपने को किसी न किसी शौक, शगल, हॉबी में उलझाए और बहलाए रख लेता हूँ।

फरवरी में कोल्ड वेब आई तो हमने अपना अलसेशियन कुत्ता, शेरा, जो रात भर बँगले के बाहर रहकर निगरानी किया करता था—अन्दर ले लिया और उस सर्दी की रात को कोई चोर हमारे अहाते में घुसकर हमारी लगभग सारी मुर्गियाँ चुरा ले गया। ताज्जुब हुआ कि मुर्गियों ने शोर जरा न मचाया। सुनते हैं, उन पर गीला कम्बल ढँक देने से वे चिल्लाती नहीं। हमें अपने माली पर शक हुआ। कोई सुबूत विशेष न मिला पर शक जबर्दस्त था। हमने उसे निकाल दिया। लेकिन मुर्गियों के जाने का बहुत दुख हुआ। उनकी कीमत दो हजार रुपए के लगभग थी। पर कीमत का हिसाब हमने नहीं जोड़ा, वह तो घर के नौकरों ने जोड़ा और हानि का रूपांतर रुपयों में कर दिया। हमें तो वे छियासी जानें प्यारी थीं। प्रीति ने और मैंने उन्हें एक दिन की अवस्था से पालकर बड़ा किया था। उन हरेक से हम दोनों परिचित थे और सुबह, शाम, दोपहर को उनके साथ उनकी देखभाल में हमने घंटों बिताए थे। हमारा एक शौक, एक शगल, एक हॉबी सहसा जाती रही थी। छियासी जानें जाती रही थीं। उसके बाद से हमने मुर्गी कभी नहीं पाला। सोचा है, जब हमारा कोई फॉर्म होगा, जब कभी खेती-बाड़ी करेंगे, तभी मुर्गियाँ पालेंगे और उनकी रक्षा की उपयुक्त व्यवस्था करेंगे।

प्रीति के पिता पिछले दो-चार वर्षों से कुछ अस्वस्थ रहा करते थे। 21 जनवरी, 1961 को, 80 वर्ष की अवस्था में, हलद्वानी में उनका स्वर्गवास हो गया।

22 मार्च, 1961 के दिन मेरी नानी का राजनांदगाँव में देहान्त हो गया। मेरे बचपन में उन्होंने मुझे सैकड़ों कहानियाँ सुनाई थीं—राजा, रानी, राजकुमारी, राक्षस और परियों वाली कहानियाँ। अगर मैं यह कहूँ तो असत्य न होगा कि कहानी-सृजन का मेरा जो गुण (टैलेंट) है, उसकी मूलभूत दीक्षा मुझे अपनी चेतन-अचेतन अवस्था में नानी से ही मिली थी। बहुत भली और प्यारी नानी थी। अब तक याद आती है और उसकी याद में मन रो-रो उठता है।

इस वर्ष अक्टूबर में मद्रास की प्रख्यात सिने संस्था 'जेमिनी' के मालिक तथा निर्माता-दिग्दर्शक एस.एस. वासन के साथ उनकी संस्था के लिए एक चित्र का दिग्दर्शन करने के लिए मेरा अनुबन्ध हुआ। 'दिल अपना और प्रीत परायी' चित्र देखकर वासन बहुत प्रभावित हुए थे और चाहते थे कि मैं उनके लिए भी अपनी शैली का चित्र बना दूँ। मैं मद्रास गया।

लगभग दस वर्ष बाद मैं मद्रास गया था। वहाँ जाकर मैंने अनेक तमिल चित्र देखे, दक्खिनियों के रहन-सहन और रीति-रिवाजों का अध्ययन किया, हालाँकि हिन्दी चित्र के लिए इसकी जरूरत न थी। उनका खाना खाया। इडली-डोसा विशेष पसन्द आए। चित्र की शूटिंग में विलम्ब था।

कुछ वर्षों से गोवा में आन्दोलन चल रहा था। वहाँ के रहिवासी, भारत की सहायता से, पुर्तगाली शासन के विरुद्ध विद्रोह कर रहे थे। भारत को गृह मंत्री सरदार पटेल याद आने लगे। अगर वे आज जीवित होते तो, हिम्मत करके जिस प्रकार उन्होंने क्षण भर में निजाम हैदराबाद के संस्थान को अपनी सेना भेजकर भारत में सम्मिलित कर लिया था, उसी प्रकार आज वे गोवा को—जो मूलतः और वस्तुतः भारत का ही अंग है—भी ऐलानिया तौर पर सेना भेजकर, पुर्तगाली सत्ता को नष्ट कर, भारत में मिला लेते। किन्तु नेहरू सौम्य हो गए थे, तत्काल कोई तगड़ा कदम उठाना उनसे अप्रत्याशित था। कृष्ण मेनन रक्षा मंत्री थे। विचार-विमर्श कर नेहरू ने अन्त में, हिम्मत करके, भारतीय सेना को गोवा पर चढ़ाई का हुक्म दे दिया। भारतीय सेना गोवा पर चढ़ गई और पुर्तगाली सेना से भिड़ पड़ी। नेहरू और मेनन के ये नए तेवर भारत तथा गोवा की जनता को अच्छे लगे और देशभक्ति की लहर उनके हृदयों में मचलने लगी।

अपनी इन्सालवेन्सी से डिस्चार्ज पाने के लिए बम्बई हाईकोर्ट में मैंने अर्जी दी हुई थी। 19 दिसम्बर, 1961 को अर्जी की सुनवाई थी। पिछले साढ़े चार वर्षों से कानूनी बन्धन तथा रोकटोक मेरे लिए बाधक बनी हुई थी। एक पानीदार नागरिक तथा गतिमान व्यवसायी के लिए इन्सालवेन्सी एक प्रकार की सामाजिक मृत्यु हुआ करती है। मैं हाईकोर्ट पहुँचा। 11 बजे मेरा केस था। आज कोर्ट में केसेज अधिक होने के कारण मेरे केस की बारी लंच टाइम के बाद यानी ढाई बजे आनी निश्चित हुई। उद्विग्न, सशंक मन से मैं बाहर आया और अपने मित्र सुरेन्द्र खोसला—जिनके लिए 'जहाँ मिले धरती-आकाश' नामक चित्र बना रहा था और जिसमें राजकुमार, बीना राय, मुमताज और मैं थे—के साथ 'खैजर' रेस्तराँ में लंच खाने गया। खाकर उठे ही थे कि इवनिंग न्यूज पेपर बेचते हुए छोकरे को फुटपाथ पर लोगों ने घेर लिया और भारी भीड़ लग गई। हम भी लपककर वहाँ पहुँचे। आज की खबर अद्भुत थी। पुर्तगाली सेना पर भारतीय सेना ने विजय प्राप्त कर ली थी और गोवा में भारतीय झंडा फहरा रहा था। क्षण भर में उल्लास और गर्व की लहर सर्वत्र फैल

गई। स्कूलों, कॉलेजों, दफ्तरों से लोग नाचते-कूदते बाहर सड़कों पर निकल आए। मैं लपककर हाई कोर्ट पहुँचा। समय हो गया था। जज ने प्रवेश किया। उनका चेहरा प्रफुल्लित था। सबके चेहरे प्रफुल्लित थे। आज की खुशखबरी लगने वाली खुशखबरी थी। मेरा केस आया। जज ने आते ही मुझे क्लीन डिस्चार्ज दे दिया। और मैं पुनः जी उठा। अब मैं फिर से स्वावलम्बी तथा सम्पूर्णतः परिपूर्ण नागरिक तथा व्यवसायी था।

कितना प्यारा और सुखद था वह उन्नीस दिसम्बर, उन्नीस सौ इकसठ का दिन! कितना नाटकीय और नाट्यमय है मेरा जीवन! कालचक्र विचित्र है। संसार के कितने प्रश्नों का हल केवल सत्ताधिकारियों की मनोदशा पर निर्भर रहा करते हैं। बहुत सम्भव है कि न्यायाधीश ने मुलजिम को फाँसी की सजा महज इसलिए सुनाई थी कि उस दिन वह पत्नी से लड़कर आया था या इसलिए कि पेट साफ न होने के कारण उसे खट्‌टी डकारें आ रही थीं। बहुत सम्भव है कि मुलजिम इसलिए साफ रिहा कर दिया गया कि उस न्यायाधीश की पत्नी ने उसे चुम्बन के साथ विदा किया था या उसके घर उसके चहेते गुलाब के पौधे में नई कली चटकी थी या स्पेनिश कुतिया ने बच्चे जने थे या उसकी खोई हुई अँगूठी अचानक मिल गई थी।

इसके कुछ ही दिनों बाद एक गोरी चमड़ी वाला, नीली आँखों वाला, सुनहले बालों वाला व्यक्ति जो पुर्तगाली था, मेरे पास नौकरी माँगने आया। वह व्यक्ति गोवा से आया था और उसका नाम लुइस था। गुलाम देश में पैदा होने के कारण अँगरेजों के ही नहीं बल्कि समस्त गोरी चमड़ी वालों के प्रति मेरा एक कौतूहलयुक्त, आदरभावयुक्त दृष्टिकोण पैदा हो चुका था। बचपन में मैंने अँगरेजों को हर बात में—रंग में, रूप में, कपड़ों में, अक्ल में, सत्ता और अधिकार में—अपने देशवासियों से बढ़कर पाया था। अच्छे बँगलों में अँगरेज रहता था। अच्छा क्लब अँगरेजों के लिए रिजर्व्ड था। वहाँ काला आदमी चाहे वह कितना ही बड़ा या धनी या प्रतिष्ठित क्यों न हो, नहीं जा सकता था। घटिया पद पर भारतीय और ऊँचे पद पर अँगरेज, केवल अँगरेज। रेलगाड़ी के फर्स्ट क्लास में अगर अँगरेज बैठा हो और उसमें कोई भारतीय अन्दर आ जाए तो वह अँगरेज अपनी तौहीन समझकर जो लाल-पीला होता था, जो आँखें दिखाता, गुर्राता था, वह बस देखते ही बनता था। यह बात मेरी समझ में बाद में आई, स्वराज्य मिलने पर आई कि अँगरेजों का सारा रौब केवल उनकी सत्ता पर आधारित था। भारत के स्वाधीन होते ही अँगेजों की सारी कलई खुल गई और उनकी असलियत प्रत्यक्ष झलकने लगी और उनके प्रति आदर एवं सराहनीयता का वह मेरा विकृत दृष्टिकोण सहसा मिटने लगा। बाद में, तीन बार यूरोप का भ्रमण करने के बाद, केवल इंग्लैंड के अँगरेजों की ही नहीं वरन् समस्त यूरोप की गोरी चमड़ी वालों की असलियत समझ में आ गई और मन का वह रहा-सहा विकृत दृष्टिकोण सदा के लिए शून्य में विलीन हो गया।

लुइस को समक्ष देखकर मैं खुश हुआ। एक गोरी चमड़ीवाले को और विशेषकर एक पुर्तगाली को, जो कल तक हमारी धरती पर खड़े होकर हमारे ही प्रान्त पर सत्ता जमाए हुए था, आज अपना नौकर, अपना गुलाम बना लेने की लालसा मन में प्रबल हो उठी। मैंने उसे अपने पास ड्राइवर की नौकरी दे दी। वह मेरी कार चलाया करता, उठते-बैठते मुझे सलाम करता और मेरे बँगले के अहाते में ही ताड़पत्री की बनी झोंपड़ी में रहता। लुइस, ड्राइवरी के अलावा, घर के कुत्तों को ब्रश करता और मेरे जूतों को रोजाना पॉलिश करता। एक गोरी चमड़ी वाले को अपना गुलाम बनाकर, उसे जलील करके मेरे मन को बड़ा सन्तोष हुआ। आज मैं अपने उस सन्तोष पर हँसता हूँ। वह सन्तोष गुलाम देश में पैदा हुए व्यक्ति के त्रसित हृदय की स्वाभाविक प्रतिक्रिया थी या थी वह थोथे प्रतिशोध की बचकानी भावना? जो कुछ भी थी, बात घटिया थी।

कुछ महीने बाद जब गोरे लुइस ने मेरे घर की काली आया पर रीझकर उससे शादी कर ली, मुझे बहुत जोर का और खूबसूरत धक्का लगा। आया गोवा की थी। अद्‌भुत संयोग था। गोवा और पुर्तगाल का मेरे घर यह मिलन अद्‌भुत था। दिमाग के अन्दर की सारी शराफत और मन की सारी विकृति एवं विक्षिप्त भावनाएँ यकायक दूर हो गईं और समस्त मनुष्य जाति का मूलभूत चरित्र प्रत्यक्ष प्रदर्शित हो गया।

1962 के आरम्भ में मैं कुछ अस्वस्थ रहने लगा था। कुछ महीने पहले पलाड़ी गाँव गया था। वहाँ लगातार तीन-चार रातें जंगलों में शिकार खेलने के बाद एक दिन दोपहर को मुझे पेट में तकलीफ हुई और शरीर पर पसीना छूट आया। वायु प्रकोप (गैस ट्रबल) था जो आधे घंटे के अन्दर अच्छा हो गया। मगर उस व्याधि ने मुझे हिलाकर रख दिया। अब कुछ महीने बाद जोरों से चलने-दौड़ने में अचानक मेरी साँस फूलने लगी। मित्रों ने कहा, मैं किसी हार्ट स्पेशलिस्ट को दिखाऊँ और उन्होंने बम्बई के एक नामी हार्ट स्पेशलिस्ट डॉ. मिनोचर मोदी का नाम सुझाया।

20 जनवरी को प्रीति को साथ ले मैं फोर्ट में स्थित डॉ. मिनोचर मोदी के कन्सल्टिंग रूम्स गया। मोदी वयस्क पारसी थे। मुझे अच्छी तरह एक्जामिन करके उन्होंने मेरा इलेक्ट्रो कार्डियोग्राम लिया। जिस कमरे में उन्होंने कार्डियोग्राम लिया, वह कमरा एअर कंडीशन द्वारा खामखा बहुत ठंडा कर रखा था। मैं कपड़े उतारकर जब टेबल पर लेटा तो ठंड के मारे शरीर में कँपकँपी भर गई। बीस मिनट तक मैं काँपता रहा और मोदी कार्डियोग्राम लेते रहे। मैंने मन में कहा : 'अजीब निर्दयी डॉक्टर है! मरीज के आराम का जरा खयाल नहीं!'

थोड़ी देर बाद कार्डियोग्राम मुझे पकड़ाते हुए डॉ. मोदी ने बहुत गम्भीर चौखटा ओढ़कर कहा : 'आपका हार्ट अफेक्ट हो गया है। आप फौरन अस्पताल में दाखिल हो जाएँ। मेरा अस्पताल पास ही है, वहाँ आपके रहने का इन्तजाम करवा देता हूँ!'

मैं घबरा गया पर हिम्मत बटोरकर बोला : 'नहीं, डॉक्टर, मैं इस समय तो अपने घर जाऊँगा। अस्पताल में दाखिल होने के बारे में कल सोचकर बताऊँगा।'

'आपके साथ ड्राइवर तो है न?'

'जी नहीं, मैं खुद कार चलाकर लाया हूँ।'

'यह तो बहुत बुरा हुआ। इस हालत में आपको गाड़ी नहीं चलानी चाहिए—खतरा है।'

'धीरे-धीरे चला जाऊँगा,' मैंने कहा और डॉ. मोदी की भारी फीस देकर मैं कमरे से बाहर निकल गया।

मगर मैं काँप रहा था। ठंड से नहीं, घबराहट से। घुटने ढीले पड़ गए और मुझसे चलते न बने। प्रीति ने सहारा दिया। लड़खड़ाते पाँवों से चलकर किसी तरह मैं सीढ़ी उतरकर नीचे अपनी कार तक आया। डॉ. मोदी के उद्गार सुनने और अपनी कार तक पहुँचने के बीच व्यतीत हुए 5-10 मिनट के अन्दर सहसा मेरी हालत महीने-दो महीने के बीमार की हालत हो गई थी। किसी तरह मैंने कार स्टार्ट की और आहिस्ता-आहिस्ता चलाता हुआ जब दादर पहुँचा तो प्रीति ने कहा : 'अपने फैमिली डॉक्टर, गरिवाला, को भी क्यों नहीं कन्सल्ट करते चलें?'

मुझे सुझाव पसन्द आया और मैं शिवाजी पार्क जाकर डॉ. गरिवाला की डिस्पेंसरी में उनसे मिला।

डॉ. गरिवाला को मैं पिछले 20 वर्षों से जानता था। जब मैं शिवाजी पार्क में रहा करता था तो हम दोनों पड़ोसी थे और वे तब से मेरे फैमिली डॉक्टर रहे थे। अच्छी प्रैक्टिस थी किन्तु बाद में अपनी रंगीन तबीयत के कारण उन्होंने काफी धन और अपनी जमी-जमाई प्रैक्टिस गँवा दी और फिर बाद में सहसा सारे शौक-शगल छोड़कर आध्यात्मिक वृत्ति के हो गए। दाढ़ी और बाल बढ़ा लिए और सवेरे चार बजे उठकर योगासन और प्राणायाम और ध्यान में घंटों बिताने लगे।

इस बार मैं उनसे साल भर बाद मिल रहा था। पहले तो उन्हें देखकर मैं चौंका। अब वे डॉक्टर नहीं, योगी लग रहे थे। सालभर पहले का वह बीमार-सा मनमौजी शौकीन व्यक्ति अब हृष्ट-पुष्ट, ठोस, संयमी दिखाई दिया। उनके इस नई व्यक्तित्व से प्रीति और मैं बहुत प्रभावित हुए।

डॉ. गरिवाला ने मुझसे सारा हाल सुना। डॉ. मोदी का लिया हुआ इलेक्ट्रो-कार्डियोग्राम देखा, उनकी दी हुई दवाइयाँ भी देखीं और मुस्कुराने लगे।

'आप घर जाइए,' वे बोले। 'मैं कल सवेरे आपको चेंबूर आकर मिलूँगा।'

'चेंबूर कार चलाता हुआ जाऊँ?'

'आप अगर खुद कार चलाकर डॉ. मोदी से मिलने एक स्वस्थ व्यक्ति की तरह जा सकते हैं तो वापस भी उसी तरह खुद कार चलाकर जा सकते हैं। आप घबराइए नहीं। डॉ. मोदी हार्ट स्पेशलिस्ट हैं। मैं उनके निदान के बारे में कुछ कहना नहीं चाहता पर आप व्यर्थ में चिंतित न होइए। आपको तो कुछ खास खराब नहीं हुआ। मुझे तो एंजिना पेक्टोरिस हो गया था। सुई की तरह मेरे दिल में चुभन होती थी और मैं तड़प जाता था। घर से डिस्पेंसरी तक का मामूली फासला मैं राह में हर लैम्प पोस्ट के सहारे पाँच मिनट रुककर तय करता था। अब देखिए, मुझे मारिए मुक्का मेरी छाती पर, मारिए न?' और उन्होंने खुद दो-चार घूँसे अपनी ठोस छाती पर मार दिये। 'मैं आपको ठीक कर दूँगा। आप इस वक्त बेफिक्र जाइए और जाकर आराम से सो जाइए।'

खुश-खुश मैं अपनी कार में जा बैठा। इस बार पाँव नहीं डगमगाए, और न शरीर में कोई कँपकँपी ही थी।

'कैसा स्पेशियलिस्ट?' प्रीति ने कहा : 'खामखा डरा दिया था।'

'खामखा नहीं, कुछ बात जरूर रही होगी,' मैंने कहा।

'रही होगी तो क्या किसी अच्छे डॉक्टर को अपने मरीज के साथ इस तरह बात करनी चाहिए? मेरे बाप भी डॉक्टर थे, सिविल सर्जन थे। वे कभी नहीं डराते थे। अपने पेशेंट को कहने लगा, मेरे अस्पताल में भरती हो जाओ, ताकि दो-चार हजार ऐंठने को मिले—लालची कहीं का!'

दूसरे दिन सवेरे ही डॉ. गरिवाला मुझे देखने 'वाटिका' आए। आधे घंटे तक मेरा खूब परीक्षण किया। फिर कहने लगे : 'आप इस समय तो डॉ. मोदी से ही दवाई लेते जाइए और बिस्तर पर आराम कीजिए। कुछ दिन बाद मैं आपका अलग ढंग से इलाज करूँगा। डॉक्टर मैं भी हूँ पर आपको दवाई नहीं दूँगा। आपको योगासन और प्राणायाम से अच्छा करूँगा। मैंने अपने ऊपर इनका प्रयोग करके अपने को निरोग और स्वस्थ किया है। आपको मैं कुछ किताबों का नाम लिखवाता हूँ, आध्यात्मिक विषय पर है, उन्हें मँगवाकर आप पढ़िए।'

3 फरवरी को अष्टग्रही प्रारम्भ हुई और तीन दिन तक मैं अपने बिस्तर पर मरणासन्न पड़ा रहा। सवेरे मेरे बच्चे स्कूल जाते थे तो मैं सोचता, न जाने शाम को जब वे लौटेंगे तो मैं तब तक जीवित भी रहूँगा या नहीं! न मुझे बुखार था, न सर्दी-जुकाम, न कोई और तरह की दीखने-समझनेवाली बीमारी—बस, तबीयत गिरी-गिरी : दिल की धड़कन कभी जोरों से और कभी बहुत धीमी; नब्ज की गति मन्द; और एक हल्की-सी मूर्च्छा बनी रहती। बात करते-करते आँखें झपक जातीं। नींद लगते ही शरीर को झटका लगता मानो दिल बन्द हो जाएगा और चौंककर मैं जाग जाता। लगता, मैं जा रहा हूँ, मेरा अन्त हो रहा है।

माँ और जी मुझसे बहुत दूर पलाड़ी गाँव में थे। उन्हें अपनी बीमारी की सूचना मैंने न देने दी। पर मन उनकी याद करने लगा। काश, वे मेरे पास होते!

प्रीति मेरे पास चौबीसों घंटे बनी रहती और उसका मुझे बड़ा सहारा था। उससे मुझे बड़ी सांत्वना और हिम्मत मिलती। पर वह मेरी यातना को कम न कर सकती थी। कोई नहीं कर सकता था। भुगतान मरीज को खुद भुगतनी पड़ती है। और उस भुगतान को, उस वेदना को, उस पीड़ा को वह किसी के साथ बाँट नहीं सकता—अपने प्रिय जनों के साथ भी नहीं, अपनी प्रेमिका और अर्धांगिनी के साथ भी नहीं। हर व्यक्ति सर्वथा अकेला है, एक इकाई है।

6 तारीख को प्रीति ने टेलीफोन करके बाबूराव पटेल को मेरी नाजुक हालत की सूचना दी। बाबूराव तुरन्त सुशीला को साथ ले मुझे देखने 'वाटिका' आए।

मैंने सुना था कि बाबूराव को होमियोपैथी और बायोकेमिस्ट्री का काफी ज्ञान है। उन्होंने काफी अध्ययन किया हुआ है। डॉक्टर की डिग्री भी ली हुई है; किन्तु होमियोपैथी के उनके इस नए शौक और नई उपलब्धि का मुझे व्यक्तिगत रूप में कोई प्रमाण या अनुभव न मिला था। दो घंटे की बातचीत में मुझे बाबूराव पटेल के अन्दर जो एक नया व्यक्ति सहसा आ समाया था, वह एक समझदार और कुशल होमियोपैथिक डॉक्टर है, इसकी मुझे उस शाम विश्वस्त प्रतीति प्राप्त हो गई। बाबूराव जो भी काम करते हैं, लगन से करते हैं और गहरे जाते हैं।

बाबूराव ने हार्ट स्पेशियलिस्ट का लिया हुआ वह कार्डियोग्राम देखा और बोले : 'ठीक है, इसमें तो कुछ खराबी दिखाई देती है तुम्हारे दिल में। लेकिन कार्डियोग्राम गलत भी हो सकता है। मुझे भी एक बार डॉक्टर ने हार्ट ट्रबल बताया था। मैंने भी कार्डियोग्राम लिवाया था। मेरी तकलीफ जाती रही। तुम्हारी तकलीफ भी जाती रहेगी। तुम्हें हार्ट ट्रबल नहीं है। तुम्हारी बीमारी की मूलभूत केन्द्र है पेट। तुम्हें वायुदोष है।'

'मगर, बाबूराव,' मैंने कहा : 'मैं अच्छा-भला घूम-फिर रहा था, शिकार खेल रहा था, यह वायु प्रकोप यों सहसा हो जाने का सबब?'

'अष्टग्रही,' बाबूराव ने उत्तर दिया। 'तुम्हारी जन्मतिथि और कुंडली के हिसाब से इस अष्टग्रही के समय तुम्हारा बीमार पड़ना पूर्व निश्चित ही था। ग्रहों की दशा का सब पर असर होता है। इससे कोई नहीं बचा। पर तुम्हें कुछ नहीं होगा। तुम मरोगे नहीं। बच जाओगे। समय टल गया। बिलकुल फिक्र मत करो। तुम जल्दी ही अच्छे हो जाओगे। और तुम भी प्रीति, किसी तरह चिन्ता मत करो। अभी तो इसे बहुत सारे अच्छे-अच्छे पिक्चर्स बनाने हैं।'

सुशीला रानी ने भी बाबूराव के कथन का समर्थन करते हुए मुझे हिम्मत बँधाई, प्रीति को भी आश्वासन दिलाया। दो घंटे होमियोपैथी, बायोमिस्ट्री और अध्यात्म पर चर्चा होती रही। यह जानकर मुझे अचरज हुआ कि पति-पत्नी दोनों के पास डॉक्टर की डिग्रियाँ हैं, और वे दोनों होमियोपैथी का असाधारण ज्ञान रखते हैं। बाबूराव के निवासस्थान 'गिरनार' में प्रति रविवार को मरीजों की भीड़ लगती है। और उनको

ये दोनों मुफ्त दवाई देते हैं। बाबूराव और सुशीला दोनों को धार्मिक एवं आध्यात्मिक विषयों में विशेष रुचि है। आज मैं यह एक नया बाबूराव पटेल अपने समक्ष देख रहा था जिसके इस पहलू से मैं परिचित न था, इसलिए भी परिचित न था कि यह नया रूप बाबूराव ने नया-नया ही अपनाया था और सच्ची अर्धांगिनी की तरह सुशीला ने पति का, उसकी छाया बनकर, हर समय, हर स्थान में, उसके हर रूप में उसका साथ दिया था, दे रही थी।

'अब डॉक्टर की दवाइयाँ बन्द कर दो, किशोर,' बाबूराव ने कहा : 'वरना तुम्हारा खून अधिक पतला कर देंगी ये दवाइयाँ। मैं यह नुस्खा लिखे देता हूँ, प्रीति, किसी को भेजकर ये दवाइयाँ रॉय या बनर्जी की होमियोपैथिक डिस्पेंसरी से मँगवा लो। प्रिन्सेज स्ट्रीट पर हैं ये दोनों डिस्पेंसरीज। पन्द्रह दिन में फायदा हो जाएगा। मगर दवाई इन्हें तीन महीने तक देना। और जैसा कि तुम्हारे फैमिली डॉक्टर, गरिवाला ने कहा है, अच्छे होते ही तुम प्राणायाम और योगासन सीख लो और शुरू कर दो।'

प्रीति ने डॉक्टर की दवाइयाँ हटा दीं और मुझे बाबूराव पटेल की दवाइयाँ देनी शुरू कर दीं। डॉ. गरिवाला और डॉ. बाबूराव पटेल मुझे देखने आते रहे। बाबूराव ने मुझे होमियोपैथी और बायोकेमिस्ट्री में दिलचस्पी दिलाई। उन्होंने मुझे अँगरेजी की एक मोटी पुस्तक पढ़ने के लिए दी : 'लाइफ ऑफ्टर डेथ', जिसके लेखक स्व. फ्रान्सिस लेड बीटर नामक एक पादरी थे, जो हिन्दू धर्म से प्रभावित होकर, चर्च का त्याग कर, थियोसोफिस्ट बन गए थे और मद्रास में अडयार स्थित मैडम ऐनी बेसेंट के आश्रम (थियोसोफिकल लॉज) में रहने लगे थे और वहीं उनका स्वर्गवास हुआ था। बाबूराव ने मुझे स्वामी रामचरक की दो पुस्तकें पढ़ने के लिए विशेष अनुरोध किया।'साइंस ऑफ ब्रेथ' और 'फोरटीन लेसन्स इन योगी फिलॉसफी'। अपने बीमार पलंग पर पड़े-पड़े मैंने उपरोक्त पुस्तकें पढ़ीं। गीता पढ़ी। रामायण के कुछ अध्याय पढ़े। स्वामी विवेकानन्द, स्वामी शिवानन्द, रमण महर्षि आदि की कुछ पुस्तकें पढ़ीं। इस प्रकार उस अपनी बीमार अवस्था में मेरी संगत दिव्य और महान विभूतियों की रही। कोई दवाई काम नहीं कर सकती थी, जो इनके विचारों ने, इनकी भावनाओं ने और अवश्य ही इनके आशीर्वाद ने किया।

अजब है किन्तु यह सच है कि भयानक संकट या घोर बीमारी के समय मनोदशा कुछ ऐसी ही विलक्षण हो जाती है कि धार्मिक अनुभूतियों के लिए जो सर्वाधिक महत्त्वपूर्ण तत्त्व हैं। अहंशून्यता और कालातीतता (इगोलेसनेस और टाइमलेसनेस)—वे अनायास ही उपलब्ध होते जान पड़ते हैं और यद्यपि वे उपलब्ध नहीं भी हो पाते, फिर भी अनुभव, कुछ प्रतीतियाँ उस अनन्त की, उस महाशून्य की, उस परमात्मा की, पल्ले पड़ जाती हैं, अक्सर। इतना बोध तो हो ही जाता है कि शरीर और मन दो ही तल नहीं हैं व्यक्ति के, एक तीसरा तल भी है और वह आत्मा का तल है। और फिर मनुष्य वह नहीं रहता जो अब तक था। उसमें, उसकी

मन:स्थिति में, उसके विचारों में, उसके व्यक्तित्व में एक प्रकार की तब्दीली हो जाती है। क्योंकि मनुष्य को केवल उसके कर्म ही नहीं बनाते, उसके विचार भी बनाते हैं। मन के विचार और तन के कर्म का जोड़ ही मनुष्य है और मनुष्य पल-पल बदलता रहता है। मेरी यह बीमारी मेरे जीवन में एक सुन्दर मोड़ सिद्ध हुई है। इसके बाद से मैं कुछ आध्यात्मिक हो गया हूँ।

डॉक्टर गरिवाला ने नित सवेरे 'वाटिका' आकर मुझे योग और प्राणायाम की शिक्षा दी। कुछ वे योगासन मुझे सिखाए और कुछ उन प्राणायामों की विधियाँ बताईं जो मेरी अवस्था और दशा में मेरे लिए हितकर थीं। घर के अन्य जनों को भी उनकी स्थिति और सामर्थ्य के अनुसार उन्होंने योगासन और प्राणायाम सिखाए और तब से हम नियमित रूप से योगासन और प्राणायाम करते आए हैं।

अशोक कुमार मुझे देखने आया करते। उन्हें फिलहाल ही पद्मश्री की उपाधि प्रदान की गई थी। हमने उन्हें उपाधि के लिए बधाइयाँ दीं।

महीने भर के अन्दर मुझे आराम आ गया। और फिर जल्दी ही मैं स्वस्थ हो गया। योगासनों और प्राणायाम का चमत्कार अद्‌भुत है।

होमियोपैथी (बायोकेमिस्ट्री भी उसी का अंग है) का मुझे चस्का लग गया और मैंने उसका पर्याप्त अध्ययन किया है। घर में प्रीति और बच्चे भी होमियोपैथी का थोड़ा-बहुत ज्ञान रखते हैं और छोटी-मोटी अनेक बीमारियों पर अपना इलाज हम खुद करते हैं। मित्रों और सम्बन्धियों और आए हुए मरीजों को मैं दवा दिया करता हूँ और उन्हें अक्सर ही फायदा हो जाता है।

नवरंग फिल्म्स के लिए मैं 'जहाँ मिलें धरती-आकाश' बना रहा था। कथा, पटकथा, संवाद मेरे ही थे। मैं उसमें अभिनय भी कर रहा था और उसका दिग्दर्शन भी लेकिन निर्माता के पास पर्याप्त पूँजी न होने के कारण चित्र रुक-रुककर बन रहा था और मुझे बड़ी तकलीफ हुआ करती थी। यह भी इत्मीनान नहीं कि चित्र कभी पूरा भी हो सकेगा। ऐसी संदिग्ध अवस्था में दिल कैसे लगे? अन्त में यह चित्र समाप्त न हो सका और अधूरा रह गया।

यद्यपि 1962 का साल मेरी घोर बीमारी से शुरू हुआ था। ज्यों-ज्यों समय बीतता गया, मेरा स्वास्थ्य भी सुधरता गया। इतना ही नहीं, मेरे भाग्य का सितारा भी चमकता चला गया।

मैं कर्म और पुनर्जन्म में विश्वास करता हूँ। इसके ये मानी नहीं कि संकट और विपरीत काल में हाथ पर हाथ धरे बैठ जाता हूँ। नहीं। मैं उस अवस्था में भी

भरसक प्रयत्नशील और सक्रिय रहता हूँ किन्तु मेरा बार-बार यही अनुभव हुआ है कि जब भाग्य में बदा न हो तो, व्यक्ति लाख सिर पटक ले, लाख कोशिश कर ले, कुछ नहीं बनता। और जब भाग्य में बदा हो तो, बिना विशेष परिश्रम किये भी छप्पर फाड़ के मिलता है। और मेरी जिन्दगी में तो बहुधा अच्छा और बुरा अप्रत्याशित रूप से ही हुआ है। मेरा जीवन बहुत नाटकीय रहा है, इतना कि घटनाओं की आकस्मिकता और नाटकीयता देखकर अक्सर मैं स्वयं ही चकित रह जाता हूँ। इसलिए मैं बुरे के लिए अपने को न दोषी ठहरा पाता हूँ, न अच्छे के लिए कोई श्रेय ही ले पाता हूँ। सतत प्रयत्नशील, सक्रिय और कार्यग्रस्त रहने के बावजूद मैं अपने को विधाता के हाथ में एक कठपुतली समझता हूँ और मेरा दृढ़ विश्वास है कि हर व्यक्ति मेरी तरह कठपुतली ही है। सारी जिन्दगियाँ जन्म-जन्मांतर के कर्म-चक्र से बँधी बीती जा रही हैं।

मई में दो बार मैं मद्रास गया और एक बार वासन बम्बई आए। कई बार मिलकर, घंटों साथ बैठकर हमने कहानी तय कर ली। तमिल की पुरानी कहानी थी जिस पर तमिल भाषा में चित्र बन चुका था। वासन का विश्वास था कि कहानी चित्र का मूलाधार है। जो कहानी तमिल चित्र में सफल हो चुकी है, वह हिन्दी चित्र में भी सफल हो सकेगी—यथायोग्य फेरफार के साथ वासन न कला के पुजारी थे, न कला-पारखी थे, न कला-प्रेमी थे। वे ठोस अक्ल के दुनियादार आदमी थे। वे कहते, फिल्म से प्रेक्षकों का मनोरंजन होना चााहिए। हमारा देश पिछड़ा हुआ है। प्रेक्षकों की औसत दिमागी उम्र 19 वर्ष है। हमारी फिल्मों से उस औसत व्यक्ति का मनोरंजन होना चाहिए। मैं उनसे इसमें सहमत न था किन्तु यह उनका अपना विश्वास था और उस विश्वास को सहसा तोड़ा नहीं जा सकता था।

बैठकों के अन्तर्गत, वासन के साथ मिलकर, मैंने उचित फेरफार करके कहानी को वह रूप दे दिया जिससे हम दोनों को सन्तोष था। कहानी का नाम 'गृहस्थी' रखा गया। चित्र के पात्रों के लिए मैंने अशोक कुमार और मनोज कुमार के नाम सुझाए जो वासन को पसन्द आए और उन्हें अनुबन्धित कर लिया गया। हीरोइन के लिए नई लड़की चाहिए थी। वासन ने नई लड़कियाँ, जो या तो नई थीं या फिल्मों में छोटी-छोटी भूमिकाएँ कर चुकी थीं, अपने होटल में बुलवाईं, पर मुझे वे पसन्द न आईं। मैंने तब राजश्री का नाम सुझाया। राजश्री निर्माता-दिग्दर्शक शान्ताराम और अभिनेत्री जयश्री की बेटी और 'स्त्री'-चित्र में उसने बहुत छोटी-सी भूमिका की हुई थी। उसे भूमिका भी नहीं कह सकते, केवल एक नृत्य किया हुआ था। लिबर्टी थिएटर में 'स्त्री' चित्र चल रह था। वासन जाकर चित्र देख आए। कहने लगे कि शान्ताराम ने अपनी बेटी के साथ नाइन्साफी की है। एक तो सीन है बेचारी का और उसमें भी वह इतनी तीव्र गति से नाचती है कि उसका चेहरा दो सेकंड के लिए भी स्थिर नहीं हो पाता। लड़की जब साफ

दिखाई ही नहीं दी तो उस पर क्या राय स्थिर की जा सकती है? किन्तु मैंने विश्वास दिलाया उन्हें कि राजश्री ठीक है, उससे मैं काम ले लूँगा। अत: उसे ले लिया जाए।

दूसरे दिन शाम को जब वासन 'वाटिका' खाने के लिए आए तो कहने लगे कि राजश्री को अनुबन्धित करके आए हैं, लेकिन लड़की उन्हें जँची नहीं, छोटी है, ठिंगनी है, काली है। मेरे कहने से ही उसे लिया है। अगर वह लड़की न चली तो जिम्मेदारी मेरी रहेगी। मैंने कहा, मैं जिम्मेदारी समझता हूँ।

दूसरे दिन बाकी के कलाकार तय कर लिए गए। महमूद, शोभा खोटे, निरुपा रॉय, इन्द्रानी मुकर्जी, वन्दना आदि।

और 20 जून, 1962 को 'जेमिनी स्टूडियोज' मद्रास में मुहूर्त करके उसी दिन मैंने 'गृहस्थी' की शूटिंग शुरू कर दी।

1962 में चीन ने भारत पर हमला कर दिया। नेफा में जनरल बी.एम. कौल के कमांड में हमारी सेना ने चीन से गहरी मात खाई। कृष्ण मेनन रक्षा मंत्री और जवाहरलाल नेहरू प्रधानमंत्री थे। मेनन को पद से हाथ धोना पड़ा। किन्तु देशवासी अपनी हार पर देर तक तिलमिलाते रहे। इसी के बाद से भारतीय सरकार ने देश की सुरक्षा की ओर विशेष ध्यान देना शुरू कर दिया।

'गृहस्थी' के मुहूर्त से लेकर समाप्ति तक का नौ महीने का समय बड़े आराम में बीता। जेमिनी स्टूडियोज के अहाते में ही एक किनारे छोटा-सा नया दो-मंजिला बँगला था। वह पूरा बँगला फरनिश करके मेरे हवाले कर दिया गया था। ऊपर के महले में मैं रहता था और नीचे मेरा असिस्टेंट बी.एस. थापा जिसे अपने साथ मैं बम्बई से ले गया था। मुझे नौकर और रसोइया तथा खाने-पीने की सारी सामग्री कम्पनी से मिली थी।

इन नौ महीनों में बम्बई और मद्रास मेरे लिए घर-आँगन की भाँति हो गए थे। हर महीने शूटिंग के दो शेड्यूलों (कार्यक्रम) के बीच हफ्ता, दस दिन के लिए और कभी तीन या चार दिनों के लिए भी मैं मद्रास से बम्बई चला आता। किसी महीने प्रीति बम्बई से मद्रास चली आती, कभी रोहित आ जाता। प्रीति ने मद्रास के बँगले में नौकरों को बराबर सिखाकर गृहस्थी जमा दी थी और मुझे मद्रास पराया देश न लगने दिया था। अगर मैं किसी होटल में ठहरता तो मुमकिन है, कुछ अटपटा, कुछ पराया लगता। लेकिन चूँकि मैं बँगले में ठहरा था, बँगला मेरा घर बन गया और उस घर में मुझे घर के ही सारे सुख-आराम उपलब्ध हो गए।

एक बार जी, माँ और प्रीति और सारे बच्चे एक साथ मद्रास आकर दो सप्ताह मेरे पास रहे और मैंने उन्हें मद्रास की सैर कराई। काँचीपुरम्, महाबलीपुरम् आदि देवस्थानों के पुरातन, भव्य मन्दिर दिखाए।

मद्रास मुझे अच्छा लगा। वहाँ के लोगों का सादा रहन-सहन और शान्त वातावरण मुझे पसन्द आया। उनके भोजन के कुछ व्यंजन मुझे अच्छे लगे। और विशेषकर इडली, डोसा का मुझे चस्का लग गया। अब भी हर हफ्ते एक बार या कभी दो बार मेरे घर सवेरे नाश्ते के लिए इडली या डोसा आ जाते हैं। जब मेरे दक्खिनी पड़ोसी के घर से नहीं आते तो 'उडिपी होटल' से आ जाते हैं।

मैं लगभग हर प्रान्त का, हर देश का खाना खा चुका हूँ और यह कह सकता हूँ कि हर प्रान्त और हर देश के अपने विशेष पकवान हैं और मुझे वे अच्छे लगे हैं और मैं उनका आदी हो गया हूँ। उस वर्ष मेरी बरसात लगभग आठ महीने की कटी। बम्बई आता तो यहाँ बारिश होती रहती और जब यहाँ की बारिश खत्म हो गई तो मद्रास में अक्टूबर से बरसात शुरू हो गई। चूँकि मद्रास पूर्वी किनारे पर है, वहाँ ठंड के दिनों में भी बारिश होती है।

मद्रास में मैं कई-कई दिन अकेला रहता। कई ऐसे दिन भी गुजरते जब शूटिंग नहीं होती। मैं बिलकुल अकेला रहने का आदी हूँ। मैं खूब सुस्ताया। बिना काम और बिना फिक्र की घड़ियाँ बड़ी सुहानी होती हैं। अवकाश के समय में मैंने चित्रकारी की और मद्रास के आसपास काफी भ्रमण किया।

'गृहस्थी' की आउटडोर शूटिंग के लिए 20 अगस्त, 1962 को मैं अपने यूनिट को लेकर साथनूर डैम (बाँध) गया, जो मद्रास से लगभग 140 मील दूर है। हमने बस में बैठकर सफर किया। मेरे साथ प्रीति, मनोज कुमार, राजश्री, उसकी माँ जयश्री, इंद्रानी मुकर्जी, गोपी कृष्ण आदि थे। रास्ते भर शगल रहा। तीसरे प्रहर पेट्रोल लेने हम एक शहर में एक पंप पर रुके तो अचानक हमने पाया कि एक टायर बैठा जा रहा है। पंक्चर था। अच्छा हुआ, पेट्रोल पंप पर पहुँचकर पंक्चर हुआ। टायर ठीक कराने में 40 मिनट लग गए। उस दौरान मनोज और मैं बस से बाहर निकलकर हाथ-पाँव सीधे करने लगे। मनोज ने सिगरेट सुलगाई। अपनी बीमारी के दिन यानी 30 जनवरी की शाम से मैंने सिगरेट छोड़ रखी थी। डॉ. मोदी के कन्सल्टिंग रूम्स में मैंने उस शाम आखिरी सिगरेट पी थी। अब मैं अपने साथ सिगरेट नहीं रखता था। किन्तु आज शाम मैंने मनोज से सिगरेट माँग और हलके-हलके, बिना धुआँ अन्दर लिये पीने लगा। सहसा सामने 200 गज की दूरी पर मकानों की छतों के ऊपर से प्राचीन भव्य मन्दिर का गोपुरम (गोपुर) दिखाई दिया। तीसरे पहर की धुँधली सुनहरी धूप गोपुरम के कलशों पर चमचमा रही थी और गोपुरम के पीछे हवा में

बहकते हुए बादलों ने रंग पकड़ना शुरू कर दिया था। कुछ दृश्य केवल दृश्य ही नहीं होते, एक स्थिति भी होते हैं। एक वातावरण होते हैं। एक समाँ होते हैं। वह दृश्य बस ऐसा ही था और ऐसे में मैं खो गया।

थोड़ी देर बाद मनोज ने मेरा कन्धा थपथपाकर पूछा : 'क्या सोच रहे हैं साहू साहब?'

'कुछ नहीं,' मैंने कहा।

'नहीं, सच बताइए, क्या सोच रहे थे?'

'सामने मन्दिर का वह गोपुरम देख रहे हो न?'

'हाँ।'

'उसे देख रहा था।'

'और सोच क्या रहे थे?'

'गोपुरम देखकर एक कहानी सूझी है, मनोज।'

'सच? सुनाइए कहानी!'

बस जब चली तो मैंने रास्ते में मनोज को वह कहानी सुनाई। कहानी का ढाँचा मात्र था, कथानक।

सुनकर मनोज उत्तेजित हो उठे। 'इसमें हीरो की भूमिका मैं करूँगा,' वे बोले।

'हाँ, जरूर; तुम्हीं करना,' मैंने कहा।

'कहानी का नाम क्या होगा?'

'गोपुरम।'

'बहुत बढ़िया नाम सोचा है।'

उसके आगे हमारी बातचीत खंडित हो गई क्योंकि बादल घटाटोप घिर आए और बिजलियाँ चमकने लगीं, घोर गर्जनाएँ होने लगीं, और ऐसा लगने लगा कि मूसलाधार वर्षा होने वाली है। प्यारा समाँ था लेकिन मैंने देखा, मनोज परेशान और भयभीत हो उठे। जब कभी बिजली चमकती, वे काँप जाते। उनकी यह दशा देखकर हम सब उन पर हँसने लगे और उनका मजाक उड़ाने लगे। वह सहमे हुए सुन्न बैठ रहे और बादलों की ओर ताकने लगे और फिर नई बिजली के चमकने और बाद में गर्जना की प्रतीक्षा में व्याकुल हो उठने लगे। मैं उनका मुँह अपनी ओर मोड़ता और कहता कि बाहर आकाश की ओर न देखें लेकिन न जाने किस चुम्बक के खिंचाव से वे रह-रहकर बाहर को ताकने लगते और जब-जब बिजली चमकती, सिहर-सिहर जाते। उनका चेहरा फक पड़ गया। पर फिर बिजलियाँ और गर्जनाएँ मन्द पड़ गईं और बूँदा-बाँदी शुरू हो गई और साथनूर के टूरिस्ट्स बँगलों पर हमारी बस पहुँच गई।

बिजली की चमक और बादल की गर्जना से इस प्रकार भयभीत हो जाने का कारण मनोज न बता सके। कहने लगे, बचपन से वे इसी प्रकार डरते आए हैं।

'तुम जब माँ के गर्भ में थे तब कोई घटना जरूर हुई होगी जिसका यह नतीजा है।'

'बहुत सम्भव है,' वे बाले। 'या कोई घटना पिछले जन्म में हुई होगी मेरे साथ।'

'हाँ,' मैंने कहा, 'यह भी बहुत सम्भव है।'

साथनूर डैम पर आठ-दस बँगले बने हुए थे जो 'टूरिस्ट्स बँगलाज' कहते थे। हम कलाकार और तकनीशियन मिलाकर पचास के लगभग थे जो इन बँगलों में ठहर गए। दूसरे दिन वासन भी पहुँच गए और हमारे ही पड़ोस वाले बँगले में रहने लगे।

बँगलों में पलंग, खटिया आदि कुछ न था। कमरे बिलकुल खाली थे। बिस्तर हम अपने साथ लाए थे जो कमरों की पक्की फर्श पर बिछाकर हम आराम से सो जाते। साथ आई हुई लोहे की दो मेजें जुड़ाकर हमारे ड्रॉइंगरूम में लगा दी गईं और उनके अतराफ साथ आई हुई दस-बारह कुर्सियाँ और बेचें रख दी गईं। हम सब साथ बैठकर इस टेबल पर खाया करते। यूनिट के शेष लोगों के लिए किचन अलग था और कलाकारों के लिए अलग। कलाकारों का किचन हमारे बँगले में था और साथ लाए हुए रसोइयों से अपनी निगरानी में खाना बनवाने की जिम्मेदारी प्रीति ने अपने ऊपर ली हुई थी, जिससे हम सबको ब्रेकफास्ट, लंच और डिनर वक्त पर और बढ़िया मिलता था। वासन, चूँकि शाकाहारी थे, अपने बँगले पर ही दूसरे किचन का खाना खाया करते।

आँधी-पानी हो रहा था जिससे शूटिंग में काफी बाधाएँ पड़ीं। जब-जब पानी खुलता और धूप निकलती, मैं यूनिट को लेकर पास ही डैम (बाँध) पर पहुँच जाता और वहाँ के सुन्दर बाग में शूटिंग किया करता।

रात को खाने के समय हमारा बँगला गुलजार हो जाता। गपशप और कहकहों के बीच दो घंटे तक डिनर चलता रहता। चाबी वाली गुड़िया की तरह जरा चाबी भर देने से जयश्री चालू हो जाती थी। काफी बोलती थी। कहा करती कि वी. शान्ताराम के साथ बिताए हुए समय में (लगभग 20 वर्ष) वह अकेलापन अनुभव किया करती थी और उसे बोलने-चालने का मौका नहीं मिला करता था, इसीलिए अब, अवसर पाने पर, ज्यादा बोलने लगी है। कोई न कोई उसे छेड़ देता और वह अपनी आपबीती बताना शुरू कर देती। अपना बचपन, जवानी के दिन, शान्ताराम से भेंट, प्रेम प्रकरण, अपने और शान्ताराम के बीच के कुछ गुप्त प्रसंग, दाम्पत्य जीवन की कुछ रोचक घटनाएँ, कुछ बेहूदगियाँ, कुछ झगड़े—ये उसके रोजाना के विषय होते। वह आँखें मटकाकर, कुछ अधिक नाटकीय भाव-भंगिमा के साथ बोलती जाती और हम सब हँसते जाते। हमें हँसाने और हमारा मनोरंजन करने में जयश्री को बड़ा

मजा आता। सिनेमा से वह रिटायर हो चुकी थी, मगर चूँकि वह अच्छी और आकर्षक अभिनेत्री रह चुकी थे, प्रेक्षकों से सराहना और तालियाँ पाने की साध उसकी अब भी बनी हुई थी। अब हमसे प्रोत्साहन, सराहना, खिलखिलाहटें पाकर वह और उत्तेजित हो उठती और उसका यह भ्रम कि वह अभिनय कर रही है और प्रेक्षक सामने बैठे खुश हो रहे हैं, उसे तृप्त कर देता।

साथनूर में हमें एक बात की तकलीफ थी। बाँध के एक छोर पर कुंड में थोड़ा-सा पानी था। वर्षा हो जाने के कारण आसपास की लाल मिट्टी वाली धरती से पानी बहकर यहीं जमा हो गया था। पानी में मिट्टी मिली होती और रंग लाल होता। हम पानी को उबालकर पीते। उसमें फिटकिरी भी डालते ताकि मिट्टी नीचे जम जाए। मगर कभी पानी में फिटकिरी का स्वाद आता या कभी बालू दाँतों में किचकिचाती। अचानक एक दिन हमने गौर किया कि जयश्री और राज्यश्री के गिलासों में स्वच्छ पानी है। जब मैंने कारण पूछा तो जयश्री कहने लगी कि बँगलों के माली को उसने पाँच रुपए देकर पटा लिया है और माली दफ्तरवाले बँगले से मटका भर पानी उसे रोज चुपके से दे जाता है। यह सुनकर सब लोग चकित और प्रभावित हो गए।

'मगर, जयश्री,' मैंने पूछा : 'इन बरसात के दिनों में दफ्तर में कहाँ से साफ पानी आ गया? पानी तो डैम के कुंड से ही आता है और वहाँ तो लाल कीचड़ भरा पड़ा है?'

जयश्री मुस्कुराई। 'दफ्तर में फिल्टर है,' वह बोली।

'तुम्हें कैसे पता?'

'माली ने कहा।'

और हम लोग उल्लू की तरह लाल गन्दा पानी पिए जा रहे थे जबकि जयश्री की व्यवहार-कुशलता माली से वह स्वच्छ पानी प्राप्त कर चुकी थी। हम सबने जयश्री को उसकी होशियारी पर दाद दी। हमने कहा, माली को हमारी ओर से भी बख्शीश दे दो, मगर यह साफ पानी हमें भी मिलना चाहिए।

और तब जयश्री ने हम सबके लिए चुपके से एक और मटका उस साफ पानी का मँगवा दिया।

वह साफ पानी हम दो दिन तक पीते रहे। गन्दे, लाल, फिटकिरी मिले पानी के बाद वह स्वच्छ, पारदर्शक पानी विचित्र लगा। न खारा, न मीठा। बिलकुल मरा हुआ। पानी के उस स्वाद ने, बल्कि स्वादहीनता ने मुझे सोच में डाल दिया। मैं परेशान हो गया। दूसरे दिन सवेरे ही मैंने जाकर माली को पकड़ा। दो रुपए उसे थमा कर दफ्तरवाला बँगला अन्दर से दिखाने को कहा। वह मान गया। दफ्तरवाले बँगले के पीछे, दीवार से घिरे अहाते के भीतर एक हौज था, जो बँगले की दीवार से लगा हुआ था, और हौज पानी से भरा हुआ था। पानी में बेशुमार पत्ते सड़ रहे थे, कुछ

कीड़े भी मरे हुए पड़े थे यानी यह पानी पुराना, साल भर पुराना था। पिछली बरसात का पानी था। दफ्तरवाले बँगले में कोई फिल्टर न था। फिल्टर कहीं न था। बख्शीश के लालच में माली जयश्री को वह पुराना, मरा हुआ पानी कपड़े से छान-छानकर दिए जा रहा था और अपने को चालाक और होशियार समझनेवाली जयश्री वह सड़ा हुआ पानी खुद भी पी रही थी और हम सबको भी पिला रही थी। मुझे तो स्थिति का ज्ञान होते ही उबकाइयाँ आने लगीं।

जब मैंने सड़े पानी की वास्तविकता साथियों को बताई तो सब बड़े हैरान हुए। जयश्री मारे शर्म और ग्लानि के गड़ गई। और हमने फिर से वह फिटकिरी मिला, लाल मिट्टी वाला पानी पीना शुरू कर दिया।

एक दिन मैंने प्रॉडक्शन मैनेजर (निर्माण प्रबन्धक) से पूछा : 'रोजाना शाम को ताजी सब्जी, गोश्त, मछलियाँ, आदि खाने की सामग्री कहाँ से आ जाती है?'

उसने कहा : 'तिरुवन्नमलई से।'

'तिरुवन्नमलई...वह कहाँ है?'

'यहाँ से बीस मील पर—जहाँ आते समय हमारी बस का पंक्चर हुआ था और हमने पेट्रोल भरवाया था।'

'जहाँ एक प्राचीन मन्दिर था?'

'जी हाँ,' वह बोला : 'वही।'

'अरे तो वह तिरुवन्नमलई था, जहाँ रमण महर्षि हुए हैं?''

'जी हाँ, जी हाँ!'

मैं अपने सौभाग्य पर चकित भी हुआ और खुश भी। कुआँ खुद चलकर प्यासे के पास आया था।

दूसरे दिन बदली और रिमझिम के कारण शूटिंग बन्द थी। प्रीति को लेकर मैं कार में बैठकर तिरुवन्नमलई गया। प्राचीन भव्य मन्दिर था। इसी देवस्थान के भीतर स्व. रमण महर्षि ने युवावस्था में, समाधि लगाकर ब्रह्मज्ञान प्राप्त किया था और बाद में, ब्राह्मणों और पुजारियों और धर्म के ठेकेदारों द्वारा सताए जाने पर पड़ोस की अरुणाचलम पहाड़ी की गुफाओं में जा बसे थे और वहीं से उनका महात्म प्रसारित हुआ था। मन्दिर में पूजा-अर्जना के बाद हम दोनों पास ही, शहर के बाहर स्थित, महर्षि के आश्रम गए, जहाँ महर्षि रहा करते थे, जहाँ दुनिया भर से उनके भक्त उनके दर्शनार्थ आया करते थे, जहाँ उन्होंने अनेक चमत्कार किए थे, जहाँ उन्हें मोक्ष प्राप्ति हुई थी।

आश्रम में विचित्र शान्ति थी और वह शान्ति लगने वाली शान्ति थी, स्पर्श करने वाली शान्ति थी।

मद्रास में मैंने अनेक तमिल चित्र देखे। हिन्दी चित्रों का अनुकरण उनमें साफ झलकता था। तमिल चित्र अधिक भद्दे (क्रूड), अधिक नाटकीय और बनावटी लगे। उनका अभिनय भी अतिशयोक्तिपूर्ण (लाउड) प्रतीत हुआ। किन्तु एक युवती अभिनेत्री अपवाद थी। कुछ चित्रों में मैं उसे देख चुका था और चित्र में उसने बड़ी सहजता से, बड़ी कुशलता से वास्तविक और जीवन्त अभिनय किया था और वह दक्षिण की श्रेष्ठ अभिनेत्रियों में समझी जाती थी। दक्षिण की वह मीना कुमारी कही जाती थी। युवती मोटी थी, अत्यधिक सुन्दर और आकर्षक थी। उस ठोस काया और कोमल मुखड़े के अद्‌भुत समन्वय का नाम सावित्री था। सावित्री से मेरा अच्छा परिचय हो गया और हम लोग एक दूसरे के घर आने-जाने, खाने-पीने लगे।

उन्हीं दिनों बम्बई में त्रिकमभाई दवे और बाबूभाई शुक्ला अपनी संस्था, रत्नदीप पिक्चर्स, के बैनर में 'घर बसा के देखो' नामक चित्र के निर्माण की योजना बना रहे थे। उन्होंने चित्र के दिग्दर्शन के लिए मेरे साथ अनुबन्ध किया। मैंने वासन से अनुमति लेकर 7 नवम्बर, 1969 को 'घर बसा के देखो' का मॉडर्न स्टूडियोज, अन्धेरी, बम्बई में मुहूर्त करके शूटिंग शुरू कर दी। 'घर बसा के देखो' में मैंने मनोज कुमार और राजश्री को नायक-नायिका के लिए लिया और मद्रास से सावित्री को लेकर मुख्य सहनायिका का पात्र दिया। हास्य नायकों के लिए महमूद और जॉनी वॉकर लिये तथा खलनायिका के लिए श्यामा को। अब मैं एक साथ दो चित्रों का दिग्दर्शन कर रहा था—एक चित्र मद्रास में और दूसरा बम्बई में।

उन्हीं दिनों, जब मैं मद्रास में था, देव आनन्द का मुझे ट्रंक कॉल आया। कहने लगे, 'गाइड' चित्र बनाने की योजना वे बना चुके हैं। दो वर्शन्स (दो भाषाओं) में बनाएँगे—अँगरेजी और हिन्दी। अँगरेजी वर्शन का चित्र हॉलिवुड के दिग्दर्शक टेड डेनिलेविस्की बनाएँगे और हिन्दी वर्शन चेतन आनन्द (देव आनन्द के बड़े भाई)। दिग्दर्शक टेड डेनिलेविस्की और चित्र के अँगरेजी वर्शन की पटकथा लेखिका, नोबेल प्राइज विजेता, जगविख्यात लेखिका पर्ल बक भारत आ चुकी हैं और इस समय बम्बई में हैं। पात्रों के लिए कलाकारों का चयन हो रहा है। कहानी में तीन पात्र प्रमुख हैं—दो नायक हैं, एक नायिका। वे (देव आनन्द) स्वयं मुख्य नायक का पात्र कर रहे हैं। नायिका के लिए वहीदा रहमान को लिया हुआ है। सहनायक के लिए उन्होंने टेड को कुछ नाम सुझाए थे जिनमें मेरा नाम भी था। दूसरों से टेड मिले और उन्हें वे पसन्द नहीं आए। टेड अब मुझसे मिलना चाहते हैं, मुझे देखना चाहते हैं। क्या मैं एक दिन के लिए बम्बई आ सकता हूँ?

'गृहस्थी' की सतत शूटिंग में व्यस्त होने की वजह से मैंने मद्रास से एक दिन के लिए भी हिलने में अपनी असमर्थता जतलाई और आग्रह किया कि देव खुद टेड को साथ लेकर मद्रास आ जाएँ।

दूसरे दिन के हवाई जहाज से देव आनन्द और टेड डेनिलेविस्की मद्रास पहुँच गए। मेरे बँगले पर हमने साथ लंच खाया। खूब देर तक बातचीत और गपशप होती रही।

'जिस कलाकार, अभिनेता की मुझे खोज थी,' टेड अन्त में बोले : 'वह आप हैं। आप ही तो मारको हैं (कहानी के सहनायक पात्र का नाम लेखक आर.के. नारायण के उपन्यास 'मालगुडी' में, जिस पर 'गाइड' आधारित था, मारको था)। और आप ही उस पात्र के लिए मेरा कन्सेप्शन (मनोनीत कल्पना) हैं।'

इसके बाद पाँच मिनट में देव ने मेरे साथ 'गाइड' के दोनों वर्शन में भूमिका करने के लिए मुझसे अनुबन्ध की शर्तें तय कर लीं और टेड को साथ ले शाम के प्लेन से उड़कर बम्बई वापस चले गए।

लो! 'गाइड' के हिन्दी तथा अँगरेजी वर्शन्स में भूमिका करने का यह बड़ा अवसर अकस्मात् ही, अप्रत्याशित रूप से मेरे पास उस दिन सात सौ मील हवा में उड़कर आया था!

किन्तु विचित्र है, मुझे उस दिन खुशी न हुई। खुशी हुई, पर बेहद न हुई। आकस्मिक उपलब्धि मुझे उतना खुश नहीं कर पाती जितना आकस्मिक विपत्ति दुखी कर देती है। ऐसा लगता है कि उपलब्धियाँ तो मेरा जन्मसिद्ध अधिकार हैं और वे मुझे प्राप्त होनी चाहिए और जब अचानक कोई रुकावट, कोई विपत्ति समक्ष आ जाती है तो लगता है, यह बेकार में क्यों आ गई? मैंने कोई खोट तो न की थी? सम्भव है, ऐसा सोचना मेरा भ्रम या अहंकार हो!

किन्तु विपत्तियाँ अकारण भले ही आती हों, या लगता है कि अकारण आई हैं, लेकिन अकारण नहीं जातीं, ढेर-सी अनुभूतियाँ झोली में डाल जाती हैं। खदान से निकला हुआ धूमिल, अशुद्ध सोना जब तक आग में नहीं तपेगा तब तक वह शुद्ध, स्वच्छ न हो पाएगा, उसमें निखार न आएगा, चमक न पैदा होगी।

सुख-ऐश्वर्य में रत होकर मानव प्रायः गतिहीन और कुंठित हो जाता है, किन्तु विपत्ति और दुख में पड़कर ही मानवता सचेत और सचेष्ट होती है। मानव से मानवता महानतर है, और इस बात का अहसास मुझे है। इसीलिए विपत्तियों ने मुझे कितना ही झकझोरा क्यों न हो, मैं कोई शिकायत न करूँगा।

फरवरी, 1963 में 'गृहस्थी' समाप्त करके मैं बम्बई लौट आया था। आते ही 'घर बसा के देखो' की शूटिंग में जोरों से व्यस्त हो गया।

25 फरवरी को प्रीति को साथ ले मैं उड़कर उदयपुर गया। 'गाइड' की आउट-डोर शूटिंग के लिए उदयपुर, चित्तौड़ और आसपास का प्रदेश चुना गया था। राजस्थान में बीकानेर और जयपुर मैं पहले देख चुका था। उदयपुर जाने का मेरा यह पहला ही अवसर था। शहर वही राजस्थानी राजसी ठाठ लिए हुए है और

अपनी सुन्दर झीलों के लिए प्रसिद्ध है। किन्तु राजसी ठाठ केवल शहर की पुरानी इमारतों और प्राचीन महलों की वास्तुकला में ही है। शहर के लोगों तथा उनके रहन सहन पर आधुनिक सभ्यता एवं फैशन का प्रभाव अन्य शहरों की तरह ही पड़ चुका है।

झील के बीचोबीच बना हुआ जो लैक पैलेस है, जहाँ कभी महाराजा रहा करते थे, अब उसे उन्होंने होटल बना दिया था और स्वयं शहर में, झील के किनारे बने हुए प्राचीन किले में, रहने लगे थे। इस लैक पैलेस होटल में धनी विदेशी यात्री (टूरिस्ट्स) आकर ठहरा करते। इस लैक पैलेस होटल का अपना विशिष्ट आकर्षण था। आगरा में अगर टूरिस्टों को ताजमहल में ठहरा दिया जाए तो उनकी जो मनोदशा होगी, वैसी ही कुछ लैक पैलेस होटल में ठहरने से होती है।

'गाइड' का सारा यूनिट शहर के होटलों में ठहराया गया था, किन्तु हम कुछ खास लोग—देव आनन्द, चेतन आनन्द, वहीदा रहमान, पर्ल बक, टेड डेनिलेविस्की, छायाकार फली मिस्त्री—इस लैक पैलेस होटल में ठहरे थे। राजा-महाराजाओं की सत्ता जा चुकी थी, उन्हें प्रिविपर्स मिलने लगा था, और वे व्यवसायी बनकर तरह-तरह के व्यापार-धन्धे करने लग गए थे। लैक पैलेस होटल महाराजा अपनी निगरानी में स्वयं चलाते थे। होटल चूँकि नया-नया ही खुला था, अभी उसमें रसोई (किचन) की व्यवस्था ठीक से न हो पाई थी, इसलिए खाने की विशेष डिशेज (मुख्य व्यंजन) राजमहल से बनकर आती थीं।

पहले ही दिन डिनर टेबल पर पर्ल बक से प्रीति और मैं पहली बार मिले। खाने के दौरान जो बातचीत हुई, उससे पर्ल और हम शिष्टाचार की दीवार फाँदकर सहज ही पास आ गए। दूसरे दिन से अगर मैं डाइनिंग टेबल पर किसी दूर वाली कुर्सी पर बैठता तो पर्ल मुझे पुकारकर अपने बगल वाली कुरसी पर बिठा देती। प्रीति और उपस्थित अन्य लोग हमारे मेल-मिलाप को गलत न समझते। वे जानते थे, हम दो प्राणियों की जात एक है, हमारा क्षेत्र एक है, हमें परस्पर बहुत-कुछ बोलना, बताना, सुनना, समझना है। हम दोनों केवल दो व्यक्तियों की तरह ही नहीं मिला करते, दो लेखकों की तरह भी मिला करते और एक दूसरे के चरित्र को समझने तथा उसकी अद्‌भुतता को भाँपने, परखने के लिए सतत सतर्क और सचेष्ट रहते। फर्क इतना था कि मैं पर्ल बक के लिखे कुछ उपन्यास—'गुड अर्थ', 'हाउस डिवाइडेड', 'पोरट्रेट ऑफ ए मैरेज', 'पॅविलियन ऑफ विमेन', आदि—पढ़ चुका था, जबकि वह हिन्दी में लिखी मेरी किसी भी कृति से परिचित न थी। पर वह जान गई थी कि मैं केवल फिल्मी लेखक ही नहीं, साहित्यिक लेखक भी हूँ।

किन्तु हमारी बीसियों मुलाकातों में हमने कभी साहित्य पर चर्चा न की। हमारी बातों का विषय अक्सर जिन्दगी होता या जिन्दगी के वे छोटे-छोटे हजार प्रसंग होते, जिन पर कथाकार आश्रित और निर्भर रहता है।

पर्ल सत्तर वर्ष के लगभग रही होगी किन्तु लगती साठ की थी। पर्ल का जिस्म भारी हो आया था। उसके गोरेपन में सफेदी थी, सुर्खी नहीं। शक्ल अच्छी थी। स्वभाव सौम्य और शान्त था। उसे एक झलक देखकर पैनी आँखवाला लेखक ही नहीं, कोई अनाड़ी भी कह दे कि औरत भली है और सदा भली रही होगी। यौवन में अधिक आकर्षक रही होगी। किन्तु पर्ल का आकर्षण भला कोई आकर्षण था! यौनात्मक आकर्षण तो कभी न रहा होगा। उसके व्यक्तित्व तथा सूरत में सेक्स (यौन) न झलकता था, यद्यपि सेक्स उसके चरित्र में रह चुका था और अब भी था। वह आसानी से नन लग सकती थी। वह अँगरेजी अमरीकन ढंग (स्टाइल) से न बोलती। शब्दों के उच्चारण और वाक्यों की शब्द-रचना वह कुलीन, सुशिक्षित, सभ्य लेखक की तरह करती। उस तरह करती, जैसी अपनी रचनाओं में किया करती और साफ बोलती। कभी-कभी तो लगता कि वह अमरीकन नहीं है, विदेशी नहीं है, हमारी तरह भारतीय ही है। यह विशेषता उसमें इसलिए आई कि वह अपना बचपन और उसके बाद भी जीवन के अनेक वर्ष पूर्व में, मुख्यत: चीन में व्यतीत कर चुकी थी और चीन, जापान जैसे पूर्वी देशों से उसने अपना सम्पर्क सदा बनाए रखा था। इसलिए भी उसे अमरीकन नहीं कह सकते थे क्योंकि वह दुनिया का काफी भ्रमण कर चुकी थी और स्वभाव से अन्तर्राष्ट्रीय बन चुकी थी।

सवेरे जब हम सब तैयार होकर शूटिंग के लिए रवाना होते, बोट में या कार में बैठते तो पर्ल को बुलाना न पड़ता। उसके लिए कभी इन्तजार न करना पड़ता, वह सबके पहले तैयार होकर मुस्कुराती हुई आन उपस्थित होती। शूटिंग पर और काम के समय कभी बाधक न बनती, चुप-चुप रहती। स्थिति का, स्थल का, कलाकारों, तकनीशियनों और एकत्रित भीड़ का अपनी सधी हुई आँखों, सिद्ध लेखक वाली आँखों से निरीक्षण करती रहती। आउटडोर शूटिंग पर लंच के समय अपना लंच का पैकट लिये हुए जमीन पर भी बैठ जाती और खा लिया करती; खाने के बाद किसी पेड़ या झाड़ी की छाया में सूखी घास पर लेटकर जरा देर आराम कर लेती और फिर आँखों पर धूप का काला चश्मा लगाए, छाता ताने, बाजू में खड़ी होकर, शूटिंग देखा करती। किसी ने बैठने को कुर्सी दे दी तो ठीक और न दी तो भी ठीक। शूटिंग पर अक्सर प्रीति उसे साथ दिया करती।

पर्ल बक के कमरे में राइटिंग टेबल पर उसका पोर्टेबल टाइपराइटर रखा हुआ रहता और मैंने अक्सर उसमें कोई न कोई कागज लगा हुआ और कागज पर कुछ-कुछ पंक्तियाँ छपी हुई देखीं। सवेरे, शाम, कभी दोपहर को लंच के बाद या कभी शाम को शूटिंग से लौटने पर नहाने-धोने के बाद और डिनर के बीच के आधे घंटे के समय में जो थोड़ा-सा अवकाश मिलता तो पर्ल झट उस टाइपराइटर के सामने वाली कुर्सी पर बैठकर खटखटाया करती। कभी एक पृष्ठ, कभी तीन

पृष्ठ, कभी दस लाइनें और कभी चार लाइनें भी लिखती। यह नहीं कि लिखने के लिए दो घंटे का ही समय चाहिए तभी लिखने बैठेगी। नहीं, उसे दो घंटे भी चाहिए और पाँच मिनट भी। भारत की पृष्ठभूमि पर नया उपन्यास लिख रही थी।

पर्ल के सुन्दर उपन्यास 'पैवेलियन ऑफ विमेन' में जो मुख्य नायिका का पात्र है, उसका नाम वू है। आगे चलकर वह मैडम वू कहाती है। सुन्दर, कोमल, शीलवन्ती, व्यवहारकुशल, रसिक और भावुक नारी का वह पात्र बहुत बढ़िया चरित्र-चित्रण है। एक रात डिनर पर मैंने पर्ल से कहा : 'मैडम, वू चीन-चरित्र है और आप अमरीकन, पर आपको देखने से न जाने मैडम वू क्यों याद आती है!'

पर्ल मुस्कुराने लगी और चुप रही।

मैंने फिर कहा : "सच बताइए, आपने अपना ही चरित्र मैडम वू में तो नहीं उड़ेल दिया है?"

'क्या हर लेखक अपने पात्रों में अपने को कहीं न कहीं नहीं उड़ेल देता?'

'मैं मैडम वू की बात कर रहा हूँ।'

पर्ल लजा गई और उसके सफेद चेहरे पर यकायक लाली फैल गई। मुझे उत्तर की प्रतीक्षा में देख कंधों को हलके से उचकाकर 'कौन जाने' जताती हुई मंद-मंद मुस्कुराती खाने लगी। वह इसलिए लजा गई थी क्योंकि वह देख रही थी कि उसकी नब्ज पर मैंने हाथ रख दिया था। जिस तरह 'पैवेलियन ऑफ विमेन' में पर्ल ने मैडम वू का दोहरा चरित्र उधेड़कर रख दिया था, अब पर्ल देख रहा थी कि उसी तरह उसका चरित्र मेरे सामने उधड़ा पड़ा था। इतने दिनों से हमारी मुलाकातों में पर्ल खुद कम बोलती थी और मुझे अधिक बुलवाती थी। बीच-बीच में दो-चार प्रश्न पूछ बैठती और मुझे चालू कर देती और बड़े चाव से सुना करती। खुद वह कम खुलती, दूसरों को खोलकर रख देती और आज उसने अचानक अपने-आपको मेरे समक्ष खुली हुई पाकर शरमा गई और उसने मोर्चाबन्दी छोड़ दी, हथियार डाल दिये।

लेखक पर्ल बक के यौनहीन व्यक्तित्व के अन्दर जो नारी पर्ल थी, वह अत्यधिक नारी थी।

उदयपुर में और उसके बाद बम्बई में 'गाइड' के शूटिंग-काल के बीच हमारी अनेक भेंटें हुईं। दो बार पर्ल डिनर के लिए 'वाटिका' आई। घंटों सबके साथ बैठकर बातचीत की। पर कभी किसी को ऐसा न लगा कि पर्ल बक कोई असाधारण व्यक्ति है, कोई महान लेखक है।

कलाकार की तरह लेखक का भी महत्त्व उसकी कलाकृति में होता है, उसके निजी व्यक्तित्व में नहीं, अक्सर नहीं।

'गाइड' की आउटडोर शूटिंग चित्तौड़ में भी हुई। हम चित्तौड़ भी गए। उदयपुर से चित्तौड़ शायद 50 मील दूर है। हमने चित्तौड़ का वह प्राचीन ऐतिहासकि दुर्ग देखा। सारा किला, उसके प्राचीर, उसके कक्ष, आदि टूटी और खस्ता हालत में हैं। रूपवती महारानी पद्मिनी और दुष्ट अलाउद्दीन खिलजी का वह दर्दनाक ऐतिहासिक प्रसंग याद हो आया। हमने जाकर वह कक्ष देखा जिसकी खिड़की पर पद्मिनी खड़ी हुई थी और सामने प्रांगण में बने हुए उनके छोटे से ताल के उस पार से अलाउद्दीन ने ताल के जल में पद्मिनी का प्रतिबिंब देखा था और देखकर आसक्त हो गया था। कितना छोटा कक्ष था! कितना छोटा ताल था! हौज की तरह। वे कुंड भी देखे जहाँ पद्मिनी तथा दुर्ग की वीर क्षत्राणियों ने जौहर किया था।

अतीत के वैभव और राजस्थान की आन, बान और शान का वह प्रतीक दुर्ग आज खँडहरों का फैलाव मात्र है।

चित्तौड़ आज छोटा-सा गाँव है—पुराना, पिछड़ा हुआ, दरिद्र गाँव। और गाँव के बीच चित्तौड़ का वह प्रख्यात 'विजय स्तंभ' सिर धुनता खड़ा हुआ है।

किसी रूपवती को वर्षों बाद उसके बुढ़ापे में देखकर जैसे मन उदास हो जाता है, वैसे ही चित्तौड़ का गौरवशाली इतिहास पढ़ चुकने के बाद उस दिन जब हमने घूम-फिरकर वे रोते-बिलखते खँडहर देखे तो मन उदास हो गया।

'गाइड' का अँगरेजी वर्शन तीन-चार महीने में बनकर तैयार हो गया और पर्ल बक तथा टेड डेनिलेविस्की अमरीका वापस चले गए। टेड लगभग 45 की अवस्था का था। छरहरे बदन का अधिक दुबला, पिचे गालों का व्यक्ति था। फिर भी उसका व्यक्तित्व प्रभावशाली था। शायद यह विशेषता उसके पद ने उसे प्रदान की हुई थी। चपल और स्मार्ट था पर दिग्दर्शक घटिया था। वह हॉलिवुड का कोई नामी दिग्दर्शक नहीं रह चुका था और भारत आकर 'गाइड' के चित्रीकरण में पग-पग पर यह प्रमाणित कर रहा था कि हॉलिवुड में सब तीसमार नहीं होते, कि काबुल में गधे भी होते हैं, कि दूर के ढोल सुहावने होते हैं।

टेड डेनिलेविस्की की दिग्दर्शित और पर्ल बक की पटकथा पर आधारित 'गाइड' की वह अँगरेजी फिल्म बिलकुल मामूली बनी। देव आनन्द को उसमें हानि ही हुई।

'गाइड' का हिन्दी वर्शन भी साथ-साथ ही बनने वाला था और पहले उसका दिग्दर्शन देव के बड़े भाई चेतन आनन्द करने वाले थे किन्तु देव और चेतन के बीच कुछ गलतफहमियाँ और मन-मुटाव हो जाने से हिन्दी वर्शन स्थगित कर दिया गया था, जो अँगरेजी फिल्म के समाप्त हो जाने पर तुरन्त ही विजय आनन्द (देव के छोटे भाई) के दिग्दर्शन में शुरू किया गया। और दिसम्बर में मैं फिर उदयपुर गया। प्रीति मेरे साथ थी।

'गाइड' की यह हिन्दी रूपान्तर बढ़िया रहा। इसकी पटकथा विजय आनन्द ने लिखी थी। कहानी को जमकर सविस्तार और कलात्मक ढंग से चित्रित किया गया था। हिन्दी चित्र 'गाइड' बढ़िया बना। लोगों ने इसमें एक नया देव आनन्द देखा। वहीदा इतनी आकर्षक कभी न लगी जितनी कि वह 'गाइड' में लगी। लोगों को मेरा अभिनय विशेष पसन्द आया। 'गाइड' हर दृष्टि से अच्छा चित्र था और चला भी अच्छा था। अब विजय आनन्द की गणना देश के बहुत अच्छे दिग्दर्शकों में होने लगी।

अशोक कुमार और बाबूराव पटेल की तरह ही शशधर मुकर्जी, अपनी खामियों के बावजूद—खामियाँ किसमें नहीं होतीं? मुझमें भी हैं और अनेक हैं—पिछले पैंतीस वर्षों से मेरे अन्तरंग मित्रों में से रहे हैं।

दोस्ती निभाने का एक मात्र सूत्र है : दोस्त को कसौटी पर कभी न परखो, उसके गुण-दोष सहित उसे अपना लो, बिना किसी स्वार्थ या लेनदेन के, और उसकी संगत से मजा लो।

मुकर्जी ने कई बार मुझसे कहा, अकेले में कहा और पार्टियों में सबके सामने कहा : 'तुम्हारी हिम्मत और लगन की मैं दाद देता हूँ, साहू! कभी कहे हुए अपने शब्द मैं वापस लेता हूँ। मैंने कहा था : एक बार गिरकर फिर कोई नहीं उठता—पर तुमने उठकर दिखा दिया। ऐसा कभी नहीं हुआ था।'

और हर बार मेरा उत्तर होता है : 'गिरना और उठना भाग्य का खेल है, मुकर्जी। इन दोनों अवस्थाओं में आदमी वही रहता है और उसके टैलेंट्स भी वही रहते हैं। जो गिरने से घबराए, वह फिल्म लाइन में कभी न आए। और फिर 'वह तिफ्ल (बच्चा) क्या गिरेगा, जो घुटनों के बल चले!'

कई वर्षों से अमृतलाल नागर और मेरे बीच एक मनमुटाव था। 15 वर्ष पूर्व जब से वे बम्बई छोड़कर लखनऊ वापस चले गए थे—हममें कोई सम्बन्ध न रहा था, चिट्ठी-पत्री तक नहीं। हमारे बीच की यह खाई मुझे सदा खटकती रही थी। तात्कालिक रोष में मेरे मन ने उन्हें ही दोषी ठहराया था। अब वह रोष लम्बे समय में धुँधला गया था, फीका पड़ गया था। जब दो व्यक्तियों के बीच गलतफहमी और मनमुटाव होता है तो हर एक व्यक्ति यही समझता है कि सारा दोष दूसरे का है। बहुत सम्भव है कि दोष उसी का हो, या दोनों का हो। अब यह मानकर कि ज्यादती मेरी ओर से ही हुई होगी। मैंने अमृत को पत्र लिखा।

अमृतलाल नागर का उत्तर तुरन्त आया।

टूटी हुई मित्रता जब दोबारा जुड़ती है तो उसका अपना अलग ही स्वाद होता है।

और उसके बाद हमारे बीच की खाई पट गई और हममें पत्र-व्यवहार शुरू हो गया।

1 मई, 1963 को जब मैं 'घर बसा के देखो' की स्टूडियो में शूटिंग कर रहा था, सहसा मैंने देखा, सेट पर एक ओर अमृतलाल नागर खड़े हैं। शॉट समाप्त होते ही वे लपककर आए और हम दोनों गले मिले। हम सोलह वर्षों बाद मिले थे। दोनों ओर से सारा मनोमालिन्य दूर हो गया और मन हलका हो गया।

अगस्त में नाज थिएटर, बम्बई में 'गृहस्थी' ने जुबली की। और जगह भी की। अक्टूबर में 'घर बसा के देखो' रिलीज हुआ और अच्छा चला।

सुस्ताने और आराम के लिए परिवार को लेकर मैं पंचगनी और महाबलेश्वर गया। जगह की तब्दीली में विचित्र जादू होता है। पंचगनी में बिताए हुए दस दिनों में मैंने कुछ कहानियाँ सोचीं। अपनी 'पूनम की रात' रहस्यात्मक कहानी पर पटकथा लिखने लगा और अपनी नई संस्था के निर्माण की योजना बनाने का विचार मन में प्रबल होने लगा।

पंचगनी, महाबलेश्वर से लौटते ही मैंने 'किशोर साहू प्रॉडक्शन्स प्रा. लि.' नाम से अपनी नई फिल्म संस्था स्थापित कर दी और चित्र निर्माण की प्राथमिक तैयारियों में व्यस्त हो गया।

चेम्बूर में हमारा बँगला 'वाटिका' डेढ़ एकड़ जमीन के बीच बना हुआ था। सोलह वर्ष पूर्व जब वह बनाया गया था तो चेम्बूर जंगल और बागों का एक सुन्दर मिश्रण था और आबादी कम और जमीन सस्ती थी। अब चेम्बूर का वीराना खासा शहर बन चुका था। जमीन महँगी हो चुकी थी। अब जमीन एकड़ के हिसाब से नहीं, गज के हिसाब से बिकती थी। और फिर मेरा परिवार बढ़ चुका था। पहले, 'वाटिका' बनते समय, हमारे दो बच्चे थे—रोहित और नयना, और दोनों छोटे थे। अब चार बच्चे थे, और चारों बड़े हो चुके थे। रोहित और नयना कॉलेज में थे, ममता और विक्रम (विकी) स्कूल में। 'वाटिका' छोटा पड़ने लगा। हमने मकान में कमरे जोड़कर बड़ा करने के बजाय यह तय किया कि 'वाटिका' तोड़कर गिरा दें और दो-तिहाई जमीन बेचकर उसी अहाते में सामने की ओर नया और बड़ा मकान बनाएँ। सो हमने वैसा ही किया।

1964 के आरम्भ में—19 जनवरी के दिन—हमने नए मकान का पाया डाल दिया और मकान का काम शुरू कर दिया। हमने तय किया कि इस नए मकान का नाम भी 'वाटिका' ही रखेंगे। पुराने 'वाटिका' को तोड़कर गिराने और नए 'वाटिका' को बनाने का काम एक साथ ही जारी कर दिया। उस घर को, जिसमें हम सोलह वर्ष रह चुके थे और जिसमें हमने सुख और आराम के दिन बिताए थे, टूटता देखकर असह्य

हो जाना स्वाभाविक था; किन्तु ज्यों-ज्यों पुराने घर की दीवार टूट रही थी, नए घर की दीवारें ऊपर चढ़ रही थीं, और इस वजह से मन की चोटें विशेष महसूस न हो पाईं। जिस दिन पुराने घर की छत टूटी, उसी दिन नए घर की छत पाटी जा रही थी।

वास्तुकला से मुझे प्रेम रहा है और उसका मैंने काफी अध्ययन किया हुआ है। अपने चित्रों के सेटिंग्ज डिजाइन करने में हमेशा से मैं विशेष दिलचस्पी लेता रहा हूँ। इस नए दो मंजिला मकान के डिजाइन करने और उसे बनाने में मैंने व्यक्तिगत रूप से काफी समय दिया। उस वर्ष अपने चित्र 'पूनम की रात' के निर्माण के साथ-साथ मैं जो एक सुन्दर कृति का सृजन कर रहा था, वह हमारा यह नया मकान था।

मकान बनने की अवधि में हम बगल वाले नए मकान में एक फ्लैट किराए पर लेकर उसमें रहने लगे थे, जिससे अपने बनते हुए घर की निगरानी करने में सुविधा हो गई थी।

27 मई की दोपहर को मैं बँधे काम की देखरेख ही कर रहा था जबकि पंडित जवाहरलाल नेहरू के निधन का समाचार रेडियो पर प्रसारित हुआ। दुखी कर दिया उस शोक समाचार ने। बचपन से जवाहर मेरे हीरो रहे थे यद्यपि उनकी अन्तिम वर्षों की कुछ नीतियों से मैं सहमत न था। सहसा विश्वास न हुआ कि वे न रहे। अब क्या होगा?

किसने सोचा था कि महान नेहरू के बाद जो भारत का प्रधानमंत्री बनेगा, वह पाँच फीट का एक पिद्दी होगा। समाचार फिल्मों में जब कभी लालबहादुर शास्त्री दिखाई देते, सारे प्रेक्षक हँस-हँस पड़ा करते। जिस किसी विदेशी अतिथि के साथ शास्त्री जी की तस्वीर छपती तो तस्वीर देखकर हँसी आ जाती। किन्तु हर समय का एक व्यक्ति होता है। और व्यक्ति की परीक्षा संकट के समय ही होती है। अगले ही वर्ष सितम्बर, 1965 में जब भारत और पाकिस्तान में युद्ध छिड़ा तो इस छोटे आदमी ने बहुत बड़ा करतब दिखाया। वही पिद्दी—जिसे विदेशी पत्र और टाइम मैगजीन 'स्पैरो' (चिड़िया) कहकर उसका मजाक उड़ाया करते थे—अब पाकिस्तानियों की नाक काटकर, पाकिस्तान पर विजय प्राप्त कर—शेर बन गया, शेरे बब्बर बन गया, भारत का श्रद्धेय और प्यारा बन गया और दुनिया उसे आदर की दृष्टि से देखने लगी। समाचार चित्र में अब जब कभी वह पाँच फीट की 'विभूति' दिखाई देती, प्रेक्षक तालियों की बौछार से अपनी श्रद्धा का प्रदर्शन करते। दुनिया ने हमेशा बल और बलवान की कद्र की है।

नेहरू के निधन के दिन जब राष्ट्र नेताहीन और अनाथ होकर अपने को यकायक दीन और पंगु महसूस करने लगा था, कौन जानता था कि पन्द्रह महीने के अन्दर ही गुदड़ी का वह लाल लालबहादुर शास्त्री 'जय जवान जय किसान' का देश को गुरुमंत्र देकर अपनी प्रतिभा का ऐसा विलक्षण जौहर दिखाएगा और जनता नेहरू को इतनी जल्दी भुला देगी?

नेहरू के एक दिन बाद यानी 28 मई को महबूब खाँ का हृदयगति बन्द हो जाने से निधन हो गया। भारतीय फिल्म निर्माताओं-दिग्दर्शकों में महबूब का स्थान ऊँचा था। बहुत कम पढ़े-लिखे होने के बावजूद वे अच्छे दिग्दर्शक थे। गालियों वाले कुछ गन्दे शब्दों का प्रयोग किए बिना दो मिनट भी बात करना उनके लिए मुश्किल होता था। मगर रंगीन तबीयत के थे और साथ-साथ नमाजी भी। दोस्तों के दोस्त थे। मेरे दोस्त थे। फिल्म इंडस्ट्री का मुस्लिम वर्ग उन्हें अपना नेता मानता था।

2 अप्रैल, 1965 को 'पूनम की रात' बम्बई के मराठा मन्दिर तथा अन्य सोलह थिएटरों में रिलीज हो गया। चित्र साधारण रहा।

बीस महीने के सतत परिश्रम से हमारा नया दोमंजिला बँगला तैयार हो गया। एक प्रकार से यह नया मकान पुराने मकान का रूपांतर था। इसलिए हमने इस मकान का नाम 'वाटिका' ही रखा था। 5 अगस्त, 1965 के सवेरे हमने 'वाटिका' में गृहप्रवेश किया।

परिवार के हर सदस्य को अब अपने लिए अलग कमरा उपलब्ध हो गया और कमरे के साथ-साथ बाथरूम भी। अब तक मेरे पास स्टडी या लाइब्रेरी का कमरा जैसा कोई अलग कमरा न रहा था। मैंने अब तक का सारा लेखन डाइनिंग टेबल पर ही किया था या बेडरूम में।

हर व्यक्ति का एक विशेष चरित्र होता है और हर चरित्र की विशेष जरूरतें होती हैं। हालाँकि जरूरतें बढ़ाई या घटाई जा सकती हैं, और यह सच है कि बहुत-सी चीजों के बिना इन्सान जिन्दगी बसर कर सकता है, लेकिन यह भी सच है कि ऐसी भी बहुत-सी चीजें हैं, जो औरों को छोटी, बेकार और बेमानी प्रतीत होती हैं, पर उनकी उपलब्धि एक इनसान के लिए बड़ा महत्त्व रखती है।

वह स्थान यानी घर, जहाँ मनुष्य अपने जीवन का अधिकांश यानी 75 प्रतिशत समय बिताता है, अच्छा चाहिए।

एक संन्यासी पेड़ के नीचे और कन्दराओं में शान्ति से रह सकता है लेकिन एक दुनियादार, महत्त्वांकाक्षी, संसारी के लिए भौतिक उपलब्धियाँ आवश्यक हैं। भौतिक उपलब्धियों के मूल में अहंकार है। अहंकार न हो तो मनुष्य शिथिल और गतिहीन हो जाए। इसीलिए जब व्यक्ति संसार का त्याग करता है तब उसे अहंकार का भी त्याग करना पड़ता है और तभी वह मन, वचन और कर्म से सर्वथा गतिहीन होने की आशा कर सकता है, ध्यान और समाधि में डूब जाने का प्रयास कर सकता है।

मेरी नई कहानी और पटकथा 'हरे काँच की चूड़ियाँ' तैयार थीं और मैं पात्रों की खोज कर रहा था। विश्वजीत को हीरो की भूमिका के लिए सोचा हुआ था किन्तु हीरोइन के लिए मुझे बिलकुल नई लड़की चाहिए थी जो कम उम्र हो और

कॉलेज की छात्रा लगे, सभ्य और कुलीन लगे, सुशील लगे। ऐसे नए चेहरे की खोज में मुझे महीनों लग गए। बम्बई और दिल्ली के कॉलेजों की छात्राओं पर मैंने बार-बार नजर घुमाई। दिलचाही कोई न दिखाई दी।

सेंट जेवियर कॉलेज में इंटर छोड़कर नयना 'निर्मला निकेतन' में डोमेस्टिक साइंस (गृहस्थी विज्ञान) सीखने चली गई थी और 'निर्मला निकेतन' के ही होस्टल में रहने लगी थी। हफ्ते, दो हफ्ते, तीन हफ्ते बाद छुट्टी के दिन हम सबसे मिलने 'वाटिका' आया करती थी। तीन हफ्ते के बाद एक दिन दोपहर को जब नयना घर आई तो मैं उसे कुछ देर तकता रह गया। मुझे ऐसा लगा मानो मेरे सामने मेरी हीरोइन खड़ी है जिसकी मुझे इतने दिनों से खोज थी! मेरी मनपसन्द हीरोइन मेरे ही घर में थी और मैं उसे बाहर ढूँढ़ रहा था!

मैंने नयना से सहसा पूछा : 'पिक्चर में काम करोगी?'

'कौन, मैं?'

'हाँ, तुम।'

'कौन से पिक्चर में?'

' 'हरे कॉच की चूड़ियाँ' में।'

'कौन-सा रोल?'

'हीरोइन का रोल।'

'मैं कर सकूँगी?'

'क्यों नहीं!'

नयना खिल उठी। बड़े आत्मविश्वास के साथ उसने कहा : 'हाँ, करूँगी।'

मैंने पहले कभी नहीं सोचा था, न प्रीति ने सोचा था कि आगे चलकर हमारी बेटी अभिनेत्री बनेगी। न मैंने नयना को अभिनय की कोई शिक्षा दी थी।

मैंने नयना और विश्वजीत को नायिका और नायक के लिए नियुक्त कर 'हरे काँच की चूड़ियाँ' चित्र का 5 सितम्बर, 1965 को रंजीत स्टूडियोज में मुहूर्त कर दिया और शूटिंग आरम्भ कर दी।

दो दिन बाद, पाकिस्तान से युद्ध छिड़ गया और बम्बई में रात को ब्लैक आउट शुरू हो गया। देश भर में एक सनसनी, एक जागृति, एक फुरेरी फैल गई। लड़ाई कुल 23 दिन चल पाई, और पाकिस्तान ने मुँह की खाकर घुटने टेक दिए। पर उन 23 दिनों के बीच देशवासियों में अखंड भारत की भावना की झलक सतत देखने को मिली। प्रधानमंत्री लालबहादुर शास्त्री, भारत के श्रद्धेय नेता, लोकप्रियता के शिखर पर जा पहुँचे।

रूस ने बीच में पड़कर भारत और पाकिस्तान में समझौता कराया। समझौते के लिए शास्त्रीजी और अयूब खाँ ताशकन्द गए थे। समझौते पर हस्ताक्षर करने के बाद ही, उसी रात को—11 जनवरी, 1966—लालबहादुर शास्त्री का यकायक देहान्त हो

गया। घोषित किया गया कि हृदयगति बन्द हो जाने से मृत्यु हुई है। शास्त्रीजी को हार्ट ट्रबल तो था ही। किन्तु इस अकस्मात् मृत्यु के कारण कई अफवाहें फैल गईं। कुछ लोग कहने लगे, शास्त्रीजी को हस्ताक्षर करते ही अपनी भूल दिखाई दी और उन्हें सदमा पहुँचा कि समझौते पर हस्ताक्षर करके उन्होंने भारत को डुबो दिया है। कुछ लोगों का विश्वास था कि शास्त्रीजी मरे नहीं थे, मारे गए थे। जहर देकर उन्हें मार डाला गया था। कोई कहता, अयूब खाँ के गुप्तचरों ने मारा है। कोई कहता, गुप्तचर चीनी थे। कोई कहता, पाकिस्तानी और चीनी गुप्तचरों ने मिलकर उन्हें विष दिया था, आदि। और आज तक शास्त्रीजी की आकस्मिक मृत्यु का कारण एक पहेली बना हुआ है, जैसा कि हिन्दू महासभा के अध्यक्ष और नेता श्यामाप्रसाद मुखर्जी की कश्मीर के कारावास में अकस्मात् मृत्यु का कारण आज तक पहेली बना हुआ है।

कुछ अफवाहें होती हैं, जो धारणाएँ बन जाती हैं। राख से जब कभी धुआँ निकलता है, अन्दर कहीं आग की चिंगारी जरूर दबी हुई होती है। हर वह घटना, जिसका विश्वस्त रूप से प्रमाण न मिले, पहेली ही लगती है। किन्तु हर पहेली के अन्दर कहीं सत्य की चिंगारी जरूर दबी हुई होती है।

लोगों की जुबान पर रोकथाम लगाई जा सकती है पर उनके मन में उठते हुए विचारों को, मन में घुमड़ते हुए विकारों को कोई शासन नियंत्रित नहीं कर सकता, नष्ट नहीं कर सकता और मन के मौन विचार कभी कितने भयंकर रूप से सवाक् हो उठते हैं!

मद्रास में एस.एस. वासन अपने जैमिनी स्टूडियोज में हिन्दी चित्र 'औरत' बनाने की योजना बना रहे थे। इस चित्र के संवाद लिखने के लिए उन्होंने मुझे तय किया क्योंकि 'गृहस्थी' में मेरे लिखे संवाद से वे बहुत प्रभावित हो चुके थे। वासन हिन्दी ठीक से नहीं बोल पाते थे किन्तु हिन्दी समझते थे और संवाद बार-बार सुना करते, उन्हें दुहराते, और उनकी खूबियाँ समझते। वासन की आँख उतनी तेज न थी जितने तेज उनके कान थे। अपनी शुरू जिन्दगी के किस्से बताते हुए वासन ने एक दिन मुझसे कहा था कि कभी उन्हें रेस खेलने का व्यसन था। वास्तव में उनका भाग्य रेस के कारण ही चमका। रेस में वे लाखों जीते, और जीते हुए उसी धन को फिल्मों में लगाकर उन्होंने और भी धन कमाया। कहने लगे कि अब वे कोई काम करते हैं तो मन लगाकर, एकलक्ष्य होकर करते हैं, समस्या के मूल में झाँककर देखते हैं, और प्रश्न का हल गणित तथा विज्ञान के सहारे खोजते हैं। जब वे रेस खेला करते थे तो सवेरे चार बजे उठकर अस्तबल जाया करते थे और जब साइस लोग घोड़ों पर चढ़कर उन्हें अस्तबल से बाहर निकालकर रेसकोर्स में प्रैक्टिस के लिए भगाया करते थे तो वासन उस झुटपुटे में एक ओर खड़े हुए, टापों की आवाज से

भाँप लिया करते थे, कि कौन टाप किस घोड़े की है। सवेरे के झुटपुटे में नित किए हुए घोड़ों के अध्ययन, निरीक्षण ने यह किया कि उन्हें इस योग्य बना दिया कि ठीक-ठाक अनुमान लगा सकें कि कौन-सा घोड़ा रेस में बाजी जीत लेगा। उनका अनुमान जब कभी गलत सिद्ध हुआ, उसके अन्य कारण थे; तो घोड़े की टाप पहचानने के लिए कान तेज चाहिए।

वासन के कान तेज और अभ्यस्त थे। अपने दफ्तर के अन्दर बैठे-बैठे वे जान लिया करते कि उनके दफ्तर के बन्द दरवाजे के बाहर कौन आ रहा है, कौन जा रहा है। हरेक के जूतों की टाप और चप्पलों की थाप वे जानते और पहचानते थे। उड़ती चिड़िया के पर पहचानने की बात मैंने सुनी थी, दौड़ते घोड़े की टाप पहचानने की नहीं। और वासन टाप पहचानते थे।

वासन साँवले और छोटे कद के थे। 5 फीट, 3 इंच रहे होंगे। कमीज और लुंगी पहनते। ग्लैड-नैक फैशन की कमीज होती किन्तु उसकी ढीली आस्तीनें कुरते की होतीं जो कहानी और कलाई के बीच पहुँचकर यकायक खत्म हो जातीं, मानो कपड़ा कम हो गया हो! कपड़े सदा सफेद होते। कमीज खद्दर की होती और लुंगी जिसकी किनार काली या जर की होती, खद्दर की नहीं, हथकरघे की होती। जूता वे कभी न पहनते। कहते, जूता पहनने से उन्हें पाँव में पीड़ा होती थी क्योंकि उनके तलवों में कमानी न थी और तलवे गद्दीदार सपाट थे। वे फ्लैट फूटेड थे।

वासन ने जब अगले चित्र बनाए तो हर बार मुझसे अनुरोध किया कि उनके चित्रों के लिए संवाद मैं ही लिखूँ। और सहर्ष मैंने 'औरत' और 'तीन बहूरानियाँ' के संवाद लिख दिये। और वासन ने मुझे बाकायदा उचित पारितोषिक तथा पूरा-पूरा श्रेय भी दिया।

अजीब है यह दुनिया, खासकर फिल्मी दुनिया। जितनी स्पर्धा, जितनी जलन, जितनी डकैती और चोरी यहाँ होती है, शायद और कहीं नहीं होती। राजनीतिक क्षेत्र में भी नहीं। मेरे अनेक अच्छे और सफल चित्रों ('राजा', 'सिन्दूर', 'साजन', 'रिमझिम', 'नदिया के पार', 'काली घटा', 'सावन आया रे', 'मयूरपंख','दिल अपना और प्रीत परायी', आदि) में से पात्र, दृश्य, घटना, प्रसंग, संवाद और कथावस्तु उठा-उठाकर कई तथाकथित जाने-माने लेखकों, निर्माताओं और दिग्दर्शकों ने बार-बार और कई बार अपने चित्रों में रखे हैं और इतना भी कभी शिष्टाचार नहीं दिखाया है कि उनके लिए लेशमात्र भी श्रेय मुझे देते, थोड़ा-सा भी अनुग्रह मेरे प्रति जतलाते। नहीं। मेरी कल्पनाओं और सूझ की चोरी करके साफ लील गए, और उन्हें अपनी कहानियों या अपने चित्रों में कभी ज्यों का त्यों रखकर और कभी उन्हें तोड़-मरोड़कर, उनमें आंशिक फेर-फारकर, उन्होंने यों जतलाया मानो ये उनके ही दिमाग

की मौलिक उपज हैं! किन्तु मैंने आज तक किसी से इस बात की शिकायत नहीं की। सभी मेरे जाने-पहचाने, मुलाकाती और मित्र हैं और तुर्रा यह कि जब वे मुझसे मिलते हैं तो झेंपते भी नहीं, आँखें मिलाकर बात करते हैं।

मैं जानता हूँ कि पाठकों को मुझसे अपेक्षा होगी कि मैं फिल्मी दुनिया का, तकनीक, कला, वातावरण, व्यवसाय आदि, का सविस्तार विवरण करूँ; किन्तु ऐसा करना इस लेखन की परिधि से बाहर होगा।

भारतीय फिल्म जगत की पृष्ठभूमि पर मैं 'परदे के पीछे' उपन्यास लिख चुका हूँ। उस उपन्यास में जगह-जगह फिल्मी कला और फिल्मी तकनीक का विवरण है। कोई भी आत्मकथा-लेखक, चाहे वह कितना ही ईमानदार या बेखौफ या उद्दंड या बेशर्म या अशिष्ट या चतुर या कुशल क्यों न हो, वह सब कुछ अपनी आत्मकथा में नहीं लिख सकता जो वह लिखना चाहता है। अपना और दूसरों का व्यर्थ में मन दुखाने, परदाफाश करने से क्या फायदा? और फिर लेखक का दृष्टिकोण उसका अपना दृष्टिकोण है। सम्भव है, वह सही न हो! सम्भव है, और भी दृष्टिकोण हों! चरित्र और घटना के अनेक रूप हो सकते हैं।

कितना अनर्थ हो जाए यदि मन में मौन विचार सवाक् हो उठे! अच्छा ही है, हम जैसा सोचते हैं, वैसा बोलते नहीं। न जैसा बोलते हैं, वैसा लिखते हैं। जबान को लोगों ने कैंची की उपमा दी है। मैं कलम को तलवार कहता हूँ। कैंची की काट से तलवार की काट अधिक गहरी होती है। बोला हुआ शब्द उतना जहरीला नहीं लगता जितना कि लिखा हुआ लगता है। जिस प्रकार बुरे विचारों की संगत बुरे लोगों की संगत से अधिक बुरी होती है, लेखनी से लिखा हुआ कटु शब्द जुबान से बोले हुए कटु शब्द से अधिक कटु होता है।

लेकिन बिना किसी का मन दुखाए या किसी को दुश्मन बनाए एक लेखक उपन्यास और कहानी में सब कुछ कह सकता है। उपन्यास तथा कहानी लेखक के लिए यह बड़ी सुविधा है। इसीलिए सॉमरसेट मॉम ने कभी अपनी आत्मकथा नहीं लिखी। यह नहीं कि उनके पास लिखने के लिए काफी मसाला न था। मसाला इतना अधिक था कि अगर वे अपनी आत्मकथा लिखते तो एक बवंडर खड़ा हो जाता। कइयों की जिन्दगियाँ बरबाद कर देते। इसलिए उन्होंने हमेशा यही कहा कि उन्हें अपने और दूसरों के बारे में, जिन्दगी के बारे में जो कुछ कहना था, वे अपने उपन्यासों और अपनी कहानियों में कह चुके हैं। उनका जीवन-चरित्र उनके उपन्यासों और कहानियों में निहित है। यही हाल पर्ल बक का है। यही हाल सब लेखकों का है।

लेखक अपनी काल्पनिक कृतियों में, अपने कथा-साहित्य में अपने को बिना उड़ेले रह ही नहीं सकता।

'परदे के पीछे' उपन्यास और अपनी साहित्यिक तथा फिल्मी कहानियों में मैं आसानी से वह सब कुछ कह सका जो मैं अपनी इस आत्मकथा में कह सकने में

सर्वथा असमर्थ हूँ। 'परदे के पीछे' फिल्म जगत तथा आधुनिक, भौतिकवादी विराट नगरी बम्बई का चमचमाता हुआ दर्पण है और इस दर्पण में मैं ही नहीं, मेरी फिल्मी जिन्दगी में आए हुए अनेक चरित्र, अनेक प्रसंग प्रतिबिंबित हैं।

मेरी आत्मकथा कदापि सम्पूर्ण नहीं, आंशिक ही है। सम्पूर्ण आत्मकथा के लिए मेरे समस्त कथा-साहित्य को इसके साथ जोड़कर पढ़ना होगा।

'हरे काँच की चूड़ियाँ' चित्र ने बनने में 1966 का पूरा साल ले लिया। चित्र निर्माण में जब बाधाएँ आनी शुरू होती हैं तो आती ही चली जाती हैं। बहुधा बाधाएँ धन के अभाव के कारण आती हैं। पहले ब्लैक एंड व्हाइट पिक्चर बहुत कम पूँजी में बन जाते थे। बनाने वाले भी कम थे और कलाकारों की कीमतें भी कम थीं। सब सस्ता था। लेकिन अब इन कलर पिक्चरों के बनाने में बहुत बड़ी पूँजी की जरूरत पड़ने लगी है। ब्याज की दर बेतहाशा बढ़ गई है। हर चीज महँगी हो गई है और कलाकारों की कीमतें तो इतनी बढ़ गई हैं कि निर्माता पर बोझ बन गई हैं।

'हरे काँच की चूड़ियाँ' की शूटिंग के साथ-साथ मैं जैमिनी पिक्चर्स के 'औरत' चित्र के संवाद भी लिख रहा था और अपने अगले आयोजित चित्र 'गोपुरम' की कहानी भी। 'गोपुरम' वही कहानी थी जो मुझे साथनूर डैम जाते समय तिरुवल्लमलई में मन्दिर का गोपुर देखकर सूझी थी।

11 जनवरी, 1966 को ताशकन्द में लालबहादुर शास्त्री का देहावसान हो गया। देश अचानक जो एक नया नेता पाया था, अचानक ही उसे खो दिया। देश की उस उदासी और परेशानी में मोरारजी देसाई, एस.के.पाटिल, चव्हाण, कामराज और जगजीवन राम में प्रधानमंत्री पद के लिए परस्पर घोर स्पर्धा हुई। आखिर किसी तरह शासन का सन्तुलन कायम रखने के लिए उन्होंने जल्दी से नेहरू की बिटिया को—जो भोली-भाली, मुस्कुराती हुई, कोमल-सी थी और जिसे महज स्वर्गीय नेहरू के मान के खातिर शास्त्री-मंत्रिमंडल (केबिनेट) में एक मिनिस्टर (सूचना और प्रसारण मंत्री) बना दिया गया था—प्रधानमंत्री चुन लिया। मैं विश्वस्त रूप से जानता हूँ कि हाई कमांड ने उस समय यही सोचा था कि इन्दिरा गांधी को जो प्रधानमंत्री बनाया जा रहा है, वह नाम मात्र के लिए ही है। शासन का सारा भार, सारी सत्ता वे अपने ही हाथों में रखेंगे और इसीलिए मोरारजी और चव्हाण और जगजीवन राम और पाटिल ने मिलकर सारी सत्ता आपस में बाँट ली।

लेकिन तब कांग्रेस के वे पुराने, अनुभवी राजनीतिज्ञ यह नहीं जानते थे, कोई नहीं जानता था कि नेहरू की यह बिटिया नेहरू और पटेल की दादी निकलेगी। दक्षता, कुशलता और क्षमता में यह युवती देवी दुर्गा की याद दिलाती है, काली की याद दिलाती है। देश और जनता के कल्याण के लिए जब इन्दिरा एक बार कुछ ठान

लेती हैं तो हर विपत्ति और विरोध का मुकाबला करने को कमर बाँधे तत्पर और तैयार रहती हैं। मोरारजी और पाटिल और कामराज और अतुल्य घोष और निजलिंगप्पा आदि को मच्छरों की तरह मसलकर फेंक देना और बीच अवधि में नया चुनाव आयोजित करना और चुनाव में अपने विरोधियों को इस बुरी तरह पछाड़ना और समस्त देश के शासन की सत्ता को अपने हाथों में केंद्रित कर लेना, हर खयाल से, हर पहलू से, असाधारण है, विलक्षण है, अद्‌भुत है।

इन्दिरा गांधी के करतब देखकर जनसाधारण को विश्वास हो गया है कि राजनीति में जो साहस और कूटनीति इन्दिरा ने दिखाई है, वह शायद सरदार पटेल और कौटिल्य भी नहीं दिखा पाते। बसों में और ट्रेनों में और रेस्तराओं में, दफ्तरों में और पार्कों में बहस करते हुए लोग इन्दिरा के प्रति अपना स्नेहयुक्त गर्व प्रकट करते हुए उन्हें चाणक्य की दादी और 'काली', 'दुर्गा' और 'चंडी माई' कहने लगे हैं।

नेहरू को या पटेल को या राजेन्द्र बाबू को या राजाजी को, या मोरारजी को किसी ने कभी शंकर न कहा था, कृष्ण या राम न कहा था, हनुमान भी न कहा था किसी ने।

यह कहना मुश्किल है कि अपनी जो यह सुनहरी छाप इन्दिरा गांधी ने लोगों के दिलों में लगा दी है, वह कब तक बनी रहेगी। एक गलती, एक भूल वह छाप मिटा दे सकती है। राजनीति गंदा खेल है।

जून में बी.ए. का रिजल्ट आउट हुआ। हमारा ज्येष्ठ पुत्र रोहित सेकंड डिविजन में पास हो गया था। अँगरेजी विषय उसका प्रिय विषय रहा था और उसके लिखे निबन्ध क्लास के छात्रों को प्राध्यापक सगर्व दिखाया करते थे। अब रोहित बी.ए. करके मेरे साथ हो लिया। चित्र-निर्माण में मेरा हाथ बँटाने लगा।

कुत्तों का हमें शौक रहा है। हमारे पास दस साल से एक अलसेशियन कुत्ता था। उसका नाम शेरा था। परिवार के सभी सदस्यों को वह चाहता था और सभी उसे प्यार करते थे किन्तु वह कुत्ता रोहित का था और रोहित पर वह जान देता था। 25 अगस्त, 1966 की रात को शेरा का देहावसान हो गया। उसके मरने से सभी को दुख हुआ पर रोहित दिन भर रोता रहा। घर में, कॉलेज में रोता रहा।

छोटी जाति के पॉमेरियन नस्ल के और भी तीन कुत्ते थे हमारे पास। हमने उनसे दिल को बहलाना चाहा मगर यकायक गोली बीमार पड़ी। उसे अस्पताल ले गए। पर वह न बची। उसी के बाद टिंकू और बिंगो बीमार पड़े। वे भी न बचे।

इस प्रकार अगस्त से लेकर अक्टूबर तक यानी तीन महीनों में हमारे चार प्यारे कुत्ते जाते रहे। चार-चार कुत्तों से जो 'वाटिका' गुलजार रहता था, अब खामोश और

सुनसान हो गया। कुत्ते को खोना क्या होता है, यह एक कुत्ते को पालने वाला, कुत्ते का प्रेमी ही समझ सकता है। घर में कुत्ते का अभाव खलने लगा। तब हमने एक अँगरेज से लैब्रेडॉर नस्ल का नन्हा पिल्ला खरीद लिया। अब हमारे पास तीन लैब्रेडॉर हैं : एक मादा और दो नर।

14 दिसम्बर को शैलेन्द्र का स्वर्गवास हो गया। वर्ष के आरम्भ में शास्त्री गए थे, अन्त में शैलेन्द्र गए।

शैलेन्द्र ने मेरे अनेक चित्रों में गीत लिखे थे। राज कपूर की सभी फिल्मों में वे गीत दे चुके थे। बहुत से अच्छे चित्रों में अच्छे गीत उन्हीं के हुआ करते थे। शराब ज्यादा पीने लगे थे। शराब ने मार डाला उन्हें। आदमी सज्जन थे और महान गीतकार थे। इस सहजता से वे गीतों की पंक्तियाँ लिख लेते कि मुझे बड़ा ताज्जुब होता। मैंने कई बार कोशिश की कि एक गीत लिखूँ। कई बार लिखने बैठा। लेकिन दो पंक्तियाँ ठीक से लिखते न बनी।

एक बार स्टूडियो में शैलेन्द्र जब मेरे सेट पर आए तो मैं शूटिंग में व्यस्त था और मेरे एक अगले सीन (दृश्य) के संवाद न लिखे गए थे। मैं जल्दी में था इसलिए मैंने सीन शैलेन्द्र को समझा दिया और कहा कि वे जल्दी से सीन पर संवाद लिख दें। शैलेन्द्र मुझसे यह नई जिम्मेदारी पाकर सगर्व फूल उठे और वहीं सेट पर सबके सामने बैठे, सबको दिखाकर कॉपी खोले, उसमें मेरे दृश्य के लिए संवाद लिखने लगे। तीन घंटे बाद जब लंच की छुट्टी हुई तो शैलेन्द्र अपनी कॉपी पर झुके, परेशान हालत में पन्ने घसीट रहे थे, काट-छाँट कर रहे थे।

'कहाँ तक पहुँचे, शैलेन्द्र?' मैंने कहा।

'लिखा है, काफी लिखा है। पर सब बेकार है।'

मैंने कॉपी लेकर लिखे डायलॉग पढ़े। वाकई बेकार थे। शैलेन्द्र ने मेरे हाथ से वह कॉपी लेकर उसके पन्ने फाड़कर फेंक दिये और मेरे साथ खाना खाने मेरे कमरे में आ गए।

जब तक खाना परोसा गया, मैंने अपनी फाइल खोलकर उस सीन के डायलॉग लिख डाले। सामने बैठे हुए शैलेन्द्र मुझे ताक रहे थे। तुरन्त ही फाइल लेकर वे पढ़ने लगे और उनकी आँखें मुस्कुराने लगीं, चेहरा खिल उठा।

'आप इतनी जल्दी और इस आसानी से डायलॉग कैसे लिख लेते हैं?' शैलेन्द्र ने आश्चर्य से पूछा।

'जैसे तुम गीत लिख लेते हो,' मैंने कहा।

'मगर बातचीत के लिए नए सवाल, नए विषय आपको कैसे सूझ जाते हैं?'

'जैसे गीतों के लिए तुम्हें सूझ जाते हैं।'

'लीजिए, और मुझे आज पता चला है कि गीतकार होने के बावजूद मैं डायलॉग नहीं लिख सकता। सच तो यह है, साहू साहब कि कला भगवान की देन है। आदमी

वहाँ से सधाकर जो कला लाया है, उसी कला में वह कुछ कमाल दिखा सकता है। कला के भिन्न-भिन्न क्षेत्र हैं। आप मेरी तरह पद्य नहीं लिख सकते और मैं आपकी तरह गद्य नहीं लिख सकता।'

साधक से उसकी साधना, विचारक से उसके विचार और कलाकार से उसकी कला महानतर है। शैलेंद्र चले गए किन्तु उनके सुन्दर बेशुमार गीत आज भी सर्वत्र गूँज रहे हैं।

अजब है कि जब हिन्दी के तथाकथित जाने-माने साहित्यिक कवि और महाकवि गण गुटबन्दी करके साहित्य में अपना स्थान सुरक्षित तथा अमर करने की लालसा से ग्रस्त थे और जब स्कूल, कॉलेज के भोले-भाले विद्यार्थियों को उनकी कविता का 'गूढ़ अर्थ' और 'महत्त्व' विद्वान शिक्षक और प्राध्यापक समझा-बता रहे थे, एक खुशमिजाज, मस्त बिहारी अपने काव्य को लता और आशा, रफी और गुकेश और मन्नाडे के सुरीले कंठों में ढालकर समस्त देश के स्त्री, पुरुष, बच्चों को लुभा, बहला रहा था। इस बात की उसे चिन्ता न थी कि साहित्य में उसे क्या स्थान मिलेगा, मिलेगा भी या नहीं। बीस वर्षों तक उस दीवाने ने देशवासियों के दिलों को अपनी मुट्ठी में कस लिया था और जब तक ग्रामोफोन, टेप रिकॉर्डर और रेडियो, कैसेट और टेलीविजन रहेंगे, वह मुट्ठी ढीली नहीं पड़ेगी।

अजब है कि मुझे तुलसी, सूर, मीरा, कबीर, रसखान और बिहारी आदि बृजभाषी कवियों के सहज, मधुर, महान काव्य के बाद खड़ी हिन्दी में लिखा काव्य बनावटी और फीका लगता है। ऐसा लगता है कि खड़ी हिन्दी की कविता हृदय से नहीं, मस्तिष्क से लिखी गई है। वह निष्प्राण और बोझिल है। हृदय को वह नहीं छूती। बच्चन अवश्य ही एकमात्र अपवाद हैं। खड़ी हिन्दी में वे शुरू से मेरे प्रिय कवि रहे हैं।

मैंने माना कि कवि और गीतकार में फर्क है किन्तु यह मैं न मानूँगा कि गीतकार साहित्य की परिधि से बाहर का प्राणी है। नहीं, कदापि नहीं। तुलसी और मीरा और सूर और कबीर को क्या साहित्य से अलग फेंक सकते हैं? उनकी पदावलियाँ धोबी, चमार, किसान, मजदूर से लेकर कुलीन बहू-बेटियाँ, सन्त, संन्यासी और ज्ञानी तक गाते चले आए हैं। रवीन्द्रनाथ और काजी नजरुल इसलाम की काव्य रचनाएँ भी गाई जाती हैं। कविता और गीत में फर्क करना बाल की खाल निकालना है।

बृजभाषी कवियों के बाद प्रेम-काव्य की जो कड़ी जोड़ी गई है, वह खड़ी हिन्दी के साहित्यिक कवियों ने नहीं जोड़ी, वह जोड़ी है फिल्म के कवियों और गीतकारों ने। प्रदीप और मधोक और शैलेन्द्र और राजेन्द्र कृशन और भरत व्यास और इन्दीवर और आनन्द बख्शी और नीरज के काव्य का आप निरीक्षण करें तो मुझसे असहमत न होंगे।

उलझी हुई भावनाओं को क्लिष्ट शब्दावली के जोर पर बनावटी ढंग से व्यक्त करना जिनका अर्थ केवल शब्दकोश और प्राध्यापकों की सहायता से विद्यार्थियों की

समझ में आ सके, काव्य नहीं है। तुलसी, सूर, कबीर, मीरा या शैलेन्द्र, प्रदीप, आनन्द बख्शी, इन्दीवर, राजेन्द्र कृशन, मधोक समझने के लिए शब्दकोश की जरूरत नहीं, न ही प्राध्यापकों की जरूरत है। खरा काव्य सहज और सुगम होता है और हर किसी की समझ में आ जाता है। खरा काव्य मस्तिष्क को नहीं, हृदय को छूता है।

राष्ट्रगान भारत को बंकिम और रवीन्द्र से प्राप्त हुए, हिन्दी के साहित्यिक कवियों से नहीं। 'बापू की अमर कहानी' गीत के लेखक राजेन्द्र कृशन हैं और 'ऐ मेरे वतन के लोगो' गीत के लेखक प्रदीप हैं और ये दोनों हिन्दी फिल्मों के सुप्रसिद्ध और लोकप्रिय कवि हैं।

फिर इन सुयोग्य और जनप्रिय फिल्मी कवियों को हिन्दी साहित्य में उचित स्थान क्यों नहीं दिया जाता? उत्तर है : साहित्यकारों की गुटबन्दी। ईर्ष्या। फिल्मी कवि हजारों-लाखों कमाता है जबकि साहित्यिक कवि की दाल-रोटी पाठ्य-पुस्तकों की बिक्री पर या पत्रिकाओं के तुच्छ पारितोषिक पर निर्भर रहती है।

हम जरा उर्दू साहित्य में झाँकें। गालिब, जौक, मीर, दाग, इकबाल, फिराक, जिगर, फ़ैज, जोश, साहिर, मजरूह, आदि, उर्दू के प्रतिष्ठित कवि हैं। उर्दू साहित्य में उनका ऊँचा स्थान है। उर्दू शायरी से उर्दू साहित्य ने उन्हें निकाल नहीं फेंका महज इसलिए कि उनके कलाम कोठे-कोठे पर रंडियाँ गाती हैं या वे फिल्मों में गाए जाते हैं। उर्दू साहित्य को न कोठों से द्वेष है, न फिल्म से। कला की तरह ही साहित्य का क्षेत्र असीम होता है, उसे सीमित तथा नियंत्रित करने की चेष्टा करना मूर्खता है।

रचना का गाया या न गाया जाना कोई मायने नहीं रखता। रचना की भाषा सहज और सुलभ चाहिए, और भाव मौलिक और विलक्षण चाहिए, तभी रचना बढ़िया कहाएगी। और हर बढ़िया रचना साहित्य है।

हमें सत्य का सामना करना होगा। अपने मुँह मियाँ मिट्ठू बनकर शेखचिल्ली की-सी बातें बघारने से सत्य मिट नहीं जाएगा।

तो अब इसका हल? हल निश्चित है। नैसर्गिक नियम को कोई नहीं तोड़ सकता। पाठकों, प्रेक्षकों, श्रोताओं और समीक्षकों की आनेवाली पीढ़ी दूध का दूध और पानी का पानी अवश्य अलग कर देगी और तभी मौलिक कवि, गीतकार, कहानीकार, उपन्यासकार, नाटककार को—चाहे वह किसी क्षेत्र से आता हो—हिन्दी साहित्य में यथायोग्य स्थान मिलकर रहेगा, और तभी हिन्दी साहित्य का यह मरियल पौधा पनपकर विशाल वृक्ष बनेगा, फूलेगा, फलेगा, और उस पर नवचेतनामयी रंग-बिरंगी असंख्य तितलियाँ उतरेंगी।

4 मई, 1967 को लिबर्टी थिएटर, बम्बई में 'हरे काँच की चूड़ियाँ' धूमधाम से रिलीज हुआ। महाराष्ट्र के मुख्यमंत्री श्री वसन्तराव नाइक मुख्य अतिथि थे। अगले महीने अहमदाबाद में रिलीज के अवसर पर गुजरात के मुख्यमंत्री हितेन्द्र देसाई मुख्य अतिथि रहे। 'हरे काँच की चूड़ियाँ' चित्र साधारणतः अच्छा ही रहा। उच्च वर्ग को विशेष पसन्द आया।

बंगाल फिल्म जर्नलिस्ट्स असोसिएशन ने नयना साहू को 1967 की श्रेष्ठ अभिनेत्री घोषित किया। उत्तर प्रदेश, राजस्थान, और आंध्र प्रदेश फिल्म जर्नलिस्ट्स असोसिएशन भी नयना साहू को उत्कृष्ट अभिनय के लिए सम्मानित एवं पुरस्कृत किया। उत्तर प्रदेश और आंध्र प्रदेश असोसिएशनों ने मुझे भी श्रेष्ठ फिल्म निर्माता, श्रेष्ठ कहानी लेखक और श्रेष्ठ संवाद लेखक घोषित किया। आज तक किसी भारतीय फिल्म की नई अभिनेत्री को उसकी पहली ही फिल्म में किए गए अभिनय के कारण ऐसा सम्मान, ऐसे पुरस्कार न मिले थे, जैसे नयना को मिले।

उसी वर्ष मैंने वासन (जैमिनी, मद्रास) के चित्र 'तीन बहुरानियाँ' के लिए संवाद लिखे। पिछले चित्र 'औरत' की तरह ही 'तीन बहुरानियाँ' के मेरे संवाद विशेष पसन्द किए गए।

अपने नए चित्र के लिए मेरे पास कहानी तैयार हो चुकी थी और मैंने उसका शुरू से नाम 'गोपुरम' रखा हुआ था। किन्तु अब मेरी टीम के लोगों ने सुझाया कि 'गोपुरम' का अर्थ सब नहीं समझेंगे इसलिए नाम बदल दिया जाए। बात मुझे जँच गई। मैंने 'गोपुरम' के बदले अब कहानी को नया नाम 'पुष्पांजलि' दिया और 27 अगस्त, 1967 के दिन 'रूपतारा स्टूडियोज', दादर में चित्र का मुहूर्त कर दिया।

मनोज कुमार से मैंने मद्रास के दिनों में वादा किया हुआ था कि इस चित्र के हीरो की भूमिका के लिए उन्हें ही लूँगा। किन्तु अन्य चित्रों में व्यस्त होने के सबब वे उपलब्ध न हो सके। तब मैंने उनकी जगह संजय को अनुबन्धित कर लिया। हीरोइन नयना साहू थी। अन्य कलाकार थे ओम प्रकाश, ललिता पवार, फरियाल, प्रेमनाथ, शाहिद और स्वयं मैं भी।

'पुष्पांजलि' का आउटडोर शूटिंग के लिए मैं अपने 60-65 व्यक्तियों के यूनिट और अपने परिवार को लेकर मद्रास, काँचीपुरम और कोचीन गया। वहाँ के प्राचीन भव्य मन्दिरों में, समुद्र तट पर, नहरों में, और वहाँ के सुन्दर प्राकृतिक स्थलों पर मैंने तीन हफ्ते तक शूटिंग की। हम पांडिचेरी, चिदम्बरम, कूर्ग, मदुरै भी गए। जंगलों और हाथियों के दृश्य फिल्माने के लिए हम कोचीन से उत्तर को चालगुडी तथा शबरीगिरी वन भी गए। मैंने कई तरह के जंगल देखे हैं और उनमें वन्य पशुओं का खूब शिकार किया है, किन्तु दक्षिण का यह शबरीगिरी वन विलक्षण था कि सूरज का प्रकाश भी कहीं-कहीं मुश्किल से पहुँचता था। उस

अँधेरे, भयानक जंगल में लगता, केवल वन्य पशु ही नहीं, राक्षस और पिशाच भी रहते होंगे। शबरीगिरी के उसी वन में श्री रामचन्द्रजी ने भीलनी शबरी के जूठे बेर खाए थे।

उसी प्रचंड और भयानक वन में वन तथा जल विभाग के कर्मचारियों के ठहरने के लिए कुछ बँगले बने हुए थे। हम उन्हीं बँगलों में ठहरे। वन विभाग के अफसर ने हमारे साथ ठहरकर हमें पूरा सहयोग दिया।

तीन दिनों तक वहाँ मैं हाथियों के साथ नयना के सीन फिल्माता रहा। ठेकेदारों की सहायता से पाँच हाथी हमें उपलब्ध हो चुके थे। पेड़ काटकर उनके लम्बे-लम्बे ठूँठ उन्हीं हाथियों द्वारा ढोए और खींचे जाते थे।

सवेरे दस बजे से दोपहर के तीन बजे तक हम शूटिंग किया करते। उसके बाद शेर, गौर (बायसन) और जंगली हाथियों के निकलने के डर से हम लोग अँधेरा घना होने से पहले ही अपने पड़ाव पर लौट आया करते। हालाँकि हमारे पास राइफलें थीं। हम जानते थे कि वे राइफलें जंगली हाथियों के गिरोह के सामने बेकार सिद्ध हो सकती हैं किन्तु कभी कोई हिंसक पशु न दिखाई दिया और न कोई दुर्घटना हुई। सम्भव है, हमारे यूनिट के लोगों से सतत उठता हुआ शोर उन वन्य पशुओं को आशंकित और भयभीत कर हमसे दूर-दूर रखता रहा हो!

उन पाँच पालतू हाथियों में एक से नयना की दोस्ती हो गई। मैंने सारे दृश्य उसी हाथी को प्रमुख करके फिल्माए। नयना उसे नारियल और गुड़ और डबल रोटियाँ खाने को दिया करती और उसकी सूँड़ के सहारे उस पर चढ़ती-उतरती, उसे सारे समय थपथपाया, दुलारा करती। तीसरे दिन जब हम शूटिंग समाप्त करके कॉफी पी रहे थे, और बस तथा ट्रक में सामान लादा जा रहा था कि अचानक उस स्थल पर जहाँ अभी-अभी हमने शूटिंग समाप्त की थी, चीख-पुकार और भगदड़ मच गई। एक हाथी बुरी तरह चिंघाड़ रहा था, उचक रहा था। दस मिनट बाद सारे महावतों ने मिलकर बड़ी मुश्किल से उस हाथी को वश में किया।

जब हम रवाना हुए तो ठेकेदार से हमें पता चला कि जो हाथी बिगड़ा था, वह वही हाथी था जिसके साथ मैंने नयना के सीन फिल्माए थे और जिसके साथ नयना की दोस्ती थी। वह हाथी वास्तव में बहुत बिगड़ैल था और पहले तीन आदमियों का खून कर चुका था। सुनकर हमारे और विशेषकर नयना के होश उड़ गए।

कोचीन में मैं सपरिवार तथा यूनिट के प्रमुख कलाकार, तकनीशियनों को लेकर वहाँ के श्रेष्ठ होटल 'सी लॉर्ड' में ठहरा हुआ था। एक शाम डिनर के समय डाइनिंग हॉल में स्वतंत्र पार्टी के नेता मीनू मसानी मिल गए। मैंने उन्हें अपनी टेबल पर आमंत्रित कर लिया। हमारी यह पहली मुलाकात थी। वे साठ के ऊपर ही थे लेकिन पचास के लगते थे। जरा देर में वे मुझसे और मेरे परिवार से घुलमिल गए और दो घंटे तक खूब बातचीत, गपशप होती रही। आर्केस्टा बढ़िया था। मेरी छोटी

बेटी, ममता, के साथ वे नाचे भी। हम सभी नाचे थे। हमारी बातों का विषय हर थोड़ी देर में राजनीति हो जाया करती। बातचीत के दौरान मसानी ने कई बार एक ही बात कई ढंग से कही : 'मगर मुझे राजनीति से लाभ नहीं'...'मुझे कभी पैसा न मिला'...'मैं धन न कमा पाया...'

मसानी के मन का असन्तोष, उनके हृदय की वेदना उनके चेहरे से साफ झलक उठी। यह खयाल उनके मन में कई बार आया होगा कि राजनीति में इतने साल झक मारने के बावजूद वे कभी मिनिस्टर न बन पाए। अगर बन पाते तो वे भी लाखों बना लेते। और अब इस अवस्था में, यानी अपनी जिन्दगी की आखिरी मंजिल के करीब पहुँचने पर वस्तुस्थिति को देखकर वे अनुभव कर रहे थे कि जिन्दगी उन्होंने बेकार गँवा दी। अब सहसा वे धन को सिद्धान्तों पर तरजीह दे रहे थे।

धन के लिए मसानी का यह लगाव देखकर मुझे जोर का धक्का लगा और मैं सोचने लगा : 'लोग देश-सेवा, लोक-कल्याण, आदि के कैसे-कैसे चमकीले आवरण पहनकर राजनीति में प्रवेश करते हैं जबकि उनका मूल उद्‌देश्य धन-प्राप्ति होता है! ख्याति और प्रतिष्ठा तो पूरौती में मिल ही जाती हैं।'

मीनू मसानी पर से एक और नेता याद आ रहे हैं।

कुछ ही वर्ष पहले एक शाम 'संयुक्त सोशलिस्ट पार्टी' के सूत्रधार डॉ. राममनोहर लोहिया अपने साथ बम्बई शाखा के कार्यकर्ता जॉर्ज फर्नांडिस और श्रीमती शान्ति नाइक को लेकर डिनर के लिए 'वाटिका' आए थे। लोहिया से भी उस दिन मेरी पहली भेंट हुई थी। जरा ठिंगने से, साँवले से, कुछ भयानक से थे। भौंहें मोटी और घनी थीं। न जाने क्यों उनकी सूरत-शक्ल और आकृति मुझे शान्तिनिकेतन के प्रख्यात और प्रतिभाशाली कलाकार रामकिंकर बैज की याद दिलाती थी। अपनी पार्टी के लिए फंड (चन्दा) इकट्ठा करने के लिए लोहिया उत्तर प्रदेश या मध्य भारत में कहीं—मुझे ठीक से याद नहीं—बहुत बड़े पैमाने पर रामलीला प्रस्तुत करने की योजना बना रहे थे और उस सिलसिले में मेरा सहयोग चाहते थे।

रामायण में लोहिया की रुचि देखकर मैं थोड़ी देर विस्मित रह गया था। तुलसी कृत रामायण की उन्हें अनेक चौपाइयाँ और दोहे याद थे, पर सुनाने का ढंग फूहड़ था।

उस शाम मैंने उनसे पूछा : 'आपको रामलीला में दिलचस्पी कैसे हो गई?'

'मुझे रामलीला, नौटंकी, नाटक में हमेशा दिलचस्पी रही है,' उन्होंने उत्तर दिया।

'फिर आप राजनीति में कैसे आ गए?'

'भाग्य ले आया...दुर्भाग्य।'

'क्यों, आप खुश नहीं?'

'न, बिलकुल नहीं। मेरा पहला प्यार मंच है।'

'अगर आपको जिन्दगी दोबारा जीने का मौका भगवान प्रदान करे तो बताइए, आप कौन-सा क्षेत्र पसन्द करेंगे?'

'मैं अभिनेता बनना चाहूँगा। बचपन से मेरी यही इच्छा थी। न जाने कैसे मैं राजनीति में आ फँसा!'

उस दिन भी मुझे लोहिया की बातें सुनकर एक धक्का लगा था। थोड़ी देर मैं सोच में डूब गया था कि अगर लोहिया फिल्मों में शरीक हो गए होते तो वे किस प्रकार के पात्र अभिनीत कर पाते? अवश्य ही उनका लक्ष्य चरित्र भूमिका न था। वे हीरो बनना चाहते थे। वैजयन्तीमाला, मधुबाला और नरगिस जैसी रूपवती अभिनेत्रियों के साथ वे अपने को हीरो के रूप में देखने को लालायित थे। उनकी कामना हास्यास्पद से अधिक करुणात्मक थी।

मन में असीम घुटन दबाए ऐसे कितने ही व्यक्ति राजनीति में प्रवेश कर गए हैं जो अपने क्षेत्र से सन्तुष्ट नहीं, किन्तु वे राजनीति में केवल इसलिए हैं कि और किसी क्षेत्र के लायक वे हैं नहीं।

यह भी सच है कि मनुष्य को जो मिलता है, उससे उसका समाधान नहीं होता और वह उस वस्तु को पाने का इच्छुक रहता है जो उसे न मिला हो। अप्राप्त का आकर्षण प्राप्त के आकर्षण से सदा ही अधिक तीव्र रहा है।

यूनिट के लोगों को बम्बई रवाना कर मैं अपने परिवार को लेकर कोचीन से परिहार सेंक्चुअरी (सुरक्षित वन) गया। वह 120 मील का फासला हमने कार से तय किया। रास्ते में जगह-जगह काफी प्लैनटेशन (खेतियाँ) देखीं। परिहार पहुँचकर हमने मोटरबोट में बैठकर परिहार झील की सैर की और हिरन, सांभर, जंगली हाथियों के झुंड किनारे पर विचरते, चरते देखे। हमारी बोट में कुछ विदेशी भी थे। परिहार की वह शाम सुहानी थी। रात वहाँ के गेस्ट हाउस में बिताकर हम दूसरे दिन कोचीन वापस लौट आए और फिर बम्बई के लिए रवाना हो गए।

के.पी.एस. फिल्म्स के 'बेटी' चित्र में मैं चरित्र नायक की भूमिका कर रहा था। नन्दा और संजय नायिका और नायक थे। कोचीन से लौटते ही 'बेटी' में मेरी शूटिंग शुरू हो गई।

11 दिसबंर, 1967 की रात 4:40 पर समस्त बम्बई शहर यकायक कम्पित हो उठा। 40 सेकंड तक मकान हिलते रहे। ऐसा जोरदार भूकम्प मैंने कभी नहीं देखा था। घबराकर लोग मकानों के नीचे उतरने, भागने लगे थे। भूकम्प का केन्द्र कोयना था। कुछ हफ्तों तक रह-रहकर और भी कम्पन हुए, किन्तु वे क्षीण थे।

सर्वनाश की उस आकस्मिक आशंका में जो अद्‌भुत प्रतीति मुझे हुई, वह यह है कि जीवन-मरण के बीच के उन कुछ क्षणों में सिवाय अपनी और अपनों की जान बचाकर भागने के और कोई विचार—न अतीत का, न वर्तमान का, न भविष्य का—मन में नहीं रह पाता। अन्य सारी चिन्ताएँ, योजनाएँ, महत्त्वाकांक्षाएँ एकदम अपना अस्तित्व खो बैठती हैं।

5 जून, 1968 की रात को 1:10 के समय मेरे बहनोई और मित्र रमेश गुप्ता का हृदयगति बन्द हो जाने से स्वर्गवास हो गया। दस वर्षों तक मेरी संस्था 'हिन्दुस्थान चित्र' में रहकर उन्होंने सहायक दिग्दर्शक, दिग्दर्शक और अभिनेता की हैसियत से मेरे साथ काम किया था। बाद में फिल्म्स डिविजन, बम्बई में दिग्दर्शक की हैसियत से शरीक हो गए थे और फिर निर्माता के पद तक पहुँच गए थे। बड़े नेक और सरलहृदय व्यक्ति थे। उनके देहावसान से हम सबको बड़ा दुखद झटका लगा। निकटता के कारण मित्र और सम्बन्धी की खूबियाँ उनके जीते-जी हमारी आँखों में धुँधलाई और अस्पष्ट रह जाती हैं। उनके जाने के बाद ही हम उनके गुणों और अच्छाइयों को याद करके रोते हैं।

पिछले तीन वर्षों में मेरे कुछ अच्छे मित्र और चाहने वाले जाते रहे।

26 अगस्त, 1969 को एस.एस. वासन का मद्रास में देहावसान हो गया। उनके साथ मैंने सैकड़ों घंटे बहुत निकटता से बिताए थे। हम दोनों अपने स्वभावों और रुचियों में इतने भिन्न होने के बावजूद ऐसे कई बिन्दु थे जहाँ हम सहज ही एकरस और हमखयाल हो जाया करते थे। दुनियादारी के कुछ क्षेत्रों में उस छोटे कद के सपाट तलवों वाले, सदा गम्भीर मुद्रा धारण किए हुए व्यक्ति से मैंने बहुत कुछ सीखा था।

के. आसिफ का अचानक हार्टफेल हो गया। आसिफ 'दिल अपना और प्रीत परायी' के समय मेरी जिन्दगी में फरिश्ता बनकर आए थे। तब से हम अच्छे दोस्त हो गए थे। 52 वर्ष की अवस्था में उन्होंने नई शादी की, अभिनेता दिलीप कुमार (यूसुफ खान) की छोटी बहन अख्तर से उनके दो प्यारे बच्चे भी हैं। श्रीमती आसिफ (अख्तर) सादा मिजाज और खुली तबीयत की युवती हैं। हमारे परिवारों में खासी घनिष्ठता थी और हम अक्सर एक दूसरे के घर डिनर के लिए आया-जाया करते थे। इस कम उम्र में अख्तर पर जो सहसा वैधव्य का पहाड़ टूटा, भगवान न करे, किसी युवती पर टूटे। आसिफ के जाने से बेचारी का घर उजड़ गया और फिल्म इंडस्ट्री का एक विलक्षण, दिलदार, जिन्दादिल व्यक्ति, मेरा एक दोस्त जाता रहा।

12 सितम्बर, 1971 की दोपहर को ब्रीचकैंडी अस्पताल में सुप्रख्यात, लोकप्रिय और खुशमिजाज संगीत दिग्दर्शक जयकिशन का 42 वर्ष की अवस्था में देहान्त हो गया। जय ने कुछ वर्षों से सिगरेट छोड़ रखी थी लेकिन उनसे शराब न छूटी थी। उनका लीवर (गुरदा) नष्ट हो चुका था। शराब ही पी गई उन्हें। शंकर-जयकिशन की इस अद्‌भुत जोड़ी ने पिछले बीस वर्षों से सारे देश को अपना मधुर संगीत सतत प्रदान किया था। जय के जाने से शकंर-जयकिशन की जोड़ी ही नहीं टूटी, फिल्म संगीत की मधुर शृंखला की एक जबर्दस्त कड़ी टूटकर अलग हो गई। हसरत जयपुरी ने आँसुओं में डूबकर जब कहा था : 'गीतों का कन्हैया चला गया' तो सच

ही कहा था। जय के साथ मेरी अनेक मधुर स्मृतियाँ जुड़ी थीं। जब कभी उनकी धुनें बजती हैं, मन में एक टीस होती है।

एक दिन सवेरे प्रीति, रोहित, नयना और मैं अपने घर बैठे आगामी चित्र के लिए कहानियों पर विचार कर रहे थे। यह तय हुआ कि अपने ही पुराने चित्र 'सिन्दूर' कहानी फिर से फिल्माई जाए—अबकी बार कलर (रंग) में, लेकिन समय के अनुसार कहानी में यथोचित हेरफेर की जरूरत हो तो वे हेरफेर उसमें कर दिए जाएँ। मैं कहानी सुनाने लगा। इतने में मेरे कला दिग्दर्शक सन्त सिंह आए और पास में बैठ गए। मैं कहानी सुनाता रहा।

सन्त सिंह कुछ महीनों से अनुरोध कर रहे थे कि मैं उनके लिए एक चित्र दिग्दर्शित कर दूँ। कहने लगे, उनके पास एक बढ़िया कहानी आई हुई है, उसी पर वे चित्र बनाना चाहते हैं। मैंने उनका प्रस्ताव मानकर उनसे कहा था कि वे अपने पास वाली वह कहानी सुना दें। कहानीकार को लेकर आने वाले थे; किन्तु पिछली शाम उन्होंने टेलीफोन करके मुझसे कहा था कि कहानीकार दिल्ली गया हुआ है पर कहानी उन्हें याद है, सो दूसरे दिन कभी आकर वे मुझे वह कहानी सुना देंगे।

आज सवेरे जब मैंने 'सिन्दूर' की कहानी समाप्त की तो सन्त सिंह से कहा : 'हाँ, तो सन्त सिंहजी, अब आप सुनाइए अपनी वाली कहानी।'

तो सन्त सिंह बोले : 'अब नहीं, साहू साहब। आपकी कहानी के सामने तो अब मेरे पास वाली कहानी एकदम घटिया लगने लगी है।'

मैंने फिर भी अनुरोध किया कि वे सुना तो दें। लेकिन उन्होंने न सुनाई और जिद करने लगे कि मैं अपनी वह कहानी उन्हें दे दूँ और उस पर ही उनके लिए चित्र बना दूँ। अन्त में मैं मान गया और उनके 'एस.एस. फिल्म्स' के बैनर में सायरा बानू और जितेन्द्र पर 14 सितम्बर, 1968 को रंजीत स्टूडियोज में 'सिन्दूर' का मुहूर्त कर दिया। अन्य कलाकार सोहराब मोदी, नादिरा, अरुणा ईरानी, जगदीप, अजरा, दुर्गा खोटे, आदि लिये गए। संगीत शंकर-जयकिशन का था।

यह पहला अवसर है कि सोहराब मोदी मेरे दिग्दर्शन में अभिनेता की हैसियत से काम कर रहे थे। अपने प्राथमिक जीवनकाल में मैंने उन्हें मंच पर और कुछ बाद में रजतपट पर देखकर ढेर-सी प्रेरणा पाई थी। बचपन में मैं सोचा करता था कि उनकी तरह क्या कभी मैं भी अभिनेता बन सकूँगा? उनकी तरह मैं भी दिग्दर्शक बन सकूँगा? और अब 'हेमलेट', 'पुकार' और 'झाँसी की रानी' के वही नामवर दिग्दर्शक और नायक मेरे दिग्दर्शन में चरित्र नायक की भूमिका कर रहे हैं। विलक्षण है यह फिल्म जगत। यहाँ कभी नाव गाड़ी पर तो कभी गाड़ी नाव पर हुआ करना नित्य की और साधारण बात है।

सायरा बानू की अचानक लम्बी बीमारी के कारण 'सिन्दूर' के निर्माण में बड़ी बाधा पड़ी। जब सायरा विलायत से अच्छी होकर लौटीं तो निर्माता को अन्य अड़चनें आईं। अधिकतर आर्थिक। यद्यपि चित्र तकलीफों, अड़चनों और रुकावटों के बीच बन रहा था, किन्तु अच्छा बन रहा था।

अपनी संस्था 'किशोर साहू प्रॉडक्शंस' के अन्तर्गत मेरा दूसरा चित्र 'अप्सरा' बन रहा है। इसके मुख्य कलाकार हैं : हेमा मालिनी, जितेन्द्र, बिन्दु, नादिरा, आदि। संगीत दिगदर्शक थे लक्ष्मीकांत-प्यारेलाल। चित्र से मुझे बड़ी आशाएँ थीं।

1971 के आरम्भ में एक शाम अचानक देव आनन्द 'वाटिका' आए और कहने लगे कि वे अपने आगामी चित्र 'हरे राम हरे कृष्ण' के निर्माण की योजना बना चुके हैं और चित्र की सारी शूटिंग नेपाल में करेंगे। मुख्य चरित्र नायक की भूमिका वे चाहते थे कि मैं करूँ। अपने व्यावसायिक प्रपंचों के बीच अवकाश निकालना मेरे लिए उस समय सुविधाजनक न था। किन्तु भ्रमण का फितूर मेरे दिमाग में सदा प्रबल रहा है। मैंने 'हाँ' कर दी। देव मेरी ओर से विश्वस्त होकर दूसरे ही दिन अपने समस्त यूनिट को लेकर काठमांडू चल दिए।

दो हफ्ते बाद 16 मार्च को हवाई जहाज से मैं रवाना हुआ। इंडियन एअरलाइन्स में स्ट्राइक (हड़ताल) चल रहा था इसलिए जहाज अनियमित तौर पर उड़ा करते थे और यात्रियों की भीड़ अधिक रहा करती थीं। एक टिकट मिलने के कारण मैं अकेला ही गया था। प्रीति दूसरे टिकट की प्रतीक्षा करती बम्बई में ही रह गई थी। विमान से दिल्ली पहुँचकर रात में 'ओबेरॉय कॉण्टिनेंटल' होटल में ठहरा। काठमांडू के लिए विमान दूसरे दिन जाता था। मैंने श्री चन्द्रगुप्त विद्यालंकार और उनकी धर्मपत्नी स्वर्णजी को होटल में आमंत्रित किया और वह शाम उनके साथ बातचीत में बिताई।

चन्द्रगुप्त से मेरा तब से सम्बन्ध है जब वे बम्बई में 'सारिका' के सम्पादक हुआ करते थे, तब हम अक्सर मिला करते थे। कुछ शामें हमने 'वाटिका' में साथ खा-पीकर गुजारी थीं। नैनीताल के बोट क्लब में उनके और स्वर्णजी के साथ प्रीति और मैंने घंटों बिताए थे। उनके आधुनिक रहन-सहन और वेशभूषा ने हमें शुरू से विश्वस्त कर दिया था कि जिस प्रकार वे दोनों बाहर से साफ और आधुनिक हैं, उसी प्रकार अन्दर से भी वैसे ही होंगे। और इसी वजह हम परस्पर बेझिझक, बेतकल्लुफाना तौर पर मिलते रहे हैं।

जब कभी दो व्यक्ति मिलते हैं तो सोच-विचारकर चर्चा का विषय तैयार करके साथ लाते हैं और सदा इस फिक्र में रहते हैं कि अपनी विद्वत्ता, धारणाएँ दूसरे पर कैसे लादी जाएँ। अपने व्यक्तित्व की छाप दूसरे पर किस तरह लगा दी जाए। और इसीलिए अक्सर दूसरे को मात करने की, जेर करने की, नीचा दिखाने की वृत्तियाँ मुलाकातों को दूषित कर दिया करती हैं—व्यर्थ में। चन्द्रगुप्त और स्वर्ण

कभी तैयारी से नहीं आते और मिलते ही एक ऐसा वातावरण पैदा कर देते हैं जिसमें गम्भीर से गम्भीर और बेकार से बेकार विषयों पर बातचीत (बहस-मुबाहसा नहीं) के लिए सबको बड़ी सुगमता से अवसर मिल जाता है और मुलाकातों की घड़ियाँ मीठी और प्यारी हो जाती हैं। और ऐसी ही घड़ियों के जोड़ से दोस्तों और दोस्ती की जात जानी और पहचानी जाती है।

दूसरे दिन सवेरे रॉयल नेपाल एअरलाइन्स के विमान में बैठकर मैं काठमांडू के लिए उड़ गया। विमान से स्विट्‌जरलैंड के ऊपर उड़ते हुए मैंने आल्प्स की बर्फाच्छादित चोटियाँ देखी हुई थीं, कश्मीर जाते समय हिमालय की बर्फाच्छादित चोटियाँ भी देख रखी थीं, किन्तु आज मेरी बगल में बैठकर जब उस तिरछी आँखों वाली आकर्षक नेपाल एअर होस्टेस ने माउंट एवरेस्ट की चोटी को 'सागरमाथा' के नाम से मुझे दिखाया तो हिमालय का वह हिमाच्छादित शिखर वास्तव में संसार का उच्चतम सिरा लगने लगा। 'सागरमाथा' के निकटवर्ती हिमारूढ़ उन्नत विस्तार को—जो शायद धौलागिरी या अन्नपूर्णा का शिखर था—उसने 'माछपुछड़ी' कहा था। नेपाली विमान परिचारिका के मुँह से शिखरों के ये दोनों सुन्दर नेपाली नाम सुनते ही मुझे नेपाल से मोह हो गया।

'सोलटी' होटल काठमांडू का श्रेष्ठतम होटल था। हवाई अड्डे से 'सोलटी' मैं कार से गया और रास्ते में प्राकृतिक दृश्य तथा शहर के गली-कूचे, बाजार देखता गया। मैं 'सोलटी' में ही ठहराया गया जहाँ देव आनन्द और अभिनेत्री मुमताज, जीनत अमान तथा यूनिट के प्रमुख कलाकार ठहरे हुए थे।

'हरे राम हरे कृष्ण' की शूटिंग देव बड़ी लगन और मेहनत से कर रहे थे। दो दिन बाद मेरा काम भी शुरू हो गया। शूटिंग अक्सर रात-रात को जब सारा शहर सो जाता, हुआ करती। नेपाल पुलिस की सहायता से कभी दिन को भी शूटिंग होती।

हमारा होटल अल्ट्रा मॉडर्न (अत्याधुनिक) था। होटल में डिस्कोथेक, कैसिनो और बार भी थे। सवेरे, शाम विदेशी यात्रियों के जत्थे के जत्थे आया-जाया करते। अधिकतर यात्री वयस्क होते, किन्तु दुनिया देखने की उमंग उनके चेहरों पर साफ झलकती होती। सारे के सारे घर छोड़कर घर से दूर, घर के प्रपंचों, चिन्ताओं से दूर परदेस में आकर, मानो खुल और खिल पड़े हों! खाने, पहनने, मौज उड़ाने और जिन्दगी को भरपूर जीने के लिए उनका उत्साह असीम था और स्पर्श करनेवाला था। उस सतत सामूहिक उल्लास के कारण होटल में रौनक बनी रहती और जिन्दगी से खुलकर प्यार करने का जी करता।

काठमांडू शहर में तथा उसके आस-पास आठ-दस मील के अन्दर भक्तपुर, पाटन, भडगाँव आदि छोटे-छोटे शहरों में देखने योग्य अनेक प्राचीन मन्दिर, महल, वास्तुकला, शिल्पकला की चीजें थीं लेकिन अकेले जाकर देखने को मन न किया और मैं प्रीति के आने का इन्तजार करने लगा।

पाँच दिन बाद प्रीति आ गई और फिर हम दोनों हफ्ता भर साथ-साथ खूब घूमते फिरे। हमने वह भव्य काष्ठमंडप, जो कहा जाता है कि एक ही पेड़ की लकड़ी से बना था, देखा। अन्य सभी प्राचीन मन्दिर, पशुपतिनाथ का मन्दिर, भैरव मन्दिर, कृष्ण मन्दिर, स्वयंभूनाथ स्तूप, बुद्ध स्तूप आदि देखे। भक्तपुर और पाटन और भडगाँव के प्राचीन शहरों में घूम-फिरकर वहाँ की वास्तुकला, शिल्पकारी, वहाँ के लोगों का रहन-सहन देखा, टिबेटी रेफ्यूजी सेंटर (तिब्बती शरणार्थी केन्द्र) देखा।

कुल नेपाल की जनसंख्या एक करोड़ के लगभग है। हिन्दू राष्ट्र है। नेपाल काफी पिछड़ा हुआ देश है और वहाँ गरीबी अधिक है। गन्दगी ने गरीबी का सदा ही साथ दिया है। किन्तु लोग अच्छे हैं और उनकी अपनी सुन्दरता है।

गाँजा, चरस आदि अनियंत्रित पैदा होने और बाजारों में खुल्लमखुल्ला बिकने के कारण विदेशी हिप्पियों के लिए नेपाल विशेष आकर्षण का केन्द्र बना हुआ है। वहाँ कोई सड़क, कोई गली, कोई बाजार, कोई मुहल्ला, कोई देवस्थान, कोई स्मारक नहीं है ऐसा, जहाँ हिप्पी लोग न दिखाई पड़ें। जिज्ञासा हुई कि हिप्पियों की दिनचर्या और उनकी जिन्दगी को जरा पास से देखा जाए, और हमने देखा। उनके जॉएंट्स अड्डों पर भी गए। मैंने प्रीति से कहा था : 'आज गाँजे का एक दम मैं भी लगाकर देखूँगा। अगर कुछ गड़बड़ी हुई तो मुझे सँभाल लेना।' रात जब हम ढाबानुमा हिप्पियों के जॉएंट पर गए और उस छोटे, बन्द गन्दे कमरे में गन्दी टेबल के अतराफ गन्दी बेचों पर जमे हुए हिप्पी युवक-युवतियों के साथ सटकर बैठे और साथ लाई हुई रम की बोतल हमने उनके सामने टेबल पर रखी (अभिनेता सुधीर और 'स्क्रीन' के पत्रकार-छायाकर कुम्ठेकर हमारे साथी थे और रम की बोतल अभिनेता सुधीर की थी) तो उन हिप्पियों का ध्यान बोतल ने आकर्षित कर लिया। हालाँकि वे चरस, गाँजा, एल.एस.डी., कोकेन आदि के नशे में मस्त थे, लेकिन शराब तो शराब ही है और वे सब बोतल को ललचाई नजरों से घूरने लगे। सुधीर ने गिलासें मँगाईं। मोटे शीशे की एक दर्जन गन्दी गिलासें आईं। गिलासों में रम उँड़ेली गई और लोगों को बाँटी गई और फिर एक क्षण में वे सारे हिप्पी हमसे घुल-मिल गए। गाँजे की चिलम साथ-साथ चल ही रही थी। हिप्पियों के चेहरे बस देखते ही बनते थे। सारे के सारे चुप-चुप थे, तरंगों में मस्त। उनके अस्त-व्यस्त गन्दे कपड़ों और उनके बेनहाए जिस्मों से उठते हुए सड़ाँध के भभके बरदाश्त के बाहर हुए जा रहे थे। घूमती हुई उनकी वह गाँजे की जूठी चिलम जब मेरे पास आई तो मैं उसे मुँह तक न ले जा सका; प्रयोग का सारा हौसला काफूर हो गया और मैंने चिलम बाजूवाली युवती को पकड़ा दी। दो मिनट बाद हम उठ खड़े हुए और विदा लेकर बाहर आ गए। अड्डे के बाहर सँकरी गन्दी नाली पर उकड़ूँ बैठी हुई एक हिप्पी युवती अँधेरे में उस नाली के गन्दे पानी में हाथ डाले कुछ टटोल रही थी। पूछने पर पता चला, उसकी चिलम नाली के पानी में गिरकर गुम हो गई

है। बाजू में, उसी गन्दी नाली के किनारे, गन्दी जमीन पर एक हिप्पी जोड़ा लिपटा हुआ पड़ा था।

उस रात हिप्पियों की दुनिया में मैंने ऐसा-ऐसा कुछ देखा कि मन खराब हो गया। नेपाल में मैं कई हिप्पी युवक-युवतियों से मिला, उनसे देर तक बातें कीं। तरह-तरह के हिप्पी थे। कुछ जाहिल थे, कुछ गँवार, कुछ मूढ़, कुछ कुलीन घर के, कुछ पढ़े-लिखे, कुछ लेखक, कुछ चित्रकार, कुछ विचारक किस्म के भी थे। पर थे सभी बहके हुए, व्यसनी, गन्दे, सुस्त और आलसी। कई बीमार थे। जो बीमार न थे, वे जल्दी ही होने वाले थे। न वे बराबर खाते थे, न ठीक से उन्हें खाना ही मिलता था, न उन्हें खाने की फिक्र ही थी। वक्त से बहुत पहले या तो वे मर जाते हैं या बूढ़े हो जाते हैं।

गन्दे और अस्वस्थ शरीर के अन्दर कभी कोई ज्योति नहीं पनप सकती—न प्रेम की, न कला की, न ज्ञान की। हिप्पी कल्ट मात्र पथ-भ्रान्तों, बहके हुओं, निठल्लों, उदासीनों, कायरों का समुदाय है। मैं इसी निष्कर्ष पर पहुँचा।

1970-71 के वर्ष विशेष महत्त्व के रहे। विश्व तथा भारत में इन वर्षों में कई अद्‌भुत घटनाएँ हुईं।

अमरीका ने अन्तरिक्ष यानों को चाँद पर सफलतापूर्वक उतार दिया और चाँद की धरती पर मानव ने पहली बार कदम रखा। नानी की कहानियों वाला वह चन्दा मामा, लोक-मान्यताओं का वह चन्द्रलोक जो स्वर्ग समान था और जहाँ परियाँ और देवता बसते थे, सहसा भुरभुरी धूल का एक वीरान उपग्रह सिद्ध हुआ और कवियों की कल्पना वैज्ञानिकों के इस अनुसन्धान पर फूट-फूटकर रोई।

रूस ने वैज्ञानिक उपकरणयुक्त, मानवरहित अन्तरिक्षयान शुक्र पर उतार दिया।

भारतीय क्रिकेट टीम ने वेस्ट इंडीज और बरतानिया की क्रिकेट टीमों को हराकर भारत को विशेष गौरव प्रदान किया।

रूस के भूतपूर्व प्रधान, निकिता ख्रुश्चेव, जो कभी जोरदार और महान हस्ती समझे जाते थे, जो कभी संयुक्त राष्ट्र के अधिवेशन में अपने विपक्षियों को खरी-खरी सुनाकर उनका अपमान करते हुए मेज पर अपना जूता पीट आए थे, और जिनके एक इशारे पर कभी विश्वयुद्ध छिड़ सकता था, और जो बाद में पदच्युत और बेआबरू होकर अपने गाँव में नजरबन्द की हालत में अपने अन्तिम दिन बिता रहे थे, 11 सितम्बर, 1971 को उनकी मृत्यु हो गई। एक इनसान के उत्थान का यह अद्‌भुत उदाहरण है।

उन्हीं वर्षों में—कुछ विदेशी चलचित्रों से प्रेरणा पा—कम व्यय से निर्मित, नए और बिना ख्यातिप्राप्त कलाकारों, तकनीशियनों के छोटे-छोटे, सादा और फार्मूलारहित कहानियों पर आधारित सस्ते हिन्दी चित्रों ने प्रेक्षकों को मोहकर भारतीय सिने

व्यवसाय में क्रान्ति पैदा कर दी। प्रेक्षकों का एक नया वर्ग स्थापित कर दिया। देश के अनेक शहरों में आर्ट थिएटर (छोटे सिनेमाघर जिनमें सस्ते किन्तु कलात्मक चित्र दिखाए जाते हैं) बनने शुरू हो गए।

उन्हीं वर्षों में सिने अभिनेता राजेश खन्ना धूमकेतु की तरह देदीप्यमान हो लहरा उठा और दिलीप कुमार, राज कपूर, राजेन्द्र कुमार, सुनील दत्त, आदि यकायक पुरानी पीढ़ी के डूबते सितारे समझे जाने लगे। अपनी मधुर आवाज तथा विलक्षण कला-कौशल के कारण किशोर कुमार भारत का श्रेष्ठ एवं लोकप्रिय गायक बन गया।

प्रधानमंत्री इन्दिरा गांधी ने उपप्रधानमंत्री—वित्तमंत्री मोरारजी देसाई—को जिन्हें अलग करने के लिए कभी पंडित नेहरू को कामराज की सहायता लेनी पड़ी थी—एक क्षण में, तुच्छ चपरासी की तरह, पदच्युत कर निकाल फेंका और मध्यावधि चुनाव करवाकर पुरानी कांग्रेस के मोरारजी देसाई, एस.के. पाटिल, कामराज, निजलिंगप्पा जैसे महारथी, धुरंधरों को पछाड़कर मार्च, 1971 में दो-तिहाई बहुमत से अपनी नई कांग्रेस को विजयी करवाकर, भारत को ही नहीं वरन् संसार को चकित कर दिया।

पाकिस्तान की जनता सतत सैनिक प्रशासन से त्रस्त होकर विद्रोही हो चली थी। पाकिस्तान के फौजी प्रेसिडेंट जनरल आगा महम्मद यहया खान ने जनता की आँख में धूल झोंकने के इरादे से चुनाव नियोजित किया। पाकिस्तान दो खंडों में बँटा हुआ था। पूर्वी खंड पूर्वी पाकिस्तान कहलाता था और वहाँ के लोग बंगला भाषा बोलते थे। पश्चिमी पाकिस्तान के अन्दर चार प्रान्त थे—पंजाब, सिंध, नॉर्थ-वेस्ट फ्रंटियर (सीमा प्रान्त) और बलूचिस्तान। उन चारों प्रान्तों की भाषाएँ भी जुदा-जुदा थीं, हैं। पूर्वी पाकिस्तान की जनसंख्या साढ़े सात करोड़ थी, पश्चिम की साढ़े पाँच करोड़। चुनाव समस्त पाकिस्तान में हुआ।

पूर्वी पाकिस्तान में बंगबंधु कहानेवाले शेख मुजीबुर्रहमान की अवामी लीग पार्टी को चुनाव में असाधारण सफलता मिली। प्रान्तीय विधान सभा की 169 में से 167 सीटें और राष्ट्रीय विधान सभा की 313 में से 288 सीटें मुजीब की अवामी लीग ने जीत ली। निश्चित था कि पूर्वी पाकिस्तान का बंगला भाषी नेता मुजीबुर्रहमान ही अब समस्त पाकिस्तान का प्रधानमंत्री बनेगा। यह बात जनरल यहया को और पीपुल्स पार्टी के नेता जुल्फिकार अली भुट्टो को खल गई। अब तक पश्चिमी पाकिस्तान के पंजाबी और सिंधी प्रशासकों ने ही पूर्वी पाकिस्तान के बंगालियों पर हुकूमत की थी, उन्हें तरह-तरह से दबाया, रौंदा और लूटा था। यहया और भुट्टो ने आपस में साँठ-गाँठ करके चुनाव को रद्द करने और फिर विधान सभा की बैठक बुलाने में विलम्ब करने का लांछनीय प्रयत्न कर अपनी बदनीयती का भरपूर सुबूत

दिया। मुजीब, अवामी लीग के अन्य नेता तथा पूर्वी पाकिस्तान की जनता अधीर हो विद्रोह पर कमर कस उठी। तब यहया ने मुजीब से बातचीत करने के लिए तिथि तय की और उस अवधि में चुपके-चुपके पश्चिमी पाकिस्तान के पंजाबी, पखतूनी और बलूची सैनिक बड़ी संख्या में विमान तथा जहाजों में भर-भरकर पूर्वी पाकिस्तान में ला उतारे। ढाका में बातचीत का नाटक पूरा किया गया। पूर्व निश्चित योजना के अनुसार यहया और भुट्टो ने मुजीब की शर्तें नामंजूर कर दीं और इस प्रकार बातचीत विफल हो गई। मुजीब ने तब मजबूर होकर पूर्वी पाकिस्तान को स्वतंत्र 'बांग्लादेश' घोषित कर दिया।

पाकिस्तान के फौजी प्रेजिडेंट जनरल आगा महम्मद यहया खान ने पूर्वी पाकिस्तान के लोकप्रिय नेता और प्राण बंगबन्धु शेख मुजीबुर्रहमान, और उनकी अवामी लीग पार्टी को देशद्रोही घोषित कर 25 मार्च, 1971 की रात को ढाका में फौजी प्रशासन लागू कर समस्त पूर्वी पाकिस्तान में अपना अमानुषी फौजी आतंक फैला दिया। मुजीब को उनके परिवार सहित बन्दी बना लिया गया। किन्तु पूर्वी बंगाल अब पूर्वी पाकिस्तान न था, वह बांग्लादेश कहाने लगा था और देशभक्ति की लहर सारे देश में प्रबल रूप से कसमसाने, खौलने लगी थी।

मुजीब को बन्दी बनाकर पश्चिम पाकिस्तान ले जाया गया। बांग्लादेश के देशभक्त नेताओं ने भागकर भारत में शरण ली। टिक्का खान नामक एक निर्दयी, पैशाचिक जनरल को ढाका में नियुक्त कर प्रेजिडेंट यहया ने उसे अवामी लीग के समर्थकों तथा सारे हिन्दुओं के सर्वनाश का हुक्म दे दिया। और फिर पश्चिमी पाकिस्तान के पंजाबी, पखतून, बलूची सैनिकों ने बांग्लादेश की शस्त्रहीन, असहाय जनता पर बन्दूकों, मशीनगनों, तोपों, टैंकों, हवाई जहाजों से गोलीबारी करके, उनके घरों, अस्पतालों, स्कूलों, कॉलेजों, मन्दिरों, मस्जिदों को नेस्तोनाबूद करके, उनके बहू-बेटियों पर बलात्कार करके जिस पैशाचिक वृत्ति का प्रदर्शन किया, वह अहमदशाह अब्दाली ने 11 मार्च, 1739 के दिन (वह भी मार्च का महीना था) दिल्ली में जो कत्लेआम किया था, उसको भी मात करती है। बांग्लादेश में जो वह कत्लेआम हुआ, वह बीसवीं शताब्दी की संस्कृति पर एक अमिट कलंक बनकर रहेगा। वह इतना भयंकर हत्याकांड हुआ है कि वर्तमान इतिहास जब लिखा जाएगा, कई-कई पन्नों से लहू टपकेगा और पाकिस्तानी हैवानियत की सड़ांध से विद्यार्थियों के सिर चकराने लगेंगे।

तीस लाख से अधिक बंगाली मारे गए; शहरों और गाँवों की डरी, सहमी, लुटी, घायल और बीमार जनता के जत्थे भागकर भारत में त्रिपुरा, असम, मेघालय, कलकत्ता आने लगे। भारत ने उन एक करोड़ विस्थापितों को शरण दी। विचित्र बात यह थी कि अमरीका (प्रेजिडेंट निक्सन—सलाहकार किसिंगर) तथा प्रजातंत्र राज्य के समर्थक होने का दावा करने वाले अनेक राष्ट्रों ने जनरल यहया के

बंगाली जनता पर ढाए गए जुल्मों और कत्लेआम पर अपनी आँखें मूँदी रखीं। केवल इन्दिरा गांधी के नेतृत्व में भारत ने बांग्लादेश वासियों को शरण दी, सहारा दिया, उनके इस नए राष्ट्र को मान्यता देकर उनकी सहायतार्थ अपनी थल, जल और वायु सेनाएँ भेजीं।

भारत ने रूस से 9 अगस्त, 1971 को सन्धि कर ली थी जिससे दोनों राष्ट्रों ने बाहरी आक्रमण के समय एक दूसरे की सहायता करने का वचन दिया था। रूस ने भारत और बांग्लादेश का ऐलानिया तौर पर समर्थन किया।

3 दिसम्बर, 1971 की शाम के 5:47 पर पाकिस्तान ने भारत पर हमला कर दिया। प्रधानमंत्री इन्दिरा गांधी, जो कलकत्ता में थीं, तुरन्त उड़कर दिल्ली पहुँचीं और हमलों का उत्तर हमलों से देने का उन्होंने अपनी सेनाओं को हुक्म दे दिया। सब मोर्चों पर भारत ने पाकिस्तान की बुरी पिटाई की। भारतीय सेनाओं ने पाकिस्तानी सेनाओं को बांग्लादेश में घेर लिया और 16 दिसम्बर, 1971 को जनरल नियाजी के कमांड में पाकिस्तानी सेना ने भारतीय जनरल जगजीत सिंह अरोरा के सामने हथियार डाल दिये। पाकिस्तान के लगभग एक लाख सैनिक बन्दी बनाकर भारत ने अपनी हिरासत में ले लिए और उसी दिन भारत ने बांग्लादेश को स्वतंत्र राष्ट्र घोषित कर दिया। बांग्लादेश अब भारत का अनुकरण करते हुए प्रजातंत्र राष्ट्र था और उस नए राष्ट्र का नाम था 'गणप्रजातंत्री बांग्लादेश'। इन्दिरा गांधी के युद्ध-विराम के प्रस्ताव को यहया ने तुरन्त स्वीकार कर लिया, और इस प्रकार भारत-पाकिस्तान के बीच यह चौथा युद्ध चौदह दिनों के अन्दर समाप्त हो गया।

पाकिस्तान ने गहरी मात खाई थी। जब राष्ट्र का नेता शराबी, दुराचारी, बलात्कारी, दुष्ट, मूढ़ हो तो उस राष्ट्र का सर्वनाश लगभग निश्चित ही रहता है। अपने माली नुकसान और शर्मनाक हार पर खीजकर पाकिस्तान की जनता ने यहया के विरुद्ध आवाज ऊँची की। अनेक शहरों में उसके पुतले जलाए और सूली पर लटकाए गए। सेनाओं के अफसरों में फूट पड़ गई। घबराकर यहया ने भुट्टो को प्रेजिडेंट नियुक्त कर स्वयं पदत्याग कर दिया। भुट्टो ने तुरन्त ही यहया तथा अन्य कुछ फौजी अफसरों को अलग कर, उन्हें नजरबन्द रखा, अब बचे-खुचे पाकिस्तान में लश्करी राज्य को दूर कर गणराज्य की स्थापना के लिए तैयारियाँ शुरू कर दीं। भारत, रूस, बरतानिया, फ्रांस आदि कई राष्ट्र मुजीब को रिहा करने के लिए पाकिस्तान पर पूरा जोर-दबाव डाले हुए थे। मुजीब को रिहा करने के सिवा भुट्टो को कोई चारा न था। सो 9 जनवरी, 1972 के दिन मुजीब आजाद कर दिये गए।

मुजीब 9 महीने कैद में रहे थे। अब कैद से छूटते ही वे स्वतंत्र मानव ही न थे बल्कि एक स्वतंत्र राष्ट्र के राष्ट्रपति भी थे। 10 जनवरी, 1972 को लन्दन से ढाका उड़ान करते हुए मुजीब दिल्ली उतरे। भारत ने 21 तोपों की सलामी देकर उनका राजकीय सम्मान किया।

दिल्ली के कंटोनमेंट परेड ग्राउंड पर सार्वजनिक सभा में भाषण करते हुए मुजीब ने भारत को, भारतीय सेना को, और इन्दिरा गांधी को बांग्लादेश के निर्माण में सहायता देने तथा उन्हें कैद से मुक्त कराने के सतत प्रयत्न करने के लिए धन्यवाद दिया।

इन्दिरा ने कहा, वे तीन बातें चाहती थीं : शरणार्थी वापस जाएँ, बांग्लादेश स्वतंत्र राष्ट्र बने और मुजीब मुक्त करा दिए जाएँ। उन्हें खुशी है कि उनकी तीनों इच्छाएँ पूरी हुईं।

मुजीब ढाका लौट गए और जाते ही राष्ट्रपति पद छोड़ और प्रधानमंत्री बन उन्होंने बांग्लादेश के प्रशासन की बागडोर सँभाल ली। नौ महीने पहले मुजीब ने अपने देश को आजाद कराने का बीड़ा उठाया था और आजादी की घोषणा की थी। बांग्लादेश वासियों को बड़ी कीमत चुकानी पड़ी, इतनी बड़ी कि अन्य किसी राष्ट्र ने आज तक अपनी मुक्ति और स्वाधीनता के लिए नहीं चुकाई थी। उस भीषण आन्दोलन में तीस लाख से अधिक व्यक्ति कत्ल हुए थे और एक करोड़ शरणार्थी बनकर भारत आए थे और मुजीब खुद मौत के मुँह तक जा पहुँचे थे। पर अब उनकी मनोकामना पूरी हुई थी और उनका प्रिय 'सोनार बांग्ला' अब स्वतंत्र राष्ट्र था।

बांग्लादेश के जन्म और निर्माण का इतिहास जब लिखा जाएगा या जब कभी 1971 के भारत-पाकिस्तान युद्ध का जिक्र आएगा, एक विभूति भुलाई नहीं जा सकेगी, क्योंकि वही इस आन्दोलन और इस युद्ध की नायिका है और वह है— इन्दिरा गांधी। वह महिला मार्च, 1971 के चुनाव से पहले तक अबोध, अशक्त, अनुभवहीन, सुकोमल और मात्र अबला समझी जाती थी और कइयों का खयाल था कि चूँकि उसे महान नेहरू की बेटी होने का सौभाग्य प्राप्त है, इसलिए वह जनप्रिय होकर प्रधानमंत्री बन सकी, पर बहुत जल्द ही राजनीति तथा प्रशासन की दुष्ट चट्टानी लहरें उसे भींच-डुबोकर किनारे पर ला पटकेंगी! अब चुनाव के बाद तुरन्त ही, बांग्लादेश की पेंचीदा समस्याओं को इस कुशलता से हल करके तथा पाकिस्तान को युद्ध में कुचलकर उसने अभूतपूर्व राजनीतिक सूझबूझ और कौशल का परिचय तो दिया ही, साथ-साथ उस असीम साहस का प्रदर्शन भी किया जिसके लिए महारानी पद्मिनी, झाँसी की रानी और जोन ऑफ आर्क आज तक याद की जाती हैं। माना कि भारत को रूस का सहारा था, पर अमरीका का परमाणु शक्ति चालक जहाजी बेड़ा (सेंवथ फ्लीट) बंगाल की खाड़ी में पहुँचकर आतंक जमाए हुए था। उसका तथा अमरीका की धमकियों का मुकाबला करने के लिए कलेजा चाहिए। ऐसे घोर विपत्ति काल में इन्दिरा ने जो कूटनीति और हिम्मत दिखाई, जो आचरण और करतब दिखाए, पंडित नेहरू और सरदार पटेल भी कभी न दिखा पाते। कोई अजब नहीं कि आज हमारा समस्त राष्ट्र, राष्ट्र की समस्त पार्टियाँ इन्दिरा गांधी को 'देवी दुर्गा' कहने लगी है। कल क्या होगा, कोई नहीं जानता, किन्तु आज तो इन्दिरा ने गांधी, नेहरू और पटेल की पूरक बनकर विश्व में भारत का मस्तक ऊँचा कर दिया है और समस्त एशिया में भारत एक महान और सबल राष्ट्र समझा जाने लगा है।

आज भारत अनाज में आत्मनिर्भर हो चुका है और हर क्षेत्र में तीव्र गति से प्रगति करता जा रहा है। इसी कारण वह पड़ोसी चीन की नजरों में खटकने लगा है। अमरीका तथा उन राष्ट्रों की नजरों में भी खटकने लगा है जो भारत को ब्याज पर राशियाँ, अनाज तथा अन्य सामग्रियाँ उधार देकर सदा उसे अपनी कठपुतली बनाए रखना चाहते थे।

स्वतंत्रता—1947—के बाद भारत में इतनी महत्त्वपूर्ण घटनाएँ एक साथ ही कभी नहीं घटीं जितनी कि पिछले इन दो वर्षों में घटी हैं। भारत का यह तेजस्वी वर्तमान इतिहास है।

और यह इतिहास मेरी नजरों के सामने, मेरे आसपास घटित होता रहा है।

जब कभी मैं अपनी जिन्दगी के बारे में सोचता हूँ तो पाता हूँ कि मैं विशेष भाग्यवान रहा हूँ। अपना जीवन मैंने भरपूर जीया है। अपने संगे-सम्बन्धियों, प्रियजनों, मित्रों और चाहने वालों को साथ लिये हुए मैं जीवन के हाट से गुजरा हूँ। लुभावने दृश्य और सुहावने प्रसंग अधिक लुभावने और सुहावने लगने लगते हैं यदि संगी-साथियों की सोहबत हो। प्रियजनों का साथ रहे तो संकट, दुःख और पीड़ा झेल लेने में व्यक्ति को सुविधा हो जाती है। जो आदमी मतलबी और स्वार्थी होता है, वह सदा अपने को अकेला पाता है और अकेला आदमी जिन्दगी को नीरस, बेमजा और जंजाल ही पाता है।

इस भौतिक संसार में कोई जीव अकेला नहीं, न ही कोई स्वतंत्र है। यह तथ्य मेरी समझ में शुरू से आया हुआ था और इसलिए अपने विशाल कार्य क्षेत्र के अन्दर एक छोटा-सा दायरा बनाकर मैंने अपनी जिन्दगी सामूहिक रूप से ही जी है। अपनों के साथ हर दुःख-सुख बाँटा है। काश, परायों के साथ भी बाँट पाता!

माता, पिता, बहनों, भाइयों का साथ मुझे अब तक उपलब्ध रहा है। प्रीति के रूप में मुझे जो विलक्षण पत्नी मिली है, उसका श्रेय मैं अपने पूर्व जन्मों के पुण्य कर्म को ही देता हूँ। मेरे चारों बच्चे—रोहित, नयना, ममता और विक्रम—अच्छे और प्यारे हैं, बहुत अच्छे और बहुत प्यारे हैं। परमात्मा की मुझ पर असीम कृपा रही है।

1 अक्टूबर, 1968 को बच्चों ने हमारे ब्याह की रजत जयन्ती 'वाटिका' में बड़े धूमधाम से मनाई और उस अवसर पर सिने व्यवसाय तथा नगर के अनेक मित्रों को डिनर के लिए आमंत्रित किया। इस पार्टी का पता हमें दो दिन पहले ही चला। पार्टी की योजना बच्चों ने हम दोनों से छिपाकर रखी हुई थी। सबने हमें बधाइयाँ दीं, पीए, खाए, नाचे, मौज उड़ाए और रात दो बजे पार्टी समाप्त हुई। उस रात सहसा विश्वास न होता कि प्रीति और मेरे ब्याह को हुए 25 वर्ष बीत चुके हैं। ऐसा लगा कि उसी दिन की तो बात है—मुश्किल से दो-चार वर्ष हुए होंगे—जब हम दोनों मिले थे। मगर सच है, समय बीतते देर नहीं लगती, पलक झपकते जिन्दगी बीत जाती है।

पार्टी की उस रात रोहित ने पहली बार हमसे कहा कि उसकी कॉलेज के समय से रही हुई मित्र मोनिका मीरचन्दानी से वह ब्याह करना चाहता है। मोनिका और उसके माता-पिता भी आए हुए थे। हमने आपस में बात करके उनका ब्याह तय कर दिया। 1 जनवरी, 1969 को रोहित और मोनिका का ताजमहल होटल में हमने धूमधाम से ब्याह कर दिया। ब्याह के तीसरे दिन नवदम्पती हनीमून के लिए कोचीन, कोडाएकनाल चले गए। जुलाई में दोनों साथ मिलकर यूरोप और अमरीका के भ्रमण के लिए गए। दो महीने के भ्रमण में उन्होंने बहुत कुछ देखा और सीखा।

भ्रमण सदा ही अपने-आपमें एक महान शिक्षा है। भ्रमण मनुष्य को विशाल-हृदय बनाता है। उसे सच्चा और वास्तविक दृष्टिकोण प्रदान करता है, जिससे उसकी विक्षिप्त, कुंठित और संकीर्ण मान्यताएँ, परिपाटियाँ, रूढ़िवादिता छिन्न-भिन्न होकर दूर हो जाती हैं और फिर वह सारे संसार को, संसार के समस्त लोगों को समदृष्टि से देखता है, जाति और जाति, प्रान्त और प्रान्त, देश और देश, मनुष्य और मनुष्य में भेदभाव नहीं करता। यह भ्रमण इस नवदंपती के लिए अति लाभकारी सिद्ध हुआ। जो कर सके, भ्रमण अवश्य करे।

यूरोप यात्रा के समय रोहित के साथ एक दिलचस्प वाकया हुआ। फ्रैंकफर्ट में एक डिपार्टमेंट स्टोर में जब रोहित और मोनिका ट्रांजिस्टर खरीदने गए तो वहाँ उपस्थित एक पाकिस्तानी महाशय ने रोहित को देखते ही 'पहचान' लिया और अभिवादन करके बोले : 'कितना खुशकिस्मत हूँ जो आपसे आज यहाँ मुलाकात हुई।'

'आपने मुझे कैसे पहचाना?' रोहित ने हैरत में पड़कर पूछा।

'वाह! आपके मैं कई पिक्चर देख चुका हूँ। आपका 'राजा' मुझे अब तक याद है। वैसा पिक्चर जिन्दगी में दोबारा देखने में न मिला। आप किशोर साहू हैं न?'

रोहित मुस्कुराया : 'मैं रोहित साहू हूँ, किशोर साहू का बेटा।'

वे महाशय आँखें फाड़े थोड़ी देर रोहित को देखते रहे, फिर बोले : 'कमाल है! ठीक वही शक्ल! और मैं साफ भूल गया कि 'राजा' देखे करीब पच्चीस साल हो गए!'

मैंने देखा है, बच्चों की शक्ल उनके माँ-बाप से अक्सर मिल जाती है, विशेषकर जब माँ-बाप उन्हीं की उम्र के थे। बच्चा ज्यों-ज्यों बड़ा होता है, उसकी शक्ल उसकी माता या पिता का उसी अवस्था की शक्ल का रूप लेती जाती है। पारिवारिक सौम्यता अद्भुत होती है।

भारतीय सिने कलाकारों में गम्भीर और स्तरीय अभिनय करने वाली अभिनेत्रियों में मीना कुमारी श्रेष्ठ रही है। उसका मूल नाम महजबीन था और वह नाचनेवाली इकबाल बेगम की बेटी थी। उसने छोटी उम्र में ही सिनेमा में प्रवेश किया था। जब वह सत्रह बरस की थी, मैंने उसे अपने चित्र 'हमारा घर' में पाँच नायिकाओं

में से एक, किन्तु मुख्य नायिका का पात्र दिया था। बाद में, बहुत बाद में, कमाल अमरोही से शादी करके वह उन्हीं के साथ रहने लगी। शायद उन दिनों कमाल अमरोही केवल कहानी-संवाद लेखक ही थे, दिग्दर्शक वे बाद में 'बाम्बे टॉकीज' के 'महल' चित्र से बने। मेरे दिग्दर्शित चित्र 'दिल अपना और प्रीत परायी' की नायिका की भूमिका में मीना कुमारी ने बस कमाल ही कर दिया था। मीना कुमारी कवयित्री भी थी और उर्दू में शायरी किया करती थी। बहुत मिलनसार और भावुक थी। घर के तंग वातावरण और पति के नियंत्रण से ऊबकर, झुँझलाकर, त्रसित होकर बाद में वह अपने अलग घर में रहने चली गई और फिर मनमानी और स्वच्छन्द जिन्दगी बिताने लगी। चमचों, दोस्तों और प्रेमियों से घिर गई। बरसों की मन में दबाई घुटन का विस्फोट हुआ। बेतहाशा पीने लगी। मुटा गई, फूल गई, बीमार रहने लगी। पति के बन्द पड़े हुए चित्र 'पाकीजा' में अपना काम खत्म करने को राजी होकर उसने वह चित्र किसी तरह खत्म किया और 31 मार्च, 1972 की दोपहर को 40 वर्ष की अवस्था में मीना कुमारी चल बसी। भारत की सर्वश्रेष्ठ अभिनेत्री चल बसी, और एक दर्द-भरा जीवन का अन्त हो गया। 'पाकीजा' मीना का अन्तिम चित्र था जो अगले वर्ष जब रिलीज हुआ तो खूब चला।

1972 में 29 मई के सवेरे गले में कैंसर के कारण पृथ्वीराज कपूर का देहान्त हो गया। भारतीय चलचित्रों में अभिनेता बनकर शरीक होने वाले सुशिक्षित, सम्भ्रान्त व्यक्तियों में वे प्रथम थे। वे एक अच्छे अभिनेता और अच्छे इनसान थे। एक समय 'शकुन्तला', 'दीवार', 'पठान' जैसे स्तरीय नाटक प्रस्तुत कर हिन्दी मंच को उबारने तथा प्रतिष्ठित करने में पृथ्वीराज कपूर ने बहुत बड़ा योगदान दिया था। सोहराब मोदी के चित्र 'सिकन्दर' और के. आसिफ के चित्र 'मुगलेआजम' में क्रमश: सिकन्दर तथा अकबर के ऐतिहासिक पात्रों में वे सदा याद किए जाएँगे। वे सिर्फ राज, शम्मी और शशि कपूर के ही 'पापाजी' न थे बल्कि सिने व्यवसाय के छोटे-बड़े अनेक अभिनेता, अभिनेत्री और तकनीशियन उन्हें 'पापाजी' कहा करते थे। वाकई सिने कलाकार वर्ग के वे मुगलेआजम थे।

फिल्म निर्माता-दिग्दर्शक महेश कौल विद्यार्थी-काल में मेरे अन्तरंग मित्रों में से रहे थे। उन्हें बम्बई मैं ही लाया था। बाद में अपने-अपने निजी प्रपंचों, जिम्मेदारियों, व्यस्तताओं के कारण हममें फासला बढ़ता गया। वे अच्छे दिग्दर्शकों में से थे। लेकिन उनकी जिन्दगी में बेतरतीबी सदा उनके साथ चिपकी रही और वे कभी चार दिन व्यवस्थित ढंग से न रह पाए। बेचारे सदा फटेहाल रहे। कर्ज में डूबते चले गए। डायबिटीज, हाई ब्लड प्रेशर, आदि से बीमार रहने लगे। एक शाम नानावती अस्पताल में जब मैं उन्हें देखने गया और उन्हें हिम्मत बँधाते हुए मैंने जल्दी अच्छे होने की शुभकामनाएँ दीं तो मेरे हाथ को मसलकर, छलछलाती आँखों से मुझे ताककर वे मुस्कुराए। 'मुझे मालूम है, किशोर,' वे बोले : 'मैं जा रहा हूँ,' और तीसरे दिन

सवेरे—2 जुलाई, 1972—उनका, 61 वर्ष की अवस्था में, स्वर्गवास हो गया। एक बहुत थका-हारा व्यक्ति सदा के लिए सो गया।

'गुड अर्थ', आदि 80 पुस्तकों की जगविख्यात लेखिका, नोबेल पुरस्कार विजेता और मेरी मित्र पर्ल बक का 80 वर्ष की आयु में 6 मार्च, 1973 को देहावसान हो गया।

8 अप्रैल, 1973 को आधुनिक चित्रकारों में श्रेष्ठतम समझे जाने वाले पाब्लो पिकासो का 91 वर्ष की आयु में निधन हो गया। बीसवीं शताब्दी के वे एक महान चित्रकार-मूर्तिकार थे। चित्र और मूर्ति कला की ऐसी कोई शैली नहीं जिसमें उन्होंने कमाल न दिखाया हो। जिन्दगी में उन्होंने लगभग 14,000 चित्र, 1,00,000 प्रिंट्स और 34,000 पुस्तकों के लिए चित्र बनाए थे। अपने जीते-जी ख्याति और अपनी कलाकृतियों के लिए अन्धाधुन्ध दाम पाने वाले कलाकारों में पिकासो अपने ढंग के बस एक ही हुए हैं। हालाँकि वे श्रेष्ठ कलाकार थे और उन्होंने अनेक शैलियों का स्वयं भी आविष्कार किया था। मैं उनकी अनेक कृतियों को बढ़िया नहीं समझता। बाद-बाद में तो, नाम कमा लेने पर, उन्होंने काफी ऊटपटाँग और बेतुके चित्र भी बनाए और मुँहमाँगी कीमत पर बेचे। मैं उनकी ऐसी कलाकृतियों को फ्रॉड कहा करता हूँ। इस विषय पर मैंने 'गार्जिया' शीर्षक से एक लघु कथा भी लिखी है जिसमें आधुनिक चित्रकार और उसकी प्रभावात्मक कला-शैली का विश्लेषण किया है।

13 मई, 1973 की शाम 6 बजे हिन्दी सिनेमा का एक बहुत बड़ा अभिनेता और भला आदमी, हृदयगति बन्द हो जाने से, जाता रहा। उस महान अभिनेता का नाम बलराज साहनी था। अजीब था वह अभिनेता। पिक्चर में जिस हीरो या हीरोइन के साथ जब कभी प्रस्तुत हुआ और जिस किसी भूमिका में हुआ, अपनी अभिनय-कला की ठोस छाप छोड़कर ही रहा।

जैसा मैंने पहले कहा है, अजीब है यह सिने व्यवसाय और सिने जगत। उतार-चढ़ाव यहाँ का नित नियम है—राजनीतिक क्षेत्र की तरह ही।

1973-74 में कुछ कलाकार जो शिखर पर थे, गिर गए। कुछ जो गिरे हुए थे, ऊपर आ गए। राजेश खन्ना की अनेक फिल्में फेल हो गईं। धर्मेन्द्र तीव्र गति से आगे बढ़ा और हिन्दी सिनेमा का श्रेष्ठतम हीरो समझा जाने लगा। अमिताभ बच्चन यकायक चमक उठा और सुनील दत्त भी कई फिल्मों के लिए अनुबन्धित कर लिया गया। वहीदा रहमान पिछड़ गई। वैजयंतीमाला शादी करके पहले ही रिटायर हो चुकी थी। अब मुमताज, जया भादुड़ी, मौसमी चैटर्जी, राखी, तनूजा जैसी प्रचलित और होनहार अभिनेत्रियाँ भी शादी करके या उसके बाद गर्भवती होकर लगभग रिटायर हो गईं। सम्भव है, इनमें से कुछ वापस आएँ और दोबारा उठें। इनके जाने और इनकी अनुपस्थिति से नई अभिनेत्रियों को स्वर्ण-सन्धि प्राप्त हुई है और बहुत सम्भव है कि जल्दी ही इनका स्थान नई तारिकाएँ ले लेंगी। सिने कलाकारों की

लोकप्रियता और उनकी 'बॉक्स ऑफिस वैल्यू' तभी तक रहती है जब तक वे जनता के सामने परदे पर आते रहते हैं। आँख से ओझल, दिलोदिमाग से ओझल। कितनी बड़ी ट्रेजेडी है यह! एक जमाने में सुलोचना, जुबैदा, कज्जन, गौहर, शान्ता आप्टे, कानन बाला लोगों को मोहित किए हुए थीं। फिर देविका रानी, नसीम, शोभना समर्थ, साधना बोस, बनमाला, नरगिस, मधुबाला आईं, प्रेक्षकों का मनोरंजन किया, उनके दिलों पर राज्य किया, और फिर चली गईं। गईं तो भुला दी गईं। अब कोई भूले से भी उन्हें याद नहीं करता। कोई याद नहीं करता सहगल को, पहाड़ी सन्याल, मोतीलाल और चन्द्रमोहन को। उसी तरह आज के प्रचलित कलाकार भी, अपना लोच खोते ही या रिटायर होते ही, भुला दिए जाएँगे। जनस्मृति सदा ही अति अल्प होती है। समय बड़ा क्रूर होता है।

'जोकर', 'कल, आज और कल' जैसे बड़ी लागत से बने दो बड़े चित्रों के फेल हो जाने के बाद फिल्म निर्माता-दिग्दर्शक राज कपूर का नया चित्र 'बॉबी' (1973-74) इतने जोरों से चल पड़ा कि पुराने सारे बॉक्स ऑफिस रेकॉर्ड तोड़ दिए उसने और ऋषि कपूर के रूप में (राज कपूर का दूसरा बेटा) देश को एक नया, होनहार और लोकप्रिय अभिनेता प्राप्त हुआ।

1972-73-74 में महँगाई खूब बढ़ी है। काला बाजार और रिश्वतखोरी खूब बढ़ी है। अब इन्दिरा गांधी के 'गरीबी हटाओ' नारे में जनता विश्वास खोने लगी है। इन्दिरा सरकार में विश्वास खोने लगी है, और देश भर में अशान्ति के आसार दिखाई देने लगे हैं। सफेदपोश मंत्रियों को अब जनता आदर या प्रेम से नहीं देखती, उन्हें धूर्त और स्वार्थी समझ उनका तिरस्कार करने लगी है। आगे क्या होगा, कोई नहीं जानता, लेकिन इतना तो निश्चित है कि देश में, देश की सरकार में और सरकार की शासन प्रणाली में बहुत बड़े परिवर्तन की जरूरत है और वह परिवर्तन आकर रहेगा। समय की पुकार तीव्र होती है। समय बड़ा बलवान होता है।

1974 के आरम्भ में भारत, बांग्लादेश और पाकिस्तान के बीच समझौता और अनुबन्ध हो गए। भारत ने वे लगभग एक लाख पाकिस्तानी सैनिक, जिन्हें बन्दी बनाकर रखा गया था, पाकिस्तान को वापस कर दिए। पाकिस्तान ने बांग्लादेश को मान्यता दे दी। अब ये तीनों राष्ट्र परस्पर अच्छा राजनीतिक सम्बन्ध स्थापित करने तथा एक दूसरे के यहाँ राजदूत नियत करने का सोच रहे हैं। अच्छी बात है। दुश्मनी को लम्बा खींचना मूर्खता है। अगर दोस्ती तोड़ी जा सकती है तो दुश्मनी भी तोड़ी जा सकती है।

18 मई, 1974 को 8 बजे सवेरे, राजस्थान की धरती में, परमाणु विस्फोट करके भारत ने अपनी वैज्ञानिक उन्नतियों का प्रमाण देते हुए संसार को चकित कर

दिया और उसी दम न्यूक्लियर क्लब में प्रवेश पाकर भारत परमाणु शक्ति वाले अमरीका, रूस, बरतानिया, फ्रांस, चीन जैसे बलवान राष्ट्रों की पंक्ति में जा बैठा।

मेरा पिछला चित्र 'पुष्पांजलि' कुछ आर्थिक झगड़ों-झमेलों के कारण सारे देश में ठीक से प्रदर्शित न हो पाया था, कुछ ही प्रान्तों में रिलीज होकर रह गया और मुझे भारी नुकसान उठाना पड़ा। समय नष्ट हुआ सो अलग।

मैंने सिने व्यवसाय को अनेक नए कलाकार और तकनीशियन दिये हैं। अब की बार मैं फिर एक ऐसा चित्र बनाना चाहता था जिसमें फिर नए चेहरे प्रस्तुत कर सकूँ। सो मैंने एक नई पटकथा लिखी जो प्रचलित फार्मूले से हटकर थी। उसका नाम मैंने 'धुएँ की लकीर' रखा। इसी शीर्षक की मेरी एक लघु कथा भी है जो पत्रिकाओं में छप चुकी है और मेरे कहानी संग्रह में पुस्तक रूप में भी संगृहीत है। मेरी इस पटकथा का मेरी कुल लघु कथा से कोई सम्बन्ध नहीं। यह पटकथा भी हिन्द पॉकेट बुक्स, प्रा.लि., दिल्ली से पुस्तक रूप में छप चुकी है।

अब मैंने चित्र के लिए नए चेहरे ढूँढ़ने शुरू कर दिये और जल्दी ही नायिका के लिए परवीन बाबी, नायक के लिए रमेश अरोरा, खलनायक के लिए दीनू हरीश और सहायक नायिका के लिए अभिनेता अशोक कुमार की छोटी बेटी प्रीति गांगुली, आदि बिलकुल नए चेहरों को लेकर उनकी ट्रेनिंग और ग्रूमिंग शुरू कर दी। कलाकारों के साथ-साथ मैंने संगीत दिग्दर्शक (श्यामजी घनश्यामजी), तीन-तीन गीतकार, तीन-तीन गायक (नितिन मुकेश, अजीत सिंह, श्यामजी घनश्यामजी) और छायाकर (सत्यनारायण दुबे) आदि तकनीशियन भी बिलकुल नए लिये और 'रूपांजलि प्रा.लि.' के बैनर में चित्र की शूटिंग शुरू कर दी। एक महीने के आउटडोर शूटिंग के लिए अपने यूनिट को लेकर मैं गोवा गया और वहीं के मनमोहक दृश्यों की पृष्ठभूमि पर अधिकांश कहानी फिल्माई।

मेरा बड़ा बेटा रोहित सदा की तरह मेरा सहायक दिग्दर्शक भी था और संस्था तथा चित्र का सूत्रधार भी, जिससे पूर्व निश्चित योजना के अनुसार निश्चित अवधि यानी तीन महीने के अन्दर चित्र की शूटिंग समाप्त कर देने में मैं सफल हो सका।

गोवा में, नेपाल की तरह ही, हिप्पियों की भरमार थी। मैं इस एक महीने में अनेक हिप्पियों के सम्पर्क में आया। कइयों से मेरी दोस्ती भी हो गई। और हिप्पियों को पास से देखने-समझने का और मिलने का दोबारा बहुत अच्छा अवसर मिला। लघु कथाओं के लिए कुछ कथानकों का सूझना स्वाभाविक ही था। अवकाश मिलने पर मैं इन कथानकों पर, हिप्पी पात्रों को लेकर, कुछ कहानियाँ लिखने की इच्छा रखता हूँ।

मेरी नई खोज और नई तारिका परवीन बाबी खूब निखरी। उसे मैंने अच्छी प्रसिद्धि दी जिससे उसका नाम सर्वत्र चर्चा का विषय बन गया और अनेक चित्र निर्माताओं ने उसे अपने चित्रों के लिए अनुबन्धित कर लिया। मुझे खुशी है कि मेरी खोजी और प्रस्तुत की हुई एक और नई कलाकार सफल और लोकप्रिय अभिनेत्री बनकर चमक उठी है।

यह नया चित्र 'धुएँ की लकीर' 17 मई, 1974 को बम्बई में 18 सिनेमाघरों में प्रदर्शित हुआ और उसके बाद से अन्य शहरों और प्रान्तों में रिलीज होता जा रहा है। यह चित्र सुशिक्षित वर्ग को बहुत पसन्द आया है लेकिन ऐसा लगता है कि बॉक्स ऑफिस के हिसाब से (आर्थिक दृष्टि से) शायद सफल न हो पाएगा।

अब मैं एक साथ दो बड़े चित्र प्रस्तुत करने की योजना बना रहा हूँ। उन्हीं के लिए पटकथा लिखने में व्यस्त हूँ।

रोहित मेरा सहायक दिग्दर्शक रहा है और चित्र निर्माण संस्थाओं का सूत्रधार (कंट्रोलर ऑफ प्रॉडक्शन) भी। अगले चित्र का स्वतंत्र तौर से दिग्दर्शन करने वाला है। पढ़ने और फोटोग्राफी का उसे बड़ा शौक है। रोहित और मोनिका को दो पुत्रियाँ (साढ़े चार साल की सोमा, ढाई साल की भावना) और एक पुत्र (आठ महीने का सुमेर) हैं। बच्चे अच्छे और खुशमिजाज हैं। 'वाटिका' को गुलजार बनाए रखते हैं। सहसा विश्वास नहीं होता कि मैं और प्रीति दादा-दादी बन गये हैं।

नयना अभिनेत्री बनी हुई है। स्तरीय अभिनेत्री है और अनेक पारितोषिक पा चुकी है। किन्तु अब विवाह करके घर बसाने की सोच रही है। दिल को कोई भा गया है।

ममता जे.जे. स्कूल ऑफ आर्ट्स, बम्बई में पाँच वर्ष तक प्रशिक्षण लेकर अब चित्रकारी, डिजाइनिंग और मॉडलिंग कर रही है। देश भर में भ्रमण कर चुकी है। सिंगापुर भी हो आई है। अँगरेजी के कुछ नाटकों में नायिका की भूमिका बड़ी सफलता से कर चुकी है। नाटक का उसे शौक है और वह अच्छी अभिनेत्री है। मेरे चित्रों का कला विभाग वही देखती है और कलाकारों की वेशभूषा वही डिजाइन किया करती है।

विक्रम (विकी) सेंट जेविअर कॉलेज, बम्बई से इंटर (आर्ट्स) करने के बाद ही 'फिल्म एंड टेलीविजन इंस्टिट्यूट ऑफ इंडिया' में दाखिल होकर दो साल का एक्टिंग कोर्स करने पूना चला गया। वह लड़का जन्मसिद्ध अभिनेता है। इंस्टिट्यूट के अच्छे और होनहार विद्यार्थियों में से रहा है। विकी से सम्बन्धित एक घटना का मैं उल्लेख करता हूँ :

5 मार्च, 1974 की रात के लगभग 12 बजे 'वाटिका' में टेलीफोन की घंटी बजी। टेलीफोन पूना से था और फोन करने वाले ने अपने को विकी का दोस्त

बताया। आवाज घबराई हुई थी। कहने लगा कि वह ससून अस्पताल, पूना से बोल रहा है। विकी रात के साढ़े दस बजे मोटर साइकल से गिर पड़ा। उसकी कॉलर बोन टूट गई है और हाथ, पाँव, सिर पर भी चोट आई है। उसे ससून अस्पताल ले जाया गया है जहाँ उसकी देखभाल हो रही है। वह बेहोशी की हालत में है।...

दुर्घटना का समाचार पाते ही हम सबके होश उड़ गए। उसी दम रोहित और प्रीति मोटरकार से पूना के लिए रवाना हो गए। साढ़े तीन घंटे में पूना पहुँचकर वे सीधे ससून अस्पताल गए।

जनरल वार्ड में, पचासों तड़पते-कराहते मरीजों के बीच एक पलंग पर विकी बेहोश पड़ा था। उसके सिर पर पट्टी बँधी थी जिस पर दो-तीन लहू के धब्बे थे और हाथ-पाँव में कई जगह खरोंचें आई हुई थीं। विकी के सिरहाने एक स्टूल पर एक युवक बैठा हुआ था जो एक हाथ की कुहनी पलंग के सिरहाने टिका, हथेली में अपना सिर डाले, ऊँघ रहा था, और उसके दूसरे हाथ में विकी का हाथ था जिसे वह मुट्ठी में कसे हुए था। प्रीति और रोहित के पहुँचने पर वह युवक जाग पड़ा और कहने लगा कि डॉक्टर और नर्स ने इंजेक्शन, दवा आदि दे दिये हैं और सवेरे एक्स-रे लिया जाएगा।

रोहित ने फौरन अस्पताल के अधिकारियों से मिलकर विकी को जनरल वार्ड से निकालकर स्पेशल रूम में दाखिल करवा दिया और डॉक्टरों से उसकी अच्छी तरह जाँच करवाकर, एक्स-रे आदि लिवाकर इतना तो मालूम कर लिया कि स्कल फ्रैक्चर नहीं हुआ है, केवल कनक्शन ऑफ द ब्रेन है। कॉलर बोन जरूर फ्रैक्चर हुई है जो महीने भर में जुड़ सकती है। लेकिन कनक्शन ऑफ द ब्रेन कितना खतरनाक है, इसका अन्दाजा उसी वक्त नहीं लगाया जा सकता था। कान से थोड़ा खून भी निकला था, सिर में जोर का दर्द था जिससे चिन्ता बढ़ गई।

वह अनजाना युवक विकी के साथ बना रहा। सवेरा होने पर एक घंटे के लिए अपने हॉस्टल गया और फिर नहा-धोकर तुरन्त ही लौट आया। उस युवक का नाम बाबूराव रोडे था।

दूसरे दिन मैं भी ससून अस्पताल, पूना विकी के पास पहुँच गया। विकी को अब तक होश आ चुका था। फिल्म इंस्टिट्यूट से उसके दोस्त उसे हिम्मत बँधाते रहते। मगर सिर की पीड़ा लगातार बनी हुई थी और हमारी चिन्ता भी।

दुर्घटना यों हुई थी :

इंस्टिट्यूट के कैंटीन में खाना खाने के बाद विकी अपने दोस्तों के साथ घंटा-आध घंटा गपशप लगाकर दस बजे रात के वहीं स्थित अपने होस्टल में चला गया था मगर फिर तुरन्त ही मोटर साइकल बाहर निकाल सिगरेट लाने जिमखाना चल पड़ा था। जब लौट रहा था तो उस सुनसान सड़क पर, रात के उस अँधेरे में, सहसा एक साइकल वाला बगल की गली से निकलकर विकी की मोटर साइकल के

सामने आया। विकी ने तुरन्त ब्रेक लगाया किन्तु वे दोनों परस्पर टकरा ही गए और दोनों दो ओर जा गिरे। साइकल वाला तो खरोंच खाकर उठ खड़ा हुआ पर विकी को चोट गहरी लगी और वह गिरते ही बेहोश हो गया। सड़क चलते कुछ लोग धीरे-धीरे विकी के पास जमा होकर तमाशा देखने लगे। बाबूराव रोडे अपने दो दोस्तों के साथ वहीं से गुजर रहा था। उसने दूर से वह एक्सिडेंट होते देखा था। वह समझा कि मोटर साइकल वाला उसका परिचित है, उसका मित्र है। वह लपककर घटनास्थल पर आया। जब उसने विकी को देखा तो उसकी शक्ल अपने मित्र की शक्ल से मिलती हुई न पाई। वह मुड़ा और जाने लगा मगर फौरन ही यह देखकर कि जमा हुए तमाशबीन में से कोई भी विकी की मदद को आगे नहीं बढ़ा, वह पलटा और दौड़कर विकी के पास पहुँचा। विकी को हिला-डुलाकर उससे नाम पूछा तो उस बेहोशी की हालत में वह सिर्फ 'वाटिका...वाटिका...' ही कहता रहा। अचानक रात के उस साढ़े दस बजे के समय वहाँ से एक ऑटो रिक्शा जाता दिखाई दिया। बाबूराव ने रिक्शा रोककर, अपने मित्रों की सहायता से विकी को रिक्शा में डाल, एक मित्र को अपने हॉस्टल वापस भेज, दूसरे को साथ ले वह विकी को लेकर ससून अस्पताल आया। यहाँ पहुँचकर उसने अपने उस दूसरे मित्र को भी वापस भेज दिया और खुद विकी को अस्पताल में दाखिल करा, उसकी जाँच-पड़ताल करा, विकी के पास बना रहा। विकी को दो-तीन बार कुछ मिनटों के लिए होश आता रहा था और एक बार होश आने पर विकी अपना नाम, पता और बम्बई का हमारा टेलीफोन नम्बर बता सका था और तब इसी टेलीफोन नम्बर पर बाबूराव रोडे ने उस रात बारह बजे ससून अस्पताल, पूना से हमें बम्बई फोन किया था, हमें विकी के एक्सिडेंट की खबर दी थी और प्रीति और रोहित तुरन्त ही पूना पहुँच सके थे— विकी के पास।

बाबूराव रोडे अमरावती का रहनेवाला था। पूना में एम.ए. के फर्स्ट ईयर में पढ़ रहा था। पोलिटिकल साइंस विषय ले रखा था। बड़े भाई एग्रीकल्चरल कॉलेज, अमरावती में प्राध्यापक थे, दूसरे फौज में थे, तीसरा वह खुद था, और चौथा अमरावती में पढ़ भी रहा था और पिता का उनके धन्धे में सहायक भी था।

दो दिन बाद होली थी। प्रीति ने मिठाई के साथ बाबूराव को कुछ उपहार दिये जो उसने, बड़ी मुश्किल से और बड़ी मिन्नतों के बाद, स्वीकार किए।

यह सोचकर ही कि दुर्घटनावाली उस रात अगर बाबूराव रोडे उस सड़क से न गुजरता या (पुलिस केस होने के डर से हिम्मत हारकर) आगे बढ़ विकी को न उठाता, उसे अस्पताल न पहुँचाता तो क्या हो जाता, दिल दहल उठता है।

उस रात इनसानियत का जो सुबूत बाबूराव रोडे ने दिया, कितने युवक निकलेंगे सारे देश में जो वैसा सुबूत दे सकेंगे? कहना मुश्किल है। तभी तो मैं कहता हूँ, इनसान से इनसानियत बड़ी है।

एक्सिडेंट की खबर देते हुए मैंने जी को, जो पलाड़ी में थे, पत्र में लिखा था : 'ऐसा लगता है, वह सारा कांड किसी पूर्व निश्चित योजना के अनुसार ही था जिसे भाग्य का लेख कहा जाता है। जिस अदृश्य शक्ति ने विकी को उस रात दुर्घटना का शिकार होने के लिए रवाना किया, उसी ने उस रात, उस क्षण, उस सड़क पर विकी की सहायता को बाबूराव रोडे के रूप में देवदूत को भी भेज दिया।'

एक सप्ताह में विकी की हालत इतनी सुधर गई कि हम उसे बम्बई अपने घर ला सके, जहाँ घर में उसका यथायोग्य इलाज होने लगा। धीरे-धीरे सिर का दर्द जाता रहा और कॉलर की हड्डी जुड़कर ठीक हो गई। एक महीने में विकी बिलकुल चंगा होकर वापस पूना चला गया। अगले महीने उसकी अन्तिम परीक्षा थी।

मई के पहले सप्ताह में विकी इंस्टिट्यूट से, परीक्षा देकर लौट आया है और अब सिने अभिनेता बनने के प्रयत्न में संलग्न है। चाहता तो मैं यही हूँ कि हीरो बनकर पहली बार मेरे ही किसी चित्र में आए किन्तु होगा वही और वैसे ही, जो और जैसे भाग्य में है।

जन्म से, धर्म से, निष्ठा से मैं हिन्दू हूँ। अमर मेरा जन्म किसी अन्य धर्म के परिवार में हुआ होता तो भी मैं हिन्दू धर्म अपना लेता। मेरे समस्त अस्तित्व तथा व्यक्तित्व का समाधान केवल हिन्दू धर्म से ही हो सकता है। ऐसा व्यापक धर्म मुझे दूसरा कोई न जँचा। वेदों का ज्ञान अन्यत्र कहीं उपलब्ध नहीं। वेदों और उपनिषदों को मैं विश्व के महानतम ग्रन्थ मानता हूँ।

हिन्दू धर्म बड़ा पुराना और बड़ा व्यापक है। इतना लचीला धर्म है यह कि नास्तिक से लेकर आस्तिक तक और आस्तिकों में सैकड़ों विभिन्न पंथियों तक के लिए उसमें स्थान है। और अपने विभिन्न मार्गों, रवैयों, रुचियों, आस्थाओं, निष्ठाओं, इष्ट देवों के बावजूद वे सब हिन्दू हैं। सच्चा हिन्दू अवश्य ही अच्छा मानव होगा और वह विभिन्न पथों को दिये गए नाम को महत्त्व न देकर समस्त मानव जाति को एक ही समझेगा।

मैं हिन्दू हूँ लेकिन हिन्दू होने का ऐलान नहीं करता। ऐलान करना बेकार है। कोशिश करता रहता हूँ कि अच्छा हिन्दू बनूँ। मैं अन्य धर्म के व्यक्तियों से द्वेष नहीं करता। द्वेष करना मूर्खता है। हर व्यक्ति की अपनी-अपनी मानसिक तथा आध्यात्मिक आवश्यकताएँ होती हैं और वह अपने अनुकूल अपना मार्ग खोजता है। विश्व के सारे लोग एक ही धर्म नहीं अपना सकते। इसकी जरूरत भी नहीं। अगर ऐसा हो तो अधिक अनर्थ होगा, अशान्ति अधिक फैलेगी। और फिर समस्त संसार के लोगों का एक ही धर्म पालन करना सर्वथा अस्वाभाविक बात होगी। हर अस्वाभाविकता निन्दनीय है। देश, काल और मानसिक स्तर के अनुसार लोगों को अपने लिए उपयुक्त धर्म अपनाने और उस धर्म का पालन करने का पूरा अधिकार होना चाहिए।

मेरा हिन्दू धर्म इतना व्यापक है कि मैं जिस प्रकार वैष्णवों, शैवों, राधास्वामियों, बौद्धों, जैनियों, आर्य समाजियों, ब्रह्म समाजियों, कबीर पंथियों, सिखों और आस्तिकों, अनास्तिकों की सैकड़ों शाखाओं को वेद का ही अंग मानता हूँ, उसी प्रकार मेरी दृष्टि में इस्लाम, ईसाई धर्म, यहूदी धर्म, जोरेस्टियन धर्म, यहाँ तक कि चीन के कन्फ्यूशियनिजम को भी मैं वेद का ही अंग समझता हूँ।

वेद का अर्थ है ज्ञान। वह सारा ज्ञान, जो मानव को प्राप्त हो चुका है, और वह भी, जो आगे प्राप्त होगी, वेद है। यही वेद की परिभाषा है। जिसकी समझ में यह परिभाषा आ गई वह फिर संसार में अनेक नामों से पहचाने जाने वाले उन अनेक धर्मों को पृथक् न समझेगा। धर्म एक ही है—वैदिक धर्म यानी मानव धर्म। हिन्दू कोई अलग धर्म नहीं है। वेदों में आस्था रखने वाले और वैदिक धर्म का पालन करने वालों को ही हिन्दू कहा गया है।

एक परिवार में जब चार बेटे होते हैं और वे चारों अपने स्वभाव, रुचि और गुण के अनुसार वकील, डॉक्टर, इंजीनियर, अभिनेता बन सकते हैं, और फिर भी उन चारों भाइयों में परस्पर मेलजोल एवं स्नेह स्थायी तौर पर बना रह सकता है। तब फिर हिन्दू, मुसलमान, इसाई, यहूदी, पारसी में क्यों नहीं रह सकता? किन्तु यह सच है कि नहीं रहता। ऐसा क्यों क्योंकि वकील, डॉक्टर, इंजीनियर, अभिनेता—इन चारों बेटों को उनके माता-पिता के सतत दिग्दर्शन और अखंड प्रेम ने छुटपन से एक साथ जकड़ रखा है। विभिन्न धर्मों के सूत्रधार अपने-अपने अनुयायियों को अन्य धर्मों, मान्यताओं, विचारों से इतना दूर और अलग रखते हैं कि अनुयायियों में केवल संकीर्णता ही नहीं पैदा होती बल्कि दूसरों के प्रति बेगानापन, तिरस्कार और वैमनस्य भी पैदा हो जाता है। उपरोक्त चार बेटों के माता-पिता की तरह इन विभिन्न धर्मों के अनुयायियों को सतत दिशा और प्रेम प्रदान कर एक सूत्र में बाँधकर जकड़नेवाला कोई एक मात्र विधायक या अनुशासक नहीं।

सैकड़ों, हजारों साल से अपने-अपने धर्मों के विधान और प्रणाली को श्रेष्ठ मानकार जिन्दगी बसर करते आने से हर धर्म के अनुयायियों के रीति-रिवाज, संस्कृति, चरित्र और स्वभाव में विशिष्टता पैदा हो जाना स्वाभाविक है। और इसी सबब विभिन्न देश की विभिन्न नस्लों की तरह विभिन्न धर्मी और मतों के अनुयायियों में बहुत सारी अच्छी-बुरी विशेषताएँ पाई जाती हैं। और इसीलिए ये विभिन्न अनुगामी परस्पर मेल नहीं खाते और नित उलझते, झगड़ते रहते हैं।

झगड़ने वाले—वे चाहे जिस धर्म के हों—बहुत छोटे, ओछे, मूर्ख होते हैं और बहुधा अपने ही धर्म के तत्त्वों से बेखबर होते हैं।

अगर व्यक्ति अपने धर्म का सच्चा पालक होगा तो वह अपने और गैरों के धर्मों में फर्क नहीं देखेगा।

एक सुन्दर दृष्टांत शिरडी के साईं बाबा का है। वे इतने अच्छे हिन्दू थे कि उसी दम वे मुसलमान भी थे और मन्दिर तथा मस्जिद में कोई भेदभाव न देख उन्होंने अपना दुहरा चरित्र एक साथ जीकर संसार को अचम्भित तो कर ही दिया, उसके समक्ष एक अनुकरणीय उदाहरण बनकर भी रह गए। कबीर और रमण महर्षि की तरह ही ये आज पूजे जाते हैं। हर धर्म के लोग शिरडी जाकर आज साईं बाबा को श्रद्धांजलियाँ अर्पण करते हैं।

मैं इकहरी हड्डी और छरहरे बदन का व्यक्ति हूँ। 5 फीट $8^1/_2$ इंच ऊँचा हूँ। मेरा वजन औसतन 125 पौंड (60 कि.ग्रा.) रहा है। मेरे व्यक्तित्व में मेरे घुँघराले से बाल, चौड़ा ललाट और बड़ी आँखें विशेष आकर्षण के उपकरण रहे हैं। अब सिर के बाल सामने से काफी उड़ गए हैं और चाँद निकल आया है।

जिन्दगी और घर में हर चीज मुझे व्यवस्थित और करीने से चाहिए। मेरी मेज पर तीन–चार फाउनटेन पेन और दर्जन भर छिली हई पेंसिलें सदैव तैयार रहती हैं। बेडरूम, स्टडी और बाथरूम में भी कागज के पैड और पेंसिलें या बॉल पेन सदा धरी रहती हैं। तत्काल उपयोग के लिए।

कोई अच्छा खयाल आया कि मैंने उसे तुरन्त नोट कर लिया। रात के अँधेरे में मैं अपने किसी कमरे में बिना लड़खडाए जाकर मनचाही वस्तु उठा लेता हूँ।

साहित्यिक लेखन मैं अपने फिल्मी कारोबार और व्यस्तता से अवकाश पाकर ही कर पाता हूँ। लाइन खिंचे लम्बे (फुलस्कैप) पैड पर मैं स्वयं अपने हाथ से लिखता हूँ, डिक्टेट नहीं कराता। फाउनटेन पेन से लिखता हूँ, पेंसिल से नहीं। कभी दो पृष्ठ, कभी छः पृष्ठ, कभी दस। दोपहर को 1 बजे के बीच, कभी रात के खाने के बाद। मैं लिखता काफी तेज हूँ और मेरी लिखावट हिन्दी तथा अँगरेजी की अच्छी है। बिना कुर्सी–मेज के मुझसे लिखा नहीं जाता। जमीन या पलंग पर बैठकर मुझसे लिखते नहीं बनता।

मैं शान्तिप्रिय हूँ। शोरगुल, झगड़ा–फसाद मुझे पसन्द नहीं। वातावरण और मूड को महत्त्व देता हूँ।

पिछले 10 वर्षों से मेरी दिनचर्या घड़ी के काँटे से बँधी हुई है। सवेरे छः बजे तक सोकर उठ जाता हूँ। कुछ विशेष योगासन तथा प्राणायाम नित करता हूँ। साढ़े आठ बजे तक स्नान कर लेता हूँ। ठीक नौ बजे सवेरे ब्रेक फास्ट, एक बजे दोपहर को लंच, चार बजे एक कप चाय और आठ बजे रात के डिनर लेता हूँ। दस–ग्यारह बजे तक सो जाता हूँ। मांसाहारी हूँ, पर रोज मांस नहीं खाता। हफ्ते में दो या तीन बार, बस। खाने का मुझे शौक है और स्वादिष्ट खानों की कद्र करता हूँ पर खाता कम हूँ। मिठाई से रुचि है, पर कम खाता हूँ।

जुए से मुझे सदा नफरत रही और मैंने कभी जुआ नहीं खेला। ताश के रमी, फ्लश, आदि खेल भी मुझे नहीं आते। रेसकोर्स कभी-कभार चला गया हूँ, रेस खेलने नहीं। फिर भी मैं कहूँगा कि फिल्म व्यवसाय एक तरह का जुआ ही है। कोई फिल्म निर्माता दावे के साथ यह नहीं कह सकता कि उसकी फिल्म सफल ही बनेगी। हर निर्माता सफल चित्र बनाने की ही चेष्टा करता है, पर चित्र की सफलता केवल उस पर या उसकी चेष्टाओं पर निर्भर नहीं रहती। बढ़िया या घटिया चित्र तो व्यक्ति अपने मानसिक या कलात्मक स्तर के हिसाब से बना सकता है, सफल चित्र नहीं। सफल चित्र बनाने का कोई फार्मूला नहीं। सफल फिल्म बनाई नहीं जाती, बन जाया करती है। 'सिन्दूर', 'झनक-झनक पायल बाजे', 'दिल अपना और प्रीत परायी', 'आराधना', 'जानी मेरा नाम' और 'बॉबी' जैसी सफल फिल्में जब बन रही थीं या बनकर तैयार हुई थीं तो निर्माताओं के होश उड़े हुए थे और तब कोई नहीं जानता था, न निर्माता, न दिग्दर्शक, न वितरक, न प्रदर्शक कि वे फिल्में इतनी अधिक सफल हो जाएँगी। उस समय तो वे सारे के सारे भगवान से अपने चित्रों को बस दस हफ्ते चलवा देने के लिए प्रार्थना किए जा रहे थे। एक बार जब चित्र सफल हो जाता है तो उससे सम्बन्धित हर कोई व्यक्ति डींगें हाँकने और श्रेय लेने लगता है। जो व्यवसाय भाग्य और संयोग (चांस) पर इतना अधिक निर्भर हो, वह व्यवसाय नहीं हुआ, एक प्रकार का जुआ ही हुआ। और इस तर्क से एक फिल्म निर्माता शायद जुआरी ही कहलाएगा।

फिल्म उद्योग अगर जुआ न होता तो एक जमाने की वे प्रख्यात फिल्म निर्माण संस्थाएँ—न्यू थिएटर्स, बॉम्बे टॉकीज, प्रभात फिल्म कम्पनी, रंजीत मूवीटोन, इम्पीरियल फिल्म कम्पनी, सागर फिल्म कम्पनी, आदि—आज भी होतीं और बी. एन. सरकार, चिमनलाल देसाई, चन्दूलाल शाह, आरदेशिर ईरानी, बाबूराव पाई, सोहराब मोदी जैसे एक समय के प्रतिष्ठित फिल्म निर्माता आज इस तरह भुला न दिये गए होते।

क्लब से मुझे बिलकुल दिलचस्पी नहीं। लोगों से मिलने-मिलाने और यार-दोस्तों की बैठकों में नित शरीक होते रहने को मैंने समय की बरबादी ही समझा है। मैंने कभी साहित्यकारों का गुट नहीं बनाया, दूसरों के गुट में शामिल भी नहीं हुआ, और न किसी तरह की मोर्चाबन्दी ही की। अपने अनेक कार्यों, जिम्मेदारियों और शौक-शगलों में व्यस्त और मस्त रहता हूँ। मेरे इस स्वभाव और आचरण के कारण कई लोग मुझे घमंडी समझते हैं। यह उनकी भूल है। असलियत यह है कि मेरे पास पर्याप्त समय नहीं।

बहुत-सी बेमेल और असंगत आदतों, विशेषताओं और प्रवृत्तियों का गुत्थमगुत्था हूँ। आदमी मैं बुरा नहीं।

हर मनुष्य की जिन्दगी में अच्छा-बुरा, बहुत-कुछ घटित होता है। हर मनुष्य अवकाश के क्षणों में स्वप्नाता है और स्मृति-पटल पर अंकित कुछ अच्छे, मनपसन्द दृश्यों को बार-बार देखता है, जिससे उसके थके और त्रसित मन को राहत मिलती है। लेकिन कोई व्यक्ति बैठकर अपनी सारी जिन्दगी को आद्योपांत याद करके उसका मुआयना नहीं करता। शायद इसी वजह कहा गया है कि आदमी अपनी जिन्दगी सिर्फ़ एक बार जीता है। किन्तु यह बात मेरे लिए सच नहीं, किसी भी आत्मकथा लेखक के लिए सच नहीं।

इस आत्मकथा के लिखने में मुझे एक वर्ष लग गया। और इस एक वर्ष में मैंने एकान्त में बैठकर, लेटकर, टहलकर, यात्रा में, सुबह, दोपहर, शाम और रात में, मनन-चिन्तन करके, अपने जन्म से लेकर अब तक का अपना जीवन सिलसिलेवार दोहराया है। सिनेमा की रीलों की तरह वे तमाम अच्छे-बुरे दृश्य मेरी आँखों के सामने से दोबारा गुजरे हैं और अपनी 58 साल की जिन्दगी इस एक साल में दोबारा जी जाने का मुझे अवसर मिला है। जिस प्रकार घंटों लम्बा स्वप्न आदमी क्षणों में देख लेता है और जागते में उस स्वप्न की घंटों बार-बार जुगाली करता है, उसी प्रकार कई लम्बे सालों में जीया हुआ जीवन, मनन-चिन्तन द्वारा, समय के आयाम (डायमेंशन ऑफ टाइम) में सिमटकर, मुझे इस एक वर्ष में दोबारा जीने का मौका मिल गया। जिन्दगी की रीलें मेरी आँखों के सामने से तमाम ही गुजरीं। आत्मकथा में मैंने उन तमाम रीलों के पात्रों, दृश्यों, घटनाओं का उल्लेख न किया हो, यह और बात है। लेकिन यह एक विचित्र अनुभव था। शनैः-शनैः आधी शताब्दी जीना और बात है, और आधी शताब्दी का जीवन एक वर्ष में जी जाना और बात। एक अजीब नशा था, स्वप्नों का-सा नशा। अपनी समस्त जिन्दगी मैंने एक साल में दोबारा जी ली। समय के आयाम को तोड़कर जी ली।

इस दौरान मेरी मानसिक दशा विचित्र थी। इकबारगी मैं कई हिस्सों में बँटा हुआ था, कई आयामों में कई जिन्दगियाँ जी रहा था। जो इसकी कल्पना कर सकें, कर लें, क्योंकि यह तथ्य समझाया नहीं जा सकता। सपने का बखान किया जा सकता है, सपना देखने वाले की मनोदशा नहीं समझाई जा सकती।

अगर मैं औसत व्यक्तियों से अलग हूँ, जो कि हूँ, तो मेरी जिन्दगी भी औसत जिन्दगियों से अलग रही है।

जिन्दगी से मैंने बहुत-कुछ पाया है। मुझे कोई शिकायत नहीं। कोई प्रसंग, कोई घटना ऐसी नहीं है; स्त्रियों, पुरुषों और बच्चों की ऐसी कोई किस्म नहीं है जिससे मैं अपरिचित रह गया होऊँ। बहुत-कुछ देखा है मैंने, बहुत-कुछ पाया, खोया और सीखा है।

और मेरे अनुभवों में प्रीति अक्सर साथ रही है। जीवन की असंख्य पगडंडियों और मोड़ों पर से हम दोनों बगलगीर होकर गुजरे हैं।

समय ने हमारे चेहरे ही नहीं, हमारे व्यक्तित्व भी किसी हद तक बदल दिए। हमारे शौक और शगल बदल गए। हमारी मान्यताओं और धारणाओं में अन्तर आ गया। मान्यताओं, धारणाओं की ही नहीं, सिद्धान्तों की पैनी धारें भी अब उतनी पैनी न रहीं। मनुष्य स्वभाव और मानव-असमर्थता के सतत सम्पर्क तथा साक्षात दृष्टांतों, अनुभूतियों और प्रतीतियों के कारण दूसरों को तौलने-आँकने का मानदंड कुछ लचीला हो गया है। अब हम दोनों कुछ गम्भीर और आध्यात्मिक होते जा रहे हैं।

संकल्प और सिद्धान्त के बल पर ही मानव उजागर होता है : किन्तु यह आवश्यक नहीं कि संकल्पों और सिद्धान्तों को उजागर करने में मानव अपनी मानवता, सहृदयता, संवेदना को कुंठित कर बैठे। मानव से मानवता महानतर है।

दूसरों की नजरों में गिरने से कहीं अधिक कष्टदायक होता है अपनी नजरों में गिर जाना। अपनी आत्मा की जो तुष्टि कर लेगा, वह परमात्मा को खुश कर लेगा, क्योंकि आत्मा और परमात्मा एक ही वस्तु के दो नाम हैं।

मेरे मस्तिष्क की सूक्ष्म परतों के अन्दर तीव्र जिज्ञासा भी है। सदा से रही है। किन्तु अब वह मुझसे हजार प्रश्न करने लगी है जिनका समाधान दिमाग नहीं कर पाता, जिससे मन में एक अशान्ति-सी बनी रहती है। रह-रहकर मन कहीं और प्रवाहित होने लगता है—अनन्त और अज्ञात की ओर। शायद जिज्ञासु मन का यह स्वभाव है कि जीवन के सोपान पर चढ़ता हुआ उस अन्तिम चरण पर पहुँचने के लिए उतावला हो उठे, जो एक मात्र सत्य है।

❂❂❂

किशोर साहू

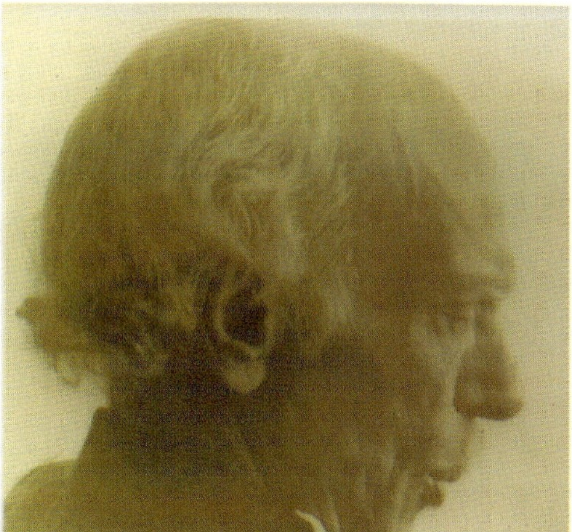

किशोर साहू के पिता कन्हैया लाल साहू

किशोर साहू की माँ प्रेमवती साहू

किशोर साहू पत्नी प्रीति साहू के साथ

महाबलेश्वर में परिवार के साथ

किशोर साहू द्वारा बनाई गई पेंटिंग